主 编
李 舒　唐青林　李营营

编委会成员
李 舒　北京云亭律师事务所
唐青林　北京云亭律师事务所
李营营　北京云亭律师事务所
李元元　北京云亭律师事务所
郭勒洋　北京云亭律师事务所

（上述编委会成员所在单位系进行本书内容写作时的工作身份）

云亭法律实务书系

保全与执行

保全与执行
执行异议与执行异议之诉实战指南

李 舒 唐青林 李营营 编著

中国法制出版社
CHINA LEGAL PUBLISHING HOUSE

如何理解执行审查类案件的业务逻辑
（代前言）

关注和深度参与执行类业务近十年来，我们以"保全与执行"公众号为平台，刊发推送了大量实务研究成果，先后于2018年初出版了针对重点疑难问题解读分析的《保全与执行裁判规则解读》（中国法制出版社2018年1月版，至今已翻印十余次），2019年底出版了侧重于梳理执行业务知识体系偏工具书性质的《保全与执行一本通》（中国法制出版社2019年12月版），这两本书被读者们亲切称为"执行红宝书"，广受实务界欢迎和关注。近年来，我们的业务实践和研究关注的重点包括执行业务中因各种程序和实体难题而产生的执行异议、执行复议、执行监督、申请执行人执行异议之诉、案外人执行异议之诉、执行追加以及与执行相关的刑事法律问题。概括而言，主要集中在与执行业务相关的"执行审查类"业务上。

2019年6月，最高人民法院发布《关于深化执行改革健全解决执行难长效机制的意见——人民法院执行工作纲要（2019—2023）》，提出了由"基本解决执行难"到"切实解决执行难"的工作目标的转变。这一工作目标的转变，是人民法院执行工作向新阶段规范化执法的重大转变。基于这一重大变化，人民法院执行工作在指导思想上提出了"善意文明执行理念"，由此带来了人民法院执行工作的一个重大变化：执行审查业务在人民法院执行工作中的地位和占比日渐凸显。

执行审查制度自诞生之初，便以执行实施制度监督者的角色出现。执行审查制度审查的是人民法院的执行行为。因此，所谓的执行审查，实际上是人民法院内部对执行行为自我纠错的制度安排。这就决定了执行审查业务在一定程度上带有对抗性，其功能是否定和纠正人民法院的错误执行行为。这一制度的目的，决定了执行审查业务的对抗性与一般民事诉讼中的对抗性有所不同。一般民事诉讼的对抗性体现在当事人之间，而执行审查业务的对抗性不仅体现在当事人之间，更多体现在执行异议的当事人与人民法院之间，以及不同的法院之间。因此，人民法院在执行审查业务中，既是运动员，又是裁判员。基于这一特点，导致执行审查业务在诸多问题上统一裁判规则颇有困难。

我国的执行审查依据源于《民事诉讼法》第二百三十二条和第二百三十四条的规定。其中，《民事诉讼法》第二百三十二条规定了当事人异议、利害关系人异议，第二百三十四条规定了案外人异议。虽然以上两个条文所针对的对象都是人民法院的错误执行行为，但在司法实践上我们通常都倾向于将《民事诉讼法》第二百三十二条规定的当事人和利害关系人的异议称为"行为异议"，将《民事诉讼法》第二百三十四条规定的案外人异议称为"标的异议"。

以上两条看似清晰的制度安排，在实践中所衍生出的程序却无比纷繁芜杂。"行为异议"以纠正人民法院具体实施错误执行行为为目标，目的在于确保人民法院执行工作按照法定的执行程序展开，由此衍生出执行异议和复议制度。"标的异议"是以确认案外人对于执行标的是否享有排除强制执行的实体性权利为目标，由此衍生出的是执行异议和执行异议之诉制度。但如果案外人异议内容与执行依据相关，则可能触发案外人再审程序。但在司法实践中，如何区分案外人异议和利害关系人异议、如何确定案外人异议内容是否与执行依据相关等问题，都是执行审查业务的难点和痛点之一。

民事执行程序中关于"行为异议"和"标的异议"的分野，在刑事裁判涉财产部分执行程序中却彻底消失，即不论是当事人异议还是利害关系人异议，都统一根据《民事诉讼法》第二百三十二条按照"行为异议"进行审查，排除了案外人在刑事裁涉财产部分执行程序中通过执行异议之诉寻求救济的可能。除以上两种基本的执行异议制度外，还存在另外两种执行异议制度的"变形":一为颇具中国特色的执行程序中变更追加当事人的制度,其中包括24种可变更、追加被执行人的情形。二为参与分配与执行分配方案异议之诉制度。前者24种不同变更、追加被执行人的情形可能分别衍生出执行异议和复议程序或执行异议和异议之诉程序。因此,看似简单的两个条文,背后却是包罗万象的执行审查业务。

近年来,为了应对大量的执行业务、具体指导法院开展执行工作,使执行工作规范化,最高人民法院相继出台了一系列司法解释和规范性文件,有力填补了执行规则漏洞。但是,受法律技术限制,大量执行规范文件的出台一定程度上导致了执行审查制度呈现碎片化、重叠化的状态,加大了人民法院、律师和当事人"找法用法"的难度和人民法院适用法律问题的分歧。

当事人面对具体法律适用问题,像同时面对好几条没有路标的高速公路入口。一旦选错,可能再无回头路。近年来,我们的团队处理了大量执行审查业务,其中不少业务在我们接到的那一刻都不得不为之扼腕叹息。因为我们发现太多血淋淋的败诉不是因为实体上不占理,而是因为程序选择错误。在执行审查的程序选择问题上,"一着不慎,满盘皆输"绝非一句空话。

2022年5月,全国人大常委会公布2022年度立法工作计划,《民事强制执行法》被列为初次审议计划。2022年6月,《民事强制执行法(草案)》提请十三届全国人大常委会第三十五次会议初次审议并向社会公开征求意见。草案分为4编17章,共207条,各编依次为总则、实现金钱债权的终局执行、实现非金钱债权的终局执行、保全执行以及附则。草案以民事诉讼法执行程序编为基础,对民事强制执行的执行机构和人员、执行依据和当事人、执行程序、执行救济和监督等作出了规定,对金钱债权的执行和非金钱债权的执行、保全执行等制度作出了统一规定。我们相信,《民事强制执行法》的通过和实施,会使执行制度更加科学化和体系化。

本书对若干重要裁判规则的关注、梳理和研究分析,一定程度考虑到了《民事强制执行法》的立法进展和相关内容的安排。本书的绝大多数文章，此前已经通过"保全与执行"公众号对外推送。但本书结集出版的内容，仅为我们执行审查业务研究成果的一部分，其中有相当一部分的文章并没有纳入。我们希望通过本书的结集出版，能够为法律实务界在海量的案例和业务实践中寻找执行审查业务"一般规律"提供可能，更希望能够为苦恼于如何寻求救济的当事人提供一定的指导与参考。

尽管本书讨论的问题涵盖了执行审查业务的绝大多数重点问题，我们对于本书选取的裁判观点也做了筛选，但仍旧无法反映人民法院执行审查业务的全貌。同时，执行审查业务因其自身具有的"纠正错误执行行为"的特点，导致其在裁判规则上带有很大的不确定性。在同一争议事项上，不同法院和不同法官都可能存在不同的处理结果。因此，我们不能保证本书的观点能够被所有的人民法院和法官采纳。我们建议当事人在面对相关争议时，要慎之又慎，认真研究并妥善作出选择。必要时，应委托对执行审查业务有深入研究的律师团队进行全盘分析处理，切勿"头痛医头，脚痛医脚"。

需要读者朋友留意的是，在进行本书案例的分析和裁判规则的梳理中，为了更好呈现和分析相应裁判规则的内在逻辑和规范依据，我们保留了对当时有效的法律法规、司法解释和规范性文件内容的援引，并以必要为原则对部分规定的更新进行了说明。

本书是我们对人民法院既有裁判规则的总结，以及在此基础上根据我们多年来实际办理大量执行业务经验进行的分析和解读，供各位读者参考。因本书是我们在繁忙的办案之余完成，个中缺漏在所难免。非常欢迎各位读者能够就本书内容与我们进行沟通交流，联系邮箱：lishu@yuntinglaw.com 。

李舒律师
2022 年 8 月

目 录
Contents

第一章　执行异议立案

001 对执行行为提异议的最后期限如何确定？／1

002 对其他债权人以物抵债裁定提异议，最迟应在什么时候提出？／10

003 执行程序终结后，利害关系人还能提执行异议吗？／16

004 申请撤销仲裁裁决被驳回后，在执行中还能提异议吗？／24

第二章　当事人异议

005 金融不良债权转让案件中迟延履行期间债务利息如何计算？／32

006 如何执行第二顺序的被执行人？／39

007 擅自出租法院查封的不动产，申请执行人能否要求承租人限期搬离？／47

008 司法拍卖中的税费到底由谁承担？／57

009 第一轮拍卖流拍后可以进行第二轮拍卖吗？第二轮拍卖价格如何确定？／65

010 债权人故意拖延执行，债务人仍支付迟延履行利息吗？／72

第三章　利害关系人异议

011 承租人不服以物抵债裁定，通过何种程序救济？／80

012 次债务人能否作为案外人提起执行异议之诉？/ 87

013 次债务人提出执行异议，一律能够阻却执行吗？/ 94

014 次债务人对协助执行通知有异议，应当如何救济？/ 103

015 公司对认定分公司承担责任的判决裁定不服，能否提第三人撤销之诉？/ 109

016 共有人如何对执行共有房屋的执行行为提异议？能否要求整体拍卖？/ 114

第四章　案外人异议及执行异议之诉

017 如何判断案外人执行异议是否与生效裁判相关？/ 123

018 执行行为异议与执行标的异议能否合并审查？/ 131

019 被执行人能否提起执行异议之诉？/ 137

020 执行标的权属因执行而变动后案外人能否要求提起执行异议之诉？/ 144

021 被执行人与案外人对执行标的都不享有权益，执行异议之诉如何处理？/ 151

022 被执行人破产的，执行异议之诉要中止审理吗？/ 157

023 债务是否属于夫妻共同债务属于执行异议之诉的审理范围吗？/ 165

024 夫妻协议离婚分割财产但未办理过户登记，夫妻一方能否排除强制执行？/ 171

025 夫妻协议离婚将共同财产赠与子女但未过户，子女能否排除强制执行？/ 183

026 对法院财产保全有异议，案外人能否请求解封？/ 193

027 一般债权人能否申请执行担保人用于担保的保证金专户内资金？/ 202

028 保证金专户能否排除执行？排除执行的判断标准是什么？/ 209

029 执行程序中，案外人能否以"错误汇款至查封账户"为由阻却执行？/ 217

030 质押权人能否排除法院对于出质人财产的强制执行？/ 223

031 挂靠人能否排除债权人对被挂靠企业存款的强制执行？/ 229

032 实际出资人能否排除对代持股权的强制执行？/ 238

033 合作开发房地产，投资建造方能否排除执行？/ 248
034 借名开发房地产，实际投资人能否排除强制执行？/ 258
035 土地使用权实际权利人能否排除对名义所有人的强制执行？/ 268
036 配偶名下共同财产被拍卖，如何识别和审查配偶所提异议？/ 279
037 合伙财产被部分合伙人的债权人申请执行，其他合伙人怎么办？/ 287
038 承包分公司的内部承包合同，能否排除法院对分公司财产的执行？/ 293
039 法院冻结财产却没办登记，买受人能否排除执行？/ 298
040 最高人民法院关于强制执行中，涉及土地使用权排除强制执行的16个裁判规则 / 307
041 最高人民法院涉及车辆、矿产、船舶排除执行的11个常见问题 / 318

第五章　抵押权与执行异议

042 购房人购买存在抵押的房屋能否排除抵押权人的强制执行？/ 326
043 抵押权人同意出售房屋，购房人能否排除执行？/ 333
044 抵押权人同意销售抵押房屋，未能过户属于买受人的过错吗？/ 341
045 先抵后售，房屋买受人能否排除抵押权人的强制执行？/ 349
046 抵押权预告登记权利人能否阻却对预告登记房屋的强制执行？/ 357
047 抵押权人能否提起第三人撤销之诉请求撤销确认工程价款优先受偿权的判决？/ 362
048 房地产开发商能否解除买卖合同，排除抵押预告登记权人的执行？/ 370
049 被拆迁人能否排除抵押权人执行安置房？/ 376
050 建设工程承包人能否对抗抵押权人的强制执行？/ 386
051 被判决确认有建设工程价款优先受偿权的房屋，买受人还能否请求排除强制执行？/ 395

第六章　房屋买受人与案外人执行异议

052 买卖合同解除后，出卖人对标的物是否享有排除强制执行的权利？/ 403

053 《执行异议和复议规定》第二十七条、第二十八条、第二十九条之间的适用关系如何确定？/ 412

054 《查封、扣押、冻结规定》第十七条与《执行异议和复议规定》第二十八条之间的适用关系如何确定？/ 421

055 一房二卖碰到执行异议之诉，如何处理？/ 430

056 房屋未办理预售许可证，案外人能排除执行吗？/ 437

057 购房多年，买受人长期未办过户能否排除执行？/ 445

058 购房消费者能否对酒店式公寓排除执行？/ 453

059 如何认定作为房屋买受人的案外人已支付购房款？/ 460

060 买受人未及时办理预告登记、网签或备案，能否排除强制执行？/ 469

061 案外人要求排除执行，法院如何认定在法院查封前已签订买卖合同？/ 477

062 一手房买卖中，房屋消费者排除优先权利人强制执行的条件是什么？/ 490

063 非买受人办理预告登记能排除强制执行吗？/ 499

064 购房人仅签订认购书，能否作为案外人排除强制执行？/ 507

065 法院查封时房屋未竣工验收合格的，购房人能否排除执行？/ 514

066 所购房屋未竣工验收、未过户，购房人能否排除执行？/ 521

067 案外人名下有多套房，能否排除对未过户房屋的强制执行？/ 530

068 因限购而不具备购房资格，能否排除对所购房屋的强制执行？/ 540

069 房屋买受人程序走错，错误申请再审，到手房产被另案执行？/ 545

070 获赠取得的房屋（地下车库、储藏室）使用权人能否阻止移交、排除强制执行？/ 553

第七章 以物抵债与执行异议

071 以房屋抵偿工程款，能否排除开发商普通债权人的执行？/ 561

072 债务人破产，债权人能否要求继续履行以房抵债协议？/ 568

073 拍卖流拍后，法院可以直接将部分拍卖物抵债吗？/ 575

074 以民事调解书形式达成的以物抵债协议能否排除强制执行 / 583

075 以房地抵债的受让人能否作为无过错不动产买受人排除强制

执行？/ 590

076 不动产以物抵债协议到底能否排除对执行标的的强制执行？/ 597

第八章 变更、追加执行当事人

077 申请追加接受无偿调拨、划转财产的主体为被执行人需要符合哪些条件？/ 604

078 一人公司股东个人私户收公款，可追加股东为被执行人 / 610

079 对申请追加配偶为被执行人的裁定不服，能不能提起执行异议之诉？/ 616

080 夫妻设立的公司欠债，债权人能否追加夫妻二人为被执行人？/ 624

081 追加裁定送达后擅自向其他债权人清偿债务，如何处理？/ 631

082 公司恶意延长股东出资期限，能否追加该股东为被执行人？/ 640

083 可以直接追加次债务人为被执行人吗？/ 649

084 瑕疵出资股东转让股权，公司债权人能否直接追加受让人为被执行人？/ 658

085 多年前抽逃出资且股权已转让，能否被追加为被执行人？/ 668

086 生效法律文书确定的债权转让多次，最后一手债权人如何变更为申请执行人？/ 676

第九章 参与分配与执行异议

087 执行分配方案异议之诉中，原告诉讼请求到底应该怎么写？/ 682

088 普通债权人参与分配的条件到底是什么？/ 691

089 首封债权究竟该如何分配？/ 697

090 企业资不抵债且不能破产，普通债权人之间到底该如何分配？/ 706

091 被执行人是公司，申请执行人对执行分配方案不服能否起诉？/ 715

092 债务人破产，法院已经划扣但尚未发还债权人的钱如何处理？/ 724

第十章 刑事裁判涉财产部分执行与执行异议

093 刑事裁判涉财产部分的执行，案外人能否提起执行异议之诉？/ 733

094 刑事裁判认定属赃款赃物，案外人有异议的应通过何种程序处理？/ 740

095 刑事涉案财物已被认定赃物且执行完毕的，案外人如何救济？/ 747

全称简称表 / 755

第一章　执行异议立案

001 对执行行为提异议的最后期限如何确定？

> **在执行程序终结前均可对法院执行行为提出异议**

阅读提示

在执行程序中，当事人、利害关系人可以依据《中华人民共和国民事诉讼法》[①]第二百二十五条[②]的规定，针对法院的执行行为提出异议，案外人可以依据《民事诉讼法》第二百二十七条的规定，针对执行标的提出异议。但是，正如民事诉讼中的时效制度那样，在民事执行程序中，当事人、利害关系人、案外人提出执行异议也是有法定期限的，超过提出异议的期限，将丧失异议申请被支持的权利。相对于民事诉讼中对诉讼时效和除斥期间的区分，以及物权请求权和债权请求权与诉讼时效关系的区分，在执行程序中异议人提出异议的时间也有其独特的规则，本文通过几则案例，对这一规则进行梳理和总结。

裁判要旨

当事人、利害关系人依照《民事诉讼法》第二百二十五条的规定提出异议，只要是在执行程序终结前提出，就应当对其异议进行审查，执行标的物已执行完毕不能等同于执行程序终结。

[①] 以下简称《民事诉讼法》。
[②] 为了更好呈现和分析相应裁判规则的内在逻辑和规范依据，本书保留了案件审理当时有效的法律法规、司法解释和规范性文件内容。同时，在【相关法律规定】中收录最新法律法规、司法解释和规范性文件内容，并以脚注形式标注与新法对应的旧法条文序号，请读者参照使用。

案情简介

2014年11月3日，韩某强与孙某华、营口某旅社借款合同纠纷一案，营口中院判决孙某华、营口某旅社给付韩某强借款本息。

另案申请执行人丁某真基于其他生效判决书，向营口中院申请拍卖本案被执行人营口某旅社名下的土地使用权及地上建筑物。

2015年12月7日，韩某强向营口中院提交《参与执行分配申请书》申请参与分配另案丁某真的申请执行案款，但营口中院拖延不予立案。

2016年1月11日，韩某强依据本案生效判决向营口中院申请执行，营口中院同日立案。

2016年1月15日，营口中院裁定将被执行人营口某旅社名下的土地使用权及地上建筑物，交付给另案申请执行人丁某真抵偿债务。

2016年8月7日，在本案执行中，因被执行人孙某华、营口某旅社无其他可供执行财产，营口中院裁定终结本次执行程序。

2018年7月26日，韩某强因被执行人的财产在另案中，以物抵债给丁某真的执行问题，向营口中院提出书面异议。营口中院认为，韩某强提出异议请求，应当在执行程序终结前提出，现韩某强要求参与分配的标的物已经交付给丁某真抵偿债务，丁某真案件执行标的物已执行完毕，故其提出的执行异议，不符合执行异议案件的受理条件，裁定驳回韩某强的异议申请。

韩某强不服该裁定，向辽宁高院提出复议。辽宁高院裁定驳回韩某强的复议申请。韩某强不服，向最高人民法院申诉。最高人民法院认为，本案审查的重点是韩某强对以物抵债所提异议是否已经逾期，异议、复议裁定对该重点存在认定事实不清、法律依据不足的问题。最高人民法院裁定撤销辽宁高院的复议裁定，本案由辽宁高院重新审查处理。

裁判要点及思路

本案的核心问题是：本案申请执行人韩某强对另案中营口中院作出的以物抵债裁定所提的异议是否已经逾期。

《最高人民法院关于人民法院办理执行异议和复议案件若干问题的规定》① 第

---

① 以下简称《执行异议和复议规定》。

六条规定:"当事人、利害关系人依照民事诉讼法第二百二十五条规定提出异议的,应当在执行程序终结之前提出,但对终结执行措施提出异议的除外。案外人依照民事诉讼法第二百二十七条规定提出异议的,应当在异议指向的执行标的执行终结之前提出;执行标的由当事人受让的,应当在执行程序终结之前提出。"

本案韩某强对另案中营口中院作出的以物抵债裁定所提的异议,属于依照《民事诉讼法》第二百二十五条规定,针对营口中院的执行行为所提出的异议,应当在执行程序终结之前提出。关于如何理解与适用"执行程序终结之前",营口中院和辽宁高院认为,韩某强要求参与分配的标的物已经交付给另案申请执行人丁某真抵偿债务,丁某真案件执行标的物已执行完毕,故其提出的执行异议,不符合执行异议案件的受理条件,应予驳回。

最高人民法院认为,当事人、利害关系人依照《民事诉讼法》第二百二十五条的规定提出异议,只要是在执行程序终结前提出就应当对其异议进行审查,执行标的物已执行完毕不能等同于执行程序终结。营口中院和辽宁高院的裁定对另案执行程序是否终结,终结的时间等重要事实未予审查,仅以标的物已经交付给另案申请执行人抵偿债务,执行标的物已执行完毕为由认定韩某强的异议请求不符合执行异议案件的受理条件,属于事实不清、对法条理解不当。

实务要点总结

一、当事人、利害关系人依照《民事诉讼法》第二百二十五条的规定,针对执行行为提出异议,只要是在执行程序终结前提出,就应当对其异议进行审查,执行标的物已执行完毕不能等同于执行程序终结。如何理解"执行程序终结"?鉴于实践中法官、律师、当事人对此问题的理解常常出现偏差和混淆,本文从以下三个方面进行分析:

第一,终结本次执行不属于执行程序终结。终结本次执行程序是指人民法院已穷尽一切执行措施,未发现被执行人有可供执行的财产或者发现的财产不能处置的,暂时作结案处理,待发现可供执行财产后恢复执行的一项制度。终结本次执行后,还可以恢复执行,显然不属于执行程序终结。

第二,执行标的执行终结不同于执行程序终结。《执行异议和复议规定》第六条第二款区分了"执行标的的执行终结"和"执行程序终结"。执行标的的执行终结是指对执行标的采取执行措施并执行完毕,执行标的的执行终结以标的物权属发生转移的时点为准,而执行程序终结是指整个执行程序的终结,以执行法院作出执行程序终结裁定的时间为准。

第三，整体终结和特定终结。四川高院在某案件中，将执行程序的终结区分为整体终结和特定终结。(详见延伸阅读案例一) 整体终结指的是执行程序终结，特定终结指的是对于特定的执行标的所进行的执行程序的终结。我们认为，《执行异议和复议规定》第六条已经明确使用了"执行标的执行终结"和"执行程序终结"的表述，且在比较清晰的情况下，就没有必要再创造新的词语指代此问题。

二、案外人依照《民事诉讼法》第二百二十七条的规定，针对执行标的提出异议的，当执行标的由当事人之外的第三人受让时，案外人应当在异议指向的执行标的执行终结之前提出；当执行标的由当事人受让时，案外人应当在执行程序终结之前提出。准确理解《执行异议和复议规定》第六条第二款的上述规定，首先需要理解"执行标的执行终结"和"执行程序终结"的概念，前文对此已经作出了区分。然后，还要区分执行标的由谁受让。执行标的由当事人之外的第三人受让的，案外人应当在异议指向的执行标的执行终结之前提出异议。(详见"延伸阅读"案例二) 执行标的由当事人受让的，案外人应当在执行程序终结之前提出。(详见"延伸阅读"案例三)

法律作出以上两种区分的原因在于，当执行标的由当事人之外的第三人受让的，为了维护司法拍卖等执行措施的公信力以及执行程序的稳定性，不应允许案外人过分迟延地提出异议，案外人应当在异议指向的执行标的执行终结之前提出。但是，当执行标的由当事人受让的，不涉及第三人利益保护问题，案外人可以在执行标的执行终结之后，执行程序终结之前提出异议。值得注意的是，当事人、利害关系人依据《民事诉讼法》第二百二十五条的规定，针对执行行为提出异议时，并不作上述区分。原因在于，执行行为异议的对象是执行法院的执行行为，而执行标的异议的对象是执行标的，前者关乎执行法院这一个主体，至于后者，当事人和第三人这两类主体都可以受让执行标的。

三、我们提请异议人注意，首先要区分执行行为异议和执行标的的异议，其次要区分执行标的的异议中的"第三人受让"和"当事人受让"，再次要区分"执行标的的执行终结"和"执行程序终结"，最后要确定提出执行异议的法定期限，在法定的期限内尽早提出执行异议，否则将会丧失提起异议被支持的权利。

相关法律规定

《最高人民法院关于人民法院办理执行异议和复议案件若干问题的规定》(2020年12月23日修正)

第六条 当事人、利害关系人依照民事诉讼法第二百二十五条规定提出异议的，应当在执行程序终结之前提出，但对终结执行措施提出异议的除外。

案外人依照民事诉讼法第二百二十七条规定提出异议的，应当在异议指向的执行标的执行终结之前提出；执行标的由当事人受让的，应当在执行程序终结之前提出。

《民事诉讼法》（2021 年 12 月 24 日修正）

第二百三十二条[①]　当事人、利害关系人认为执行行为违反法律规定的，可以向负责执行的人民法院提出书面异议。当事人、利害关系人提出书面异议的，人民法院应当自收到书面异议之日起十五日内审查，理由成立的，裁定撤销或者改正；理由不成立的，裁定驳回。当事人、利害关系人对裁定不服的，可以自裁定送达之日起十日内向上一级人民法院申请复议。

第二百三十四条[②]　执行过程中，案外人对执行标的提出书面异议的，人民法院应当自收到书面异议之日起十五日内审查，理由成立的，裁定中止对该标的的执行；理由不成立的，裁定驳回。案外人、当事人对裁定不服，认为原判决、裁定错误的，依照审判监督程序办理；与原判决、裁定无关的，可以自裁定送达之日起十五日内向人民法院提起诉讼。

第二百六十四条[③]　有下列情形之一的，人民法院裁定终结执行：

（一）申请人撤销申请的；

（二）据以执行的法律文书被撤销的；

（三）作为被执行人的公民死亡，无遗产可供执行，又无义务承担人的；

（四）追索赡养费、扶养费、抚养费案件的权利人死亡的；

（五）作为被执行人的公民因生活困难无力偿还借款，无收入来源，又丧失劳动能力的；

（六）人民法院认为应当终结执行的其他情形。

《最高人民法院关于适用〈中华人民共和国民事诉讼法〉的解释》（2022 年 3 月 22 日修正）

第四百六十二条[④]　根据民事诉讼法第二百三十四条规定，案外人对执行标的提出异议的，应当在该执行标的的执行程序终结前提出。

第四百六十四条[⑤]　申请执行人与被执行人达成和解协议后请求中止执行或者

[①] 原第二百二十五条。
[②] 原第二百二十七条。
[③] 原第二百五十七条。
[④] 原第四百六十四条。
[⑤] 原第四百六十六条。

撤回执行申请的，人民法院可以裁定中止执行或者终结执行。

法院裁判

以下是最高人民法院在"本院认为"部分的论述：

本院认为，本案申诉人申诉理由主要为被执行人唯一财产被裁定以物抵债，侵犯了其合法权益，请求予以执行回转，并支持其参与分配。本案异议、复议裁定主要以其异议不符合受理条件等理由从程序上予以驳回。故本案审查的重点问题是韩某强对以物抵债所提异议是否已经逾期。经审查，异议、复议裁定认为其异议不符合受理条件，存在事实不清、法律依据不足问题。

首先，按照《执行异议和复议规定》第六条"当事人、利害关系人依照民事诉讼法第二百二十五条规定提出异议的，应当在执行程序终结之前提出，但对终结执行措施提出异议的除外"的规定，案外人只要在执行程序终结前提出就应当对其异议进行审查，执行标的物已执行完毕不能等同于执行程序终结。本案中，营口中院异议裁定及辽宁高院复议裁定对该案执行程序是否终结，终结的时间等重要事实未予审查，在韩某强对以物抵债裁定提出异议后，仅以标的物已经交付给该案申请执行人抵偿债务，执行标的物已执行完毕为由认定申诉人的异议请求不符合执行异议案件的受理条件，存在事实不清、对法条理解不当问题。

其次，从本案申诉人异议、复议的理由来看，其主张曾在以物抵债裁定作出前，于2015年12月7日向营口中院提交《参与执行分配申请书》申请参与分配，但营口中院一直拖延不予立案，导致被执行人唯一财产被以物抵债给另案申请执行人。对该项事实，异议及复议裁定也均未予以审查认定，存在违法剥夺当事人程序权利的可能。且辽宁高院认为韩某强要求参与分配属于分配方案的异议，从而对申诉人韩某强请求参与分配问题以《最高人民法院关于适用〈中华人民共和国民事诉讼法〉的解释》①第五百一十二条的规定为由进行审查，属于适用法律错误。

至于韩某强的异议是否成立，应否执行回转等问题应在进行审查后予以认定。申诉人主张的对相关执行员违法违纪行为依法查处问题，不属于本案审查范畴，可由相关部门依法审查处理。

综上，辽宁高院复议裁定认定事实部分不清，适用法律不当。参照《民事诉讼法》第二百零四条，依照《最高人民法院关于人民法院执行工作若干问题的规定

---

① 以下简称《民诉法解释》。

（试行）》[①] 第一百二十九条规定，裁定如下：

一、撤销辽宁省高级人民法院（2019）辽执复200号执行裁定；

二、本案由辽宁省高级人民法院重新审查处理。

案件来源

《韩某强、孙某华借款合同纠纷执行审查类执行裁定书》【最高人民法院（2019）最高法执监488号】

延伸阅读

在检索大量类案的基础上，本书总结相关裁判规则如下，供读者参考：

一、执行程序的终结从广义上包括整体终结和特定终结。执行程序的特定终结并不导致执行程序的整体终结，当事人、利害关系人在执行程序整体终结之前提出执行行为异议，符合法律规定。

案例一：《成都银行股份有限公司某支行、张某芳离婚纠纷执行审查类执行裁定书》【四川省高级人民法院（2020）川执监17号】

本院认为，本案申诉审查程序应审查的焦点问题为成都银行某支行所提出执行行为异议是否已超过法定期限，是否符合受理条件。

《执行异议和复议规定》第六条规定："当事人、利害关系人依照民事诉讼法第二百二十五条规定提出异议的，应当在执行程序终结之前提出，但对终结执行措施提出异议的除外。案外人依照民事诉讼法第二百二十七条规定提出异议的，应当在异议指向的执行标的执行终结之前提出；执行标的由当事人受让的，应当在执行程序终结之前提出。"据此，当事人、利害关系人提出执行行为异议，应当在执行程序终结之前提出。执行程序的终结从广义上包括整体终结和特定终结。整体终结是指执行程序依法启动以后，因出现法定情形导致执行程序无须或无法进行而结束执行程序。特定终结是指对于特定的执行标的所进行的执行程序的终结，包括执行程序中基于拍卖、变卖和以物抵债裁定生效后，执行标的物权属发生转移等情形。但执行程序的特定终结并不导致执行程序的整体终结，当事人、利害关系人在执行程序整体终结之前提出执行行为异议，符合法律规定。

本案中，四川省华蓥市人民法院于2015年12月21日向房管局送达协助执行

---

① 以下简称《执行工作规定》。

通知书,案涉房屋在2015年12月29日过户至张某芳名下,属对特定执行标的所进行的执行程序的终结,即特定终结,但该案执行程序并未整体终结。其后四川省华蓥市人民法院虽对案件作内部结案处理,但并未依照相关司法解释规定作出结案法律文书并送达当事人,上述结案处理对当事人、利害关系人不能产生拘束力,当事人、利害关系人并不因此丧失提出执行异议的相关程序权利。成都银行某支行作为利害关系人于2016年1月12日向执行法院提交执行异议材料,应视为其依法提出执行行为异议,在执行程序并未整体终结的前提下,成都银行某支行提出执行行为异议并未超过法定期限,符合受理条件。

二、案外人依照《民事诉讼法》第二百二十七条的规定,针对执行标的提出异议的,当执行标的由当事人之外的第三人受让时,案外人应当在异议指向的执行标的执行终结之前提出。

案例二:《中国民生银行股份有限公司某分行、中国农业银行股份有限公司某分行再审审查与审判监督民事裁定书》【最高人民法院(2020)最高法民申2369号】

本院经审查认为,本案系案外人提起的执行异议之诉。根据《民诉法解释》第四百六十四条规定,案外人对执行标的提出执行异议的,应当在该执行标的执行程序终结前提出。本案民生银行某分行起诉请求将农行某分行从新余中院分配受偿的执行扣划鸿某公司出售废钢给萍某公司形成的应收货款490万元支付给其优先受偿。经原审查明,双方当事人诉争的490万元应收账款已于2014年10月19日给付农行某分行,该执行标的执行程序终结。该争议执行标的的执行并不属于《执行异议和复议规定》第六条第二款规定中"执行标的由当事人受让的"的情形,故在该争议执行标的已经执行终结后,即使该案整个执行程序尚未终结,案外人亦不能再对争议执行标的提出异议。因此,原审法院认为民生银行某分行在争议的执行标的执行程序终结后提起的执行异议之诉不符合法律规定的受理条件,裁定驳回民生银行某分行的起诉,适用法律并无不当。民生银行某分行主张原审适用法律错误的再审理由,理据不足,本院不予支持。

三、案外人依照《民事诉讼法》第二百二十七条的规定,针对执行标的提出异议的,当执行标的由当事人受让时,案外人应当在执行程序终结之前提出。

案例三:《徐某、张某俊再审审查与审判监督民事裁定书》【最高人民法院(2018)最高法民申1299号】

本院认为,本案再审审查的主要问题为:徐某对案涉房屋提出执行异议是否超出法律规定的期限。即其是否在该执行标的执行程序终结前提出了执行异议。

根据《民诉法解释》第四百六十四条的规定,案外人根据《民事诉讼法》第二百二十七条规定对执行标的提出异议的，应当在该执行标的执行程序终结前提出。而对于执行标的执行程序终结，按照《执行异议和复议规定》第六条第二款的规定，又区分了两种情况：一是执行标的由当事人以外的第三人受让的，案外人应当在异议指向的执行标的执行终结之前提出；二是执行标的由申请执行人或者被执行人受让的，应当在执行程序终结之前提出。也就是说，如果受让人通过司法拍卖程序已经取得了执行标的的所有权，为了维护司法拍卖的公信力以及执行程序的稳定性，不应允许案外人过分迟延地提出异议，但如果执行标的通过拍卖或者以物抵债由执行案件当事人获得，其应因错误执行而返还执行标的，只要执行程序尚未结束，案外人提出异议的期限就不应截止。因此，执行过程中对案涉房屋作出了以物抵债裁定，则应当以执行程序是否终结来判断案外人提出执行异议的期限。

本案中，张某俊以中某公司为被告提起民间借贷之诉，后双方达成调解，一审法院作出民事调解书，因中某公司未按期履行调解书确定的法律义务，张某俊申请强制执行。执行法院裁定拍卖、变卖诉前保全财产中的112套房屋，后因三次拍卖均无人报名而流拍，又根据张某俊书面申请，于2015年11月16日作出（2015）六执字第00178-1号执行裁定，将上述112套房屋及所占土地使用权以第三次拍卖的保留价4775万元交付申请执行人张某俊以物抵债。根据《民诉法解释》第四百九十三条的规定："拍卖成交或者依法定程序裁定以物抵债的，标的物所有权自拍卖成交裁定或者抵债裁定送达买受人或者接受抵债物的债权人时转移。"上述以物抵债裁定一经送达即产生物权变动的效力，但案涉房屋系执行案件的申请执行人张某俊获得，属于《执行异议和复议规定》第六条第二款规定的执行标的由当事人受让的，应当在执行程序终结之前提出情形。作为案外人的徐某只要在该案执行程序终结前提出执行异议，即未超出应当提出执行异议的法定期限。而徐某在此之前已经提出异议，二审法院认定徐某所提执行异议已超出法律规定的期限，缺乏事实和法律依据。

002 对其他债权人以物抵债裁定提异议，最迟应在什么时候提出？

> 债权人可在执行程序终结前对其他债权人申请以物抵债的裁定提出异议

阅读提示

同一债务人负有多起债务，多个债权人申请执行债务人的某项财产，当某债权人申请拍卖债务人财产两次流拍后，法院可裁定债务人以物抵债偿还债务。实践中，有些债务人为了逃避债务，与部分债权人恶意串通，利用以物抵债方式转移财产，甚至虚构债务后，将财产抵偿给虚假的债权人。此时，其他债权人对法院作出的以物抵债裁定不服的，可以提起执行异议和复议程序寻求救济。那么，债权人最迟应该在什么时候对以物抵债裁定提出异议？本文通过一则案例对这一问题进行解答。

裁判要旨

债权人对其他债权人申请以物抵债裁定提出的异议，属于对执行行为提出的异议，根据《执行异议和复议规定》第六条第一款的规定，应当在执行程序终结之前提出，而非在执行标的执行终结之前提出。

案情简介

2011年12月，维扬法院判决安某公司偿还周某梅750万元借款，周某梅对安某公司名下房产享有抵押权，已办理抵押登记。

2013年12月，淮安中院判决安某公司的法定代表人丁某铭偿还锦某公司1000万元借款，丁某铭未履行债务，锦某公司向淮安中院申请执行。

2014年1月，安某公司向淮安中院、锦某公司出具《担保书》，以其名下房产为丁某铭偿还锦某公司的债务提供担保，但并未办理抵押登记。

2014年2月，锦某公司申请查封了安某公司存在抵押权的涉案房产，并申请拍卖涉案房产。淮安中院张贴拍卖公告后，抵押权人周某梅提出异议，但后来又撤回了异议申请。

2015年3月，淮安中院在淘宝网司法拍卖网络平台上公开拍卖涉案房产，因无人报名参加竞拍而流拍。锦某公司向淮安中院申请以第一次拍卖的流拍价接收拍卖房地产用于抵偿债务。

2015年4月，淮安中院裁定将安某公司涉案房产作价1919.79万元，交付锦某公司用于抵偿债务。轮候查封人周某梅向淮安中院提起执行异议，认为其对涉案房产享有抵押权，且其申请执行安某公司的案件已进入执行程序，淮安中院以物抵债裁定错误。

淮安中院经审查认为，直接将设置抵押权的涉案楼房裁定抵偿给锦某公司，明显损害了享有抵押权的轮候查封人周某梅的权益，应予撤销。

锦某公司不服，向江苏高院申请复议，称周某梅在以物抵债裁定执行完毕后才提出异议，已经超过了提起执行异议的期限，应依法不予受理。

江苏高院认定，周某梅在执行程序终结前，针对执行行为提起的异议，未超过提出异议的期限，淮安中院以物抵债裁定损害抵押权人周某梅的合法权益，依法应予撤销。

裁判要点及思路

本案的争议焦点有两个：一、周某梅提起的执行异议，是否超过提出执行异议的期限；二、淮安中院撤销其以物抵债裁定是否有事实和法律依据。

关于争议焦点一，锦某公司主张，根据《民事诉讼法》第二百二十七条规定，案外人对执行标的提出异议的，应当在该执行标的执行程序终结前提出，而本案周某梅是在本案执行完毕后提出异议，应依法不予受理。江苏高院认定，利害关系人周某梅针对以物抵债裁定提出的异议，属于对执行行为提出的异议，根据《执行异议和复议规定》第六条的规定，应当在执行程序终结之前提出，而非在执行标的执行终结之前提出。而本案执行程序尚未终结，故利害关系人周某梅提出执行异议并未超过执行异议期限。

关于争议焦点二，淮安中院和江苏高院均认定，应当撤销淮安中院作出的以物抵债裁定。首先，安某公司虽将其所有的房产向淮安中院提供执行担保，但并未依法办理相关抵押手续，故本案实质仍是安某公司以其责任财产向淮安中院提供的保证。其次，淮安中院以物抵债裁定损害抵押权人周某梅的合法权益，依法应予撤销。最后，周某梅虽曾提出执行异议并撤回异议申请，但不能据此认定其已放弃对案涉房产享有的抵押权。

实务要点总结

一、债权人对其他债权人申请以物抵债的裁定提出的异议，属于对执行行为提出的异议，应当在执行程序终结之前提出。《执行异议和复议规定》第七条第一款规定："当事人、利害关系人认为执行过程中或者执行保全、先予执行裁定过程中的以物抵债执行措施违法的，法院应当依照民事诉讼法第二百二十五条规定进行审查……"第六条第一款规定："当事人、利害关系人依照民事诉讼法第二百二十五条规定提出异议的，应当在执行程序终结之前提出，但对终结执行措施提出异议的除外。"

债权人对其他债权人申请以物抵债裁定提出异议时，其并非其他债权人申请执行案件中的当事人，其身份属于"利害关系人"，因此，其针对其他债权人申请以物抵债裁定提出的异议，属于《民事诉讼法》第二百二十五条规定的执行行为异议，应当在执行程序终结之前提出。

二、执行标的物已执行完毕不能等同于执行程序终结，债权人有权在以物抵债裁定的执行标的物执行完毕后，执行程序终结前，对其他债权人申请以物抵债的裁定提出执行异议。《执行异议和复议规定》第六条第二款区分了"执行标的执行终结"和"执行程序终结"。执行标的执行终结是指对执行标的采取执行措施并执行完毕，以标的物权属发生转移的时点为准，而执行程序终结是指整个执行程序的终结，以执行法院作出执行程序终结裁定的时间为准。可见，执行标的物已执行完毕不能等同于执行程序终结。最高人民法院在某案件的审理中，就该问题进行了详细的论述，详见本文"延伸阅读"案例一。

相关法律规定

《最高人民法院关于人民法院办理执行异议和复议案件若干问题的规定》（2020年12月23日修正）

第六条 当事人、利害关系人依照民事诉讼法第二百二十五条规定提出异议的，应当在执行程序终结之前提出，但对终结执行措施提出异议的除外。

案外人依照民事诉讼法第二百二十七条规定提出异议的，应当在异议指向的执行标的执行终结之前提出；执行标的由当事人受让的，应当在执行程序终结之前提出。

第七条 当事人、利害关系人认为执行过程中或者执行保全、先予执行裁定过程中的下列行为违法提出异议的，人民法院应当依照民事诉讼法第二百二十五条规定进行审查：

（一）查封、扣押、冻结、拍卖、变卖、以物抵债、暂缓执行、中止执行、终结执行等执行措施；

（二）执行的期间、顺序等应当遵守的法定程序；

（三）人民法院作出的侵害当事人、利害关系人合法权益的其他行为。

被执行人以债权消灭、丧失强制执行效力等执行依据生效之后的实体事由提出排除执行异议的，人民法院应当参照民事诉讼法第二百二十五条规定进行审查。

除本规定第十九条规定的情形外，被执行人以执行依据生效之前的实体事由提出排除执行异议的，人民法院应当告知其依法申请再审或者通过其他程序解决。

《民事诉讼法》（2021年12月24日修正）

第二百三十二条[①]　当事人、利害关系人认为执行行为违反法律规定的，可以向负责执行的人民法院提出书面异议。当事人、利害关系人提出书面异议的，人民法院应当自收到书面异议之日起十五日内审查，理由成立的，裁定撤销或者改正；理由不成立的，裁定驳回。当事人、利害关系人对裁定不服的，可以自裁定送达之日起十日内向上一级人民法院申请复议。

法院裁判

以下是江苏高院在"本院认为"部分的论述：

本案的争议焦点是：一、周某梅、徐某训是否超过执行异议期限提出本案执行异议；二、淮安中院撤销其以物抵债裁定是否有事实和法律依据。

本院认为：一、周某梅、徐某训没有超过执行异议期限提出执行异议。首先，根据《执行异议和复议规定》第七条第一款第一项关于"当事人、利害关系人认为执行过程中或者执行保全、先予执行裁定过程中的查封、扣押、冻结、拍卖、变卖、以物抵债、暂缓执行、中止执行、终结执行等执行措施违法提出异议的，人民法院应当依照民事诉讼法第二百二十五条规定进行审查"的规定，周某梅、徐某训所提异议属于执行行为异议，锦某公司关于该异议属于《民事诉讼法》第二百二十七条规定的执行标的异议的主张不能成立。其次，《执行异议和复议规定》第六条规定："当事人、利害关系人依照民事诉讼法第二百二十五条规定提出异议的，应当在执行程序终结之前提出……"本案中，淮安中院于2015年4月1日作出以物

[①]　原第二百二十五条。

抵债裁定，于 2015 年 5 月 18 日向扬州市邗江区房管局送达民事裁定书及协助执行通知书，要求房产部门暂停办理安某公司案涉房屋的过户、抵押、解封以及改变该房地产现状的一切手续，本案执行程序尚未终结，故利害关系人周某梅、徐某训提出执行异议并未超过执行异议期限。

二、淮安中院撤销其以物抵债裁定有事实和法律依据。首先，锦某公司对安某公司《担保书》中所涉房产并不享有优先受偿的权利。《民诉法解释》第四百七十条第二款规定："他人提供执行保证的，应当向执行法院出具保证书，并将保证书副本送交申请执行人。被执行人或者他人提供财产担保的，应当参照物权法、担保法的有关规定办理相应手续。"本案中，安某公司虽将其所有的房产向淮安中院提供执行担保，但并未依法办理相关抵押手续，故本案实质仍是安某公司以其责任财产向淮安中院提供的保证。其次，淮安中院以物抵债裁定损害抵押权人的合法权益，依法应予撤销。《民诉法解释》第四百九十二条规定：被执行人的财产无法拍卖或者变卖的，经申请执行人同意，且不损害其他债权人合法权益和社会公共利益的，人民法院可以将该项财产作价后交付申请执行人抵偿债务，或者交付申请执行人管理。故执行法院依职权以物抵债的，应当不损害其他债权人合法权益和社会公共利益。根据本案查明事实，淮安中院在作出以物抵债裁定之前应当明知案涉房产上存在他人设定的抵押权且被另案查封，在此情况下，淮安中院还将安某公司 1—4 层房地产抵债给锦某公司，明显损害了抵押权人周某梅、徐某训的合法权益，依法应予撤销。最后，周某梅虽曾提出执行异议并撤回异议申请，但不能据此认定其已放弃对案涉房产享有的抵押权。

综上，依照《民事诉讼法》第二百二十五条，《执行异议和复议规定》第二十三条第一款第一项、第三十二条，《最高人民法院关于适用〈中华人民共和国民事诉讼法〉执行程序若干问题的解释》① 第八条、第九条之规定，裁定如下：

驳回申请复议人淮安锦某国际货运代理有限公司的执行复议申请，维持江苏省淮安市中级人民法院（2015）淮中执异字第 00016 号执行裁定。

案件来源

《淮安锦某国际货运代理有限公司与丁某铭、淮安市源某房地产开发有限公司民间借贷纠纷、申请承认与执行法院判决、仲裁裁决案件执行裁定书》【江苏省高级人民法院（2015）苏执复字第 00101 号】

---

① 以下简称《民诉法执行程序解释》。

延伸阅读

一、执行标的物已执行完毕不能等同于执行程序终结，债权人有权在以物抵债裁定的执行标的物执行完毕后，执行程序终结前，对其他债权人申请以物抵债的裁定提出执行异议。

案例一：《韩某强、孙某华借款合同纠纷执行审查类执行裁定书》【最高人民法院（2019）最高法执监488号】

本院认为，本案申诉人申诉理由主要为被执行人唯一财产被裁定以物抵债，侵犯了其合法权益，请求予以执行回转，并支持其参与分配。本案异议、复议裁定主要以其异议不符合受理条件等理由从程序上予以驳回。故本案审查的重点问题是韩某强对以物抵债所提异议是否已经逾期。经审查，异议、复议裁定认为其异议不符合受理条件，存在事实不清、法律依据不足问题。

首先，按照《执行异议和复议规定》第六条"当事人、利害关系人依照民事诉讼法第二百二十五条规定提出异议的，应当在执行程序终结之前提出，但对终结执行措施提出异议的除外"的规定，利害关系人只要在执行程序终结前提出就应当对其异议进行审查，执行标的物已执行完毕不能等同于执行程序终结。本案中，营口中院异议裁定及辽宁高院复议裁定对该案执行程序是否终结、终结的时间等重要事实未予审查，在韩某强对以物抵债裁定提出异议后，仅以标的物已经交付给该案申请执行人抵偿债务，执行标的物已执行完毕为由认定申诉人的异议请求不符合执行异议案件的受理条件，存在事实不清、对法条理解不当问题。

其次，从本案申诉人异议、复议的理由来看，其主张曾在以物抵债裁定作出前，于2015年12月7日向营口中院提交《参与执行分配申请书》申请参与分配，但营口中院一直拖延不予立案，导致被执行人唯一财产被以物抵债给另案申请执行人。对该项事实，异议及复议裁定也均未予以审查认定，存在违法剥夺当事人程序权利的可能。且辽宁高院认为韩某强要求参与分配属于分配方案的异议，从而对申诉人韩某强请求参与分配问题以《民诉法解释》第五百一十二条的规定为由进行审查，属于适用法律错误。

二、执行程序的终结从广义上包括整体终结和特定终结。执行程序的特定终结并不导致执行程序的整体终结，当事人、利害关系人在执行程序整体终结之前提出执行行为异议，符合法律规定。

案例二：《成都银行股份有限公司某支行、张某芳离婚纠纷执行审查类执行裁定书》【四川省高级人民法院（2020）川执监17号】

本院认为，本案申诉审查程序应审查的焦点问题为成都银行某支行所提出执行行为异议是否已超过法定期限，是否符合受理条件。

《执行异议和复议规定》第六条规定："当事人、利害关系人依照民事诉讼法第二百二十五条规定提出异议的，应当在执行程序终结之前提出，但对终结执行措施提出异议的除外。案外人依照民事诉讼法第二百二十七条规定提出异议的，应当在异议指向的执行标的执行终结之前提出；执行标的由当事人受让的，应当在执行程序终结之前提出。"据此，当事人、利害关系人提出执行行为异议，应当在执行程序终结之前提出。执行程序的终结从广义上包括整体终结和特定终结。整体终结是指执行程序依法启动以后，因出现法定情形导致执行程序无须或无法进行而结束执行程序。特定终结是指对于特定的执行标的所进行的执行程序的终结，包括执行程序中基于拍卖、变卖和以物抵债裁定生效后，执行标的物权属发生转移等情形。但执行程序的特定终结并不导致执行程序的整体终结，当事人、利害关系人在执行程序整体终结之前提出执行行为异议，符合法律规定。

本案中，四川省华蓥市人民法院于2015年12月21日向房管局送达协助执行通知书，案涉房屋在2015年12月29日过户至张某芳名下，属对特定执行标的所进行的执行程序的终结，即特定终结，但该案执行程序并未整体终结。其后四川省华蓥市人民法院虽对案件作内部结案处理，但并未依照相关司法解释规定作出结案法律文书并送达当事人，上述结案处理对当事人、利害关系人不能产生拘束力，当事人、利害关系人并不因此丧失提出执行异议的相关程序权利。成都银行某支行作为利害关系人于2016年1月12日向执行法院提交执行异议材料，应视为其依法提出执行行为异议，在执行程序并未整体终结的前提下，成都银行某支行提出执行行为异议并未超过法定期限，符合受理条件。

003 执行程序终结后，利害关系人还能提执行异议吗？

> **执行程序终结后，利害关系人可以针对终结执行行为提出异议**

阅读提示

在强制执行案件中，申请执行人、被执行人和利害关系人依据《民事诉讼法》

第二百二十五条，向执行法院提起执行行为异议，需要在执行程序终结前提出，但对终结执行措施提出异议的除外。那么，执行程序终结的情形有哪些？针对终结执行行为提出异议有没有期限限制？若未在法定期限内提起执行异议，当事人、利害关系人的权利如何救济？本文通过几则案例对上述问题予以分析。

裁判要旨

当事人、利害关系人依照《民事诉讼法》第二百二十五条的规定，对终结执行行为提出异议的，应当自收到终结执行法律文书之日起60日内提出；未收到法律文书的，应当自知道或者应当知道人民法院终结执行之日起60日内提出。超出该期限提出执行异议的，人民法院不予受理。

案情简介

保某公司与郑某发民间借贷一案，2014年3月19日，萝北法院作出裁定，查封了被告保某公司名下的涉案房产。

2016年8月，鹤岗中院判决保某公司给付永某公司欠款，永某公司申请强制执行，2017年8月16日鹤岗中院作出（2016）黑04执71号之二执行裁定，将保某公司名下的涉案房产抵偿给永某公司。2017年8月21日，鹤岗中院作出（2016）黑04执71号结案通知书。

2019年8月15日，萝北法院作出（2019）黑0421执恢61号执行裁定，郑某发与保某公司民间借贷纠纷一案，执行中被执行人保某公司名下的涉案房产被鹤岗中院以（2016）黑04执71号之二执行裁定，将涉案房产执行给永某公司抵偿全部债权，因保某公司无财产可供执行，终结本次执行程序。

2019年9月26日，郑某发向鹤岗中院提出异议，请求撤销鹤岗中院作出的（2016）黑04执71号之二执行裁定和结案通知书。鹤岗中院以（2016）黑04执71号执行案件已经于2017年8月21日全部执行完毕为由，裁定对郑某发提出的执行异议，不予受理。

郑某发不服，向黑龙江省高院申请复议，黑龙江省高院认为郑某发作为利害关系人，有权提起执行异议，且针对终结执行行为提起执行异议的时间未超过法定期限，鹤岗中院应依法立案受理郑某发执行异议，裁定撤销鹤岗中院的执行裁定，指令鹤岗中院立案受理。

裁判要点及思路

本案的争议焦点是郑某发向鹤岗中院所提执行异议是否符合受理条件。黑龙江高院的裁判思路如下：

第一，郑某发作为利害关系人提出执行异议未违反法律规定。根据《执行异议和复议规定》第五条规定，利害关系人可以针对执行法院的执行行为提起异议。本案中，郑某发已申请萝北法院在先查封了鹤岗中院（2016）黑04执71号之二执行裁定所处置的房产，且对该房产享有抵押权，因此，郑某发作为利害关系人有权提出执行行为异议。

第二，郑某发所提异议属于针对执行法院的终结执行行为提出的异议。郑某发向鹤岗中院提出异议，请求撤销鹤岗中院作出的结案通知书，属于针对终结执行行为提出的异议，应当在法定期限内提起该执行异议。

第三，郑某发针对终结执行行为提出的异议，未超过法定期限。根据《最高人民法院关于对人民法院终结执行行为提出执行异议期限问题的批复》的规定，利害关系人对终结执行行为提出异议的期限，应限定在其知道或者应当知道人民法院终结执行之日起60日内。

本案中，鹤岗中院2017年8月21日作出的（2016）黑04执71号结案通知书并未向郑某发送达，依常理推断，对于本案已经结案这一事实，郑某发无从得知。郑某发知道本案已经终结的时间，应从2019年8月16日其收到萝北法院作出（2019）黑0421执恢61号执行裁定之日起算，而郑某发向鹤岗中院提出执行异议的日期为2019年9月26日，未超过司法解释所设定的60日之期限。因此，复议申请人郑某发不存在超过法定期限提出执行异议的问题。鹤岗中院应依法立案受理郑某发执行异议。

实务要点总结

执行程序终结后，当事人、利害关系人可以针对终结执行行为提出异议，但应在法定期限内提出。《执行异议和复议规定》第六条第一款规定："当事人、利害关系人依照民事诉讼法第二百二十五条规定提出异议的，应当在执行程序终结之前提出，但对终结执行措施提出异议的除外。"但是，当事人、利害关系人对终结执行措施提出异议，具有期限限制。《最高人民法院关于对人民法院终结执行行为提出执行异议期限问题的批复》中指出："当事人、利害关系人依照民事诉讼法第二百二十五条规定对终结执行行为提出异议的,应当自收到终结执行法律文书之日起六十日内提出;未收到法律文书的,应当自知道或者应当知道人民法院终结执行之日起六十日内提出。"

执行程序终结的情形主要包括执行完毕、终结执行、销案和不予执行,不包括终结本次执行。根据《最高人民法院印发〈关于执行案件立案、结案若干问题的意见〉的通知》第十四条和《最高人民法院关于严格规范终结本次执行程序的规定(试行)》第七条的规定,终结执行措施的种类包括执行完毕、终结执行、销案和不予执行,不包括终结本次执行。因此,当执行案件处于执行中或终结本次执行状态下,利害关系人有权提起执行异议,人民法院应予受理;当执行案件处于执行完毕、终结执行、销案和不予执行状态下,意即执行程序已终结,利害关系人只能针对终结执行措施提出异议,且应在法定期限内提出。

利害关系人未能在执行程序终结前提出执行异议或未在法定期限内对终结执行行为提出异议,可通过提起执行监督程序寻求救济。《执行工作规定》第七十一条规定:"上级人民法院依法监督下级人民法院的执行工作。最高人民法院依法监督地方各级人民法院和专门法院的执行工作。"第七十二条第一款规定:"上级法院发现下级法院在执行中作出的裁定、决定、通知或具体执行行为不当或有错误的,应当及时指令下级法院纠正,并可以通知有关法院暂缓执行。"因此,利害关系人若未在法定期限内提起执行异议,可通过提起执行监督程序寻求救济。

相关法律规定

《民事诉讼法》(2021 年 12 月 24 日修正)

第二百三十二条[①]　当事人、利害关系人认为执行行为违反法律规定的,可以向负责执行的人民法院提出书面异议。当事人、利害关系人提出书面异议的,人民法院应当自收到书面异议之日起十五日内审查,理由成立的,裁定撤销或者改正;理由不成立的,裁定驳回。当事人、利害关系人对裁定不服的,可以自裁定送达之日起十日内向上一级人民法院申请复议。

《最高人民法院关于人民法院办理执行异议和复议案件若干问题的规定》(2020 年 12 月 23 日修正)

第五条　有下列情形之一的,当事人以外的自然人、法人和非法人组织,可以作为利害关系人提出执行行为异议:

---

① 原第二百二十五条。

（一）认为人民法院的执行行为违法，妨碍其轮候查封、扣押、冻结的债权受偿的；

（二）认为人民法院的拍卖措施违法，妨碍其参与公平竞价的；

（三）认为人民法院的拍卖、变卖或者以物抵债措施违法，侵害其对执行标的的优先购买权的；

（四）认为人民法院要求协助执行的事项超出其协助范围或者违反法律规定的；

（五）认为其他合法权益受到人民法院违法执行行为侵害的。

第六条 当事人、利害关系人依照民事诉讼法第二百二十五条规定提出异议的，应当在执行程序终结之前提出，但对终结执行措施提出异议的除外。

案外人依照民事诉讼法第二百二十七条规定提出异议的，应当在异议指向的执行标的执行终结之前提出；执行标的由当事人受让的，应当在执行程序终结之前提出。

《最高人民法院关于对人民法院终结执行行为提出执行异议期限问题的批复》（2016年2月14日公布）

湖北省高级人民法院：

你院《关于咸宁市广泰置业有限公司与咸宁市枫丹置业有限公司房地产开发经营合同纠纷案的请示》（鄂高法［2015］295号）收悉。经研究，批复如下：

当事人、利害关系人依照民事诉讼法第二百二十五条规定对终结执行行为提出异议的，应当自收到终结执行法律文书之日起六十日内提出；未收到法律文书的，应当自知道或者应当知道人民法院终结执行之日起六十日内提出。批复发布前终结执行的，自批复发布之日起六十日内提出。超出该期限提出执行异议的，人民法院不予受理。

此复。

《最高人民法院印发〈关于执行案件立案、结案若干问题的意见〉的通知》（2014年12月17日公布）

第十四条 除执行财产保全裁定、恢复执行的案件外，其他执行实施类案件的结案方式包括：

（一）执行完毕；

（二）终结本次执行程序；

（三）终结执行；

（四）销案；

（五）不予执行；

（六）驳回申请。

《最高人民法院关于严格规范终结本次执行程序的规定（试行）》（2016年10月29日公布）

第七条 当事人、利害关系人认为终结本次执行程序违反法律规定的，可以提出执行异议。人民法院应当依照民事诉讼法第二百二十五条的规定进行审查。

《最高人民法院关于人民法院执行工作若干问题的规定（试行）》（2020年12月23日修正）

71①. 上级人民法院依法监督下级人民法院的执行工作。最高人民法院依法监督地方各级人民法院和专门法院的执行工作。

72②. 上级法院发现下级法院在执行中作出的裁定、决定、通知或具体执行行为不当或有错误的，应当及时指令下级法院纠正，并可以通知有关法院暂缓执行。

下级法院收到上级法院的指令后必须立即纠正。如果认为上级法院的指令有错误，可以在收到该指令后五日内请求上级法院复议。

上级法院认为请求复议的理由不成立，而下级法院仍不纠正的，上级法院可直接作出裁定或决定予以纠正，送达有关法院及当事人，并可直接向有关单位发出协助执行通知书。

法院裁判

以下为黑龙江省高级人民法院在裁定书中"本院认为"部分的论述：

本院认为，本案争议焦点问题是，复议申请人向鹤岗中院所提执行异议是否符合受理条件。

复议申请人郑某发作为利害关系人提出执行异议未违反法律规定。《执行异议和复议规定》第五条规定："有下列情形之一的，当事人以外的公民、法人和其他组织，可以作为利害关系人提出执行行为异议：（一）认为人民法院的执行行为违法，妨碍其轮候查封、扣押、冻结的债权受偿的；（二）认为人民法院的拍卖措施违法，妨碍其参与公平竞价的；（三）认为人民法院的拍卖、变卖或者以物抵债措施违法，侵害其对执行标的的优先购买权的；（四）认为人民法院要求协助执行的事项超出其协助范围或者违反法律规定的；（五）认为其他合法权益受到人民法院违法执行行为侵害的。"本案中，郑某发主张其已申请萝北法院在先查封了鹤岗中院（2016）黑04执71号之二执行裁定所处置的房产，且对该房产享有抵押权，因

---

① 原129。
② 原130。

此，鹤岗中院（2016）黑04执71号之二执行裁定侵害了其合法权益。根据异议主张和上述司法解释规定，郑某发作为利害关系人提出执行行为异议并未违反法律规定。

复议申请人郑某发并未超过法定期限提出执行异议。

《最高人民法院关于对人民法院终结执行行为提出执行异议期限问题的批复》规定："当事人、利害关系人依照民事诉讼法第二百二十五条规定对终结执行行为提出异议的，应当自收到终结执行法律文书之日起六十日内提出；未收到法律文书的，应当自知道或者应当知道人民法院终结执行之日起六十日内提出。"根据该批复规定，利害关系人对终结执行行为提出异议的期限，应限定在其知道或者应当知道人民法院终结执行之日起60日内。

本案中，复议申请人郑某发对鹤岗中院作出的（2016）黑04执71号之二执行裁定和（2016）黑04执71号结案通知书提出异议。据此，判断复议申请人郑某发所提异议是否符合执行异议案件受理条件，应重点考察其所提异议的日期是否在前述司法解释规定的期限内。根据本院查明事实，鹤岗中院2017年8月21日作出的（2016）黑04执71号结案通知书并未向郑某发送达，依常理推断，对于本案已经结案这一事实，复议申请人郑某发无从得知。复议申请人郑某发知道本案已经终结的时间，应从2019年8月16日其收到萝北法院作出（2019）黑0421执恢61号执行裁定之日起算，而郑某发向鹤岗中院提出执行异议的日期为2019年9月26日，未超过上述司法解释所设定的60日之期限。因此，复议申请人郑某发不存在超过法定期限提出执行异议的问题。

综上，复议申请人郑某发复议请求和理由部分成立，鹤岗中院应依法立案受理郑某发执行异议。依照《执行异议和复议规定》第二条第一款、第三款规定，裁定如下：

一、撤销鹤岗市中级人民法院（2019）黑04执异134号执行裁定；

二、本案指令鹤岗市中级人民法院立案受理。

本裁定为终审裁定。

案件来源

《郑某发、萝北县永某建筑工程有限公司建设工程施工合同纠纷执行审查类执行裁定书》【黑龙江省高级人民法院（2020）黑执复74号】

延伸阅读

一、当事人、利害关系人除对终结执行行为可以在执行程序终结后提出异议外,对其他执行行为有异议,均应在执行程序终结前提出。

案例一:《海南长某旅业有限公司、海南焱某实业有限公司建设工程合同纠纷执行审查类执行裁定书》【最高人民法院(2017)最高法执监35号】

本院认为,本案争议的焦点问题是,长某公司对海口海事法院(2013)琼海法执字第104-6号执行裁定提出执行异议是否符合法律规定。

《民事诉讼法》第二百二十五条规定,当事人、利害关系人认为执行行为违反法律规定的,可以向负责执行的人民法院提出书面异议。《执行异议和复议规定》第六条规定,"当事人、利害关系人依照民事诉讼法第二百二十五条规定提出异议的,应当在执行程序终结之前提出,但对终结执行措施提出异议的除外……"《最高人民法院关于对人民法院终结执行行为提出执行异议期限问题的批复》明确当事人、利害关系人依照民事诉讼法第二百二十五条规定对终结执行行为提出异议的,应当自收到终结执行法律文书之日起60日内提出。可见,除了对终结执行行为,当事人、利害关系人可以在执行程序终结后提出异议之外,如当事人、利害关系人对人民法院的其他执行行为有异议,均应在执行程序终结前提出。执行程序终结包括执行完毕、终结执行、销案、不予执行、驳回申请等不同方式。

就本案而言,海口海事法院以(2013)琼海法执字第104号结案通知书明确告知双方当事人海南高院(1995)琼经终字第109号民事判决执行完毕。在双方当事人签收该通知书后,海南高院(1995)琼经终字第109号民事判决的强制执行程序即终结。长某公司在执行程序终结后,对海口海事法院(2013)琼海法执字第104-6号执行裁定所涉及的以物抵债执行行为提出异议,不符合《执行异议和复议规定》第六条的规定。海南高院依法撤销海口海事法院(2016)琼72执异40号执行裁定,驳回长某公司提出的异议申请,并无不当。

尽管长某公司在执行程序终结后不能对海口海事法院(2013)琼海法执字第104-6号执行裁定提出执行异议,但是,对于长某公司就该执行裁定所涉执行行为提出的申诉请求,上级人民法院依法应予监督审查。

二、利害关系人未能在执行程序终结前提出执行异议或未在法定期限内对终结执行措施提出异议,可通过提起执行监督程序寻求救济。

案例二:《刘某、李某芳、李某光等执行审查类执行裁定书》【四川省高级人民法院(2020)川执复88号】

本院认为，本案的争议焦点系异议人提出执行异议是否符合受理条件。根据本院查明的事实，成都铁路运输中级人民法院（2019）川71执恢26号案已于2019年8月16日结案，结案方式为执行完毕，执行程序已经终结。依据《执行异议和复议规定》第六条第一款"当事人、利害关系人依照民事诉讼法第二百二十五条规定提出异议的，应当在执行程序终结之前提出，但对终结执行措施提出异议的除外"之规定，异议人应在执行程序终结前即2019年8月16日前向执行法院提出执行异议，而异议人刘某、李某芳、李某光于2020年3月11日向该院提出书面异议，超出执行异议期限，依法应不予受理。刘某、李某芳、李某光可依法向成都铁路运输中级人民法院申请执行监督，通过执行监督程序主张自身合法权益。

004 申请撤销仲裁裁决被驳回后，在执行中还能提异议吗？

> 撤销仲裁裁决申请被驳回后，不影响在执行程序中继续对执行行为提出异议

阅读提示

根据《仲裁法》第五十八条的规定，符合法定条件下，被申请人可以向仲裁委员会所在地的中级人民法院申请撤销裁决；根据《民事诉讼法》第二百三十七条的规定，符合法定条件下，被申请人（此处的"被申请人"指的是执行程序中的"被执行人"）可以向执行法院申请裁定不予执行仲裁裁决。这两个法律规则都是对仲裁裁决的司法监督，前者属于"执行前司法监督"，后者属于"执行中司法监督"。

上述两个法律条文中规定的撤销仲裁裁决或不予执行仲裁裁决的法定条件的内容相同。那么，当被申请人已经依据《仲裁法》第五十八条的规定，向法院申请撤销仲裁裁决，并被法院裁定驳回申请后，还能在执行程序中，依据《民事诉讼法》第二百三十七条的规定申请不予执行仲裁裁决吗？

《最高人民法院关于人民法院办理仲裁裁决执行案件若干问题的规定》第二十条第一款规定："当事人向人民法院申请撤销仲裁裁决被驳回后，又在执行程序中以相同事由提出不予执行申请的，人民法院不予支持；当事人向人民法院申请不予执行被驳回后，又以相同事由申请撤销仲裁裁决的，人民法院不予支持。"何谓"相同事由"？司法实践中的看法并不统一。本文结合最高人民法院的一则案例和其

他几个典型案例，对上述问题进行分析。

裁判要旨

被申请人申请撤销仲裁裁决及不予执行仲裁裁决时虽然均是主张程序违法，但主张的事项并不相同，不属于《最高人民法院关于人民法院办理仲裁裁决执行案件若干问题的规定》第二十条第一款中规定的"相同事由"。因此，在执行程序中法院有权对被申请人所提的程序违法问题予以审查。

案情简介

天津仲裁委作出（2013）津仲裁字第367号裁决书，裁决被申请人吴某模等人向申请人泰某公司支付股权回购款。随后，由于泰某公司进行了企业更名，天津仲裁委员会作出（2013）津仲补字第367-2号补正书，对泰某公司的名称进行了更正。

吴某模等人向天津二中院申请撤销（2013）津仲裁字第367号裁决书，理由之一为"仲裁程序违反法定程序，泰某公司在仲裁庭明确规定的证据期限届满后才向仲裁庭提交关于律师费用主张的相关证据，仲裁庭在仲裁裁决中对没有经过当事人质证的该证据直接予以了认定"。天津二中院经审查，裁定驳回吴某模等人撤销仲裁裁决的申请。

泰某公司向天津二中院申请强制执行，吴某模等人向天津二中院提出不予执行仲裁裁决的申请，理由之一为"仲裁程序违反法定程序，仲裁庭于2015年10月13日作出的补正书违反了《仲裁法》第五十六条之规定"。天津二中院认为，吴某模等人在撤销仲裁裁决的申请被裁定驳回后，无权再次以相同理由向天津二中院提出不予执行申请，裁定驳回不予执行裁决的申请。

吴某模等人不服，向天津高院申请复议。天津高院认为，天津仲裁委对泰某公司名称的补正裁定，是对当事人权利和义务的实质性变更，剥夺了相关当事人就该问题向仲裁庭进行申辩的权利，裁定不予执行（2013）津仲裁字第367号裁决书。

泰某公司不服天津高院的裁定，向最高人民法院申诉。最高人民法院认为，吴某模等人申请撤销仲裁裁决及不予执行仲裁裁决时虽然均是主张程序违法，但主张的事项并不相同。申请撤销仲裁裁决时并未提出补正程序违法的理由，故吴某模等人有权以仲裁庭作出补正书程序违法为由申请不予执行仲裁裁决。但最高人民法院认为，天津高院径行认定补正程序违法，认定事实不清，裁定撤销天津高院作出的裁定。

裁判要点及思路

本案的核心问题：吴某模等人以仲裁庭作出的补正书程序违法为由申请不予执行仲裁裁决，是否应予支持。

《最高人民法院关于适用〈中华人民共和国仲裁法〉若干问题的解释》第二十六条规定："当事人向人民法院申请撤销仲裁裁决被驳回后，又在执行程序中以相同理由提出不予执行抗辩的，人民法院不予支持。"《最高人民法院关于人民法院办理仲裁裁决执行案件若干问题的规定》第二十条第一款规定："当事人向人民法院申请撤销仲裁裁决被驳回后，又在执行程序中以相同事由提出不予执行申请的，人民法院不予支持；当事人向人民法院申请不予执行被驳回后，又以相同事由申请撤销仲裁裁决的，人民法院不予支持。"

本案中，吴某模等人先向天津二中院申请撤销（2013）津仲裁字第367号裁决书，被裁定驳回申请，然后在执行程序中，向天津二中院提出不予执行仲裁裁决的申请。这两次申请的理由均是"仲裁程序违反法定程序"，但其主张的仲裁庭违反法定程序的具体情形不同。

天津二中院认为，吴某模等人的两次申请，均基于"相同事由"，依据《最高人民法院关于适用〈中华人民共和国仲裁法〉若干问题的解释》第二十六条的规定，裁定驳回其不予执行仲裁裁决的申请。但天津高院和最高人民法院认为，申请撤销仲裁裁决及不予执行仲裁裁决时虽然均是主张程序违法，但主张的事项并不相同，不属于"相同事由"。因此，在执行程序中法院有权对被申请人所提的程序违法问题予以审查。

实务要点总结

一、被申请人可以向仲裁委员会所在地的中级人民法院申请撤销裁决，也可以在执行程序中向执行法院申请不予执行仲裁裁决。我国《仲裁法》第五十八条和《民事诉讼法》第二百三十七条对此进行了明确规定，且被申请人主张权利的法定事由相同，具体包括：（1）没有仲裁协议的；（2）裁决的事项不属于仲裁协议的范围或者仲裁委员会无权仲裁的；（3）仲裁庭的组成或者仲裁的程序违反法定程序的；（4）裁决所根据的证据是伪造的；（5）对方当事人隐瞒了足以影响公正裁决的证据的；（6）仲裁员在仲裁该案时有贪污受贿，徇私舞弊，枉法裁决行为的；（7）人民法院认定该裁决违背社会公共利益的，应当裁定撤销。

二、在申请撤销仲裁裁决被驳回的情况下，被申请人在执行程序中申请不予执行仲裁裁决时，需要基于非"相同事由"。《仲裁法》第五十八条和《民事诉讼法》第二百三十七条，都是对仲裁裁决的司法监督，前者属于"执行前司法监督"，后者属于"执行中司法监督"。被申请人不能在以上两个程序中基于"相同事由"主张两次救济，否则浪费司法资源。被申请人可以基于非"相同事由"，依据《仲裁法》第五十八条和《民事诉讼法》第二百三十七条，分别申请撤销仲裁裁决和不予执行仲裁裁决。

三、司法实践对何谓"相同事由"的认识不一致，在具体案件中，当事人和律师应意识到这种争议，选择对己有利的方向论证。对"相同事由"的理解，大致可以划分为两类：第一，"相同事由"是指，被申请人提出申请时依据的具体事实相同；第二，"相同事由"是指，被申请人提出申请的法律依据相同，即申请人两次申请均依据《仲裁法》第五十八条或《民事诉讼法》第二百三十七条中的某一项规定，如均依据"仲裁庭的组成或者仲裁的程序违反法定程序的"主张撤销仲裁裁决和不予执行仲裁裁决。

最高人民法院的观点符合上述第一种理解。本案中，吴某模在申请撤销仲裁裁决时主张"仲裁程序违反法定程序，仲裁庭于2015年10月13日作出的补正书违反了《仲裁法》第五十六条之规定"，但在申请不予执行仲裁裁决时主张"仲裁程序违反法定程序，仲裁庭于2015年10月13日作出的补正书违反了《仲裁法》第五十六条之规定"。最高人民法院认为，吴某模等人申请撤销仲裁裁决及不予执行仲裁裁决时，虽然均是主张程序违法，但主张的事项并不相同，不属于"相同事由"。

一些地方法院对"相同事由"的理解符合上述第二种观点。例如，某法院在裁定书中认为，虽然被执行人在本次不予执行申请中所提的理由，在提法上与申请撤销仲裁时理由不一致，但实际上均是对事项不认可，故实际应理解为其基于相同事由而提出不予执行申请。（详见"延伸阅读"案例一）可见，该法院以"实质重于形式"的原则，看待"相同事由"，不局限于具体的事实，而将不同事实予以抽象看待。又如，某法院认为，被执行人虽然在申请撤销仲裁裁决案件中和申请不予执行仲裁裁决案件中，提出的具体内容不一致，但概括性表述相同，在两案中的抗辩理由应认定为相同或相似。（详见"延伸阅读"案例二）

相关法律规定

《民事诉讼法》（2021 年 12 月 24 日修正）

第二百四十四条[①] 对依法设立的仲裁机构的裁决，一方当事人不履行的，对方当事人可以向有管辖权的人民法院申请执行。受申请的人民法院应当执行。

被申请人提出证据证明仲裁裁决有下列情形之一的，经人民法院组成合议庭审查核实，裁定不予执行：

（一）当事人在合同中没有订有仲裁条款或者事后没有达成书面仲裁协议的；

（二）裁决的事项不属于仲裁协议的范围或者仲裁机构无权仲裁的；

（三）仲裁庭的组成或者仲裁的程序违反法定程序的；

（四）裁决所根据的证据是伪造的；

（五）对方当事人向仲裁机构隐瞒了足以影响公正裁决的证据的；

（六）仲裁员在仲裁该案时有贪污受贿，徇私舞弊，枉法裁决行为的。

人民法院认定执行该裁决违背社会公共利益的，裁定不予执行。

裁定书应当送达双方当事人和仲裁机构。

仲裁裁决被人民法院裁定不予执行的，当事人可以根据双方达成的书面仲裁协议重新申请仲裁，也可以向人民法院起诉。

《仲裁法》（2017 年 9 月 1 日修正）

第五十八条 当事人提出证据证明裁决有下列情形之一的，可以向仲裁委员会所在地的中级人民法院申请撤销裁决：

（一）没有仲裁协议的；

（二）裁决的事项不属于仲裁协议的范围或者仲裁委员会无权仲裁的；

（三）仲裁庭的组成或者仲裁的程序违反法定程序的；

（四）裁决所根据的证据是伪造的；

（五）对方当事人隐瞒了足以影响公正裁决的证据的；

（六）仲裁员在仲裁该案时有索贿受贿，徇私舞弊，枉法裁决行为的。

人民法院经组成合议庭审查核实裁决有前款规定情形之一的，应当裁定撤销。

人民法院认定该裁决违背社会公共利益的，应当裁定撤销。

---

① 原第二百三十七条。

《最高人民法院关于适用〈中华人民共和国仲裁法〉若干问题的解释》（2008年12月16日调整）

第二十六条　当事人向人民法院申请撤销仲裁裁决被驳回后，又在执行程序中以相同理由提出不予执行抗辩的，人民法院不予支持。

《最高人民法院关于人民法院办理仲裁裁决执行案件若干问题的规定》（2018年2月22日公布）

第二十条　当事人向人民法院申请撤销仲裁裁决被驳回后，又在执行程序中以相同事由提出不予执行申请的，人民法院不予支持；当事人向人民法院申请不予执行被驳回后，又以相同事由申请撤销仲裁裁决的，人民法院不予支持。

在不予执行仲裁裁决案件审查期间，当事人向有管辖权的人民法院提出撤销仲裁裁决申请并被受理的，人民法院应当裁定中止对不予执行申请的审查；仲裁裁决被撤销或者决定重新仲裁的，人民法院应当裁定终结执行，并终结对不予执行申请的审查；撤销仲裁裁决申请被驳回或者申请执行人撤回撤销仲裁裁决申请的，人民法院应当恢复对不予执行申请的审查；被执行人撤回撤销仲裁裁决申请的，人民法院应当裁定终结对不予执行申请的审查，但案外人申请不予执行仲裁裁决的除外。

法院裁判

以下为最高人民法院在裁判文书"本院认为"部分就此问题发表的意见：

本院认为，本案的争议焦点是案涉仲裁裁决是否存在应裁定不予执行的情形。

（一）关于应否裁定不予执行案涉仲裁裁决的问题。根据《仲裁法》第五十六条的规定，裁决书的补正针对的是裁决书中的文字、计算错误或者仲裁庭已经裁决但在裁决书中遗漏的事项。本案中，天津仲裁委员会作出补正书，将"天津市精某机床制造有限公司"补正为"天津精某机床股份有限公司"。天津高院认为，该补正是对吴某模等人应承担的责任所作的裁决，是对当事人权利和义务的实质性变更，超出了补正的范围。但是，就该补正是否对裁决结果以及对吴某模等人实际承担的责任造成影响等问题，天津高院均未予审查认定。在此情况下，天津高院径行认定补正程序违法，认定事实不清，所作裁定应予撤销。本案应在进一步查明补正程序相关事实后重新作出认定。

申诉人泰某科技公司还主张，吴某模等人向天津二中院申请撤销仲裁裁决被驳回后，又在执行程序中以相同理由提出不予执行抗辩，不应予以支持。但是，吴某模等人申请撤销仲裁裁决及不予执行仲裁裁决时虽然均是主张程序违法，但主张的事项并不相同。申请撤销仲裁裁决时并未提出补正程序违法的理由，天津二中院在审理吴某模等人申请撤销仲裁裁决案中作出的民事裁定中也并未涉及对该事项的审查。故吴某模等人以仲裁庭作出补正书程序违法为由申请不予执行仲裁裁决，不属于《最高人民法院关于适用〈中华人民共和国仲裁法〉若干问题的解释》第二十六条规定的"申请撤销仲裁裁决被驳回后，又在执行程序中以相同理由提出不予执行抗辩"之情形。泰某科技公司的该项申诉理由，系对法律规定的不准确理解，不能成立。执行程序有权对吴某模等人所提补正程序违法的问题予以审查。

案件来源

《天津泰某科技投资股份有限公司、吴某模执行裁定书》【最高人民法院（2016）最高法执监350号】

延伸阅读

一、虽然被执行人在本次不予执行申请中所提的理由，在提法上与申请撤销仲裁时理由不一致，但实际上均是对事项不认可，故实际应理解为其基于相同事由而提出不予执行申请。

案例一：《文某、江某与绵阳高某房地产开发有限公司商品房买卖合同纠纷一案执行裁定书》【绵阳市中级人民法院（2020）川07执异35号】

本案申请人在申请本案不予执行之前已向本院提出了撤销仲裁裁决申请，其申请撤销仲裁裁决的理由与本案不予执行的申请理由中关于仲裁时效超过的理由是一致的。同时，虽在本次不予执行申请中高某公司所提其他理由在提法上与申请撤销仲裁时理由不一致，但实际上均基于对仲裁机构以土地使用权证办理期限推定为房屋产权转移登记办理期限从而认定其违约的意见不认可，故实际应理解为其基于相同事由又提出不予执行申请。依照《最高人民法院关于人民法院办理仲裁裁决执行案件若干问题的规定》第二十条第一款之规定，其主张不能成立。

二、被执行人虽然在申请撤销仲裁裁决案件中和申请不予执行仲裁裁决案件中，提出的具体内容不一致，但概括性表述相同，在两案中的抗辩理由应认定为相同或相似。

案例二：《王某思、马某玲房屋买卖合同纠纷执行审查类执行裁定书》【河北省高级人民法院（2019）冀执监109号】

本院认为，本案的争议焦点为申诉人王某思在其申请撤销仲裁裁决案与申请不予执行案中是否以相同理由进行抗辩。《最高人民法院关于适用〈中华人民共和国仲裁法〉若干问题的解释》第二十六条规定，当事人向人民法院申请撤销仲裁裁决被驳回后，又在执行程序中以相同理由提出不予执行抗辩的，人民法院不予支持。申诉人王某思在以上两个程序中的抗辩理由主要包括仲裁庭的仲裁程序违反法定程序；仲裁员存在枉法裁决；对方当事人隐瞒足以影响公正裁决的证据；对方当事人与证人恶意串通，以合法形式掩盖非法目的，并且围绕以上理由提供证据，主张观点。申诉人认为其虽然概括性表述相同，但在两个案件中申诉人提出的具体内容并不一致，应当对此予以具体审查的理由不成立，本院不予支持。申诉人在两案中的抗辩理由应认定为相同或相似，故应驳回其申诉请求。

第二章 当事人异议

005 金融不良债权转让案件中迟延履行期间债务利息如何计算？

阅读提示

1999年，国家为处置不良银行贷款，成立了四大资产管理公司：中国东方资产管理公司、中国信达资产管理公司、中国华融资产管理公司、中国长城资产管理公司，主要是收购、管理、处置四大商业银行和国家开发银行的不良贷款。随后在四大行的股份制改造过程中，四大资管公司再次对四大行的不良贷款进行大规模剥离，由此产生了大量商业性不良债权。

为认真落实中央关于研究解决金融不良债权转让过程中国有资产流失问题的精神，依法公正妥善地审理涉及金融不良债权转让案件，防止国有资产流失，保障金融不良债权处置工作的顺利进行，维护和促进社会和谐稳定，维护社会公共利益和相关当事人的合法权益，在此背景下，最高人民法院在海南组织座谈会并发布了《最高人民法院关于审理涉及金融不良债权转让案件工作座谈会纪要》[1]。

一、关于处理金融不良债权转让纠纷的主要规定梳理

（一）先期重点保护国有企业债务人

2009年3月30日，最高人民法院发布《海南座谈会纪要》，规定受让人无权向国有企业债务人主张不良债权受让日之后发生的利息。但是，《海南座谈会纪要》系最高人民法院在特定历史背景下作出的文件，主要解决和化解计划经济时期形成的历史遗留问题。其主要目的在于规范金融不良债权转让行为，维护企业和社会稳定，防止国有资产流失，保障国家经济安全。该纪要适用范围具有特定性。主要表现在：

---

[1] 以下简称《海南座谈会纪要》。

1. 适用对象特定，具体见下图：

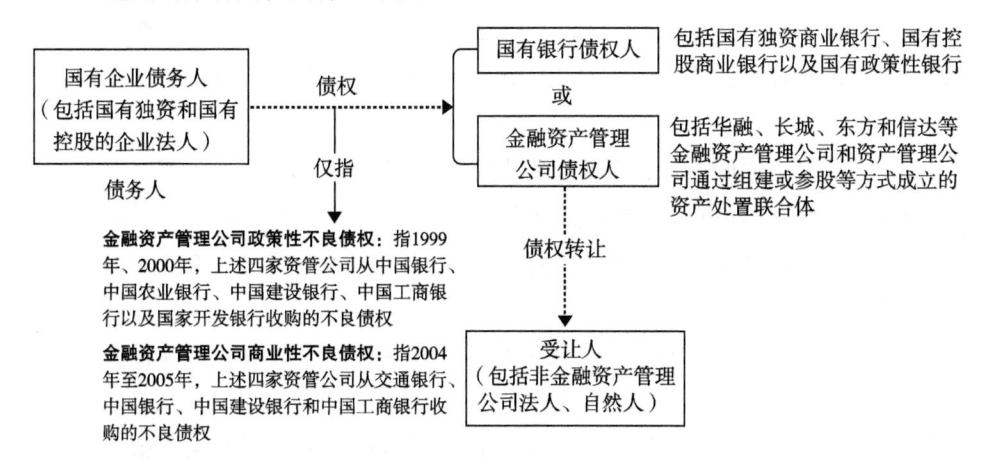

```
┌─────────────┐                      ┌─────────────┐   包括国有独资商业银行、国有控
│ 国有企业债务人 │        债权          │ 国有银行债权人 │   股商业银行以及国有政策性银行
│(包括国有独资和国有├─────────────────→┤     或      │
│ 控股的企业法人)│                    │金融资产管理   │   包括华融、长城、东方和信达等
└─────────────┘         仅指          │公司债权人    │   金融资产管理公司和资产管理公
    债务人                             └─────────────┘   司通过组建或参股等方式成立的
                                            │           资产处置联合体
金融资产管理公司政策性不良债权：指1999         │
年、2000年，上述四家资管公司从中国银行、    债权转让
中国农业银行、中国建设银行、中国工商银          │
行以及国家开发银行收购的不良债权                ↓
                                      ┌─────────────┐
金融资产管理公司商业性不良债权：指2004      │    受让人    │
年至2005年，上述四家资管公司从交通银行、   │(包括非金融资产管理│
中国银行、中国建设银行和中国工商银行收     │公司法人、自然人)│
购的不良债权                            └─────────────┘
```

2. 适用时间特定，纪要适用于 2009 年 3 月 30 日之后尚在一审或者二审阶段的涉及最初转让方为国有银行、金融资产管理公司通过债权转让方式处置不良资产形成的相关案件，不包括人民法院依照审判监督程序决定再审的案件。

(二) 后期逐渐发展为对非国有企业债务人平等保护

1. 2009 年 9 月 25 日，最高人民法院发布《关于如何理解最高人民法院法发 (2009) 19 号〈会议纪要〉若干问题的请示之答复》[(2009) 民二他字第 21 号]，就个案答复云南高院。该答复明确："涉及非国有企业债务人的金融不良债权转让纠纷案件，亦应参照适用《纪要》的规定。"

2. 2013 年 11 月 26 日，最高人民法院在《关于非金融机构受让金融不良债权后能否向非国有企业债务人主张全额债权的请示的答复》[(2013) 执他字第 4 号] 中答复湖北高院，明确了非金融机构受让经生效法律文书确定的金融不良债权能否在执行程序中向非国有企业债务人主张受让日后利息的问题，应当参照海南座谈会纪要的精神处理。即非金融机构受让金融不良债权后，在执行程序中无权向非国有企业债务人主张受让日后利息。由于《海南座谈会纪要》无溯及力，故对于受让日之前的利息，如果债权转让发生在 2009 年 3 月 30 日之前的，以 2009 年 3 月 30 日为时间界点，该日之前的利息按照相关法律规定计算，该日之后不再计息；如果债权转让发生在 2009 年 3 月 30 日之后的，以受让日为时间界点。受让日之前的利息按照相关法律规定计算，受让日之后不再计息。

小结：非金融机构受让金融不良债权后，在执行程序中无权向国有企业债务人或非国有企业债务人主张受让日后利息。虽然最初的《海南座谈会纪要》带有防止国有资产流失的政策性保护的特点，但其主要目的也在于规范金融不良债权转让行为，维护企业和社会稳定，保障国家经济安全。从最高人民法院分别于2009年和2013年给地方高院的答复函中可以看出，最高人民法院同样关注规范金融不良债权转让行为的精神和目的，体现了对非国有企业债务人和国有企业债务人平等保护的精神。

二、非国有企业债务人迟延履行金融债权期间的债务利息如何计算

从上文可以看出，非金融机构受让金融不良债权后，在执行程序中无权向非国有企业债务人主张受让日后的利息。但是，迟延履行期间债务利息与利息的法律属性并不完全相同。主要区别在于：

1. 利息，从金融学的角度讲，利息是指在特定时期内使用货币或者借来资金所支付的代价，是货币资本所有人获得的报酬。从法学的角度讲，利息是指使用他人原本的对价，原本数额及其存续期间，按照一定的比率计算的法定孳息。

2. 迟延履行期间债务利息，是法律规定的一项执行措施，兼具补偿性和惩罚性，目的是督促被执行人及时履行生效法律文书确定的义务，带有对被执行人进行制裁的公法性质。

那么，迟延履行期间的债务利息是否也应参考《海南座谈会纪要》第九条的规定计算呢？最高人民法院认为："鉴于金融不良债权转让的政策性和特殊性，这类案件与普通民事执行案件有别，执行程序中迟延履行期间的债务利息也统一参考《海南座谈会纪要》第九条的规定计算。"[①]

小结：非金融机构受让金融不良债权后，在执行程序中无权向非国有企业债务人主张受让日后迟延履行期间的债务利息。对于受让日之前的迟延履行期间的债务利息，如果债权转让发生在2009年3月30日之前的，以2009年3月30日为时间界点，该日之前的迟延履行期间的债务利息按照相关法律规定计算，该日之后不再计息；如果债权转让发生在2009年3月30日之后的，以受让日为时间界点。受让日之前的迟延履行期间的债务利息按照相关法律规定计算，受让日之后不再计息。

三、资管公司一直没有对外转让金融不良债权的，迟延履行金融债权期间的债务利息如何计算

根据金融不良债权利息计算的规则，只有金融不良债权被转让后才免除利息。但是，迟延履行利息不同于利息。最高人民法院认为，对于从未转让的金融不良债权要计算迟延履行利息。具体按照《最高人民法院关于执行程序中计算迟延履行期

[①] 最高人民法院执行局编著：《最高人民法院关于执行程序中计算迟延履行期间的债务利息适用法律若干问题的解释理解与适用》，人民法院出版社2014年版，第97页。

间的债务利息适用法律若干问题的解释》①第三条的规定计算。具体计算规则为：

由于该解释自 2014 年 8 月 1 日起施行，施行日之前的迟延履行利息按照当时的规则计算。即按照 2009 年 5 月 18 日起施行的《最高人民法院关于在执行工作中如何计算迟延履行期间的债务利息等问题的批复》规定计算：该批复明确"一、人民法院根据《中华人民共和国民事诉讼法》第二百二十九条计算'迟延履行期间的债务利息'时，应当按照中国人民银行规定的同期贷款基准利率计算"。具体计算方法：（1）执行款＝清偿的法律文书确定的金钱债务＋清偿的迟延履行期间的债务利息。（2）清偿的迟延履行期间的债务利息＝清偿的法律文书确定的金钱债务×同期贷款基准利率×2×迟延履行期间。

2014 年 8 月 1 日之后的迟延履行利息，按照《迟延履行利息解释》第一条的规定计算，即加倍部分债务利息＝债务人尚未清偿的生效法律文书确定的除一般债务利息外的金钱债务×日万分之一点七五×迟延履行期间。

相关法律规定

《最高人民法院关于审理涉及金融不良债权转让案件工作座谈会纪要》（2009 年 3 月 30 日公布）

九、关于受让人收取利息的问题

会议认为，受让人向国有企业债务人主张利息的计算基数应以原借款合同本金为准；受让人向国有企业债务人主张不良债权受让日之后发生的利息的，人民法院不予支持。但不良债权转让合同被认定无效的，出让人在向受让人返还受让款本金的同时，应当按照中国人民银行规定的同期定期存款利率支付利息。

十二、关于《纪要》的适用范围

会议认为，在《纪要》中，国有银行包括国有独资商业银行、国有控股商业银行以及国有政策性银行；金融资产管理公司包括华融、长城、东方和信达等金融资产管理公司和资产管理公司通过组建或参股等方式成立的资产处置联合体。国有企业债务人包括国有独资和国有控股的企业法人。受让人是指非金融资产管理公司法人、自然人。不良债权转让包括金融资产管理公司政策性和商业性不良债权的转让。政策性不良债权是指 1999 年至 2000 年上述四家金融资产管理公司在国家统一安排下通过再贷款或者财政担保的商业票据形式支付收购成本从中国银行、中国农业银行、中国建设银行、中国工商银行以及国家开发银行收购的不良债权；商业性

---

① 以下简称《迟延履行利息解释》。

不良债权是指 2004 年至 2005 年上述四家金融资产管理公司在政府主管部门主导下从交通银行、中国银行、中国建设银行和中国工商银行收购的不良债权。

《纪要》的内容和精神仅适用于在《纪要》发布之后尚在一审或者二审阶段的涉及最初转让方为国有银行、金融资产管理公司通过债权转让方式处置不良资产形成的相关案件。人民法院依照审判监督程序决定再审的案件，不适用《纪要》。

《最高人民法院关于非金融机构受让金融不良债权后能否向非国有企业债务人主张全额债权的请示的答复》（2013 年 11 月 26 日公布）

一、非金融机构受让经生效法律文书确定的金融不良债权能否在执行程序中向非国有企业债务人主张受让日后利息的问题，应当参照我院 2009 年 3 月 30 日《关于审理涉及金融不良债权转让案件工作座谈会纪要》（法发〔2009〕19 号，以下简称《海南座谈会纪要》）的精神处理。

二、根据《海南座谈会纪要》第十二条的规定，《海南座谈会纪要》不具有溯及力。《海南座谈会纪要》发布前，非金融资产管理公司的机构或个人受让经生效法律文书确定的金融不良债权，或者受让的金融不良债权经生效法律文书确定的，发布日之前的利息按照相关法律规定计算；发布日之后不再计付利息。《海南座谈会纪要》发布后，非金融资产管理公司的机构或个人受让经生效法律文书确定的金融不良债权的，受让日之前的利息按照相关法律规定计算；受让日之后不再计付利息。

《最高人民法院关于执行程序中计算迟延履行期间的债务利息适用法律若干问题的解释》（2014 年 7 月 7 日公布）

第一条 根据民事诉讼法第二百五十三条规定加倍计算之后的迟延履行期间的债务利息，包括迟延履行期间的一般债务利息和加倍部分债务利息。

迟延履行期间的一般债务利息，根据生效法律文书确定的方法计算；生效法律文书未确定给付该利息的，不予计算。

加倍部分债务利息的计算方法为：加倍部分债务利息＝债务人尚未清偿的生效法律文书确定的除一般债务利息之外的金钱债务×日万分之一点七五×迟延履行期间。

第三条 加倍部分债务利息计算至被执行人履行完毕之日；被执行人分次履行的，相应部分的加倍部分债务利息计算至每次履行完毕之日。

人民法院划拨、提取被执行人的存款、收入、股息、红利等财产的，相应部分的加倍部分债务利息计算至划拨、提取之日；人民法院对被执行人财产拍卖、变卖或者以物抵债的，计算至成交裁定或者抵债裁定生效之日；人民法院对被执行人财产通过其他方式变价的，计算至财产变价完成之日。

非因被执行人的申请,对生效法律文书审查而中止或者暂缓执行的期间及再审中止执行的期间,不计算加倍部分债务利息。

> **延伸阅读**

一、即使在债权形成和转让时间不符合《海南座谈会纪要》规定的情形下,涉及非国有企业债务人的金融不良债权转让纠纷案件亦应参照适用《海南座谈会纪要》的规定。

案例一:《河南新乡华某电子有限责任公司、新乡市长某实业集团绿色食品发展有限公司执行裁定书》【最高人民法院(2015)执申字第108号】

最高人民法院认为:本案的焦点问题为是否适用《海南座谈会纪要》计算利息的问题。《海南座谈会纪要》第十二条对适用范围进行了明确规定。2009年9月25日,本院民二庭作出(2009)民二他字第21号答复,该答复称,本院于2009年4月3日发布的法发(2009)19号《海南座谈会纪要》所要解决的问题实质是如何解决和化解计划经济时期形成的历史遗留问题。其主要目的在于规范金融不良债权转让行为,维护企业和社会稳定,防止国有资产流失,保障国家经济安全。根据《海南座谈会纪要》的精神和目的,涉及非国有企业债务人的金融不良债权转让纠纷案件,亦应参照适用《海南座谈会纪要》的规定。该答复虽然是本院针对云南省高级人民法院的请示作出的个案答复,但答复中对《海南座谈会纪要》的精神和目的进行了充分的阐述。因此,根据《海南座谈会纪要》的精神和目的,非国有企业的金融不良债权转让纠纷案件,亦应参照适用《海南座谈会纪要》。

二、当金融不良债权转让时间和主体不符合《海南座谈会纪要》规定的适用范围时,不应参照适用该纪要关于受让日后停止计息的规定。

案例二:《广州正某投资有限公司、广州市泰某房地产开发有限公司执行审查类执行裁定书》【最高人民法院(2016)最高法执监433号】

最高人民法院认为:关于本案是否应参照适用《海南座谈会纪要》规定于正某公司受让债权后停止计算利息的问题。《海南座谈会纪要》第九条"关于受让人收取利息的问题"规定:"受让人向国有企业债务人主张不良债权受让日之后发生的利息的,人民法院不予支持。"第十二条"关于《海南座谈会纪要》的适用范围"规定:"不良债权转让包括金融资产管理公司政策性和商业性不良债权的转让。政策性不良债权是指1999年至2000年上述四家金融资产管理公司在国家统一安排下通过再贷款或者财政担保的商业票据形式支付收购成本从中国银行、中国农业银行、中国建设银行、中国工商银行以及国家开发银行收购的不良债权;商业性不良债权是指 2004 年至 2005 年上述四家金融资产管理公司在政府主管部门主导下从交通银行、中国银行、中国建设银行和中国工商银行收购的不良债权。"可见,《海南座谈会纪要》是对特定范围内的金融不良债权转让案件确立了特殊的处置规则,对金融不良债权的转让时间及转让主体均有明确限定,应当严格按照其适用范围的规定适用。如果将《海南座谈会纪要》适用范围以外的一般金融不良债权转让案件一律参照适用《海南座谈会纪要》精神,既没有明确的法律及司法文件依据,也与依法平等保护各类民事主体财产权益的司法精神相悖。同时,鉴于一般金融不良债权转让中,最初的债权受让人往往是国有资产管理公司,如一律适用《海南座谈会纪要》止付利息,不仅不利于防止国有资产流失,而且损害合法受让人的利益。本案中,案涉金融不良债权最初转让发生于 2011 年 9 月,从农行某支行转让给东方资产广州办事处;该债权第二次转让发生于 2014 年 1 月 15 日,由东方资产广州办事处转让给正某公司。可见,债权最初的转让时间与转让主体,均与《海南座谈会纪要》第十二条的规定不符,故不应适用《海南座谈会纪要》关于自受让日后停止计付利息的规定。

三、《海南座谈会纪要》规定之外的债权转让纠纷案件中迟延履行期间的债务利息计算,适用《迟延履行利息解释》的规定。

案例三:《潍坊博某商贸有限公司、韩某智金融借款合同纠纷执行审查类执行裁定书》【山东省高级人民法院(2018)鲁执复 124 号】

山东省高级人民法院认为:该问题争议的实质是涉案债权被转让后应如何计算迟延履行期间的债务利息。《迟延履行利息解释》第一条规定……该条司法解释对如何计算迟延履行期间的债务利息作出了明确规定,执行法院应当按照该规定计算被执行人应支付的迟延履行期间的债务利息,潍坊中院在异议裁定中作出本案不属于《海南座谈会纪要》调整范围和最高人民法院(2013)执他字第 4 号函适用情形的结论并无不当。复议申请人认为上述司法解释系关于计算迟延履行期间债务利息的一般规则,《海南座谈会纪要》及最高人民法院相关规定是计算金融不良债权利息的特殊规则,后者应优先于前者适用没有法律依据,本院不予支持。

四、金融不良债权转让未造成国有资产流失的,不适用《海南座谈会纪要》的规定。

案例四:《攀枝花花某人间旅游景区开发有限公司、四川江某工业股份有限公司、华某科技有限公司等借款合同纠纷二审知识产权判决书》【四川省高级人民法院(2018)川民终 934 号】

四川省高级人民法院认为:《海南座谈会纪要》第九条及最高人民法院

(2009）民二他字第 21 号答复明确了其所要解决的问题实质是如何解决和化解计划经济时期形成的历史遗留问题。主要目的在于规范金融不良债权转让行为，维护企业和社会稳定，防止国有资产流失，保障国家经济安全。本案中花某人间公司系全额受让恒丰银行某分行出让的金融不良债权，且支付了该金融不良债权出让前产生的利息 1129343.12 元。因此，花某人间公司与恒丰银行某分行签订《不良金融资产转让协议》的行为，并未造成国有资产流失。故本案不属于《海南座谈会纪要》第九条及最高人民法院（2009）民二他字第 21 号答复的适用范围。

小结：《海南座谈会纪要》范围外的债权适用纪要与国企、非国企一体适用纪要属于两个层面的问题，从最高人民法院和地方各级高级人民法院处理类似问题的态度看，司法实践中对于《海南座谈会纪要》基本上持比较严格的适用态度。对于国企、非国企一体适用纪要的态度基本一致，但是对于《海南座谈会纪要》规定之外的金融不良债权受让纠纷，则不参照适用纪要。

006 如何执行第二顺序的被执行人？

> 只有在执行主债务人后仍不能清偿债务的情况下，法院才可以执行第二顺序的被执行人

阅读提示

补充赔偿责任是指责任人在承担赔偿责任时具有顺位利益的特殊责任赔偿形式，也是民事争议中常见的责任形式。补充赔偿责任人又称"第二责任人""第二顺序的赔偿人""第二顺序的被执行人"。但是，如果法院判决部分被告不能清偿债务的情况下，由其他被告对其不能清偿部分的债务承担补充赔偿责任。那么，在执行过程中，如何执行第二顺序的债务人呢？第二顺序的债务人应承担的债务范围是什么呢？

裁判要旨

补充赔偿责任人为第二顺序的被执行人，只有在第一顺序的被执行人不能清偿主债务的情况下，法院才可以执行第二顺序的被执行人。

案情简介

海南交行诉长某公司、凯某公司等借款合同纠纷一案，海口中院一审判决长某公司、凯某公司偿付借款本金并支付逾期还款的逾期利息。后，海南高院二审判决凯某公司对长某公司所欠海南交行上述债务不能清偿部分的损失，承担40%赔偿责任。

二审判决生效后，海南高院指定海口海事法院执行。本案原申请执行人为海南交行，后因债权转让，变更为宝某公司。2016年2月1日，海口海事法院裁定将长某公司房产及其所分摊的土地使用权的67.402%份额作价，交付宝某公司抵偿本案债务。

2017年4月13日，海口海事法院作出执行通知，责令凯某公司向宝某公司承担长某公司不能清偿部分的40%（含主债务人的逾期还款的逾期利息）的赔偿责任。

凯某公司不服海口海事法院的执行通知中关于要求其承担责任的时间和数额，向该院提出异议。海口海事法院裁定凯某公司不承担主债务人迟延履行期间的债务利息，原判决其他内容不变。

宝某公司不服海口海事法院的执行裁定，向海南高院提起复议。海南高院裁定驳回宝某公司的复议申请。

宝某公司不服海南高院的裁定向最高人民法院申诉，最高人民法院裁定驳回宝某公司的申诉请求。

裁判要点及思路

本案的争议焦点是凯某公司承担赔偿责任的起算时间、凯某公司承担赔偿责任的范围。对此，最高人民法院认为：

一、关于凯某公司承担赔偿责任的起算时间如何确定的问题。最高人民法院认为，凯某公司作为第二顺序的被执行人，应在该院确认第一顺序被执行人长某公司不能清偿并向其送达执行通知书后，才开始履行赔偿义务。故补充赔偿责任人的赔偿责任，应自执行法院对被执行人动产和其他财产执行完毕后，明确了涉案债务剩余部分的具体数额并通知其履行时起算。本案中，执行法院海口海事法院于2017年4月13日执行通知，明确凯某公司承担民事责任的具体数额，故应以该日作为赔偿责任起算时间。

二、关于凯某公司承担赔偿责任的范围如何确定的问题。最高人民法院认为，补充赔偿责任人承担赔偿责任的执行依据为生效裁判文书确定的责任范围，本案债权应包括上述生效判决确认的未偿还借款本金、利息及逾期利息三项之和。鉴于宝某公司已从长某公司获得部分清偿，故凯某公司的赔偿数额以剩余部分为限。对于长某公司在此之前的迟延履行行为，凯某公司无法控制，并无过错，由其对该迟延履行利息承担赔偿责任违反公平原则。故长某公司应支付的迟延履行利息不属于凯某公司的赔偿责任范围。

实务要点总结

执行程序中，补充赔偿责任人在责任承担上享有顺位利益。若生效的裁判文书已载明被执行人为补充赔偿责任人的，被执行人即享有执行上的顺位利益，这是补充责任人"对抗"执行程序的重要武器，一旦在执行阶段出现法院越过主债务人直接要求补充责任人担责的情形，补充责任人可以此为由提出执行异议。

在执行程序中，连带责任保证中的保证人没有执行顺位利益。在争议解决过程中，一般保证与连带责任保证的主要区别在于保证人是否享有先诉抗辩权。在一般保证中，保证人享有先诉抗辩权；而在连带责任保证中，保证人不享有先诉抗辩权。两种保证形式下，保证人在执行程序中也有区别。一般保证中，保证人依据生效的法律文书，在执行程序中享有顺位利益，执行法院需要在执行主债务人仍不能清偿所有债务的情况下（执行程序中体现为终结本次执行程序），才可以执行一般保证人，而在连带责任保证中，保证人没有这种执行的顺位利益。

申请执行人应注意执行补充赔偿责任人时执行方案的选择。司法实践中，法院执行第二顺序的责任人的情形，多出现在申请执行人要求未实缴出资、抽逃出资的股东对公司的债务承担补充赔偿责任的情况中，此时，申请执行人可以申请法院追加该股东为被执行人，或者直接申请执行该股东两种形式申请执行。但不管选择哪种形式，都需要满足公司财产不足以清偿债务的要求。需要注意的是，在两种形式下，申请人未来要承担的金钱成本有所不同，甚至相差较大。具体选择哪一种执行方案，建议申请人委托专业的执行律师处理。

执行法院应注意识别补充赔偿责任人。实际上，像对质物监管存在过错的监管人、对大额资金管理未尽到审慎注意义务的证券公司、为公司出具虚假验资报告的金融机构、提供质押担保的补充担保人，均有可能成为补充赔偿责任人。法院有时也会判决对债权人损失存在过错的相应责任人为"辅助性补充性义务人"，法院对主债务人及其他担保人强制执行并穷尽一切执行措施后仍不能付清部分，承担补充赔偿责任，该类责任主体承担赔偿责任可能会排位在主债务人、担保人之后。法院在执行过程中，应严格按照执行依据的判决内容，依法保障补充赔偿责任人的顺位利益。

我们注意到，司法实践中，存在执行法院未对主债务人采取任何执行措施的情况下，就将执行的目标指向了顺位在后的担保人或未出资股东。我们建议，如执行法院在未执行完毕主债务人财产的情形下，直接查封、冻结补充赔偿责任人财产。补充赔偿责任人可基于其执行顺位利益，就执行行为提出异议。作为申请执行人而言，建议在执行程序中可以先行申请法院对补充赔偿责任人的财产采取查封、扣押、冻结措施，"保全"财产，视执行主债务人情况决定是否启动评估拍卖措施。

相关法律规定

《最高人民法院关于适用〈中华人民共和国担保法〉若干问题的解释》（2021 年 1 月 1 日失效）

第一百三十一条 本解释所称"不能清偿"指对债务人的存款、现金、有价证券、成品、半成品、原材料、交通工具等可以执行的动产和其他方便执行的财产执行完毕后，债务仍未能得到清偿的状态。

《民法典》（2020 年 5 月 28 日公布）

第一千一百九十一条 用人单位的工作人员因执行工作任务造成他人损害的，由用人单位承担侵权责任。用人单位承担侵权责任后，可以向有故意或者重大过失的工作人员追偿。

劳务派遣期间，被派遣的工作人员因执行工作任务造成他人损害的，由接受劳务派遣的用工单位承担侵权责任；劳务派遣单位有过错的，承担相应的责任。

第一千一百九十八条 宾馆、商场、银行、车站、机场、体育场馆、娱乐场所等经营场所、公共场所的经营者、管理者或者群众性活动的组织者，未尽到安全保障义务，造成他人损害的，应当承担侵权责任。

因第三人的行为造成他人损害的，由第三人承担侵权责任；经营者、管理者或者组织者未尽到安全保障义务的，承担相应的补充责任。经营者、管理者或者组织者承担补充责任后，可以向第三人追偿。

第一千二百零一条 无民事行为能力人或者限制民事行为能力人在幼儿园、学校或者其他教育机构学习、生活期间，受到幼儿园、学校或者其他教育机构以外的第三人人身损害的，由第三人承担侵权责任；幼儿园、学校或者其他教育机构未尽到管理职责的，承担相应的补充责任。幼儿园、学校或者其他教育机构承担补充责任后，可以向第三人追偿。

法院裁判

以下为该案在法院审理阶段，最高人民法院在"本院认为"部分就本案两个焦点问题的论述：

一、关于凯某公司承担赔偿责任的起算时间如何确定的问题

本案中，海南高院（2002）琼民二终字第10号民事判决是依据《最高人民法院关于适用〈中华人民共和国担保法〉若干问题的解释》①第七条认定凯某公司承担赔偿责任，该条款规定，主合同有效而担保合同无效，债权人、担保人有过错的，担保人承担民事责任的部分，不应超过债务人不能清偿部分的二分之一。《担保法司法解释》第一百三十一条规定，"不能清偿"指对债务人的存款、现金、有价证券、成品、半成品、原材料、交通工具等可以执行的动产和其他方便执行的财产执行完毕后，债务仍未能得到清偿的状态。根据上述规定，由于不能清偿部分，系指在被执行人可以执行的动产和其他方便执行的财产已经得到执行后，涉案债务的剩余部分，因此担保人的赔偿责任应自执行法院对被执行人动产和其他方便财产执行完毕后，明确了涉案债务剩余部分的具体数额并通知其履行时起算。本案中，执行法院海口海事法院于2017年4月13日作出（2008）海执字第123号执行通知，明确凯某公司承担民事责任的具体数额，责令凯某公司向宝某公司承担长某公司不能清偿部分的40%的赔偿责任，故海口海事法院、海南高院认定凯某公司的赔偿责任起算时间为海口海事法院送达（2008）海执字第123号执行通知给凯某公司之日并无不当。

至于宝某公司提出海口中院2002年已将凯某公司列为被执行人，并向其发出执行通知书，故凯某公司的赔偿责任应于2002年起算的问题。本院认为，海口中院2002年向凯某公司送达执行通知书的执行行为系在被执行人长某公司未履行判决确定的义务，且已查封长某公司的旭龙国际大厦相关产权情况下作出的，海口中院发出该执行通知书时，尚未对长某公司的财产进行相关变现处置，即尚不能确定长某公司"不能清偿部分"的具体数额，而该数额系在海口海事法院向凯某公司送达（2008）海执字第123号执行通知时方予确定，故宝某公司认为凯某公司承担赔偿责任的起算时间为2002年的主张不能成立。

二、关于凯某公司承担赔偿责任的范围如何确定的问题

首先，本案中，海口中院于2001年12月14日作出（2001）海中法民初字第

---

① 以下简称《担保法司法解释》。

82号民事判决,主要判项为:一、长某公司于该判决生效之日起十日内向海南交行偿付借款本金3500万元及利息(利息按中国人民银行规定的同期流动资金贷款利率分段计算,自1994年10月17日计至1999年8月11日),并支付逾期还款的逾期利息(逾期利息按中国人民银行规定的逾期利率计算,自1999年8月11日计至判决确定的还款之日)。长某公司的已支付利息应从以上应付利息中扣除,如其已付利息多出应付利息,多出部分应冲抵其借款本金。二、驳回海南交行的其他诉讼请求。海南高院于2002年8月6日作出的(2002)琼民二终字第10号民事判决,主要判项为:一、维持海口中院的(2001)海中法民初字第82号民事判决第一、二项;二、凯某公司对长某公司所欠海南交行上述债务不能清偿部分的损失承担40%的赔偿责任。故本案涉案债权应包括上述生效判决确认的未偿还借款本金、利息及逾期利息三项之和减去宝某公司已受偿部分。其次,根据前述分析,凯某公司应自海口海事法院送达(2008)海执字第123号执行通知之日起算赔偿责任,故凯某公司无偿付迟延履行利息的义务。最后,关于长某公司应支付的迟延履行利息是否属于凯某公司的赔偿责任范围的问题。第一,根据执行依据海南高院(2002)琼民二终字第10号民事判决和海口中院(2001)海中法民初字第82号一审判决的判项,判项中的"上述债务"范围明确,即"借款本金3500万元及利息(利息按中国人民银行规定的同期流动资金贷款利率分段计算,自1994年10月17日计至1999年8月11日),并支付逾期还款的逾期利息(逾期利息按中国人民银行规定的逾期利率计算,自1999年8月11日计至判决确定的还款之日)。长某公司的已支付利息应从以上应付利息中扣除,如其已付利息多出应付利息,多出部分应冲抵其借款本金",由此可见,判项中的债务范围并不包括之后可能形成的迟延履行利息。第二,本案中凯某公司的赔偿责任性质为缔约过失责任,根据缔约过失责任一般理论,该责任系对另一方当事人信赖利益的补偿,而偿付迟延履行利息责任则是对债务人迟延履行行为的惩罚,督促其尽快履行义务,两项责任的性质与目的不同。第三,凯某公司的赔偿数额,系执行法院对被执行人长某公司可以执行的动产和方便执行的财产执行完毕并确认赔偿数额后,以向凯某公司送达执行通知书的方式确认。对于长某公司在此之前的迟延履行行为,凯某公司无法控制,并无过错,由其对该迟延履行利息承担赔偿责任违反公平原则。故长某公司应支付的迟延履行利息不属于凯某公司的赔偿责任范围……综上,海南高院(2017)琼执复56号执行裁定认定事实清楚,适用法律正确,应予维持。申诉人宝某公司的申诉理由不能成立。本院参照《民事诉讼法》第二百零四条,依照《执行工作规定》第一百二十九条之规定,裁定如下:驳回海南宝某房地产开发有限公司的申诉请求。

案件来源

《海南宝某房地产开发有限公司、海南长某旅业有限公司执行审查类执行裁定书》【最高人民法院（2018）最高法执监 52 号】

延伸阅读

关于如何认定补充赔偿责任人在案件执行过程中的具体履行问题，笔者检索和梳理了司法实践中的相关案例，供读者参考。

一、连带责任的特点在于责任主体之间承担责任无先后之分，补充责任不同于连带责任，在权利人未要求前顺序责任人承担责任或者前顺序责任人未承担责任时，承担补充责任的责任人是不承担责任的。

案例一：《扬州市江都区嘶某建筑安装工程有限公司第八工程处、中国工商银行股份有限公司某分行建设工程合同纠纷执行审查类执行裁定书》【最高人民法院（2016）最高法执监 408 号】

最高人民法院认为："依据法律规定，连带责任的特点在于责任主体之间承担责任无先后之分，权利人可以请求部分或者全部连带责任人承担责任，不论权利人请求何人承担责任，被请求人均应承担全部责任，并且任何一个责任人在承担责任以后，都可发生对于其他责任人应承担部分的追偿。而补充责任不具有这一特征，在权利人未要求前顺序责任人承担责任或者前顺序责任人未承担责任时，承担补充责任的责任人是不承担责任的，其可以要求由先顺序责任人先承担责任。据此，工行只有在主债务人东某公司、连带给付责任人三峡某学院不能清偿的情形下依法承担补充赔偿责任。"

二、在案件的生效文书明确债务人存在主责任人和补充责任人时，法院在执行过程中应当注重主责任人和补充赔偿责任人的被执行顺序。否则，法院的执行行为将会损害补充责任人的权益。

案例二：《易某和申请四川省内江市中级人民法院错误执行赔偿申诉审查决定书》【最高人民法院（2013）赔监字第 139 号】

最高人民法院赔偿委员会审查认为，2007 年 11 月 1 日，内江中院就余某芳与福某公司借款纠纷作出（2007）内民初字第 64 号民事调解书，主要内容为"款项共计 12255400 元先由福某公司财产偿还，不足部分由被告刘某和、李某东、易某和三位股东向余某芳承担连带清偿责任"。在调解书的执行过程中，内江中院仅执行了福某公司的财产，并未执行易某和的个人财产，该院的执行行为没有损害易某和作为补充责任人的权益。

三、对于股东因出资瑕疵对公司债务所负的补充赔偿责任，主债务人公司是否具备清偿能力不是补充赔偿责任人的承担责任的前提条件。申请执行人提供担保的，法院会在未就主债务人的财产执行完毕时，支持申请人直接请求执行补充赔偿责任人的财产。

案例三：《陕西有某建设有限公司、中某胶建集团有限公司与公司有关的纠纷二审民事判决书》【最高人民法院（2018）最高法民申3402号】

山东省高级人民法院认为：公司法及相关司法解释并未将公司是否具备清偿能力作为未履行或未全面履行出资义务股东应否对公司债务承担补充赔偿责任的前提要件，故陕西有某公司以威海有某公司不具备"不能清偿其债务"的事实为由主张其不应承担责任缺乏法律依据，本院不予支持。

最高人民法院认为：关于一审法院是否存在超标的查封的问题。本案中，中某胶建公司起诉要求陕西有某公司在其未出资的2040万元范围内对威海有某公司的债务承担补充赔偿责任，一审法院根据中某胶建公司的申请及担保情况，冻结陕西有某公司在中国银行账户的2500万元并无明显不当。且中某胶建公司已针对其查封冻结申请提供了担保，陕西有某公司如认为因冻结账户给其造成损失，可以要求中某胶建公司赔偿其相应损失。

四、生效裁判文书确定债务的主责任人如果已经停产，为债权人设定抵押的抵押物已经灭失，即使主债务人的财产被法院查封未完成拍卖、变卖程序，法院将认为主债务人名下已无财产可供执行，可以执行补充赔偿责任人的财产。

案例四：《天津市新某有限责任公司、天津华某（集团）有限公司企业借贷纠纷执行审查类执行裁定书》【天津市第一中级人民法院（2019）津01执异63号】

天津市第一中级人民法院认为，根据《最高人民法院关于人民法院民事执行中查封、扣押、冻结财产的规定》第一条第一款规定：人民法院查封、扣押、冻结被执行人的动产、不动产及其他财产权，应当作出裁定，并送达被执行人和申请执行人。本案执行过程中，依照生效判决，天津市新某有限责任公司对天津华某（集团）有限公司在天津市新某总厂的财产不足以清偿债务时，在1928867.19元范围内承担补充赔偿责任。由于天津市新某总厂已停产，抵押物已经灭失，其名下土地使用权被天津市西青区人民法院查封，已无财产可供执行。据此，本院查封冻结天津市新某有限责任公司名下银行存款，符合法律规定及判决本意，该行为并无不当。天津市新某有限责任公司要求解除查封的请求，本院不予支持。

007 擅自出租法院查封的不动产，申请执行人能否要求承租人限期搬离？

> 未经法院准许，被执行人将法院查封的不动产出租，申请执行人有权申请法院要求承租人限期搬离

阅读提示

司法实践中，法院执行部门在采取执行措施时难免存在程序瑕疵的情况。法院查封不动产，仅向房管部门、国土部门送达执行裁定和协助执行通知书，未在不动产上张贴公告的，是否具有公示效力？如果被执行人在法院查封其不动产后，未经法院准许，擅自将不动产出租的，承租人能否以法院未在不动产上张贴查封公告为由，主张系善意第三人，要求继续使用不动产呢？申请执行人能否申请法院，要求承租人限期搬离呢？作为申请执行人、承租人又该如何维护己方合法权利呢？本书结合最高人民法院近年来处理此类案件的裁判观点，试图厘清此类案件主要争议焦点问题和相应裁判规则。

裁判要旨

执行标的物一旦被人民法院查封，非经人民法院允许，任何人不得对其进行毁损变动、设定权利负担等有违查封目的的处分行为。未经人民法院准许，第三人占有查封的财产，申请执行人有权申请法院要求第三人限期搬离。

案情简介

2007年10月，在君某公司与玉某公司借款合同纠纷一案中，湖南郴州中院查封玉某公司名下房产（包括案涉场地）。此后，郴州中院在2009年至2017年4月进行续封。

2013年4月，玉某公司法定代表人与华某公司法定代表人签订租赁协议，华某公司占有和使用法院查封的案涉场地。

2017年7月，郴州中院在案涉场地张贴查封公告，要求华某公司停止使用案涉

场地，并限其一个月内搬离。华某公司不服，向郴州中院提出执行异议，郴州中院驳回其异议请求，华某公司不服，向郴州中院提起案外人执行异议之诉。

郴州中院一审认为，案涉场地系先查封后出租，华某公司不构成善意第三人，无权排除执行，驳回其诉讼请求。华某公司不服，上诉至湖南高院。

2018年10月，湖南高院二审认为，郴州中院未将查封裁定张贴公告不影响其向相关部门送达协执通知、办理查封登记的效力，案涉租赁协议签订在法院查封之后，华某公司不构成善意第三人，判决驳回上诉，维持原判。华某公司向最高人民法院申请再审。

2019年5月，最高人民法院再审驳回华某公司再审申请。

裁判要点及思路

本案的争议焦点是，案外人华某公司对执行标的物是否享有足以排除强制执行的民事权益。对此，最高人民法院认为：

首先，执行标的物一旦被人民法院查封，非经人民法院允许，任何人不得对其进行毁损变动、设定权利负担等有违查封目的的处分行为。郴州中院向房产管理局、国土资源局发出协助执行通知书的行为，即向不动产登记机构办理不动产查封登记、限制不动产交易的公示行为，具有法定的公示效力，张贴封条或者公告与否，并不影响不动产查封登记的公示效力。

其次，华某公司系查封后承租，不受法律保护。涉案土地及房产早在2007年10月30日就被法院查封并登记公示，华某公司签订租赁合同，占有、使用涉案土地及房产系在法院查封期间。华某公司未经人民法院准许，占有、使用涉案标的物，人民法院依职权解除其占有和使用状态，要求其在合理时间内搬离，符合法律规定。

综上所述，根据《最高人民法院关于人民法院民事执行中查封、扣押、冻结财产的规定》① 第二十六条规定，华某公司主张其承租的涉案土地及房产发生在法院查封公告之前，有权继续占有、使用，于法无据，不予支持。

实务要点总结

一、法院对被执行人财产采取查、扣、冻措施，不仅要向协助执行部门送达裁

---

① 以下简称《查封、扣押、冻结规定》。

定和协助执行通知书，同时应当采取让一般社会大众知悉的方式进行公示。关于公示的具体方式和要求，不动产登记部门、管理部门的查封登记具有公示效力。查封不动产、车辆、船舶、航空器等财物，法院应当扣押其权利证书，经拍照或者录像后原地封存，或者交持有人、被告人的近亲属保管，登记并写明财物的名称、型号、权属、地址等详细情况，并通知有关财物的登记、管理部门办理查封登记手续。对动产的查封，应当采取加贴封条的方式。不便加贴封条的，应当张贴公告。对有产权证照的动产或不动产的查封，应当向有关管理单位发出协助执行通知书，要求其不得办理查封财产的转移过户手续，同时可以责令被执行人将有关财产权证照交人民法院保管。必要时也可以加贴封条或张贴公告的方式查封。如果法院对被执行人财产采取强制措施后，仅向协助对象（如国土局、房管局、车管局）送达协执通知但未进行公示的，容易发生第三人善意取得的问题。

二、法院查封财产未公示，存在买受人善意取得查封财产所有权的可能性。在买受人签订买卖合同和办理权属登记时，相关部门对法院查封事宜未公示，买受人难以知晓房屋已被查封。根据《查封、扣押、冻结规定》第二十六条规定，被执行人在财产被法院采取查、扣、冻措施后转移财产的，不得对抗申请执行人，无权排除执行。不仅如此，第三人未经法院准许擅自占有，申请人有权申请法院解除其占有或排除其妨害，法院有权要求第三人在合理期间内搬离。但是，如果法院采取查、扣、冻措施却未公示，第三人与被执行人交易时，无法知晓交易标的物已被法院采取限制措施，构成善意第三人，可对抗申请执行人，排除法院的强制执行。

三、最高人民法院多数裁判观点认为，在法院查封后出卖的，买受人不构成善意取得，也不构成无过错买受人和购房消费者，买受人无权排除强制执行。最高人民法院裁判观点认为，根据《城市房地产管理法》第三十八条第一款第二项"下列房地产，不得转让：……司法机关和行政机关依法裁定、决定查封或者以其他形式限制房地产权利的"的规定，物被法院采取强制措施后禁止流转。由于法院作出的文书具有一定的公开性，查封措施的作出具有查封措施的公示效力。物的所有权人违反法律强制规定出卖，可以推定受让人应知晓交易标的物被采取强制措施，因此，无法善意取得对抗申请法院采取查封措施的债权人的权利。不仅如此，财产被法院采取强制措施后，被执行人与第三人以该物抵债或者产权调换的，第三人同样不能善意取得该物所有权。此种情形下，当事人之间交易存在恶意的可能性。另外，由于无过错买受人和购房消费者都要求买受人在法院查封房屋前就已经订立合法有效的买卖合同，因此，房屋在法院查封后出卖的，不存在构成无过错买受人和购房消费者的可能性。

四、审查案外人是否有权排除抵押权人执行时，可采用"三步走"的方法：

1. 先抵后卖还是先卖后抵，是否存在善意取得的情形。如果是先卖后抵或者存在善意取得的情形，那么案外人作为执行标的物的真实权利人，有权排除抵押权人的强制执行。如果是先抵后卖的情形，则按顺序根据下面"2、3"的建议审查。

2. 原则：依据《执行异议和复议规定》第二十七条的一般规定，原则上，申请执行人系抵押权人，案外人无权排除执行，除非存在第二十八条、第二十九条、第三十条规定的三种例外情形。

3. 是否存在三种例外情形：即案外人是否为无过错买受人、购房消费者、先租后抵的承租人，前两种情形下，案外人必须满足在法院查封前就已经与被执行人签订合法有效的书面购房合同。其中，无过错买受人还要求在查封前就已经合法占有房屋且无过错，购房消费者必须同时满足一手房购房人身份、名下无其他可用于居住的房屋和已付购房款超50%三个额外的条件。很明显，本案中，案外人购买已经办理抵押登记的不动产，存在过错，且系在法院查封不动产之前未与被执行人签订合法有效的书面买卖合同，案外人非承租人，因此，不存在三种例外情形。

相关法律规定

《最高人民法院关于人民法院办理执行异议和复议案件若干问题的规定》（2020年12月23日修正）

第二十七条　申请执行人对执行标的依法享有对抗案外人的担保物权等优先受偿权，人民法院对案外人提出的排除执行异议不予支持，但法律、司法解释另有规定的除外。

《最高人民法院关于人民法院民事执行中查封、扣押、冻结财产的规定》（2020年12月23日修正）

第二十四条[①]　被执行人就已经查封、扣押、冻结的财产所作的移转、设定权利负担或者其他有碍执行的行为，不得对抗申请执行人。

第三人未经人民法院准许占有查封、扣押、冻结的财产或者实施其他有碍执行的行为的，人民法院可以依据申请执行人的申请或者依职权解除其占有或者排除其妨害。

人民法院的查封、扣押、冻结没有公示的，其效力不得对抗善意第三人。

《城市房地产管理法》（2019年8月26日修正）

第三十八条　下列房地产，不得转让：

[①] 原第二十六条。

......

（二）司法机关和行政机关依法裁定、决定查封或者以其他形式限制房地产权利的；

......

法院裁判

以下为最高人民法院在裁判文书"本院认为"部分就此问题发表的意见：

关于海某岛公司是否享有足以排除强制执行案涉标的物的民事权益的问题。根据《民诉法解释》第三百一十一条规定，海某岛公司提起本案诉讼，请求停止对辽宁省大连经济技术开发区双D港生命×路××号土地使用权及地上建筑物（案涉标的物）的查封，应举证证明其对案涉标的物享有足以排除强制执行的民事权益。根据原审判决查明的事实：2012年9月7日，鸿某康瑞公司与钻某经典公司达成执行和解，将案涉建筑物抵债给钻某经典公司，2014年8月8日，钻某经典公司与海某岛公司签订抵债协议，以案涉建筑物抵偿海某岛公司出借的款项，同日，海某岛公司占有案涉标的物；2012年5月4日，鸿某康瑞公司与王某签订抵债协议，约定以案涉土地上的全部树木植被及案涉建筑物占用土地之外的其他土地的20年租赁使用权抵偿王某出借的款项；2012年11月5日，王某与海某岛公司签订协议，约定将上述树木植被及20年土地租赁使用权转让给海某岛公司，同月，海某岛公司占有案涉标的物。从上述事实看，即使海某岛公司所提交的新证据能够证实其对钻某经典公司、王某存在真实的债权，但海某岛公司与钻某经典公司、王某达成协议的时间以及占有案涉标的物的时间，甚至鸿某康瑞公司处分案涉标的物的时间，均在大连中院对案涉标的物首次查封即2005年6月20日之后，且均在案涉标的物的持续有效查封期间。案涉标的物被人民法院依法查封后，鸿某康瑞公司处分权受限。另据原审判决查明的事实，王某、王某某系鸿某康瑞公司的股东，该公司法定代表人于2012年7月17日曾变更，变更前为王某泽。海某岛公司于2012年10月30日成立时的法定代表人为王某，钻某经典公司的法定代表人为王某某，而王某、王某某、王某泽又系亲戚关系，可见鸿某康瑞公司、王某、钻某经典公司、海某岛公司存在关联关系，其在知道或应当知道案涉标的物被依法查封的情况下，通过系列转让方式，最终由海某岛公司取得案涉标的物，并非善意。原审判决基于上述事实，认定海某岛公司不享有足以排除华某投资对案涉标的物的强制执行的民事权益，驳回该公司的诉讼请求，并不存在认定案件基本事实缺乏证据证明、适用法律错误而应予再审的情形，其提交的新证据也不足以推翻原审判决。

关于华某公司主张排除强制执行是否有法律依据的问题。《查封、扣押、冻结规定》第二十六条规定，被执行人就已经查封、扣押、冻结的财产所作的移转、设定权利负担或者其他有碍执行的行为，不得对抗申请执行人。第三人未经人民法院准许占有查封、扣押、冻结的财产或者实施其他有碍执行的行为的，人民法院可以依据申请执行人的申请或者依职权解除其占有或者排除其妨害。人民法院的查封、扣押、冻结没有公示的，其效力不得对抗善意第三人。据原审法院查明，《租赁协议书》《场地租赁合同》分别签订于2013年4月1日及2013年10月1日，华某公司自此占有、使用涉案土地及房产。如前所述，涉案土地及房产早在2007年10月30日就被法院查封并登记公示，华某公司签订租赁合同，占有、使用涉案土地及房产系在法院查封期间。华某公司未经人民法院准许，占有、使用涉案标的物，人民法院依职权解除其占有和使用状态，要求其在合理时间内搬离，符合法律规定。华某公司主张其承租的涉案土地及房产发生在法院查封公告之前，有权继续占有、使用，于法无据，本院不予支持。

案件来源

《宜章华某建材有限责任公司、吴某星再审审查与审判监督民事裁定书》【（2019）最高法民申1796号】

延伸阅读

一、不动产办理抵押登记后，未经抵押权人同意出卖房屋，买受人符合购房消费者条件的，有权排除抵押权人的强制执行。

案例一：《交通银行股份有限公司某分行、贺某再审审查与审判监督民事裁定书》【（2018）最高法民申1590号】

最高人民法院认为，《执行异议和复议规定》第二十七条……原则上申请执行人对执行标的依法享有对抗案外人的担保物权等优先受偿权的，人民法院对案外人提出的排除执行异议不予支持，但同时规定了例外情况，即"法律、司法解释另有规定的除外"。换言之，申请执行人对执行标的享有优先受偿权的，其对抗案外人的执行异议不是绝对的，如果法律、司法解释另有规定的，申请执行人即使对执行标的享有优先受偿权，也不能对抗案外人的执行异议。本院认为，《执行异议和复议规定》第二十九条即为第二十七条规定的"但法律、司法解释另有规定的除外"中的司法解释，第二十九条与第二十七条并不矛盾，因为它是第二十七条的但书内容。第二十九条之所以作为第二十七条的但书，是为了优先保护符合相关情形的房屋购买者的居住权，因为从价值衡量角度来看，该种情形下的居住权与抵押权相比，居住权优先。据此，在贺某的行为符合第二十九条规定的情形下，即使交行某分行在案涉商品房上设定有抵押权，贺某也享有足以排除强制执行的民事权利。本案中，贺某已承担相应举证责任，提供的证据足以证明其符合《执行异议和复议规定》第二十九条规定的情形，二审法院参照适用该规定，根据《民诉法解释》第三百一十二条第一款第一项之规定，认定贺某享有足以排除强制执行的民事权益，适用法律正确。

二、被执行人财产不足以清偿全部债务时，工人工资债权优先于抵押权清偿。

案例二：《中国银行股份有限公司某分行、谭某彪再审审查与审判监督民事裁定书》【（2017）粤民申1227号】

最高人民法院认为，根据中行某分行申请再审所述理由，本案争议的焦点是在执行分配中，工资债权与抵押债权的受偿顺位问题。工人工资是基于劳动合同而产生的，维持劳动者生存权的特种债权，对工人工资债权应当优先保护。尽管中行某分行因对涉案房产享有抵押权而对房屋拍卖款享有优先受偿权，但生效判决认定谭某彪等人对穗某公司享有工资职权，在穗某公司已经没有其他财产来清偿公司工资的情况下，原判决认定工人工资债权应当优先于抵押债权受偿，并无不当。

三、申请执行人不能证明买受人购买房屋时明知房屋被查封的，即使事实上买受人确系在查封后购买，亦构成善意第三人，有权排除法院的强制执行。

案例三：《李某燕、烟台德某建筑有限公司申请执行人执行异议之诉再审民事判决书》【（2017）最高法民再90号】

最高人民法院认为，李某燕虽是在烟台市中级人民法院作出查封财产的民事裁定之后与天某房地产公司签订商品房买卖合同，办理产权证书，但并无证据表明查封财产在李某燕签订商品房买卖合同和办理产权证书时已经进行公示，亦没有证据证明李某燕签订商品房买卖合同和办理产权证书时知道涉案房屋已被查封。根据《查封、扣押、冻结规定》第二十六条第三款关于"人民法院的查封、扣押、冻结没有公示的，其效力不得对抗善意第三人"之规定，烟台市中级人民法院的查封案涉房屋的行为不能对抗作为善意第三人的李某燕。因案涉房屋所有权已转移至李某燕名下，德某建筑公司基于其对天某房地产公司的债权要求执行案涉房屋，不能得到支持。天某房地产公司收到民事裁定书后仍然转让查封财产，国土局和房管局收到民事裁定书和协助执行通知书后仍为查封财产办理过户手续，违反法律规定，德某建筑公司可通过其他途径主张权利。

四、房屋被抵押且被查封后出卖的，应认定买受人明确知晓交易标的物上存在权利限制的事实，不适用善意取得制度。

案例四：《朱某兵、华某国际信托有限公司二审民事判决书》【（2019）最高法民终571号】

最高人民法院认为，根据银川市兴庆区人民法院（2017）宁0104刑初151号刑事判决已查明的事实，案涉房屋系玉某公司以抵账方式处置给朱某兵。结合《领取钥匙协议书》明确载明案涉房屋存在抵押且被法院查封等内容这一事实，应当认定朱某兵在明确知晓案涉房屋被抵押且被查封的情况下，以案涉房屋抵销玉某公司对朱某兵的债务。故朱某兵以自己不知晓案涉房屋被设定抵押为由主张自己属于善意第三人的主张不能成立。

五、在法院作出执行通知书及财产报告令后送达查封通知前，被执行人出卖房屋的，买受人符合无过错买受人的，有权排除执行。

案例五：《赵某明与王某军申请执行人执行异议之诉再审审理与审判监督民事裁定书》【（2019）最高法民申3866号】

最高人民法院认为，正因为房屋处在对外租赁状态，王某军在不能直接占有使用房屋的情况下与原房屋承租人签订房屋租赁合同补充协议。《执行情况说明》的内容是房屋由闵某志对外出租，与上述认定并不矛盾。二审法院认定王某军签订相关补充协议的行为构成王某军与闵某志之间完成房屋合法转移占有的形式要件，具有事实依据。赵某明提出二审判决认定事实的主要证据未经质证的理由，不能成立。赵某明提交的佳木斯市中级人民法院于2016年10月28日作出的执行通知书及财产报告令，在原审程序中已经存在，不符合再审新证据的形式要件。闵某志在接收执行通知书及财产报告令后仍然出卖房屋，该行为亦不能证明房屋买受人王某军明知且与闵某志恶意串通转移财产。故赵某明该项申请再审理由，不能成立。王某军与闵某志于2017年3月9日共同申请办理过户登记，而人民法院于次日向登记机关送达了查封通知以致过户登记未能完成。故未能办理过户登记并非王某军自身原因造成。二审判决认定王某军享有的民事权益符合《执行异议和复议规定》第二十八条规定的四个法定要件，足以排除强制执行，并无不当。

六、第三人未经人民法院准许占有查封、扣押、冻结的财产的，人民法院可以依据申请执行人的申请解除其占有，要求第三人在合理期间内搬离。

案例六：《宜章华某建材有限责任公司、吴某星再审审查与审判监督民事裁定书》【（2019）最高法民申1796号】

最高人民法院认为，《查封、扣押、冻结规定》第二十六条规定，被执行人就已经查封、扣押、冻结的财产所作的移转、设定权利负担或者其他有碍执行的行为，不得对抗申请执行人。第三人未经人民法院准许占有查封、扣押、冻结的财产或者实施其他有碍执行的行为的，人民法院可以依据申请执行人的申请或者依职权解除其占有或者排除其妨害。人民法院的查封、扣押、冻结没有公示的，其效力不得对抗善意第三人。据原审法院查明，《租赁协议书》《场地租赁合同》分别签订于2013年4月1日及2013年10月1日，华某建材公司自此占有、使用涉案土地及房产。如前所述，涉案土地及房产早在2007年10月30日被法院查封并登记公示，华某建材公司签订租赁合同，占有、使用涉案土地及房产系在法院查封期间。华某建材公司未经人民法院准许，占有、使用涉案标的物，人民法院依职权解除其占有和使用状态，要求其在合理时间内搬离，符合法律规定。华某建材公司主张其承租的涉案土地及房产发生在法院查封公告之前，有权继续占有、使用，于法无据，本院不予支持。

七、法院采取强制措施之前，被执行人放弃债权、无偿转让财产或者以明显不合理的低价转让财产，对申请执行人造成损害的，申请执行人可以提起撤销权诉讼，但不能申请执行已转出的财产。

案例七：《庾某坚、韶关市衡某置业有限公司申请执行人执行异议之诉再审审查与审判监督民事裁定书》【（2018）最高法民申2298号】

最高人民法院认为，通常情况下，人民法院只能对被执行人的责任财产强制执行，而不能执行案外人的财产。即使在被执行人的债务确定以后，除被执行人的财产已被人民法院采取查封、冻结等权利限制措施外，作为一种社会资源，该财产仍然可以继续进行交易等，从而使其得到有效利用。根据《物权法》第九条第一款的规定……本案中，根据原审已查明的事实，在一审法院于2013年12月10日对案涉韶府国用（2013）第03010×××号国有土地使用权采取查封措施之前，该宗土地使用权已经韶关市国土资源局批准于2013年3月28日登记在衡某公司名下。该事实表明，中某公司变更登记案涉韶府国用（2013）第03010×××号国有土地使用权的行为已经韶关市国土资源主管部门批准同意，衡某公司据此对案涉韶府国用（2013）第03010×××号国有土地享有占有、使用、收益等权利，是该宗土地的合法使用权人。而中某公司享有的则是衡某公司的股权，其与衡某公司的财产相互独立，不能等同。此情形下，原判决认定衡某公司是案涉韶府国用（2013）第03010×××号国有土地的使用权人，享有该宗土地的使用权，该权益足以排除庾某坚提出的强制执行申请，符合法律规定。参照《最高人民法院关于依法制裁规避执行行为的若干意见》第十四条第二款的规定，被执行人放弃债权、无偿转让财产或者以明显不合理的低价转让财产，对申请执行人造成损害的，执行法院可以告知申请执行人依照《合同法》第七十四条的规定向有管辖权的人民法院提起撤销权诉讼。如庾某坚认为中某公司存在放弃债权、无偿转让财产或者以明显不合理的低价转让财产等行为，并给其造成损害，可依照《合同法》第七十四条的规定向有管辖权的人民法院提起撤销权诉讼，以此维护自身合法权益。原判决认定庾某坚提出的中某公司无偿转让案涉土地使用权至衡某公司名下及无偿或者以明显不合理的低价转让股权的问题不属本案审理范围，并告知其可另循法律途径解决，并无不妥。

八、未经抵押权人同意将不动产交付他人承建，承建人无权排除抵押权人的强制执行。

案例八：《眉山金某贸易有限公司、四川仁某农村商业银行股份有限公司案外人执行异议之诉再审审查与审判监督民事裁定书》【（2018）最高法民申4380号】

最高人民法院认为，案涉财产已被生效司法文书确认由仁某农商行享有优先受偿权，并由一审法院查封和依法强制执行。依据《查封、扣押、冻结规定》第二十六条第一款的规定："被执行人就已经查封、扣押、冻结的财产所作的移转、设定权利负担或者其他有碍执行的行为，不得对抗申请执行人。"本案中，人某水泥公司与明某公司、金某公司之间在相关合同中对于案涉资产产权、使用权、处置权的约定，均涉及对已查封财产的权利设定负担，而金某公司不能举证证明该行为已经报请人民法院并经抵押权人同意，故金某公司与人某水泥公司的合同约定不能对抗设立在先的担保物权，金某公司不具有足以阻却执行的民事权益。

九、房屋设定抵押后出卖的，买受人支付购房款并占有，对不能过户存在过错，无权排除抵押权人的执行。

案例九：《张某铸、定某县农村信用合作联社再审审查与审判监督民事裁定书》【（2017）最高法民申3596号】

最高人民法院认为，首先，2013年7月18日，安某农信联社、三某农商银行、琼某农信联社办理了在建工程抵押登记，对案涉房屋享有抵押权且经生效裁判文书予以确认。抵押权属担保物权的一种，具备物权的基本属性和法律效力，相对于债权而言具有优先性。其次，经查明，张某铸与兆某公司签订《房屋订购协议书》及《房屋订购补充协议书》的时间分别为2014年3月17日及2014年6月25日，均晚于案涉抵押登记时间。且根据《物权法》第一百九十一条的规定，抵押期间，抵押人未经抵押权人同意，不得转让抵押财产，但受让人代为清偿债务消灭抵押权的除外。在案涉房屋已经设立抵押且商品房预售许可证已经过期的情形下，张某铸与兆某公司签订《房屋订购协议书》及《房屋订购补充协议书》，未就订购房屋是否设定权利负担进行核查，未尽到注意义务，存在过错。最后，张某铸主张其所购商品房系用于居住且名下无其他用于居住的房屋。从本案已查明的事实看，虽然案涉房屋已经装修并实际使用，但张某铸并无其他证据证明其符合《执行异议和复议规定》所规定的所购房屋系用于居住且名下无其他房屋用于居住的情形。综上，原判决认定张某铸对涉案房屋不享有足以排除强制执行的民事权益，适用法律显无不当。

十、善意取得抵押权的抵押权人申请执行抵押物，所有权人无权排除执行。

案例十：《五河县利某机械制造有限公司、安徽海某投资有限公司申请执行人执行异议之诉再审审查与审判监督民事裁定书》【（2018）最高法民申3779号】

最高人民法院认为，根据《执行异议和复议规定》第二十七条的规定："申请执行人对执行标的依法享有对抗案外人的担保物权等优先受偿权，人民法院对案外人提出的排除执行异议不予支持，但法律、司法解释另有规定的除外。"海某投资公司与奥某面业公司于2010年11月16日达成抵押协议并办理抵押登记时，案涉房产登记于奥某面业公司名下。不动产权属登记具有权利推定效力和公示公信力，虽然其后安徽省蚌埠市中级人民法院（2012）蚌行终字第00060号行政判决撤销了奥某面业公司的房屋所有权证，海某投资公司取得案涉房屋抵押权在先，因此二审判决认定海某投资公司善意取得的案涉房屋抵押权可以有效抗辩利某机械公司的所有权，并准许执行本案的执行标的，适用法律并无不当。至于利某机械公司的损失，在案涉房屋被抵押权人行使优先受偿权后，可根据《物权法》第一百零六条第二款的规定，向之前的无权处分人请求赔偿。

008 司法拍卖中的税费到底由谁承担？

> 人民法院应当参照民事交易中自主买卖的相关规定确定司法拍卖或抵债双方的税费承担标准

阅读提示

司法拍卖中涉及的税费缴纳，是目前普遍存在的一个焦点问题。网络司法拍卖实践中，法院在拍卖税费负担上多采取"一脚踢"模式，把一般交易行为中应由出卖人支付的各项税负和费用，统一要求由买受人负担。此模式下，《竞买公告》《竞买须知》中一般会有类似的规定："除需要由出卖人承担的税费外，办理登记所产生的税款及其他费用全部由买受人承担。上述费用包括但不限于契税、印花税、增值税等。拍卖人不承担上述费用，未明确缴费义务人的费用也由买受人自行解决。""拍卖时的起拍价、成交价均不包含买受人在拍卖标的物交割、处置时所发生的全部费用和税费。""买受人应自行办理相关变更手续，并自行承担相应费用。除明确由出卖人缴纳的费用，其他未明确缴费义务人的费用也由买受人自行承担。"这些载明事项是否有效呢？换言之，网络司法拍卖中标的物过户产生的税费到底应由谁承担？

裁判要旨

当事人可以就司法拍卖过程中税费的承担标准进行约定，但是，在当事人之间没有约定或者就《竞买公告》《竞买须知》关于税费的规定产生争议时，人民法院应当参照民事交易中自主买卖的相关规定确定司法拍卖或抵债双方的税费承担标准。

案情简介

2009年7月，施某依据已生效的执行证书申请珠海中院执行许某成财产，珠海中院随后委托拍卖公司对被执行人许某成所有房产进行拍卖。拍卖过程中，施某与许某成签订《抵押还款协议书》，约定"许某成抵押担保范围包括债务本金、利息及为实现债权的费用"。

2010年11月，珠海中院根据施某申请，裁定将拍卖房产以第二次拍卖价抵偿给施某。该裁定主文载明办理上述抵债房产过户所需的税费按法律规定由双方分别承担。

2011年8月，施某对该裁定关于利息计算方法及本息偿还顺序不服，向珠海中院提出异议。珠海中院作出执行裁定，施某对该裁定不服，向广东高院提出复议。广东高院裁定发回珠海中院重新审查。

2012年10月，珠海中院重新审查并作出裁定，撤销原裁定，重新作出裁定。施某不服该裁定关于利息计算方法及本息偿还顺序，向广东高院申请复议。2013年，广东高院裁定驳回施某的复议请求。

珠海中院根据广东高院的裁定，向许某成、施某发出变更后的计算标准和结果。被执行人许某成认为法院确认的应由其承担的拍卖过程中的税费存在错误,故向珠海中院提出异议,后珠海中院予以驳回。许某成不服,向广东高院提出复议申请,广东高院裁定变更原一审裁定。

施某不服广东高院复议裁定,向最高人民法院申诉。2018 年 4 月,最高人民法院裁定由被执行人承担转让方的税费,由接受抵债的申请执行人承担买受方的税费。

裁判要点及思路

本案中,在案件当事人对执行程序中以物抵债涉及的税费已经作出安排的情况下,最高人民法院支持了珠海中院重新分配当事人之间税费承担标准的执行裁定,即参考在一般房地产买卖交易中,买受人与出卖人承担税费的一般规则予以确定。

可以看出,最高人民法院倾向于认为,双方当事人可以就税费的负担进行约定。但是,如当事人之间无约定或就已有约定产生争议的情况下,法院应当根据现有一般民事交易规则对于司法拍卖双方的税费负担重新进行安排。法院认为,人民法院应当参照民事交易中自主买卖的相关规定确定司法拍卖或抵债双方的税费承担标准。

2017 年 1 月 1 日起施行的《最高人民法院关于人民法院网络司法拍卖若干问题的规定》[①],第三十条明确规定:"因网络司法拍卖本身形成的税费,应当依照相关法律、行政法规的规定,由相应主体承担;没有规定或者规定不明的,人民法院可以根据法律原则和案件实际情况确定税费承担的相关主体、数额。"该规定明确了网络司法拍卖中税费的承担规则。虽然《网拍规定》专门规范网络司法拍卖行为,但鉴于"互联网+"的时代背景下,法院的司法拍卖改革顺应信息化发展趋势,鼓励优先通过网络拍卖的方式处置财产,网络司法拍卖目前已成为司法拍卖的主要形式之一。通过其他形式进行的司法拍卖行为遵循的基本原则和规范应当与网络司法拍卖行为保持一致性,不应因司法拍卖的形式不同而有所区别。由于本案的裁判日期为 2018 年,发生在《网拍规定》施行以后,最高人民法院在当事人就已有约定产生争议的情况下,作出支持珠海中院裁定就可以理解了。

同时,最高人民法院意识到,上述两个理由可能存在一定的问题。这是因为,税负法定并不意味着"税负"主体的法定和专属,也不意味着交易主体之间不能对税费进行约定。所以,《网拍规定》第三十条并没有对拍卖标的物在拍卖之前欠缴的税费问题进行明确,仅规定了对网络司法拍卖行为形成的税费,在法律、法规没

---

① 以下简称《网拍规定》。

有规定或者规定不明的情况下，人民法院可以根据法律原则和案件实际情况确定税费承担的相关主体、数额。

实务要点总结

应当首先进行说明的是，截至目前，我国法律行政法规以及司法解释均未对传统司法拍卖过程中产生的税费承担给予明确规范。但是，自2017年1月1日起施行的《网拍规定》第三十条对于网络司法拍卖中税费的承担问题给予了明确规定。不可否认的是，根据文义理解，该条规定仅针对网络司法拍卖这一形式。但从《最高人民法院关于人民法院网络司法拍卖若干问题的规定理解与适用》一书[①]中对于该条规定的理解可以看出，最高人民法院在司法拍卖过程中产生的税费并未明确区分网络司法拍卖和司法拍卖的不同，根据最高人民法院在本案中的观点以及上文分析，我们认为，在传统司法拍卖过程中产生的税费承担规则无明确规定时，司法实践中，法院有可能在一定程度上参考《网拍规定》第三十条的规定。所以，我们需要准确理解该条文的内容以指导对于传统司法拍卖过程中产生的税费承担问题的理解：

一、2017年1月1日前未完成的网络司法拍卖行为，拍卖程序中标的物过户等程序产生的相应税费承担规则应根据我国现有法律行政法规的规定确定，由被执行人和买受人分别承担。没有规定或者规定不明的，人民法院可以根据法律原则和案件实际情况确定税费承担的相关主体、数额。

二、《网拍规定》第三十条仅是针对网络司法拍卖过程中产生的税费承担标准作出的规定，对于拍卖物在拍卖之前由于欠缴等原因形成的税费未作出规定。

另外，关于网络司法拍卖不动产的税费内容及主要承担主体，根据我国税法规定，在不动产买卖、转让中，常见的费用包括水、电、煤、暖、物业管理等费用，常见的税一般会涉及印花税、契税、营业税、土地增值税、个人所得税、城市维护建设税、教育附加等，具体请见下表：

编号	税种	法律依据	纳税主体
1	增值税	《增值税暂行条例》第一条	房屋出卖方
2	城市维护建设税	《城市维护建设税法》第三条	房屋出卖方

[①] 最高人民法院执行局编：《最高人民法院关于人民法院网络司法拍卖若干问题的规定理解与适用》，中国法制出版社2017年版。

续表

编号	税种	法律依据	纳税主体
3	教育费附加、地方教育费附加	《征收教育费附加的暂行规定》第二条	房屋出卖方
4	印花税	《印花税暂行条例》第一条	房屋出卖方、房屋买受方
5	土地增值税	《土地增值税暂行条例》第二条	房屋出卖方
6	个人所得税	《个人所得税法》第一条	房屋出卖方
7	契税	《契税法》第一条	房屋买受方

在各大网络司法拍卖平台正在进行的拍卖程序中，《竞买公告》《竞买须知》均存在较多规定拍卖程序产生的税费由买受人承担或者对于税费承担规则表述模糊的情形，分析背后的原因，一是各地、各级执行法院对于《网拍规定》第三十条存在错误理解与适用的问题；二是不排除执行法院考虑个案具体情形综合考量各种因素作出的规定。本书建议，在目前的网络司法拍卖背景下，对于参与网络司法拍卖、变卖的竞买人而言，务必注意以下几点：

一、由于税务机关不能及时掌握法院强制拍卖不动产的情况，不能及时监督、要求被执行人缴纳相应税费；房管部门仅对买受方纳税情况做要求，对于出卖方（被执行人）纳税情况缺乏制约，在对出卖方纳税规则规定不明晰、对买受方规定较为明晰的情况下，买受人更容易成为最后缴税义务的"买单人"。

二、竞买人应当警惕，法院强制拍卖过程中，被执行人有时查无下落或者不参与到法院强制拍卖过程的可能性，如果拍卖物本身就存在欠缴税费的情形，未来极有可能由买受人买单。

三、如果竞买人在参与竞买后反悔，或者拍卖过程中参与拍卖各方对于税费承担规则有争议的，即使在竞拍成交后，由于无人缴纳税费，标的物产权过户将无法完成。如果竞买人先行垫付税费，未来也需要大量精力投入在先前垫付款项的追回上。

四、关于《竞买公告》《竞买须知》中载明的"由买受人承担相关税费"事项的效力，在《最高人民法院关于人民法院网络司法拍卖若干问题的规定理解与适用》一书中（第398页）认为：该类载明事项无效，原因主要有二：一是根据税收法定原则，纳税义务人的身份不能因拍卖公告的载明条款而发生转移；二是《国家税务总局关于人民法院强制执行被执行人财产有关税收问题的复函》第四条明确要求："鉴于人民法院实际控制纳税人因强制执行活动而被拍卖、变卖财产的收入，根据《税收征收管理法》第五条的规定，人民法院应当协助税务机关依法优先从该收入中征收税款。"意思就是，执行程序中产生的税款应由被执行人承担，并应优先从拍卖、变卖财产的收入中扣除。所以，如果网络司法拍卖程序在2017年1月1日前未结束的，竞买人可以主张适用《网拍规定》第三十条的规定，主张《竞买须知》《竞买公告》等载明的诸如"司法网络拍卖产生的税费由买受人负担"的事项无效，应适用我国税法的相关规定，由买卖双方各自承担法定税负。

相关法律规定

《最高人民法院关于人民法院网络司法拍卖若干问题的规定》（2016年8月2日公布）

第三十条　因网络司法拍卖本身形成的税费，应当依照相关法律、行政法规的规定，由相应主体承担；没有规定或者规定不明的，人民法院可以根据法律原则和案件实际情况确定税费承担的相关主体、数额。

第三十七条　人民法院通过互联网平台以变卖方式处置财产的，参照本规定执行。

执行程序中委托拍卖机构通过互联网平台实施网络拍卖的，参照本规定执行。

本规定对网络司法拍卖行为没有规定的，适用其他有关司法拍卖的规定。

第三十八条　本规定自2017年1月1日起施行。施行前最高人民法院公布的司法解释和规范性文件与本规定不一致的，以本规定为准。

《最高人民法院关于人民法院民事执行中拍卖、变卖财产的规定》（2020年12月23日修正）

第十六条第一款[①]　拍卖时无人竞买或者竞买人的最高应价低于保留价，到场的申请执行人或者其他执行债权人申请或者同意以该次拍卖所定的保留价接受拍卖财产的，应当将该财产交其抵债。

《国家税务总局关于人民法院强制执行被执行人财产有关税收问题的复函》（2005年9月12日公布）

四、鉴于人民法院实际控制纳税人因强制执行活动而被拍卖、变卖财产的收入，根据《中华人民共和国税收征收管理法》第五条的规定，人民法院应当协助税务机关依法优先从该收入中征收税款。

---

① 原第十九条第一款。

法院裁判

以下为最高人民法院在判决书"本院认为"部分就此问题发表的意见：

关于以物抵债过户中税费应由哪一方承担的问题。施某在申请中提出，根据其与被执行人签订的《抵押还款协议书》约定的"抵押担保范围包括债务本金、利息及为实现债权的费用"，其在以物抵债过户中垫付的所有费用均为实现债权的费用，都应由被执行人承担。本院认为，按照《最高人民法院关于人民法院民事执行中拍卖、变卖财产的规定》①第十九条规定，拍卖时无人竞买或者竞买人的最高应价低于保留价，到场的申请执行人或者其他执行债权人申请或者同意以该次拍卖所定的保留价接受拍卖财产的，应当将该财产交其抵债。本案中，案涉房产经两次拍卖均流拍后，申请执行人施某主动向珠海中院提交申请，请求以第二次拍卖所定的保留价接受案涉房产，以物抵债。珠海中院作出（2009）珠中法执字第161号之四裁定，将案涉房产抵偿给施某符合法律规定。同时，该裁定第三项载明："办理上述抵债房产过户所需的税费按法律规定由双方分别承担。"据此，本案生效法律文书已对抵债房产过户所需的税费承担规则予以明确。无论之前申请执行人与被执行人对费用作何约定，一旦申请执行人同意以物抵债，且未对该生效裁定提出异议，即可视为申请执行人已经认可并接受该裁定确立的税费承担规则。

目前，法律对司法拍卖或流拍后抵债财产过户时产生的税费问题没有明确规定。实践中，人民法院参照民事交易中自主买卖的相关规定确定司法拍卖或抵债双方的税费承担标准较为常见且相对合理。申请执行人接受以物抵债，其法律地位即相当于买受人一方。本案中，广东高院按照珠海中院（2009）珠中法执字第161号之四裁定确定的税费承担规则，结合广东省珠海市地方税务局审核出具的《房地产转让税费征免证明》，最终确定由被执行人承担转让方的税费（包括营业税、城建税、教育费附加、堤围防护费、个人所得税、一部分印花税），由接受抵债的申请执行人承担买受方的税费（契税、另一部分印花税及不动产登记中心登记费、交易服务费）的做法并不违反法律规定。因此，施某提出的上述由买受方承担的税费均为其实现债权的费用应由被执行人承担的主张，本院不予支持。

本案应由买受方即申请执行人承担的费用包括契税319839.71元和前述一部分印花税6878.65元及不动产登记中心登记费、交易服务费7608.76元，共计334327.12元。施某代缴的所有费用减去其应承担的费用，则为被执行人许某成应

---

① 以下简称《拍卖、变卖规定》。

缴的费用770610.72元。抵债价10661323.2元减去许某成应缴费用770610.72元，则为2010年12月12日许某成的还款数额9890712.48元。因此，广东高院（2016）粤执监193号执行裁定对许某成还款数额予以纠正，并无不当。

案件来源

《施某、许某成执行审查类执行裁定书》【（2017）最高法执监324号】

延伸阅读

一、当事人之间对税费承担作出明确约定的，法院认可其约定的效力。

案例一：《唐山宏某房地产开发有限公司、中国农业银行股份有限公司三河市某支行合同纠纷二审民事判决书》【（2019）最高法民终2号】

最高人民法院认为：农行某支行提出变更土地使用权过户登记税费承担的主张，思某兰公司当庭表示同意变更为由其承担相应的过户税费。思某兰公司与宏某公司签订《合同权利转让合同书》并征得农行某支行同意后，思某兰公司已经成为《土地使用权转让合同书》的合同主体，在合同相对方农行某支行提出合同变更请求后，思某兰公司予以同意，符合《合同法》第七十七条规定"当事人协商一致，可以变更合同"的情形，依据该合同条款可以变更。

二、法律并不禁止买卖双方约定税费由一方实际承担，这是当事人对自己的民事权利义务的约定。

案例二：《某保洁环保机械有限责任公司与泰安市康某拍卖行有限公司拍卖合同纠纷申请再审民事裁定书》【（2013）民申字第1130号】

最高人民法院认为：本案诉讼中，出卖人保洁公司、康某拍卖行、买受人赵某均认可康某拍卖行已经将税费承担问题告知买受人。故应认定康某拍卖行已经将税费承担问题告知买受人，康某拍卖行不存在违约行为，保洁公司要求康某拍卖行承担违约责任依据不足。依照法律规定，土地增值税等属于销售房地产后取得收入一方应缴纳的税费，本案税务机关也将保洁公司作为纳税义务人，这属于行政事项，但是法律并不禁止买卖双方约定由一方实际承担，这是当事人对自己的民事权利义务的约定。保洁公司如有充分证据证明相关税费应由买受人承担，可向买受人主张。

三、在不动产交易税费金额不能确定的情况下，不动产交易方不能主张不动产交易税费从资产评估中扣除。

案例三：《丹东国某大厦有限责任公司、丹东意某房地产开发经营有限公司请求公

司收购股份纠纷再审审查与审判监督民事裁定书》【（2019）最高法民申 1837 号】

最高人民法院认为：关于国某大厦提出的将不动产交易税费从资产评估中应予扣除的问题。虽然国某大厦主张在不动产的评估价值内涵为市场交易价值的前提下，相关交易税费应在评估价值中扣除。但是，其一，国某大厦未能提交证据证明，法律、法规或相关规定对本案类型的资产评估作出强制计算税费的要求；其二，国某大厦所主张应缴纳的税费是在国某大厦主楼及裙楼对外销售的假设前提下，而本案审理期间并未发生有效交易，未实际产生相关税费，将来是否必然发生产权变动亦未确定。即便产权变动亦不能确定是采取买卖、拍卖、变卖何种方式，以及税费数额、标准，还有负担主体必然为国某大厦，因此，税费数额具有较大的不确定性。国某大厦主张评估报告应予扣除不动产交易税费的再审申请理由，缺乏事实和法律依据，本院不予采信。

009 第一轮拍卖流拍后可以进行第二轮拍卖吗？第二轮拍卖价格如何确定？

> 第一轮拍卖流拍后可以进行第二轮拍卖，第二轮拍卖价格参考第一轮拍卖流拍价格

阅读提示

目前，在公开渠道查询"二轮拍卖""第二轮拍卖""第二轮网拍""第二轮司法拍卖"等关键词，检索到相关案例约 573 篇。其中，江苏省案例占比 61.4%，各级高级人民法院案例占比 3.14%，暂无最高人民法院案例。针对第二轮拍卖启动、价格等事宜，现有法律和司法解释均未作出明确规定，本文参考已就该问题作出明确规定的江苏高院印发的相关文件，以及未就该问题作出明确规定但司法实务中已有较为倾向性态度的其他省份案例，简要分析第一轮拍卖流拍后是否可以进行第二轮拍卖以及第二轮拍卖价格如何确定等问题，以供参考。

裁判要旨

第一轮拍卖流拍后，人民法院可以准许启动第二轮拍卖，在已作出的评估结果

并未超过法定有效期 6 个月时，法院有权确定以涉案财产第一轮变卖流拍价作为第二轮拍卖起拍价，不经重新评估直接进入第二轮拍卖。

案情简介

2017 年 8 月，农行某支行与远某电缆公司等金融借款合同纠纷一案，宜春中院判决远某电缆公司偿还农行某支行借款本金 1890 万元及相应的利息、复利、罚息。

2018 年 1 月，宜春中院立案执行，裁定拍卖远某电缆公司 13 处房产和 3 处土地使用权。

2018 年 5 月至 9 月，宜春中院以评估价为基础，连续两次降幅 20% 为起拍价在淘宝网进行第一轮拍卖、变卖，因无人竞买流拍。

2019 年 3 月 11 日，申请执行人农行某支行和被执行人远某电缆公司名义法定代表人就涉案财产处置问题进行商谈，双方当事人在执行笔录中签字同意以第一轮司法拍卖变卖流拍价为起拍价对涉案财产进行第二轮拍卖。

2019 年 3 月 25 日，宜春中院经合议庭讨论决定，以第一轮司法拍卖变卖流拍价为起拍价进行第二轮拍卖。

因被执行人远某电缆公司认为该公司名义法定代表人无权代理公司，以及对法院应否启动第二轮拍卖、第二轮拍卖价格均有异议，向宜春中院提出执行异议，宜春中院裁定驳回其异议。远某电缆公司不服，向江西高院申请复议。

2019 年 8 月 7 日，江西高院裁定驳回远某电缆公司复议申请。

裁判要点及思路

本案的争议焦点有二：一、宜春中院能否启动对涉案财产的第二轮拍卖程序；二、第二轮第一次拍卖时确定涉案财产处置参考价行为是否违法。

关于宜春中院能否启动对涉案财产的第二轮拍卖程序。江西高院认为，《拍卖、变卖规定》第二十八条规定，第一轮司法拍卖流拍后，如申请执行人、其他债权人不接受以物抵债的，应当解除查封、冻结，将该财产退还被执行人，但对该财产可以采取其他执行措施的除外。该条中所指的"其他执行措施"，可包括强制管理和重新启动拍卖程序。因此，人民法院可以准许启动第二轮拍卖。加之，法律、司法解释并没有禁止性规定，且本案双方当事人均同意启动涉案财产的第二轮拍卖程序，故宜春中院启动第二轮拍卖程序并无不当。

关于第二轮第一次拍卖时确定涉案财产处置参考价行为是否违法。江西高院认为，根据《最高人民法院关于人民法院确定财产处置参考价若干问题的规定》第二十七条第三款规定，人民法院在议价、询价、评估结果有效期内发布一拍拍卖公告或者直接进入变卖程序，拍卖、变卖时未超过有效期 6 个月的，无需重新确定参考价，但法律、行政法规、司法解释另有规定的除外。本案中，涉案财产的评估结果并未超过法定的有效期 6 个月，宜春中院在双方当事人同意情况下，确定以涉案财产第一轮变卖流拍价作为第二轮拍卖起拍价，于法有据，并无不当。

综上所述，江西高院裁定驳回远某电缆公司复议申请。

实务要点总结

法院可以启动第二轮司法拍卖。对于经拍卖、变卖后仍不能成交的被执行财产，债权人不接受抵债的，法院有权采取再次进行变卖，或者市场行情发生重大变化时重新启动拍卖程序等措施。司法实践中，大多数法院认为可以启动第二轮司法拍卖的理由是，《拍卖、变卖规定》第二十八条的兜底性条款，认为"其他执行措施"包括强制管理、再次进行变卖，或者市场行情发生重大变化时重新启动拍卖程序等措施。

江苏省及其他部分省份做法：执行法院可以依申请执行人申请或者依职权，在 60 日内启动第二轮拍卖程序。如《江苏省高级人民法院关于完善司法评估、网拍工作的规定》规定，经过司法网拍三拍流拍的不动产、其他财产权，申请执行人或者其他执行债权人不愿以物抵债且变卖不成的，执行法院可以在 60 日内启动第二轮司法网拍。第二轮司法网拍的一拍保留价为前一轮司法网拍的流拍价。换言之，在无申请执行人申请时，执行法院同样可以依职权在 60 日内启动第二轮司法网络拍卖。

在评估报告有效期内进入第二轮拍卖程序，拍卖时未超过有效期 6 个月的，无须重新评估。根据《最高人民法院关于人民法院确定财产处置参考价若干问题的规定》第二十七条第三款规定，人民法院在议价、询价、评估结果有效期内发布一拍拍卖公告或者直接进入变卖程序，拍卖、变卖时未超过有效期 6 个月的，无须重新确定参考价。即只要在评估报告有效期内进入司法拍卖程序，将自动使评估报告的有效期法定延长 6 个月，延长 6 个月期限内进行的拍卖、变卖程序无须重新对拍卖标的进行评估。实务中，该处很容易被律师、当事人，甚至法院忽略。由于多数人认为评估报告的有效期是固定的，认为执行法院在评估有效期后进行的第一轮一拍、二拍、变卖或者第二轮拍卖程序违法，就此错误提出执行异议。本案中，《评估报告》有效期截止日为 2019 年 2 月 11 日，宜春中院启动一拍拍卖时间为 2018

年5月11日，进入第二轮拍卖时间为2019年4月1日，并未超过《评估报告》有效期6个月，故无须重新评估。

评估报告作出的评估结论和选定的评估方法等实体问题，一般不属于人民法院异议审查的范围。在执行异议中，当事人尽量不要将异议的重点放在评估报告作出的评估结论错误或选定的评估方法错误等实体问题上，而是从法院的执行拍卖程序是否有法律和司法解释依据、是否损害当事人的合法权益、执行的标的是否正确、是否存在排除执行的情形、评估报告是否存在严重程序违法的情形等方面出发，找准着力点，充分论述。

不排除在同时满足"拍卖物为不动产、市场价格变动较大、第一轮拍卖评估报告失效"条件的情况下，执行法院在申请执行人或被执行人申请的情况下，同意重新评估的可能性。因此，如果申请执行人或者被执行人认为执行法院在进行第二轮司法拍卖时，执行标的物的市场价格较第一轮拍卖时发生较大变化，建议申请执行人或者被执行人向执行法院提交书面文件，申请对执行标的物重新评估。

相关法律规定

《江苏省高级人民法院关于完善司法评估、网拍工作的规定》（2016年7月4日公布）

7. 拍卖标的物流拍后，第二次、第三次拍卖的保留价可以在前一次拍卖保留价的基础上降低百分之二十。

8. 经过司法网拍三拍流拍的不动产、其他财产权，申请执行人或者其他执行债权人不愿以物抵债且变卖不成的，执行法院可以在60日内启动第二轮司法网拍。第二轮司法网拍的一拍保留价为前一轮司法网拍的流拍价，二拍、三拍保留价按第7条规定确定。

经过司法网拍二拍流拍的动产，申请执行人或者其他执行债权人不愿以物抵债且变卖不成的，执行法院可以在60日内启动第二轮司法网拍。第二轮司法网拍的一拍保留价为前一轮司法网拍的流拍价，二拍保留价按第7条规定确定。第二轮司法网拍依然流拍，申请执行人或者其他执行债权人不愿以物抵债且变卖不成的，人民法院可以解除对该动产的查封、扣押。

《最高人民法院关于人民法院确定财产处置参考价若干问题的规定》（2018年8月28日公布）

第二十七条 司法网络询价平台、评估机构应当确定网络询价或者委托评估结果的有效期，有效期最长不得超过一年。

当事人议价的，可以自行协商确定议价结果的有效期，但不得超过前款规定的期限；定向询价结果的有效期，参照前款规定确定。

人民法院在议价、询价、评估结果有效期内发布一拍拍卖公告或者直接进入变卖程序，拍卖、变卖时未超过有效期六个月的，无需重新确定参考价，但法律、行政法规、司法解释另有规定的除外。

第三十条 人民法院应当在参考价确定后十日内启动财产变价程序。拍卖的，参照参考价确定起拍价；直接变卖的，参照参考价确定变卖价。

《最高人民法院关于人民法院民事执行中拍卖、变卖财产的规定》（2020年12月23日修正）

第二十五条[①] 对于第二次拍卖仍流拍的不动产或者其他财产权，人民法院可以依照本规定第十六条的规定将其作价交申请执行人或者其他执行债权人抵债。申请执行人或者其他执行债权人拒绝接受或者依法不能交付其抵债的，应当在六十日内进行第三次拍卖。

第三次拍卖流拍且申请执行人或者其他执行债权人拒绝接受或者依法不能接受该不动产或者其他财产权抵债的，人民法院应当于第三次拍卖终结之日起七日内发出变卖公告。自公告之日起六十日内没有买受人愿意以第三次拍卖的保留价买受该财产，且申请执行人、其他执行债权人仍不表示接受该财产抵债的，应当解除查封、冻结，将该财产退还被执行人，但对该财产可以采取其他执行措施的除外。

法院裁判

以下为江西高院在判决书"本院认为"部分就此问题发表的意见：

本院认为，本案争议的焦点是：宜春中院能否启动对涉案财产的第二轮拍卖程序，以及第二轮第一次拍卖时确定涉案财产处置参考价行为是否违法。1. 根据《拍卖、变卖规定》第二十八条之规定，涉案财产经拍卖、变卖后，申请执行人、其他债权人仍不表示接受该财产抵债的，应当解除查封、冻结，将该财产退还被执行人，但对该财产可以采取其他执行措施的除外。该条中所指的"其他执行措施"，可包括强制管理和重新启动拍卖程序。因此，人民法院可以准许启动第二轮拍卖，法律、司法解释并没有禁止性规定，况且本案双方当事人均同意启动涉案财产的第二轮拍卖程序，故宜春中院启动第二轮拍卖程序并无不当。2. 对于第二轮第一次拍卖时确定涉案财产处置参考价行为是否违法问题，根据《最高人民法院关于人民

[①] 原第二十八条。

法院确定财产处置参考价若干问题的规定》第二十七条第三款"人民法院在议价、询价、评估结果有效期内发布一拍拍卖公告或者直接进入变卖程序，拍卖、变卖时未超过有效期六个月的，无需重新确定参考价，但法律、行政法规、司法解释另有规定的除外"的规定，本案中，涉案财产在第一轮拍卖、变卖时的评估结果并未超过法定的有效期6个月，况且欧阳某在法院2019年3月11日《执行笔录》中明确表示同意按照第一轮变卖流拍价作为第二轮拍卖的起拍价，申请执行人农行某支行亦同意。因此，宜春中院在双方当事人同意的情况下，确定以涉案财产第一轮变卖流拍价作为第二轮拍卖起拍价，于法有据，并无不当。此外，根据《民法总则》第六十五条"法人的实际情况与登记的事项不一致的，不得对抗善意相对人"的规定，从审判执行卷宗材料看，本案诉讼和执行阶段，复议申请人远某电缆公司《营业执照》显示法定代表人均为欧阳某，且在执行过程中未向宜春中院提交企业法定代表人变更的任何资料和证明。复议申请人远某电缆公司认为欧阳某以法定代表人身份在执行笔录上签字属无权代理行为的主张，不得对抗申请执行人，故该复议理由不能成立。

案件来源

《江西远某电缆电线实业有限公司、中国农业银行股份有限公司某支行金融借款合同纠纷执行审查类执行裁定书》【江西省高级人民法院（2019）赣执复108号】

延伸阅读

一、第二轮司法网拍的一拍保留价为前一轮司法网拍的流拍价。

案例一：《丹阳市嘉某工具有限公司、中国工商银行股份有限公司某支行与丰某新、汪某云金融借款合同纠纷执行裁定书》【江苏省高级人民法院（2018）苏执监304号】

江苏高院认为，二、关于丹阳法院对案涉财产进行第二轮司法网拍是否违法问题。《网拍规定》并未限制或禁止第二轮司法网拍，该规定第三十七条第三款还规定："本规定对网络司法拍卖行为没有规定的，适用其他有关司法拍卖的规定。"《最高人民法院关于人民法院委托评估、拍卖工作的若干规定》第九条规定："各高级人民法院可参照本规定，结合各地实际情况，制定实施细则，报最高人民法院备案。"据此，《江苏省高级人民法院关于完善司法评估、网拍工作的规定》第八条第一款规定："经过司法网拍三拍流拍的不动产、其他财产权，申请执行人或者其他执行债权人不愿意以物抵债且变卖不成的，执行法院可以在60日内启动第二轮司法网拍。第二轮司法网拍的一拍保留价为前一轮司法网拍的流拍价,二拍、三拍保留价按第 7 条规定确定。"故本省司法实践中准予依法进行第二轮司法网拍。嘉某公司以第二轮司法网拍违法为由请求重新拍卖,本院不予支持。

二、只有在有证据证明评估机构、评估人员不具备相应的评估资质或者评估程序严重违法的前提下,重新评估才具备必要条件。

案例二:《利辛县金某设备有限公司、蒙城县金某典当有限责任公司其他案由执行审查类执行裁定书》【安徽省高级人民法院(2019)皖执复 78 号】

安徽高院认为,根据《拍卖、变卖规定》第六条的规定,只有在有证据证明评估机构、评估人员不具备相应的评估资质或者评估程序严重违法的前提下,重新评估才具备必要条件。本案中,金某设备公司对执行法院委托评估、拍卖案涉房地产并无异议,仅认为评估报告的价格过低,在执行过程中,多次提出要求重新评估的申请,但均未能提供充分证据证明资产评估公司存在不具备相应的评估资质或者评估程序严重违法的情形,亳州中院驳回金某设备公司要求重新评估的裁定结果可以维持。复议申请人金某设备公司的复议请求,本院不予支持。

三、对于经拍卖、变卖后仍不能成交的被执行财产,债权人不接受抵债的,法院有权采取再次进行变卖,或者市场行情发生重大变化时重新启动拍卖程序等措施。

案例三:《杭某亚等民事执行裁定书》【北京市高级人民法院(2019)京执复 40 号】

北京高院认为:根据相关司法解释的规定,对于经拍卖、变卖后仍不能成交的被执行财产,债权人不接受抵债的,人民法院应当解除查封、冻结,将该财产退还被执行人,但对该财产可以采取其他执行措施的除外。"其他执行措施"包括强制管理、再次进行变卖,或者市场行情发生重大变化时重新启动拍卖程序等措施。本案中,北京四中院对涉案房产进行重新评估,并再次启动拍卖程序,符合法律规定。

四、在网络司法变卖未果后,法院未以变卖价格将涉案房产交申请执行人抵债,根据申请执行人的申请,可以启动第二轮评估、拍卖。

案例四:《杭州恒某园林建设集团有限公司、黄山五某置业有限公司建设工程施工合同纠纷执行审查类执行裁定书》【安徽省高级人民法院(2018)皖执复92 号】

安徽高院认为:二、关于拍卖变卖次数。第一轮拍卖、变卖均未成功,拍卖、变卖的价格依据为 2016 年 11 月 23 日出具的评估报告,黄山中院于 2017 年 12 月 28 日在淘宝网发布变卖公告时,该评估报告已超过一年的有效期,黄山中院在网络司法变卖未果后,未以变卖价格将涉案房产交申请执行人抵债,而是根据申请执行人的申请,启动第二轮评估、拍卖,未损害吴某艺、刘某利益,且法律及相关司法解释对此情形下重新评估并无禁止性规定。

五、评估报告作出的评估结论和选定的评估方法等实体问题，一般不属于人民法院异议审查的范围。

案例五：《德安国某钙业有限公司、江西银行股份有限公司某分行金融借款合同纠纷执行审查类执行裁定书》【江西省高级人民法院（2018）赣执异10号】

江西高院认为：关于评估结论失实的问题。本案矿业权评估是具有专门性知识的评估人员及评估机构根据评估目的和估价原则，依照估价程序选定适宜的估价方法，在综合分析影响矿业权价格因素的基础上对矿业权在估价时点的客观合理价格或价值进行估算和判定的活动，依据《拍卖、变卖规定》第六条第二款的规定，对于评估报告作出的评估结论和选定的评估方法等实体问题，一般不属于人民法院异议审查的范围。本案中，异议人以江西省德安县琳某公司公开的当地平均市场价作为依据否定本案评估报告采用的评估基准价格，由于江西省德安县琳某公司并非具有评估资质的评估机构，异议人亦未提交证据证明，异议人以其公布的平均市场价否定本案第二轮采矿权评估基准价格，缺乏事实和法律依据。

010 债权人故意拖延执行，债务人仍支付迟延履行利息吗？

> 债务人积极履行债务期间，不计算迟延履行期间债务利息

阅读提示

依照《民事诉讼法》第二百五十三条的规定，被执行人未按生效法律文书指定的期间履行给付金钱义务的，应当加倍支付迟延履行期间的债务利息。该规定主要目的是通过制裁债务人不按照生效法律文书指定期间履行的行为，促使债务人及时履行债务。实践中，存在不少债权人怠于受领给付或者拒绝受领，致使债务人迟迟未能履行债务的情形。那么，债务人还需要支付此期间高额的迟延履行利息吗？

裁判要旨

请求加倍支付迟延履行期间债务利息不是申请执行人无条件的权利，应当允许执行法院在特定案件中根据被执行人的申请、双方在履行债务过程中的表现及过错

等相关因素酌情减轻或免除加倍支付迟延履行利息。

案情简介

2014年11月,时某和公司诉某市国土局、某市人民政府国有土地使用权批租合同纠纷一案经最高人民法院作出民事判决,判决第三项为:某市国土局于判决生效后30日内支付时某和公司418万元及资金占用费(计算至判决确认的给付之日止,按中国人民银行公布的同期银行贷款利率计算);第四项为:如果未按本判决指定的期间履行上述给付金钱义务,应当加倍支付迟延履行期间的债务利息。

两年后,2016年9月,时某和公司向湖北高院申请执行。同年10月,该院责令某市国土局向时某和公司支付迟延履行期间加倍债务利息。

2016年11月,某市国土局向湖北高院提出执行异议,称该局积极履行义务,时某和公司怠于接受履行致使该局无法清偿债务,不应承担迟延履行期间加倍债务利息和执行费等。

2016年12月,湖北高院认为,支付迟延履行期间的债务利息是被执行人应承担的法定义务,法院的执行行为未超出生效判决确定的内容,裁定驳回某市国土局的异议。某市国土局不服,向最高人民法院申请复议。

2017年6月,最高人民法院裁定撤销湖北高院原裁定,并更改某市国土局迟延履行期间债务利息的计算时间(原裁定计算自2003年10月22日起至实际支付之日止,最高人民法院裁定改为计算自2015年2月12日起至实际支付之日止)。

裁判要点及思路

本案的争议焦点是:某市国土局作为被执行人是否应无条件支付加倍部分的迟延履行期间的债务利息。最高人民法院认为,《民事诉讼法》和《最高人民法院关于执行程序中计算迟延履行期间的债务利息适用法律若干问题的解释》[①] 规定被执行人加倍支付迟延履行期间的债务利息的目的在于,通过制裁债务人不按照生效法律文书指定期间履行的行为,促使债务人及时履行义务,同时进一步补偿债权人因迟延履行造成的损失。但是,在被执行人积极履行债务而债权人怠于受领给付或者拒绝受领给付,债权人对债务未履行负有一定责任的情况下,如果对此具体情况完全不予以考量,一律无条件要求被执行人加倍支付迟延履行期间的债务利息,则将

---

① 以下简称《迟延履行利息解释》。

对积极诚信履行债务的人施以制裁，此与设置迟延履行利息以达到促使债务人普遍积极履行义务的立法目的不符。基于此，最高人民法院在本案中考量以下因素（见下表），最终确定被执行人某市国土局支付迟延履行利息的范围。

最高人民法院考虑因素	最高人民法院认为	最高人民法院酌定结果
1. 债务人存在积极履行债务行为：筹备资金、通知债权人受领案款、向执行法院询问付款账户	债务人具备可供执行的条件、未怠于履行债务、采取多种措施积极准备履行	缩短债务人支付迟延履行期间债务利息的计算时间：将执行法院就债务人询问债权人账户信息及向该院账户付款的请求作出明确答复之日作为加倍部分迟延履行利息计算的时间起点
2. 债权人对债务人不能履行债务负有责任：未预留账户信息、住所地无人办公、未在判决确定的期限内与债务人联系	债权人对债务人未能顺利履行判决确定的债务负有一定的责任	
3. 债务人未充分尽到使债务得到履行的责任：未充分与债权人进行联系	债务人未穷尽设法履行债务的措施	
4. 调整迟延履行利息的计算方法：生效判决将一般债务利息的截止期限设定为"判决确定的给付之日"，之后按照同期银行贷款利率的双倍计算迟延履行利息；但判决生效于《迟延履行利息解释》之后	可考虑选择以加倍部分的迟延履行利息弥补债权人一般债务利息的损失	

可以看出，本案中，最高人民法院充分考虑债权人和债务人在履行各自义务过程中的过错程度。同时，结合迟延履行期间债务利息的立法目的，对积极履行债务的一方给予倾斜性的保护，大大缩短了债务人迟延履行利息的计算时间（原裁定计算自2003年10月22日起至实际支付之日止，最高人民法院裁定改为计算自2015年2月12日起至实际支付之日止）。当然，最高人民法院也考虑到了债务人在履行债务过程中未穷尽设法履行债务措施的过错以及未实际履行债务的事实，选择以加倍部分的迟延履行利息（略高于按照《迟延履行利息解释》计算的方法）弥补债权人一般债务利息的损失。最高人民法院在本案中充分、合理地平衡了债权人和债务人的利益的做法值得各地法院借鉴，应给予高度肯定。

实务要点总结

关于被执行人支付迟延履行利息的相关法律问题，以下几点应重点注意：

一、注意人民法院在执行中计算迟延履行利息的方法发生了变化。2014年8月1日前，一般债务利息计算到生效法律文书确定的给付日期，此后按照同期银行贷款利率的双倍计算迟延履行利息;2014年8月1日,即《迟延履行利息解释》施行后,将迟延履行利息区分为一般债务利息和加倍部分的迟延履行利息,一般债务利息按照判决确定的方式计算,加倍部分的迟延履行利息的利率标准统一确定为日万分之一点七五,其计算结果接近于(低于)一般债务利息。实践中,存在很多因债务利息计算方法存在纠纷的案件。根据最高人民法院处理类似问题的态度,一般采取分段计算的方法,尽量不给予债务人较大经济负担。

二、迟延履行期间加倍部分债务利息计算的截止时间计算标准不同。

1. 被执行人主动履行债务的:迟延履行利息的计算时间因债务全部履行和部分履行有所不同。一次性全部履行的,计算至被执行人履行完毕之日;被执行人分次履行的,相应部分的加倍部分债务利息计算至每次履行完毕之日。

2. 法院强制执行的:迟延履行利息计算时间根据被执行财产种类不同有所区分。被执行财产是存款、收入、股息、红利等财产的,相应部分的加倍部分债务利息计算至划拨、提取之日;被执行财产需要拍卖、变卖或者以物抵债的,计算至成交裁定或者抵债裁定生效之日;被执行财产需要通过其他方式变价的,计算至财产变价完成之日。

3. 不计算迟延履行利息的情形:非因被执行人的申请,对生效法律文书审查而中止或者暂缓执行的期间及再审中止执行的期间,不计算加倍部分债务利息。

三、如果债务人主动履行债务,而债权人受领迟延或者拒绝受领,则应根据债权人过错程度,判断债务人是否应当承担履行期之后的加倍部分债务利息。若债务人提出合法给付,债权人无正当理由迟延受领或者拒绝受领,则不应再要求债务人承担此后的迟延履行期间债务利息,债务人可以通过合法方式自行消灭债务。① 因此,债权人应及时行使己方权利,积极配合债务人的给付行为。如债权人怠于履行,债务人应及时固定己方积极履行义务的证据,同时考虑有无提存可能,避免未来承担高额迟延履行利息的风险。

相关法律规定

《最高人民法院关于执行程序中计算迟延履行期间的债务利息适用法律若干问题的解释》(2014年7月7日公布)

第一条 根据民事诉讼法第二百五十三条规定加倍计算之后的迟延履行期间的

---

① 最高人民法院执行局编著:《最高人民法院关于执行程序中计算迟延履行期间的债务利息适用法律若干问题的解释理解与适用》,人民法院出版社2014年版,第66页。

债务利息，包括迟延履行期间的一般债务利息和加倍部分债务利息。

迟延履行期间的一般债务利息，根据生效法律文书确定的方法计算；生效法律文书未确定给付该利息的，不予计算。

加倍部分债务利息的计算方法为：加倍部分债务利息＝债务人尚未清偿的生效法律文书确定的除一般债务利息之外的金钱债务×日万分之一点七五×迟延履行期间。

第三条 加倍部分债务利息计算至被执行人履行完毕之日；被执行人分次履行的，相应部分的加倍部分债务利息计算至每次履行完毕之日。

人民法院划拨、提取被执行人的存款、收入、股息、红利等财产的，相应部分的加倍部分债务利息计算至划拨、提取之日；人民法院对被执行人财产拍卖、变卖或者以物抵债的，计算至成交裁定或者抵债裁定生效之日；人民法院对被执行人财产通过其他方式变价的，计算至财产变价完成之日。

非因被执行人的申请，对生效法律文书审查而中止或者暂缓执行的期间及再审中止执行的期间，不计算加倍部分债务利息。

《民事诉讼法》（2021年12月24日修正）

第二百六十条[①] 被执行人未按判决、裁定和其他法律文书指定的期间履行给付金钱义务的，应当加倍支付迟延履行期间的债务利息。被执行人未按判决、裁定和其他法律文书指定的期间履行其他义务的，应当支付迟延履行金。

《民法典》（2020年5月28日公布）

第五百七十条 有下列情形之一，难以履行债务的，债务人可以将标的物提存：

（一）债权人无正当理由拒绝受领；

（二）债权人下落不明；

（三）债权人死亡未确定继承人、遗产管理人，或者丧失民事行为能力未确定监护人；

（四）法律规定的其他情形。

标的物不适于提存或者提存费用过高的，债务人依法可以拍卖或者变卖标的物，提存所得的价款。

[①] 原第二百五十三条。

法院裁判

以下为最高人民法院在判决书"本院认为"部分就此问题发表的意见：

本院认为，本案的焦点问题是：某市国土局是否应支付加倍部分的迟延履行期间的债务利息。分析如下：

依照《民事诉讼法》第二百五十三条的规定，被执行人未按生效法律文书指定的期间履行给付金钱义务的，应当加倍支付迟延履行期间的债务利息。该条规定于执行措施一章中，其主要是为了通过制裁不按照生效法律文书指定期间履行的行为，促使债务人及时履行义务，同时也进一步补偿债权人因迟延履行造成的损失。通常情况下，生效判决确定的债权未得到实现，执行程序被启动的，可以推定是因为被执行人迟延履行义务的结果，执行部门因而主动依法起算迟延履行利息。但是，在个案中查明债务人有积极履行债务的具体行动，而债权人对债务未履行负有一定责任的情况下，如果对此具体情况完全不予以考量，一律无条件要求被执行人加倍支付迟延履行期间的债务利息，则将对积极诚信履行债务的人施以制裁，此与设置迟延履行利息以达到促使债务人普遍积极履行义务的立法目的不符。因此，不能将请求加倍支付迟延履行期间债务利息作为申请执行人无条件的权利，应当允许执行法院在特定案件中根据被执行人的申请、双方在履行债务过程中的表现及过错等相关因素酌情减轻或免除加倍支付迟延履行利息。本案需要考虑以下因素：

首先，本案判决生效后，某市国土局为了履行债务作了如下工作：一是在判决确定的给付期间内提请财政审批拨付了案款；二是在判决确定的给付期间内采取邮政快递、报纸公告等方式通知债权人受领案款；三是2015年2月12日发函并派员前往审判部门询问债权人账户信息并请求将案款付至法院账户。上述做法表明，某市国土局在判决生效后并无怠于履行债务、拖延还款的意图，其曾取得财政部门审批准备案款，具备向时某和公司支付的条件，且通过一定途径向债权人发出通知，向审判机关寻求帮助，即采取各种措施积极准备履行判决确定的义务。此种诚信履行义务的积极行动应当得到肯定。人民法院缺乏在判决生效后、执行程序启动前接受债务人向法院账户支付债款的相关制度，也是债务人不能及时解除责任的原因之一。而时某和公司作为债权人，对于某市国土局履行债务应当给予基本的配合，即提供账号信息。如果在此期间时某和公司与某市国土局取得联系，则完全不需要启动强制执行程序而使判定债权得到实现。由于时某和公司未预留账户信息，住所地无人办公，也未在判决确定的期限内与某市国土局联系，致使某市国土局未能在具备案款支付条件时顺利履行判决确定的债务，时某和公司应当承担一定的责任。

其次，某市国土局亦并未充分尽到使债务得到履行的责任。当然本院认为该责任不在于其未按照《合同法》第一百零一条的规定进行提存。依该条规定，债务人可以选择提存方式清偿债务，但该选择应是债务人的权利，而非债务人的法定义务。提存公证收费的通常做法是，提存公证的申请人先行交纳公证费用，办理提存后，受领人在受领时可以提取的是提存本金及其产生的活期存款利息。因此，如果确实进行提存，不仅增加债务人负担，债权人在利息方面的利益也将受到减损。且某市国土局申请财政审批该费用确实存在现行财务规则方面的障碍。因此，将某市国土局未办理提存公证视为其未尽到履行责任，不尽合理。但是，某市国土局确实还可以进一步通过派员前往时某和公司住所地、联系时某和公司诉讼阶段的委托代理人等方式与该公司取得联系。通过上述途径进行联系也应属通常可以认同的合理方式。该局未再采取这些合理方式继续寻找时某和公司，未穷尽设法履行债务的措施。

最后，本案生效判决将某市国土局支付一般债务利息的截止期限设定为"判决确定的给付之日"，即判决生效后30日。此类判项实际上是适应2014年8月1日《迟延履行利息解释》施行前，人民法院在执行实务中将判决确定的一般债务利息计算到生效法律文书确定的给付日期，此后按照同期银行贷款利率的双倍计算迟延履行利息的做法。但本案判决生效于上述司法解释之后，依该解释，人民法院在执行中计算迟延履行利息的方法发生了变化，将迟延履行利息区分为一般债务利息和加倍部分的迟延履行利息，一般债务利息按照判决确定的方式计算，加倍部分的迟延履行利息的利率标准统一确定为日万分之一点七五，其计算结果接近于一般债务利息。鉴于本案债务未能实际履行的客观情况，可考虑以加倍部分的迟延履行利息弥补债权人一般债务利息的损失。

综合以上因素，本院酌定将湖北高院审判人员就某市国土局询问时某和公司账户信息及向该院账户付款的请求作出明确答复之日作为加倍部分迟延履行利息计算的时间节点。自判决确定的履行期限届满截至该答复之日，可视为某市国土局的行为不构成迟延履行，不承担该期间内的迟延履行利息；从该答复之日起，某市国土局应当承担迟延履行利息。

案件来源

《某市国土资源和规划局、时某和房地产开发（武汉）建筑有限公司建设用地使用权纠纷执行审查类执行裁定书》【最高人民法院（2017）最高法执复16号】

> 延伸阅读

一、债务人承担债务利息的日期截至债务人实际履行之日。

案例一：《广州正某投资有限公司、广州市泰某房地产开发有限公司执行审查类执行裁定书》【最高人民法院（2016）最高法执监433号】

最高人民法院认为，所谓"清偿日"即债务给付完成之日，对于"清偿日"的理解有争议的，应根据判决主文的词句、判决的性质和目的等综合判断其含义。因为，在履行期间届满日之前义务人可以随时履行判决确定的义务，如果义务人提前履行了义务，仍然一律以履行期间届满日为"清偿日"，这必然导致义务人履行义务之后还将承担不应支付的利息，既不利于保护义务人的利益，也不利于鼓励义务人自觉履行义务。为平等保护当事人的利益，该项判决主文中的"清偿日"不应简单地理解为判决确定履行期间的届满日，而应理解为债务实际清偿之日。

二、中止执行系被执行人因与申请执行人达成和解协议，如被执行人未按和解协议履行后恢复强制执行的，中止执行期间不停止计算迟延履行利息。

案例二：《云南金某长丰投资有限公司与云南省某服务总公司借款合同纠纷执行监督一案执行裁定书》【最高人民法院（2017）最高法执监402号】

最高人民法院认为，关于中止执行期间不计算加倍部分债务利息的问题。某服务公司提出，根据《最高人民法院关于执行程序中计算迟延履行期间的债务利息适用法律若干问题的解释》规定，非因被执行人的申请，对生效法律文书审查而中止或者暂缓执行的期间及再审中止执行的期间，不计算加倍部分债务利息。昆明中院2002年5月22日出具民事裁定书，中止本案执行，此后直至2006年7月11日前一直未恢复执行行为。因此，自2002年5月22日至2006年7月11日，其不应支付迟延履行利息。本院认为，2002年5月22日昆明中院裁定本案中止执行，是因为双方于2002年5月14日达成执行和解，但由于某服务公司连续3个月未按照和解协议履行义务，建行某分行营业部于8月2日向昆明中院申请恢复强制执行。之后，某服务公司又表示愿意继续履行和解协议，并于2002年9月24日、2002年12月12日分别履行了20万元，但其后未再继续履行，可见，本案并不符合司法解释规定的不计算加倍债务利息的情形。此外，某服务公司也未就此提供证据，因此对该主张不予支持。

第三章 利害关系人异议

011 承租人不服以物抵债裁定，通过何种程序救济？

> 承租人不服以物抵债裁定，应通过执行异议和复议程序寻求救济

阅读提示

在执行程序中，法院裁定将被执行人的不动产抵偿给申请执行人，但被执行人已将该不动产出租给承租人时，承租人能否排除强制执行，主张继续占用、使用不动产？承租人不服以物抵债裁定，应通过何种程序主张权利，承租人主张权利的最后期限是什么？本文通过一则案例，对上述问题进行分析。

裁判要旨

承租人提出执行法院的拍卖和以物抵债裁定侵害了其对涉案房产的租赁权和优先购买权的异议，依法应按利害关系人的执行行为异议进行处理。

案情简介

王某与国某公司民间借贷纠纷一案，海口中院于2012年7月3日立案执行后，查封了被执行人国某公司名下的房产。

2014年3月25日，国某公司与谢某、陈某达签订了一份《租赁合同》，约定谢某承租国某公司名下部分房产。

2014年5月14日，海口中院裁定公开拍卖国某公司名下被查封的房产，三次均因无人报名而流拍，海口中院裁定将上述房产以第三次拍卖保留价11266.3872万元抵偿给王某，责令国某公司迁出上述房产。

2014年12月22日，承租人谢某提出异议，请求法院维护其对租赁房产的承租

权和优先购买权。海口中院经审查认为，被执行人国某公司的房产被查封后，国某公司未经许可，便与异议人谢某签订房屋租赁合同，在查封的房产上设置权利负担，该租赁合同不能对抗人民法院的执行，裁定驳回谢某的异议。

谢某不服，向海南省高院申请复议。海南省高院认为，关于本案应确定为执行行为异议还是案外人异议的问题，谢某因与国某公司签订《租赁合同》而主张承租权和优先购买权，其提出执行法院的拍卖和以物抵债措施侵害了其对涉案房产的租赁权和优先购买权的异议，依法应按利害关系人的执行行为异议进行处理。谢某在法院查封之后承租涉案房产，并以此为由主张对涉案房产继续占有、使用和行使优先购买权，依法不予支持。

裁判要点及思路

本案的核心法律问题有两个：一是本案应确定为执行行为异议还是案外人异议；二是谢某在法院查封之后承租涉案房产，并以此为由主张对涉案房产继续占有、使用和行使优先购买权，能否得到支持。

关于本案应确定为执行行为异议还是案外人异议的问题，根据《执行异议和复议规定》第五条、第七条的规定，当事人以外的公民、法人和其他组织认为人民法院的拍卖、变卖或者以物抵债措施违法，侵害其对执行标的的优先购买权的，可以作为利害关系人提出执行行为异议，法院应当依照《民事诉讼法》第二百二十五条规定进行审查。另外，案外人异议系案外人基于对执行标的主张实体权利提出的异议，而租赁权并非对执行标的享有实体权利，该权利存在与否不能成为阻止法院采取强制执行措施的理由。因此，本案中，谢某因与国某公司签订《租赁合同》而主张承租权和优先购买权，其提出执行法院的拍卖和以物抵债措施侵害了其对涉案房产的租赁权和优先购买权的异议，依法应按利害关系人的执行行为异议进行处理。

关于谢某在法院查封之后承租涉案房产，并以此为由主张对涉案房产继续占有、使用和行使优先购买权，能否得到支持的问题，《查封、扣押、冻结规定》第二十六条第一款规定："被执行人就已经查封、扣押、冻结的财产所作的移转、设定权利负担或者其他有碍执行的行为，不得对抗申请执行人。"本案中，国某公司在法院查封之后出租涉案房产，违反上述法律规定，由此对给申请执行人造成的损失应承担法律责任；申请复议人谢某在法院查封之后承租涉案房产，并以此为由主张对涉案房产继续占有、使用和行使优先购买权，不应得到支持。

实务要点总结

承租人不服以物抵债裁定，其提出执行法院的拍卖和以物抵债措施侵害了其对涉案房产的租赁权和优先购买权的异议，依法应按利害关系人的执行行为异议进行处理。《执行异议和复议规定》第七条第一款第一项规定：当事人、利害关系人认为执行过程中或者执行保全、先予执行裁定过程中的以物抵债执行措施违法提出异议的，人民法院应当依照民事诉讼法第二百二十五条规定进行审查。根据《执行异议和复议规定》第五条的规定，当事人以外的公民、法人和其他组织，认为人民法院的拍卖、变卖或者以物抵债措施违法，侵害其对执行标的的优先购买权的，可以作为利害关系人提出执行行为异议。可见，承租人享有的租赁权并非对执行标的享有实体权利，因此，不适用《民事诉讼法》第二百二十七条规定的案外人异议程序，应按利害关系人的执行行为异议进行处理。

承租人在法院查封之后承租涉案房产，并以此为由主张对涉案房产继续占有、使用和行使优先购买权的，不能对抗申请执行人的强制执行申请；承租人在法院查封之前已签订合法有效的书面租赁合同并占有使用该不动产的，有权在租赁期内阻止向受让人移交占有被执行的不动产。《查封、扣押、冻结规定》第二十六条第一款规定："被执行人就已经查封、扣押、冻结的财产所作的移转、设定权利负担或者其他有碍执行的行为，不得对抗申请执行人。"《执行异议和复议规定》第三十一条第一款规定："承租人请求在租赁期内阻止向受让人移交占有被执行的不动产，在人民法院查封之前已签订合法有效的书面租赁合同并占有使用该不动产的，人民法院应予支持。"可见，"先租赁后查封"，承租人享有的租赁权适用"买卖不破租赁"的原则，有权在租赁期内阻止向受让人移交占有被执行的不动产。

承租人对以物抵债裁定提出异议，应在执行程序终结前提出。承租人对以物抵债裁定提出异议时，其身份属于"利害关系人"，适用《民事诉讼法》第二百二十五条规定的执行行为异议和复议程序。《执行异议和复议规定》第六条第一款规定："当事人、利害关系人依照民事诉讼法第二百二十五条规定提出异议的，应当在执行程序终结之前提出，但对终结执行措施提出异议的除外。"另外，执行标的物已执行完毕不能等同于执行程序终结，债权人有权在以物抵债裁定的执行标的物执行完毕后，执行程序终结前，对其他债权人申请以物抵债的裁定提出执行异议。

相关法律规定

《最高人民法院关于人民法院办理执行异议和复议案件若干问题的规定》
(2020年12月23日修正)

第五条 有下列情形之一的,当事人以外的自然人、法人和非法人组织,可以作为利害关系人提出执行行为异议:

(一)认为人民法院的执行行为违法,妨碍其轮候查封、扣押、冻结的债权受偿的;

(二)认为人民法院的拍卖措施违法,妨碍其参与公平竞价的;

(三)认为人民法院的拍卖、变卖或者以物抵债措施违法,侵害其对执行标的的优先购买权的;

(四)认为人民法院要求协助执行的事项超出其协助范围或者违反法律规定的;

(五)认为其他合法权益受到人民法院违法执行行为侵害的。

第七条 当事人、利害关系人认为执行过程中或者执行保全、先予执行裁定过程中的下列行为违法提出异议的,人民法院应当依照民事诉讼法第二百二十五条规定进行审查:

(一)查封、扣押、冻结、拍卖、变卖、以物抵债、暂缓执行、中止执行、终结执行等执行措施;

(二)执行的期间、顺序等应当遵守的法定程序;

(三)人民法院作出的侵害当事人、利害关系人合法权益的其他行为。

被执行人以债权消灭、丧失强制执行效力等执行依据生效之后的实体事由提出排除执行异议的,人民法院应当参照民事诉讼法第二百二十五条规定进行审查。

除本规定第十九条规定的情形外,被执行人以执行依据生效之前的实体事由提出排除执行异议的,人民法院应当告知其依法申请再审或者通过其他程序解决。

第三十一条 承租人请求在租赁期内阻止向受让人移交占有被执行的不动产,在人民法院查封之前已签订合法有效的书面租赁合同并占有使用该不动产的,人民法院应予支持。

承租人与被执行人恶意串通,以明显不合理的低价承租被执行的不动产或者伪造交付租金证据的,对其提出的阻止移交占有的请求,人民法院不予支持。

《最高人民法院关于人民法院执行工作若干问题的规定（试行）》（2020 年 12 月 23 日修正）

32①. 被执行人或其他人擅自处分已被查封、扣押、冻结财产的，人民法院有权责令责任人限期追回财产或承担相应的赔偿责任。

《最高人民法院关于人民法院民事执行中查封、扣押、冻结财产的规定》（2020 年 12 月 23 日修正）

第二十四条② 被执行人就已经查封、扣押、冻结的财产所作的移转、设定权利负担或者其他有碍执行的行为，不得对抗申请执行人。

第三人未经人民法院准许占有查封、扣押、冻结的财产或者实施其他有碍执行的行为的，人民法院可以依据申请执行人的申请或者依职权解除其占有或者排除其妨害。

人民法院的查封、扣押、冻结没有公示的，其效力不得对抗善意第三人。

《民事诉讼法》（2021 年 12 月 24 日修正）

第二百三十二条③ 当事人、利害关系人认为执行行为违反法律规定的，可以向负责执行的人民法院提出书面异议。当事人、利害关系人提出书面异议的，人民法院应当自收到书面异议之日起十五日内审查，理由成立的，裁定撤销或者改正；理由不成立的，裁定驳回。当事人、利害关系人对裁定不服的，可以自裁定送达之日起十日内向上一级人民法院申请复议。

法院裁判

以下是海南省高级人民法院在裁定书中"本院认为"部分的论述：

本院认为，根据《民事诉讼法》第二百四十四条、《执行工作规定》第四十四条和《查封、扣押、冻结规定》第二十六条的规定，被执行人未按执行通知履行法律文书确定的义务，人民法院有权查封和处置被执行人的财产；被执行人或其他人擅自处分已被查封财产的，人民法院有权责令责任人限期追回财产或承担相应的赔偿责任；被执行人就已经查封的财产所作的移转、设定权利负担或者其他有碍执行的行为，不得对抗申请执行人。第三人未经人民法院准许占有查封的财产或者实施其他有碍执行的行为的，人民法院可以依据申请执行人的申请或者依职权解除其占

---

① 原44。
② 原第二十六条。
③ 原第二百二十五条。

有或者排除其妨害。本案中，海口中院在执行案件时依法查封被执行人国某公司的房产，向房产管理部门送达了执行裁定书和协助执行通知书，并进行了公示，国某公司在法院查封之后出租涉案房产，违反上述法律规定，由此对给申请执行人造成的损失应承担法律责任；申请复议人谢某在法院查封之后承租涉案房产，并以此为由主张对涉案房产继续占有、使用和行使优先购买权，违反上述法律规定，依法不予支持。海口中院对涉案房产的查封和处置并无不妥，认定谢某对涉案房产的租赁权不受法律保护、不享有优先购买权，并以（2012）海中法执字第173-3号执行裁定书，裁定将涉案房屋抵债给申请执行人，以（2015）海中法执异字第18号执行裁定书，裁定驳回谢某的异议请求，符合法律规定，应予以维持。

关于本案是否应当审查谢某与国某公司签订的《租赁合同》效力的问题。根据《民事诉讼法》第二百二十五条和《查封、扣押、冻结规定》第二十六条的规定，对于被执行人擅自处分被查封的财产，与第三人签订租赁合同，执行异议和复议程序要解决的是该租赁和占有是否能对抗申请执行人、是否能阻止法院执行的问题，而租赁合同效力问题不是本案执行异议和复议过程中审查和裁定的内容。因此，当事人之间就租赁合同效力的争议，在本案中本院不予审查，当事人可以通过诉讼程序或其他法律途径处理。

关于本案应确定为执行行为异议还是案外人异议的问题。根据《执行异议和复议规定》第五条、第七条的规定，当事人以外的公民、法人和其他组织认为人民法院的拍卖、变卖或者以物抵债措施违法，侵害其对执行标的的优先购买权的，可以作为利害关系人提出执行行为异议，人民法院应当依照《民事诉讼法》第二百二十五条规定进行审查。本案中，谢某因与国某公司签订《租赁合同》而主张承租权和优先购买权，其提出执行法院的拍卖和以物抵债措施侵害了其对涉案房产的租赁权和优先购买权的异议，依法应按利害关系人的执行行为异议进行处理。另外，案外人异议系案外人基于对执行标的主张实体权利提出的异议，而租赁权并非对执行标的享有实体权利，该权利存在与否不能成为阻止法院采取强制执行措施的理由。因此，本案不适用案外人异议的法律规定，海口中院适用《民事诉讼法》第二百二十五条规定进行审查是正确的。

综上，申请复议人谢某在法院查封被执行人国某公司的房产之后，与国某公司就该涉案房产签订《租赁合同》，并以此为由主张对涉案房产享有租赁权和优先购买权、请求撤销海口中院的相关裁定，理由不成立。海口中院驳回谢某的异议请求是正确的，依法应予以维持。

案件来源

《谢某、王某与海南国某科技有限公司民间借贷纠纷执行裁定书》【海南省高级人民法院（2015）琼执复字第 12 号】

延伸阅读

一、承租人在不同意按约继续交纳租金，构成根本违约的情形下，主张其对案涉租赁物享有足以排除强制执行的民事权益，法律应对此作出否定性评价。

案例一：《张某海、刘某俊二审民事判决书》【安徽省高级人民法院（2019）皖民终 814 号】

2016 年 8 月 17 日，一审法院作出的（2013）芜中执字第 00256 号执行裁定已裁定将案涉厂房及土地交付董某兵个人独资的繁昌县科某包装有限公司抵偿李某虎、迎某松公司所欠债务，即案涉厂房及土地的所有权人自该裁定送达时已变更为繁昌县科某包装有限公司。而从《租赁合同》的履行情况来看，张某海、刘某俊自述仅以债转租的形式向迎某松公司支付了 300 万元租金，按约尚需向新的产权人交纳未付的押金 200 万元、租金 300 万元。经一审法院当庭询问，张某海、刘某俊明确表示即使法院认定《租赁合同》有效并应继续履行，其也不同意向新的产权人交纳租金。至此，张某海、刘某俊只愿享有权利而不愿承担相应对价义务的行为，已构成根本违约，其主张的租赁权已无受法律保护之必要，相应的《租赁合同》亦无继续履行之必要。张某海、刘某俊在不同意按约继续交纳租金的情形下主张其对案涉租赁物享有足以排除强制执行的民事权益，法律应对此作出否定性评价。

二、执行标的物已执行完毕不能等同于执行程序终结，债权人有权在以物抵债裁定的执行标的物执行完毕后，执行程序终结前，对其他债权人申请以物抵债的裁定提出执行异议。

案例二：《韩某强、孙某华借款合同纠纷执行审查类执行裁定书》【最高人民法院（2019）最高法执监 488 号】

本院认为，本案申诉人申诉理由主要为被执行人唯一财产被裁定以物抵债，侵犯了其合法权益，请求予以执行回转，并支持其参与分配。本案异议、复议裁定主要以其异议不符合受理条件等理由从程序上予以驳回。故本案审查的重点问题是韩某强对以物抵债所提异议是否已经逾期。经审查，异议、复议裁定认为其异议不符合受理条件存在事实不清、法律依据不足问题。

首先，按照《执行异议和复议规定》第六条"当事人、利害关系人依照民事诉讼法第二百二十五条规定提出异议的，应当在执行程序终结之前提出，但对终结执行措施提出异议的除外"的规定，利害关系人只要在执行程序终结前提出就应当对其异议进行审查，执行标的物已执行完毕不能等同于执行程序终结。本案中，营口中院异议裁定及辽宁高院复议裁定对该案执行程序是否终结、终结的时间等重要事实未予审查，在韩某强对以物抵债裁定提出异议后，仅以标的物已经交付给该案申请执行人抵偿债务，执行标的物已执行完毕为由认定申诉人的异议请求不符合执行异议案件的受理条件，存在事实不清、对法条理解不当问题。

其次，从本案申诉人异议、复议的理由来看，其主张曾在以物抵债裁定作出前，于2015年12月7日向营口中院提交《参与执行分配申请书》申请参与分配，但营口中院一直拖延不予立案，导致被执行人唯一财产被以物抵债给另案申请执行人。对该项事实，异议及复议裁定也均未予以审查认定，存在违法剥夺当事人程序权利的可能。且辽宁高院认为韩某强要求参与分配属于分配方案的异议，从而对申诉人韩某强请求参与分配问题以《民诉法解释》第五百一十二条的规定为由进行审查，属于适用法律错误。

012 次债务人能否作为案外人提起执行异议之诉？

> 次债务人关于到期债权不存在的异议，不属于案外人异议

阅读提示

申请执行人可以向法院申请执行被执行人对外享有的到期债权，法院可以作出冻结到期债权的裁定，并通知次债务人向申请执行人履行债务。那么，当次债务人对裁定和协助执行通知不服时，能否提起执行异议之诉？本文通过最高人民法院的一则案例，对此进行分析。

裁判要旨

针对"对他人的到期债权"享有执行异议之诉起诉主体资格的主体，须是针对执行标的享有实体权利的人。次债务人主张其与被执行人之间已经不存在到期债

权,不属于对执行标的提出的异议,而是对法院执行行为提出的异议,不应通过案外人执行异议之诉程序进行实体审理。

案情简介

吕梁中院在执行申请执行人李某忠与被执行人张某明民间借贷纠纷一案中,作出执行裁定,并依据该裁定向冯某、车某萍发出协助执行通知,查封、冻结张某明在冯某、车某萍处的债权1308万元。

冯某、车某萍以该债务已经清偿完毕为由向执行法院提出异议,执行法院作出执行裁定驳回了冯某、车某萍的异议申请,并在该裁定中告知冯某、车某萍可提起执行异议之诉。

冯某、车某萍向吕梁中院提起执行异议之诉,一审、二审法院均未支持冯某、车某萍的异议请求,冯某、车某萍向最高人民法院申请再审,最高人民法院认为,冯某、车某萍不具有案外人执行异议之诉原告主体资格。本案不应通过案外人执行异议之诉进行实体审理,裁定撤销一审及二审法院判决,驳回冯某、车某萍的起诉。

裁判要点及思路

本案的裁判要点是:被执行人到期债权的债务人是否具有案外人执行异议之诉的原告主体资格。

《民诉法解释》第五百零一条规定:"人民法院执行被执行人对他人的到期债权,可以作出冻结债权的裁定,并通知该他人向申请执行人履行。该他人对到期债权有异议,申请执行人请求对异议部分强制执行的,人民法院不予支持。利害关系人对到期债权有异议的,人民法院应当按照民事诉讼法第二百二十七条规定处理。对生效法律文书确定的到期债权,该他人予以否认的,人民法院不予支持。"

吕梁中院和山西高院错误适用了《民诉法解释》第五百零一条,通过执行异议之诉程序对本案进行了实体审理,错误地将本案争议焦点认定为冯某、车某萍主张债务已经清偿完毕的事实是否存在。最高人民法院纠正了吕梁中院和山西高院的错误,最高人民法院认定本案不应通过对案外人执行异议之诉进行实体审理。

最高人民法院的裁判思路关键是对《民诉法解释》第五百零一条中"他人"和"利害关系人"的理解。"他人"指的是被执行人到期债权的债务人,"利害关系人"并非《民事诉讼法》第二百二十五条中的"利害关系人",而是指《民事诉讼法》第二百二十七条中的"案外人"。针对"对他人的到期债权"享有执行异议之诉起诉主体资格的，须是针对执行标的"对他人的到期债权"享有实体权利的人。本案中冯某、车某萍作为被执行人的债务人，属于《民诉法解释》第五百零一条中的"他人"，并非对执行标的享有实体权利的人，无权按照《民事诉讼法》第二百二十七条提起执行异议之诉。

实务要点总结

次债务人主张其与被执行人之间已经不存在到期债权，不属于对执行标的提出的异议，而是对法院执行行为提出的异议，不应通过案外人执行异议之诉程序进行实体审理。《民诉法解释》第五百零一条第二款规定："……利害关系人对到期债权有异议的，人民法院应当按照民事诉讼法第二百二十七条规定处理。"该条文中的"利害关系人"并非《民事诉讼法》第二百二十五条中的"利害关系人"，而是《民事诉讼法》第二百二十七条中的"案外人"。案外人提起执行异议之诉，其理由须是针对执行标的享有实体权利提出异议，而不是针对执行行为本身提出异议。例如，在本案中，冯某、车某萍若享有执行异议之诉的主体资格，须是针对案涉执行标的"对他人的到期债权"享有实体权利的人。冯某、车某萍主张的并不是对案涉执行标的"对他人的到期债权"享有实体权利，而是主张"与张某明、张某兵之间已经不存在到期债权"。因此，冯某、车某萍不具有案外人执行异议之诉的原告主体资格。

次债务人对到期债权提出异议的，执行法院不得对次债务人强制执行。《执行工作规定》第六十三条规定："第三人在履行通知指定的期间内提出异议的，人民法院不得对第三人强制执行，对提出的异议不进行审查。"根据该规定，被执行人对他人的到期债权系被执行人对第三人（次债务人）所享有的债权。对于未经生效法律文书确定的债权债务关系且第三人提出该债权已不存在等异议的，基于对第三人实体权利的保护，人民法院不得在强制执行程序中直接审查确认该债权债务存在与否以及具体数额并对第三人进行强制执行。（详见"延伸阅读"案例一）由此可见，本案中，次债务人冯某、车某萍提出已不存在到期债权时，吕梁中院的正确做法应是裁定撤销对冯某、车某萍的执行裁定书和协助执行通知书。

次债务人对到期债权提出异议，执行法院不予执行该到期债权的，申请执行人可以次债务人为被告，提起代位权诉讼寻求救济。对于被执行人到期债权的执行，必须符合三项要件：一是次债务人对被执行人负有金钱债务，二是该债务已届履行期限，三是次债务人未提出异议。当次债务人提出异议的，执行法院不予执行该到期债权。申请执行人可以次债务人为被告，提起代位权诉讼寻求救济。本案中最高人民法院指出，案外人执行异议之诉与债权人代位权诉讼在提起诉讼的主体、审查范围、举证责任分配等方面均存在差别，不可以通过对案外人执行异议之诉进行实体审理从而替代代位权诉讼。

相关法律规定

《最高人民法院关于适用〈中华人民共和国民事诉讼法〉的解释》（2022年3月22日修正）

第四百九十九条[1] 人民法院执行被执行人对他人的到期债权，可以作出冻结债权的裁定，并通知该他人向申请执行人履行。

该他人对到期债权有异议，申请执行人请求对异议部分强制执行的，人民法院不予支持。利害关系人对到期债权有异议的，人民法院应当按照民事诉讼法第二百三十四条规定处理。

对生效法律文书确定的到期债权，该他人予以否认的，人民法院不予支持。

《最高人民法院关于人民法院执行工作若干问题的规定（试行）》（2020年12月23日修正）

45[2]. 被执行人不能清偿债务，但对本案以外的第三人享有到期债权的，人民法院可以依申请执行人或被执行人的申请，向第三人发出履行到期债务的通知（以下简称履行通知）。履行通知必须直接送达第三人。

履行通知应当包含下列内容：

（1）第三人直接向申请执行人履行其对被执行人所负的债务，不得向被执行人清偿；

（2）第三人应当在收到履行通知后的十五日内向申请执行人履行债务；

（3）第三人对履行到期债权有异议的，应当在收到履行通知后的十五日内向执行法院提出；

（4）第三人违背上述义务的法律后果。

47[3]. 第三人在履行通知指定的期间内提出异议的，人民法院不得对第三人强制执行，对提出的异议不进行审查。

---

[1] 原第五百零一条。
[2] 原61。
[3] 原63。

49①. 第三人在履行通知指定的期限内没有提出异议，而又不履行的，执行法院有权裁定对其强制执行。此裁定同时送达第三人和被执行人。

《民事诉讼法》（2021年12月24日修正）

第二百三十四条② 执行过程中，案外人对执行标的提出书面异议的，人民法院应当自收到书面异议之日起十五日内审查，理由成立的，裁定中止对该标的的执行；理由不成立的，裁定驳回。案外人、当事人对裁定不服，认为原判决、裁定错误的，依照审判监督程序办理；与原判决、裁定无关的，可以自裁定送达之日起十五日内向人民法院提起诉讼。

法院裁判

本院再审认为，本案的主要争议焦点是，被执行人到期债权的债务人是否具有案外人执行异议之诉原告主体资格。

一、《民诉法解释》第五百零一条规定："人民法院执行被执行人对他人的到期债权，可以作出冻结债权的裁定，并通知该他人向申请执行人履行。该他人对到期债权有异议，申请执行人请求对异议部分强制执行的，人民法院不予支持。利害关系人对到期债权有异议的，人民法院应当按照民事诉讼法第二百二十七条规定处理。对生效法律文书确定的到期债权，该他人予以否认的，人民法院不予支持。"该条文规定了第三人（条文中的"他人"）及相关权利人（条文中的"利害关系人"）的救济。即第三人对其与被执行人之间的债权债务关系提出异议的，执行法院不得继续执行该债权。申请执行人可以通过代位诉讼救济其权利。如果相关权利人对该到期债权有异议的，比如主张是该到期债权的真实权利人，可以按照《民事诉讼法》第二百二十七条的规定进行救济。这里对该条中的"他人"与"利害关系人"加以了区别，"利害关系人"并非《民事诉讼法》第二百二十五条中的"利害关系人"，而是《民事诉讼法》第二百二十七条中的"案外人"。二、针对"对他人的到期债权"享有执行异议之诉起诉主体资格的，须是针对执行标的的"对他人的到期债权"享有实体权利的人。案外人提起执行异议之诉，其理由须是针对执行标的的享有实体权利提出异议，而不是针对执行行为本身提出异议。如案外人对于执行行为提出异议，只能依照《民事诉讼法》第二百二十五条规定，向上一级法院申请复议，不能提起执行异议之诉。三、《民诉法解释》第三百零六条第一款第二项

---

① 原65。
② 原第二百二十七条。

规定的提起执行异议之诉的起诉条件之一是"有明确的对执行标的继续执行的诉讼请求",即案外人执行异议之诉最直接的功能在于排除对执行标的强制执行,有必要对案外人在执行异议之诉中提起的诉讼请求予以明确。

具体到本案,一、冯某、车某萍作为被执行人的债务人,也就是《民诉法解释》第五百零一条中的"他人",只有"利害关系人"对到期债权有异议的,人民法院才应当按照《民事诉讼法》第二百二十七条规定处理。显然,冯某、车某萍不能作为《民事诉讼法》第二百二十七条中的"案外人"提出执行异议之诉。二、冯某、车某萍若享有执行异议之诉的主体资格,须是针对案涉执行标的"对他人的到期债权"享有实体权利的人。本案中,其主张的并不是对案涉执行标的"对他人的到期债权"享有实体权利,而是主张"与张某明、张某兵之间已经不存在到期债权",并为此举出"与张某兵、张某明签订调解协议"及相关裁定确定调解书效力的相应证据,作为其主张的理由。对于冯某、车某萍提出的关于其与张某明、张某兵之间的债务转移事实是否存在及冯某、车某萍在债务转移后是否实际支付了转移债务的事实,该事实的判定不属于本案的审查范围。从其提出异议的性质上分析,不是对执行标的提出的异议,而是对法院执行行为提出的异议。三、本案中,冯某、车某萍没有提出明确的排除执行标的的诉讼请求,也不存在对"到期债权"的权利确权问题。冯某、车某萍在一审中的诉讼请求为:撤销吕梁中院(2015)吕执字第35号执行裁定和(2015)吕执字第35-1号协助执行通知,冯某、车某萍并未提出排除对执行标的执行的诉请,形式上不符合案外人提起执行异议之诉的起诉条件。(2015)吕执异字第14号执行裁定驳回了冯某、车某萍的异议申请,并在该裁定中告知冯某、车某萍可提起执行异议之诉,该裁定不符合《民诉法解释》第五百零一条第二款规定,应由冯某、车某萍通过执行监督程序进行纠正。李某忠若想取得张某明对冯某、车某萍的到期债权利益,可以提起代位权诉讼主张权利。案外人执行异议之诉与债权人代位权诉讼在提起诉讼的主体、审查范围、举证责任分配等方面均存在差别。本案通过案外人执行异议之诉对冯某、车某萍与张某明、张某兵的股权转让形成的债权债务关系进行判定,一是超越其在本案中的诉讼请求,二是由于冯某、车某萍在本案中否认"到期债权"的存在,客观上,其不存在对"到期债权"主张实体权利的问题。因此,本案不可以通过对案外人执行异议之诉进行实体审理从而替代代位权诉讼。

依照《民诉法解释》第四百零八条规定,裁定如下:

一、撤销山西省高级人民法院(2018)晋民终586号民事判决及吕梁市中级人民法院(2016)晋11民初3号民事判决。

二、驳回冯某、车某萍的起诉。

案件来源

《冯某、车某萍再审民事裁定书》【最高人民法院（2020）最高法民再3号】

延伸阅读

一、对于未经生效法律文书确定的债权债务关系且次债务人提出该债权已不存在等异议的，基于对次债务人实体权利的保护，执行法院不得对次债务人强制执行。

案例一：《俞某琴与山东广某置业有限公司民事执行一案执行裁定书》【最高人民法院（2019）最高法执监124号】

本院认为，本案主要争议焦点为济南中院根据某居委会提出的异议撤销了对该笔保证金执行的裁定和协助执行通知书的行为是否错误。《民诉法解释》第五百零一条规定："人民法院执行被执行人对他人的到期债权，可以作出冻结债权的裁定，并通知该他人向申请执行人履行。该他人对到期债权有异议，申请执行人请求对异议部分强制执行的，人民法院不予支持……对生效法律文书确定的到期债权，该他人予以否认的，人民法院不予支持。"被执行人对他人的到期债权系被执行人对第三人所享有的债权。对于未经生效法律文书确定的债权债务关系且第三人提出该债权已不存在等异议的，基于对第三人实体权利的保护，人民法院不得在强制执行程序中直接审查确认该债权债务存在与否以及具体数额并对第三人进行强制执行。本案中，某居委会与被执行人之间的债权债务关系尚未经生效法律文书确定，被执行人对某居委会是否享有债权、债权数额具体是多少，应当通过诉讼等程序进行确认，而非在执行程序中直接予以认定。某居委会否认被执行人对其仍享有债权并以此为由对济南中院的强制执行行为提出异议，济南中院依照上述规定撤销了对某居委会的强制执行行为并无不当。

二、对于被执行人到期债权的执行，必须符合三项要件：一是次债务人对被执行人负有金钱债务，二是该债务已届履行期限，三是次债务人对该债务未提出异议。

案例二：《无锡市贤某贸易有限公司与李某军申请承认与执行法院判决、仲裁裁决案件执行裁定书》【最高人民法院（2016）最高法执监25号】

关于能否对某建设公司予以强制执行。《执行异议和复议规定》第六十一条至第六十九条规定了"被执行人到期债权的执行"相关制度。对于被执行人到期债权的执行,必须符合三项要件:一是次债务人对被执行人负有金钱债务,二是该债务已届履行期限,三是次债务人对该债务未提出异议。申请执行人在执行程序中根据到期债权执行制度对第三人申请执行,前提是第三人对债务并未提出异议,一旦提出异议,则不得对第三人强制执行,且对异议不进行审查,这是现行法律对限缩执行裁量权的制度要求。本案立案执行后,执行法院于2013年10月23日向某建设公司送达相关法律文书,要求该公司支付到期工程款1000万元,某建设公司表示李某军工程进度未达到节点要求,即对债务尚未届满履行期限提出异议。执行法院扣划某建设公司银行存款350万元并冻结银行存款650万元后,某建设公司再次以李某军在其公司已无债权为由提出执行异议。某建设公司在本案中系作为到期债权第三人,该公司在执行过程中已对债务提出异议,无论异议是否成立,执行法院均不应进行实质审查,应释明申请执行人提起代位权诉讼予以救济,而不得对某建设公司予以强制执行。实际上,安徽省亳州市中级人民法院(2014)亳民一初字第00181号民事判决已确认某建设公司对李某军不负有债务,反而李某军应向某建设公司负有返还超付的工程款义务。因此,江苏高院认定执行法院不应直接对某建设公司予以强制执行的认定结论,具有相应事实与法律依据。

013 次债务人提出执行异议,一律能够阻却执行吗?

> 次债务人以协助执行通知生效后权利义务关系发生变化为由提出执行异议的,人民法院不予支持

阅读提示

根据司法解释的一般规定,次债务人对法院作出的协助执行通知提出异议的,法院停止执行。那么,次债务人提出执行异议,一律能够阻却执行吗?在什么情况下,次债务人提出执行异议,不能阻却执行呢?对于次债务人而言,在接到协助执行通知书之后,应该注意哪些风险呢?

裁判要旨

在冻结债权的法律文书生效后,次债务人如果要清偿债务,只能根据要求向执

行法院支付，不能向其他主体支付。次债务人以协助执行通知生效后权利义务关系发生变化为由提出执行异议的，人民法院不予支持。

案情简介

2014年7月，南通中院向次债务人能某公司送达协助执行通知书，要求次债务人暂停向被执行人万某公司付款。

2014年10月，在另案中，案外人、万某公司、能某公司签订调解协议，约定由次债务人能某公司直接向案外人支付，被执行人万某公司对次债务人的债权消灭。

2014年11月，南通中院向次债务人能某公司送达履行到期债务通知书，能某公司提出执行异议，其异议内容为：另案生效民事调解书已经更改被执行人与次债务人之间的债权债务关系，被执行人已无权再向次债务人主张权利。

南通中院在执行异议和执行异议之诉一审期间，认为能某公司对履行到期债务通知书提出了异议，即排除执行。能某公司自愿提前给付五某公司工程款，系其意思自治，判决支持次债务人的异议。

申请执行人不服，向江苏高院申请复议。江苏高院认为协执有效，次债务人的异议不能成立，驳回其执行异议。被执行人不服，向最高人民法院申诉。

2019年12月，最高人民法院裁定驳回被执行人的申诉请求。

裁判要点及思路

本案的争议焦点为：次债务人能某公司对履行到期债权通知提出的异议是否可以阻却执行。对此，最高人民法院认为：

首先，次债务人就履行到期债权通知提出的异议，并非当然产生阻却执行的效力。为了提高执行效率，司法解释也明确部分情形下，次债务人对履行到期债务的通知提出异议不具有阻却执行的效果。

其次，在冻结法律文书生效后，次债务人如果要清偿债务，只能根据要求向执行法院支付。向其他主体支付的行为与冻结法律文书要求相违背。即便是在冻结的法律文书生效后另案生效法律文书改变了债权债务关系，也不能对抗申请冻结债权的申请执行人，次债务人不能以履行另案调解书为由对履行到期债权通知提出异议。

最后，由于另案调解书生效时间在协助执行通知书之后，根据司法解释规定精神，债权冻结后债权主体变化不能产生对抗申请执行人的效力，能某公司所提异议理由不能产生阻却执行的效力。

综上，次债务人应依据协助执行通知书的要求，继续履行协助执行义务。

实务要点总结

次债务人以履行冻结债权后另案生效的法律文书为由提出异议，并非一律可以阻却执行。冻结债权的法律文书具有固定债务人与次债务人之间债权债务关系的法律效力，在冻结债权的法律文书生效后，债务人与次债务人之间有关债权债务关系发生的变化对申请执行人而言不发生法律效力。对债务人及次债务人之间债权债务关系进行的变更、解除、债权转让或者其他有碍执行的行为均不能对抗申请执行人，申请执行人仍可以按法定程序向次债务人主张权利。

次债务人的异议事由不实质否认债权债务的，无权排除执行。这里包括两种情形：（1）第三人提出自己无履行能力或其与申请执行人无直接法律关系，不属于本规定所指的异议。在这种情况下，次债务人并非否定到期债权，对其强制执行与实体法律关系并不冲突。（2）对生效法律文书确定的到期债权，次债务人予以否认的，人民法院不予支持。在有生效法律文书确定到期债权的情况下，相关的实体权利义务已经通过法定程序得到确定，直接执行并不会损害次债务人的诉讼权利等程序保障权利。

次债务人未在法定期限内提出异议的，无权排除执行。《执行工作规定》第六十三条也明确规定，第三人在履行通知指定的期间内提出异议的，人民法院不得对第三人强制执行，对提出的异议不进行审查。因此，次债务人在履行通知指定的期间内提出异议的，人民法院就不能对其采取执行措施。否则，次债务人将作为新的被执行人，法院可直接提取、划扣其银行存款，查封、扣押、冻结其财产并进行变价。当然，保全裁定转化为执行裁定的情况下，次债务人可以再次提出执行异议。

第三人在履行通知指定的期间内提出异议的，执行法院对提出的异议不进行审查，亦不得继续执行该债权。一般而言，应由申请执行人通过代位权诉讼等方式主张权利，寻求救济。只有通过诉讼途径才能对被执行人与第三人之间的实体债权债务关系作出符合正当性的裁判。

相关法律规定

《最高人民法院关于适用〈中华人民共和国民事诉讼法〉的解释》（2022年3月22日修正）

第四百九十九条[①] 人民法院执行被执行人对他人的到期债权，可以作出冻结债权的裁定，并通知该他人向申请执行人履行。

该他人对到期债权有异议，申请执行人请求对异议部分强制执行的，人民法院不予支持。利害关系人对到期债权有异议的，人民法院应当按照民事诉讼法第二百三十四条规定处理。

对生效法律文书确定的到期债权，该他人予以否认的，人民法院不予支持。

《最高人民法院关于人民法院执行工作若干问题的规定（试行）》（2020年12月23日修正）

47[②]. 第三人在履行通知指定的期间内提出异议的，人民法院不得对第三人强制执行，对提出的异议不进行审查。

法院裁判

以下为最高人民法院在裁判文书"本院认为"部分就此问题发表的意见：

本院经审查认为，本案系能某公司对履行到期债权通知提出的异议，因此，本案争议焦点是能某公司对履行到期债权通知提出的异议是否可以阻却执行。

首先，次债务人就履行到期债权通知提出的异议，并非当然产生阻却执行的效力。对次债务人到期债权执行涉及次债务人及债务人（被执行人）之间的实体法律关系，在未经审判程序等法定程序确定相关实体权利义务关系的情况下，执行程序对次债务人直接执行需要有严格的前提条件，其核心是次债务人认可到期债权，一旦次债务人否认到期债权，则应当通过诉讼等程序解决实体争议。因此，《民诉法解释》第五百零一条第二款明确规定，该他人（次债务人）对到期债权有异议，申请执行人请求对异议部分强制执行的，人民法院不予支持。《执行工作规定》第六十三条也明确规定，第三人在履行通知指定的期间内提出异议的，人民法院不得对第三人强制执行，对提出的异议不进行审查。但是，为了提高执行效率，司法解释也明确有关不实质否认债权债务的异议事由不具有阻却执行的效果。如《执行工

[①] 原第五百零一条。
[②] 原63。

作规定》第六十四条规定，第三人提出自己无履行能力或其与申请执行人无直接法律关系，不属于本规定所指的异议。在这种情况下，次债务人并非否定到期债权，对其强制执行与实体法律关系并不冲突。另，《民诉法解释》第五百零一条第三款明确规定，对生效法律文书确定的到期债权，该他人予以否认的，人民法院不予支持。在有生效法律文书确定到期债权的情况下，相关的实体权利义务已经通过法定程序得到确定，直接执行并不会损害次债务人的诉讼权利等程序保障权利。因此，有关次债务人一旦提出异议就一律产生阻却执行效力的观点，具有片面性。

其次，次债务人以履行冻结债权后生效的另案调解书为由提出异议，不能当然产生阻却执行的效力。本案协助执行通知在调解书生效前已经发生效力，根据协助执行通知要求，能某公司不得擅自支付到期债权。《查封、扣押、冻结规定》第二十六条第一款规定，被执行人就已经查封、扣押、冻结的财产所作的移转、设定权利负担或者其他有碍执行的行为，不得对抗申请执行人。根据该规定精神，冻结债权的法律文书具有固定债务人与次债务人之间债权债务关系的法律效力，在冻结债权的法律文书生效后，债务人与次债务人之间有关债权债务关系发生的变化对申请执行人而言不发生法律效力。对债务人及次债务人之间债权债务关系进行的变更、解除、债权转让或者其他有碍执行的行为均不能对抗申请执行人，申请执行人仍可以按法定程序向次债务人主张权利。换言之，次债务人不能以协助执行通知生效后权利义务关系发生变化为由提出不履行债务的异议。否则无异于认可在冻结债权的法律文书生效后仍可以对债权进行处分，这将导致实质性否定冻结的法律效力。在冻结法律文书生效后，次债务人如果要清偿债务，只能根据要求向执行法院支付。向其他主体支付的行为与冻结法律文书要求相违背。即便是在冻结的法律文书生效后另案生效法律文书改变了债权债务关系，也不能对抗申请冻结债权的申请执行人，次债务人不能以履行另案调解书为由对履行到期债权通知提出异议。

本案中，根据南通中院查明情况，能某公司收到履行到期债务通知书后，于2014年11月11日向南通中院提出书面执行异议，其异议内容为：被执行人万某公司将承建的工程分包给实际施工人五某公司。2014年6月，实际施工人五某公司向南通中院起诉万某公司和能某公司，后三方当事人于2014年6月26日在法院的主持下签订了调解协议，调解协议约定：该公司根据2011年12月12日与万某公司签订的建设工程施工合同约定工程款支付方式直接向五某公司支付工程款1596.841万元，万某公司对涉案工程五湖家园三标段6号楼、7号楼的土建以及装饰装修工程在1596.841万元内不再享有对该公司要求支付工程款的权利。能某公司于2014年10月20日签收了正式的民事调解书。自2014年10月20日后，万某公司无权在

1596.841万元的范围内再向该公司主张工程款债权。从能某公司提出异议的理由看，其并不否认在协助执行通知送达时万某公司对其有债权，但认为其后另案调解书对债权债务作出了其他安排，万某公司在调解书生效后无权主张相关工程款债权。但由于另案调解书生效时间在协助执行通知书之后，根据司法解释规定精神，债权冻结后债权主体变化不能产生对抗申请执行人的效力，能某公司所提异议理由不能产生阻却执行的效力。

综上，江苏高院（2016）苏执复11号执行裁定认定事实清楚，适用法律正确，应予维持。五某公司申诉请求不能成立，本院不予支持。参照《民事诉讼法》第二百零四条和《执行工作规定》第一百二十九条之规定，裁定如下：驳回南通五某跃进建筑安装工程有限公司的申诉请求。

案件来源

《南通五某跃进建筑安装工程有限公司、南通四某集团有限公司执行审查类执行裁定书》【（2019）最高法执监328号】

延伸阅读

一、协助执行人只要不擅自支付案款，即应认定已履行了保全裁定确定的义务。

案例一：《马某阁、鹤壁虎某江混凝土管道制品有限公司企业借贷纠纷执行审查类执行裁定书》【（2019）最高法执监34号】

最高人民法院认为，保全查封裁定对于协助执行人产生的法律后果为冻结财产，不得支付。只要协助单位在查封、冻结债权的范围内未向他人支付即可视为履行了协助义务。本案从河南两级法院查明的事实看，安阳中院在保全中作出查封裁定"查封虎某江公司、腾某公司价值相当于1500万元的财产"，并向第三人某南水北调管理局送达。某南水北调管理局并不是本案的被执行人，其作为协助执行人只要不擅自支付案款，即应认定已履行了保全裁定确定的义务。

二、执行法院对次债务人财产重复冻结的，后面作出的冻结裁定应撤销。

案例二：《重庆海某石油化工有限公司、某油天然气股份有限公司企业借贷纠纷执行审查类执行裁定书》【（2019）最高法执复131号】

最高人民法院认为，本案的争议焦点为：重庆一中院以00979-2号保全裁定和（2014）渝一中法执保字第5751号协助执行通知书，要求某油公司不得向某气公司支付2200万元应付款这一冻结行为的法律效力如何。

《民诉法解释》第一百五十六条规定："人民法院采取财产保全的方法和措施，依照执行程序相关规定办理。"第一百五十九条规定："债务人的财产不能满足保全请求，但对他人有到期债权的，人民法院可以依债权人的申请裁定该他人不得对本案债务人清偿。该他人要求偿付的，由人民法院提存财物或者价款。"因此，重庆一中院依法可以根据债权人昌某公司的申请，在诉讼中作出法律文书，要求某油公司不得向某气公司支付2200万元应付款，该冻结行为自00979-2号保全裁定和（2014）渝一中法执保字第5751号协助执行通知书送达某油公司时即发生法律效力。上述协助执行通知书载明，该冻结的期限为两年，自2014年12月3日起至2016年12月2日止。对于该冻结，重庆一中院并未自行解除，包括重庆高院在内的上级人民法院亦未决定解除，根据《民诉法解释》第一百六十五条"人民法院裁定采取保全措施后，除作出保全裁定的人民法院自行解除或者其上级人民法院决定解除外，在保全期限内，任何单位不得解除保全措施"之规定，其在前述两年期限内应持续有效。在该冻结有效的情况下，重庆高院在另案中以（2014）渝高法民执字第00007-3号执行裁定，对该冻结指向的2200万元应付款予以冻结，属于重复冻结，违反了《民事诉讼法》第一百零三条第二款"财产已被查封、冻结的，不得重复查封、冻结"之规定，依法应予撤销；因重复冻结应予撤销，基于该冻结而作出的扣划行为亦应予以撤销。重庆高院以（2017）渝执异128号执行裁定，撤销（2014）渝高法民执字第00007-3号执行裁定是正确的。

三、次债务人分别针对执行法院的冻结行为和提取行为，提出执行异议，不属于"重复异议"。

案例三：《某市财政局、田某强民间借贷纠纷执行审查类执行裁定书》【（2019）最高法执监252号】

最高人民法院认为，申诉人主张其提出的异议不构成"重复异议"，不得适用《执行异议和复议规定》第十五条第二款的规定。《执行异议和复议规定》第十五条第二款规定："案外人撤回异议或者被裁定驳回异议后，再次就同一执行标的提出异议的，人民法院不予受理。"该条规定中的第一次异议和第二次异议都是指《民事诉讼法》第二百二十七条规定的案外人对执行标的提出的异议。如前所述，保定中院对前案成本的执行，其性质是对被执行人汇某公司对某市财政局享有的债权的执行。相应地，保定中院对前案成本的提取，是一种处分行为，其实质是要求某市财政局履行其对被执行人负有的支付前案成本的债务。某市财政局就前案成本的冻结和提取行为分别两次提出异议，主张款项将依法转为国有或依法支出、未收到相关款项等,其实质是对要向被执行人支付该款予以否认,是对被执行人对其享有到期债权予以否认。

四、《民事诉讼法》第二百四十三条和《执行工作规定》第三十六条、第六十一条均针对不同执行标的,执行法院适用《民事诉讼法》第二百四十三条和《执行工作规定》第三十六条直接提取次债务人的财产,适用法律错误。

案例四:《某市财政局、田某强民间借贷纠纷执行审查类执行裁定书》【(2019)最高法执监252号】

最高人民法院认为,如前所述,对前案成本的执行,应该适用有关债权执行的相关规定。《执行工作规定》第六十一条第一款规定:"被执行人不能清偿债务,但对本案以外的第三人享有到期债权的,人民法院可以依申请执行人或被执行人的申请,向第三人发出履行到期债务的通知(以下简称履行通知)。履行通知必须直接送达第三人。"该条第二款规定:"履行通知应当包含下列内容:(1)第三人直接向申请执行人履行其对被执行人所负的债务,不得向被执行人清偿;(2)第三人应当在收到履行通知后的十五日内向申请执行人履行债务;(3)第三人对履行到期债权有异议的,应当在收到履行通知后的十五日内向执行法院提出;(4)第三人违背上述义务的法律后果。"而《民事诉讼法》第二百四十三条第一款规定:"被执行人未按执行通知履行法律文书确定的义务,人民法院有权扣留、提取被执行人应当履行义务部分的收入。但应当保留被执行人及其所扶养家属的生活必需费用。"《执行工作规定》第三十六条规定:"被执行人在有关单位的收入尚未支取的,人民法院应当作出裁定,向该单位发出协助执行通知书,由其协助扣留或提取。"根据上述规定,对债权的执行和对收入的执行的程序和法律依据均不同。保定中院依据《民事诉讼法》第二百四十三条和《执行工作规定》第三十六条规定,作出(2016)冀06执145号之十执行裁定和协助执行通知书,将前案成本作为被执行人的收入予以执行,系适用法律错误,依法应予纠正。

五、被执行人对第三人持有的到期债权,区别于被执行人在相关个人或单位、组织中享有的预期收入和其他财产。

案例五:《孟某军、湖北鑫某建设工程有限公司民间借贷纠纷执行审查类执行裁定书》【(2020)最高法执监116号】

最高人民法院认为,案涉款项属于到期债权的性质。被执行人鑫某公司在新某地产如果存在应得的验收合格款、结算款、保修款,其实质仍是被执行人鑫某公司在新某地产的到期债权,不属于相关法律中所规定预期利益中的收入或者其他财产。唐山中院基于该事实认定,又鉴于之前对到期债权异议、复议审查已作出相应评价而按照一事不再理原则认为应支持新某地产的异议请求，结论正确。河北高院予以维持亦无不当。

六、如第三人对被执行人负有债务，因执行法院向该第三人发送《协助执行通知》产生的异议，应适用执行债权异议时的处理程序。

案例六：《浙江文某控股有限公司、北京加某龙腾科技发展有限公司金融借款合同纠纷执行审查类执行裁定书》【（2020）最高法执监 123 号】

最高人民法院认为，根据百某纪元公司向北京二中院出具的《关于协助执行拆迁补偿款的函》，百某纪元公司承认在符合一定条件的情况下，其将向被执行人支付一定数额金钱。因此，被执行人对百某纪元公司享有附条件的金钱给付债权，百某纪元公司系本案执行案件的次债务人。本案对百某纪元公司的执行，系对被执行人对第三人享有的债权的执行，依法应当适用对债权执行的法律规定。申诉人关于百某纪元公司的地位是协助执行义务人、本案不是对债权的执行的主张，缺乏事实和法律依据，本院不予支持。

七、欠付被执行人购房款的购房者提出执行异议的，应注意区分其是次债务人身份提出执行行为异议还是案外人身份提出执行标的异议，从而选择不同处理程序。

案例七：《刘某波、邓某再审审查与审判监督民事裁定书》【（2018）最高法民申 350 号】

本案中，刘某波、邓某以次债务人身份，对法院执行标的提出异议。最高人民法院认为，案外人认为人民法院执行过程中的执行标的错误，侵害其合法权益的，有权通过诉讼的方式进行救济。本案中，刘某波、邓某向法院提起诉讼，请求确认被查封房屋归其所有，并判决不得对案涉房屋予以执行。《民诉法解释》第三百一十一条规定："案外人或者申请执行人提起执行异议之诉的，案外人应当就其对执行标的享有足以排除强制执行的民事权益承担举证证明责任。"根据上述司法解释的规定，刘某波、邓某对案涉房产享有足以排除强制执行的民事权益的主张承担举证证明责任。否则，刘某波、邓某的诉讼请求，不能获得支持。

014 次债务人对协助执行通知有异议，应当如何救济？

> 次债务人对协助执行通知所提异议，应根据《民事诉讼法》第二百二十五条[①]的规定审查

阅读提示

被执行人对外享有的到期债权，是可供执行的财产之一。《民诉法解释》第五百零一条规定："人民法院执行被执行人对他人的到期债权，可以作出冻结债权的裁定，并通知该他人向申请执行人履行。该他人对到期债权有异议，申请执行人请求对异议部分强制执行的，人民法院不予支持。利害关系人对到期债权有异议的，人民法院应当按照民事诉讼法第二百二十七条规定处理。对生效法律文书确定的到期债权，该他人予以否认的，人民法院不予支持。"

实践中，对于本条规定的"他人""利害关系人"的理解存在一定的偏差，导致关于执行到期债权的执行审查程序经常出现程序错误的问题。如将本应通过执行异议和复议程序解决的"他人"所提异议通过执行异议和执行异议之诉解决，将本应通过执行异议和执行异议之诉解决的"利害关系人"所提异议通过执行异议和复议程序解决。其中，尤其前一种错误最为常见。在我们处理的大量与执行异议相关的案件中，关于此类的程序性错误不仅出现在各地基层人民法院或中级人民法院，甚至在部分高级人民法院也屡有错误。那么，在执行到期债权过程中，针对参与各方所提异议，人民法院到底应当通过什么样的程序进行审查呢？本文将通过分析最高人民法院最新案例，为大家条分缕析、正本清源，厘清执行到期债权过程中的执行审查程序选择。

裁判要旨

一、第三人对其与被执行人之间的债权债务关系提出异议的，执行法院不得继续执行该债权。申请执行人可以通过代位诉讼救济其权利。

二、《民诉法解释》第五百零一条对"他人"与"利害关系人"加以了区别，

[①] 2021年《民事诉讼法》第二百三十二条。

"利害关系人"并非《民事诉讼法》第二百二十五条中的"利害关系人",而是《民事诉讼法》第二百二十七条中的"案外人"。针对"对他人的到期债权"享有执行异议之诉起诉主体资格的,须是针对执行标的"对他人的到期债权"享有实体权利的人。

案情简介

2012 年 7 月 23 日,张某明、张某兵以 1.5 亿元价格将煤业公司 100% 股权全部转让给冯某、车某萍。2015 年 10 月 12 日,冯某、车某萍与张某兵、张某明签订调解协议,确认所有债务已经履行完毕。其中,部分款项系张某明将欠第三方债务转让给冯某、车某萍的方式支付。

吕梁中院在执行申请执行人李某忠与被执行人张某明民间借贷纠纷一案过程中,于 2015 年 4 月 9 日作出(2015)吕执字第 35 号执行裁定及相应协助执行通知,查封、冻结张某明在案外人冯某、车某萍处的债权 1308 万元。冯某、车某萍对此提出执行异议,主张不存在到期债权,被裁定驳回。

冯某、车某萍提起执行异议之诉,请求撤销(2015)吕执字第 35 号执行裁定及相应协助执行通知,一审判决驳回其诉讼请求。

冯某、车某萍不服,上诉至陕西高院,主张债务已经清偿完毕。陕西高院认定冯某、车某萍主张债权已清偿完毕的证据不足,且调解协议系在查封、冻结应收账款债权之后,无权主张排除执行。故二审判决驳回上诉,维持原判。

冯某、车某萍不服,向最高人民法院申请再审,最高人民法院裁定再审并改判撤销一、二审判决,驳回冯某、车某萍的起诉。

裁判要点及思路

本案是一起典型的最高人民法院纠正下级法院在执行审查过程中出现程序性错误的案件。本案一、二审阶段,陕西两级法院均认为本案的争议焦点在于被执行人对冯某、车某萍享有到期债权。不论是吕梁中院还是陕西高院,都对此进行了详细的调查审理,确认了冯某、车某萍债务尚未清偿完毕的事实。冯某、车某萍在向最高人民法院申请再审时,也仍以此为基础,主张一、二审法院认定事实不清,错误认定其到期债务为清偿完毕的事实。

但最高人民法院在处理该案时,首先看到的不是本案的实体问题,而是本案的程序性问题。最高人民法院从《民诉法解释》第五百零一条出发,对该条中"他人""利害关系人"的内涵进行了界定,认为《民诉法解释》第五百零一条对"他人"与"利害关系人"加以了区别,"利害关系人"并非《民事诉讼法》第二百二十五条中的"利害关系人",而是《民事诉讼法》第二百二十七条中的"案外人"。针对"对他人的到期债权"享有执行异议之诉起诉主体资格的,须是针对执行标的"对他人的到期债权"享有实体权利的人。本案中,提起执行异议之诉的主体,本身就是到期债权的债务人,而非对到期债权享有"实体权利的人"。因此,冯某、车某萍没有提起执行异议之诉的权利,故而裁定驳回了冯某、车某萍的起诉。

实务要点总结

次债务人对到期债权提出异议的,人民法院不得执行。《民诉法解释》第五百零一条规定,人民法院执行被执行人对他人的到期债权,可以作出冻结债权的裁定,并通知该他人向申请执行人履行。该他人对到期债权有异议,申请执行人请求对异议部分强制执行的,人民法院不予支持。根据该条规定,只要次债务人对到期债权提出了相应异议,人民法院即不得执行相应到期债权,并不得对是否存在到期债权的问题进行审查。同时,更为重要的是,即便次债务人未在人民法院指定后法定的期间内提出异议,只要此后次债务人提出了相应异议,人民法院也不得继续执行。

针对执行到期债权过程中相关主体提出的异议,应区分不同情形确定不同的程序进行处理。《民诉法解释》第五百零一条规定,利害关系人对到期债权有异议的,人民法院应当按照《民事诉讼法》第二百二十七条规定处理。此处的"利害关系人",并非《民事诉讼法》第二百二十五条中的"利害关系人",而是《民事诉讼法》第二百二十七条中的"案外人"。具体而言,是指对到期债权享有实体性权利的人,包括实际债权人、查封前已受让该债权的债权人等。对于次债务人或其他主体针对到期债权存在与否提出的异议,属于《民诉法解释》第五百零一条中的"他人"。此处的"他人",是执行法院要求履行协助执行义务或通知履行到期债务人的人,不仅包括正确的次债务人,也包括被执行法院错误指定为次债务人的人。其对应的是《民事诉讼法》第二百二十五条规定的"利害关系人",对其所提出的异议,应通过执行异议和复议程序解决。

次债务人对到期债权提出异议后,执行法院不予执行相应债权的,申请执行人只能通过债权人代位权的方式寻求救济。审执分离是民事诉讼的基本原则。所谓的审执分离,包括审判程序不能越俎代庖处分义务人财产,执行程序也不能"越界"处理当事人之间的实体性争议。在执行到期债权的程序中,审执分离的原则显得尤为重要。即执行法院不得对被执行人与次债务人之间的应收账款债权是否存在,存在多少等问题进行审查。最高人民法院在处理该案过程中，对次债务人对到期债权提出异议后，申请执行人应如何进行救济的问题作了说明。最高人民法院指出，第三人对其与被执行人之间的债权债务关系提出异议的，执行法院不得继续执行该债权。申请执行人可以通过代位诉讼救济其权利。此处，虽然最高人民法院用了"可以"一词。但在笔者看来，针对次债务人提出的异议，申请执行人只能通过代位权诉讼来处理，别无他法。

执行异议之诉有其特定的功能和审理范围。根据《民事诉讼法》第二百二十七条规定，案外人认为其对执行标的享有排除强制执行的实体性权利的，可以提起案外人执行异议之诉。申请执行人认为案外人不享有排除强制执行权利的，可以提起申请执行人执行异议之诉。但不论是案外人执行异议之诉还是申请执行人执行异议之诉，其核心都在于审查案外人是否享有排除强制执行的权利，即确认执行标的权属。这是执行异议之诉的核心制度功能，决定了执行异议之诉只能就案外人是否对执行标的享有排除执行的问题进行审理。除此之外的内容，都不是执行异议之诉的审理范围。本案中，一、二审法院对到期债权是否存在，即对执行标的是否存在的问题进行审理，明显超出了执行异议之诉的审理范围。

相关法律规定

《民事诉讼法》（2021年12月24日修正）

第二百三十二条[1]　当事人、利害关系人认为执行行为违反法律规定的，可以向负责执行的人民法院提出书面异议。当事人、利害关系人提出书面异议的，人民法院应当自收到书面异议之日起十五日内审查，理由成立的，裁定撤销或者改正；理由不成立的，裁定驳回。当事人、利害关系人对裁定不服的，可以自裁定送达之日起十日内向上一级人民法院申请复议。

第二百三十四条[2]　执行过程中，案外人对执行标的提出书面异议的，人民法院应当自收到书面异议之日起十五日内审查，理由成立的，裁定中止对该标的的执行；理由不成立的，裁定驳回。案外人、当事人对裁定不服，认为原判决、裁定错误的，依照审判监督程序办理；与原判决、裁定无关的，可以自裁定送达之日起十五日内向人民法院提起诉讼。

---

[1] 原第二百二十五条。
[2] 原第二百二十七条。

《最高人民法院关于适用〈中华人民共和国民事诉讼法〉的解释》（2022年3月22日修正）

第四百九十九条[①]　人民法院执行被执行人对他人的到期债权，可以作出冻结债权的裁定，并通知该他人向申请执行人履行。

该他人对到期债权有异议，申请执行人请求对异议部分强制执行的，人民法院不予支持。利害关系人对到期债权有异议的，人民法院应当按照民事诉讼法第二百三十四条规定处理。

对生效法律文书确定的到期债权，该他人予以否认的，人民法院不予支持。

法院裁判

以下为最高人民法院在再审裁定"本院认为"部分就此问题发表的意见：

本院再审认为，本案的主要争议焦点是，被执行人到期债权的债务人是否具有案外人执行异议之诉原告主体资格。

一、《民诉法解释》第五百零一条规定："人民法院执行被执行人对他人的到期债权，可以作出冻结债权的裁定，并通知该他人向申请执行人履行。该他人对到期债权有异议，申请执行人请求对异议部分强制执行的，人民法院不予支持。利害关系人对到期债权有异议的，人民法院应当按照民事诉讼法第二百二十七条规定处理。对生效法律文书确定的到期债权，该他人予以否认的，人民法院不予支持。"该条文规定了第三人（条文中的"他人"）及相关权利人（条文中的"利害关系人"）的救济。即第三人对其与被执行人之间的债权债务关系提出异议的，执行法院不得继续执行该债权。申请执行人可以通过代位诉讼救济其权利。如果相关权利人对该到期债权有异议的，比如主张是该到期债权的真实权利人，可以按照《民事诉讼法》第二百二十七条的规定进行救济。这里对该条中的"他人"与"利害关系人"加以了区别，"利害关系人"并非《民事诉讼法》第二百二十五条中的"利害关系人"，而是《民事诉讼法》第二百二十七条中的"案外人"。

二、针对"对他人的到期债权"享有执行异议之诉起诉主体资格的，须是针对执行标的"对他人的到期债权"享有实体权利的人。案外人提起执行异议之诉，其理由须是针对执行标的享有实体权利提出异议，而不是针对执行行为本身提出异议。如案外人对于执行行为提出异议，只能依照《民事诉讼法》第二百二十五条规定，向上一级法院申请复议，不能提起执行异议之诉。

[①]　原第五百零一条。

三、《民诉法解释》第三百零五条第一款第二项规定的提起执行异议之诉的起诉条件之一是"有明确的对执行标的继续执行的诉讼请求",即案外人执行异议之诉最直接的功能在于排除对执行标的强制执行,有必要对案外人在执行异议之诉中提起的诉讼请求予以明确。

具体到本案,一、冯某、车某萍作为被执行人的债务人,也就是《民诉法解释》第五百零一条中的"他人",只有"利害关系人"对到期债权有异议的,人民法院才应当按照《民事诉讼法》第二百二十七条规定处理。显然,冯某、车某萍不能作为《民事诉讼法》第二百二十七条中的"案外人"提出执行异议之诉。二、冯某、车某萍若享有执行异议之诉的主体资格,须是针对案涉执行标的"对他人的到期债权"享有实体权利的人。本案中,其主张的并不是对案涉执行标的"对他人的到期债权"享有实体权利,而是主张"与张某明、张某兵之间已经不存在到期债权",并为此举出"与张某兵、张某明签订调解协议"及相关裁定确定调解书效力的相应证据,作为其主张的理由。对于冯某、车某萍提出的关于其与张某明、张某兵之间的债务转移事实是否存在及冯某、车某萍在债务转移后是否实际支付了转移债务的事实,该事实的判定不属于本案的审查范围。从其提出异议的性质上分析,不是对执行标的提出的异议,而是对法院执行行为提出的异议。三、本案中,冯某、车某萍没有提出明确的排除执行标的的诉讼请求,也不存在对"到期债权"的权利确权问题。冯某、车某萍在一审中的诉讼请求为:撤销吕梁中院(2015)吕执字第35号执行裁定和(2015)吕执字第35-1号协助执行通知,冯某、车某萍并未提出排除对执行标的的执行的诉请,形式上不符合案外人提起执行异议之诉的起诉条件。(2015)吕执异字第14号执行裁定驳回了冯某、车某萍的异议申请,并在该裁定中告知冯某、车某萍可提起执行异议之诉,该裁定不符合《民诉法解释》第五百零一条第二款规定,应由冯某、车某萍通过执行监督程序进行纠正。李某忠若想取得张某明对冯某、车某萍的到期债权利益,可以提起代位权诉讼主张权利。案外人执行异议之诉与债权人代位权诉讼在提起诉讼的主体、审查范围、举证责任分配等方面均存在差别。

本案通过案外人执行异议之诉对冯某、车某萍与张某明、张某兵的股权转让形成的债权债务关系进行判定,一是超越其在本案中的诉讼请求,二是由于冯某、车某萍在本案中否认"到期债权"的存在,客观上,其不存在对"到期债权"主张实体权利的问题,因此,本案不可以通过对案外人执行异议之诉进行实体审理从而替代代位权诉讼。

案件来源

《冯某、车某萍再审民事裁定书》【最高人民法院（2020）最高法民再 3 号】

015 公司对认定分公司承担责任的判决裁定不服，能否提第三人撤销之诉？

> 法院判决分公司承担民事责任，公司无权提起第三人撤销之诉

阅读提示

我国《公司法》规定，分公司不具有法人资格，其民事责任由公司承担。那么，分公司以自己名义从事民事活动产生纠纷后，能作为原、被告参加诉讼吗？如果作为被告参加民事诉讼，法院判决分公司对外承担民事责任，公司法人能否以自己是诉讼当事人之外的第三人为由，提起第三人撤销之诉？本文将通过案例对上述问题进行分析。

裁判要旨

公司法人的分支机构以自己的名义从事民事活动，并独立参加民事诉讼，人民法院判决分支机构对外承担民事责任，公司法人对该生效裁判提起第三人撤销之诉的，其不符合《民事诉讼法》第五十六条规定的第三人条件，人民法院不予受理。

案情简介

林某武向工商银行借款，广某公司广州分公司为林某武在工商银行某支行的贷款提供连带责任保证。后因林某武欠付款项，工商银行某支行向法院起诉林某武、广某公司广州分公司等，广州中院判令林某武偿还欠款本息，广某公司广州分公司承担连带清偿责任。

广某公司向广州中院提起第三人撤销之诉，以生效判决没有将广某公司列为共同被告参与诉讼，并错误认定《担保函》性质，导致广某公司无法主张权利，请求

撤销广州市中级人民法院作出的（2016）粤 01 民终第 15617 号民事判决。

广州中院认为，广某公司以第三人的主体身份提出本案诉讼不符合第三人撤销之诉的适用条件，裁定驳回广某公司的起诉。广某公司不服，上诉至广东省高院。

广东省高院认为，广某公司属于承担民事责任的当事人，其诉讼地位不是《民事诉讼法》第五十六条规定的第三人，不符合第三人撤销之诉的法定适用条件，裁定驳回上诉，维持原裁定。

裁判要点及思路

广州中院和广东省高院均将本案的争议焦点定为：广某公司是否具备第三人撤销之诉的主体资格。

《民事诉讼法》第五十六条规定："对当事人双方的诉讼标的，第三人认为有独立请求权的，有权提起诉讼。对当事人双方的诉讼标的，第三人虽然没有独立请求权，但案件处理结果同他有法律上的利害关系的，可以申请参加诉讼，或者由人民法院通知他参加诉讼。人民法院判决承担民事责任的第三人，有当事人的诉讼权利义务。前两款规定的第三人，因不能归责于本人的事由未参加诉讼，但有证据证明发生法律效力的判决、裁定、调解书的部分或者全部内容错误，损害其民事权益的，可以自知道或者应当知道其民事权益受到损害之日起六个月内，向作出该判决、裁定、调解书的人民法院提起诉讼……"

广东省高院认为，根据《民事诉讼法》第五十六条的规定，提起第三人撤销之诉的"第三人"是指有独立请求权的第三人，或者案件处理结果同其有法律上的利害关系的无独立请求权第三人，但不包括当事人双方。广某分公司系广某公司的分支机构，不是法人，但其依法设立并领取工商营业执照，具有一定的运营资金和在核准的经营范围内经营业务的行为能力，根据《民法总则》第七十四条第二款"分支机构以自己的名义从事民事活动，产生的民事责任由法人承担；也可以先以该分支机构管理的财产承担，不足以承担的，由法人承担"的规定，广某公司属于承担民事责任的当事人，其诉讼地位不是《民事诉讼法》第五十六条规定的第三人。因此，广某公司以第三人的主体身份提出本案诉讼不符合第三人撤销之诉的法定适用条件。

实务要点总结

分公司以自己的名义从事民事活动，并独立参加民事诉讼，人民法院判决分公司对外承担民事责任，公司法人无权对该生效裁判提起第三人撤销之诉。《民事诉讼法》第五十六条规定了第三人撤销之诉制度，旨在保护诉讼当事人之外的第三人的合法权益。公司法人的分支机构不具有法人资格，其民事责任由公司法人承担。即使分公司以自己名义参加诉讼，因其仍属于公司法人的分支机构，故分公司与公司都属于当事人，并不能以原告未列公司法人为被告，便否认公司法人的当事人身份。因此，当法院判决分公司承担民事责任时，公司法人无权以当事人之外的第三人身份，针对生效判决提起第三人撤销之诉。

依法设立并领取营业执照的分公司具有民事诉讼当事人的资格。《民事诉讼法》第四十八条第一款规定："公民、法人和其他组织可以作为民事诉讼的当事人。"根据《民诉法解释》第五十二条的规定，《民事诉讼法》第四十八条规定的其他组织是指合法成立、有一定的组织机构和财产，但又不具备法人资格的组织，其中包括依法设立并领取营业执照的法人的分支机构。因此，分公司具有民事诉讼当事人的资格，分公司对外开展经营活动产生争议，可以作为原、被告独立参与诉讼。

提起第三人撤销之诉应符合的条件包括由当事人之外的第三人提起诉讼，因不能归责于本人的事由未参加诉讼，发生法律效力的裁判文书内容错误，以及在法定期限内提出撤销之诉等。有权提起撤销之诉的第三人限于《民事诉讼法》第五十六条规定的因不能归责于本人的事由未参加原审诉讼的有独立请求权第三人和无独立请求权第三人。第三人应当在知道或者应当知道其民事权益受到损害之日起 6 个月内提起撤销之诉，该 6 个月期限在性质上属于法定不变期间，不适用诉讼时效关于中止、中断和延长的规定。第三人应向作出该判决、裁定、调解书的人民法院提起诉讼。

相关法律规定

《民事诉讼法》（2021 年 12 月 24 日修正）

第五十九条[1]　对当事人双方的诉讼标的，第三人认为有独立请求权的，有权提起诉讼。

对当事人双方的诉讼标的，第三人虽然没有独立请求权，但案件处理结果同他有法律上的利害关系的，可以申请参加诉讼，或者由人民法院通知他参加诉讼。人民法院判决承担民事责任的第三人，有当事人的诉讼权利义务。

---

[1]　原第五十六条。

前两款规定的第三人，因不能归责于本人的事由未参加诉讼，但有证据证明发生法律效力的判决、裁定、调解书的部分或者全部内容错误，损害其民事权益的，可以自知道或者应当知道其民事权益受到损害之日起六个月内，向作出该判决、裁定、调解书的人民法院提起诉讼。人民法院经审理，诉讼请求成立的，应当改变或者撤销原判决、裁定、调解书；诉讼请求不成立的，驳回诉讼请求。

《民法典》（2020年5月28日公布）

第七十四条[1]　法人可以依法设立分支机构。法律、行政法规规定分支机构应当登记的，依照其规定。

分支机构以自己的名义从事民事活动，产生的民事责任由法人承担；也可以先以该分支机构管理的财产承担，不足以承担的，由法人承担。

《公司法》（2018年10月26日修正）

第十四条　公司可以设立分公司。设立分公司，应当向公司登记机关申请登记，领取营业执照。分公司不具有法人资格，其民事责任由公司承担。

公司可以设立子公司，子公司具有法人资格，依法独立承担民事责任。

《最高人民法院关于民事执行中变更、追加当事人若干问题的规定》（2020年12月23日修正）

第十五条　作为被执行人的法人分支机构，不能清偿生效法律文书确定的债务，申请执行人申请变更、追加该法人为被执行人的，人民法院应予支持。法人直接管理的责任财产仍不能清偿债务的，人民法院可以直接执行该法人其他分支机构的财产。

作为被执行人的法人，直接管理的责任财产不能清偿生效法律文书确定债务的，人民法院可以直接执行该法人分支机构的财产。

法院裁判

以下为广东省高级人民法院在"本院认为"部分的论述：

本院认为，长沙广某公司以第三人的身份提起撤销之诉，请求撤销（2016）粤01民终第15617号民事判决。根据争议双方提出的事实和理由，本案争议焦点为长沙广某公司是否具备第三人撤销之诉的主体资格。

《民事诉讼法》第五十六条规定："对当事人双方的诉讼标的，第三人认为有独立请求权的，有权提起诉讼。对当事人双方的诉讼标的，第三人虽然没有独立请

---

[1]　原《民法总则》第七十四条。

求权,但案件处理结果同他有法律上的利害关系的,可以申请参加诉讼,或者由人民法院通知他参加诉讼。人民法院判决承担民事责任的第三人,有当事人的诉讼权利义务。前两款规定的第三人,因不能归责于本人的事由未参加诉讼,但有证据证明发生法律效力的判决、裁定、调解书的部分或者全部内容错误,损害其民事权益的,可以自知道或者应当知道其民事权益受到损害之日起六个月内,向作出该判决、裁定、调解书的人民法院提起诉讼……"

依据上述法律规定,提起第三人撤销之诉的"第三人"是指有独立请求权的第三人,或者案件处理结果同其有法律上的利害关系的无独立请求权第三人,但不包括当事人双方。在已经生效的(2016)粤01民终15617号案件中,被告长沙广某分公司系长沙广某公司的分支机构,不是法人,但其依法设立并领取工商营业执照,具有一定的运营资金和在核准的经营范围内经营业务的行为能力,根据《民法总则》第七十四条第二款"分支机构以自己的名义从事民事活动,产生的民事责任由法人承担;也可以先以该分支机构管理的财产承担,不足以承担的,由法人承担"的规定,长沙广某公司在(2016)粤01民终15617号案件中,属于承担民事责任的当事人,其诉讼地位不是《民事诉讼法》第五十六条规定的第三人。

因此,长沙广某公司以第三人的主体身份提出本案诉讼不符合第三人撤销之诉的法定适用条件,原审法院驳回起诉具有事实和法律依据,本院予以维持。长沙广某公司的上诉理由缺乏法律依据,应予驳回。依照《民事诉讼法》第一百六十九条第一款、第一百七十条第一款第一项、第一百七十一条的规定,裁定如下:驳回上诉,维持原裁定。

案件来源

《长沙广某建筑装饰有限公司、中国工商银行股份有限公司广州某支行第三人撤销之诉二审民事裁定书》【广东省高级人民法院(2018)粤民终1151号】

延伸阅读

裁判规则:依法设立并领取营业执照的分公司,具有独立诉讼主体资格并可以其管理的财产单独承担民事责任。

案例一:《吉林某农村商业银行股份有限公司、恒丰银行股份有限公司某分行合同纠纷二审民事判决书》【最高人民法院(2017)最高法民终965号】

最高人民法院认为:恒丰银行某分行具有独立诉讼主体资格并可以其管理的财

产单独承担民事责任。《民事诉讼法》第四十八条规定，公民、法人和其他组织可以作为民事诉讼的当事人。法人由其法定代表人进行诉讼。其他组织由其主要负责人进行诉讼。《民诉法解释》第五十二条规定，《民事诉讼法》第四十八条规定的其他组织是指合法成立、有一定的组织机构和财产，但又不具备法人资格的组织，包括：……（六）依法设立并领取营业执照的商业银行、政策性银行和非银行金融机构的分支机构。本案中，恒丰银行某分行系依法设立并领取营业执照的商业银行分支机构，根据上述法律、司法解释规定，恒丰银行某分行具备诉讼主体资格，能够以自己的名义起诉或应诉，独立行使诉讼权利、履行诉讼义务。法人分支机构的民事责任依法应由法人承担，并不存在承担连带责任的法律依据。具体而言，如法人分支机构管理的财产较为充足的，可以由其单独承担责任，如财产不足的，可以在法人分支机构承担责任的同时，由法人对其分支机构的责任承担补充责任。某农商行虽将恒丰银行某分行与恒丰银行列为共同被告提起本案诉讼，但并无证据证明恒丰银行某分行管理的财产不足以承担其民事责任，故其关于恒丰银行某分行与恒丰银行应承担连带还款责任的上诉理由不能成立。

016 共有人如何对执行共有房屋的执行行为提异议？能否要求整体拍卖？

> 如共有房屋先分割再拍卖导致价值减损的，可申请对整个共有房屋进行拍卖

阅读提示

房屋共有人对外负债成为被执行人，法院到底应该拍卖整体房屋，还是仅拍卖被执行人所享有的房屋份额？需要考虑哪些因素？法院处置共有房屋的程序是什么？债权人、被执行人、其他共有人对法院的拍卖裁定不服，应通过何种程序救济？房屋共有人如何在拍卖程序中行使优先购买权？我们在办理此类案件的过程中，梳理了大量裁判案例，仅选取其中几则案例，对上述问题进行简要分析。

裁判要旨

涉案共有房屋不存在物理分割的条件，其使用目的及范围均不可分，故应当视为不可分割的共有财产，如果仅拍卖被执行人享有的房屋份额，则有可能减损共有

物的变现价值，从最大限度实现财产价值的角度出发，应对不可分割的涉案房屋进行整体拍卖。

案情简介

广州中院在执行申请执行人罗某穗与被执行人刘某、广东某投资有限公司民间借贷合同纠纷一案中，广州中院作出（2019）粤01执73号公告，拟在网络拍卖平台公开拍卖被执行人刘某名下1902房的二分之一产权份额。

申请执行人罗某穗认为，法院对不动产分割拍卖，成交价必然受损，且买受人购买房屋后无法与1902房另外一个共有人丁某春分割使用权，将造成房屋成交价贬损或流拍，从而损害申请执行人的合法权益。故罗某穗申请全屋拍卖。

广州中院短信回复罗某穗时指出，因刘某只占1902房的二分之一份额，依法不能处置不属于被执行人的房产份额，故不予同意罗某穗申请的整体拍卖请求。申请执行人罗某穗向广州中院提出执行异议。

广州中院审查认为，涉案房屋登记在被执行人刘某及案外人丁某春名下，二人各占二分之一份额，但该房屋实际上不存在物理分割，其使用目的及范围均不可分，故应当视为不可分割的共有财产。拍卖份额的方式有可能减损共有物的变现价值，应对不可分割的涉案房屋进行整体拍卖。广州中院裁定：撤销（2019）粤01执73号公告。

被执行人刘某对广州中院的裁定不服，向广东高院申请复议。广东高院认为，司法实践中存在按份额拍卖和整体拍卖后保留共有人相应份额的拍卖款这两种处置方式。执行法院可以根据案件及该不动产具体情况选择以何种方式拍卖。广州中院认为按份额拍卖1902房有可能减损共有物的变现价值，决定对涉案房屋采取整体拍卖，并无不当，广东高院裁定驳回刘某的复议申请。

裁判要点及思路

本案的争议焦点是：对于按份共有的房屋，其中一个按份共有人对外负债成为被执行人，法院能否就涉案房屋采取整体拍卖的执行措施。

本案房屋登记在被执行人刘某及其前夫丁某春名下，二人各占二分之一份额。刘某因负债成为被执行人，执行法院仅就刘某享有的二分之一份额发布拍卖公告。申请执行人罗某穗提出执行异议认为，法院对不动产分割拍卖，成交价必然受损，损害其合法权益，因此，应该整体拍卖。

广州中院和广东高院均支持了申请执行人的观点，其核心裁判思路如下：第一，涉案共有房屋不存在物理分割，其使用目的及范围均不可分，故应当视为不可分割的共有财产；第二，如果仅拍卖刘某享有的房屋份额，有可能减损共有物的变现价值，从最大限度实现财产价值的角度出发，应对不可分割的涉案房屋进行整体拍卖；第三，采取整体拍卖的同时，通知丁某春行使房屋优先购买权，即便丁某春不行使优先购买权，执行中仅对刘某所占房屋份额对应的拍卖款予以处分，也不会对丁某春的合法权益造成损害。

实务要点总结

一、房屋共有人对外负债成为被执行人，法院有权针对共有房屋整体采取查封、扣押、冻结、拍卖等执行措施，但房屋共有人就共有房屋达成分割协议并经债权人认可的除外。《查封、扣押、冻结规定》第十四条规定："对被执行人与其他人共有的财产，人民法院可以查封、扣押、冻结，并及时通知共有人。共有人协议分割共有财产，并经债权人认可的，人民法院可以认定有效。查封、扣押、冻结的效力及于协议分割后被执行人享有份额内的财产；对其他共有人享有份额内的财产的查封、扣押、冻结，人民法院应当裁定予以解除。共有人提起析产诉讼或者申请执行人代位提起析产诉讼的，人民法院应当准许。诉讼期间中止对该财产的执行。"根据该条规定，执行共有房屋的程序是：

第一，法院有权查封、扣押、冻结整体共有房屋，但应及时通知共有人。

第二，共有人接到通知后，与被执行人等共有人可以协议分割共有财产，债权人认可分割协议的，法院认定该分割协议有效，此时，仅能对分割后被执行人享有的部分份额进行查封、扣押、冻结，以及后续的拍卖，其他共有部分予以解除执行措施。

第三，共有人对房屋共有份额产生争议，无法达成共有房屋分割协议的，共有人可以提起析产诉讼或者申请执行人代位提起析产诉讼。

二、房屋共有人未达成分割协议或达成的分割协议未经债权人认可时，如果共有房屋难以分割或者因分割会减损价值的，法院应当整体拍卖共有房屋，通知共有人享有优先购买权，并对拍卖整体房屋取得的价款予以分割。《物权法》第一百条规定："共有人可以协商确定分割方式。达不成协议，共有的不动产或者动产可以分割并且不会因分割减损价值的，应当对实物予以分割；难以分割或者因分割会减损价值的，应当对折价或者拍卖、变卖取得的价款予以分割。共有人分割所得的不动产或者动产有瑕疵的，其他共有人应当分担损失。"

可见，在共有人达成分割协议并经债权人认可时，法院可以仅拍卖被执行人享有的共有物份额。在共有人达不成协议，或共有人达成的协议未经债权人认可时，关于共有物的分割方式，由法院根据共有物的性质来决定整体拍卖还是拍卖份额。如果共有不动产难以分割或者因分割会减损价值的，则应当整体拍卖。

那么，何谓"难以分割或者因分割会减损价值"？从司法实践中的案例来看，用于居住的房屋等不可分物属于"难以分割或者因分割会减损价值"的共有物，房屋共有人未达成分割协议或达成的分割协议未经债权人认可时，法院应当对共有房屋进行整体拍卖。同时，应仅就拍卖所得款中属于被执行人的部分予以执行，并赋予房屋共有人优先购买权。

三、房屋共有人有权参与共有房屋的拍卖，在同等条件下享有优先购买共有房屋的权利。根据《拍卖、变卖规定》第十四条和第十六条的规定，共有人行使优先购买权的程序是：第一，法院应当在拍卖5日前通知共有人于拍卖日到场，共有人经通知未到场的，视为放弃优先购买权。第二，拍卖过程中，有最高应价时，优先购买权人可以表示以该最高价买受，如无更高应价，则拍归优先购买权人；如有更高应价，而优先购买权人不作表示的，则拍归该应价最高的竞买人。

四、在执行共有房屋过程中，根据提出异议的主体及其诉求不同，异议人选择执行异议和复议程序，或者执行异议和执行异议之诉程序寻求救济。在共有房屋被执行的场合，存在作为申请执行人的债权人、作为被执行人的共有人和其他共有人等主体。如果债权人对法院未整体拍卖的行为提出异议，则属于执行行为异议，应适用执行异议和复议程序；如果被执行人对法院的整体拍卖或份额拍卖提出异议，则属于执行行为异议，应适用执行异议和复议程序；如果其他共有人以法院拍卖的被执行人名下的房产份额归自己所有为由，申请排除执行的，属于基于实体权利提出的执行标的异议，应适用执行异议和执行异议之诉程序；如果其他共有人对共有份额不持异议，仅对法院的整体拍卖或份额拍卖提出异议，则属于执行行为异议，应适用执行异议和复议程序。

五、在共有房屋被强制执行时，站在不同立场，我们提请相关主体注意：

第一，对于债权人来说，可以申请查封整体房屋，由于分割处置共有房屋会减损房屋价值，影响债权实现，因此，债权人可以不同意共有人的分割协议，可以请求法院对房屋予以整体拍卖。

第二，对于其他房屋共有人来说，如果不愿意与竞买人共有房屋，那么应积极参与执行程序，帮助被执行人偿还债务解除共有房屋的执行措施，或者与被执行人达成分割协议并取得债权人认可，或者积极行使优先购买权。

第三，对于竞买人来说，应谨慎参与对共有物的竞买，尤其应注意拍卖公告中是否载明拍卖的仅是共有物的份额，竞买共有物的份额，存在重大风险，其他房屋共有人可能提起执行异议，即使竞买人已经取得房屋，但如果执行程序确属违法，房屋共有人提起执行异议或执行监督程序，仍可能撤销法院的拍卖裁定，竞买人将面临归还房屋的不利后果。

相关法律规定

《最高人民法院关于人民法院民事执行中查封、扣押、冻结财产的规定》（2020年12月23日修正）

第十二条[①]　对被执行人与其他人共有的财产，人民法院可以查封、扣押、冻结，并及时通知共有人。

共有人协议分割共有财产，并经债权人认可的，人民法院可以认定有效。查封、扣押、冻结的效力及于协议分割后被执行人享有份额内的财产；对其他共有人享有份额内的财产的查封、扣押、冻结，人民法院应当裁定予以解除。

共有人提起析产诉讼或者申请执行人代位提起析产诉讼的，人民法院应当准许。诉讼期间中止对该财产的执行。

《民法典》（2020年5月28日公布）

第三百零三条　共有人约定不得分割共有的不动产或者动产，以维持共有关系的，应当按照约定，但是共有人有重大理由需要分割的，可以请求分割；没有约定或者约定不明确的，按份共有人可以随时请求分割，共同共有人在共有的基础丧失或者有重大理由需要分割时可以请求分割。因分割造成其他共有人损害的，应当给予赔偿。

第三百零四条　共有人可以协商确定分割方式。达不成协议，共有的不动产或者动产可以分割且不会因分割减损价值的，应当对实物予以分割；难以分割或者因分割会减损价值的，应当对折价或者拍卖、变卖取得的价款予以分割。

共有人分割所得的不动产或者动产有瑕疵的，其他共有人应当分担损失。

第三百零五条　按份共有人可以转让其享有的共有的不动产或者动产份额。其他共有人在同等条件下享有优先购买的权利。

第三百零六条　按份共有人转让其享有的共有的不动产或者动产份额的，应当将转让条件及时通知其他共有人。其他共有人应当在合理期限内行使优先购买权。

[①]　原第十四条。

两个以上其他共有人主张行使优先购买权的，协商确定各自的购买比例；协商不成的，按照转让时各自的共有份额比例行使优先购买权。

《最高人民法院关于人民法院民事执行中拍卖、变卖财产的规定》（2020年12月23日修正）

第十一条① 人民法院应当在拍卖五日前以书面或者其他能够确认收悉的适当方式，通知当事人和已知的担保物权人、优先购买权人或者其他优先权人于拍卖日到场。

优先购买权人经通知未到场的，视为放弃优先购买权。

第十三条② 拍卖过程中，有最高应价时，优先购买权人可以表示以该最高价买受，如无更高应价，则拍归优先购买权人；如有更高应价，而优先购买权人不作表示的，则拍归该应价最高的竞买人。

顺序相同的多个优先购买权人同时表示买受的，以抽签方式决定买受人。

法院裁判

以下为广州中院和广东高院对能否整体拍卖的论述：

广州中院认为，本案争议焦点为该院对涉案房屋能否采取整体拍卖的执行措施的问题。根据《物权法》第九十四条及第一百条、《查封、扣押、冻结规定》第十四条第一款、《拍卖、变卖规定》第一条的规定，在按份共有人作为被执行人时，人民法院可以直接执行被执行人在共有财产中的份额，不可分割的房屋可以整体处理。涉案房屋登记在被执行人刘某及案外人丁某春名下，二人各占二分之一份额，但该房屋实际上不存在物理分割，其使用目的及范围均不可分，故应当视为不可分割的共有财产。在被执行人刘某未履行生效法律文书确定义务的情况下，拍卖份额的方式有可能减损共有物的变现价值。从最大限度实现财产价值的角度出发，应对不可分割的涉案房屋进行整体拍卖。异议人罗某穗要求对涉案房产整体拍卖的异议请求合理合法，该院予以支持。

在对该房屋执行过程中，广州中院应根据《物权法》第一百零一条"按份共有人可以转让其享有的共有的不动产或者动产份额。其他共有人在同等条件下享有优先购买的权利"的规定保护案外人丁某春对该房屋享有的优先购买权。即使案外人丁某春未行使其优先购买权，由于案外人丁某春并非被执行人，该院在通过拍卖

---

① 原第十四条。
② 原第十六条。

或变卖等公开方式处置涉案房屋后，将仅对被执行人刘某所占该房屋份额对应的款项予以处分，不会对案外人丁某春的合法权益造成损害。综上，广州中院对涉案房产按份额拍卖的执行措施不当，应予纠正。依照《民事诉讼法》第二百二十五条、《执行异议和复议规定》第十七条第二项的规定，广州中院于2019年12月2日作出（2019）粤01执异1014号执行裁定：撤销该院于2019年7月17日作出的（2019）粤01执73号公告。

广东高院认为：本案争议的焦点是，广州中院异议裁定将涉案房屋整体拍卖的行为是否应予撤销。

据本案执行依据中国广州仲裁委员会作出的（2018）穗仲案字第25419号裁决书确定内容，刘某负有还款义务，故广州中院执行刘某名下财产，并无不当。执行程序中对被执行人与他人共有的不动产的处置，司法实践中存在按份额拍卖和整体拍卖后保留共有人相应份额的拍卖款这两种方式。执行法院可以根据案件及该不动产具体情况选择以何种方式拍卖。涉案房屋登记在刘某和丁某春名下，广州中院认为按份额拍卖有可能减损共有物的变现价值，从最大限度实现财产价值的角度出发，决定对涉案房屋采取整体拍卖；广州中院亦表明，丁某春非本案被执行人，执行中仅对刘某所占房屋份额对应的拍卖款予以处分，对丁某春享有的优先受偿权给予保护。因此，广州中院经异议审查决定整体拍卖涉案房屋的执行行为并不违反法律和司法解释规定，刘某要求广州中院改为按份额拍卖的复议请求，本院不予支持。

案件来源

《刘某、罗某穗民间借贷纠纷执行审查类执行裁定书》【广东省高级人民法院（2020）粤执复141号】

延伸阅读

一、在房屋共有人没有通过协商或诉讼的方式对案涉房屋进行析产分割的情况下，其主张的50%房产份额难以从案涉房屋中明确分割，法院在执行中对案涉房屋进行整体变价处置，再保留其应分得的财产份额，并未损害共有人的权利。

案例一：《张某芬、李某新案外人执行异议之诉二审民事判决书》【南充市中级人民法院（2019）川13民终2494号】

在人民法院对案涉房屋采取执行措施后，张某芬作为共同共有人依法应当通过协商或诉讼方式进行析产分割,以保护其所有的相应份额,并便于人民法院对侯某权所有个人份额部分进行执行。在张某芬没有依照法律规定通过协商或诉讼的方式对案涉房屋进行析产分割的情况下,其主张的50%房产份额难以从案涉房屋中明确分割,人民法院在执行中对案涉房屋进行整体变价处置,再保留其应分得的财产份额,并未损害张某芬的权利。故张某芬对案涉房屋享有的共有权益,不足以排除债权人对该房屋的强制执行。

二、案涉房屋属住宅用途,不能分割后再执行,案涉房屋应当在整体执行后再根据共有人所占份额进行分配。

案例二:《黄某平与峨眉山市众某物流有限责任公司案外人执行异议之诉一审民事判决书》【峨眉山市人民法院(2018)川1181民初2393号】

本案中,焦某作为生效判决的被执行人,人民法院查封焦某与黄某平的夫妻共有财产,符合上述法律规定。黄某平主张对案涉房屋进行处置将会损害其可期待利益,本院认为,《物权法》第九十七条、第九十九条、第一百条关于共有财产处置的规定,适用于共有人内部对共有财产的处置行为,并不能影响法院依法强制执行,因执行过程中需兼顾债权人和共有人的利益,而案涉房屋属住宅用途,不能分割后再执行,案涉房屋应当在整体执行后再根据共有人所占份额进行分配,与此同时,黄某平作为共有人在拍卖过程中还依法享有优先购买权,故强制执行行为并不会对黄某平造成实质性损害。

三、在按份共有中,各共有人的权利不是局限在共有财产的某一部分上,或就某一具体部分单独享有所有权,而是各共有人的权利均及于共有财产的全部。不动产分割时,不但要考虑其产权上的独立性,还要考虑不动产是否具备构造上、使用上进行分割的条件。

案例三:《荣某汝与刘某刚案外人执行异议之诉二审民事判决书》【新疆昌吉回族自治州中级人民法院(2020)新23民终990号】

在按份共有中,各共有人的权利不是局限在共有财产的某一部分上,或就某一具体部分单独享有所有权,而是各共有人的权利均及于共有财产的全部,本案中,荣某汝与荣某德二人虽各占涉案房屋50%的产权,但二人各自所占份额分别为哪一部分并不清楚。经本院现场勘验,涉案房屋为独栋别墅,不具备拆分使用和内部分割后单独进行拍卖的条件。根据《物权法》第一百条第一款规定:"共有人可以协商确定分割方式。达不成协议,共有的不动产或者动产可以分割并且不会因分割减损价值的,应当对实物予以分割;难以分割或者因分割会减损价值的,应当对折价或者拍卖、变卖取得的价值予以分割。"由上述法律规定可见,不动产分割时,不但要考虑其产权上的独立性,还要考虑不动产是否具备构造上、使用上进行分割的条件。涉案房屋若强行拆分拍卖,必然减损房屋的价值,亦损害双方当事人的合法权益。一、二审法院均向上诉人荣某汝释明,一审法院已经保留其享有涉案房屋50%份额的价款195200元(房屋评估价390400元的一半),且价格不下浮,但其既不愿意主张优先购买权,亦不同意法院对其享有的涉案房屋的50%份额进行拍卖,故一审法院驳回其诉讼请求并无不当。一审判决在未查明法院是否对荣某汝50%的份额价值进行保留不降价、涉案房屋能否分割拍卖的情况下,仅以荣某汝系涉案房屋共有人即认定其不享有足以排除执行的民事权益说理有不当之处,但其判决结果正确。

第四章 案外人异议及执行异议之诉

017 如何判断案外人执行异议是否与生效裁判相关？

> 案外人执行异议与生效裁判所涉为同一客体的，应提起审判监督程序

阅读提示

《民事诉讼法》第二百二十七条规定了案外人在执行程序中的权利救济程序。根据该条规定，对于案外人对执行标的提出的异议，依据该异议是否与生效的判决、裁定相关，确定了不同的处理程序。如所提异议与生效的判决裁定无关，则通过执行异议之诉来解决。如异议与生效的判决裁定有关，则通过案外人申请再审来解决。因此，判断所提异议是否与生效判决裁定相关，是准确适用本条的关键。那么，到底该如何判断所提异议是否与生效判决裁定相关呢？

裁判要旨

执行异议之诉是对案外人权利保护提供的司法救济途径，针对的是执行行为本身，核心在于以案外人是否对执行标的具有足以阻却执行程序的正当权利为前提，就执行程序应当继续还是应该停止作出评价和判断。如案外人权利主张所指向的民事权利义务关系或者其诉讼请求所指向的标的物与原判决、裁定确定的民事权利义务关系或者该权利义务关系的客体具有同一性，执行标的就是作为执行依据的生效裁判确定的权利义务关系的特定客体，其则属于"认为原判决、裁定错误"的情形，应依照审判监督程序办理。

案情简介

1998年9月15日，威某公司将案涉房屋发包给望某公司承建，望某公司又将

工程转包给孙某明，孙某明为工程实际施工人。2009年10月20日，威某公司确认欠孙某明工程款405万元，并以案涉房产抵债373.86万元，该抵债协议已被法院确定为有效。以上房屋虽已实际交付给孙某明，但未办理过户登记。

2007年6月5日，威某公司向建行某支行借款，将案涉房屋抵押给建行某支行，该行于2009年12月4日办理了上述房产抵押注销手续。同日，威某公司向祥某公司借款400万元，以案涉房产的一部分作价530万元设定最高额抵押，并办理抵押登记。

祥某公司申请执行威某公司等借款合同纠纷一案中，法院判决确认祥某公司对案涉房屋享有抵押权。盐城中院对案涉房屋采取强制执行措施时，孙某明提出执行异议，但被驳回。

孙某明不服，向盐城中院提起案外人执行异议之诉。盐城中院以孙某明系在抵押期间签订抵债协议为由，认定孙某明不能取得房屋所有权，故判决驳回了孙某明的诉讼请求。

孙某明不服，上诉至江苏高院。江苏高院二审判决驳回上诉，维持原判。

孙某明仍不服，向最高人民法院申请再审。最高人民法院以孙某明所提异议，否定了生效民事判决确认祥某公司对案涉房屋的抵押权，故撤销一、二审判决，裁定驳回孙某明的起诉。

裁判要点及思路

将本案称为一场曲折离奇的官司，并不为过。在本案执行异议阶段、执行异议之诉的一、二审阶段，不论是孙某明还是江苏两级法院，都认为本案争议的焦点在于，孙某明对于案涉房屋有没有排除强制执行的权利。他们也围绕这个问题，展开了多轮交锋。在执行异议阶段，盐城中院裁定驳回孙某明异议的原因在于房屋未登记在其名下。在一审阶段，盐城中院认为，案涉以物抵债协议是在标的物抵押期间签订，违反了《物权法》第一百九十一条关于未经抵押权人同意不得转让抵押物的规定，孙某明不能取得案涉房屋所有权。在二审阶段，江苏高院认为，孙某明系以物抵债方式从威某公司取得案涉房屋，双方的法律关系仍为债权债务关系，而非房屋买卖关系，故孙某明无权要求排除强制执行。

但最高人民法院对此问题另辟蹊径，给了江苏两级法院及孙某明一个出人意料的结果：驳回起诉！最高人民法院首先想到的不是孙某明有无排除强制执行权利的问题，而是孙某明能否提起执行异议之诉的问题。最高人民法院在处理该案时，认识到了《民事诉讼法》第二百二十七条对于案外人异议的两种不同处理路径，其核心即在于所提异议是否与生效判决裁定相关。本案中，孙某明所提异议，表面上是要排除祥某公司对案涉房产的强制执行。但一个不容忽视的问题是，祥某公司能够执行案涉房产，原因在于生效法律文书已经确认祥某公司享有抵押权。孙某明所提执行异议涉及的房屋，正是生效判决确认祥某公司享有抵押权的房屋。如支持孙某明的执行异议，无异于将否定祥某公司的抵押权。因此，最高人民法院认为，孙某明所提异议与生效判决裁定相关，相关执行异议被裁定驳回后，孙某明只能申请再审，无权提起执行异议之诉。

实务要点总结

一、执行中的案外人权利保护路径具有多样性，案外人要注意适当选择。执行程序中，案外人认为法院执行行为侵害其合法权益的，有以下三条救济路径：一为提起案外人执行异议之诉；二为案外人申请再审；三为提起第三人撤销之诉。虽然存在以上三种救济路径，但《民事诉讼法》对其均设定了一定的前提条件，当事人不能任意选择，更不能多轨并行。《全国法院民商事审判工作会议纪要》[①] 第一百二十二条规定：案外人先启动执行异议程序的，对执行异议裁定不服，认为原裁判内容错误损害其合法权益的，只能向作出原裁判的人民法院申请再审，而不能提起第三人撤销之诉；案外人先启动了第三人撤销之诉，即便在执行程序中又提出执行异议，也只能继续进行第三人撤销之诉，而不能依《民事诉讼法》第二百二十七条申请再审。

因此，当事人在遇到相关争议时，应当慎之又慎，必须对不同程序面临的利弊得失作充分的衡量，切勿眉毛胡子一把抓，走错了道，否则真的没有后悔药。如对于相关程序的选择举棋不定或者关系重大，案情复杂，建议聘请对于执行异议纠纷处理有丰富经验的律师团队介入，提出切实可行的解决方案。防止一着不慎，满盘皆输。

二、判断案外人所提异议是否与生效裁判相关，执行标的与生效裁判权利义务执行的客体是否具有同一性是重要因素。本案中，最高人民法院确定了一个非常重要的裁判规则：如案外人权利主张所指向的民事权利义务关系或者其诉讼请求所指向的标的物与原判决、裁定确定的民事权利义务关系或者该权利义务关系的客体具有同一性，执行标的就是作为执行依据的生效裁判确定的权利义务关系的特定客体，则该异议即与生效裁判相关。这一规则，为案外人权利保护的程序分流设定了

---

① 以下简称《九民纪要》。

航标，为妥善处理实践中大量存在的程序争议提供了明确指引。

三、案外人申请再审程序，没有上诉程序，应谨慎选择。案外人申请再审程序，是案外人执行异议被驳回以后的权利救济程序之一，该程序有利有弊，选择时应予慎重。其好处在于，再审程序的启动，不需要再审申请人缴纳诉讼费，相对而言更为经济。但该程序的弊端也非常明显，即案外人申请再审，也是启动审判监督程序，只有一次机会，没有上诉、没有再次申请再审。因此，如果没有十足的把握，建议不要贪小便宜，贸然选择案外人申请再审程序。

相关法律规定

《民事诉讼法》（2021 年 12 月 24 日修正）

第五十九条[①] 对当事人双方的诉讼标的，第三人认为有独立请求权的，有权提起诉讼。

对当事人双方的诉讼标的，第三人虽然没有独立请求权，但案件处理结果同他有法律上的利害关系的，可以申请参加诉讼，或者由人民法院通知他参加诉讼。人民法院判决承担民事责任的第三人，有当事人的诉讼权利义务。

前两款规定的第三人，因不能归责于本人的事由未参加诉讼，但有证据证明发生法律效力的判决、裁定、调解书的部分或者全部内容错误，损害其民事权益的，可以自知道或者应当知道其民事权益受到损害之日起六个月内，向作出该判决、裁定、调解书的人民法院提起诉讼。人民法院经审理，诉讼请求成立的，应当改变或者撤销原判决、裁定、调解书；诉讼请求不成立的，驳回诉讼请求。

第二百三十四条[②] 执行过程中，案外人对执行标的提出书面异议的，人民法院应当自收到书面异议之日起十五日内审查，理由成立的，裁定中止对该标的的执行；理由不成立的，裁定驳回。案外人、当事人对裁定不服，认为原判决、裁定错误的，依照审判监督程序办理；与原判决、裁定无关的，可以自裁定送达之日起十五日内向人民法院提起诉讼。

《全国法院民商事审判工作会议纪要》（2019 年 11 月 8 日公布）

122.【程序启动后案外人不享有程序选择权】案外人申请再审与第三人撤销之诉功能上近似，如果案外人既有申请再审的权利，又符合第三人撤销之诉的条件，对于案外人是否可以行使选择权，民事诉讼法司法解释采取了限制的司法态度，即

[①] 原第五十六条。
[②] 原第二百二十七条。

依据民事诉讼法司法解释第 303 条的规定，按照启动程序的先后，案外人只能选择相应的救济程序：案外人先启动执行异议程序的，对执行异议裁定不服，认为原裁判内容错误损害其合法权益的，只能向作出原裁判的人民法院申请再审，而不能提起第三人撤销之诉；案外人先启动了第三人撤销之诉，即便在执行程序中又提出执行异议，也只能继续进行第三人撤销之诉，而不能依《民事诉讼法》第 227 条申请再审。

法院裁判

以下为最高人民法院在再审裁定"本院认为"部分就此问题发表的意见：

本院认为，《民事诉讼法》第二百二十七条规定，执行过程中，案外人对执行标的提出书面异议的，人民法院应当自收到书面异议之日起 15 日内审查，理由成立的，裁定中止对该标的的执行；理由不成立的，裁定驳回。案外人、当事人对裁定不服，认为原判决、裁定错误的，依照审判监督程序办理；与原判决、裁定无关的，可以自裁定送达之日起 15 日内向人民法院提起诉讼。根据该规定，执行过程中，案外人对执行标的提出的书面异议被驳回后，应当根据其权利主张与原判决、裁定之间的关系，依法选择通过审判监督程序或者执行异议之诉维护其合法权益。作为法律对执行程序启动后，就案外人权利保护提供的司法救济途径，执行异议之诉针对的是执行行为本身。其核心在于以案外人是否对执行标的具有足以阻却执行程序的正当权利为前提，就执行程序应当继续还是应该停止作出评价和判断。但如案外人权利主张所指向的民事权利义务关系或者其诉讼请求所指向的标的物，与原判决、裁定确定的民事权利义务关系或者该权利义务关系的客体具有同一性，执行标的就是作为执行依据的生效裁判确定的权利义务关系的特定客体，则属于"认为原判决、裁定错误"的情形。本案中，孙某明在其对执行标的提出的书面异议被裁定驳回后，向一审法院提起案外人执行异议之诉，一、二审法院亦以此为案由对本案进行了实体审理。但是，盐城中院对包括案涉房产在内的登记在威某公司名下且已经为祥某公司办理抵押登记的财产采取的执行措施，有该院业已发生法律效力的相关民事判决作为依据，而该生效民事判决确认祥某公司享有抵押权并有权优先受偿的财产范围亦包括案涉房产。孙某明在诉讼理由中也明确就祥某公司与威某公司之间贷款行为以及其抵押权的效力问题提出异议，其所提诉讼请求旨在否定盐城中院前述生效民事判决作为执行依据的合法性，在此情况下，本案应当属于《民事诉讼法》第二百二十七条有关"案外人、当事人对裁定不服，认为原判决、裁定错误的，依照审判监督程序处理"的规定情形，孙某明通过案外人执行异议之诉解决本案争议，没有法律依据。在本案诉讼中，不能解决生效裁判是否存在错误的问题。一、二审法院在本案中对相关争议进行实体审理，不符合法律规定，本院予以纠正。

案件来源

《孙某明与江苏威某集团有限公司、盐城经济开发区祥某农村小额贷款有限公司案外人执行异议纠纷案重审民事裁定书》【最高人民法院（2013）民提字第207号】

延伸阅读

一、买受人要求排除对房屋强制执行的异议，不属于与确认承包人享有建设工程价款优先受偿权的生效裁判有关的异议。

案例一：《贾某、中某建设集团有限公司再审民事裁定书》【最高人民法院（2019）最高法民再375号】

最高人民法院认为：根据《民事诉讼法》第二百二十七条规定的文义，该条法律规定的案外人的执行异议"与原判决、裁定无关"是指案外人提出的执行异议不含有其认为原判决、裁定错误的主张。案外人主张排除建设工程价款优先受偿权的执行与否定建设工程价款优先受偿权权利本身并非同一概念。前者是案外人在不否认对方权利的前提下，对两种权利的执行顺位进行比较，主张其根据有关法律和司法解释的规定享有的民事权益可以排除他人建设工程价款优先受偿权的执行；后者是从根本上否定建设工程价款优先受偿权权利本身，主张诉争建设工程价款优先受偿权本身不存在。简言之，当事人主张其权益在特定标的的执行上优于对方的权益，不能等同于否定对方权益的存在；当事人主张其权益会影响生效裁判的执行，也不能等同于其认为生效裁判错误。根据贾某提起案外人执行异议之诉的请求和具体理由，贾某并没有否定原生效判决确认的中某公司所享有的建设工程价款优先受偿权，贾某提起案外执行异议之诉意在请求法院确认其对案涉房屋享有可以排除强制执行的民事权益。如果一、二审法院支持贾某关于执行异议的主张也并不动摇生效判决关于中某公司享有建设工程价款优先受偿权的认定，仅可能影响该生效判决的具体执行。因此，贾某的执行异议并不包含其认为已生效的（2016）吉民初19号民事判决存在错误的主张，属于《民事诉讼法》第二百二十七条规定的案外人的执行异议"与原判决、裁定无关"的情形。一、二审法院认定贾某作为案外人对执行标的物主张排除执行的异议实质上是对上述生效判决的异议，应当依照审判监督程序办理，据此裁定驳回贾某的起诉，适用法律错误，本院予以纠正。

二、案外人认为民事调解书确认申请执行人享有建设工程价款优先受偿权侵害其合法权益的异议，与生效裁判文书相关。

案例二：《陈某宝、南通某集团股份有限公司二审民事裁定书》【最高人民法院（2017）最高法民终 510 号】

最高人民法院认为：根据《民事诉讼法》第二百二十七条的规定，执行过程中，案外人对执行标的提出的书面异议被驳回后，可以根据其异议与原判决、裁定之间的关系，依法通过审判监督程序或者提起执行异议之诉维护自身合法权益，《民诉法解释》第三百零五条对此种诉讼应当具备的起诉条件作了明确规定。作为两种不同的救济方式，案外人执行异议之诉与审判监督程序有本质上的区别，应严格区分。案外人执行异议之诉针对的是执行行为本身，即案外人主张的民事权益是否足以排除强制执行，而审判监督程序针对的是执行所依据的裁判，即原判决、裁定是否错误。如果案外人主张的民事权利指向的标的物与原判决、裁定确定的民事权利义务关系或者该权利义务关系的客体具有同一性，则属于其认为原判决、裁定错误的情形，其应通过审判监督程序寻求权利救济，而非提起执行异议之诉。本案中，一审法院据以执行的（2014）琼环民初字第 2 号民事调解书，确定南通公司对天某公司建设的案涉老城商业广场项目享有建设工程价款优先受偿权。陈某宝在执行异议被裁定驳回后，提起执行异议之诉，并明确就上述优先受偿权提出异议，认为该调解书的基础不合法，其异议内容与该调解书有直接关联，实质上意在否定该调解书作为执行依据的合法性，属于《民事诉讼法》第二百二十七条关于案外人认为原判决、裁定错误的情形，应当依照审判监督程序办理。陈某宝提起案外人执行异议之诉不符合法律规定，一审法院按照执行异议之诉对本案进行审理，属适用法律错误，本院予以纠正。

三、对于案外人提起执行异议之诉，不能以案外人不能胜诉而否定案外人提起诉讼的权利。

案例三：《中国建设银行股份有限公司某分行、中国信达资产管理股份有限公司某分公司与兴业银行股份有限公司某分行申诉、申请民事裁定书》【最高人民法院（2016）最高法民再 326 号】

最高人民法院认为：再审申请人建行某分行提起的是案外人执行异议之诉，因此，必须遵循法律和有关司法解释对案外人执行异议之诉起诉条件的规定。《民事诉讼法》第一百一十九条规定："起诉必须符合下列条件：（一）原告是与本案有直接利害关系的公民、法人和其他组织；（二）有明确的被告；（三）有具体的诉讼请求和事实、理由；（四）属于人民法院受理民事诉讼的范围和受诉人民法院管辖。"《民诉法解释》第三百零五条规定："案外人提起执行异议之诉，除符合民事诉讼法第一百一十九条规定外，还应当具备下列条件：（一）案外人的执行异议申请已经被人民法院裁定驳回；（二）有明确的排除对执行标的执行的诉讼请求，且诉讼请求与原判决、裁定无关；（三）自执行异议裁定送达之日起十五日内提起……"具体到本案，建行某分行作为案外人对济南中院裁定扣划某担保公司在建行某分行辖属某支行开设的两个保证金账户中款项7595万元不服而提出执行异议，济南中院裁定驳回了其异议，并明确"如不服本裁定，可以自本裁定送达之日起十五日内，向本院提起诉讼"，因此，建行某分行向济南中院提起诉讼，是济南中院执行异议裁定所明确赋予的权利，符合《民事诉讼法》第二百二十七条关于案外人权利救济之规定，也符合《民事诉讼法》第一百一十九条和《民诉法解释》第三百零五条规定的上述起诉条件。一审法院济南中院以有关借款均由建行某分行下属支行与相关债务人签订借款合同并发放贷款、建行某分行对相关债务人并不享有债权，某担保公司的保证金账户均开立在建行某支行、涉案保证金并未移交建行某分行占有因而不享有质权为由，认定建行某分行作为本案原告起诉不符合法律规定，并根据《民事诉讼法》第一百一十九条第一项、《民诉法解释》第三百零五条之规定驳回其起诉，实质上是以原告是否享有胜诉权来裁决其是否享有诉权，显然是对"与本案有直接利害关系"的错误理解，其适用法律错误。再审申请人建行某分行与某担保公司签订了两份《最高额保证金质押合同》，约定某担保公司在建行某分行辖属蕉城支行开设两个保证金账户，分别存入一定数额的保证金，以该保证金及相应利息为相关债务人在某段期间与建行某分行及辖属支行签订的人民币借款合同、外汇资金借款合同、银行承兑协议、信用证开证合同、出具保函协议及其他法律性文件的一系列债务提供最高额保证金质押担保，当债务人不履行主合同项下到期债务或不履行被宣布提前到期的债务，或违反合同的其他约定，建行某分行及辖属支行均有权从上述保证金专户中划收相应款项。因此，无论是从形式上还是从实质内容上看，建行某分行是与本案有直接利害关系的其他组织。山东高院认为一审认定建行某分行的起诉不符合《民事诉讼法》第一百一十九条的规定，适用法律正确，并依照《民事诉讼法》第一百七十条第一款第一项、《民诉法解释》第三百三十四条之规定裁定驳回上诉，亦是对民事诉讼法和相关司法解释关于起诉条件的不当理解所致，其适用法律亦错误，应予纠正。建行某分行的诉权依法应予保护，济南中院应对建行某分行的诉讼请求进行实体审理，而后依法作出裁判。因此，建行某分行再审请求成立，本院予以支持。

018 执行行为异议与执行标的异议能否合并审查？

> 被执行人执行行为异议实质支持案外人执行标的异议，可合并审查

阅读提示

被执行人的财产被执行法院裁定查封，案外人主张该财产的所有权归自己，向执行法院提出执行标的排除执行异议，被执行人认为执行法院的查封行为错误，向执行法院提出执行行为异议。当被执行人所提的执行行为异议本质上是同意案外人所提的执行标的异议时，法院应通过何种程序进行审查？应当根据《民事诉讼法》第二百二十五条和第二百二十七条，分别审查执行行为异议和执行标的异议吗？下面通过一则最高人民法院公报案例进行分析。这个案例在回应上述问题之外，还涉及案外人同时提起执行行为异议和执行标的异议时，法院应该通过何种程序审查的问题。

裁判要旨

被执行人单独提出的异议，应当按照《民事诉讼法》第二百二十五条规定的程序进行审查。但如果被执行人所提异议实质是支持案外人对执行标的的实体权利的主张，则对被执行人所提出的异议不应当单独审查，而应当在对案外人所提异议进行审查的过程中一并解决。

如果案外人所提出的程序异议与实体异议关系密切，直接或间接地针对同一执行标的的权属问题，在其同时提出实体异议的情况下，应当合并适用《民事诉讼法》第二百二十七条规定的程序进行审查，以减轻当事人的诉累。

案情简介

申请执行人东方某办申请法院保全查封了被执行人畜产公司所有的位于青岛市太平路××号某国际贸易大厦第17-21层房产。案外人某省商务厅提出保全异议，经查明，某国际贸易大厦由于土地、消防等原因至今未办理产权证明，所有用房单位只有使用权，被执行人畜产公司现使用大厦第17层的1709、1711、1712、1713房间办公，山东高院裁定解除对第17-21层房产的查封，裁定查封畜产公司实际

使用的17层4间办公室。

东方某办起诉畜产公司的案件胜诉后，畜产公司未履行债务，东方某办申请强制执行畜产公司的财产。在此过程中，东方某办将债权转让给信某公司。信某公司向山东高院提出申请，请求查封某国际贸易大厦第17-21层全部房产。山东高院裁定对某国际贸易大厦第17-21层房产进行了预查封（该房产无任何产权证）。

被执行人畜产公司和案外人某省商务厅均不服，分别向山东高院提出书面异议，称山东高院依法解除对某国际贸易大厦第17-21层房产的查封后，在没有证据的情况下又进行预查封，显属不当；某国际贸易大厦第17-21层产权应归某省商务厅所有，对该房产的查封应予解除。山东高院查明了某国际贸易大厦的建设过程、资金来源和当时的政府文件，认为畜产公司仅有权分得第17层的4间房产，裁定解除对某国际贸易大厦第17-21层房产（1709、1711、1712、1713这4间房产除外）的查封。

申请执行人信某公司不服，向最高人民法院申请复议，请求撤销山东高院的执行裁定。最高人民法院认为山东高院的裁定适用法律错误，本案应按照《民事诉讼法》第二百二十七条规定的程序进行审查，裁定撤销山东高院的执行裁定，发回山东高院重新审查处理。

裁判要点及思路

本案的核心问题是，当案外人和被执行人同时提出执行行为异议，被执行人同时提出执行行为异议和执行标的异议时，法院应适用何种程序进行审查处理。

山东高院先是在保全异议程序中，裁定解除对某国际贸易大厦第17-21层房产（1709、1711、1712、1713这4间房产除外）的查封，后来又在执行程序中裁定对某国际贸易大厦第17-21层房产的查封。对山东高院的这种执行行为，被执行人畜产公司和案外人某省商务厅均不服，均提出书面异议。这属于案外人和被执行人同时提起执行行为异议。同时，案外人某省商务厅还提出某国际贸易大厦第17-21层产权应归自己所有，这属于被执行人同时提起了执行行为异议和执行标的异议。

山东高院按照《民事诉讼法》第二百二十五条规定的执行行为异议程序进行了审查，在审查中也认定了某国际贸易大厦第17-21层产权的归属问题。最高人民法院认为，案外人某省商务厅提出某国际贸易大厦第17-21层产权应归自己所有，该项异议是对执行标的权属的主张，应当根据《民事诉讼法》第二百二十七条之规定进行审查。某省商务厅关于执行程序的异议，实质还是基于某省商务厅对涉案房产享有所有权的实体权利主张而来。因此，应按照《民事诉讼法》第二百二十七条规定的执行标的异议程序进行审查。关于被执行人畜产公司对执行程序提出的异议，最高人民法院认为，本可以按照《民事诉讼法》第二百二十五条规定的程序审查。但是，畜产公司所提异议实质是同意某省商务厅对执行标的享有所有权的主张，因此对畜产公司所提出的异议不应当单独审查，而应当在对某省商务厅所提异议进行审查的过程中一并解决。

实务要点总结

当事人、利害关系人、案外人应根据自己的诉求，正确选择《民事诉讼法》第二百二十五条或第二百二十七条规定的程序提出执行异议。第二百二十五条规定当事人、利害关系人可以针对法院的执行行为提起执行异议，不服法院作出的异议裁定的，可以向上级法院申请复议；第二百二十七条规定案外人可以针对执行标的向法院提起执行异议，不服法院作出的执行裁定的，根据不同情形，案外人和当事人可以提起诉讼或者申请再审。第二百二十五条解决的主要是执行程序争议问题，第二百二十七条解决的主要是执行标的归属争议问题。因此，相关主体在执行程序中，通过向执行法院提出异议，维护自身权益时，应理解以上区别，并根据自己情况选择合法的救济路径。

被执行人根据《民事诉讼法》第二百二十五条对执行行为提出异议，案外人根据《民事诉讼法》第二百二十七条对执行标的提出异议。如果被执行人所提异议实质是支持案外人对执行标的实体权利的主张，则对被执行人所提出的异议不应当单独审查，而应当在对案外人所提异议进行审查的过程中一并解决。关于这一观点，最高人民法院在裁判理由中指出："本案中畜产公司所提异议实质是同意案外人某省商务厅对执行标的享有所有权的主张，如对畜产公司与某省商务厅内容相同的异议分别适用不同的程序进行审查，造成救济途径迥异，侵害了当事人的程序利益；况且在案外人某省商务厅已经提出异议主张实体权利的情况下，被执行人畜产公司所提异议不具有实益，因此对畜产公司所提出的异议不应当单独审查，而应当在对某省商务厅所提异议进行审查的过程中一并解决。"

案外人可以同时对执行行为和执行标的提出异议。根据本案最高人民法院的裁判规则，以及《执行异议和复议规定》第八条的规定，应区分以下三种情形适用不同程序：第一，案外人基于实体权利既对执行标的提出排除执行异议又作为利害关系人提出执行行为异议的，人民法院应当依照《民事诉讼法》第二百二十七条规定进行审查；第二，案外人既基于实体权利对执行标的提出排除执行异议又作为利害关系人提出与实体权利无关的执行行为异议的，人民法院应当分别依照《民事诉讼法》第二百二十七条和第二百二十五条规定进行审查；第三，如果案外人所提出的执行行为异议与执行标的异议关系密切，直接或间接地针对同一执行标的的权属问题，在其同时提出实体异议的情况下，应当合并适用《民事诉讼法》第二百二十七条规定的程序进行审查，以减轻当事人的诉累。本案属于第三种情形，应由山东高院按照第二百二十七条规定的程序，一并审查被执行人畜产公司和案外人某省商务厅所提出的异议。

相关法律规定

《民事诉讼法》(2021 年 12 月 24 日修正)

第二百三十二条① 当事人、利害关系人认为执行行为违反法律规定的，可以向负责执行的人民法院提出书面异议。当事人、利害关系人提出书面异议的，人民法院应当自收到书面异议之日起十五日内审查，理由成立的，裁定撤销或者改正；理由不成立的，裁定驳回。当事人、利害关系人对裁定不服的，可以自裁定送达之日起十日内向上一级人民法院申请复议。

第二百三十四条② 执行过程中，案外人对执行标的提出书面异议的，人民法院应当自收到书面异议之日起十五日内审查，理由成立的，裁定中止对该标的的执行；理由不成立的，裁定驳回。案外人、当事人对裁定不服，认为原判决、裁定错误的，依照审判监督程序办理；与原判决、裁定无关的，可以自裁定送达之日起十五日内向人民法院提起诉讼。

《最高人民法院关于人民法院办理执行异议和复议案件若干问题的规定》(2020 年 12 月 23 日修正)

第八条 案外人基于实体权利既对执行标的提出排除执行异议又作为利害关系人提出执行行为异议的，人民法院应当依照民事诉讼法第二百二十七条规定进行审查。

案外人既基于实体权利对执行标的提出排除执行异议又作为利害关系人提出与实体权利无关的执行行为异议的，人民法院应当分别依照民事诉讼法第二百二十七条和第二百二十五条规定进行审查。

---

① 原第二百二十五条。
② 原第二百二十七条。

法院裁判

以下是该案在判决书中"本院认为"部分就该问题的论述：

本院认为，本案复议审查的焦点问题是畜产公司与某省商务厅不服山东高院执行裁定，以相同的理由分别向山东高院提出书面异议的审查程序问题。

关于某省商务厅所提异议的审查程序问题。案外人某省商务厅提出异议主张法院解除查封的主要理由为其所提异议的第二项，即某国际贸易大厦第17-21层房屋产权为其享有，因此法院不能将其作为畜产公司的财产进行查封。该项异议是对执行标的权属的主张，根据《民事诉讼法》第二百二十七条之规定："执行过程中，案外人对执行标的提出书面异议的，人民法院应当自收到书面异议之日起十五日内审查，理由成立的，裁定中止对该标的的执行；理由不成立的，裁定驳回。案外人、当事人对裁定不服，认为原判决、裁定错误的，依照审判监督程序办理；与原判决、裁定无关的，可以自裁定送达之日起十五日内向人民法院提起诉讼。"执行法院山东高院将某省商务厅作为利害关系人，适用《民事诉讼法》（2007年修订）第二百零二条及《民诉法执行程序解释》第五条之规定进行审查并赋予当事人申请复议的权利，显属适用法律错误，违反法定程序，应予纠正。而某省商务厅提出的第一项异议，即山东高院依法解除对某国际贸易大厦第17-21层房产的查封后，在没有证据的情况下又进行预查封显属不当，虽然是关于执行程序问题提出的异议，但该项异议究其实质还是基于某省商务厅对某国际贸易大厦第17-21层房产享有所有权的实体权利主张而来。本案中某省商务厅所提出的两项异议均直接或间接地针对同一执行标的的权属问题，具有密切联系，分别适用不同的审查程序徒增当事人诉累。因此，某省商务厅所提第一项异议也应当适用前述《民事诉讼法》第二百二十七条规定的程序进行审查。

关于畜产公司所提异议的审查程序问题。《民事诉讼法》第二百二十五条规定："当事人、利害关系人认为执行行为违反法律规定的，可以向负责执行的人民法院提出书面异议。当事人、利害关系人提出书面异议的，人民法院应当自收到书面异议之日起十五日内审查，理由成立的，裁定撤销或者改正；理由不成立的，裁定驳回。当事人、利害关系人对裁定不服的，可以自裁定送达之日起十日内向上一级人民法院申请复议。"被执行人畜产公司因认为执行行为违反法律规定所提出的异议，本可以按照《民事诉讼法》第二百二十五条规定的程序审查。但是，本案中畜产公司所提异议实质是同意案外人某省商务厅对执行标的享有所有权的主张，如对畜产公司与某省商务厅内容相同的异议分别适用不同的程序进行审查，将造成救济途径迥异，侵害当事人的程序利益；况且在案外人某省商务厅已经提出异议主张实体权利的情况下，被执行人畜产公司所提异议不具有实益，因此对畜产公司所提出的异议不应当单独审查，而应当在对某省商务厅所提异议进行审查的过程中一并解决。

综上，原审裁定适用法律错误，违反法定程序。本院参照《民事诉讼法》第一百七十条第一款第四项之规定，裁定如下：

一、撤销山东省高级人民法院（2002）鲁执（恢）字第3号执行裁定。

二、本案发回山东省高级人民法院重新审查处理。

案件来源

《香港信某投资有限公司申请执行复议案执行裁定书》【最高人民法院（2013）执复字第13号】

延伸阅读

前文中案例展现了被执行人和案外人同时提出异议，以及案外人同时提出执行行为异议和执行标的异议时的程序选择规则。关于执行程序的选择，实践中还有一种情形值得注意：符合法定条件下，申请执行人申请执行案外人的财产，案外人却不提出执行异议，此时，案外人的债权人以案外人怠于提出异议，损害自己债权实现为由提出执行异议，应该适用何种程序呢？下面这个最高人民法院发布的公报案例解答了这一问题。

裁判规则：案外人对执行标的享有排除执行的实体权利而怠于提出异议，导致其债权人的债权有不能实现之虞时，案外人的债权人代位提起案外人异议的，执行法院应当参照《民事诉讼法》第二百二十七条的规定审查处理。

案例：《深圳市百某隆投资发展有限公司、深圳市富某担保有限公司与佛山市南海区某电业有限公司、深圳市富某担保有限公司执行裁定书》【最高人民法院（2014）执申字第243号】

本院认为，本案焦点问题是，应通过何种程序确定涉案土地使用权能否执行问题。

本案中，在中山中院查封、拍卖登记在案外人某发电厂名下土地使用权的情况下，案外人某发电厂作为登记权利人，本来可以提出执行异议寻求救济，但由于某发电厂未提出异议，导致其债权人富某公司的债权有不能实现之虞。在这种情况下，富某公司以法院执行登记在案外人某发电厂名下土地使用权侵害其债权为由提出异议，实际上是为保全自己的债权而代案外人某发电厂提出异议，异议的主体虽然是案外人的债权人，但异议事由系基于对涉案土地使用权主张实体权利，异议的根本目的在于排除对涉案土地使用权的执行。因此，该异议本质上是一种实体性异议，只有参照《民事诉讼法》第二百二十七条的规定进行审查处理，才能为各方当事人提供充分的程序保障，确保最终通过异议之诉对涉案土地使用权的权属和能否执行问题作出裁判。相反，对富某公司提出的异议，如果依据《民事诉讼法》第二百二十五条的规定审查，因异议审查程序和复议程序中均应坚持形式审查为主的原则，因此无法对涉案土地使用权的真实权属和能否执行的问题从实体上作出裁判，无法从根本上解决本案中的实质争议。

综上，在案外人对执行标的享有排除执行的实体权利而怠于提出异议，导致其债权人的债权有不能实现之虞时，案外人的债权人代位提起案外人异议的，人民法院应当参照《民事诉讼法》第二百二十七条的规定审查处理。中山中院和广东高院对本案依据《民事诉讼法》第二百二十五条规定审查处理，法律适用错误，应予纠正。

019 被执行人能否提起执行异议之诉？

> 被执行人无权针对执行标的提起执行异议之诉

阅读提示

关于提起执行异议之诉的主体，《民事诉讼法》第二百二十七条规定，案外人和当事人有权提起执行异议之诉。该条文中"当事人"是否包括被执行人，法条并未明确规定。《民事强制执行法草案（征求意见稿）》第八十八条明确规定了"被执行人异议之诉"，赋予被执行人在符合一定条件的情况下，以申请执行人为被告提起执行异议之诉。那么，在现行法律制度下，当案外人提起执行异议，法院裁定驳回案外人的执行异议后，被执行人能否依据《民事诉讼法》第二百二十七条，以"当事人"身份提起执行异议之诉呢？下面通过一则案例进行分析。

裁判要旨

执行程序系由申请执行人启动，而对执行标的的执行异议系由案外人提出，故是否应予强制执行特定标的的争议存在于申请执行人和案外人之间，与被执行人利益并无直接利害关系。退言之，如果执行异议裁定驳回案外人的执行异议，则执行程序依法继续进行，被执行人的利益现状并未因执行异议裁定的内容发生变动。如果执行异议裁定支持案外人的执行异议而中止执行，被执行人认为执行异议裁定作出中止执行所依据的事实或者对执行标的的权属认定错误，则视为其与案外人对特定执行标的的权属存有争议，被执行人可以依据《民诉法解释》第三百零九条的规定，另行起诉予以救济。

案情简介

在申请执行人瑞某公司与被执行人凯某公司、第三人凯某大酒店合同纠纷一案中，案外人刘某向长沙中院提出的执行异议被裁定驳回。

被执行人凯某公司认为长沙中院的裁定超出法院执行异议应有的审查范围，剥夺了各方当事人的诉讼权利，因此向长沙中院提起执行异议之诉，请求长沙中院撤销执行异议裁定书，终止对案外人刘某的执行。长沙中院认为凯某公司作为被执行人，无权对该裁定提起执行异议之诉，裁定不予受理凯某公司的起诉。

凯某公司上诉至湖南省高院，湖南省高院的观点与长沙中院一致，裁定驳回上诉，维持原裁定。

凯某公司向最高人民法院申请再审，最高人民法院裁定驳回凯某公司的再审申请。

裁判要点及思路

本案的争议焦点是被执行人凯某公司提起的执行异议之诉是否符合法定的起诉条件。《民事诉讼法》第二百二十七条规定，执行过程中，案外人对执行标的提出书面异议的，人民法院应当自收到书面异议之日起15日内审查，理由成立的，裁定中止对该标的的执行；理由不成立的，裁定驳回。案外人、当事人对裁定不服，认为原判决、裁定错误的，依照审判监督程序办理；与原判决、裁定无关的，可以自裁定送达之日起15日内向人民法院提起诉讼。《民诉法解释》第三百零九条规定，申请执行人对中止执行裁定未提起执行异议之诉，被执行人提起执行异议之诉的，人民法院告知其另行起诉。

被执行人凯某公司主张，长沙中院裁定的是驳回刘某的执行异议，而非裁定中止执行。因此，本案并不适用《民诉法解释》第三百零九条的规定，而应适用

《民事诉讼法》第二百二十七条的规定，凯某公司属于"当事人"，有权提起执行异议之诉。最高人民法院认为，执行程序系由申请执行人启动，而对执行标的的执行异议系由案外人提出，故是否应予强制执行特定标的的争议存在于申请执行人和案外人之间，与被执行人利益并无直接利害关系。退言之，如果执行异议裁定驳回案外人的执行异议，则执行程序依法继续进行，凯某公司作为被执行人，其利益现状并未因执行异议裁定的内容发生变动。如果执行异议裁定支持案外人的执行异议，中止执行，则凯某公司作为被执行人，该裁定内容亦无损于其利益。如果凯某公司认为执行异议裁定作出中止执行所依据的事实或者对执行标的的权属认定错误，则视为其与案外人对特定执行标的的权属存有争议，凯某公司可以依据《民诉法解释》第三百零九条规定，另行起诉予以救济。因此，执行异议裁定中的被执行人并非执行异议之诉的适格原告主体，凯某公司作为被执行人，其提起本案诉讼，请求撤销本案长沙中院的执行裁定，不符合执行异议之诉立案受理条件。

实务要点总结

前事不忘，后事之师，我们总结该案的实务要点如下，以供实务参考：

一、当前法律制度下被执行人无权提起执行异议之诉。根据《民事诉讼法》第二百二十七条的规定，案外人、当事人有权提起执行异议之诉，但对于条文所指"当事人"是否包括被执行人，该条并未明确规定。2008年《民诉法执行程序解释》只规定了案外人执行异议之诉和申请执行人执行异议之诉。2011年最高人民法院发布的《民事案件案由规定》也只规定了案外人执行异议之诉和申请执行人执行异议之诉两种案由。2015年2月4日起施行的《民诉法解释》第三百零九条明确规定："申请执行人对中止执行裁定未提起执行异议之诉，被执行人提起执行异议之诉的，人民法院告知其另行起诉。"可见，在对被执行人是否有权提起执行异议之诉的问题上，立法的观点是统一延续的，即被执行人无权提起执行异议之诉，《民事诉讼法》第二百二十七条所指的当事人不包括被执行人。

二、《民事强制执行法草案（征求意见稿）》第八十八条规定了被执行人异议之诉，这是对现有法律制度的突破。第八十八条规定："执行依据生效后，发生消灭或者妨碍申请执行人请求的抗辩事由的，被执行人可以在执行程序终结前，以申请执行人为被告，向执行法院提起诉讼，请求不予执行。被执行人知道或者应当知道存在多个异议事由的，应当在异议之诉中一并主张。"

根据该"征求意见稿"可知，第一，被执行人在符合一定条件情况下，可以提起执行异议之诉；第二，执行异议之诉中的被告是申请执行人；第三，存在消灭或者妨害申请执行人请求的事由；第四，执行依据的种类不同，对存在消灭或者妨害申请执行人请求的事由发生时间的要求不同；第五，被执行人应在执行程序终结前向执行法院提起诉讼。可见，被执行人以申请执行人为被告提起执行异议之诉，可以解决当通过法定程序确认被执行人的债务后，又发生了消灭或者妨害申请执行人请求的事由，若仍严格按照原执行依据予以执行则损害被执行人权利的问题。因此，赋予被执行人符合特定条件下提起执行异议之诉的权利，体现了法律对现实多变性的回应，也体现了对被执行人权利的保护。正式的《民事强制执行法》是否最终确认该规则，尚不可得知。司法实践中，如何适用该规则，我们拭目以待。

三、被执行人与案外人之间关于执行标的的权属争议，不能在执行程序中解决，只能通过另案诉讼的方式解决。根据《民事诉讼法》第二百二十七条的规定，当前的执行异议之诉只能基于案外人对于执行标的提出排除执行的异议而启动。案外人执行异议获得支持，表明案外人对执行标的享有可排除执行的民事权益。根据《执行异议和复议规定》的相关规定，该权益通常为物权和受特殊保护的物权期待权。因此，一旦案外人异议获得支持，表明案外人与被执行人之间就执行标的可能存在权属争议。当执行标的金额超过执行债权金额时，案外人排除执行的异议将最终损害被执行人利益。但案外人与被执行人关于执行标的的权属争议，在案外人不提起执行异议之诉的背景下，无法通过执行程序或执行程序延伸的执行异议之诉程序解决，只能另案通过诉讼的方式解决，以贯彻审执分离的基本原则。即便是《民事强制执行法草案（征求意见稿）》也未赋予此种情形下被执行人提起执行异议之诉的权利。

相关法律规定

《民事诉讼法》（2021 年 12 月 24 日修正）

第二百三十四条[①]　执行过程中，案外人对执行标的提出书面异议的，人民法院应当自收到书面异议之日起十五日内审查，理由成立的，裁定中止对该标的的执行；理由不成立的，裁定驳回。案外人、当事人对裁定不服，认为原判决、裁定错误的，依照审判监督程序办理；与原判决、裁定无关的，可以自裁定送达之日起十五日内向人民法院提起诉讼。

[①]　原第二百二十七条。

《最高人民法院关于适用〈中华人民共和国民事诉讼法〉的解释》（2022年3月22日修正）（2022年3月22日修正）

第三百零七条① 申请执行人对中止执行裁定未提起执行异议之诉，被执行人提起执行异议之诉的，人民法院告知其另行起诉。

法院裁判

以下为该案在最高人民法院审理阶段，判决书中"本院认为"部分就该问题的论述：

本院经审查认为：（一）关于原裁定适用法律是否错误的问题。《民事诉讼法》第二百二十七条规定，案外人、当事人对执行异议裁定不服，与原判决、裁定无关的，可以自裁定送达之日起15日内向人民法院提起诉讼。《民诉法解释》第三百零五条、第三百零六条对此进行细化规定，案外人对驳回执行异议裁定不服或者申请执行人对中止执行裁定不服的，可以提起执行异议之诉。本案中，凯某公司因未履行生效法律文书确定的义务被人民法院强制执行，其系第184号执行裁定中的被执行人。凯某公司申请再审认为，第184号执行裁定将其列为被执行人，故属于《民事诉讼法》第二百二十七条规定的当事人，可以提起本案执行异议之诉。对此，本院认为，执行程序系由申请执行人启动，而对执行标的的执行异议系由案外人提出，故是否应予强制执行特定标的的争议存在于申请执行人和案外人之间，与被执行人利益并无直接利害关系。退言之，如果执行异议裁定驳回案外人的执行异议，则执行程序依法继续进行，凯某公司作为被执行人，其利益现状并未因执行异议裁定的内容发生变动。如果执行异议裁定支持案外人的执行异议，中止执行，则凯某公司作为被执行人，该裁定内容亦无损于其利益。如果凯某公司认为执行异议裁定作出中止执行所依据的事实或者对执行标的的权属认定错误，则视为其与案外人对特定执行标的的权属存有争议，凯某公司可以依据《民诉法解释》第三百零九条规定，另行起诉予以救济。故执行异议裁定中的被执行人并非执行异议之诉的适格原告主体，凯某公司作为被执行人，其提起本案诉讼，请求撤销第184号执行裁定，不符合执行异议之诉立案受理条件。凯某公司关于原裁定适用法律错误的申请再审理由，不能成立。

（二）关于原裁定是否违反法律规定，剥夺凯某公司辩论权利的问题。本院认为，根据《民诉法解释》第三百九十一条关于原审开庭过程中有下列情形之一的，

---

① 原第三百零九条。

应当认定为《民事诉讼法》第二百条第九项规定的剥夺当事人辩论权利：不允许当事人发表辩论意见的、应当开庭审理而未开庭审理的、违反法律规定送达起诉状副本或者上诉状副本致使当事人无法行使辩论权利的、违法剥夺当事人辩论权利的其他情形的规定，原审法院并未立案受理凯某公司的起诉，本案并未进入实体审理程序，不存在剥夺凯某公司辩论权利的情形。故凯某公司关于原裁定剥夺其辩论权利的申请再审理由，同样不能成立。

案件来源

《广东凯某世纪酒店管理有限公司与湖南瑞某投资置业有限责任公司、湖南瑞某投资置业有限责任公司凯某大酒店、刘某执行异议之诉》【最高人民法院（2020）最高法民申1444号】

延伸阅读

我们也检索出其他支持被执行人无权提起执行异议之诉的案例，下面列出法院的裁判观点部分，以供读者参考。

案例一：《郭某仪与中国信达资产管理股份有限公司某分公司执行异议之诉》【佛山市中级人民法院（2016）粤06民终5724号】

本案是上诉人郭某仪基于《民事诉讼法》第二百二十七条规定，对（2015）佛顺法执异字第97号执行裁定不服提起的执行异议之诉。根据《民事诉讼法》第二百二十七条的规定："执行过程中，案外人对执行标的提出书面异议的，人民法院应当自收到书面异议之日起十五日内审查，理由成立的，裁定中止对该标的的执行；理由不成立的，裁定驳回。案外人、当事人对裁定不服，认为原判决、裁定错误的，依照审判监督程序办理；与原判决、裁定无关的，可以自裁定送达之日起十五日内向人民法院提起诉讼"，以及《民诉法解释》第三百零四条的规定："根据民事诉讼法第二百二十七条规定，案外人、当事人对执行异议裁定不服，自裁定送达之日起十五日内向人民法院提起执行异议之诉的，由执行法院管辖"，案外人针对执行标的提出实体异议以排除执行的，人民法院作案外人异议处理并作出相关的裁定，案外人以及申请执行人对裁定不服的，才有权提起执行异议之诉。被执行人提出执行异议后并无权提起执行异议之诉。本案中，提起执行异议之诉的主体是郭某仪，其作为被执行人，并不具备提起执行异议之诉的主体资格。因此，本案不属于执行异议之诉受理范围，应当驳回郭某仪的起诉。

案例二：《刘某成与洋浦东某房地产开发有限公司执行异议纠纷》【海南省高级人民法院（2016）琼民再34号】

本院再审认为，本案是东某公司作为被执行人提起的执行异议之诉。根据《民事诉讼法》第二百二十七条的规定，案外人、当事人有权提起执行异议之诉，但对于条文所指"当事人"是否包括被执行人，该条并未明确规定。但2008年《民诉法执行程序解释》只规定了案外人执行异议之诉和申请执行人执行异议之诉，2011年最高人民法院《民事案件案由规定》亦只规定了案外人执行异议之诉和申请执行人执行异议之诉两种案由，且2015年2月4日起施行的《民诉法解释》第三百零九条明确规定："申请执行人对中止执行裁定未提起执行异议之诉，被执行人提起执行异议之诉的，人民法院告知其另行起诉。"由此可见，在对被执行人是否有权提起执行异议之诉的问题上，立法的观点是统一延续的，即被执行人无权提起执行异议之诉，《民事诉讼法》第二百二十七条所指的"当事人"不包括被执行人。

案例三：《湛江市赤坎振某物资供销部、林某等与某市人民政府等执行异议之诉》【湛江市赤坎区人民法院（2017）粤0802民初111号】

本院经审查认为，根据最高人民法院2011年2月18日颁布的《民事案件案由规定》第四十三条的规定：我国执行异议之诉包括案外人执行异议之诉、申请执行人执行异议之诉、执行分配方案异议之诉，以及《民诉法执行程序解释》第二十五条的规定：多个债权人对同一被执行人申请执行或者对执行财产申请参与分配的，执行法院应当制作财产分配方案，并送达各债权人和被执行人；债权人或者被执行人对分配方案有异议的，应当自收到分配方案之日起15日内向执行法院提出书面异议。本案中，执行异议之诉申请人振某供销部、林某因不服申请执行人肖某与被执行人湛某公司、振某供销部、林某借款合同纠纷一案的执行异议裁定而提起的诉讼，振某供销部、林某既不是该执行案件的案外人或申请执行人，也不是对分配方案有异议，而是该执行案件的被执行人。因此，振某供销部、林某既无权提出"案外人执行异议之诉或申请执行人执行异议之诉"，亦无权提出"执行分配方案异议之诉"。故振某供销部、林某提出执行异议之诉，属主体不适格，本院不予支持。

020 执行标的权属因执行而变动后案外人能否要求提起执行异议之诉？

> 法院作出以物抵债裁定后，执行标的权属因执行程序发生变动，案外人无权提起执行异议之诉

阅读提示

司法拍卖是人民法院执行工作中处置、变现被执行人财产的重要手段和关键一环。司法拍卖中必然存在竞买人参与竞拍的行为或者申请执行人与被执行人达成以物抵债约定的情形。那么，竞买人竞买成功，司法拍卖平台同时生成竞买通知书是否就意味着该次司法拍卖行为完成了呢？法院根据申请执行人的申请作出以物抵债裁定之日是否就意味着该次司法拍卖行为结束了呢？此时，案外人提出案外人执行异议的，异议期间经过了吗？

裁判要旨

执行异议之诉的目的在于阻却执行程序的继续进行，在执行法院已作出以物抵债裁定并送达后，执行程序已终结，案外人此后才提出执行异议及执行异议之诉，不符合执行异议之诉的受理条件。

案情简介

2013年3月16日，案外人张某国（借款出借人、房屋买受人）向奥某美公司（借款人、房屋出让人）出借800万元，双方签订借款合同。同日，双方签订房屋买卖合同（名为房屋买卖合同，实为借贷担保合同）并办理网签备案。因奥某美公司（借款人、房屋出让人）届期未还本付息，案外人张某国于2014年入住诉争房屋。

2015年4月，张某国以房屋买卖合同争议为由向鞍山中院起诉，鞍山中院一审认定该买卖合同属于"名为买卖、实为借贷担保"的合同，裁定驳回张某国的起诉。

2015年3月，东某公司以奥某美公司工程欠款纠纷向鞍山中院起诉，鞍山中院

作出调解。调解书生效后，奥某美公司未履行到期付款义务，东某公司向鞍山中院申请强制执行。

2016年5月，因东某公司申请，鞍山中院作出以物抵债裁定，裁定诉争房屋归东某公司所有，裁定载明："房屋所有权自该裁定送达东某公司时起转移。"

2016年9月，张某国向鞍山中院提出案外人执行异议申请。鞍山中院认为张某国不具有排除执行的权利，裁定驳回起诉。张某国不服该裁定，遂提起案外人执行异议之诉。

鞍山中院一审认为，张某国不具有排除执行的民事权益，判决驳回张某国的诉讼请求。张某国不服一审判决，上诉至辽宁高院。辽宁高院认为张某国在案涉房屋查封前已实际占有，就执行标的享有足以排除强制执行的民事权益，判决撤销一审判决，不得执行涉案房屋。

东某公司不服，向最高人民法院申请再审。2019年6月28日，最高人民法院判决撤销原一审、二审判决，驳回张某国的起诉。

裁判要点及思路

本案的争议焦点是案外人张某国是否具有以排除强制执行的民事权益以及案外人张某国提起执行异议之诉的时限是否已经经过。

关于案外人张某国是否具有以排除强制执行的民事权益，最高人民法院认为：东某公司自一审法院向其送达以物抵债裁定时取得诉争房屋所有权，而张某国占有不动产的行为并不发生物权变动的效力，案外人张某国不具有优先于东某公司的权利，不足以排除另案的强制执行。

关于案外人张某国提起执行异议之诉的时限是否已经经过，最高人民法院认为：案外人执行异议之诉的功能在于对执行中的标的确认是否准予执行，但对于已经执行的标的并不能决定是否应当回转至执行前状态。张某国在诉争房屋的执行已经基本终结后，不能提出执行异议和执行异议之诉。

分析最高人民法院背后的裁判思路，其核心问题在于案外人在执行标的权属变动后能否提起执行异议及执行异议之诉，如要解决这一核心问题，就必须正确理解《民事诉讼法》第二百二十七条中规定的案外人对执行标的提起执行异议的时限为"执行过程中"。单从文义上理解，执行过程中是指执行程序开始后终结前。但何谓执行程序终结，最高人民法院观点存在分歧。

通过检索最高人民法院在最新类案中的处理态度得知，最高人民法院在该问题上处理态度不一。最高人民法院有观点认为法院送达以物抵债裁定并不等于该案执行程序终结。应当注意的是,《民诉法解释》中曾释明,执行标的物权属变动并不等于标的物执行程序终结,执行过程中是指执行程序终结前。未来一段时间内,该问题仍存在一定的争议。

实务要点总结

法院作出以物抵债裁定后,执行标的权属因执行程序发生变动,案外人无权提起执行异议之诉,法院应不予受理;已经受理的,应驳回起诉。

《民事诉讼法》第二百二十七条规定的案外人执行异议之诉应为执行标的异议之诉,其功能是确定法院对于标的物的执行程序是否侵犯其他实体权利人的利益。案外人执行异议之诉不能产生执行回转的效果。

依据目前最新的司法实践动向,案外人应在执行标的物权属未因执行程序变动之前向执行法院提出执行异议或执行异议之诉。但鉴于最高人民法院存在处理此类问题态度不一的情形,不排除案外人可以在执行标的物权属因执行程序变动之后,仍可以向执行法院提出执行异议或执行异议之诉的可能性。

鉴于最高人民法院最新司法判向,为最大限度避免出现执行异议之诉程序空转的问题,最大限度节约司法资源,接下来,最高人民法院极有可能极大限缩"执行过程中"时间节点的认定,将其限定为执行标的物因执行程序发生变动之前,即执行裁定作出之前。并且,最高人民法院极有可能在前期审查案外人是否符合起诉条件时,审查案外人是否为真实权利人,提高案外人提起执行异议之诉的门槛。

相关法律规定

《民法典》(2020年5月28日公布)

第二百二十九条 因人民法院、仲裁机构的法律文书或者人民政府的征收决定等,导致物权设立、变更、转让或者消灭的,自法律文书或者征收决定等生效时发生效力。

《民事诉讼法》(2021年12月24日修正)

第二百三十四条[①] 执行过程中,案外人对执行标的提出书面异议的,人民法院应当自收到书面异议之日起十五日内审查,理由成立的,裁定中止对该标的的执行;理由不成立的,裁定驳回。案外人、当事人对裁定不服,认为原判决、裁定错

---

① 原第二百二十七条。

误的，依照审判监督程序办理；与原判决、裁定无关的，可以自裁定送达之日起十五日内向人民法院提起诉讼。

《最高人民法院关于适用〈中华人民共和国民事诉讼法〉的解释》（2022 年 3 月 22 日修正）

第四百六十二条① 根据民事诉讼法第二百三十四条规定，案外人对执行标的提出异议的，应当在该执行标的执行程序终结前提出。

第四百九十一条② 拍卖成交或者依法定程序裁定以物抵债的，标的物所有权自拍卖成交裁定或者抵债裁定送达买受人或者接受抵债物的债权人时转移。

《最高人民法院关于人民法院办理执行异议和复议案件若干问题的规定》（2020 年 12 月 23 日修正）

第六条 当事人、利害关系人依照民事诉讼法第二百二十五条规定提出异议的，应当在执行程序终结之前提出，但对终结执行措施提出异议的除外。

案外人依照民事诉讼法第二百二十七条规定提出异议的，应当在异议指向的执行标的执行终结之前提出；执行标的由当事人受让的，应当在执行程序终结之前提出。

第二十八条 金钱债权执行中，买受人对登记在被执行人名下的不动产提出异议，符合下列情形且其权利能够排除执行的，人民法院应予支持：

（一）在人民法院查封之前已签订合法有效的书面买卖合同；

（二）在人民法院查封之前已合法占有该不动产；

（三）已支付全部价款，或者已按照合同约定支付部分价款且将剩余价款按照人民法院的要求交付执行；

（四）非因买受人自身原因未办理过户登记。

《最高人民法院关于人民法院民事执行中查封、扣押、冻结财产的规定》（2020 年 12 月 23 日修正）

第十五条③ 被执行人将其所有的需要办理过户登记的财产出卖给第三人，第三人已经支付部分或者全部价款并实际占有该财产，但尚未办理产权过户登记手续的，人民法院可以查封、扣押、冻结；第三人已经支付全部价款并实际占有，但未办理过户登记手续的，如果第三人对此没有过错，人民法院不得查封、扣押、冻结。

---

① 原第四百六十四条。
② 原第四百九十三条。
③ 原第十七条。

法院裁判

以下为最高人民法院在判决书"本院认为"部分就此问题发表的意见：

本院再审认为：本案属于案外人执行异议之诉，人民法院应当首先在程序上审查案外人张某国起诉是否符合法定条件，然后审理认定其对诉争房屋是否享有足以排除强制执行的民事权益。

一审法院在执行该院生效调解书确认奥某美公司欠东某公司工程款债务10811200元及其利息债权的过程中，于2016年5月20日作出（2015）鞍执字第00162号执行裁定书，裁定将案涉房屋作价抵偿奥某美公司欠东某公司的债务，并明确房屋所有权自该裁定送达东某公司时转移，之后于5月23日向东某公司和奥某美公司送达该裁定。《物权法》第二十八条规定："因人民法院、仲裁委员会的法律文书或者人民政府的征收决定等，导致物权设立、变更、转让或者消灭的，自法律文书或者人民政府的征收决定等生效时发生效力。"《民诉法解释》第四百九十三条规定："拍卖成交或者依法定程序裁定以物抵债的，标的物所有权自拍卖成交裁定或者抵债裁定送达买受人或者接受抵债物的债权人时转移。"据此，东某公司在一审法院于2016年5月23日向其送达以物抵债裁定时取得诉争房屋所有权。占有不是房地产物权变动的生效要件，张某国以其按照其与奥某美公司之间的以物抵债协议的约定占有诉争房屋为由，主张其取得该房屋的所有权，没有法律依据，本院不予支持。

《民事诉讼法》第二百二十七条规定案外人对执行标的提出执行异议的时限为"执行过程中"。《执行异议和复议规定》第六条第二款对此进一步具体规定："案外人依照民事诉讼法第二百二十七条规定提出异议的，应当在异议指向的执行标的执行终结之前提出……"在诉争房屋因东某公司在执行程序中取得所有权后，有关该房屋的执行程序已经基本终结。根据上述法律和司法解释的有关规定，案外人执行异议之诉的功能在于对执行中的标的确认是否准予执行，但对于已经执行的标的并不能决定是否应当回转至执行前状态。具体就本案而言，张某国提起案外人执行异议之诉并不能将已经执行归东某公司所有的诉争房屋回转为奥某美公司所有（供张某国申请执行）；二审法院判决不得执行诉争房屋，并不能改变该房屋已经执行由东某公司所有的事实状态。张某国在诉争房屋的执行已经基本终结后，提出执行异议和执行异议之诉，不符合上述法律和司法解释的规定，一审法院应不予受理。一审法院不当受理张某国提起的案外人执行异议之诉，二审法院进一步支持张某国的诉请而没有首先从程序上严格依法审查并裁定驳回其起诉，适用法律错误，本院予以纠正。

案件来源

《鞍山市东某建筑工程有限公司、张某国再审民事裁定书》【(2019)最高法民再219号】

延伸阅读

一、执行标的物已因生效法律文书发生权属变动后,案外人提起执行异议之诉不符合起诉条件。

案例一:《骆某群、李某再审审查与审判监督民事裁定书》【(2019)最高法民申2269号】

最高人民法院认为:案外人对执行标的提出执行异议,进而提起执行异议之诉,应当在该执行标的的执行终结之前提出。现案涉执行标的已归李某所有,且案涉执行标的的执行程序已经终结,骆某群不再享有对该案涉执行标的的提出案外人执行异议的权利。至于再审申请人骆某群提出的对案涉执行标的的享有抵押权和优先受偿权,因属于实体审查问题,不在本案的审查范围。骆某群提出"原审超审限,程序违法"的再审申请理由不属于《民事诉讼法》第二百条规定的再审申请事由范围,本院不予审查。

二、执行标的物为动产的,动产尚未完成交付前,执行标的的执行程序尚未终结,案外人可以提起执行异议之诉。

案例二:《四川某农村商业银行股份有限公司、杨某案外人执行异议之诉再审民事判决书》【(2019)最高法民再44号】

最高人民法院认为:根据《民诉法解释》第四百六十四条关于"根据民事诉讼法第二百二十七条规定,案外人对执行标的提出异议的,应当在该执行标的的执行程序终结前提出"的规定,某农商行作为案外人对一审法院执行6691账户内的资金提出异议应当是在该执行标的的执行程序终结前。一审法院于2015年1月29日从6691账户扣划180万元至一审法院账户,并于2015年2月4日、7月9日分别通过银行转账向杨某分配执行款1299974元、672778元。而某农商行系于2015年2月11日向一审法院提出书面执行异议,此时一审法院并未将执行款项全部分配给杨某,该执行标的的执行程序尚未终结,某农商行提出执行异议符合上述司法解释的规定。某农商行在其执行异议被一审法院裁定驳回后提起案外人执行异议之诉符合《民事诉讼法》第二百二十七条的规定,本案应当受理。一审判决查明某农商行在执行程序终结后提出执行异议的事实有误，二审法院予以纠正。

三、案外人提起执行异议之诉受《民事诉讼法》第二百二十七条的约束，当事人提起执行异议之诉的，不受该期限的规制。

案例三：《郑某梅、海某琳再审审查与审判监督民事裁定书》【（2018）最高法民申 5459 号】

最高人民法院认为：本案中，郑某梅、海某琳提起的执行异议之诉应否受理，应当由受诉法院依照上述规定审查判断。《执行异议和复议规定》第六条规定："当事人、利害关系人依照民事诉讼法第二百二十五条规定提出异议的，应当在执行程序终结之前提出，但对终结执行措施提出异议的除外。案外人依照民事诉讼法第二百二十七条规定提出异议的，应当在异议指向的执行标的执行终结之前提出；执行标的由当事人受让的，应当在执行程序终结之前提出。"该条明确了案外人在执行程序中提出执行异议的期限，并根据执行异议指向的执行标的受让人不同作了不同的规定。上述规定规制的是当事人向法院执行部门提出执行异议的期限，而非当事人提起执行异议之诉的期限。原审裁定关于郑某梅、海某琳本案起诉超出法律规定期限的认定，适用法律错误。

四、执行标的执行终结应当理解为生效法律文书确定的债权实现后执行程序完全终结。

案例四：《常某路、张某俊执行异议之诉再审审查与审判监督民事裁定书》【（2018）最高法民申 1300 号】

最高人民法院认为：属于《执行异议和复议规定》第六条"……案外人依照民事诉讼法第二百二十七条规定提出异议的，应当在异议指向的执行标的执行终结之前提出；执行标的由当事人受让的，应当在执行程序终结之前提出"的规定中"执行标的由当事人受让的，应当在执行程序终结之前提出"的情形，此处的执行程序终结应当理解为生效法律文书确定的债权实现后执行程序完全终结……（2015）六执字第 00178-2 号执行裁定书中明确以该裁定的送达生效作为本次执行程序终结的时间节点，常某路 2015 年 12 月 2 日提出异议在此裁定作出前，并不违反法律的相关规定。二审法院将（2015）六执字第 00178-1 号执行裁定的作出时间确定为案涉执行程序的执行终结时间节点，进而以程序上异议期限不符合法律规定驳回常某路起诉属认定事实错误。

021 被执行人与案外人对执行标的都不享有权益，执行异议之诉如何处理？

> 执行异议之诉中查明被执行人与案外人对执行标的都不享有权益的，法院不得执行该执行标的

阅读提示

执行异议及执行异议之诉程序，所要解决的核心问题即在于案外人对执行标的是否享有排除强制执行的权利。但为确保执行效率，执行法院对于被执行人财产的确认通常采用形式审查的标准。具体到不动产而言，因我国不动产物权变动采登记生效主义，故登记在被执行人名下的财产即推定为可供强制执行的财产。但这一推定，并非不可推翻，执行异议及执行异议之诉即为推翻这一推定的程序。正是基于以上考虑，不论是案外人提起的执行异议之诉还是申请执行人提起的执行异议之诉，案外人都负有证明其对执行标的享有排除强制执行权利的责任。但如果执行标的既不归案外人所有，也不归被执行人所有，那么执行异议之诉又当如何处理呢？本文将通过最高人民法院的一则案例，为大家揭晓鹬蚌相争之下的执行异议之诉。

裁判要旨

《民诉法解释》第三百一十一条规定，案外人或者申请执行人提起执行异议之诉的，案外人应当就其对执行标的享有足以排除强制执行的民事权益承担举证证明责任。虽然案外人不能举证证明其对执行标的享有排除强制执行的权利，不能排除强制执行。但对于申请执行人提起的执行异议之诉，申请执行人应初步举证证明执行标的为被执行人可供执行的财产。如法院在执行异议之诉程序查明被执行人对执行标的不享有实体性权益的，可直接对执行标的的错误执行行为进行纠正，并不得执行相关标的。

案情简介

2008年7月9日，某市人民政府发布征地公告。2010年7月7日，武汉人某公司委托奥某公司拆迁案涉土地并负责对村民安置补偿，并支付了1亿元。2010年

12月28日，某市国土局向武汉人某公司出具《建设用地批准书》。2013年8月，武汉人某公司与案外人剑某公司等五方签订《地块项目合作开发协议》约定共同开发案涉地块，并设立剑某人某公司作为土地开发的项目公司。

2016年3月18日，某市国土局发布案涉土地挂牌出让公告，认定原土地使用人为武汉人某公司。武汉亘某公司缴纳竞买保证金后于2016年4月19日成功竞得该地并取得《国有建设用地使用权预成交通知书》，后又于2017年1月18日签订成交确认书。

2016年6月22日，剑某人某公司因与武汉人某公司等合同纠纷一案，向武汉中院申请诉前保全，武汉中院裁定查封案涉国有土地使用权。因武汉亘某公司对前述执行标的提出书面异议，武汉中院裁定中止对案涉土地使用权执行。

剑某人某公司不服，提起执行异议之诉。武汉中院认定武汉亘某公司、武汉人某公司均未取得土地使用权，故裁定驳回剑某人某公司的诉请，解除土地查封。

剑某人某公司不服，上诉至湖北高院。湖北高院也认定武汉亘某公司、武汉人某公司均未取得土地使用权，但以武汉亘某公司未举证证明其享有排除强制执行的权利为由，改裁剑某人某公司可继续申请查封案涉土地。

武汉亘某公司不服，向最高人民法院申请再审。最高人民法院同样以武汉亘某公司、武汉人某公司均未取得土地使用权，但以允许剑某人某公司查封属执行错误为由，裁定撤销二审判决，维持一审判决，即解除剑某人某公司对案涉土地查封。

裁判要点及思路

本案是一起颇为惊奇的案件，为我们清晰表演了一把"鹬蚌相争，渔人得利"的寓言故事。

对于武汉亘某公司而言，其作为案外人是希望通过执行异议及后续的执行异议之诉程序，确定其对案涉土地享有排除强制执行的权利。对于剑某人某公司而言，其提起执行异议之诉的直接目的是实现对案涉土地的执行；要实现这一目标，必须至少在形式上证明该土地使用权归武汉人某公司所有。但遗憾的是，三审法院均以不动产物权的取得以登记为生效要件为由，认定不论是武汉人某公司还是武汉亘某公司均未取得案涉土地使用权。本案这一裁判结果，不仅对于双方当事人而言，是"竹篮打水一场空"，而且也导致武汉人某公司"丧失"了本以为已经取得的土地使用权。

作为执行异议之诉案件，本案事实已非常清楚，执行标的既不归案外人所有，也不归被执行人所有。但在此种情形下，应如何处理执行异议之诉案件，三级法院各有各的思路。一审法院重点看到了案涉土地使用权非被执行人所有的一面，以执行法院不得执行该财产为由，认定应当解除对案涉土地的查封。二审法院重点看到了案涉土地使用权非属案外人所有的一面，故根据《民诉法解释》第三百一十三条的规定，利用举证责任规则改判案外人败诉。

但最高人民法院认为，本案为申请执行人提起的执行异议之诉，应区分两个层面的举证责任。第一个层面为案外人应当就其对执行标的享有足以排除强制执行的民事权益承担举证责任，这个与执行异议之诉的裁判结果直接相关，决定案外人诉讼请求能否获得支持。第二个层面为申请执行人应对其诉讼主张承担相应的举证证明责任，这一举证证明责任为形式意义上的举证责任，目的在于审查人民法院执行行为是否正确，决定申请执行人的执行申请能否获得支持。最高人民法院在区分以上两个层面的基础上，最终认定一审法院的处理在结果上更具妥当性。

实务要点总结

一、执行异议之诉案件，应由案外人对其享有排除强制执行的权利承担举证责任。《民诉法解释》第三百一十一条规定，案外人或者申请执行人提起执行异议之诉的，案外人应当就其对执行标的享有足以排除强制执行的民事权益承担举证证明责任。因此，不论执行异议之诉是案外人提起还是申请执行人提起，案外人都负有证明其对执行标的享有排除强制执行权利的责任。

但这一证明责任，在申请执行人提起的执行异议之诉中，会有些许的差异。申请执行人提起执行异议之诉，说明执行标的的权利外观并不在被执行人，因此申请执行人作为原告应初步举证证明执行标的为被执行人可供强制执行的财产。因此，对于申请执行人提起的执行异议之诉，法院不能机械适用《民诉法解释》第三百一十一条，而应适当区分不同层面上的证明责任。

二、在执行异议之诉程序中，人民法院有权对明显错误的针对执行标的执行行为予以纠正。执行异议之诉所要解决的核心问题是案外人对执行标的是否享有排除强制执行权利的问题，本质是确认执行标的的权属的问题。但这并不代表执行异议之诉程序不能对执行法院针对执行标的的执行行为进行审查。理由在于，执行异议之诉程序实际上是案外人执行异议程序的延伸，而案外人对执行标的提出执行异议实际上也是针对执行法院对执行标的的执行行为。因此在执行异议之诉程序中，如发现执行法院针对执行标的的执行行为存在明显错误的，基于执行效率原则，也可及时予以纠正。

三、不动产物权变动以登记为生效要件，未经登记不能取得不动产物权。《物权法》第十四条规定："不动产物权的设立、变更、转让和消灭，依照法律规定应当登记的，自记载于不动产登记簿时发生效力。"因此，不动产物权变动，非经登记不发生效力。本案中作为被执行人的武汉人某公司取得了用地批准书，作为案外人的武汉亘某公司通过拍卖程序成功应买并取得成交确认书。但遗憾的是，双方都未取得国有土地使用权登记，所以三级法院均认定不论是武汉人某公司还是武汉亘某公司均未取得土地使用权。

相关法律规定

《民事诉讼法》（2021 年 12 月 24 日修正）

第二百三十四条① 执行过程中，案外人对执行标的提出书面异议的，人民法院应当自收到书面异议之日起十五日内审查，理由成立的，裁定中止对该标的的执行；理由不成立的，裁定驳回。案外人、当事人对裁定不服，认为原判决、裁定错误的，依照审判监督程序办理；与原判决、裁定无关的，可以自裁定送达之日起十五日内向人民法院提起诉讼。

《民法典》（2020 年 5 月 28 日公布）

第二百一十四条② 不动产物权的设立、变更、转让和消灭，依照法律规定应当登记的，自记载于不动产登记簿时发生效力。

《最高人民法院关于适用〈中华人民共和国民事诉讼法〉的解释》（2022 年 3 月 22 日修正）

第三百零九条③ 案外人或者申请执行人提起执行异议之诉的，案外人应当就其对执行标的享有足以排除强制执行的民事权益承担举证证明责任。

第三百一十条④ 对案外人提起的执行异议之诉，人民法院经审理，按照下列情形分别处理：

（一）案外人就执行标的享有足以排除强制执行的民事权益的，判决不得执行该执行标的；

（二）案外人就执行标的不享有足以排除强制执行的民事权益的，判决驳回诉讼请求。

案外人同时提出确认其权利的诉讼请求的，人民法院可以在判决中一并作出

---

① 原第二百二十七条。
② 原《物权法》第十四条。
③ 原第三百一十一条。
④ 原第三百一十二条。

裁判。

第三百一十一条① 对申请执行人提起的执行异议之诉，人民法院经审理，按照下列情形分别处理：

（一）案外人就执行标的不享有足以排除强制执行的民事权益的，判决准许执行该执行标的；

（二）案外人就执行标的享有足以排除强制执行的民事权益的，判决驳回诉讼请求。

法院裁判

以下为最高人民法院再审判决"本院认为"部分就此问题发表的论述：

本院再审认为，根据武汉亘某公司的再审申请及理由和剑某人某公司、武汉人某公司的答辩意见，本案再审争议焦点为：武汉亘某公司对案涉地块是否享有足以排除强制执行的民事权益；应否许可申请执行人剑某人某公司诉请继续执行对案涉地块建设用地使用权的查封。

（一）武汉亘某公司对案涉地块是否享有足以排除强制执行的民事权益

武汉亘某公司认为其虽然尚未签订《国有建设用地使用权出让合同》并办理土地登记手续，但其已依法竞得案涉地块的建设用地使用权，享有建设用地使用权之期待权，该物权期待权足以排除强制执行。《物权法》第一百三十八条第一款规定："采取招标、拍卖、协议等出让方式设立建设用地使用权的，当事人应当采取书面形式订立建设用地使用权出让合同。"据此，土地使用权出让合同为要式合同。本案中，虽然武汉亘某公司在案涉地块拍卖程序中竞拍成功，并取得《国有建设用地使用权预成交通知书》，但其尚未与行政机关签订书面的《国有建设用地使用权出让合同》，仅在竞卖程序中拍得案涉地块，而《国有建设用地使用权预成交通知书》《2016年第4号公告挂牌成交信息表》两份文件以及武汉亘某公司缴纳的竞买保证金、土地出让金等已达到土地成交价50%的事实，不足以认定武汉亘某公司对案涉地块享有物权期待权，武汉亘某公司亦未指明其享有物权期待权的法律依据，故武汉亘某公司尚不享有足以排除强制执行的民事权益。

（二）应否许可申请执行人剑某人某公司诉请继续执行对案涉地块建设用地使用权的查封

本案执行异议之诉原告是申请执行人剑某人某公司，其认为被执行人武汉人某

---

① 原第三百一十三条。

公司对案涉地块享有建设用地使用权，武汉市中级人民法院作出的（2017）鄂01执异56号执行裁定停止执行武汉人某公司名下土地有误。根据《民事诉讼法》第六十四条第一款和《民诉法解释》第九十条、第三百一十一条、第三百一十三条规定，本案的审查不仅包括案外人武汉亘某公司是否享有足以排除强制执行的民事权益，亦包括申请执行人剑某人某公司对执行异议裁定不服的理由是否成立。因为申请执行人提出对执行标的继续执行的诉讼请求，须以被执行人对该执行标的享有实体权益为基础。因此，针对申请执行人提起的执行许可的执行异议之诉，案外人应当就其对执行标的享有足以排除强制执行的民事权益承担举证责任。同时，申请执行人亦应对其诉讼主张承担相应的举证证明责任。也即申请执行人申请对登记在案外人名下或案外人已经具备权利外观的财产采取执行措施的，应当对该财产属于被执行人的责任财产范围承担举证责任。

由于执行程序（包括财产保全程序）的价值取向是效率，即要迅速地实现生效法律文书所确定的给付内容，所以在被执行财产的权属判断标准上主要采取形式审查和表面判断原则，也就是说，在确定一项财产的权属是否属于被执行人时，除非法律有特殊的规定，一般应当根据该财产的权利外观表征来判断是否属于被执行人的责任财产。就不动产而言，除了非因法律行为所引起的不动产物权变动以及特殊种类的不动产物权以外，根据《物权法》第九条和第十四条的规定，办理变更登记既是不动产物权变动的必备要件，也是不动产物权的外观表彰。结合《查封、扣押、冻结规定》第二条的规定，执行程序应当查封登记在被执行人名下的不动产，或者登记在第三人名下而第三人书面确认该财产属于被执行人的不动产。在被查封不动产的权属表征和登记一致的情况下，无论是案外人提起诉讼对被查封不动产主张排除执行的实体权利，还是申请执行人提起诉讼请求许可执行登记在被执行人名下的不动产，均应由案外人承担举证责任，这是《民诉法解释》第三百一十一条举证责任分配规则的基础。而本案的特殊性在于，案涉地块的建设用地使用权并未登记在被执行人武汉人某公司名下。根据查明的事实，案涉地块作为住宅用地，在人民政府作出征收决定并生效后，其所有权形式已经由集体所有形式变更为国家所有形式，而使用权应通过公开竞价的方式出让取得。武汉人某公司取得的《武汉市建设用地批准书》仅明确案涉土地用途为住宅用地，已办理完毕征收土地批后手续，准予作为国有建设用地进行出让，但武汉人某公司并未通过公开竞价或协议等方式取得案涉国有土地使用权，案涉国有建设用地使用权至今尚未登记在武汉人某公司名下，武汉人某公司并未取得案涉土地权属证书，不是案涉地块国有建设用地使用权人。武汉人某公司仅因在案涉土地前期安置补偿、场地腾退等方面的投入，而对土地竞得人享有获得补偿的债权。剑某人某公司的举证不能证实被执行人武汉人某公司对案涉建设用地使用权享有实体权利。执行法院根据查明的事实，在案外人异议审查程序中，对不符合执行程序中权属判断标准的错误查封执行行为予以纠正并中止对案涉地块（武汉亘某公司以外的其他案外人财产）的执行是正确的。剑某人某公司认为武汉人某公司依据《武汉市建设用地批准书》对案涉地块享有实体权利，为建设用地使用权人的主张没有事实和法律依据，不能成立。故此，剑某人某公司不服（2017）鄂01执异56号执行裁定，提起本案执行异议之诉，请求许可对案涉土地使用权继续执行的主张，本院不予支持。二审法院在已查明被执行人武汉人某公司不享有案涉国有土地使用权的情况下，判决准许执行（2016）鄂01执保149号协助执行通知书确有不当，本院予以纠正。

案件来源

《武汉亘某资源有限公司、武汉剑某人某置业有限公司申请执行人执行异议之诉再审民事判决书》【最高人民法院（2018）最高法民再400号】

022 被执行人破产的，执行异议之诉要中止审理吗？

> 被执行人破产的，执行程序中止但执行异议之诉并不中止

阅读提示

从案外人的角度而言，执行异议之诉的核心是解决案外人对执行标的是否享有排除强制执行权利的问题。但从申请执行人的角度而言，执行异议之诉是解决执行标的是否属于被执行人责任财产的问题，属于与被执行人相关确权诉讼。《民诉法解释》第三百零八条也规定，被执行人要么为执行异议之诉的被告，要么为第三人。因此，执行异议之诉为与被执行人有关的民事诉讼。

《企业破产法》第十九条规定："人民法院受理破产申请后，有关债务人财产的保全措施应当解除，执行程序应当中止。"同时，第二十条规定："人民法院受理破产申请后，已经开始而尚未终结的有关债务人的民事诉讼或者仲裁应当中止；在管理人接管债务人的财产后，该诉讼或者仲裁继续进行。"在被执行人破产的情况

下,相关执行程序应当中止,与被执行人相关的诉讼也应当中止。

那么,在被执行人破产的情形下,执行异议之诉程序应当如何处理呢?是否必然中止呢?

裁判要旨

一、针对被执行人的破产申请被受理后,执行程序依法应当中止,但通过执行异议之诉对执行标的权属作出判断,将使得该执行标的在执行法律关系中从争议状态转为确定状态,具有独立的程序及实体价值,故不应因执行程序中止而中止本案审理。

二、虽然执行异议之诉裁判的效力范围限于是否得以排除特定案外人对执行标的的执行,在被执行人进入破产程序之后,对执行标的的权利归属进行认定则需通过破产法规定的其他程序予以完成,但无论债务人企业最终是破产重整还是清算,通过执行异议之诉案件的审理对案外人针对执行标的享有何种民事权益加以认定,对于债务人财产范围的确认,均具有一定的参考价值。

案情简介

2016年3月30日,贵州高院对长某公司与金某公司等金融不良债权追偿及担保合同纠纷一案作出民事判决,金某公司还款,长某公司对案涉房产享有优先受偿权。前述判决发生法律效力后,金某公司未履行判决给付义务,长某公司向贵州高院申请强制执行。

2016年5月25日,案涉房屋被贵州高院查封,2017年3月15日,天某家政公司提出书面异议。贵州高院裁定中止案涉房产执行。

2016年5月21日,金某公司与天某家政公司签订《认购协议书》,约定天某家政公司认购案涉房产,2016年5月30日双方又签订了《总部基地房屋招商入驻合同》及补充协议,约定购买案涉房产并分期付款。

长某公司提起执行异议之诉,要求继续执行案涉房屋。贵州高院以房屋买卖合同签订于法院查封之后为由判决准予长某公司继续执行。

一审判决作出后,二审受理之前,金某公司破产重整申请被法院受理。

天某家政公司向最高人民法院提出上诉,要求排除强制执行。金某公司辩称由于进入破产程序,执行程序已经被裁定中止,长某公司诉求"对标的物进行强制执行"已经无法实现,不论是天某家政公司还是长某公司,均只能参与破产程序。最高人民法院判决驳回上诉，维持原判。

裁判要点及思路

本案是一起较为典型的参照适用《执行异议和复议规定》第二十八条处理的执行异议之诉案件。但本案的核心问题除了解决天某家政公司有无排除强制执行权利的问题，还有一个诉讼程序上的问题必须解决。即被执行人进入破产程序后，与被执行人相关的诉讼程序应当中止，执行程序应当中止。执行异议之诉又是与被执行人责任财产范围相关的诉讼，属于与被执行人相关的诉讼。因此，最高人民法院在处理该案时，必须先行解决程序上的问题，即执行异议之诉案件是否应当中止审理的问题。

对于这一问题，最高人民法院从三个层面予以论述。第一，执行异议之诉具有独立的实体和程序价值。执行异议之诉对于执行标的权属的判断，使得该执行标的在执行法律关系中从争议状态转为确定状态。第二，执行异议之诉程序实质是确定被执行人责任财产范围的程序，通过执行异议之诉案件的审理对案外人针对执行标的享有何种民事权益加以认定，对于债务人财产范围的确认，均具有一定的参考价值。第三，破产重整程序已指定管理人，可以代表被执行人继续参加诉讼。

以上三个层面，前两个最具价值，为此后处理相同或类似案件提供了有益借鉴和指引，有利于防止执行异议之诉案件久拖不决，案外人权益长期得不到保护。

实务要点总结

执行程序中止，既不影响执行异议之诉继续审理，也不影响案外人或申请执行人提起执行异议之诉。根据《民事诉讼法》第二百二十七条的规定，执行异议之诉的启动以存在执行程序为前提。但执行异议之诉有其独立的实体和程序价值，能够将执行标的的权利义务关系由确定状态转化为不确定状态。执行程序中止与执行程序终结有着本质区别。前者仅因特定事由发生导致执行程序不能继续推进，而后者是执行程序的终点。为最大限度确保已执行完毕的程序安定，《执行异议和复议规定》第六条第二款规定："案外人依照民事诉讼法第二百二十七条规定提出异议的，应当在异议指向的执行标的执行终结之前提出；执行标的由当事人受让的，应当在执行程序终结之前提出。"因此，只有在执行程序终结的情形下，执行异议之诉才丧失基础。执行中止代表执行程序仍然存在，故案外人仍可提起执行异议之诉，已提起的执行异议之诉也不应当中止。

被执行人（债务人）进入破产程序，不影响执行异议之诉的继续审理。根据《企业破产法》第二十条规定，被执行人（债务人）进入破产程序后，与其相关的诉讼应当中止。执行异议之诉无疑是与被执行人相关的诉讼，但该诉讼并没有中止的必要。理由在于执行异议之诉对于被执行人和申请执行人而言，其实质是确认执行标的是否属于被执行人责任财产的诉讼。因此，该诉讼的最终结果不仅不与被执行人的破产程序相矛盾，而且对于破产程序中确定被执行人的财产范围具有重要的参考意义。但如果被执行人已进入破产程序，案外人主张破产财产归其所有的，应根据《企业破产法》第三十八条的规定，向管理人主张要求取回。

执转破程序应注意从实体和程序两个层面处理好与其他程序的衔接。要想彻底解决执行难的问题，执转破是必由之路。因执行程序产生的执行异议及复议程序、执行异议之诉程序、第三人撤销之诉程序、案外人申请再审程序，都有可能涉及与破产程序的衔接问题。这一衔接不仅涉及实体法层面，也涉及程序法层面，对于相关纠纷的处理难度将进一步增大，最高人民法院内部也未统一意见。因此，相关当事人在处理此类纠纷时，应聘请对执行程序、案外人救济程序有丰富经验的律师团队，从实现利益最大化的角度，着眼争议整体提出综合解决方案。当事人切勿擅自操刀，防止因程序或实体处理不当，导致简单问题复杂化。

相关法律规定

《企业破产法》（2006年8月27日公布）

第十九条 人民法院受理破产申请后，有关债务人财产的保全措施应当解除，执行程序应当中止。

第二十条 人民法院受理破产申请后，已经开始而尚未终结的有关债务人的民事诉讼或者仲裁应当中止；在管理人接管债务人的财产后，该诉讼或者仲裁继续进行。

第三十八条 人民法院受理破产申请后，债务人占有的不属于债务人的财产，该财产的权利人可以通过管理人取回。但是，本法另有规定的除外。

《民事诉讼法》（2021年12月24日修正）

第二百三十四条[①] 执行过程中，案外人对执行标的提出书面异议的，人民法院应当自收到书面异议之日起十五日内审查，理由成立的，裁定中止对该标的的执行；理由不成立的，裁定驳回。案外人、当事人对裁定不服，认为原判决、裁定错

[①] 原第二百二十七条。

误的，依照审判监督程序办理；与原判决、裁定无关的，可以自裁定送达之日起十五日内向人民法院提起诉讼。

《最高人民法院关于人民法院办理执行异议和复议案件若干问题的规定》
（2020年12月23日修正）

第六条 当事人、利害关系人依照民事诉讼法第二百二十五条规定提出异议的，应当在执行程序终结之前提出，但对终结执行措施提出异议的除外。

案外人依照民事诉讼法第二百二十七条规定提出异议的，应当在异议指向的执行标的执行终结之前提出；执行标的由当事人受让的，应当在执行程序终结之前提出。

法院裁判

以下为最高人民法院在二审判决"本院认为"部分就被执行人进入破产程序后，执行异议之诉应如何进行处理的问题发表的意见：

因本案一审判决作出之后、二审受理之前，人民法院受理了针对金某公司的破产重整申请，故在对该焦点问题进行评判之前，首先需要对金某公司提出的金某公司进入破产重整程序后，本案应当如何处理的问题予以分析。对此，本院认为，首先，长某公司对金某公司名下的房屋申请强制执行，但该强制执行因案外人天某家政公司提出执行异议而中止。长某公司作为申请执行人向一审法院提起执行异议之诉，以通过强制执行程序实现其债权，符合《民事诉讼法》第一百一十九条规定的起诉条件以及《民诉法解释》第三百零六条规定的申请执行人提起执行异议之诉的起诉条件，当事人对于一审法院受理本案也并无异议，故不再赘述。其次，《企业破产法》第十九条规定："人民法院受理破产申请后，有关债务人财产的保全措施应当解除，执行程序应当中止。"因此，在人民法院受理破产申请后，执行程序并未终结，仅处于暂时中止的状态，是否终结则需根据破产程序的进展和走向而定。本案中，针对金某公司的破产重整申请被受理后，执行程序依法应当中止，故在此情形下，通过执行异议之诉对申请执行人提出的是否可以继续执行该执行标的进行审理判断，使得该执行标的在执行法律关系中从争议状态转为确定状态，具有独立的程序及实体价值，且不应因执行程序中止而中止本案审理。最后，《企业破产法》第八十八条规定："重整计划草案未获得通过且未依照本法第八十七条的规定获得批准，或者已通过的重整计划未获得批准的，人民法院应当裁定终止重整程序，并宣告债务人破产。"可见，破产重整程序的最终走向存在不确定性，可能会因法定情形而终止，从而转为破产清算程序。因此，虽然执行异议之诉裁判的效力范围限于是否得以排除特定案外人对执行标的的执行,在被执行人进入破产程序之后,对执行标的的权利归属进行认定则需通过破产法规定的其他程序予以完成,但无论债务人企业最终是破产重整还是清算,通过执行异议之诉案件的审理对案外人针对执行标的享有何种民事权益加以认定,对于债务人财产范围的确认,均具有一定的参考价值。此外,《企业破产法》第二十条规定:"人民法院受理破产申请后,已经开始而尚未终结的有关债务人的民事诉讼或者仲裁应当中止;在管理人接管债务人的财产后,该诉讼或者仲裁继续进行。"本案二审期间,被执行人的管理人已经确定,可以代表被执行人继续参与诉讼。综上所述,金某公司进入破产重整程序并不影响本案的实体审理。

案件来源

《贵州天某家政有限公司与中国长某资产管理股份有限公司某分公司申请执行人执行异议之诉一案二审民事判决书》【最高人民法院(2019)最高法民终333号】

延伸阅读

一、被执行人进入破产程序,执行异议之诉不受影响,应继续审理。

案例一:《中某信托有限责任公司、重庆典某房地产开发集团有限公司申请执行人执行异议之诉二审民事裁定书》【最高人民法院(2017)最高法民终744号】

最高人民法院认为:本案系中某信托公司提起的申请执行人执行异议之诉。执行异议之诉作为一种特殊的审判程序,目的是请求人民法院排除或者继续对特定执行标的进行执行。人民法院对其起诉是否受理,应审查是否符合民事诉讼法规定的起诉条件和民事诉讼法司法解释规定的申请执行人提起执行异议之诉的起诉条件。经查,中某信托公司对典某地产公司名下的房屋申请强制执行,但执行程序因案外人梁某开提出执行异议而中止。中某信托公司作为申请执行人向重庆高院提起执行异议之诉,欲实现其抵押权和债权,其起诉符合《民事诉讼法》第一百一十九条及《民诉法解释》第三百零六条的规定,依法应予受理。简言之,中某信托公司对于案涉权益具备诉的利益,且提起的是一个独立的民事诉讼,对其程序性的诉讼权利应予保护。

执行异议之诉的本质是一个独立的审判程序,虽因执行程序而产生,但并非执行程序。中某信托公司在执行程序中提起的执行异议之诉,目的是寻求对其担保物权的优先受偿权进行保护的救济。本案提起执行异议之诉期间,被执行人典某地产公司进入破产重整程序,按照《企业破产法》第二十条之规定,"人民法院受理破产申请后,已经开始而尚未终结的有关债务人的民事诉讼或者仲裁应当中止;在管理人接管债务人的财产后,该诉讼或者仲裁继续进行"。本案一审期间,被执行人的管理人尚未确定,本应裁定中止审理。一审裁定作出后,受理被执行人破产重整申请的人民法院已确定其管理人,可以代表被执行人继续参与诉讼,故本案应当继续审理。破产重整程序是对债务人财产进行清理或对破产企业重新整合的法定程序,无论破产企业最终是重整还是清算,均不能替代对债权人债权优先性的实体确定。破产重整程序启动,执行程序应当终结尚无法律规定,而裁定驳回因执行程序产生的执行异议之诉则更无法律依据,即便在诉讼中其实体请求未必得到支持,其之前已经行使的诉权也并不因此能够加以否定。

案例二:《林某、何某飞案外人执行异议之诉再审审查与审判监督民事裁定书》【最高人民法院(2018)最高法民申884号】

最高人民法院认为:关于人民法院裁定受理对坤某公司的破产清算申请是否影响本案审理的问题。《民诉法解释》第五百一十五条规定:"被执行人住所地人民法院裁定受理破产案件的,执行法院应当解除对被执行人财产的保全措施。被执行人住所地人民法院裁定宣告被执行人破产的,执行法院应当裁定终结对该被执行人的执行。被执行人住所地人民法院不受理破产案件的,执行法院应当恢复执行。"本案执行异议之诉于2015年7月15日立案,一审法院于2015年12月24日又裁定受理案外人黄某、林某对坤某公司的破产清算申请,但目前坤某公司尚未被宣告破产,案涉执行程序也未终结。故一、二审法院对本案执行异议之诉进行审理并作出判决,并无不当。案涉执行程序应否中止属于执行程序中的审查事项,不属于本案案外人执行异议之诉的审理范围。

二、执行异议之诉有利于尽快确定被执行人财产范围,故被执行人进入破产程序后执行异议之诉无中止审理必要。

案例三:《重庆钜某装饰工程有限公司、江某涛执行异议之诉二审民事判决书》【最高人民法院(2017)最高法民终824号】

最高人民法院认为:不论案外人在执行异议之诉案件中是否提出确权的诉请,人民法院在审理时首先都要判断案外人对执行标的是否享有民事权益,在此基础上再认定该民事权益是否足以排除强制执行。本案中,钜某公司系根据《执行异议和复议规定》第二十八条规定,主张其享有足以排除强制执行的民事权益。《执行异议和复议规定》第二十八规定的民事权益,学理上称之为无过错不动产买受人的物权期待权,如该条规定的构成要件成立,则无过错的不动产买受人在执行程序中可以请求排除对不动产的强制执行。同理,在人民法院受理破产程序后,符合《执行异议和复议规定》第二十八规定的不动产应认定为系债务人占有的不属于债务人的财产，无过错的不动产买受人可以向管理人主张行使取回权，管理人不予认可的，权利人得以债务人为被告向人民法院提起诉讼请求行使取回权。虽然本案一审判决作出之后，蓝某碧水开发公司被新余中院裁定重整，且本案一审法院亦裁定中止包含讼争12套房屋在内的本院（2015）民一终字第395号民事判决书的执行，但是该中止执行裁定仅是基于破产程序的性质，以破产这一集体清偿程序代替所有其他的个别强制执行，以破产这一全面的保全措施替代了个别的保全措施，在之后的重整程序中必然还会涉及讼争12套房屋是否归入破产财产以及钜某公司能否对之行使取回权的问题，这就又回归到本案钜某公司购买的讼争12套房屋是否符合《执行异议和复议规定》第二十八条规定的争议焦点。因此，本案应对钜某公司的上诉请求继续审理。

三、相反观点：被执行人进入破产重整程序，案外人对执行异议之诉丧失诉的利益，应裁定驳回起诉。

案例四：《林某仪、马某丰再审审查与审判监督民事裁定书》【最高人民法院（2017）最高法民申3105号】

最高人民法院认为：根据《企业破产法》第十九条规定，人民法院受理破产申请后，有关债务人财产的保全措施应当解除，执行程序应当中止。本案中，惠州中院受理了怡某公司的破产重整申请，说明怡某公司进入了破产程序，针对怡某公司的强制执行程序全部中止，案涉房产也应解除保全并中止执行。此外，根据《企业破产法》第九十二条、第九十三条的规定，经人民法院裁定批准的重整计划，对债务人和全体债权人均有约束力，债务人不能执行或者不执行重整计划的，人民法院经管理人或者利害关系人请求，应当裁定终止重整计划的执行，并宣告债务人破产。就本案而言，重整计划经惠州中院批准后，怡某公司现已进入重整计划执行期间，如果重整计划执行成功，包括林某仪在内的各债权人的利益通过重整计划得以实现；如果重整计划执行不成功，则怡某公司进行破产清算程序，各债权人的债权通过破产财产分配方案得以实现。可见，在怡某公司进行重整计划执行期后，本案不再存在马某丰申请人民法院对怡某公司名下的房产强制执行的可能，故林某仪提起执行异议之诉请求对案涉房产排除强制执行的基础和前提已不复存在。由于林某仪对案涉房产的利益可以通过破产程序实现，对本案不再具有诉的利益，其针对原判决提出的再审申请，即其对案涉房产是否享有足以排除强制执行的民事权益，也就没有了审查的必要，故本院对本案终结审查。

023 债务是否属于夫妻共同债务属于执行异议之诉的审理范围吗？

> 债务是否属于夫妻共同债务，不属于执行异议之诉的审理范围

阅读提示

夫妻共同债务问题，是实践中大量存在又争议颇大的问题。对于该问题的争论，不仅涉及实体法上如何认定夫妻共同债务的问题，也涉及程序法上应该通过何种程序认定夫妻共同债务的问题，还涉及执行程序中如何实现夫妻共同债务的问题。本文分享的一则案例中，作为债权人的申请执行人期望通过在执行异议之诉程序中，论证债务属于夫妻共同债务的方式，彻底击垮不作为被执行人的配偶一方对夫妻共同财产所提的执行异议。但遗憾的是，这个"小聪明"未能最终成功。而失败的原因是什么呢？对我们处理同类案件，又有何启示呢？

裁判要旨

夫妻一方请求排除对夫妻共同财产执行的，应按照执行异议之诉的相关规定进行审理，以确定夫妻一方对于执行财产是否享有排除强制执行的权利。执行依据确定给付义务，是否属于夫妻共同债务，不属于执行异议之诉的审查范围。

案情简介

2014年5月，青海高院对陈某华与宁某田等借款合同纠纷一案，判决确认宁某田等连带偿还陈某华剩余欠款及滞纳金。该案上诉后，最高人民法院判决维持原判。

2015年2月，陈某华申请强制执行，青海高院查封了登记在宁某田之妻章某真名下的1288号房屋和登记在宁某田名下的102号房屋。

2018年11月，青海高院完成对102号房屋的拍卖，拍卖款给付申请执行人陈某华。

2019年3月，案外人章某真对已查封的登记在其名下的1288号房屋和已经拍卖的102号房屋提出书面异议，青海高院审查后，裁定驳回章某真异议。

章某真遂向青海高院提起案外人执行异议之诉，主张以上债务属于夫妻共同债

务。青海高院一审认定案涉债务不属于夫妻共同债务，但章某真可要求预留以上两栋房屋变价款的一半归其所有。

陈某华、章某真均不服，上诉至最高人民法院。陈某华主张宁某田所负债务为夫妻共同债务，最高人民法院认定该案执行依据确定给付义务，是否属于夫妻共同债务不属于执行异议之诉的审查范围。

裁判要点及思路

本案为执行异议之诉案件，争议的焦点就在于章某真是否有排除强制执行的权利。但是申请执行人陈某华贪多求大，意图通过论证执行依据确定的给付义务为夫妻共同债务，以釜底抽薪的方式，彻底驳回章某真要求排除强制执行的诉讼请求。

一审阶段，青海高院显然明了陈某华的意图，并结合《最高人民法院关于审理涉及夫妻债务纠纷案件适用法律有关问题的解释》的规定，从借款用途、资金流向、陈某华举证情况三个方面进行论证，认定案涉债务不属于夫妻共同债务。陈某华期望全面排除章某真执行异议的主张未能获得支持。

二审阶段，陈某华继续主张案涉债务属于夫妻共同债务，理由是章某真作为自然人，不可能有能力同时拥有多栋别墅。但最高人民法院认为，本案为执行异议之诉，章某真的诉讼请求是要求排除对房屋的强制执行。即通过审理，确认章某真对案涉两套房屋是否享有排除强制执行的权利。因此，宁某田所负的债务属于夫妻共同债务还是属于其个人债务，不属于案外人执行异议之诉的审理范围。青海高院对案涉债务是否属于夫妻共同债务作出认定，超出了执行异议之诉的审理范围，不妥，应予纠正。

实务要点总结

执行异议之诉以案外人对执行标的是否享有排除强制执行的权利为审理核心。《民事诉讼法》第二百二十七条规定，案外人对执行标的提出书面异议后，对异议裁定不服的当事人可提起案外人执行异议之诉。执行异议之诉包括案外人执行异议之诉和申请执行人执行异议之诉。但不论为何种执行异议之诉，都是以审查执行标的的权属为中心，即案外人对执行标的是否享有排除强制执行的权利。因此，执行异议之诉的立法目的在于保护案外人对特定执行标的的合法权益，而非其他。这就决定了案外人执行异议之诉的审理范围应仅限于对执行标的的权属的审查。其他涉及执行依据、责任承担的问题，并非执行异议之诉的审理范围。本案中，陈某华主张案涉债务属于夫妻共同债务，实际上属于被执行人范围的问题，与执行标的的权属无关，超出了执行异议之诉的审查范围。

共有权人不能要求排除对共有物的执行，通常只能要求预留标的物变价的对应份额，但也有部分法院认为，可先析产再执行，析产期间中止执行。《查封、扣押、冻结规定》第十四条第一款规定："对被执行人与其他人共有的财产，人民法院可以查封、扣押、冻结，并及时通知共有人。"因此，对于有其他共有人的被执行人的财产，执行法院可采取执行措施，其他共有人不能要求全部排除对共有物的执行。夫妻共同财产属于共有的形式之一，也应遵循以上规则。实践中，包括最高人民法院在内的部分法院，往往仅保留标的物变价款中共有权人的相应份额（如本案），其目的在于提高执行效率。但也有部分法院认为，应根据《查封、扣押、冻结规定》第十四条第三款的规定，先析产，再执行。析产期间，中止对执行标的的执行。

执行依据未确定为夫妻共同债务，申请执行人不得在执行异议之诉程序中要求确认相关债务为夫妻共同债务。如前所述，执行异议之诉的核心在于确认案外人对执行标的是否享有排除强制执行的权利。申请执行人不能在执行异议之诉中，要求人民法院对执行依据确定的给付义务是否属于夫妻共同债务的问题进行审查。因此，债权人在提起诉讼时，一定要注意提前判断案涉债务是否属于夫妻共同债务，如不能作出明确判断，建议直接将债务人的配偶列为被告之一并要求确认相应债务为夫妻共同债务。切勿选择在执行程序中，通过申请追加被执行人、执行异议、执行异议之诉等程序，达到确认相关债务为夫妻共同债务的目的。虽然债权人可通过另行提起诉讼的方式，确认相关债务为夫妻共同债务，但这一做法不仅增加了债权人诉累，也增加了夫妻另一方隐匿、转移财产的风险。

相关法律规定

《民事诉讼法》（2021年12月24日修正）

第二百三十四条[①]　执行过程中，案外人对执行标的提出书面异议的，人民法院应当自收到书面异议之日起十五日内审查，理由成立的，裁定中止对该标的的执行；理由不成立的，裁定驳回。案外人、当事人对裁定不服，认为原判决、裁定错误的，依照审判监督程序办理；与原判决、裁定无关的，可以自裁定送达之日起十五日内向人民法院提起诉讼。

[①]　原第二百二十七条。

《最高人民法院关于人民法院民事执行中查封、扣押、冻结财产的规定》（2020年12月23日修正）

第十二条[①] 对被执行人与其他人共有的财产，人民法院可以查封、扣押、冻结，并及时通知共有人。

共有人协议分割共有财产，并经债权人认可的，人民法院可以认定有效。查封、扣押、冻结的效力及于协议分割后被执行人享有份额内的财产；对其他共有人享有份额内的财产的查封、扣押、冻结，人民法院应当裁定予以解除。

共有人提起析产诉讼或者申请执行人代位提起析产诉讼的，人民法院应当准许。诉讼期间中止对该财产的执行。

《浙江省高级人民法院执行局关于执行共有财产若干疑难问题的解答》（2016年公布）

五、如何确定共有财产的分割方案？

答：在份额已经确定的情况下，共有财产可以分割，并且分割不会减损共有财产价值的，人民法院可以先行实物分割后再予变现。

如不能进行实物分割，或分割后会导致共有财产价值明显减损的，应当整体变价后执行相应的价款。

法院裁判

以下为最高人民法院在二审阶段"本院认为"部分就执行异议之诉审理范围问题所作的论述：

关于陈某华申请执行的案涉债务是否属于夫妻共同债务问题。本院认为，本案章某真提起的系案外人执行异议之诉，请求排除陈某华对自己及宁某田名下的房产执行，依法应当按照案外人执行异议之诉的相关规定加以审理，认定案涉执行财产是否足以排除执行，宁某田所负的债务属于夫妻共同债务还是属于其个人债务，不属于案外人执行异议之诉的审理范围。故原审法院将宁某田的债务是否属于夫妻共同债务加以审理，不妥，本院依法予以纠正。

[①] 原第十四条。

案件来源

《章某真、陈某华执行异议之诉一案二审民事判决书》【最高人民法院（2019）最高法民终1868号】

延伸阅读

一、执行股权的案件中，要求确认股东资格的诉讼请求不属于执行异议之诉的审理范围。

案例一：《某国家粮食交易中心与某银行股份有限公司科技支行、某粮油集团有限公司、黑龙江省大连龙某贸易总公司、中国华粮物流集团北某有限公司执行异议纠纷二审民事判决书》【最高人民法院（2013）民二终字第111号】

最高人民法院认为："原审判决认定交易中心提起的确认其为三某期货公司的实际出资人、股东、享有投资权益的诉讼请求，与其提起的执行异议之诉，属于不同的法律关系，故其该项诉讼主张不属本案的审理范围，对此不予审理。交易中心对此向本院提起上诉，主要理由是：交易中心是三某期货公司的实际出资人，应当享有三某期货公司的投资权益，因此其提起了案外人执行异议之诉，故所提起的确认其为三某期货公司的实际出资人等诉讼请求，应当属于本案的审理范围。本院认为，交易中心的一审诉讼请求中涉及两个法律关系，一是交易中心与粮油集团、龙某公司之间存在的股权确认法律关系，二是交易中心对抗外部债权人对股权申请强制执行的执行异议法律关系。对其股权确认方面的请求而言，属于公司股东资格确认纠纷，根据《公司法》及《最高人民法院关于适用〈中华人民共和国公司法〉若干问题的规定（三）》[①]的相关规定，交易中心提起股东资格确认之诉，适格的诉讼当事人应当是三某期货公司、粮油集团和龙某公司。因此，如交易中心提起股东资格确认之诉，则该诉与科技支行和北某公司并不存在法律上的关系，科技支行、北某公司均不是该确认之诉适格的诉讼主体。本案系执行异议纠纷，根据我国民事诉讼法的相关规定，本案与股东资格确认纠纷不属于必要的共同诉讼，不应合并审理。故原审判决认定交易中心提起的确认之诉不属于本案审理范围并无不当。交易中心的该项上诉理由不能成立，本院不予支持。"

[①] 以下简称《公司法司法解释（三）》。

二、对执行行为的异议，不属于执行异议之诉的审理范围。

案例二：《王某甫与王某庸案外人执行异议之诉一案二审民事判决书》【最高人民法院（2019）最高法民终 1105 号】

最高人民法院认为："《民诉法解释》第三百一十二条第一款规定：'对案外人提起的执行异议之诉，人民法院经审理，按照下列情形分别处理：（一）案外人就执行标的享有足以排除强制执行的民事权益的，判决不得执行该执行标的；（二）案外人就执行标的不享有足以排除强制执行的民事权益的，判决驳回诉讼请求。'因此，案外人执行异议之诉的处理方式是对是否能够强制执行案涉执行标的予以评判，而解除查封等具体强制执行措施的变更或撤销，则系执行部门的具体执行行为范畴，并非执行异议之诉的审理范围，故王某甫有关解除查封措施的诉讼请求，不属于本案审理范围。"

三、有权排除强制执行的房屋买受人要求继续履行的诉讼请求，不属于执行异议的审理范围。

案例三：《王某志、成都农村商业银行股份有限公司某支行二审民事判决书》【最高人民法院（2019）最高法民终 370 号】

最高人民法院认为："对于王某志主张的由何某协助其办理案涉房屋权属转移登记的请求，本院认为，根据《民事诉讼法》《民诉法解释》关于执行异议之诉的规定，执行异议之诉所要解决的是相关当事人之间的民事权益在强制执行程序中的冲突问题，除根据法律、司法解释的规定，案外人同时提出的确认权利的诉讼请求因与民事权益的认定密切相关而可在执行异议之诉中一并审理并裁判外，案外人在执行异议之诉中同时提出的要求被执行人继续履行合同、协助办理权属转移登记、交付标的物或支付违约金等给付内容的诉讼请求，因与排除强制执行的诉讼目的无关，故不属于执行异议之诉案件的审理范围，也不宜合并审理。因此，本案中，王某志提出的有关何某协助办理案涉房屋产权转移登记的请求，不属于本案的审理范围。"

024 夫妻协议离婚分割财产但未办理过户登记，夫妻一方能否排除强制执行？

> 夫妻一方有权基于离婚析产协议，排除强制执行

阅读提示

执行实践中，涉及夫妻共同财产的执行纠纷主要包括三种类型：一是夫妻一方债务产生在前，夫妻协议离婚、分割财产在后，夫妻一方能否基于离婚析产协议请求法院排除执行夫妻共同财产；二是夫妻离婚、分割财产在前，夫妻一方债务产生在后，夫妻一方能否基于离婚析产协议请求法院排除执行夫妻共同财产；三是夫妻一方债务产生在前，法院判决夫妻离婚、财产分割在后，夫妻一方能否基于在后的生效法律文书排除强制执行？本文通过最高人民法院处理的 11 个案件，厘清此类案件的常见争议焦点以及最高人民法院对于上述问题的态度，分析此类案件的败诉风险，为大家提供处理此类案件的思路。

裁判要旨

一般债权的权利保护，主要体现为交易的平等性和自愿性，并不涉及情感补偿、生活利益照顾等因素，在对相关民事主体的利害影响上，不及于离婚财产分割。对夫妻一方基于离婚析产协议就所析财产享有的权利，应优先于一般债权进行保护。案外人有权基于离婚析产协议排除对夫妻共同财产的强制执行。

案情简介

2005 年 4 月 18 日，刘某艳与郑某登记结婚。在婚姻关系存续期间，郑某以个人名义购买诉争房屋并登记在个人名下。

2012 年 12 月 18 日，刘某艳与郑某协议离婚，并办理了离婚登记。双方约定，婚生子随刘某艳共同生活，同时双方婚姻关系存续期间所购买的诉争房屋归刘某艳所有，房屋剩余贷款由刘某艳承担。但诉争房屋未过户到刘某艳名下。

2017 年 3 月 20 日，贵州高院在执行周某方与郑某等民间借贷与担保合同纠纷一案中，对登记在郑某名下的诉争房屋进行查封。刘某艳提出案外人执行异议，贵

州高院裁定驳回刘某艳提出的异议请求，刘某艳提起案外人执行异议之诉。

贵州高院一审认为，诉争房屋未经变更登记，不直接发生物权变动的法律效力。在郑某尚存未履行债务的情况下，周某方作为郑某的债权人，有权要求对郑某名下的财产执行，判决驳回刘某艳的诉讼请求。刘某艳上诉至最高人民法院。

2018年12月4日，最高人民法院二审判决撤销一审判决，停止对案涉房屋的强制执行。

裁判要点及思路

本案争议焦点有二：一、刘某艳请求确认案涉房屋归其所有的诉讼请求应否得到支持；二、刘某艳对案涉房产是否享有足以排除强制执行的民事权益。对此，最高人民法院认为：

一、郑某在与刘某艳的夫妻关系存续期间，以自己名义购买案涉房屋并登记在自己名下，根据婚姻法的相关规定，该房产属于夫妻共同财产。刘某艳与郑某在《离婚协议书》中约定案涉房屋归刘某艳所有，属于双方对夫妻共同财产的合法处分，真实有效，刘某艳可根据约定向不动产登记机关请求变更登记。本案中，案涉房屋上仍附有抵押权，刘某艳对案涉房屋现阶段仅享有请求不动产登记机关变更物权登记的请求权，该种请求权的实现仍需要以抵押权人的同意为条件，刘某艳直接通过本案诉讼的方式请求确认对案涉房屋享有所有权的条件并不完备。因此，本院对刘某艳请求确认其对案涉房产享有所有权的诉讼请求不予支持。

二、从权利的性质看，刘某艳对案涉房屋所享有的请求办理过户的权利与周某方对郑某的保证债权均为平等债权；从权利内容看，周某方对郑某享有的保证债权的实现以郑某实质上所有的全部合法财产作为责任财产范围，并不单一地指向案涉房屋；而刘某艳对案涉房屋所享有的请求办理过户的权利则直接指向案涉房屋本身，其权利针对性更加强烈；从对相关民事主体的利害影响看，保证债权的权利保护，主要体现为交易的平等性和自愿性，并不涉及情感补偿、生活利益照顾等因素，在对相关民事主体的利害影响上，不及于离婚财产分割；最后，由于案涉房屋之上存在抵押权，刘某艳对于案涉房屋未能办理过户登记不存在主观过错。

综上，最高人民法院认为刘某艳对案涉房产享有足以排除强制执行的民事权益。

实务要点总结

一、诉讼请求选择不当——夫妻共同财产执行异议之诉的审理范围。

1. 申请执行的债务是否属于夫妻共同债务，不属于执行异议之诉审理的范围。案外人执行异议之诉中，夫妻一方作为案外人，请求排除法院对自己及另一方名下的夫妻共同财产执行，依法应当按照案外人执行异议之诉的相关规定加以审理，认定案涉执行财产是否足以排除执行，被执行人所负的债务属于夫妻共同债务还是属于其个人债务，不属于案外人执行异议之诉的审理范围。故法院对被执行人一方所负债务是否属于夫妻共同债务不应予以审理。申请执行人通过主张案涉债务属于夫妻共同债务进而达到执行夫妻共同财产的目的，存在法院不予支持的法律风险。

2. 申请执行人申请执行的财产属于夫妻个人财产还是共同财产，属于执行异议之诉审理的范围。民事诉讼法设立执行异议之诉的目的在于保护相关民事主体对标的财产所享有的足以排除强制执行的合法权益，保护其不因标的财产被强制执行而遭受不可逆的损害。目前，在执行程序、案外人执行异议程序、案外人执行异议之诉程序中，对于被执行人责任财产权属判断的规则分别为："形式审查规则、以形式审查为主，实质审查规则、以实质审查为主。"执行实施过程中，对被执行人责任财产权属判断的规则就是物权公示原则和权利外观主义；在案外人执行异议的程序中，我国采取"以形式审查为主，实质审查为辅"的案外人异议审查原则，如果案外人有充分证据证明，权利表象与真实权利不一致，其为执行标的的实际权利人且该权利能否阻止执行的，执行法院应当对该异议予以支持；在案外人执行异议之诉中，则采取实质审查的原则。在案外人对执行标的有异议的情况下，案外人执行异议之诉必然涉及对执行标的物真实权属的审查，因此，案外人有权在执行异议之诉中请求确认其对执行标的物的权利归属。

3. 仅依据财产分割协议，夫妻一方直接在执行异议之诉中请求确认其对分割财产享有所有权，存在较大不被支持的法律风险。夫妻双方关于共有财产归属的约定并不必然导致共有财产所有权的变动。夫妻一方请求确认所分割财产权属，最终取决于是否在不动产登记机关办理了合法有效的权属变更登记或者是否完成动产交付这一法定物权变动行为。夫妻一方直接通过提起执行异议诉讼的方式请求确认其对所分割动产或者不动产享有物权的条件并不完备。因此，很多情况下法院对案外人这一确权请求不予支持。

二、案外人存在主观恶意——夫妻利用离婚析产恶意串通逃避债务。

对此，最高人民法院一般从两方面出发审查夫妻双方是否存在通过离婚析产逃避债务的可能性：

1. 对比协议离婚分割财产的时间与夫妻一方债务发生的时间，如果夫妻双方离婚、协议分割财产的时间远早于夫妻一方债务发生的时间，那么，该种情形可以合理排除夫妻之间具有恶意串通逃避债务的主观故意。

2. 离婚协议或者财产分割协议中，财产分割部分与债务承担部分是否差别较大。从家庭伦理及善良风俗的常理判断，夫妻一方能否对此向法庭作出合理解释，协议约定或者夫妻一方所作解释是否符合情理。如协议约定或所作解释符合情理，则可以合理排除夫妻之间具有恶意串通逃避债务的主观故意。

三、最高人民法院认识不同——关于夫妻一方依据离婚析产协议能否排除对所析财产强制执行。

分析最高人民法院近些年处理此类问题的态度，在审查夫妻一方依据离婚析产协议能否排除对所析财产强制执行时，最高人民法院判决不予支持该夫妻一方的比例大于支持的比例。不予支持的理由主要包括：夫妻双方之间的离婚析产协议系夫妻双方之间的约定，在不具备物权变动的外观要件时，并不发生物权变动的效力。夫妻一方对所析财产的权利，实质为夫妻一方对另一方的债权请求权，该权利不具有优先性。基于此，夫妻一方无权基于离婚协议或者财产分割协议排除法院强制执行。最高人民法院认为案外人有权排除执行的具体理由为：

1. 从权利属性看，夫妻一方基于离婚析产协议，对所析财产享有直接支配之物权。而申请执行人对所析财产申请执行，系基于与其配偶之间的债权债务关系，该权利并非源于对上述财产的直接交易关系，而是源于对其配偶财产的债权请求权。因此，两种权利相比较，案外人对执行标的享有的物权应当优先于申请执行人的普通债权予以保护。

2. 从权利内容看，申请执行人对夫妻一方（债务人）享有的保证债权的实现以夫妻一方实质上所有的全部合法财产作为责任财产范围，并不单一地指向夫妻共同财产；而夫妻另一方对所析财产享有的请求办理过户的权利则直接指向财产本身，其权利针对性更加强烈。

3. 从对相关民事主体的利害影响看，男女双方之间的离婚协议，往往基于双方之间权利义务的统筹安排，有关财产的分割也往往涉及其他有关义务的承担，另外还包含了情感补偿、子女抚养以及对一方生存能力等因素的考量。此类离婚财产分割协议，如无明显的不正当目的，亦未严重损害相关利害关系人的合法权益，则既为法律所允许，也为风俗所提倡。一般债权的权利保护，主要体现为交易的平等性和自愿性，并不涉及情感补偿、生活利益照顾等因素，在对相关民事主体的利害影响上，不及于离婚财产分割。

本书提示当事人注意事项：

一、夫妻一方对法院执行夫妻共同财产有异议的，未在执行程序规定的期间内提出异议，其实体权利并未丧失。

根据《执行异议和复议规定》第六条第二款的规定，夫妻一方对法院执行夫妻共同财产有异议的，应当在异议指向的执行标的执行终结之前提出；执行标的由当事人受让的，应当在执行程序终结之前提出。最高人民法院有观点认为，在执行程序过程中，虽然当事人没有在执行程序规定的期间内提出异议，但其实体权利并未丧失，当事人依然享有夫妻共同财产的相应份额。这种情况下，即使当事人未对法院执行夫妻共同财产的行为提出异议，执行法院也应为当事人保留一半份额，如将财产拍卖款全部支付给申请执行人，则属于执行错误。

二、法院执行夫妻共同财产未为夫妻一方保留一半份额的，应在后续执行过程中予以弥补、纠正。

法院执行夫妻共同财产的，应当为另一方保留一半该财产变价份额。申请执行人执行债务人多个夫妻共同财产，如果案外人未在已经执行终结的案件中就法院执行共同财产事宜提出执行异议或者执行法院未为夫妻一方保留一半份额的，可以在后续同一申请执行人依据同一执行依据在同一执行法院执行夫妻共同财产的过程中，一并予以处理，执行法院应当在后续执行过程中纠正先前错误执行行为，在后续财产变价款中扣除先前未为夫妻一方依法保留的一半份额，案外人不必就另案提起不当得利之诉。

三、重点关注案外人权利的形成时间、权利内容、权利性质以及对权利主体的利害影响四个方面。

在执行异议之诉案件的审理过程中，根据个案的具体情况，比较有关权利的形成时间和权利的内容、性质、效力以及对权利主体的利害影响等，是执行异议之诉案件的审理范围。最高人民法院认为，判断夫妻一方（案外人）就执行标的物所享有的民事权益是否足以排除强制执行，就应从权利的形成时间、权利内容、权利性质以及对权利主体的利害影响等方面进行分析。因此，案件当事人及代理人可以从上述四方面着手，重点分析、论证案外人是否有权排除执行。

相关法律规定

《民法典》（2020 年 5 月 28 日公布）

第二百零九条 不动产物权的设立、变更、转让和消灭，经依法登记，发生效力；未经登记，不发生效力，但是法律另有规定的除外。

依法属于国家所有的自然资源，所有权可以不登记。

《最高人民法院关于适用〈中华人民共和国民事诉讼法〉的解释》（2022年3月22日修正）

第三百零九条① 案外人或者申请执行人提起执行异议之诉的，案外人应当就其对执行标的享有足以排除强制执行的民事权益承担举证证明责任。

法院裁判

以下为最高人民法院在裁判文书"本院认为"部分就此问题发表的意见：

判断本案中刘某艳就案涉房产所享有的民事权益是否足以排除强制执行，就应从权利的形成时间、权利内容、权利性质以及对权利主体的利害影响等方面进行分析。从本案查明的事实看，刘某艳与郑某于2012年12月18日签订《离婚协议书》并登记离婚，该《离婚协议书》盖有民政部门公章并备案于婚姻登记部门，具有登记公示的效力。根据《离婚协议书》，刘某艳即取得了对案涉房屋所享有的请求过户登记的权利。但因双方离婚时该房屋尚存在按揭贷款未全部偿还而被办理抵押登记，刘某艳在未全部清偿按揭贷款并办理解押的情况下，无法申请办理过户登记。对此，不能认定刘某艳存在主观过错，该情形属于非因刘某艳自身原因未能及时办理过户登记的情形。该离婚协议是双方在离婚时对夫妻共有财产的处分行为，是一种债的关系，刘某艳据此针对该房产享有的为债权请求权。刘某艳与郑某协议离婚以及对案涉房屋的分割早于郑某对周某方所负的债务近两年，可以合理排除刘某艳与郑某具有恶意逃避债务的主观故意。虽然周某方提出刘某艳与郑某协议离婚涉嫌转移财产、逃避债务，但未举示相应证据，不能认定刘某艳与郑某的离婚系逃避债务的行为。在此情况下，刘某艳对案涉房屋所享有的请求办理过户的权利与周某方对郑某的保证债权均为平等债权。从权利内容看，周某方对郑某享有的保证债权的实现以郑某实质上所有的全部合法财产作为责任财产范围，并不单一地指向案涉房屋；而刘某艳对案涉房屋所享有的请求办理过户的权利则直接指向案涉房屋本身，其权利针对性更加强烈。从对相关民事主体的利害影响看，男女双方之间的离婚协议，往往基于双方之间权利义务的统筹安排，有关财产的分割也往往涉及其他有关义务的承担，另外还包含了情感补偿、子女抚养以及对一方生存能力等因素的考量，在财产分配上对于抚养子女一方作适当倾斜的情形较为常见。此类离婚财产分割协议，如无明显的不正当目的，亦未严重损害相关利害关系人的合法权益，则既为法律所允许，也为风俗所提倡。保证债权的权利保护，主要体现为交易的平等性

---

① 原第三百一十一条。

和自愿性,并不涉及情感补偿、生活利益照顾等因素,在对相关民事主体的利害影响上,不及于离婚财产分割。另外,夫妻离婚时对共同财产的分割,经过一段时间后,在有关当事人之间以及相关方面已经形成了比较稳定的社会关系,如果不存在合理的必要性,不宜轻易打破这种稳定的社会关系。本案的基本案情与最高人民法院(2015)民一终字第150号案件所认定的事实具有高度相似之处,基于相类似案件作相同处理的内在裁判要求,本案亦作与该案相同的裁判,认定刘某艳对案涉房产享有足以排除强制执行的民事权益。

案件来源

《刘某艳、周某方二审民事判决书》【(2018)最高法民终462号】

延伸阅读

一、夫妻协议离婚分割被法院查封的夫妻共同财产,离婚协议关于该财产归属的约定不具有对外效力,亦不能对抗法院的强制执行。

案例一:《刘某萍、郭某斌再审审查与审判监督民事裁定书》【(2019)最高法民申1813号】

最高人民法院认为,本案系刘某萍提起的案外人执行异议之诉,刘某萍是否对案涉房屋享有足以排除强制执行的民事权益是本案的焦点问题。根据原审法院查明的事实,因王某华与郭某斌之间的民间借贷纠纷,案涉房屋于2014年6月被人民法院查封,其中五小房屋登记的产权人为王某华。虽然王某华与刘某萍于2014年12月1日协议离婚时约定五小房屋归刘某萍所有,但当时五小房屋已处于查封状态。根据《城市房地产管理法》第三十八条关于"下列房地产,不得转让:……(二)司法机关和行政机关依法裁定、决定查封或者以其他形式限制房地产权利的"的规定,王某华不能对已查封的五小房屋进行处分。离婚协议关于五小房屋归属的约定不具有对外效力,亦不能对抗人民法院的强制执行。原审法院基于上述事实认定刘某萍对案涉房屋不享有足以排除强制执行的民事权益,并无不当。

二、房屋登记在夫妻一方设立的个人独资公司名下,由夫妻一方出资购买。之后,夫妻双方协议分割该房屋并经民政部门婚姻登记机关备案,不发生物权变动效力,另一方无权基于离婚协议主张对房屋的所有权,无权排除执行。

案例二:《陈某萍、徐某芳再审审查与审判监督民事裁定书》【(2019)最高法民申2322号】

最高人民法院认为，公司的法人财产具有独立性，公司股东不能因为股东身份当然取得公司财产，法律也禁止股东个人财产与公司财产混同。因此即使购买案涉房屋的实际出资人是某铜金矿，也不能因某铜金矿系王某新一人全资成立，王某新就取得该公司的法人财产，况且某铜金矿仅是某新公司的股东之一。陈某萍据此主张案涉房屋是王某新和陈某萍夫妻共同财产的理由不能成立。根据案涉房屋买卖合同，结合案涉房屋登记在某新公司名下的事实，案涉房屋系某新公司的法人财产，不是王某新的个人财产，陈某萍作为某新公司的财务人员主张离婚后一直占有该财产的申请再审理由与事实不符，不能成立，王某新作为某铜金矿股东在《离婚协议书》中对某新公司的法人财产不具有处分权，因此陈某萍基于《离婚协议书》对案涉房屋不享有民事权益。陈某萍作为抵押物共有人在抵押合同上签字的行为不能发生案涉房屋的物权变动效力，该抵押合同也不足以证明陈某萍对案涉房屋享有足以排除强制执行的民事权益，原审判决认定陈某萍对案涉房屋不享有足以排除强制执行的民事权益，并无不当。

三、离婚协议分割财产在先，夫妻一方对外承担担保责任在后，在没有证据证明夫妻双方存在恶意逃避债务的情况下，夫妻一方依据分割协议排除另一方债权人的强制执行的，应予支持。

案例三：《万某辉、张某英再审审查与审判监督民事裁定书》【（2018）最高法民申 2777 号】

最高人民法院认为，该判决书中认定成某波于 2011 年 10 月 10 日出具《承诺书》，为富某贸易公司向万某辉借款提供连带保证责任，成某波应对上述借款及利息承担连带清偿责任。即成某波的上述债务属于夫妻一方对外担保之债。根据《最高人民法院民一庭关于夫妻一方对外担保之债能否认定为夫妻共同债务的复函》（〔2015〕民一他字第 9 号）关于"夫妻一方对外担保之债不应当适用《最高人民法院关于适用〈中华人民共和国婚姻法〉若干问题的解释（二）》第二十四条的规定认定为夫妻共同债务"之规定，上述涉案债务不应认定为成某波与张某英的夫妻共同之债。鉴于案涉离婚协议发生于 2008 年，而成某波承诺对外承担担保责任发生于 2011 年，即离婚协议在先，夫妻一方对外承担担保责任在后。在没有证据证明张某英与成某波双方系恶意串通逃避债务的情况下，原审判决支持张某英关于停止对案涉房产强制执行的请求亦无不当。

四、在夫妻一方不能证明案涉财产属于个人财产的情况下，夫妻双方仅协议分割共同财产不产生物权变动的效力，不影响夫妻一方的债权人申请法院强制执行该夫妻共同财产。

案例四：《焦某清、徐州市宏某燃料有限公司再审审查与审判监督民事裁定书》【（2019）最高法民申240号】

最高人民法院认为，首先，根据本案查明的事实，焦某清购买的案涉房产，虽已付清全部购房款，但焦某清并未取得该房屋所有权证，不能证明该房产归其个人所有。其次，案涉房产系焦某清在夫妻关系存续期间购买，购房首付款290余万元系从牛某东的银行账户中支出，且双方在婚姻关系存续期间亦共同使用焦某清的银行账户，故该房屋属于夫妻共同财产。此外，焦某清虽提交夫妻婚内财产协议，但并未提交该协议原件而无法核实，退一步讲，即便该协议属实，依法也只对夫妻双方具有约束力。由于焦某清、牛某东均未提交证据证明宏某公司对该协议知晓，故该协议并不能证明案涉房产已归焦某清个人所有。因此，宏某公司有权对牛某东与焦某清于夫妻关系存续期间购买的共同房产申请执行。综上，焦某清不能证明案涉房产归其个人所有，宏某公司申请查封该房产符合法律规定，原审判决驳回焦某清要求停止执行的诉讼请求并无不当。

五、于婚姻关系存续期间购买但登记在夫妻一方名下的财产，在不能举证证明属于个人财产的情况下，应认定为夫妻共同财产。对夫妻一方享有债权的债权人，有权申请执行属于债务人夫妻共有的财产。

案例五：《周某珠、青岛威某贸易有限公司再审审查与审判监督民事裁定书》【（2017）最高法民申3915号】

最高人民法院认为，《婚姻法》第十七条规定，夫妻在婚姻关系存续期间所得的财产，归夫妻共同所有。周某珠与周某海于1991年9月27日结婚，于2015年7月28日自愿离婚；2012年10月，周某海购买了位于上海市浦东新区张扬路×××号×××室、×××室房产。该房产购买于周某珠与周某海夫妻关系存续期间，虽然只登记在周某海一人名下，但是在周某珠、周某海未举证证明归个人所有的情况下，根据《婚姻法》第十七条的规定应为夫妻共同财产。《物权法》第九条第一款规定，不动产物权的设立、变更、转让和消灭，经依法登记发生效力；未经登记，不发生效力，但法律另有规定的除外。虽然周某珠与周某海于2015年7月28日签订《自愿离婚协议书》，约定涉案房产归周某珠所有，但是双方未进行不动产物权的转让登记，物权的转让不发生效力，涉案房产仍属于周某珠与周某海夫妻共同所有。《查封、扣押、冻结规定》第十四条规定，对被执行人与其他人共有的财产，人民法院可以查封、扣押、冻结。本案涉案债务虽然属于周某海个人债务，但是涉案房产属于周某珠与周某海夫妻共同所有，人民法院可以执行。因此，一审法院驳回周某珠关于排除对涉案房产执行的诉讼请求并无不当，二审法院驳回上诉，维持原判的处理结果亦无不当。

六、夫妻双方协议离婚分割财产，夫妻一方请求法院排除债权人对夫妻共同财产执行的，如未能合理说明财产分割与债务承担不对等的原因，应认定其提供的证据不足以证明对涉案财产享有足以排除强制执行的民事权益，无权排除执行。

案例六：《张某、日照天某国际贸易有限公司再审审查与审判监督民事裁定书》【（2019）最高法民申 4907 号】

最高人民法院认为，依据《民诉法解释》第三百一十一条之规定，案外人提起执行异议之诉的，案外人应当就其对执行标的享有足以排除强制执行的民事权益承担举证证明责任。涉案房产系张某与李某婚姻关系存续期间所得，为夫妻共同财产，涉案债务亦形成于张某与李某婚姻关系存续期间。2014 年 5 月 22 日张某与李某协议离婚并签署离婚协议书，约定大部分财产归张某所有。涉案房屋系张某已分得的 6 套房产中的 1 套，于 2015 年被执行法院查封，而张某在 2018 年才提出书面异议。本案诉讼中，张某和李某所发表的质证意见等基本一致，但不能合理说明财产分割与债务承担不对等的原因，张某亦未提交李某与他人恶意串通侵害其利益的证据。作为执行依据的（2015）日商初字第 42 号生效民事判决查明并认定张某在"再次补充说明"上注明"同意还款"，根据《民诉法解释》第九十三条的规定，对于该事实无须再次举证、质证。一、二审法院认定张某提供的证据不足以证明其对涉案房产享有足以排除强制执行的民事权益，并无不当。

七、夫妻一方婚前以个人财产支付首付款，婚后用夫妻共同财产还贷，不动产登记于首付款支付方名下的，另一方仅享有要求对方支付还贷款项及其对应财产增值部分的债权，对该不动产不享有物权，无权排除强制执行。

案例七：《河南省万某建设发展有限公司、赵某汛申请执行人执行异议之诉再审审查与审判监督民事裁定书》【（2019）最高法民申 2423 号】

最高人民法院认为，本案原审已查明，案涉房产系赵某汛婚前购买，并取得产权证书，登记在赵某汛个人名下，并无其他共有人，赵某汛为此涉案房屋的合法权利人。《最高人民法院关于适用〈中华人民共和国婚姻法〉若干问题的解释（三）》第十条规定："夫妻一方婚前签订不动产买卖合同，以个人财产支付首付款并在银行贷款，婚后用夫妻共同财产还贷，不动产登记于首付款支付方名下的，离婚时该不动产由双方协议处理。依前款规定不能达成协议的，人民法院可以判决该不动产归产权登记一方,尚未归还的贷款为产权登记一方的个人债务。双方婚后共同还贷支付的款项及其相对应财产增值部分,离婚时应根据婚姻法第三十九条第一款规定的原则,由产权登记一方对另一方进行补偿。"王某作为未进行产权登记的一方,对房屋所享有的并非物权,而只享有相应部分的债权,而物权优于债权,据此,原判决认定赵某汎对涉案房产享有足以排除强制执行的民事权益的基本事实并不缺乏证据证明,适用法律亦无不当。

八、夫妻有关财产归属的约定,对双方具有约束力,但涉及夫妻之外第三人利益时,该约定能够产生对抗第三人效力的前提条件是第三人知道夫妻之间约定内容,而第三人是否知道约定内容,举证责任在于夫妻一方。否则,该约定不能对抗第三人。

案例八:《盖某英、杨某霞再审审查与审判监督民事裁定书》【(2018)最高法民申 6089 号】

最高人民法院认为,(一)婚姻法作为调整婚姻家庭关系的基本准则,确立了夫妻法定财产制为婚后所得共同制。在婚姻关系存续期间,以法定财产制为原则,在夫妻双方无特殊约定时,只要符合《婚姻法》第十七条规定的财产范围,均属于夫妻双方共同共有的财产,并不以交付、登记等公示方式为必须要件,即不以产权登记作为确认不动产权属的唯一根据。本案所涉房屋购买于盖某英与崔某训婚姻关系存续期间,以夫妻双方共同生产、经营所得收入购买,虽然登记在盖某英一方名下,但基于盖某英与崔某训的夫妻身份关系,依法也属于夫妻共同财产。(二)盖某英主张其与崔某训约定涉案房屋产权归其所有并已经登记在其一人名下,盖某英系该房屋的实体权益人。本院认为,夫妻有关财产归属的约定,对双方具有约束力,但涉及夫妻之外第三人利益时,该约定能够产生对抗第三人效力的前提条件是第三人知道夫妻之间约定内容,而第三人是否知道约定内容,举证责任在于夫妻一方。本案中盖某英或崔某训均未能举证证明杨某霞明知涉案房屋产权的约定,故原判决对盖某英的主张不予支持并无不当。(三)涉案房屋于 2014 年 12 月 30 日被法院查封,盖某英与崔某训于 2016 年 8 月 16 日登记离婚,双方在离婚协议中有关该房屋归盖某英所有的约定不能产生对抗第三人的法律效力,也不足以排除法院的强制执行。崔某训作为被执行人,法院可以查封崔某训与盖某英共有的涉案房屋。原判决在"本院认为"部分,也已经明确在案件的具体执行过程中,应依法保护盖某英作为共有人的合法权益。

九、夫妻共同财产被法院查封在先,另案判决夫妻离婚分割财产在后,夫妻一方依据另案生效法律文书请求排除执行的,人民法院不予支持。

案例九:《李某林、陈某再审审查与审判监督民事裁定书》【(2018)最高法民申 4511 号】

最高人民法院认为，首先，根据《查封、扣押、冻结规定》第十四条第一款规定，即"对被执行人与其他人共有的财产，人民法院可以查封、扣押、冻结，并及时通知共有人"，河南省郑州市中级人民法院对登记在崔某香名下的房屋采取强制执行措施，符合法律规定，并无不当。其次，《执行异议和复议规定》第二十六条第二款规定："金钱债权执行中，案外人依据执行标的被查封、扣押、冻结后作出的另案生效法律文书提出排除执行异议的，人民法院不予支持。"本案执行标的于2014年6月20日被查封，李某林与崔某香于2018年3月21日被判决离婚并分割财产，故李某林依据该生效法律文书提出的排除执行异议，不能得到支持。最后，因案涉执行标的系李某林与崔某香婚前共同财产，为保护李某林的合法权益，原判决已指出在另案执行时，应当保留李某林的应有份额。故原判决适用法律并无不当。

十、夫妻双方通过离婚协议分割共同财产，一方依据离婚协议对约定归其所有的财产享有直接支配的物权，该权利优先于另一方债权人的债权请求权，应对夫妻一方对执行标的物的物权优先保护。

案例十：《武某平、张某怡申请执行人执行异议之诉再审审查与审判监督民事裁定书》【（2018）最高法民申613号】

最高人民法院认为，本案为申请执行人执行异议之诉，需要审查的主要问题是，二审判决认定张某怡对执行标的享有足以排除强制执行的民事权益，是否属于适用法律错误。对此，应当从张某怡与武某平对执行标的享有何种权利、哪种权利更应优先保护等方面进行审查判断。

原审已查明，本案所涉执行标的即登记于张某怡名下的位于广东省珠海市××（××一品居）地下室二层A031、A032、A033号车位，系张某怡与张某兵在夫妻关系存续期间购买的财产，原属于夫妻共同财产。但张某怡与张某兵离婚时对上述财产进行了分割，根据双方签订的离婚协议第二条第三项关于"双方各自名下的其他财产（包括机动车）归各自所有"的约定，上述财产归张某怡个人所有。从权利属性上来讲，张某怡对上述财产享有直接支配之物权。而武某平对上述财产申请执行，系基于其与张某兵之间的债权债务关系，该权利并非源于对上述财产的直接交易关系，而是源于对张某兵财产的债权请求权。从两种权利取得的时间来看，张某怡与张某兵签订离婚协议在前，武某平起诉张某兵在后。另外，现有证据也不能推定张某怡与张某兵存在利用离婚逃避债务的情形。因此，两种权利相比较，张某怡对执行标的享有的物权应当优先于武某平的普通债权予以保护。二审判决对此认定正确，适用法律并无不当。

025 夫妻协议离婚将共同财产赠与子女但未过户，子女能否排除强制执行？

> 夫妻订立离婚协议将共同财产赠与子女但未过户，子女无权排除法院对受赠财产的强制执行

阅读提示

生活中，夫妻离婚时往往会通过签订《离婚协议书》的方式，对夫妻共同财产分割事宜、将夫妻共同财产赠与子女事宜以及子女抚养问题作出统一安排，而不是单独与子女订立《赠与合同》。那么，在父母未为受赠子女办理不动产所有权转移登记或者未交付动产时，受赠子女能否以所有权人身份排除法院的强制执行？或者受赠子女能否以无过错买受人身份排除法院的强制执行？本文通过最高人民法院的一则案例以及十则延伸案例，总结最高人民法院对于这一问题的态度，提示读者朋友们在离婚协议中赠与子女夫妻共同财产时应注意的事项，有效降低未来的诉讼风险。

裁判要旨

赠与关系的成立，以赠与物的所有权转移为准。赠与物的所有权未依法转移至受赠人的，赠与关系不成立。夫妻在离婚协议中约定将共同所有财产赠与子女，不同于与子女单独订立赠与合同，不符合《最高人民法院关于贯彻执行〈民法通则〉若干问题的意见（试行）》[①] 第一百二十八条的适用条件，受赠人无权排除法院对受赠物的强制执行。

案情简介

2008年9月1日，刘某与其妻刘某云协议离婚，双方签订的《离婚协议书》约定将夫妻共同所有但登记在刘某一方名下的房产（即案涉房产），分别归儿子刘某驰、女儿所有。

2016年11月12日，唐山中院在执行刘某为被执行人的案件中，裁定查封被执

---

① 以下简称《民通意见》。

行人刘某名下涉案房产。刘某驰提出执行异议，唐山中院裁定驳回刘某驰的异议请求。刘某驰提起案外人执行之诉。

2017年11月27日，刘某驰不服一审判决，上诉至河北高院。

2018年9月10日，河北高院二审认为案涉房产物权并未发生变动，刘某驰依据《离婚协议书》仅对案涉房产享有普通债权请求权，无权排除执行，判决驳回上诉，维持原判。刘某驰向最高人民法院申请再审。

2018年12月26日，最高人民法院裁定驳回刘某驰再审申请。

裁判要点及思路

本案中，最高人民法院认为被执行人刘某的儿子，即案外人刘某驰对案涉房屋，不享有足以排除强制执行的民事权益，无权排除强制执行，裁判思路如下：

一、本案中，被执行人刘某与妻子刘某云具有将夫妻共同所有的房产赠与其子女的意思表示。

二、赠与关系的成立，不以赠与意思表示为准，而是以赠与物所有权转移为准。赠与物所有权转移以办理过户手续为准的，赠与人应当办理过户手续。例外情形：根据《民通意见》第一百二十八条规定，赠与物虽未办理过户，如果受赠人根据赠与合同已经占有、使用赠与物的，赠与关系应认定有效。

三、本案中，受赠人刘某驰的受赠利益能否实现，取决于赠与人刘某是否已现实履行房屋的过户义务。在赠与人未为受赠人就赠与物办理过户手续、转移所有权的情况下，赠与关系并未成立，受赠人刘某驰对案涉房屋不享有所有权。即使受赠人刘某驰已经实际占有案涉房屋，因其父母仅在《离婚协议书》中对于夫妻共同财产如何处理进行安排，并非赠与人与受赠人之间直接签订书面赠与合同，故不适用《民通意见》第一百二十八条规定，本案赠与关系并未成立。

四、因案涉赠与关系未成立，故刘某驰不能基于案涉房屋所有权人或者受赠人身份排除强制执行。因刘某驰并非案涉房屋买受人，不能适用《执行异议和复议规定》第二十八条规定，以无过错买受人身份排除案涉房屋的强制执行。

综上所述，案外人刘某驰对案涉房屋不享有足以排除强制执行的民事权益，无权排除案涉房屋的强制执行。

实务要点总结

赠与行为成立以赠与物所有权转移为准。本案中，最高人民法院认为，赠与行为的成立以赠与物所有权的转移为准，赠与物所有权未转移至受赠人的，赠与行为不成立。但是，司法实践中和理论界，对于赠与合同的性质属于诺成合同还是实践合同一直存在争议。本文暂将上述争议搁置一边，因为无论何种学说，目前司法实践中比较统一的认识是，在受赠人未取得受赠物所有权的情况下，受赠人对该物享有的请求权不具有物权的性质，受赠人无权排除执行。但是，最高人民法院在部分案件中认为，特殊情形下，特定的受领物对受赠子女具有一定生活保障功能，相较于一般债权人而言，受赠子女应优先得到保护。

离婚协议中的赠与条款不同于赠与合同。赠与条款是离婚协议的一部分，夫妻双方在离婚协议中约定将共有财产赠与第三人的，构成第三人利益合同。该合意系夫妻双方达成的赠与第三人的合意，赠与人与受赠人之间并不存在赠与合意，第三人并非赠与条款订立的当事人。这区别于赠与人与受赠人之间订立的《赠与合同》，在双方之间成立赠与的合意，直接约束双方当事人，适用《民通意见》第一百二十八条的规定。因此，夫妻协议离婚时，如将共同所有的财产赠与子女的，应尽量选择与子女单独签订《赠与合同》，而不是仅在离婚协议中约定。

在拟定赠与合同时，务必准确界定合同系附义务赠与、附条件赠与还是双务合同。无偿、单务是赠与合同最突出的法律特征。无偿，即受赠人在取得赠与物的同时，不需要向赠与人给付任何对价，即受赠人纯获利益，而赠与人向受赠人给付财产，也不从受赠人处获得任何补偿或者回报。单务，即赠与人负有将自己的财产给予受赠人的义务，而受赠人并不负有义务。但是，赠与可以附义务。赠与附义务的，受赠人应当按照约定履行义务。附义务赠与中所附的义务，与赠与合同的法律效力无关，不能因为附义务而延缓或解除赠与的效力。附条件赠与中，当事人对赠与行为设定一定的条件，把条件的成就与否作为赠与行为的效力发生或消灭的前提，条件不成立时，赠与合同不生效。但是在双务合同中，受领给付一方依据合同负有某种义务，该义务与给付一方所负义务为相互对应，受领给付一方所负义务是取得受领给付所付出的对价。受领一方未履行义务不影响合同生效。实践中，存在争议较多的是附条件赠与与双务合同之间的界定，一旦法院将当事人之间的协议界定为双务有偿合同，而非赠与合同，就不能适用与赠与有关的法律规定。因此，建议大家在拟定赠与合同时，务必在合同中准确界定合同的性质，防止以后各方就合同性质产生争议。

夫妻一方擅自将夫妻共同财产赠与他人，赠与行为无效。在婚姻关系存续期间，夫妻双方对共同财产不分份额地共同享有所有权，夫或妻非因日常生活需要处分夫妻共同财产时，应当协商一致，任何一方无权单独处分夫妻共同财产。如果夫妻一方超出日常生活需要擅自将共同财产赠与他人，这种赠与行为应认定为无效；夫妻中的另一方以侵犯共有财产权为由请求返还的，人民法院应予支持。

夫妻协议离婚将夫妻共同财产赠与子女的，一方不得任意撤销赠与行为。离婚协议中赠与子女房产的行为是建立在人身关系基础之上的，其有别于单纯的赠与行为，不能当然适用合同法中关于赠与的规定。在离婚诉讼中，如果准许一方当事人任意撤销离婚协议中的赠与行为，不仅会导致不法侵占他人财产的现象发生，而且也会给善意一方或者子女造成物质和精神损害，与法律精神相悖。因此，协议离婚时夫妻双方达成的将房产赠与子女的条款，在双方当事人已经协议离婚的情况下，一方反悔请求撤销赠与条款的，人民法院经审查没有欺诈、胁迫的情形，应当判决驳回其诉讼请求。

相关法律规定

《民法典》（2020 年 5 月 28 日公布）

第六百五十九条[①]　赠与的财产依法需要办理登记或者其他手续的，应当办理有关手续。

法院裁判

以下为最高人民法院在裁判文书"本院认为"部分就此问题发表的意见：

本院经审查认为，刘某与其妻刘某云签订的《离婚协议书》中约定案涉房产归儿子、女儿所有，该约定应视为刘某与其妻刘某云将房产赠与儿子、女儿的意思表示。《民通意见》第一百二十八条规定："公民之间赠与关系的成立，以赠与物的交付为准。赠与房屋，如根据书面赠与合同办理了过户手续的，应当认定赠与关系成立；未办理过户手续，但赠与人根据书面赠与合同已将产权证书交与受赠人，受赠人根据赠与合同已占有、使用该房屋的，可以认定赠与有效，但应令其补办过户手续。"根据该规定，赠与关系的成立，必须以赠与物的交付为准，对于房屋则必须办理过户手续，否则赠与关系不成立。本案中，刘某、刘某云仅是在《离婚协议书》中对赠与房产作出了意思表示，协议虽然对刘某驰设定了利益，但该利益是否实现取决于刘某、刘某云是否已现实履行赠与房产的产权过户义务。《离婚协议书》作出后，刘某、刘某云并未将房产办理至其子女名下，而是办理至刘某名下。对于

[①] 原《民法通则》第一百二十八条。

本案中的房产赠与而言，在刘某将房产过户至刘某驰之前，赠与关系并未成立，刘某驰对于房产不享有所有权。即使刘某已将房屋的产权证书交与刘某驰，但因《离婚协议书》是刘某、刘某云之间对于离婚财产如何处理的安排，而并非刘某与其子女之间签订的书面赠与合同，故不能根据《民通意见》认定赠与有效。至于刘某驰申请再审认为刘某未在离婚后一年内撤销赠与因而赠与有效的问题，因本案中赠与关系并未成立，不存在撤销的必要，刘某是否作出撤销的意思表示都不能使房产所有权发生变化。关于刘某驰申请再审认为应参照适用《执行异议和复议规定》第二十八条的问题，《执行异议和复议规定》第二十八条是买受人对于被执行人名下的不动产提出异议如何处理的规定，而本案中刘某驰是受赠人，两者之间的法律关系存在重大区别，不存在参照适用的条件。综上，案涉房产所有权并未发生转移，刘某驰不享有足以排除强制执行的民事权益，一、二审判决认定事实和适用法律均无不当。

依照《民事诉讼法》第二百零四条第一款、《民诉法解释》第三百九十五条第二款规定，裁定如下：驳回刘某驰的再审申请。

案件来源

《刘某驰、王某珠再审审查与审判监督民事裁定书》【（2018）最高法民申6053号】

延伸阅读

一、夫妻协议离婚将夫妻共同财产赠与子女，由于受赠子女对受赠物享有的请求权具有特定指向且具有生活保障功能，该请求权优先于一般的金钱债权，有权排除一般金钱债权人的强制执行。

案例一：《郑州市顺某丰投资担保有限公司、吕某然再审审查与审判监督民事裁定书》【（2018）最高法民申5671号】

最高人民法院审查认为，经二审法院查明，刘某敏夫妻于2009年5月21日签订《离婚协议书》，约定诉争房产归女儿吕某然所有，该约定是就婚姻关系解除时财产分配的约定，在诉争房产办理过户登记之前，吕某然享有的是将诉争房产的所有权变更登记至其名下的请求权。综合比较该请求权与顺某丰公司对刘某敏所形成的金钱债权，吕某然享有的请求权远远早于顺某丰公司对刘某敏形成的金钱债权，具有特定指向，系针对诉争房产的请求权，且诉争房产作为刘某敏夫妻婚姻关系存续期间的夫妻共同财产，婚姻关系解除时双方约定归女儿吕某然所有，具有生活保障功能，吕某然的请求权应当优于顺某丰公司的金钱债权。二审判决从吕某然的请求权与顺某丰公司的金钱债权所形成的时间、内容、性质以及根源等方面分析考量，最终认定吕某然对诉争房产所享有的权利能够阻却顺某丰公司对案涉房产的执行，有理有据，并无不当。顺某丰公司主张吕某然与刘某敏一致默认诉争房产的实际所有人为刘某敏，缺乏有效证据支持，本院不予采信。至于顺某丰公司提出本案应以本院（2017）最高法民申 3915 号民事裁定作为参考的主张，因该案与本案案情不同，对本案并不具有参考性，其该项申请再审理由亦不能成立。本案不存在适用《执行异议和复议规定》第二十八条规定的情形，对于顺某丰公司提出本案不能比照执行该条法律规定的主张，本院不予理涉。

二、债务人将其所有物赠与他人，普通债权人因对债务人所有物无独立请求权，无权以第三人身份介入债务人与受赠人的争议解决程序中。

案例二：《谢某荣与刘某武民事其他一案二审民事裁定书》【（2018）最高法民终 1292 号】

最高人民法院认为，在本案中，谢某荣所针对的原案之诉讼标的是刘某武与刘某之间的赠与合同关系。原案法律关系发生的时间是 2006 年。谢某荣不是赠与合同关系中的一方当事人，其将款项借给刘某武并非基于对刘某武享有案涉房屋权益的依赖，其更非对案涉房屋享有优先权的债权人。谢某荣作为刘某武的普通债权人，对原案的诉讼标的无独立请求权，并非原案有独立请求权的第三人。进言之，原案的处理结果不会导致谢某荣承担法律义务或责任，谢某荣亦没有证据证明刘某武与刘某存在恶意串通、虚假诉讼的情形。虽然谢某荣依据（2015）郴民一终字第 1156 号民事判决申请执行案涉房屋一半产权，原案的处理结果会影响刘某武的责任财产情况，进而影响到谢某荣债权的实现，但这种利害关系仅为事实上的利害关系，而非法律上的利害关系，谢某荣依旧享有对刘某武的债权，故谢某荣亦非原案无独立请求权的第三人。因此，谢某荣不具备提起本案第三人撤销之诉的主体资格。

三、赠与合同签订后，赠与物的所有权未转移至受赠人，赠与行为不成立，受赠人无权排除法院对受赠物的强制执行。

案例三：《魏某明、中国农业银行股份有限公司某分行再审审查与审判监督民事裁定书》【（2018）最高法民申 1940 号】

最高人民法院认为，本案中，执行法院在查封案涉房产时，魏某明并未合法占有该房产，且案涉房产系魏某明购买商铺所获赠与，现魏某明未提交证据证明该房产系用于居住且其名下无其他用于居住的房屋，故该房产不符合上述司法解释规定的情形，即魏某明对该房产的实体权益并不能排除法院的强制执行措施，一、二审法院驳回其诉讼请求并无不妥。因魏某明系基于《赠与合同》受赠房产所引发的案外人执行异议之诉，一、二审法院依据《合同法》《物权法》《民事诉讼法》及其司法解释的相关规定，厘清各方当事人之间的法律关系，最终确定魏某明并不享有排除强制执行的实体权益，适用法律并无不当。魏某明认为一、二审判决适用法律错误的理由不能成立，本院不予支持。

四、债务人在不能清偿全部债务时转让财产，损害债权人利益，债权人可以请求法院撤销债务人转让行为。

案例四：《东营某村镇银行股份有限公司、孟某萍债权人撤销权纠纷再审民事判决书》【（2018）最高法民再 437 号】

最高人民法院认为，前述事实表明，某银行申请法院所采取的保全措施因本案之外的因素导致其申请保全的目的无法完全实现。本案再审期间，孟某萍虽提供了正某公司、孟某萍银行账户交易明细等证据，以证明孟某萍将案涉 B16 号房屋转让孟某增的行为并不损害债权人某银行的债权。但在案证据显示，正某公司、孟某萍、宋某等涉及多起诉讼，正某公司的资产亦被法院采取查封措施，正某公司曾偿还银行贷款本金以及有银行存款的事实，并不足以证明正某公司、孟某萍等债务人具有完全偿还债务的能力。故孟某萍将案涉 B16 号房屋转让孟某增的行为损害了债权人某银行的债权。

五、商品房买卖过程中，买卖双方之间签订的《赠与协议》系以《买卖合同》履行为附随条件，买受人基于《赠与协议》对受赠物仅享有使用权，无权排除法院对受赠物的强制执行。

案例五：《刘某芬、谭某富二审民事判决书》【（2018）最高法民终 1331 号】

最高人民法院认为，根据双方当事人的上诉请求和答辩意见，本案争议焦点是：刘某芬对"溪谷雅苑"小区×栋×单元×号储藏室享有的使用权是否足以排除强制执行。根据原审查明事实，金某源公司与刘某芬签订的所有《赠与协议》约定，以刘某芬全面履行《商品房购销合同》为附随条件，将案涉储藏室使用权赠与刘某芬使用。因刘某芬对案涉储藏室仅享有使用权，一审法院认定本案不适用《执行异议和复议规定》第二十八条规定正确。《赠与协议》虽名为赠与协议，但合同亦约定以刘某芬全面履行《商品房购销合同》为附随条件，相应的储藏室使用权对价也蕴含在《商品房购销合同》的交易对价之中。一审法院执行中的司法评估报告（2018）评鉴字第 163 号《房地产估价报告》中已去除了刘某芬对案涉储藏室使用权的价值，评估案涉储藏室的其他价值为 0，即使执行中进行查封及拍卖也不影响刘某芬对案涉储藏室的使用，刘某芬以其对案涉储藏室享有使用权为由拟阻却一审法院的查封拍卖行为，本院不予支持。若评估拍卖等执行行为中实际处分了刘某芬对案涉储藏室的使用权，其可另寻救济。一审法院判决结果并无不当，本院予以维持。

六、受赠人所负义务是取得赠与财产所付出的对价，《赠与协议》属于双务有偿合同，而非附义务的赠与合同。

案例六：《王某宇、河南融某置业有限公司合同纠纷再审审查与审判监督民事裁定书》【（2018）最高法民申610号】

最高人民法院认为，即便在附义务的赠与中，受赠人虽按照合同约定负有某种义务，但该义务与赠与人所负义务并不是相互对应的，也就是说受赠人所附义务并非取得赠与财产所付出的对价。具体到本案，《抚恤协议书》第三条、第四条、第五条约定，李某作为协议一方当事人需要负担的义务为：支持王某宇对好某家公司的收购，并不再就该项投资以及其他王氏家族产业提出任何权利要求；需要承担的违约责任为：如因李某的行为导致王某宇投资失败或者李某有损害子女权益的行为，王某宇有权收回协议约定的租金收益、抚恤金，李某还应赔偿王某宇的全部经济损失。从上述约定看，李某代表其未成年子女获得抚恤金的同时，其放弃的权利和承担的违约责任是明确具体的，该负担不是接受赠与的附随义务，而是条件和对价。另外，《抚恤协议书》还约定，如王某宇违约需双倍赔偿抚恤金，而根据《合同法》的规定，赠与人不交付特定性质的赠与财产的，受赠人仅可要求交付，而要求支付违约金并无法律依据。因此，《抚恤协议书》的前述约定不符合赠与合同无偿、单务的法律特征。基于以上，原判决认定《抚恤协议书》系双务有偿合同，而非赠与合同，并无不当。

七、夫妻将夫妻共同所有的房屋赠与子女但未过户的，受赠子女无法取得赠与财产，无权排除强制执行。

案例七：《王某轩、贺某明再审审查与审判监督民事裁定书》【（2017）最高法民申3404号】

最高人民法院认为，《合同法》第一百八十七条规定："赠与的财产依法需要办理登记等手续的，应当办理有关手续。"房屋则是需要办理登记等手续的财产，在案涉房屋登记在王某轩名下之前，王某轩尚未取得赠与财产，更谈不上对赠与财产即案涉房产进行合理使用取得收益。因此，原判决认定王某权、姚某春以王某轩的名义签订案涉房屋购买合同时，王某轩没有独立经济来源不属于缺乏证据证明。原判决认定案涉房屋系家庭共同财产有证据证明。王某权、姚某春以王某轩名义签订案涉房屋购买合同的时间是2010年11月2日，王某权与贺某明签订借款合同的时间是2012年8月24日,王某权、姚某春将案涉房屋登记在王某轩名下的时间是2013年6月4日。王某权、姚某春将涉案18套房屋登记在未成年子女王某轩名下时,王某权、姚某春尚未归还贺某明借款,因此王某轩认为其取得案涉房屋未损害贺某明利益的理由不成立。另,案涉房屋一直由王某权、姚某春夫妻用于经营,明显超出王某轩的基本生活需要。因此,原判决综合分析房屋购买时间、产权登记时间、王某权对贺某珠负债情况及购房款的支付,认定案涉18套房屋应为王某权、姚某春、王某轩的家庭共有财产有证据证明。

八、夫妻一方以不知情为由,主张另一方对外赠与夫妻共同财产的行为无效或应被撤销的,法院应结合整体案件事实和生活常理,综合认定主张人是否知情。

案例八:《林某云与某县见义勇为工作协会赠与合同纠纷一案再审民事裁定书》【(2019)最高法民申2692号】

最高人民法院认为,从一、二审查明的案件事实来看,案涉捐赠标的为黄某明、林某云夫妻关系存续期间的夫妻共同财产,而黄某明捐赠案涉实验基地非因日常生活所需且系重大事项,依法应有夫妻双方共同的意思表示。现林某云主张其不知晓捐赠,黄某明无权擅自捐赠夫妻共同财产,应为无效。但黄某明将案涉实验基地无偿捐赠给见义勇为协会时所出具的《捐赠书》载明:"我与太太林某云于一九九三年投资一百余万元人民币,在平和县文峰镇柴船村开发创办了亿某达食品有限公司实验基地,……特决定将该实验基地捐赠给贵会……"该《捐赠书》《赠与合同》虽仅有黄某明个人签字,但对于无偿受赠人见义勇为协会来说,根据黄某明出具的捐赠书、黄某明与林某云系夫妻关系、林某云是亿某达公司的副董事长、林某云的弟弟也参与该实验基地事务的管理等事实,见义勇为协会有理由相信林某云知晓捐赠事宜,《捐赠书》《赠与合同》系黄某明与林某云的共同意思表示。林某云主张见义勇为协会刻意隐瞒捐赠事宜,非善意,属恶意侵占,并无新证据证明该主张,其在一、二审中提供的证据亦不足以证明其主张,故本院不予采信。《赠与合同》自签订并实际履行至起诉,其间长达近20年,林某云与黄某明共同生活至黄某明(2012年)去世,林某云主张黄某明从未告知其捐赠的事实难以令人信服。且林某云多次往返香港与内地,林某云的弟弟一直在管理亿某达公司,林某云与其及其他亲戚也保持联系,故林某云称其长期不知道,直至2014年1月回乡整理黄某明遗产时才得知案涉实验基地已捐赠的意见本院难以采信。

九、生效法律文书确认，当子女满足一定条件时，父母一方将夫妻共同财产赠与该子女。在该子女未满足受赠条件且未完成物的所有权转移时，受赠子女无权以实际占有为由排除强制执行。

案例九：《刘某、孙某再审审查与审判监督民事裁定书》【（2017）最高法民申820号】

最高人民法院认为，人民法院对当事人申请再审的审查范围，应当围绕当事人所提出的再审事由进行。本案焦点问题可归纳为申请人刘某对执行标的是否享有足以排除强制执行的民事权益。单县人民法院（2009）单民初字第824号民事调解书确认：单县舜都名园×幢楼×单元×××的房产归田某霞所有，其子结婚时，第三人田某霞将此房产交付其子刘某。从该调解书来看，只有当刘某结婚这个条件满足后，刘某才享有请求其母田某霞将案涉房产交付于他的权利。而根据一、二审查明的事实，该房产一直登记在其父刘某珍名下，并未过户给田某霞或者刘某，而且刘某至二审庭审之日都没有办理结婚登记手续。因此，根据刘某向法院提交的证据，并不能证明刘某取得了案涉房产的所有权。至于刘某在再审申请中提出其是因接受赠与而获得父母财产，从而合法占有房屋，本院认为其母田某霞在对案涉房产提起的执行异议中多次表明房产归其所有，与申请人刘某申诉理由相矛盾，并且刘某并未就赠与提供相应证据予以证明，故不能仅凭占有就当然阻却执行，故二审法院认为刘某不能证明其对案涉房产享有足以排除强制执行的民事权益并无不当。

十、债务人明知有欠款未偿还的情况下，仍以子女名义购买房屋的行为严重影响债务人的责任财产，损害债权人利益。债权人有权申请执行债务人以其资金为子女所购的房产。

案例十：《周某宏与周某定申请执行人执行异议之诉一案再审民事裁定书》【（2019）最高法民申2508号】

最高人民法院认为，本案中，涉案房屋的《商品房买卖合同》系由周某传签订，购房款也系周某传全款支付，周某宏并未参与《商品房买卖合同》的签订及购房款的支付，二审法院认定周某传系以其女周某宏的名义购买诉争房屋，周某传系涉案房屋《商品房买卖合同》的实际买受人并不缺乏事实依据。周某宏、周某传、韩某书关于父母赠与子女货币买房的陈述，与前述查明的周某传为《商品房买卖合同》的实际缔约行为人并直接向开发商支付房款的事实不符，其以此要求本案进入再审的理由不充分，本院不予支持。

周某传以其女周某宏名义购房以及周某宏取得不动产权证的时间均要晚于周某定基于民间借贷所形成金钱债权的时间。周某传、韩某书在明知尚有欠债未予偿还的情况下，仍以其女周某宏的名义购买涉案房屋，且在法院判决周某传、韩某书承担还款责任并申请强制执行后仍一直未能履行，其行为显然已构成对债权人的损害。因此，周某传、韩某书关于其经济宽裕、出资为子女购房未损害周某传债权的主张亦不能成立。二审法院认定在周某定与周某传借贷以及最终形成金钱债权的过程中，出资购买涉案房屋并转移到子女名下严重影响到了周某传与韩某书的责任财产，对周某定债权的实现构成了重大不利影响，亦不缺乏事实依据。应据实认定周某传系《商品房买卖合同》的实际权利义务人，涉案房屋作为家庭共有财产，应对家庭对外债务承担责任，二审法院在事实认定及法律适用方面并无明显不当之处。

026 对法院财产保全有异议，案外人能否请求解封？

> 只有被保全财产属于诉讼争议标的以外的财产时，案外人才有权请求解封

阅读提示

所谓财产保全，是指人民法院在利害关系人起诉前或者当事人起诉后，为保障将来的生效判决能够得到执行或者避免财产遭受损失，根据当事人申请，对当事人的财产或者争议的标的物，采取限制当事人处分的强制措施。近年来，当事人为了防范裁判文书不能执行的风险多会选择向人民法院申请采取诉讼保全，提供一定的保全担保，及早控制另一方当事人的财产，防止当事人一方恶意转移或者主动与债权人就归还债务进行谈判。如果案外人认为保全的财产归其所有，法院保全行为错误，应该如何救济？不同的救济途径下应该满足的条件是什么？

裁判要旨

案外人对人民法院作出的保全裁定或者保全裁定实施过程中的行为不服，案外人提出异议必须满足被保全的财产属于"诉讼争议标的以外的财产"这一前提条件。案外人享有足以排除强制执行的民事权益的，有权排除执行。

案情简介

在某百货站诉宏某达公司建设用地使用权转让合同纠纷一案中,某百货站申请天津高院,保全查封宏某达公司名下财产(包括案涉房屋)。

案外人隋某棠以其系案涉房屋实际权利人为由,提出书面异议,请求天津高院解除查封。天津高院裁定驳回其执行异议,隋某棠提起执行异议之诉。

2018年3月,天津高院一审认为,查封的案涉房屋属于某百货站与宏某达公司诉讼争议标的范围内的财产,隋某棠提出的请求不符合案外人执行异议之诉的提起条件,裁定驳回隋某棠起诉。隋某棠不服,上诉至最高人民法院。

2018年12月,最高人民法院裁定驳回隋某棠上诉,维持原裁定。

裁判要点及思路

本案的争议焦点为隋某棠提出的请求是否符合案外人执行异议之诉的提起条件,即隋某棠能否通过案外人异议和执行异议之诉程序,请求法院解除对案涉房屋的保全行为。

根据《最高人民法院关于人民法院办理财产保全案件若干问题的规定》第二十七条规定:"人民法院对诉讼争议标的以外的财产进行保全,案外人对保全裁定或者保全裁定实施过程中的执行行为不服,基于实体权利对被保全财产提出书面异议的,人民法院应当依照民事诉讼法第二百二十七条规定审查处理并作出裁定……"隋某棠如通过案外人执行异议和执行异议之诉程序请求天津高院解除案涉房屋查封,需要满足两个条件:一、案涉房屋不属于诉讼争议标的以外的财产;二、隋某棠对案涉房屋享有足以排除强制执行的民事权益。

关于第一个条件,由于案涉房屋系另案"某百货站诉宏某达公司建设用地使用权转让合同纠纷一案"诉争争议标的范围内的财产,因此,隋某棠不符合救济程序启动的要件;关于第二个条件,最高人民法院认为,由于另案生效法律文书仅确认隋某棠与宏某达公司之间签订的购房协议有效,并未支持隋某棠要求宏某达公司为其办理过户手续的诉讼请求,隋某棠不是案涉房屋的物权所有人。不管能不能从已经生效的法律文书不支持隋某棠过户请求推断出隋某棠对案涉房屋不享有物权,至少,在隋某棠请求排除案涉房屋强制执行时,隋某棠并未取得足以排除强制执行的民事权益。

综上所述,隋某棠不符合起诉条件,根据《民诉法解释》第二百零八条第三款规定,裁定驳回起诉。

实务要点总结

保全裁定的作出不同于保全裁定的实施，案外人对裁定有异议只能申请复议。保全包括诉前保全和诉讼中保全两种，法院根据当事人申请，依据法律规定裁定是否同意当事人保全申请，继而作出保全裁定。保全裁定属于中间性、临时性、程序性裁定，目的是通过维持被申请人或者利害关系人的财产现状，为将来生效判决确定的内容得以实现提供保障，最终是否被执行处于不确定状态。虽然保全裁定本身涉及对保全财产权属的判断，但是该判断同样处于不确定状态，所以，如果案外人对保全裁定有异议，根据《民事诉讼法》第一百零八条规定，应当向作出保全裁定的审判机构申请复议。

案外人对裁定实施行为有异议，应通过执行异议、执行异议之诉程序救济。实践中，法院作出的保全裁定分为两种，第一种是保全裁定直接确定特定的保全财产，例如：保全裁定直接确定查封某一特定财产，案外人如果认为所要查封的财产属于其所有或者对该特定财产拥有足以排除执行的民事权益，属于审判程序中的异议，应当向作出保全裁定的审判机构进行复议。第二种是如果保全裁定并没有明确保全特定的财产，只是笼统地载明"查封被申请人价值×××元的财产"，后续，执行机构在实施保全裁定的过程中查封了特定财产，案外人对法院查封该特定财产有异议的，则属于执行程序中的异议，应当向执行法院提出案外人异议和执行异议之诉。需要注意的是，最高人民法院有观点认为，对于后一种情况，案外人基于实体权利对保全实施行为提出的异议被驳回后，在执行阶段不能对同一执行标的提起案外人异议。

诉讼保全救济相关规定的适用问题存在争议。现有关于诉讼保全救济的相关条文比较分散，《最高人民法院关于执行权合理配置和科学运行的若干意见》第十七条、《最高人民法院关于人民法院办理财产保全案件若干问题的规定》第二十七条、《民事诉讼法》第二百二十七条及《民诉法解释》第一百七十一条就诉讼保全救济的规定存在差异。本书认为，按照《民事诉讼法》第二百二十七条规定，赋予案外人对诉讼保全裁定以及裁定实施行为存在异议时，提起案外人异议的权利较为符合法理，有利于保障案外人合法权利。

案外人对保全标的物争议案件，有权作为有独立请求权的第三人参加诉讼或者提起第三人撤销之诉。《最高人民法院关于人民法院办理财产保全案件若干问题的规定》第二十七条将案外人提出执行异议的前提条件设定为：标的物要求为"诉讼争议标的以外的财产"，是由于：如果保全的标的物属于正在进行的诉讼争议标的，案外人提出异议，必然是认为其系该标的物所有权人或者对该物之上享有其他足以排除执行的实体权利，那么就说明案外人与正在进行的案件存在利害关系，可以对本诉原告和被告争议的诉讼标的或标的物主张独立的请求权，从节约司法资源的角度出发，应以有独立请求权第三人身份参加诉讼。需要注意的是，根据最高人民法院相关裁判观点，有独立请求权的第三人参加诉讼，应由该第三人以提起诉讼的方式进行，而非由人民法院通知参加诉讼。其不以有独立请求权的第三人身份提起诉讼，参加到原一审诉讼中的，属于自主处分诉讼权利，由此产生的法律后果，不能归咎于原审法院。

案外人不可对保全标的物提起确权之诉。《民诉法解释》第三百一十二条第二款规定："案外人同时提出确认其权利的诉讼请求的，人民法院可以在判决中一并作出裁决。"由于执行异议之诉中包括对于标的物归属的审查，既然能通过执行异议之诉或者以第三人身份参加诉讼，那么就不需要另外通过确权之诉加以解决。根据《最高人民法院关于执行权合理配置和科学运行的若干意见》第二十六条规定："审判机构在审理确权诉讼时，应当查询所要确权的财产权属状况，发现已经被执行局查封、扣押、冻结的，应当中止审理；当事人诉请确权的财产被执行局处置的，应当撤销确权案件；在执行局查封、扣押、冻结后确权的，应当撤销确权判决或者调解书。"由此可知，案外人不可针对保全标的物单独提起确权之诉。另外，在金钱债权执行中，即使案外人在法院保全之后单独提起确权请求获得胜诉判决的，案外人依据执行标的被查封、扣押、冻结后作出的另案生效法律文书提出排除执行异议的，人民法院不予支持。

相关法律规定

《民事诉讼法》（2021年12月24日修正）

第一百一十一条[①] 当事人对保全或者先予执行的裁定不服的，可以申请复议一次。复议期间不停止裁定的执行。

第二百三十四条[②] 执行过程中，案外人对执行标的提出书面异议的，人民法院应当自收到书面异议之日起十五日内审查，理由成立的，裁定中止对该标的的执行；理由不成立的，裁定驳回。案外人、当事人对裁定不服，认为原判决、裁定错误的，依照审判监督程序办理；与原判决、裁定无关的，可以自裁定送达之日起十五日内向人民法院提起诉讼。

---

① 原第一百零八条。
② 原第二百二十七条。

《最高人民法院关于适用〈中华人民共和国民事诉讼法〉的解释》（2022年3月22日修正）

第一百七十一条① 当事人对保全或者先予执行裁定不服的，可以自收到裁定书之日起五日内向作出裁定的人民法院申请复议。人民法院应当在收到复议申请后十日内审查。裁定正确的，驳回当事人的申请；裁定不当的，变更或者撤销原裁定。

第二百零八条② 人民法院接到当事人提交的民事起诉状时，对符合民事诉讼法第一百二十二条的规定，且不属于第一百二十七条规定情形的，应当登记立案；对当场不能判定是否符合起诉条件的，应当接收起诉材料，并出具注明收到日期的书面凭证。

需要补充必要相关材料的，人民法院应当及时告知当事人。在补齐相关材料后，应当在七日内决定是否立案。

立案后发现不符合起诉条件或者属于民事诉讼法第一百二十七条规定情形的，裁定驳回起诉。

《最高人民法院关于人民法院办理财产保全案件若干问题的规定》（2020年12月23日修正）

第二十七条 人民法院对诉讼争议标的以外的财产进行保全，案外人对保全裁定或者保全裁定实施过程中的执行行为不服，基于实体权利对被保全财产提出书面异议的，人民法院应当依照民事诉讼法第二百二十七条规定审查处理并作出裁定。案外人、申请保全人对该裁定不服的，可以自裁定送达之日起十五日内向人民法院提起执行异议之诉。

人民法院裁定案外人异议成立后，申请保全人在法律规定的期间内未提起执行异议之诉的，人民法院应当自起诉期限届满之日起七日内对该被保全财产解除保全。

法院裁判

以下为最高人民法院在裁判文书"本院认为"部分就此问题发表的意见：

天津市高级人民法院依法查封宏某达公司名下包括某大厦1-924、1-925、1-926号三套房屋在内的财产，系该院在审理某百货站诉宏某达公司建设用地使用权转让合同纠纷一案中依某百货站的申请依法采取的诉讼财产保全措施。对于案外

---

① 原第一百七十一条。
② 原第二百零八条。

人在诉讼财产保全阶段对被保全财产提出的异议，应依照《最高人民法院关于人民法院办理财产保全案件若干问题的规定》第二十七条"人民法院对诉讼争议标的以外的财产进行保全，案外人对保全裁定或者保全裁定实施过程中的执行行为不服，基于实体权利对被保全财产提出书面异议的，人民法院应当依照民事诉讼法第二百二十七条规定审查处理并作出裁定"的规定进行审查。根据该条规定，案外人对人民法院作出的保全裁定或者保全裁定实施过程中的行为不服的，基于实体权利对被保全财产提出书面异议的前提条件为被保全的财产属于"诉讼争议标的以外的财产"。天津市高级人民法院依法查封宏某达公司名下包括某大厦1-924、1-925、1-926号三套房屋在内的财产，属于某百货站与宏某达公司诉讼争议标的范围内的财产。另外，隋某棠虽已经向宏某达公司交付了某大厦1-924、1-925、1-926号三套房屋的房款，但一直未办理登记过户，天津市河北区人民法院（2015）北民初字第1324号生效判决虽然认定隋某棠与宏某达公司签订的某大厦1-924、1-925、1-926号三套房屋的《天津市宏某达物业发展有限公司房屋订购协议》合法有效，但并未支持隋某棠要求宏某达公司为其办理过户手续的诉讼请求。隋某棠不是某大厦1-924、1-925、1-926号三套房屋的物权所有人。因此，天津市高级人民法院依某百货站的申请依法对某大厦1-924、1-925、1-926号三套房屋采取诉讼财产保全措施并无不当。隋某棠提出的请求不符合案外人执行异议之诉的提起条件，天津市高级人民法院裁定驳回其起诉并无不当。综上，隋某棠的上诉请求不能成立，一审裁定认定事实清楚、适用法律正确，依照《民事诉讼法》第一百七十条第一款第一项、第一百七十一条规定，裁定如下：驳回上诉，维持原裁定。

案件来源

《隋某棠、某省驻天津百货采购供应站二审民事裁定书》【（2018）最高法民终505号】

延伸阅读

一、非金钱债权执行过程中，案外人不能以无过错买受人身份，依据《执行异议和复议规定》第二十八条规定请求法院解除诉讼保全行为。

案例一：《广西桂某房地产有限责任公司、彭某进二审民事判决书》【（2018）最高法民终580号】

最高人民法院认为，本案执行异议之诉针对的查封行为，是一审法院在审理

（2016）桂民初8号桂某公司诉广西联某投资集团有限公司、尔某公司、柳州市泛某投资有限公司、覃某权、覃某军、覃某超抵押担保合同纠纷一案中，依据桂某公司的财产保全申请所作的查封行为。一审法院于2015年12月14日作出（2015）桂民二初字第7-1号民事裁定，裁定查封保证人尔某公司价值124928000元的财产，并于2015年8月10日查封案涉房屋。彭某进于2016年12月8日向一审法院书面提出案外人异议申请，请求解封案涉房屋。该院于2017年1月4日作出（2016）桂执异1号裁定书，裁定驳回彭某进的异议申请。桂某公司对（2016）桂民初8号案的一审判决不服，向本院提起上诉，本院于2017年6月30日作出52号判决，其中相关判项内容是："柳州市尔某房地产开发有限公司于本判决生效之日起十日内以其持有的柳州市××环路××号国有土地使用权、持有的柳州市南环6号尔海南山御景相关物业等非住宅房产，为广西桂某房地产有限责任公司办理抵押登记手续。"可见，52号判决相关判项的执行内容并非金钱债权的执行，本案执行异议之诉针对的查封行为源于诉讼保全，并非对该判项的直接执行，不应适用《执行异议和复议规定》第二十八条，一审判决法律适用确有不当。

二、保全裁定的执行性质上属于控制性执行行为，不涉及财产权属和处分，应按照非财产案件标准的规定交纳案件受理费用。

案例二：《中国新某建筑工程有限责任公司、北京千某元晨企业策划有限公司申请执行人执行异议之诉二审民事判决书》【（2018）最高法民终646号】

最高人民法院认为，关于本案案件受理费问题。诉讼财产保全是人民法院在受理案件之后、作出判决之前，对当事人的财产采取的限制当事人处分的临时措施。保全裁定的执行性质上属于控制性执行行为，不涉及财产权属和处分。本案新某公司请求准予继续执行登记在宝某公司名下的案涉土地使用权的保全措施。当事人争议的焦点问题是应否对登记在宝某公司名下的案涉土地使用权采取保全措施，不涉及案涉土地使用权的权属和处分。故应按《诉讼费用交纳办法》第十三条第一款第二项关于非财产案件标准的规定交纳案件受理费。一审判决确定本案案件受理费按财产案件标准交纳，显属不当，本院予以纠正。

三、保全错误的，被保全人的实际损失，应为被保全财产在构成保全错误时与保全结束时两个时点的价差，以及构成保全错误时的价款对应的资金利息损失。

案例三：《金某国际控股有限公司、星某化工（漳州）有限公司因申请诉中财产保全损害责任纠纷二审民事判决书》【（2018）最高法民终356号】

最高人民法院认为，关于损失计算，《侵权责任法》第六条第一款规定："行为人因过错侵害他人民事权益，应当承担侵权责任。"第十九条规定："侵害他人财产的，财产损失按照损失发生时的市场价格或者其他方式计算。"据此，被保全人的实际损失，应为被保全财产在构成保全错误时与保全结束时两个时点的价差，以及构成保全错误时的价款对应的资金利息损失。本案中，金某公司的经营范围包括燃料油的批发与零售，故金某公司持有案涉燃料油显然并非为了生产而自用，而是用于出售以获取销售利润。可见，如非被查封，则金某公司将会在合理期间内尽快出售燃料油以获取销售利润。因此，应当以构成保全错误时即 2015 年 1 月 13 日的市场价与保全解除时即 2015 年 9 月 9 日的市场价之间的差额，以及 2015 年 1 月 13 日燃料油市场价对应的资金利息损失，计算金某公司的实际损失。

四、当被执行人有多个债权人且其财产不足以清偿其全部债务时，申请保全在先的债权人并不对被保全的财产享有法定的优先受偿权，被执行人被保全的财产应当由适格债权人公平受偿。

案例四：《叶某军、杨某斌执行分配方案异议之诉再审民事判决书》【（2018）粤民再 16 号】

最高人民法院认为，申请财产保全在先的行为并不是在参与分配程序中获得优先分配的依据。首先，财产保全制度是为了防止债务人在诉讼期间恶意转移或处分财产导致日后判决难以或无法执行而设立的一种强制措施，是为了日后执行，并非对申请人权利的担保。其次，优先权既可以是法定权利，也可以是意定权利。从我国法律对优先受偿权的规定来看，财产保全在先并不能因此获得法定的债权优先受偿权。因而，当被执行人有多个债权人且其财产不足以清偿其全部债务时，申请保全在先的债权人并不对被保全的财产享有法定的优先受偿权，被执行人被保全的财产应当由适格债权人公平受偿。从杨某斌债权人之间的关系来看，本案其他适格债权人也未承诺王某超有优先受偿的权利。故王某超以其申请保全在先为由，主张其债权在执行分配中享有优先受偿权，该主张不应予以支持。

五、即使建设工程承包人逾期行使工程价款优先受偿权，也是后续参与分配过程中需厘清的问题，并不妨碍建设工程承包人提起财产保全申请。

案例五：《苏某华、宏某建工集团有限公司申请执行人执行异议之诉再审审查与审判监督民事裁定书》【（2018）最高法民申 5297 号】

最高人民法院认为，该条规定虽未明确建设工程价款优先受偿权的行使方式，但对于建设工程价款优先受偿权的行使一般通过提起优先受偿权确认之诉，包括承包人单独提起建设工程价款优先受偿权确认之诉，也包括在工程款诉讼中一并提出确认其享有工程价款优先受偿权。根据《民事诉讼法》第一百条第一款规定："人民法院对于可能因当事人一方的行为或者其他原因，使判决难以执行或者造成当事人其他损害的案件,根据对方当事人的申请,可以裁定对其财产进行保全、责令其作出一定行为或者禁止其作出一定行为;当事人没有提出申请的,人民法院在必要时也可以裁定采取保全措施。"执行程序是相对独立的法律程序,并没有排除其他债权人参与分配的可能。案涉房屋实际竣工日期根据宁德市中级人民法院(2016)闽09初98号判决书查明事实确定为2014年10月10日,但至2015年10月27日本案工程款数额才经双方当事人结算确认,一审法院认为宏某公司于2016年4月14日提起建设工程施工合同诉讼并主张优先权未超过《最高人民法院关于建设工程价款优先受偿权问题的批复》①第四条规定的6个月期限,但即使宏某公司逾期行使工程价款优先受偿权,这也是后续参与分配过程中需厘清的问题,并不妨碍宏某公司提起财产保全申请,请求查封案涉房屋。

六、法院受理被执行人重整申请后,有关债务人财产的保全措施应当解除,执行程序应当中止,案外人请求排除债务人财产保全措施的前提和基础不复存在,诉的利益消失,法院应终结审查。

案例六:《郑某英、马某丰再审审查与审判监督民事裁定书》【(2017)最高法民申3116号】

最高人民法院认为,本案中,惠州中院受理了怡某公司的破产重整申请,说明怡某公司进入了破产程序,针对怡某公司的强制执行程序应全部中止,涉案房产也应解除保全并中止执行。此外,根据《企业破产法》第九十二条、第九十三条的相关规定,经人民法院裁定批准的重整计划,对债务人和全体债权人均有约束力,债务人不能执行或者不执行重整计划的,人民法院经管理人或者利害关系人请求,应当裁定终止重整计划的执行,并宣告债务人破产。就本案而言,重整计划经惠州中院批准后,怡某公司现已进入重整计划执行期间。如果重整计划执行成功,包括郑某英在内的各债权人的利益通过重整计划得以实现;如果重整计划执行不成功,则怡某公司进入破产清算程序,各债权人的债权通过破产财产分配方案得以实现。可见,在怡某公司进入重整计划执行期后,本案不再存在马某丰申请人民法院对怡某公司名下的房产强制执行的可能,故郑某英提起执行异议之诉请求对涉案房产排除强制执行的基础和前提已不复存在。"皮之不存,毛将焉附",由于郑某英对涉案房产的利益可以通过破产程序实现,对本案不再具有诉的利益,其针对原二审判决提出的再审申请,即其对涉案房产是否享有足以排除强制执行的民事权益,也就没有了审查的必要,故本院对本案终结审查。

---

① 2021年1月1日起失效。

七、案外人基于实体权利对保全实施行为提出的异议被驳回后，在执行阶段不能对同一执行标的提起案外人异议。

案例七：《中信银行股份有限公司某分行与保定天某集团有限公司金融借款合同纠纷、申请承认与执行法院判决、仲裁裁决案件执行裁定书》【（2015）执复字第46号】

最高人民法院认为，首先，案外人于保全程序或执行程序中基于实体权利提出排除执行异议，性质上均属于《民事诉讼法》第二百二十七条所规定之案外人异议，均由执行机构进行审查，适用法律与审查程序完全一致。保定天某集团保某公司于保全程序中向石家庄中院所提"土地使用权归其所有，请求解除查封"的异议请求，与该公司于执行程序中向河北高院所提异议请求完全一致，均属于对执行财产主张实体权利以排除执行，其他案件当事人亦完全一致，前后两次异议申请争议标的完全重合。因此，在石家庄中院已审理并驳回保定天某集团保某公司案外人异议后，河北高院不能再次审查该公司异议申请。其次，关于该公司所提异议是否符合《执行异议和复议规定》第二十八条的问题，因石家庄中院已驳回其案外人异议，河北高院不能再次通过异议审查程序进行审查……保定天某集团保某公司如不服案外人异议裁定，完全可以按照法律、司法解释的规定与裁定书的提示，自裁定书送达之日起15日内向河北高院提起案外人异议之诉。

027 一般债权人能否申请执行担保人用于担保的保证金专户内资金？

> 一般债权人不能要求执行担保人用于担保的保证金专户内资金

阅读提示

担保人以银行专户内的保证金为借款提供担保时，根据保证金性质的不同，可分为基础保证金和余额保证金。同时，同一银行专户内的保证金可能同时为不同笔贷款的保证金。但一个不容忽视的问题是，担保人除了以银行专户资金为银行债务提供担保，可能还存在其他一般债权人。当担保人逾期未清偿一般债权时，一般债权人可否申请执行担保人银行专户内资金？

裁判要旨

担保人以银行专户为银行提供担保的，银行对保证金专户内资金享有质权。在银行对债务人继续享有债权的情况下，即便此前担保的债务已实际清偿，也应优先保护银行质权。担保人的一般债权人，不得申请执行该银行专户内保证金。

案情简介

2013年7月，鼎某公司在某农商行开立基础质押保证金专户和余额质押保证金专户，基础质押保证金作为担保公司所有担保贷款的还款质押保证金，余额质押保证金按照担保责任发生额的10%在贷款发放前逐笔缴存，并作为该笔贷款的质押保证金。

2016年9月，因周某山（为鼎某公司一般债权人）与鼎某公司等民间借贷纠纷一案，孝感中院扣划鼎某公司在某农商行账户上的存款30万元。

某农商行对执行上述存款提出执行异议，主张虽然保证金专户担保贷款已经归还，但该行再次为商贸公司提供借款时，鼎某公司同意以该专户进行担保却未再次交存保证金。孝感中院以保证金质押合同不成立，裁定驳回某农商行的异议。

某农商行不服，向孝感中院提起案外人执行异议之诉。孝感中院一审认为，某农商行未提交证明质押合同担保的借款已实际发生的证据，故不能认定案涉担保合同有明确的担保对象，案涉《保证金质押合同》未成立，故驳回某农商行的诉讼请求。

某农商行不服，向湖北高院提起上诉。湖北高院二审撤销一审判决，判决不得执行鼎某公司在某农商行开立的保证专户资金。

周某山不服二审判决，向最高人民法院申请再审，最高人民法院驳回周某山的再审申请。

裁判要点及思路

本案的争议焦点为某农商行对案涉30万元保证金是否享有质权。最高人民法院认为，对于鼎某公司在某农商行存入30万元余额保证金，虽然该笔保证金担保的贷款到期已归还，但30万元余额保证金一直存在某农商行专户中。由于该专户具有特定性且一直由某农商行占有和控制，某农商行对该专户内资金享有质权。基于此，在鼎某公司欠缴某农商行业务保证金且某农商行对鼎某公司享有债务的情况下，应优先保护质权人的利益。

分析最高人民法院在该案中的裁判思路，在担保专户内单笔保证金对应的贷款已经清偿未退出担保专户的情况下，占有人失去占有该笔资金的权利基础。担保人对资金占有人（银行）享有返还财产请求权。在占有人基于保证合同对资金所有人享有债权且占有人继续占有该笔资金的情形下，从经济、便利、缩短交付的角度出发，应视为资金所有人以让与返还请求权的方式交付资金，占有人获得继续占有资金的权利基础，占有人对该笔资金享有质权。最高人民法院认为银行作为案外人能够基于质权排除另案中对于占有账户内资金的强制执行。

实务要点总结

债务人的一般债权人无权受偿债务人银行专户内资金。担保人以银行专户为银行等金融机构提供担保，担保人的一般债权人对专户内资金不享有优先于银行的权利，无权优先于银行受偿专户内的资金。担保物权是债权人在债务人不清偿到期债务或出现约定情形时，债权人就担保物的交换价值享有的优先（优先于担保人的普通债权人）受偿的他物权。一般而言，质押人为银行等金融机构担保的债务数额较大，担保人的普通债权人（即使与担保人就担保专户的资金签订质押合同，也无法取得该账户资金的质权）仅能在银行等优先权人的债务足额受偿后，该专户内资金余额退至担保人的一般账户时，普通债权人才有权利受偿。由于普通债权人不享有比质权人更优越的权利，应该自行负担债务人（担保人）无资金实力的风险。因此，建议一般债权人选择担保人提供的其他担保方式。

银行专户资金作为担保物的，在担保期间，专户的资金无论增加还是减少，均担保银行全部债权。这是因为，《担保法司法解释》第七十一条和第七十二条规定了担保物权的不可分性。该特点表现为担保物担保债权的全部和担保物的全部担保债权。由于担保人超比例缴存保证金账户的资金未退出专户，仍属于保证金范畴。从这个意义上讲，担保人担保的单笔主债务得到清偿后，由于对应的保证金仍存在于担保账户中，银行仍对该账户内所有资金享有质权。

最高人民法院倾向于保护担保权人（尤其是银行）。《执行异议和复议规定》第二十七条规定："申请执行人对执行标的依法享有对抗案外人的担保物权等优先受偿权，人民法院对案外人提出的排除执行异议不予支持，但法律、司法解释另有规定的除外。"最高人民法院在本案中认为，银行基于质权可以排除另案中对案涉账户的强制执行，违反该条规定。可见，在司法实践中，最高人民法院保护担保权人的裁判倾向比较明显。

我们认为，抵押权人的优先受偿权实际上是抵押权人对抵押物变价所得的优先分配权，抵押权人对抵押物的支配仅指对抵押物变价所得的支配，而非对抵押物本身的直接支配。抵押权人并非必须通过排除对抵押物强制执行行为来维护自己的权益，通过参与执行分配亦可实现维护己方权益的目的。作为担保物权人，当执行法院对于担保物的强制执行行为已经进入执行分配程序时，如果担保物权人的债权尚未到期，可要求执行法院对抵押物拍卖所得进行提存或者要求债务人提前清偿债务。如果债权债务关系存在争议，可另案提起诉讼同时要求法院中止对抵押物拍卖所得进行分配的执行行为。

相关法律规定

《民法典》（2020年5月28日公布）

第三百八十八条 设立担保物权，应当依照本法和其他法律的规定订立担保合同。担保合同包括抵押合同、质押合同和其他具有担保功能的合同。担保合同是主债权债务合同的从合同。主债权债务合同无效的，担保合同无效，但是法律另有规定的除外。

担保合同被确认无效后，债务人、担保人、债权人有过错的，应当根据其过错各自承担相应的民事责任。

第四百二十七条 设立质权，当事人应当采用书面形式订立质押合同。

质押合同一般包括下列条款：

（一）被担保债权的种类和数额；

（二）债务人履行债务的期限；

（三）质押财产的名称、数量等情况；

（四）担保的范围；

（五）质押财产交付的时间、方式。

《最高人民法院关于人民法院办理执行异议和复议案件若干问题的规定》（2020年12月23日修正）

第二十七条 申请执行人对执行标的依法享有对抗案外人的担保物权等优先受偿权，人民法院对案外人提出的排除执行异议不予支持，但法律、司法解释另有规定的除外。

《最高人民法院关于适用〈中华人民共和国民事诉讼法〉的解释》（2022年3月22日修正）

第三百零九条① 案外人或者申请执行人提起执行异议之诉的，案外人应当就其对执行标的享有足以排除强制执行的民事权益承担举证证明责任。

《最高人民法院关于适用〈中华人民共和国民法典〉有关担保制度的解释》（2020年12月31日公布）

第三十八条② 主债权未受全部清偿，担保物权人主张就担保财产的全部行使担保物权的，人民法院应予支持，但是留置权人行使留置权的，应当依照民法典第四百五十条的规定处理。

担保财产被分割或者部分转让，担保物权人主张就分割或者转让后的担保财产行使担保物权的，人民法院应予支持，但是法律或者司法解释另有规定的除外。

第三十九条③ 主债权被分割或者部分转让，各债权人主张就其享有的债权份额行使担保物权的，人民法院应予支持，但是法律另有规定或者当事人另有约定的除外。

主债务被分割或者部分转移，债务人自己提供物的担保，债权人请求以该担保财产担保全部债务履行的，人民法院应予支持；第三人提供物的担保，主张对未经其书面同意转移的债务不再承担担保责任的，人民法院应予支持。

法院裁判

以下为最高人民法院在判决书"本院认为"部分就某农商行对案涉30万元保证金是否享有质权以及能否排除另案强制执行发表的意见：

某农商行与鼎某公司长期合作，2015年12月28日，鼎某公司按照合同约定及贷款额度，在某农商行存入30万元余额保证金，虽然该笔贷款到期已归还，但30万元余额保证金一直存在某农商行专户中。2017年1月11日，鼎某公司（甲方）、某农商行（乙方）、助某翼公司（丙方）签订《保证金质押合同》，约定由甲方在合同签署后2个工作日内将30万元存入其在乙方某经营部（经开社）开立的余额质押保证金账户，该账户内资金对丙方与乙方依主合同形成的债务提供质押担保。该《保证金质押合同》系三方当事人真实意思表示，不违反法律行政法规强制性规

---

① 原第三百一十一条。
② 原《担保法司法解释》第七十一条。
③ 原《担保法司法解释》第七十二条。

定，合法有效。虽然鼎某公司未按照《保证金质押合同》重新交纳30万元保证金，但在某农商行已履行《流动资金借款合同》实际发放300万元贷款的前提下，原判决认为某农商行主张以鼎某公司为前笔贷款所交纳尚未退还的30万元保证金作为本次贷款保证金具有合理性，并认定该30万元在本次贷款中依然作为余额保证金使用，并无不当。根据《民诉法解释》第三百一十二条第一款第一项"案外人就执行标的享有足以排除强制执行的民事权益的，判决不得执行该执行标的"的规定，以及《担保法司法解释》第八十五条"债务人或者第三人将其金钱以特户、封金、保证金等形式特定化后，移交债权人占有作为债权的担保，债务人不履行债务时，债权人可以以该金钱优先受偿"的规定，原判决认定某农商行对执行标的30万元享有足以排除强制执行的民事权益并无不当。

以下为该纠纷在法院审理阶段，二审法院在"本院认为"部分就某农商行对案涉30万元保证金是否享有质权以及能否排除另案强制执行的论述：

湖北省高级人民法院认为，虽然鼎某公司未按照三方于2017年1月11日签订的《保证金质押合同》约定重新交纳30万元保证金，但是在某农商行已履行主债权合同《流动资金借款合同》实际发放300万元贷款的情况下，某农商行主张以前笔贷款交纳的尚未退还的30万元保证金作为本次贷款的保证金具有合理性，本院予以支持……某农商行有关其对涉案304100元享有质权，足以排除强制执行的上诉理由部分成立，其相应的上诉请求，本院予以支持。

案件来源

《周某山、陕西某农村商业银行股份有限公司案外人执行异议之诉再审审查与审判监督民事裁定书》【最高人民法院（2019）最高法民申930号】

延伸阅读

一、担保人超比例缴存保证金账户的资金，仍属于保证金范畴。由于担保权人对专户内资金基于质权享有优先受偿权，该账户内资金应优先清偿质权人的债权。

案例一：《张某标与中国农业发展银行某分行民间借贷纠纷申请再审民事裁定书》【最高人民法院（2014）民申字第1239号】

最高人民法院认为，就案涉保证金账户，《贷款担保业务合作协议》第四条约定长某担保公司需缴存的保证金不低于其所担保贷款额度的10%，长某担保公司未经农发行某分行同意不得动用该账户内资金，而并无条文约定对该账户内累积的超比例保证金如何处理；第八条约定农发行某分行可以从该账户内扣划与长某担保公司没有按时履行保证责任相应的款项，而并无条文约定扣划额度不能超出每笔贷款对应的10%保证金。另外，从张某标所述的情况看，其申请查封案涉保证金账户时，该账户内的存款余额不足以偿还本案中长某担保公司承保的贷款余额。因此，对张某标关于应根据所对应贷款是否已经清偿分别认定案涉保证金账户内的资金是否为保证金，农发行某分行对该账户内部分资金不享有质权，以及安徽高院未依据其申请调取相关证据错误，应依据《民事诉讼法》第二百条第五项之规定对本案进行再审等主张，本院不予支持。

二、当事人之间可以对业务保证金的质权和返还进行约定。单一债务人已经清偿其全部债务后，该笔业务保证金不因主债务已消灭自动转为普通财产。

案例二：《宜昌市伍家岗区汇某小额贷款有限责任公司、宜昌市九某投资担保有限公司再审审查与审判监督民事裁定书》【最高人民法院（2017）最高法民申4325号】

最高人民法院认为，关于583账户是否存在因主债务清偿而业务保证金质权消灭的问题。《保证金质押总合同》质押合同的出质人为九某公司，而非债务人。根据再审审查查明的《保证金质押总合同》第十条关于业务保证金返还的约定，单一债务人已经清偿其全部债务后，业务保证金不是当然返还，而是需要经质权人同意，不返还的保证金可以用于偿还其他到期未清偿的债权，出质人对此无异议。表明出质人同意该业务保证金可以用作其他到期未清偿债务的担保。这样的质押担保方法，有利于降低企业融资的成本。且2014年12月5日583账户被冻结时，其中的可用业务保证金余额为-25245.21元。故汇某公司以部分债权已经实现为由主张相应保证金已经转化为普通财产的理由本院不予支持。

三、保证金账户内的资金可以区分，与所担保的债务具有一一对应关系，案外人基于质权能够排除另案强制执行程序。

案例三：《某银行股份有限公司唐山分行、某银行股份有限公司唐山迁安支行再审民事判决书》【最高人民法院（2018）最高法民再27号】

最高人民法院认为，根据本案证据，1142账户为鑫某矿业公司开立的信用证保证金账户，账户中的3000万元为与案涉两份信用证一一对应的其项下的保证金……据此，唐山分行、迁安支行对1142账户内的3000万元保证金享有足以排除人民法院强制执行的民事权益，唐山分行、迁安支行诉请人民法院停止对该3000万元的执行，有事实与法律依据，本院予以支持；原审判决认定唐山分行、迁安支行对该款不享有足以排除强制执行的民事权益并据此驳回唐山分行、迁安支行的诉请不当,本院予以纠正。

四、银行专户内的单笔保证金的缴存与所发生的单笔担保业务存在一定的对应关系,当案涉保证金被存入约定的保证金专户时,存入保证金专户的保证金被特定化。

案例四:《交通银行股份有限公司某分行、贵州金某宏业贸易有限公司金融借款合同纠纷再审民事判决书》【最高人民法院(2017)最高法民再 279 号】

最高人民法院认为,关于案涉 200 万元的扣划是否应从 850 万元中扣减,首先,2013 年 9 月 26 日《担保合作协议书》第二条明确约定,银某公司对发生的每一笔担保业务都应将不低于担保债权总额 20% 的资金存入保证金专户,依该约定的文义,每一笔保证金的缴存与所发生的每一笔担保业务存在一定的对应关系。当案涉保证金被存入约定的保证金专户时,存入保证金专户的保证金具有被特定化的特征;其次,《担保合作协议书》第九条第二款所使用的表述是,在约定的相关条件成就时,交通银行无须银某公司授权,有权从银某公司在交通银行开立的任一账户中立即扣划资金用于清偿,并非交通银行有权扣划银某公司保证金用于归还任一先到期债务的约定。因依约定银某公司系针对所发生的每一笔担保业务存入保证金,在交通银行与银某公司对此并无更明确的约定,且无其他相反证据予以证明的情况下,一、二审法院将交通银行 2014 年 12 月扣划的 200 万元认定为用于偿还案涉担保债务并从案涉 850 万元借款本金中予以扣减,并无不当。

028 保证金专户能否排除执行?排除执行的判断标准是什么?

> 质押合意、账户特定化、移交占有三方面是认定对保证金专户享有质权的关键因素

阅读提示

担保公司或担保个人通过在银行开立担保账户为多个债权人担保属于实践中比较常见的情形,担保专户一般仅用于保证金的收取、退还和代偿贷款。担保人按每笔担保金额的一定比例在银行存入保证金,担保人使用该账户内资金为向银行借贷的借方或者其他债务人提供担保。因此,一旦担保人需另案承担责任,该账户作为

担保人名下的财产之一很有可能在另案中被列为被执行财产。此时,银行应如何证明对担保专户内资金享有质权?担保专户的质权人以及担保人的一般债权人应如何保护自己的合法权益?

裁判要旨

担保人与银行签订的协议明确约定担保人在银行开设账户的用途为担保,且银行在特定情形下有权止付,即可认定该账户为专户且银行已实际占有和控制担保人的担保专户。银行基于对专户内资金享有的质权享有优先受偿权,足以排除另案一般债权人对该账户申请的强制执行。

案情简介

欣某担保公司与某信用社就融资担保签订《合作协议》,一致约定双方将欣某担保公司在某农商行开立的担保基金专户(即6691账户),为企业贷款提供质押担保。

2013年年底,杨某与欣某担保公司因担保合同纠纷向一审法院提起诉讼,杨某向攀枝花中院提出诉讼保全申请,该院依法对欣某担保公司在某农商行6691账户上的银行存款予以冻结,并进行了三次续冻。

某农商行在收到攀枝花中院的民事裁定书及协助冻结的相关手续后,一直未提出异议。后该案件审理终结,杨某向法院申请执行,法院又依法对欣某担保公司在某农商行6691账户上的银行存款进行了扣划、支付。

某农商行在一审法院对6691账户上的银行存款进行执行程序中,向攀枝花中院提出执行异议,该院审查后,认为某农商行的异议不能成立,裁定驳回某农商行的异议。

某农商行遂向攀枝花中院起诉,该院一审判决认为某农商行对6691账户内资金不享有质权,驳回某农商行的诉讼请求。某农商行不服一审判决,向四川高院提起上诉。四川高院判决驳回上诉,维持原判。

某农商行对二审判决不服,向最高人民法院申请再审。最高人民法院判决撤销原判决,某农商行对6691账户的资金享有质权,杨某申请执行欣某担保公司一案不得执行该账户内资金。

裁判要点及思路

本案中,最高人民法院在认定某农商行是否对6691账户的资金享有质权时,

具体从三个方面综合考虑。（见下表）

序号	认定依据	法院认为	认定结论
1	担保公司与银行签订的《合作协议》	具有质押的合意	银行与担保人已就争议账户内资金设立质权，银行对账户内资金享有优先受偿权，足以排除另案担保人的一般债权人对该账户申请的强制执行
2	争议账号名称与担保合同约定的账号名称一致		
3	账户流水明细，表明每次均按担保贷款额度的一定比例向争议账户缴存；用途单一，仅为担保所用，未作其他结算	符合金钱特定化要求	
4	担保公司与银行签订的《合作协议》中关于银行有权止付、扣收的约定	银行占有和控制了该账户	

分析最高人民法院在本案中的裁判思路：

1. 关于对银行担保专户的质权属于动产质权还是权利质权？银行账户的无形特征决定了银行账户是一种权利而非债权。但是，从本案判决说理部分可以看出，最高人民法院未对此进行明确界定。最高人民法院在本案中同时使用占有和控制，是将银行账户权利物化或者动产权利化的表现。

2. 银行担保专户质权的成立需要存在真实的质押合意。这是因为，对银行担保专户的质押权（质权）是一种特殊的物权，是在一种权利或物上设定的担保物权。根据我国《物权法》的规定，物权变动的公示方式是登记或交付，这里的交付是受当事人之间关于物权变动的意思表示推动并将该变动意思加以表示的行为。否则，缺少物权变动（质押合意）的交付就会变成其他意义的行为。如承运中的交付就不是物权变动意义上的交付。

3. 银行担保专户质权的成立需要质权人占有、控制账户。根据我国物权法制度上的公示要件主义，当事人依据法律行为设定质权，以动产占有或权利控制认定质权的设定。符合公示要件的，法律即推定占有人为正确权利人。如将银行账户视为一种特殊动产，则依据物权法规定，质权的成立需要交付，即直接或间接占有这一特殊动产。如将银行账户视为一种开户人对银行的债权，要在此权利上设定质权，就需要质权人控制该权利。总之，不管将银行账户视为特殊动产还是权利，设立在无法控制、支配的标的上的质押，将是无意义的。

实务要点总结

为了防止出现本案中一审、二审败诉的情形以及考虑到本案一审被告、二审被上诉人的抗辩理由，我们建议：

一、银行和担保人在签订质押协议时应当明确质押合意。此处主要有 3 点需要注意：1. 应当明确账户的用途和银行对于账户资金的控制权（如对于担保人不符合约定用途的支付行为，银行有权止付），明确银行对于该账户内资金享有质权；2. 在协议中明确约定保证金账户内的全部资金为设立期间的全部债权作担保，防止日后双方或案外人就专户担保的债务范围产生争议；3. 在协议中明确约定合作协议期满后，账户资金仍具有保证金性质。

二、进入专户的资金，应当具有统一且明确的用途。这样做是为了防止日后出现对方利用进入该账户的资金用途出现与协议不一致，抗辩该账户的用途和性质不符合账户特定化，进而否定债权人对该专户的质权的情形。

三、债权人在申请执行担保人的财产时，应对债务人名下的账户是否已经设置担保给予必要关注。如果债务人的财产为保证金账户，债权人应从质押合意、账户特定化、移交占有三个方面，对账户是否已经被设定质权作出初步判断，并以此为基础对后续需采取的应对策略可能产生的后果作出预判。本案中，债权人杨某本已冻结了债务人欣某担保公司的多个账户，但因缺乏对账户上可能存在质权的预判，错误地解除了对部分账户的冻结，最终造成巨大损失。因此，解冻被执行人银行账户一定要慎之又慎，尤其是不能只盯着余额充足的存款账户，防止踩雷。

四、对担保账户享有质权的案外人应及时通过执行异议程序排除对账户强制执行。对执行账户享有质权的债权人，应当及时向法院提起案外人执行异议。本案中，某农商行虽然最终获得胜诉，但经历惊险的一审、二审程序，最终在最高人民法院找到了本应有的公道，前后历时近六年，个中艰辛可想而知。如果某农商行能够在第一次冻结账户时即提出异议，可能就不至于卷入经年累月的诉讼。因此，及时行使权利特别重要，某农商行最终能够讨回公道，仅是少数的幸运儿，必须引以为戒。

相关法律规定

《民法典》（2020 年 5 月 28 日公布）

第四百二十五条 为担保债务的履行，债务人或者第三人将其动产出质给债权人占有的，债务人不履行到期债务或者发生当事人约定的实现质权的情形，债权人有权就该动产优先受偿。

前款规定的债务人或者第三人为出质人，债权人为质权人，交付的动产为质押财产。

第四百二十七条 设立质权，当事人应当采用书面形式订立质押合同。

质押合同一般包括下列条款：

（一）被担保债权的种类和数额；

（二）债务人履行债务的期限；

（三）质押财产的名称、数量等情况；

（四）担保的范围；

（五）质押财产交付的时间、方式。

第四百二十九条 质权自出质人交付质押财产时设立。

《最高人民法院关于适用〈中华人民共和国民法典〉有关担保制度的解释》（2020年12月31日公布）

第七十条 债务人或者第三人为担保债务的履行，设立专门的保证金账户并由债权人实际控制，或者将其资金存入债权人设立的保证金账户，债权人主张就账户内的款项优先受偿的，人民法院应予支持。当事人以保证金账户内的款项浮动为由，主张实际控制该账户的债权人对账户内的款项不享有优先受偿权的，人民法院不予支持。

在银行账户下设立的保证金分户，参照前款规定处理。

当事人约定的保证金并非为担保债务的履行设立，或者不符合前两款规定的情形，债权人主张就保证金优先受偿的，人民法院不予支持，但是不影响当事人依照法律的规定或者按照当事人的约定主张权利。

《最高人民法院关于适用〈中华人民共和国民事诉讼法〉的解释》（2022年3月22日修正）

第三百一十条① 对案外人提起的执行异议之诉，人民法院经审理，按照下列情形分别处理：

（一）案外人就执行标的享有足以排除强制执行的民事权益的，判决不得执行该执行标的；

（二）案外人就执行标的不享有足以排除强制执行的民事权益的，判决驳回诉

---

① 原第三百一十二条。

讼请求。

案外人同时提出确认其权利的诉讼请求的,人民法院可以在判决中一并作出裁判。

第四百六十二条[①] 根据民事诉讼法第二百三十四条规定,案外人对执行标的提出异议的,应当在该执行标的执行程序终结前提出。

法院裁判

以下为最高人民法院在裁定书"本院认为"部分就此问题发表的意见:

本案再审的争议焦点为:某农商行是否对欣某担保公司在某农商行处开立的6691账户的资金享有质权,是否足以排除人民法院的强制执行。

根据《担保法司法解释》第八十五条的规定,金钱质押作为特殊的动产质押,还应符合金钱特定化和移交债权人占有两个要件。首先,欣某担保公司在某农商行开立的6691账户与《合作协议》约定的账号一致,某农商行向一审法院提交的6691账户流水清单及向本院提交的第一、二组证据,可以证明欣某担保公司按照约定根据每次担保贷款额度的一定比例向6691账户缴存保证金,该账户除存入和退还保证金外未作其他结算,符合金钱特定化的要求。该账户流水清单显示仅有一笔2010年6月23日存入的15万元为"叶某洪担保费",某农商行主张系欣某担保公司填写错误,应为保证金,且某农商行向一审法院提交的2011年6月29日的转账支票载明,6691账户向叶某洪转账15万元,用途为"退保证金",也与叶某洪与某农商行签订的《个人借款合同》、欣某担保公司就叶某洪的借款与某农商行签订的《借款担保合同》相印证,本院对某农商行的该主张予以采信。其次,6691账户开立在某农商行,《合作协议》及之后的协议均约定欣某担保公司担保的借款人债务到期,借款人未在到期日依约清偿债务,欣某担保公司也未及时履行保证责任的,某农商行有权直接扣收担保基金用于偿还借款人到期债务。《融资性担保公司保证金监管协议》还约定:对于欣某担保公司不符合本协议规定用途的支付行为,某农商行有权止付,并向当地融资性担保业务监管部门报告。上述约定及履行情况表明,某农商行占有和控制了6691账户。据此,应当认定某农商行和欣某担保公司已就6691账户内的资金设立质权。根据某农商行向本院提交的欣某担保公司保证贷款欠款明细及相关民事判决书、执行裁定书,某农商行对欣某担保公司提供担保的四笔贷款以诉讼方式主张权利的欠款余额远超180万元,欣某担保公司存

[①] 原第四百六十四条。

在不及时履行债务的情形，某农商行对6691账户内的资金享有优先受偿权，足以排除杨某因一般债权对该账户申请的强制执行。

以下为该案在法院审理阶段，一审、二审在"本院认为"部分就该问题的论述：

攀枝花市中级人民法院一审认为，以金钱为质押，仍应当要符合订立书面形式质押合同和出质人应当将出质金钱交付质权人占有的规定。本案中，某农商行虽然提供了《融资性担保公司保证金监管协议》，证明欣某担保公司在其营业部开立6691账户为保证金专户，并称该账户一直处于某农商行的有效控制下，但在人民法院对该账户内资金进行冻结、续冻和扣划时，某农商行并未提出异议，与某农商行所称该账户一直处于某农商行的有效控制下的陈述明显相悖。依常理而言如某农商行对6691账户内的资金享有质权和控制权，则某农商行应当在人民法院冻结、扣划该账户内资金的第一时间向冻结、扣划该账户资金的人民法院提出书面异议或书面说明情况，主张其权利，某农商行没有及时主张权利，只能说明某农商行在人民法院对该账户进行冻结、扣划时未取得对该账户内资金控制权，即法律意义上的占有，由于某农商行未占有6691账户内的资金，某农商行与第三人的质押并未生效，故某农商行对6691账户内的资金享有质权的理由不能成立。

四川省高级人民法院二审认为，保证金账户内的资金质押成立需满足两个条件：一是账户内资金的特定化，二是转移占有……该账户除了存入及退还保证金以外，还于2010年6月23日存入案外人叶某洪担保费15万元，这表明账户内的资金并非完全用于保证金的收取、退还及代偿，还用于其他业务的日常结算，这与双方在《融资性担保公司保证金监管协议》中关于"专户专门用于保证金的收取、退还和代偿，专户中的资金仅限用作对应担保业务的代偿支付"的约定不相符；且金钱系种类物，在其他非保证金的资金进入6691账户时，与账户内的保证金混同，使6691账户内的资金丧失特定化的特征。因此，虽然某农商行与欣某担保公司就保证金账户内的资金设立质押达成了合意，但6691账户内的资金不符合保证金账户内金钱特定化的要求，无论某农商行是否转移占有该账户内的资金，质押权均不能成立，亦不能对抗人民法院的强制执行。

案件来源

《四川某农村商业银行股份有限公司、杨某案外人执行异议之诉再审民事判决书》【最高人民法院（2019）最高法民再44号】

延伸阅读

一、认定当事人对银行专户的质权是否成立时，以当事人之间的约定、合同履行情况认定当事人之间是否具有设定质权的合意；以账户的开立、后续账户资金的变动、账户资金转入转出情况认定账户是否特定化；以账户资金变动的控制和管理认定当事人是否移交占有。

案例一：《褚某民、南阳市某农村信用合作联社再审审查与审判监督民事裁定书》【最高人民法院（2018）最高法民申3609号】

最高人民法院认为，本案中，社某担保公司与某信用联社于2014年4月1日、2015年4月1日所签《合作协议》约定……能够认定某信用联社与社某担保公司已达成设立保证金账户的合意，且根据双方的实际履行情况亦能够确认案涉保证金账户就是双方为履行《合作协议》所设立的账户。但从一审查明的事实看，案涉保证金账户在2014年10月至2016年9月存在9笔对外转款，除2015年5月15日、2016年6月30日两笔转款系履行担保义务扣款外，其余转款的用途并不确定为履行担保义务，社某担保公司单方财务记账亦不足以认定转出款项与案涉担保业务相关。上述转款的用途以及是否经过某信用联社同意、案涉保证金账户的控制和管理是否有别于一般结算账户等事实，将直接影响某信用联社能否实际控制案涉保证金账户、该账户内资金是否已特定化和移交占有的认定，需要进一步审理查明。

二、对于保证金账户的性质必须明确约定，账户资金往来的用途必须仅用于保证债务的实现，不可用于其他目的。

案例二：《某银行股份有限公司、田某和再审审查与审判监督民事裁定书》【最高人民法院（2018）最高法民申99号】

最高人民法院认为，首先，某银行与金某担保公司于2011年、2013年先后签订的两份《协议书》中虽约定开立保证金账户，但未明确约定保证金账户的账号……亦未确定该账户为保证金账户……以上两份合同的约定，均不能证明该协议具备质押合同的基本要件，故原审法院认定某银行与金某担保公司并未成立质押合同关系并无不当。其次，保证金账户作为金钱特定化进行质押的形式之一，在判断是否构成保证金账户时，一方面要求账户内资金特定化，另一方面要求账户移交于债权人占有……但在《开立单位银行结算账户申请书》中并未明确申请开立的账户系保证金账户……从该账户使用情况看，存在多笔资金往来，除了缴存保证金及保证金的扣划，还用于非保证金业务的日常结算……因此，该账户资金不符合特定化和移交占有的要求。

三、同属同一总行系统的分行，对担保人在其他分行开立的担保专户可根据约定间接享有实际控制和占有，不影响该分行取得担保人在其他分行开立的担保专户的质权。

案例三：《阮某义、某银行股份有限公司合肥龙门支行再审审查与审判监督民事裁定书》【最高人民法院（2017）最高法民申 4607 号】

最高人民法院认为，关于保证金资金是否特定化以及某行合肥龙门支行是否已占有 1600 万元保证金的问题。阮某义再审称汇某担保公司将 1600 万元交付某行合肥庐阳支行，而非某行合肥龙门支行，二审法院认定某行合肥龙门支行间接占有案涉保证金，适用法律错误……移交占有实质就是移交对物进行控制和管理的权能，其形式不仅包括直接占有，还包括通过他人对物进行控制和管理的间接占有。汇某担保公司的保证金账户开户行某行××蒙城路支行与某行合肥龙门支行同属于某行安徽省分行系统，故某行合肥龙门支行在合肥圣某公司逾期偿还贷款时，可通过某行××蒙城路支行扣划该保证金账户资金用于清偿债务，以此方式间接取得对该账户资金的占有。故二审法院认定某行合肥龙门支行对汇某担保公司 34×××64 账户内资金享有质权，适用法律并无不当。

029 执行程序中，案外人能否以"错误汇款至查封账户"为由阻却执行？

> 案外人不能以错误汇款为由阻却另案债权人对账户资金的执行

阅读提示

当案外人错汇误付至另案被执行人账户时，案外人能否以"错误汇款"为由阻却另案中对于被执行人财产的执行程序？换言之，对于非特定账户内资金权属的认定，是否一概适用"占有即所有"的原则？本篇文章将告诉您，将资金错误汇至另案被执行人账户的风险有多大！

裁判要旨

案外人据以提出执行异议主张的实体权利应为物权及特殊情况下的债权。案外人错误汇款至另案被执行人账户的,案外人与另案被执行人形成的法律关系为不当得利之债,其享有的不当得利请求权属普通债权,不属于足以阻却执行的特殊债权。

案情简介

2016年,金某公司自民生银行某分行处获得贷款。贷款合同到期后,金某公司未依约偿付借款。民生银行某分行起诉金某公司至沈阳中院,2016年7月1日,民生银行某分行申请诉前保全。

2016年10月,华某公司误将150万元汇至金某公司账户,金某公司同意返还。因法院冻结了此账号,金某公司返还不能。华某公司向沈阳中院提出执行异议。

2016年12月,沈阳中院认为华某公司错误汇款至金某公司账户后,资金所有权已转移,裁定驳回案外人华某公司的执行异议。

2017年1月,沈阳中院一审判决金某公司向民生银行某分行偿付借款本金、利息、罚息和复利。判决生效后,民生银行某分行申请法院强制执行金某公司的财产。

华某公司向沈阳中院提起执行异议之诉,沈阳中院驳回了华某公司的诉请。华某公司遂向最高人民法院申请再审。

最高人民法院在执行异议之诉中确认华某公司系错误付款,但裁定驳回华某公司的再审申请。

裁判要点及思路

本案争议焦点为:华某公司对金某公司被查封公司账户内的150万元存款是否享有足以排除强制执行的民事权益。

最高人民法院认为,错误付款至查封账户不阻却执行。理由是:案外人错误汇款至另案被执行人账户的,案外人与另案被执行人形成的法律关系为不当得利之债,其享有的不当得利请求权属普通债权,不属于足以阻却执行的特殊债权。

分析本案裁判要点背后的思路,乃是遵循金钱权利流转中"占有即所有"的一般原则。在非特定账户中,账户内的资金的权属判定适用该一般原则,对于资金的实际权利人以及金钱流转过程中当事人之间的真实意思表示不加以区分,账户所有人基于占有的事实产生转移款项实体权益的效果。由于账户所有人无正当理由获得该笔权益,资金原权利人基于不当得利制度对被执行人享有不当得利债权,可在另案中单独起诉。但该债权属于普通债权，无优先于占有人债权人的权利属性，故不可阻却另案执行程序。对此观点，最高人民法院在《民事审判指导与参考》中曾给予回复。

实务要点总结

占有即所有，是判断存款账户资金所有权的基本原则。货币属于具有高度替代性的种类物，一般情况下无法进行区分。以占有事实确定货币的所有权，在无相反证据证明的情况下，法律推定占有人即为占有资金的所有权人。所以，错误汇款的，在资金原权利人将款项汇至占有人账户时，账户内资金即归占有人所有。

汇款需谨慎，错误汇款极有可能有去无回。在发生错汇误付的情况下，一旦资金进入他人账户被占有，资金即归占有人所有。资金原权利人只能基于不当得利制度请求占有人返还不当得利。此时，一旦占有人在另案中被列为被执行人，资金原权利人将无法阻止法院对占有人账户内资金的冻结、划扣等执行措施。资金占有人后续或许无能力清偿资金原权利人。

实践中，对于错误汇款是否有权排除强制执行存在不同的裁判观点。如发生错汇误付情形的，资金原权利人可以从以下几个方面着手保护自己的合法权益：（1）在认定金钱流转过程中的权属时，考虑是否存在"账户所有人是否实际控制、误汇款项是否与账户内其他资金混同、是否可以区分、款项原权利人是否有真实的转移权属的意思表示"等因素，以最大限度避免法官对于占有即所有原则的绝对适用。（2）错误汇款人可以"不当得利纠纷"为由提起诉讼；处于破产清算程序中的公司，管理人可以"取回权纠纷"为由提起诉讼保护自身合法权益。

相关法律规定

《民法典》（2020年5月28日公布）

第二百三十五条 无权占有不动产或者动产的，权利人可以请求返还原物。

第四百六十二条 占有的不动产或者动产被侵占的，占有人有权请求返还原物；对妨害占有的行为，占有人有权请求排除妨害或者消除危险；因侵占或者妨害造成损害的，占有人有权依法请求损害赔偿。

占有人返还原物的请求权，自侵占发生之日起一年内未行使的，该请求权消灭。

《民事诉讼法》（2021年12月24日修正）

第二百三十四条① 执行过程中，案外人对执行标的提出书面异议的，人民法院应当自收到书面异议之日起十五日内审查，理由成立的，裁定中止对该标的的执行；理由不成立的，裁定驳回。案外人、当事人对裁定不服，认为原判决、裁定错误的，依照审判监督程序办理；与原判决、裁定无关的，可以自裁定送达之日起十五日内向人民法院提起诉讼。

《最高人民法院关于适用〈中华人民共和国民事诉讼法〉的解释》（2022年3月22日修正）

第三百一十一条② 对申请执行人提起的执行异议之诉，人民法院经审理，按照下列情形分别处理：

（一）案外人就执行标的不享有足以排除强制执行的民事权益的，判决准许执行该执行标的；

（二）案外人就执行标的享有足以排除强制执行的民事权益的，判决驳回诉讼请求。

《最高人民法院关于人民法院办理执行异议和复议案件若干问题的规定》（2020年12月23日修正）

第二十四条 对案外人提出的排除执行异议，人民法院应当审查下列内容：

（一）案外人是否系权利人；

（二）该权利的合法性与真实性；

（三）该权利能否排除执行。

法院裁判

以下为最高人民法院在判决书"本院认为"部分就此问题发表的意见：

本院认为，本案审查重点为：华某公司对金某公司被查封公司账户内的150万元存款（以下简称涉案存款）是否享有足以排除强制执行的民事权益。

作为案外人，华某公司提出涉案存款系误汇入金某公司账户，并据此提供了《报案函》《审核证明》等一系列证据证明其主张。本院认为，要认定华某公司就涉案存款享有足以排除强制执行的民事权益，须以判定涉案存款的归属为前提。根据一、二审查明的事实和认定，金某公司和金某洋公司住所地均为×××，原审判

---

① 原第二百二十七条。
② 原第三百一十三条。

决认为"结合华某公司与金某公司曾存在业务往来关系，金某公司与金某洋公司间存在业务往来和可能的关联关系，不排除本案华某公司向金某公司转款为基于双方间买卖合同关系的结算行为，或华某公司根据金某洋公司指示付款"。《民诉法解释》第一百零八条第一款规定，对负有举证证明责任的当事人提供的证据，人民法院经审查并结合相关事实，确信待证事实的存在具有高度可能性的，应当认定该事实存在。原审判决依据证据的高度可能性原则，认定华某公司提供的证据尚不能充分证明其主张。如若华某公司主张的存在误汇款的事实成立，其基于涉案存款与金某公司形成的法律关系应为不当得利之债，华某公司享有请求金某公司返还不当利益的债权请求权。依照《民诉法执行程序解释》规定，案外人据以提出执行异议主张的实体权利应为物权及特殊情况下的债权，而本案华某公司享有的不当得利请求权属普通债权，不属于足以阻却执行的特殊债权。故，对于华某公司提出的再审申请，因不符合阻却执行的法定情形，本院依照《民诉法解释》，依法不予支持。

案件来源

《深圳市华某粮食有限公司、中国民生银行股份有限公司某分行再审审查与审判监督民事裁定书》【最高人民法院（2018）最高法民申1742号】

延伸阅读

一、人民法院对登记在案外人名下财产采取执行措施，该案外人提起执行异议之诉的，审理中应对该执行财产来源和流转的基础法律关系进行实质审查和认定。

案例一：《郭某背、博乐市某混凝土建材有限公司再审民事裁定书》【最高人民法院（2018）最高法民再350号】

最高人民法院再审认为，人民法院对登记在案外人名下财产采取执行措施，该案外人提起执行异议之诉的，审理中应对该执行财产来源和流转的基础法律关系进行实质审查和认定。就本案而言，被执行人为新疆福某公司，实际扣划的是郭某背个人账户中的资金，该资金是博乐市福某公司支付给郭某背的款项，即执行标的所有权主体发生了两次变化。金钱系种类物，原则上占有即所有，郭某背以其个人账户接收博乐市福某公司偿还温某学的借款，温某学对此并无异议，故郭某背账户中的资金应系其个人合法财产。

二、"占有即所有"为判断资金所有权性质的一般原则,在无相反证据证明资金的真实权利人与账户所有人不同的情况下,方适用该一般原则。

案例二:《刘某满、中国信达资产管理股份有限公司某分公司申请执行人执行异议之诉再审审查与审判监督民事裁定书》【最高人民法院(2018)最高法民申31号】

最高人民法院认为,原审认定"这种转付款为刘某满、长某资产、亿某铜业三方合意基础上的汇款,不是错汇误付,亿某铜业账户接收此款也非不当得利,虽然系刘某满为解除长某电缆公司给亿某铜业借款担保而导致本公司资产被查封的法律责任,是为了解救盘活长某电缆公司的经营资产,但是并不能改变这笔款项系其与亿某铜业的垫付款性质。这笔款项进入亿某铜业在中国农业银行06××× 19账户,所有权就已转归亿某铜业,不再归属刘某满。本案既无证据证明刘某满系亿某铜业在中国农业银行06××× 19账户内900万元存款的表面权利人,亦无证据证明其是该账户内该笔存款的真实权利人,这900万元自汇入中国农业银行06××× 19账户起,其所有权就已转归亿某铜业",判决准许执行亿某铜业在中国农业银行06××× 19账户中的900万元存款,认定事实和适用法律并无明显不当。

三、货币作为一般等价物,在未特定化的情况下,应根据该笔货币资金的占有状态认定权属,对银行账户内货币资金的权属认定应采用"占有即所有"原则。原权利人基于错误汇款对收款账户人享有的债权属于一般不当得利,不属于足以排除强制执行民事权益。

案例三:《山东佳某诚信果业有限公司、朗某(天津)租赁有限公司二审民事判决书》【辽宁省高级人民法院(2019)辽民终1033号】

本院认为,佳某公司就案涉款项提起案外人执行异议之诉,人民法院应审查其对执行标的是否享有足以排除强制执行的民事权益。

关于佳某公司提出的其错误汇入东某公司已被人民法院冻结的账户内的案涉款项仍应归其所有、应停止对该款项执行的主张,一审判决认为,货币作为一般等价物,对银行账户内货币资金的权属认定应采用"占有即所有"原则,佳某公司和东某公司在未对案涉款项公示以表明其特定化的情况下,应根据该笔货币资金的占有状态认定权属。对一审判决的这项观点,本院予以认同。一审判决依据《执行异议和复议规定》第二十五条的规定认为,即使案涉款项系错误汇款,但该款项自佳某公司交付东某公司时起所有权已转移,佳某公司就案涉款项不享有足以排除强制执行的民事权益,并无不妥。另外,就案涉款项,佳某公司已经以东某公司为被告提起了不当得利纠纷的诉讼,且该案以调解方式审结,并已进入执行程序。《执行异议和复议规定》第二十六条第二款规定:金钱债权执行中,案外人依据执行标的被查封、扣押、冻结后作出的另案生效法律文书提出排除执行异议的，人民法院不予支持。案涉款项已经生效法律文书确认为不当得利，应属一般债权，一审判决认为佳某公司就案涉款项不享有足以排除强制执行民事权益而驳回其诉讼请求正确。

030 质押权人能否排除法院对于出质人财产的强制执行？

> 银行等质权人可以基于对质押人开设担保专户内资金的质权排除另案对于该账户资金的强制执行

阅读提示

执行异议之诉通常涉及申请执行人、被执行人以及案外人等多方主体，申请执行人需要通过执行程序"化虚权为实权"，最终实现权利。而案外人则以提起异议之诉，来对抗申请执行人的执行申请，主体之间利益冲突和对抗情绪十分激烈。当申请执行人是一般债权人时，其能否申请法院强制执行债务人在银行开立的担保专户内资金？换言之，银行等质权人能否基于其质权排除法院基于一般债权人的申请对质押人担保专户的强制执行？

裁判要旨

质押权人可以排除法院对于出质人财产的强制执行。在银行账户内资金存在质押权的情况下，质权人有权基于其享有的质权排除另案中一般债权人申请强制执行该账户内资金的执行程序。

案情简介

2014年11月，鼎某鑫公司与某农商行签订《担保业务合作协议》。鼎某鑫公司铜仁分公司在某农商行开立结算账户，并在某农商行承办机构开立保证金专户，鼎某鑫公司铜仁分公司同意在保证金专户中的资金上设立质押，为借款人向某农商行承办机构借款所实际形成的全部债务提供担保。

2016年11月，黄某东以鼎某鑫公司、鼎某鑫公司铜仁分公司未偿还其借款为由，向贵州铜仁中院起诉，要求其偿还借款本金及利息并获得胜诉判决。

2017年6月，黄某东向贵州铜仁中院申请强制执行。法院执行过程中，贵州铜仁中院发现鼎某鑫公司的账户有存款保证金79万元，遂对前述款项进行冻结、扣划。

2017年7月，某农商行对执行鼎某鑫公司在该行贷款保证金79万元提出执行异议。2017年8月，贵州铜仁中院裁定中止对前述账户贷款保证金的执行。

黄某东向贵州铜仁中院提起执行异议之诉，请求恢复对保证金账户内79万元的强制执行程序。贵州铜仁中院一审驳回黄某东的诉讼请求。

黄某东向贵州高院提起上诉，请求撤销一审判决，恢复对案涉账户的强制执行程序。贵州高院二审驳回黄某东的上诉请求。

黄某东向最高人民法院申请再审。最高人民法院裁定驳回黄某东的再审申请。

裁判要点及思路

关于最高人民法院在本案中的裁判要点，我们以图示的方式为大家展示本案中再审申请人黄某东再审理由、案外执行异议人某农商行的答辩意见、最高人民法院对于本案中争议焦点问题的认定以及最终裁定结论：

序号	黄某东再审理由	某农商行答辩意见	最高人民法院裁定
1	某农商行与鼎某鑫公司针对账户对应借款约定了独立的保证担保模式，即单笔债务保证金	案涉账户及其资金已经特定化，是保证金	鼎某鑫公司与某农商行签订的协议中关于账户的开立、保证责任的承担、双方权利义务等条款符合质押合同成立所需的内容要件，双方存在质押合意
2	单笔保证金——对应所担保债务，具有明确、特定的可区分的特征		保证金专户资金质押担保及连带保证责任担保这两种担保方式均系双方自愿协商一致达成，并不矛盾和相互排斥，可以并存。连带保证责任担保系基于保证金专户资金质押担保，针对每笔具体贷款所提供的保证方式、保证范围、保证期间等担保内容进行的细化和明确，并非对《担保业务合作协议》中有关质押约定的变更或者否定
3	某农商行仅证明鼎某鑫公司对金额480万元的借款提供最高额连带保证责任，未提交证据证实该账户还担保其他借款。故双方不成立质押合同关系		
4	无		在某农商行对案涉账户资金享有质权的情况下，黄某东作为鼎某鑫公司的普通债权人，无权申请强制执行案涉账户内资金

分析最高人民法院在本案中的裁判思路，是基于质权人对质押财产享有优先受偿的权利。质权兼具留置性与优先性，质权属于担保物权，故而其直接意义为确保债权清偿，以优先支配担保物的交换价值为内容，以确保债权受偿。质权的优先受偿性表现在质权人在实现其质权时就质押物的价值优先于质押人的一般债权人受偿，这是质权人的债权得以清偿的法律保障。质权的优先受偿性在法院强制执行质押物阶段的表现就是，法院不得执行已出质的财产。这体现了担保物权的他物权性质，即质押权人对质押物交换价值的支配、限制效力。这类似于留置权，担保物权人在债权未获清偿前，对其占有的担保物有权留置，排除其他权利人对占有担保物的处分。

实务要点总结

前事不忘，后事之师。本案中，黄某东作为债务人鼎某鑫公司的一般债权人，在已经获得法院生效法律文书支持的情况下，丧失了对于债务人重要资产的执行机会。分析本案再审申请人黄某东的败诉原因，在于黄某东在本案中的再审阶段仅关注案外人某农商行与债务人鼎某鑫公司之间的质押合同关系是否成立，而对案外人某农商行能否基于其质权人的身份阻止一般债权人黄某东对于债务人担保专户内资金的强制执行程序这一重要问题未予以关注。我们认为，在涉及担保金专户资金的执行问题时，案件当事人应重点注意以下几点：

一、银行等质权人可以基于对担保专户内资金的质权排除另案对于该账户资金的强制执行。最高人民法院认为，质权属于物权，具有优先权属性。按照物权优先于债权的原则，银行等质权人可以基于对担保专户内资金的质权排除另案对于该账户资金的强制执行。此观点在《执行异议之诉中排除执行的民事权利类型化研究》[①]一文中可见一斑，即人民法院在处理执行异议之诉中应该"在正确认定相关权利属于物权还是债权、是否具有优先权属性等基础上，按照物权优先于债权、法律规定的特殊债权优先于普通债权的原则，正确处理纠纷"。

二、申请执行人作为一般债权人在申请执行担保人的财产时，应对债务人名下的账户是否已经设置担保给予必要关注。因经济活动的复杂性和物权公示制度在彰显权利归属上的有限性，实践中被执行人名下财产在执行程序中可能受限制的情况大有所在。债权人应对债务人名下财产是否已经被设定其他权利作出初步判断，并

---

① 王毓莹、翟如意：《执行异议之诉中排除执行的民事权利类型化研究》，《人民司法》2019年第28期。

以此为基础对后续需采取的应对策略可能产生的后果作出预判。避免案外人利用执行异议之诉制度阻止执行被执行人的财产。

三、一般债权人并非完全不能对抗案外质权人。目前，根据最高人民法院最新审判规则指向，法院在处理执行异议之诉类型的案件中，应坚持生存利益优先原则。即"要特别注重保护当事人的生存权利，在坚持依法审理的前提下，遵循消费者生存利益优先于银行、企业等主体经营利益原则，在兼顾双方利益保护的同时，适度向相对弱势一方倾斜"[①]。所以，案外人不能基于质权申请排除任何一般债权人对于执行标的物的强制执行程序。当一般债权人具有特殊身份时（如消费者、建筑施工者等），基于最新的司法裁判规则，可对抗执行程序中质权人的优先权。

四、最高人民法院对该问题未形成统一认识。目前，涉及银行担保专户的执行案件中，主要涉及两类争议焦点问题。一是如何认定对担保专户内资金是否成立质权，司法实务对这一问题已形成较为统一的裁判规则，故较少出现认定模糊的情形。二是关于银行担保专户资金执行程序中，质权人能否排除一般债权人执行，在这一问题上，最高人民法院存在两种不同的裁判观点。最高人民法院作出的肯定判决的案件中，均采取在认定案外人对申请执行标的物享有质权后，未经任何说理即直接得出有权排除强制执行的肯定结论，对于质权为何成为阻却另案执行程序的权利均未给予充分论述。也正是基于最高人民法院对于该问题的认识存在摇摆，才为不同身份的案件当事人提供了案件努力的方向。

相关法律规定

《民法典》（2020年5月28日公布）

第四百二十七条　设立质权，当事人应当采用书面形式订立质押合同。

质押合同一般包括下列条款：

（一）被担保债权的种类和数额；

（二）债务人履行债务的期限；

（三）质押财产的名称、数量等情况；

（四）担保的范围；

（五）质押财产交付的时间、方式。

第四百二十九条　质权自出质人交付质押财产时设立。

[①] 王毓莹、翟如意：《执行异议之诉中排除执行的民事权利类型化研究》，《人民司法》2019年第28期。

《最高人民法院关于适用〈中华人民共和国民法典〉有关担保制度的解释》
(2020年12月31日公布)

第七十条 债务人或者第三人为担保债务的履行,设立专门的保证金账户并由债权人实际控制,或者将其资金存入债权人设立的保证金账户,债权人主张就账户内的款项优先受偿的,人民法院应予支持。当事人以保证金账户内的款项浮动为由,主张实际控制该账户的债权人对账户内的款项不享有优先受偿权的,人民法院不予支持。

在银行账户下设立的保证金分户,参照前款规定处理。

当事人约定的保证金并非为担保债务的履行设立,或者不符合前两款规定的情形,债权人主张就保证金优先受偿的,人民法院不予支持,但是不影响当事人依照法律的规定或者按照当事人的约定主张权利。

《最高人民法院关于人民法院办理执行异议和复议案件若干问题的规定》
(2020年12月23日修正)

第二十七条 申请执行人对执行标的依法享有对抗案外人的担保物权等优先受偿权,人民法院对案外人提出的排除执行异议不予支持,但法律、司法解释另有规定的除外。

法院裁判

以下为最高人民法院在判决书"本院认为"部分就此问题发表的意见:

关于某农商行对案涉保证金账户资金79万元是否享有质权的问题。《物权法》第二百一十二条规定:"质权自出质人交付质押财产时设立。"《担保法司法解释》第八十五条规定:"债务人或者第三人将其金钱以特户、封金、保证金等形式特定化后,移交债权人占有作为债权的担保,债务人不履行债务时,债权人可以以该金钱优先受偿。"根据上述法律和司法解释规定,金钱作为一种特殊的动产,可以用于质押,金钱在已经特定化并移交债权人占有时,金钱质权得以设立。在金钱存入保证金账户并移交债权人占有的情况下,法律、司法解释并未对金钱转移占有的可识别性作出特别要求。

本案中,一方面,鼎某鑫公司提供的账户开立申请书、存款凭证、借款合同能够相互印证案涉账户系鼎某鑫公司为所担保贷款开立的保证金专户,账户资金是依《担保业务合作协议》约定金额和比例存入的保证金。从案涉账户历史流水清单看,账户资金未被鼎某鑫公司支配用于与其所担保贷款无关的其他业务结算,未与鼎某鑫公司的其他资金混同,符合前述司法解释关于金钱质押权的设立对于金钱特定化的要求。另一方面，虽然案涉保证金是存入以鼎某鑫公司铜仁分公司名义开立的保证金账户，但按照某农商行的陈述，鼎某鑫公司铜仁分公司开立账户后，某农商行并未向其发放存折或者银行卡，鼎某鑫公司铜仁分公司实际上丧失了对保证金账户及账户内资金的管理和控制权。同时，根据《担保业务合作协议》的约定，在主债务人未按时履行还款义务时，某农商行有权直接从保证金专户扣划款项用于偿还债务。据此，可认定案涉保证金账户资金已移交质权人某农商行占有。综上，案涉保证金账户资金已经特定化，某农商行作为债权人占有该资金，依法享有质权。

案件来源

《黄某东、某农村商业银行股份有限公司申请执行人执行异议之诉再审审查与审判监督民事裁定书》【最高人民法院（2019）最高法民申 2632 号】

延伸阅读

一、质权人的质权属于排除强制执行程序中的优先权。

案例一：《宁夏某农村商业银行股份有限公司、某银行股份有限公司西安分行再审审查与审判监督民事裁定书》【最高人民法院（2018）最高法民申 5243 号】

《担保法司法解释》第八十五条规定，质押的款项应形式特定并移交债权人占有才能作为债权的担保，债权人在债务人不履行债务时才享有优先受偿权。即"金钱特定化"和"移交债权人占有"是金钱质权成立的要件。"金钱特定化"要求在形式上将出质的资金区分出来，既不与出质人的其他财产相混同，又独立于质权人的财产，在用途上做到专款专用。"移交债权人占有"要求将出质的资金实际由质权人控制和管理，在此状态下，出质人丧失对该资金自由支配的权利。本案中……案涉账户内的资金未达到转移债权人占有的法律要件，因此该质权并未实际成立，某农商行对此不享有排除执行的优先权，法院有权执行某地产彭阳分公司名下的该案涉账户内资金。

二、质权人的质权属于排除另案强制执行程序的权利。

案例二：《北票市宝国老镇金某矿业有限公司、上海浦东发展银行股份有限公司某分行执行异议之诉再审审查与审判监督民事裁定书》【最高人民法院（2018）最高法民申 140 号】

最高人民法院认为，原审判决认定浦发银行某分行享有排除强制执行的质权具有证据支持。本案中，浦发银行某分行提交了其与海某担保公司签订的《补充协议》，该补充协议明确约定双方将保证金的金额予以提高，发生125万元的支取和存入之后保证金专户余额与约定的保证金数额一致，符合该保证金专户的特定用途。金某矿业公司虽对补充协议及125万元的支取和存入存在异议，但未提交证据证明该补充协议不真实，或者该保证金专户用于其他用途。故原审判决认定涉案保证金专户并未用于一般结算，满足特定化要求具有证据支持。金某矿业公司关于原审判决认定事实缺乏证据的再审申请理由证据不足，不能成立。

031 挂靠人能否排除债权人对被挂靠企业存款的强制执行？

> 资金来源于工程款及挂靠人存款的，挂靠人有权排除债权人对被挂靠单位账户资金的强制执行

阅读提示

没有资质的实际施工人借用有资质的建筑施工企业名义从事施工，这种挂靠经营模式在建设工程领域比较常见。作为挂靠人的实际施工人与被挂靠企业签订"挂靠协议"，约定以被挂靠企业名义开立银行账户，用于项目资金的收支。那么，当被挂靠企业对外负债，其债权人申请执行被挂靠企业名下的银行存款时，挂靠人能否以其属于该账户资金的实际所有人为由，排除被挂靠企业债权人的强制执行？

《执行异议和复议规定》第二十五条第一款第三项规定，对案外人的异议，人民法院应当按照下列标准判断其是否系权利人：银行存款和存管在金融机构的有价证券，按照金融机构和登记结算机构登记的账户名称判断。这遵循了物权公示原则和权利外观主义。从该规定的字面上看，债权人申请执行被挂靠企业名下的银行账户存款，实际施工人无权排除执行。

司法实践面对的问题是纷繁复杂的，有些法院认为，能否执行被挂靠企业名下的存款，关键在于认定账户内的资金是否特定化，是否与被执行人的其他资金相混同。如果账户内的资金符合"特定化"，那么，在执行异议之诉中，实质重于形式，应当认定被挂靠单位名下的该账户资金属于挂靠人所有，挂靠人能够排除被挂靠单位债权人的强制执行。但不同法院对何谓"特定化"的认定标准意见不一。

此外，除了施工领域的挂靠，还存在其他领域的挂靠经营。那么，其他领域的

挂靠，挂靠人能否排除债权人对被挂靠企业账户资金的强制执行？本文通过几则案例，对上述问题进行分析。

裁判要旨

被挂靠单位名下账户的资金来源于施工项目的工程款及挂靠人存入的资金，资金也主要用于施工项目的材料等相关费用的支出，即案涉账户是施工项目工程的专用账户，而挂靠人又是该施工项目的实际施工人，因此，挂靠人有权排除债权人对被挂靠单位账户资金的强制执行。

案情简介

九江中院判决某建公司给付欧阳某科500余万元。欧阳某科依据生效判决，向执行法院申请冻结了以某建公司名义在银行开立的银行账户内的500余万元资金。

案外人王某祥向九江中院提出异议，主张被冻结的资金应属其所有。执行法院以不予审查实体权利为由，裁定驳回王某祥的异议。

王某祥向九江中院提起执行异议之诉，请求判决确认王某祥为以某建公司名义在中国建设银行某支行所开立账户的实际所有人，请求排除欧阳某科对执行标的的执行申请。

九江中院审理确认王某祥与某建公司之间存在挂靠关系，涉案账户是"某建材家居综合大市场项目"工程的专用账户，判决支持了王某祥的诉讼请求。

欧阳某科不服，上诉至江西高院，江西高院认为原审法院排除对案涉账户资金的强制执行，优先保护王某祥对案涉账户资金的所有权，具有事实和法律依据。判决驳回上诉，维持原判。

裁判要点及思路

本案二审争议焦点为：以某建公司名义在中国建设银行某支行所开立的账户的实际所有人是否为王某祥？对该账户的资金能否排除强制执行？

关于以某建公司名义在中国建设银行某支行所开立的账户的实际所有人是否为王某祥，九江中院和江西高院均认定王某祥是实际所有权人。理由主要包括：第一，王某祥与某建公司签订《建筑工程挂靠协议》，王某祥是以某建公司名义承建"某建材家居综合大市场项目"的实际施工人。第二，某建公司与发包人武宁嘉某置业有限公司签订《建设工程施工合同》后，王某祥又与武宁嘉某置业有限公司签订了《工程施工合同》，约定由王某祥承建"某建材家居综合大市场项目"工程。第三，以某建公司名义在建行某支行所开立的涉案账户的印鉴上除有某建公司加盖的财务专用章外，还有王某祥的个人私章。第四，案涉账户的资金来源于"某建材家居综合大市场项目"的工程款及王某祥本人存入的资金，也主要用于"某建材家居综合大市场项目"的材料等相关费用的支出，即案涉账户是"某建材家居综合大市场项目"工程的专用账户。第五，王某祥承建的"某建材家居综合大市场项目"的分项工程已竣工验收合格。因此，涉案账户的实际所有人为王某祥。

关于对该账户的资金能否排除强制执行，九江中院和江西高院均认定能够排除执行。法院认为，执行程序中执行法院对执行标的的权利归属仅进行形式审查。但执行异议之诉适用普通程序审理，对执行标的的权利归属应进行实体审查。虽然从外观和形式上看，案涉账户及账户内的资金名义上的所有人是某建公司，但是，王某祥拥有案涉账户资金的实体权益有法律依据和事实依据，王某祥有权排除法院的强制执行。

实务要点总结

案外人执行异议的形式审查与案外人执行异议之诉的实质审查。执行程序中的案外人异议程序，只是对案外人异议的初步审查判断，在价值取向上侧重于效率。形式审查标准主要遵循物权公示原则和权利外观主义。案外人异议审查结论并非终局结论，案外人对执行异议裁定不服的，可提起执行异议之诉或再审，通过法院的实质审查进行救济。本案中，上诉人欧阳某科认为，根据《执行异议和复议规定》第二十五条第一款第三项的规定，法院应当根据银行存款的账户名判断权利人，而法院认为，在执行异议之诉中，法院应当进行实质审查，判断银行账户的实际权利人。

在执行异议之诉中判断银行账户实际权利人的标准是该账户中的资金是否"特定化"。如果法院认定被挂靠单位名下账户资金符合"特定化"标准，那么，挂靠人能够排除被挂靠单位债权人的强制执行申请。本案中，法院认定王某祥是实际施工人，被挂靠单位名下账户的资金来源于施工项目的工程款及挂靠人存入的资金，资金也主要用于施工项目的材料等相关费用的支出，且工程已竣工验收合格。因此，涉案账户已特定化为项目的专用账户。

值得注意的是，法院对"特定化"的认定标准不一。湖北高院在某施工挂靠案件中认为，挂靠人并未提供证据证明，被挂靠单位名下的账户是为挂靠人建立的专门保证金账户，也没有证据证实该账户内的任何一笔资金均与被挂靠单位无关。虽然被挂靠单位自认涉案账户已交给实际施工人使用，但该自认仅能证实涉案账户系出借给了实际施工人使用，并不能由此确认该账户为特定化账户。（详见"延伸阅读"案例一）可见，湖北高院对"特定化"的认定标准较高。

施工挂靠与其他领域挂靠，对挂靠人能否排除强制执行的裁判规则存在差别。在施工挂靠之外的其他领域，法院并没有从被挂靠单位名下账户资金是否特定化角度，来认定挂靠人能否排除执行。而是直接适用《执行异议和复议规定》第二十五条第一款第三项的规定，根据银行存款的账户名判断权利人。（详见"延伸阅读"案例二）这种差别源于施工挂靠的特殊性。因为建设工程施工合同涉及多方主体利益和社会公共利益，从保护处于弱势地位的建筑工人权益、有效平衡各方当事人利益的角度出发，应该优先保护实际施工人能够获得工程款。当"被挂靠单位"名下账户资金能够特定化的情况下，应当认定资金的实际权利人是挂靠人，挂靠人能够排除执行。（详见"延伸阅读"案例三）

相关法律规定

《最高人民法院关于人民法院办理执行异议和复议案件若干问题的规定》（2020年12月23日修正）

第二十五条 对案外人的异议，人民法院应当按照下列标准判断其是否系权利人：

（一）已登记的不动产，按照不动产登记簿判断；未登记的建筑物、构筑物及其附属设施，按照土地使用权登记簿、建设工程规划许可、施工许可等相关证据判断；

（二）已登记的机动车、船舶、航空器等特定动产，按照相关管理部门的登记判断；未登记的特定动产和其他动产，按照实际占有情况判断；

（三）银行存款和存管在金融机构的有价证券，按照金融机构和登记结算机构登记的账户名称判断；有价证券由具备合法经营资质的托管机构名义持有的，按照该机构登记的实际出资人账户名称判断；

（四）股权按照工商行政管理机关的登记和企业信用信息公示系统公示的信息判断；

（五）其他财产和权利，有登记的，按照登记机构的登记判断；无登记的，按照合同等证明财产权属或者权利人的证据判断。

案外人依据另案生效法律文书提出排除执行异议，该法律文书认定的执行标的权利人与依照前款规定得出的判断不一致的，依照本规定第二十六条规定处理。

法院裁判

以下为法院在裁定书中"本院认为"部分对该问题的论述：

本案二审争议焦点为：以某建公司名义在中国建设银行某支行所开立的账户（账号：36×××72）的实际所有人是否为王某祥？对该账户的资金能否排除强制执行？

本院认为，根据《民诉法解释》第三百零五条的规定，案外人提起执行异议之诉，必须有明确的排除对执行标的执行的诉讼请求。而案外人这一诉讼请求的依据是其对执行标的享有实体权益，且法院的强制执行措施会妨害其所享有的实体权益。故在案外人执行异议之诉中，应对案外人对执行标的是否享有实体权益，以及法院的强制执行措施是否妨害了案外人的实体权益进行审查。就本案而言，本案二审争议焦点为：以某建公司名义在中国建设银行某支行所开立的账户（账号：36×××72）及该账户的资金实际所有人是否为王某祥？对该账户的资金能否排除执行？对此，本院评述如下：

关于以某建公司名义在中国建设银行某支行所开立的账户（账号：36×××72）及该账户的资金实际所有人是否为王某祥的问题。综合本案事实和证据，王某祥是以某建公司的名义承建"某建材家居综合大市场项目"的实际施工人。案涉账户系某建公司同意王某祥以其名义开设的，预留的印鉴上除有某建公司加盖的财务专用章外，还有王某祥的个人私章，故原审法院据此认定案涉账户的实际所有人为王某祥有事实依据。根据王某祥提供的案涉账户的收入情况明细，案涉账户的资金来源于"某建材家居综合大市场项目"的工程款及王某祥本人存入的资金，也主要用于"某建材家居综合大市场项目"的材料等相关费用的支出，即案涉账户是"某建材家居综合大市场项目"工程的专用账户。而王某祥又是"某建材家居综合大市场项目"的实际施工人。"某建材家居综合大市场项目"的工程款的实际权利人是王某祥，"某建材家居综合大市场项目"业主支付到案涉账户的工程款所有权自然属于王某祥。

欧阳某科上诉提出应根据《执行异议和复议规定》第二十五条第一款第三项的规定来认定案涉账户及该账户资金的所有人。对此，本院认为，执行程序中执行法院对执行标的的权利归属仅进行形式审查。但执行异议之诉适用普通程序审理，对执行标的的权利归属应进行实体审查。故欧阳某科上诉提出应适用《执行异议和复议规定》第二十五条第一款第三项的规定来判断执行标的的权利归属，理由不能成立。

关于对案涉账户资金能否排除强制执行的问题。本案属案外人执行异议之诉，既涉及欧阳某科对某建公司债权的保护，也涉及王某祥所享有的实体权益的保护。诉讼中，王某祥的目的在于排除对案涉账户资金的强制执行，以维护自己的实体权益。而欧阳某科的目的是请求人民法院对该执行标的采取强制执行，以尽早实现自己的债权。本院认为，案涉账户资金应该排除强制执行。理由如下：首先，王某祥拥有案涉账户资金的实体权益有相应的法律依据和事实依据。从外观和形式上看，案涉账户及账户内的资金名义上的所有人是某建公司。但是，王某祥是"某建材家居综合大市场项目"的实际施工人，根据《最高人民法院关于审理建设工程施工合同纠纷案件适用法律问题的解释》第二十六条的规定，实际施工人有权以自己的名义向发包人和承包人主张工程款。王某祥以某建公司名义开立银行账户，用于支付工程项目的日常费用和收取工程款，符合上述司法解释的规定。其次，欧阳某科知道或者应当知道案涉账户资金所有权不属某建公司。欧阳某科申请执行案即欧阳某科与某建公司、百某谷公司建设工程施工合同纠纷一案中，欧阳某科的身份正是实际施工人。也就是说，欧阳某科也曾挂靠于某建公司，对建设工程承包市场的现状、某建公司与实际施工人之间的权利义务关系是清楚的。最后，欧阳某科与某建公司之间的债权债务形成于2013年6月之前，王某祥以某建公司名义开立银行账户和以该账户名义收取工程款的时间在2014年12月以后。即欧阳某科对某建公司的债权发生在前，案涉账户开设及存取资金在后。由此可以看出，欧阳某科对某建公司的债权形成之时，案涉账户的资金并非某建公司清偿欧阳某科债权的责任财产。排除对案涉账户资金的执行并不损害欧阳某科的信赖利益。所以，原审法院排除对案涉账户资金的强制执行，优先保护王某祥对案涉账户资金的所有权，具有事实和法律依据。

案件来源

《王某祥与欧阳某科案外人执行异议之诉特殊程序民事判决书》【江西省高级人民法院（2016）赣民终214号】

延伸阅读

一、挂靠人并未提供证据证明，被挂靠单位名下的账户是为挂靠人建立的专门保证金账户，也没有证据证实该账户内的任何一笔资金与被挂靠单位无关。虽然被挂靠单位自认涉案账户已交给实际施工人使用，但该自认仅能证实涉案账户系出借给了实际施工人使用，并不能由此确认该账户为特定化账户。

案例一：《李某武、朱某松二审民事判决书》【湖北省高级人民法院（2018）鄂民终448号】

本院认为，本案系李某武对涉案账户查封提起的案外人执行异议之诉。根据《执行异议和复议规定》第二十五条关于"对案外人的异议，人民法院应当按照下列标准判断其是否系权利人：……（三）银行存款和存管在金融机构的有价证券，按照金融机构和登记结算机构登记的账户名称判断……"之规定，对于一般账户中的资金，应当以账户的名称作为权属判断的基础与依据。但对于特定专用账户中的资金，应根据账户当事人对该资金的特殊约定以及相关法律规定来判断资金权属，并确定能否对该账户资金强制执行。在案外人提出的对于账户资金是否享有阻却执行的权益判断上，关键在于认定账户内的资金是否特定化，是否与被执行人的其他资金相混同。如果该账户资金能够特定化，能够与被执行人的其他资金相区分，则可以阻却执行，反之不能。本案中，李某武主张其是九江石化工程的实际施工人，且九江某建已将涉案账户的银行预留印鉴交给了李某武，李某武占有和控制诉争账户及账户内的资金进而对涉案账户内的资金享有足以排除强制执行的权益。为此，李某武向人民法院提交了《项目经理合同书》《备忘录》《建筑工程挂靠协议》《工程分包合同书》《九江分公司煤焦代油改造项目辅助土建分包工程合同》等证据。对于上述证据，本院认为，即便该组证据属实，其也仅能证明李某武与九江某建公司系挂靠关系或分包关系或李某武是相关工程的实际施工人。而涉案账户系九江某建设立，没有任何证据能证实该账户的设立系九江某建为李某武等建立的专门保证金账户，也没有证据证实该账户内的任何一笔资金均与九江某建无关。尽管在一审庭审中，九江某建自认涉案账户已交给李某武在使用，但该自认仅能证实涉案账户系出借给了李某武使用，并不能由此确认该账户为特定化账户。

二、在施工挂靠之外的其他领域，法院并没有从被挂靠单位名下账户资金是否特定化角度，来认定挂靠人能否排除执行。而是直接适用《执行异议和复议规定》第二十五条第一款第三项的规定，根据银行存款的账户名判断权利人。

案例二：《杨某龙与孟某焱、兰州兴某石化有限责任公司申请执行人执行异议

之诉二审民事判决书》【甘肃省高级人民法院（2020）甘民终221号】

本案二审争议的焦点为：杨某龙对案涉账户资金是否享有足以排除强制执行的民事权益。

杨某龙与兴某石化公司签订了挂靠协议，明确约定了杨某龙借用兴某石化公司的银行账户，双方也存在利益核算、管理费收取等挂靠事实，兴某石化公司也认可案涉账户已借给杨某龙使用，其中的资金为杨某龙所有，故可以认定杨某龙挂靠兴某石化公司并借用了兴某石化公司账户进行经营的事实。因此，杨某龙依据挂靠协议和借用账户的事实对案涉账户中的资金享有一定的权益，但是，杨某龙享有的权益不足以排除孟某焱对案涉账户依法申请法院强制执行，原因有三：第一，杨某龙与兴某石化公司签订挂靠协议并借用兴某石化公司的账户经营，这属于内部法律关系，孟某焱以对兴某石化公司享有债权为由申请法院强制执行案涉账户，这属于外部法律关系，案涉账户的户名毕竟是兴某石化公司，账户名称具有一定的公示效力，杨某龙不能以其与兴某石化公司的内部法律关系对抗孟某焱与兴某石化公司的外部法律关系；第二，杨某龙借用兴某石化公司的账户经营本身违反相关法律规定，法律禁止借用他人银行账户进行经营的一个重要原因就是该行为会导致金融秩序混乱，存在较大风险，容易产生纠纷，本案恰恰是因杨某龙借用兴某石化公司账户进行经营出现的风险和纠纷，法院判决具有一定社会导向作用，若杨某龙对案涉账户资金享有足以排除强制执行的权利，相当于杨某龙将违法行为导致的风险转嫁出去，会助长借用账户经营的违法行为；第三，执行异议之诉中如何判断银行账户内资金的归属，《执行异议和复议规定》第二十五条第一款第三项已有明确规定，即通过银行账户户名进行判断，故杨某龙的主张并没有法律依据。综上，杨某龙对案涉账户资金享有的权益不足以排除孟某焱的强制执行，至于杨某龙的权益可通过另诉或其他方式解决。

三、建设工程施工合同涉及多方主体利益和社会公共利益，从保护处于弱势地位的建筑工人权益、有效平衡各方当事人利益的角度出发，应该优先保护实际施工人能够获得工程款。当"被挂靠单位"名下账户资金能够特定化的情况下，应当认定资金的实际权利人是挂靠人。

案例三：《曾某吉、卡若区三某房地产开发有限责任公司案外人执行异议之诉二审民事判决书》【四川省高级人民法院（2019）川民终412号】

根据《最高人民法院关于审理建设工程施工合同纠纷案件适用法律问题的解释（二）》第二十四条关于"实际施工人以发包人为被告主张权利的，人民法院应当追加转包人或者违法分包人为本案第三人，在查明发包人欠付转包人或者违法分包人建设工程价款的数额后,判决发包人在欠付建设工程价款范围内对实际施工人承担责任"的规定,基于建设工程施工合同涉及多方主体利益和社会公共利益,从保护处于弱势地位的建筑工人权益、有效平衡各方当事人利益的角度出发,允许转包法律关系中的实际施工人突破合同相对性原则,直接向发包人主张欠付的工程款。也即在非法转包的情形下,实际施工人对工程款主张权利,经查明发包人确有未付工程款的,人民法院应当确定发包人直接向实际施工人支付,而非只能依据合同相对性原则分别确定发包人与承包人、承包人与实际施工人之间的债权债务关系。

本案中,三某公司提交的转款记录、收款收据、《授权委托书》及《联合施工协议书》等证据能够印证在工程施工过程中,案涉工程质保金和民工工资保证金虽名义上由承包人路桥公司缴纳,但实际系三某公司依据其与路桥公司的转包关系履行的缴纳义务。三某公司提交的某自治区交通运输厅、财政厅转款记录及某市交通运输局函件表明,案涉款项系发包人某公路建设中心退还的部分工程质保金和民工工资保证金。在该笔款项能够特定化且实际施工人三某公司提出权利主张的情形下,根据前述规定,应当认定三某公司为案涉款项的实际权益人。曾某吉主张三某公司提交的证据不能证明工程质保金和民工工资保证金由其支付,也不能证明案涉款项系发包人退还的工程质保金和民工工资保证金,与事实不符,不能成立。

曾某吉主张,应当适用《执行异议和复议规定》第二十五条第一款第三项关于"银行存款和存管在金融机构的有价证券,按照金融机构和登记结算机构登记的账户名称判断;有价证券由具备合法经营资质的托管机构名义持有的,按照该机构登记的实际出资人账户名称判断"的规定认定路桥公司系案涉款项的权利人。本院认为,前述司法解释适用于人民法院的执行程序,即在执行中系主要以登记的账户名作为该账户内资金所有权人的判断标准。但在当事人对账户内资金实际权利人发生争议而另行提起的诉讼程序中,人民法院应当结合当事人的诉辩主张,依法对各方提交的证据进行审核,进而对实际权利人作出认定。曾某吉的该项上诉理由不能成立,本院不予支持。

032 实际出资人能否排除对代持股权的强制执行？

> 实际出资人无权排除显名股东债权人对代持股的强制执行

阅读提示

公司股东的登记事项主要体现在公司章程、股东名册和工商登记这三种材料中。根据《公司法》第三十二条规定，公司应当将股东的姓名或者名称及其出资额向公司登记机关登记，未经登记或者变更登记的，不得对抗第三人。也就是说，在公司对外关系上，名义股东具有股东的法律地位，隐名股东不能以其与名义股东之间的约定为由对抗外部债权人对名义股东的正当权利。上述规定系针对有限责任公司，那么非上市的股份公司能否参照上述法律规定处理呢？非上市的股份公司中，实际出资人能否以其对出资股份的权利排除第三人申请执行呢？

裁判要旨

代持关系本质上属于债权债务关系，不能对抗第三人。执行案件中的债权人与被执行人交易时同样具有信赖利益，应优先于实际出资人保护。实际出资人基于其对股份的实际出资，无权排除法院的强制执行。

案情简介

2010年6月28日，海某集团与中某财富签订《委托投资入股代理协议》，海某集团有偿委托中某财富代持营口某银行的股份。

在中信某分行与中某财富借款合同纠纷一案中，中信某分行依据生效法律文书，申请执行中某财富持有营口某银行的股份，海某集团提出执行异议。济南中院裁定驳回海某集团的异议，海某集团提起案外人执行异议之诉。

济南中院一审认为，中某财富系案涉股份的所有权人，海某集团作为实际出资人不能依据与中某财富的内部约定对抗外部债权人，无权排除执行，海某集团上诉至山东高院。

山东高院二审认为，中信某分行系基于对中某财富享有的债权申请执行，不是基于信赖工商登记外观进行交易的主体，因此不能优先于实际权利人保护，判决撤销一审判决，停止对代持股份的执行。

中信某分行向最高人民法院申请再审，最高人民法院再审判决撤销二审判决，维持一审判决。

裁判要点及思路

本案的争议焦点是：如果海某集团系涉案股份实际出资人，能否排除人民法院的强制执行。最高人民法院从四个方面（见下表），充分回应了对实际出资人申请排除名义股东的债权人强制执行不予支持的原因和理由，认为：虽然，海某集团与中某财富之间形成了委托代持关系。但是，海某集团就涉案股份并不享有足以排除强制执行的民事权益，不能排除人民法院的强制执行。

一、内部代持法律关系的性质	实际出资人与名义股东之间的代持关系本质上属于债权债务关系，对第三人不产生效力。实际出资人不能依据与名义股东间的债权债务关系对抗外部债权人，不当然享有股份所有权、享受股东地位
二、信赖利益保护	根据商事外观主义原则，法定事项一经登记即产生公信力。执行案件中债权人与被执行人交易时同样具有信赖利益并应优先保护
三、债权人和隐名股东的权责和利益分配	1. 代持信息较难知悉，不能苛求债权人查询，应倾斜保护债权人；2. 实际出资人有相应的法律救济机制；3. 执行股份属于实际出资人应预见的风险；4. 风险和收益一致，实际出资人选择隐名应承担相应风险
四、司法政策价值导向	如果侧重承认和保护隐名股东的权利从而阻却执行，客观上则会鼓励通过代持股份方式规避债务，逃避监管，徒增社会管理成本

实务要点总结

登记股东的债权人依据工商登记中记载的股权归属，有权申请对该股权强制执行，实际出资人无权排除强制执行。工商登记是对公司股权情况的公示，与登记股东进行交易的善意第三人及登记股东的债权人有权信赖工商机关登记的股权情况，该信赖利益应当得到法律的保护。即使真实状况与第三人的信赖不符，只要第三人的信赖合理，第三人的信赖利益就应当受到法律的优先保护。这里所说的优先保护，就是指在案涉股份的实际出资人与公示出来的登记股东不符的情况下，法律优先保护信赖公示的与登记股东进行交易的善意第三人及登记股东的债权人的权利，而将实际投资人的权利保护置于这些人之后。因此,当登记股东因其未能清偿到期债务而成为被执行人时,该股份的实际出资人不得以此对抗登记股东的债权人对该股权申请强制执行。也就是说,登记股东的债权人依据工商登记中记载的股权归属,有权申请对该股权强制执行。

实际出资人并非绝对无权排除人民法院强制执行。最高人民法院有观点认为:根据《公司法》第三十二条和《民法总则》第六十五条的规定,相对人基于登记外观的信任所作出的交易决定,即便该权利外观与实际权利不一致,亦应推定该权利外观真实有效,以保证相对人的信赖利益,维持交易安全。故上述规定中的"第三人"以及"善意相对人"均应是指基于对登记外观信任而作出交易决定的第三人。执行案件中的债权人与被执行人发生交易行为时,如果被执行人的债权人与名义股东的交易标的,不是登记在名义股东名下的特定代持股权,就不存在信赖利益保护的问题,不能适用善意第三人制度。此时,实际出资人对特定代持股权的权利优于被执行人的债权人,有权排除人民法院对特定代持股权的强制执行。

应注意涉及特殊企业代持股权的强制执行。最高人民法院有观点认为:在涉及诸如改制企业股权的强制执行时,因其特殊的历史因素,在考虑实际出资人和外部债权人权利优先性问题时,应当综合案外人(实际出资人)与执行标的关系的性质、被执行人(名义股东)对执行标的的支配权的范围以及执行标的是否构成交易的信赖等因素予以判断。而通过整理最高人民法院处理此类企业股权执行的案件,发现最高人民法院基本持倾斜保护实际出资人的裁判观点。

实际出资人对实际出资股权享有利益具有不确定性时,该股权不能认定为实际出资人的财产予以执行。最高人民法院有观点认为:股权虽系实际出资人出资,但如果根据实际出资人和名义股东签订的代持股协议等约定,实际出资人分配股权对应的投资收益需要满足一定的条件且法院强制执行该股权时,分配投资收益的条件尚未满足,实际投资人能否收取特定代持股权对应的财产收益具有不确定性时,案涉股权不能认定为实际出资人的财产予以执行。

本书建议:首先,应谨慎选择代持股形式。其次,在代持股情形下,实际出资人应保存好与名义股东之间签订的代持股协议、实际出资证明等证据。就普通债权申请执行,法院能否强制执行名义权利人所持有的股权,首先,要审查判明该股权的实体权利人的权益是否存在;其次,在外观权利与实际权利不一致的事实前提下,根据权利外观理论,再行审查判明申请执行人是否基于善意,对权利外观的信赖而与名义权利人进行民事法律行为的,该民事法律行为效力是否受法律的优先保护。因此,实际出资人应保存好证明其系股权实际权利人的相关证据,如实际出资的缴纳记录、公司分红、公司决策投票等与股权核心内容相关的证据资料，以防范未来股权被名义股东债权人执行的风险。

相关法律规定

《公司法》（2018年10月26日修正）

第三十二条 有限责任公司应当置备股东名册，记载下列事项：

（一）股东的姓名或者名称及住所；

（二）股东的出资额；

（三）出资证明书编号。

记载于股东名册的股东，可以依股东名册主张行使股东权利。

公司应当将股东的姓名或者名称向公司登记机关登记；登记事项发生变更的，应当办理变更登记。未经登记或者变更登记的，不得对抗第三人。

《民法典》（2020年5月28日公布）

第六十五条[①] 法人的实际情况与登记的事项不一致的，不得对抗善意相对人。

《最高人民法院关于适用〈中华人民共和国公司法〉若干问题的规定（三）》（2020年12月23日修正）

第二十四条第三款 实际出资人未经公司其他股东半数以上同意，请求公司变更股东、签发出资证明书、记载于股东名册、记载于公司章程并办理公司登记机关登记的，人民法院不予支持。

法院裁判

以下为最高人民法院在判决书"本院认为"部分就此问题发表的意见：

本院经审理认为，本案的争议焦点是：海某集团系涉案股份实际出资人的事实，能否排除人民法院的强制执行。从本案查明事实看，海某集团与中某财富双方签订《委托投资入股代理协议》及《委托投资入股代理协议之补充协议》，约定海某集团自愿委托中某财富作为海某集团对营口某银行的出资入股代理人并代为行使相关股东权利，委托资金总额9360万元，其中7200万元用于出资入股营口某银行，委托期间，海某集团应向中某财富支付共计200万元的代为持股费用。上述协议之履行，表明海某集团与中某财富之间形成了委托代持关系。但是，海某集团就

[①] 原《民法总则》第六十五条。

涉案股份并不享有足以排除强制执行的民事权益，不能排除人民法院的强制执行。主要理由如下：

第一，从实际出资人与名义股东的内部代持法律关系的性质分析。代持法律关系其本质属于一种债权债务关系，受合同法相对性原则的约束，隐名股东就该债权仅得以向名义股东主张，对合同当事人以外的第三人不产生效力。从《公司法》第三十二条规定看，公司应当将股东的姓名或者名称及出资额向公司登记机关登记，登记事项发生变更的，应当变更登记，未经登记或者变更登记的，不得对抗第三人。公司股东的登记事项主要体现在公司章程、股东名册和工商登记这三种材料中，本案营口某银行的公司章程、股东名册、工商登记资料中，涉案股份均登记于中某财富名下，中某财富可以据此主张行使股东权利，在公司对外关系上，名义股东具有股东的法律地位，隐名股东不能以其与名义股东之间的约定为由对抗外部债权人对名义股东的正当权利。《公司法司法解释（三）》第二十四条规定对此进一步细化：……上述法律和司法解释规定虽是针对有限责任公司，但本案中营口某银行为非上市的股份公司，参照上述法律规定处理相关法律关系从性质上而言亦无不妥。从上述法律依据看，在代持情况下，即名义股东与实际股东分离时，通过合同法规制解决。即使海某集团为涉案股份的实际出资人，也并不当然地取得营口某银行的股东地位。代持情形下，隐名股东的财产利益是通过合同由名义股东向实际股东转移，需经过合同请求而取得，若隐名股东请求成为公司股东，则需经过半数股东同意，其并非当然取得股东地位。综合上述分析可知，海某集团即使对涉案股份真实出资，其对因此形成的财产权益，本质还是一种对中某财富享有的债权。如中某财富违反其与海某集团之间签订的委托协议，海某集团得依据双方签订的相关协议向中某财富主张违约责任，并不当然享有对涉案股份的所有权、享受股东地位。

第二，从信赖利益保护的角度分析。根据商事法律的外观主义原则，交易行为的效果以交易当事人行为的外观为准。即使外在的显示与内在的事实不一致，商事主体仍须受此外观显示的拘束，外观的显示优越于内在的事实。法定事项一经登记，即产生公信力，登记事项被推定为真实、准确、有效，善意第三人基于对登记的信赖而实施的行为，受到法律的保护，即使登记事项不真实、与第三人的信赖不符，善意第三人也可以依照登记簿的记载主张权利。只要第三人的信赖合理，第三人的信赖利益就应当受到法律的优先保护。另外，执行案件中的债权人与被执行人发生交易行为时，本身也有信赖利益保护的问题。发生交易时，申请执行人对被执行人的总体财产能力进行衡量后与之进行交易，被执行人未履行生效法律文书确定的义务进入强制执行程序后，被执行人名下的所有财产均是对外承担债务的一般责任财产与总体担保手段,因此不能认为强制执行程序中的申请执行人就不存在信赖利益保护的问题。特别是,法律规定明确否定超标的查封,申请执行人为了实现对某项特定财产的查封,必须放弃对其他财产的查封,如果对该查封利益不予保护,对申请执行人有失公允。因此,不能苛求被执行人的债权人与名义股东必须是就登记在名义股东名下的特定代持股权从事民事法律行为时才能适用善意第三人制度。在涉案股份的实际出资人与公示的名义股东不符的情况下,法律不仅应优先保护信赖公示的与名义股东进行交易的善意第三人,也应优先保护名义股东的债权人的权利。就本案而言,中信某分行对涉案股份申请强制执行具有信赖利益并应优先保护。

第三,从债权人和隐名股东的权责和利益分配上衡量。首先,债权人对名义股东的财产判断只能通过外部信息,股权信息查询获得,但代持关系却较难知悉,属于债权人无法预见的风险,不能苛求债权人尽此查询义务,风险分担上应向保护债权人倾斜,制度以此运行则产生的社会成本更小。其次,实际出资人的权利享有相应的法律救济机制。即使名义股东代持的股权被法院强制执行,隐名股东依然可以依据其与名义股东之间的股权代持协议的约定以及信托、委托制度的基本原则,请求名义股东赔偿自己遭受的损失。再次,对涉案股份的执行并未超过实际出资人的心理预期。实际出资人在显名为股东之前,其心理预期或期待的利益仅仅是得到了合同法上的权益,而非得到公司法上的保护。本案中,海某集团在相关代持协议中与中某财富就代持股份可能被采取强制执行措施的情形已做了特别约定即是明证。最后,从风险和利益一致性的角度考虑,实际出资人选择隐名,固有其商业利益考虑,既然通过代持关系,获得了这种利益,或其他在显名情况下不能或者无法获得的利益,则其也必须承担因为此种代持关系所带来的固有风险,承担因此可能出现的不利益。因此,由海某集团承担因选择代持关系出现的风险和不利益,更为公平合理。

第四,从司法政策价值导向上衡量。现实生活中因为多种原因产生股份代持的现象,但从维护交易安全、降低交易成本的角度看,如果侧重于承认和保护隐名股东的权利从而阻却执行,客观上则会鼓励通过代持股份方式规避债务,逃避监管,徒增社会管理成本。本案中,在海某集团与中某财富签订协议之时,银监会办公厅已下发了《关于加强中小商业银行主要股东资格审核的通知》[银监办发(2010)115号],其中第二条第二项规定:"主要股东包括战略投资者持股比例一般不超过20%。对于部分高风险城市商业银行,可以适当放宽比例。"而营口某银行的股东中,海某酒店控股集团有限公司作为海某集团的下属成员企业,投资比例已占

20%，通过中某财富代持股份的方式，海某集团对营口某银行的持股比例达到了 24.8%，海某集团寻求中某财富代持营口某银行股份，主观上不排除为了规避上述通知中对于股东资格审核的监管要求。此外，2018 年 1 月 5 日银监会公布的《商业银行股权管理暂行办法》（2018 年第 1 号）明确对商业银行的股权代持行为予以了否定。该办法第十二条第一款规定："商业银行股东不得委托他人或接受他人委托持有商业银行股权。"该规定虽系部门规章，但是从禁止代持商业银行股权规定的规范目的、内容实质，以及实践中允许代持商业银行股权可能出现的危害后果进行综合分析认定，可以看出对商业银行股权代持的监管体现出逐渐严格和否定的趋势。为了维护交易安全，也为倒逼隐名股东在选择名义股东时更加谨慎，依法判决实际出资人海某集团不能对抗人民法院对涉案股权强制执行，有利于规范商业银行股权法律关系，防止实际出资人违法让他人代持股份或者规避法律。

综上所述，中信某分行的再审请求于法有据，应予支持；二审判决认定事实基本清楚，但适用法律错误，应予撤销。

案件来源

《中信银行股份有限公司某分行、海某集团有限公司执行异议之诉再审民事判决书》【最高人民法院（2016）最高法民再 360 号】

延伸阅读

一、如果代为持股形成在先，则根据商事外观主义，债权人的权利应当更为优先地得到保护；如果债权形成在先，则没有商事外观主义的适用条件，隐名股东的实际权利应当得到更为优先的保护。

案例一：《黄某鸣、李某俊再审民事判决书》【最高人民法院（2019）最高法民再 45 号】

最高人民法院认为，按照一般的商事裁判规则，动态利益和静态利益之间产生权利冲突时，原则上优先保护动态利益。本案所涉民间借贷关系中债权人皮某享有的利益是动态利益，而黄某鸣、李某俊作为隐名股东享有的利益是静态利益。根据权利形成的先后时间，如果代为持股形成在先，则根据商事外观主义，债权人的权利应当更为优先地得到保护；如果债权形成在先，则没有商事外观主义的适用条件，隐名股东的实际权利应当得到更为优先的保护。因案涉股权代持形成在先，诉争的名义股东蜀某公司名下的股权可被视为债务人的责任财产，债权人皮某的利益应当得到优先保护。故黄某鸣、李某俊的该项再审理由不成立，本院不予支持。

另外，关于《公司法》第三十二条的理解与适用问题。该条第三款规定："公司应当将股东的姓名或者名称向公司登记机关登记；登记事项发生变更的，应当办理变更登记。未经登记或者变更登记的，不得对抗第三人。"工商登记是对股权情况的公示，与公司交易的善意第三人及登记股东之债权人有权信赖工商机关登记的股权情况并据此作出判断。其中"第三人"并不限缩于与显名股东存在股权交易关系的债权人。根据商事外观主义原则，有关公示体现出来的权利外观，导致第三人对该权利外观产生信赖，即使真实状况与第三人信赖不符，只要第三人的信赖合理，第三人的民事法律行为效力即应受到法律的优先保护。基于上述原则，名义股东的非基于股权处分的债权人亦应属于法律保护的"第三人"范畴。本案中，李某俊、黄某鸣与蜀某公司之间的股权代持关系虽真实有效，但其仅在双方之间存在内部效力，对于外部第三人而言，股权登记具有公信力，隐名股东对外不具有公示股东的法律地位，不得以内部股权代持关系有效为由对抗外部债权人对显名股东的正当权利。故皮某作为债权人依据工商登记中记载的股权归属，有权向人民法院申请对该股权强制执行。二审法院的认定并无不当。

二、实际出资人对实际出资股权享有利益具有不确定性时，该股权不能认定为实际出资人的财产予以执行。

案例二：《饶某、重庆德某地产集团有限公司再审审查与审判监督民事裁定书》【最高人民法院（2018）最高法民申3254号】

最高人民法院认为，《民诉法解释》第三百一十一条规定："案外人或者申请执行人提起执行异议之诉的，案外人应当就其对执行标的享有足以排除强制执行的民事权益承担举证证明责任。"本案中，贵州省贵阳市中级人民法院依据另案仲裁调解书冻结登记在重庆德某公司名下的贵阳普天德某同德房地产开发有限公司（以下简称普天德某同德公司）的股权，重庆德某公司作为案外人提出本案执行异议之诉，已举证证明其系案涉股权的合法持有人。饶某认为，案涉股权系由陈某仁出资，重庆德某公司是根据《委托投资并持股协议》和《协议书》的约定代持上述股权。但根据上述协议的约定，陈某仁要分配普天德某同德公司的利润，需要解除重庆德某公司为陈某仁及其关联公司债务提供的担保。上述协议还约定，如果重庆德某公司为陈某仁承担债务，则重庆德某公司可以用其为陈某仁代持的股份予以抵偿。因此，陈某仁能否实际享有案涉股权具有不确定性。案涉股权不能认定为陈某仁的财产予以执行。

三、如果被执行人的债权人与名义股东的交易标的，不是登记在名义股东名下的特定代持股权，就不存在信赖利益保护的问题，不能适用善意第三人制度。

案例三：《林某青、林某全案外人执行异议之诉再审审查与审判监督民事裁定书》【最高人民法院（2019）最高法民申 2978 号】

最高人民法院认为，执行异议之诉案件应当根据案件具体情况，对案外人是否享有足以排除强制执行的民事权益进行实质审查，并依法作出是否支持案外人异议请求的判断。本案中，根据一审、二审法院查明的事实，登记在吴某雄名下 4663410 股山某股份股票实际系由林某全出资购买，且林某全亦实际享受该股票分红，故该股票名义为吴某雄所有，但实际权利人应为林某全。《公司法》第三十二条第三款规定"公司应当将股东的姓名或者名称向公司登记机关登记；登记事项发生变更的，应当办理变更登记。未经登记或者变更登记的，不得对抗第三人"。《民法总则》第六十五条规定："法人的实际情况与登记的事项不一致的，不得对抗善意相对人。"上述两条规定均源于商事外观主义基本原则，即相对人基于登记外观的信任所作出的交易决定，即便该权利外观与实际权利不一致，亦应推定该权利外观真实有效，以保证相对人的信赖利益，维持交易安全。故上述规定中的"第三人"以及"善意相对人"均应是指基于对登记外观信任而作出交易决定的第三人。本案中，林某青系案涉股票登记权利人吴某雄的金钱债权的执行人，并不是以案涉股票为交易标的的相对人。虽然林某青申请再审称，其是基于对吴某雄持有案涉股票的信赖，才接受吴某雄提供担保的。但林某青对此并未提交证据证明，故该项主张不能成立。此外，上市公司隐名持股本身并不为法律、行政法规所明文禁止，林某全作为隐名股东持有山某股份的权利，不能被剥夺。因此，一审、二审判决林某全对案涉股票享有能够排除林某青申请执行的权益，并无不当。

四、与名义股东未就案涉股权建立任何信赖法律关系的债权人，不属于因信赖权利外观而需要保护的民事法律行为之善意第三人，实际出资人有权排除强制执行。

案例四：《江某权、谢某平再审审查与审判监督民事裁定书》【最高人民法院（2018）最高法民申 5464 号】

最高人民法院认为，根据原审查明的事实，从权利形成时间上来看，谢某平实际出资、作为隐名股东取得案涉股权、经其他股东同意担任公司总经理等事实均发生在据以查封案涉股权的合伙协议纠纷案件调解书形成之前，虽然谢某平并未登记为汇某公司的名义股东，但其对于案涉股权享有的权利在查封前即取得。从权利性质上来看，江某权系基于合伙协议纠纷案件中形成的民事调解书确定的一般债权而对案涉股权采取查封措施,谢某平系基于返还请求权而对案涉股权执行提出异议,江某权的权利主张并不能当然优先于谢某平的权利主张。从案件关联性的角度来看,江某权也未举证证明其与张某良之间因合伙协议纠纷产生的债权系张某良与钟某彤夫妻共同债务,更不能证明该债权与谢某平存在关联。此外,江某权与钟某彤之间并未就案涉股权建立任何信赖法律关系,江某权亦不属于因信赖权利外观而需要保护的民事法律行为之善意第三人,在本案中并不适用《公司法司法解释(三)》第二十五条以及《物权法》第一百零六条之相关规定。因此,谢某平对案涉股权提出执行异议,原审法院判决停止对案涉股权的执行,并无不当。

五、涉改制等特殊企业股权的强制执行时,在考虑权利优先性问题时应当综合案外人与执行标的关系的性质、被执行人对执行标的支配权的范围以及执行标的是否构成交易的信赖等因素予以判断。

案例五:《易某萍、萍乡市富某节能服务有限公司案外人执行异议之诉再审审查与审判监督民事裁定书》【最高人民法院(2018)最高法民申3511号】

最高人民法院认为,本案富某节能公司等被申请人对案涉股份享有的实际权利与某农商行股权登记外观上存在冲突,在考虑权利优先性问题时应当综合案外人与执行标的关系的性质、被执行人对执行标的支配权的范围以及执行标的是否构成交易的信赖等因素予以判断。(一)富某节能公司通过继受取得某农商行的股份,熊某等人因公司转制而取得某农商行的股份,富某节能公司、熊某等人均是基于股东身份而享有股东权益,太某洲公司仅是基于登记外观,虽有股东之名而无股东之实,太某洲公司对案涉股权并无支配权利,实体股东权利为富某节能公司、熊某等人所享有。易某萍申请执行的是实体权利已经虚化的股东权,不能对抗已经查明的富某节能公司、熊某等人对执行标的所享有的实体权益。(二)本案执行标的并不构成太某洲公司与易某萍交易的责任财产,对易某萍的债权并不因丧失信赖而造成损害。易某萍与太某洲公司的债权债务关系发生于某农商行成立之前,太某洲公司所持有的某农商行的股份尚未对外公示,并不存在易某萍对太某洲公司所持股权的信赖问题。因此,易某萍仅依据对事后的公司股东登记信赖申请执行案涉股权,不能对抗富某节能公司、熊某等人的实体权利。

六、法院冻结股权后,实际出资人与显名股东、公司共同确认实际出资人股东身份的,不能证明实际出资人在股权冻结前取得股东身份并实际持股的事实,不能对抗人民法院冻结案涉股权的执行行为。

案例六:《何某、吉林省鸿某国际房地产开发有限公司再审审查与审判监督民事裁定书》【最高人民法院(2019)最高法民申4351号】

最高人民法院认为，本案中，何某主张其就执行标的享有足以排除强制执行的民事权益的首要条件是，何某在人民法院实施冻结案涉股权执行行为之前已经系中某公司的股东或实际出资人。经查，一审法院于2017年7月18日作出（2014）长执字第275-1号执行裁定，冻结被执行人天某伟业公司持有中某公司100%的股权。根据工商登记查询信息载明，中某公司系非自然人投资或控股的法人独资有限责任公司，一审法院采取冻结措施时，被执行人天某伟业公司持有中某公司的全部股权。依据《公司法司法解释（三）》第二十四条的规定，实际出资人系与名义出资人订立合同，约定由实际出资人出资并享有投资权益，名义出资人为名义股东。何某主张其系中某公司实际控制人、经营人、实际投资人，并持有86.16%股权，其提交了向中某公司汇款的证据，但无法确定何某向中某公司汇款的性质，不能证明何某已经成为中某公司股东。何某提交的案涉《协议书》虽载明中某公司认可何某的股东身份，但因该《协议书》签订日期是2017年12月18日，晚于人民法院对案涉股权采取冻结执行措施时间，不足以证明在2011年何某已经取得股东身份并实际持股的事实。何某与中某公司、天某伟业公司在人民法院已经裁定冻结股权之后，作出的确认何某为中某公司股东的合意，不能对抗人民法院冻结案涉股权的执行行为。

033 合作开发房地产，投资建造方能否排除执行？

> 合作开发房地产，投资建造一方无权排除强制执行

阅读提示

由于进行房地产开发需要一定的准入门槛，实践中存在不少合作开发建设的情形。各方通过签订《联合开发协议》《联建协议》《项目投资协议》等形式，约定由有资质一方提供土地并办理行政审批手续、由其他方出资实际建造，以达成共同开发房地产项目的目的。往往，合作建造的不动产附属的建设用地使用权人并非投资建造一方，当"名义所有权人"的债权人申请法院执行合作开发的不动产时，投资建造一方的合法权益如何保护？本文通过整理最高人民法院近年处理此类问题的裁判观点，梳理涉及合作开发房地产执行纠纷中，各方权益保护的注意事项，以供读者朋友参考。

裁判要旨

建设用地使用权权利人之外的主体在建设用地上营造建筑物，不属于合法建造，不符合《物权法》第三十条的规定。投资建造一方不能当然取得建筑物所有权，无权排除相关权利人对合作开发不动产的强制执行。

案情简介

2004年9月，佳某公司与工行某支行签订借款合同，并以在建工程（包括诉争房屋）为其提供抵押担保，公证处对借款合同予以公证，并作出公证债权文书。

2006年7月，崇某公司与佳某公司签订联建协议，合作开发某房产项目（包括诉争房屋），约定由崇某公司实际投资开发，满足一定条件时佳某公司将项目过户至崇某公司。该项目建设用地使用权人为佳某公司。

2007年2月，工行某支行根据公证处基于公证文书作出的执行证书，申请陕西高院执行，后将该笔债权转让至信达某分公司。执行过程中，陕西高院查封合作开发的房产项目（包括诉争房屋）。

2015年6月，崇某公司提起执行异议，陕西高院认为崇某公司无相关房屋权属登记手续和房屋权属证书等权属证明文件，裁定驳回其异议。崇某公司遂提起案外人执行异议之诉。

陕西高院一审认为，根据《物权法》第三十条规定，佳某公司与崇某公司均为房屋建造人，自房屋建成即共同享有对涉案房屋的所有权，判决崇某公司对案涉房屋享有所有权，不得执行案涉房屋。信达某分公司上诉最高人民法院。

2017年8月，最高人民法院判决撤销一审判决，驳回崇某公司诉讼请求。

裁判要点及思路

本案争议焦点为：崇某公司是否有权排除案涉十套房屋的强制执行。最高人民法院从"不动产物权变动要件、崇某公司能否基于合法建造取得案涉房屋所有权、崇某公司举证证明责任、交易安全"四个方面，论证崇某公司作为合作开发一方不享有诉争房屋所有权。最高人民法院认为，崇某公司并非案涉土地使用权人，未完成相应行政审批，不属于《物权法》第三十条中"合法建造"人，不能依据该条规定，主张因事实行为取得诉争房屋所有权，无权排除执行。

本案争议焦点问题的实质是，崇某公司能否基于事实建造行为，对实际投资建造的房屋享有所有权。本书认为：在国有建设用地上建造房屋的行为，不适用《物权法》第三十条原始取得的规定，实际建造人无法基于该条规定主张建筑物的所有权。这是因为：

首先，我国实行土地公有制。任何自然人和法人均不得拥有土地所有权，如果要在地上建造建筑物并拥有建筑物的所有权，必须先自土地所有权人处取得土地使用权，包括集体土地使用权和国有建设用地使用权。

其次，建设用地使用权人建造的建筑物的所有权属于建设用地使用权人。使用人通过出让或者划拨方式取得建设用地使用权并经登记生效后，成为建设用地使用权人。建设用地使用权的内容包括三个方面：一是利用土地营造建筑的权利；二是获得所营造建筑物所有权的权利；三是处分建设用地使用权及地上建筑物的权利。其中，关于获得所营造建筑物所有权的权利，依据《物权法》第一百四十二条规定，除有相反证据证明，建设用地使用权人建造的建筑物的所有权属于建设用地使用权人。

最后，基于合法建造取得建筑物所有权仅适用于宅基地使用权人。物权的取得方式，分为继受取得与原始取得。与物权取得方式相对应，引起物权变动的法律事实，分为法律行为与法律行为以外的事实。因合法建造房屋取得对房屋所有权这一事实行为即属于后者，规定在《物权法》第三十条和第九章。受我国政策和立法影响，宅基地使用权的功能基本仅限于静态地对农村集体经济组织成员自行建造并拥有的私宅提供土地权利支撑，无须产权登记，农民基于宅基地使用权自行享有农村住宅所有权，这明显区别于建设用地使用权，而第三十条规定的就是宅基地使用权人因合法的建造行为直接取得房屋所有权的内容，因此，建设用地使用权的权利人不适用该条规定，不能仅基于事实建造行为取得建筑物所有权。

实务要点总结

在国有建设用地上建造房屋，不能适用《物权法》第三十条原始取得的规定，实际建造人无法基于该条规定主张建筑物的所有权。主要理由请见上文部分。但是，实际建造一方有权基于各方约定以及合同履行情况，主张对合作开发建设不动产享有一定的份额，而申请执行人有权执行实际投资建设一方的份额。实际建造一方亦可基于其对于合作建造不动产享有的份额，排除法院的强制执行。

实际开发建造一方无权基于合作各方签订的协议，主张对合作开发建造的不动产享有所有权并排除强制执行。因合作开发房地产中，实际投资建造一方不能基于原始取得的方式获得地上建筑物所有权，只能遵循继受取得方式获取建筑物所有权。如此，则应遵循因法律行为导致物权变动的逻辑，受公示对于物权变动之必要的约束。不动产所有权的转移，除了需要当事人之间达成一个旨在变动物权的合意之外，还需要办理所有权转移的登记。合作各方签订《联合开发协议》《项目投资协议》等合同，系合作开发双方之间的内部关系，在没有对土地或房屋进行变更登记或者经生效裁判文书确权之前，实际开发建造一方享有的仅为对合作方的债权。该债权不足以对抗相关权属证书的公示性，无权排除执行。相应地，名义开发商有权排除实际出资开发商债权人的强制执行。

极少数案例中，最高人民法院认为实际投资建造一方基于所有权归属约定，对投资建造项目享有物权，有权排除执行。最高人民法院有观点认为，如果合作各方签订的《合作开发协议书》《备忘录》等协议，系双方真实意思表示，内容不违反法律、行政法规的强制性规定的，应认定为有效。虽然土地使用权登记在一方公司名下，但在合作开发各方之间，合作建造的不动产权利登记证书作为物权凭证，仅具有权利推定效力，不能当然作为唯一权利人的认定依据。如果实际投资建造一方，实际支付了兼并费用、土地出让金，实际投资、实际控制项目建设，并实际占有案涉土地，根据《最高人民法院关于适用〈中华人民共和国物权法〉若干问题的解释（一）》[①]第二条之规定，可认定实际开发建设一方系项目实际权利人。也有观点认为，实际开发建造一方在满足无过错买受人的情况下，依据《执行异议和复议规定》第二十八条规定，有权排除强制执行。

合作开发的房产建设项目未取得开发建设审批手续，在名义所有权人否认开发项目系其开发建设的情况下，申请执行人应就被执行人系建设项目实际开发建设人举证证明，否则，无权申请执行。在案外人提供的证据能够证明被执行人名下房地产系与第三方合作开发，并由第三方出资建设的事实时，如果被执行人否认被执行的房屋系其开发建设的情况下，申请执行人申请继续执行合作开发房屋的，应就被执行人对案涉房屋享有所有权承担举证证明责任。否则，无权申请执行。

相关法律规定

《民法典》（2020年5月28日公布）

第二百三十一条[②] 因合法建造、拆除房屋等事实行为设立或者消灭物权的，自事实行为成就时发生效力。

[①] 以下简称《物权法司法解释（一）》。
[②] 原《物权法》第三十条。

第三百五十二条① 建设用地使用权人建造的建筑物、构筑物及其附属设施的所有权属于建设用地使用权人，但是有相反证据证明的除外。

《最高人民法院关于适用〈中华人民共和国民法典〉物权编的解释（一）》（2020年12月29日公布）

第二条② 当事人有证据证明不动产登记簿的记载与真实权利状态不符、其为该不动产物权的真实权利人，请求确认其享有物权的，应予支持。

法院裁判

以下为最高人民法院在裁判文书"本院认为"部分就此问题发表的意见：

本院认为，围绕当事人上诉请求、事实理由与答辩意见，本案争议焦点为：原判决认定崇某公司享有案涉十套房屋所有权并可排除执行是否正确。

第一，不动产物权变动一般应以登记为生效要件。依照《物权法》规定的物权法定原则，物权的种类和内容，由法律规定，当事人之间不能创设。《物权法》第九条规定，不动产物权的设立、变更、转让和消灭，经依法登记，发生效力；未经登记，不发生效力，但法律另有规定的除外。《物权法》第十四条规定，不动产物权的设立、变更、转让和消灭，依照法律规定应当登记的，自记载于不动产登记簿时发生效力。根据查明事实，案涉房屋并未登记于崇某公司名下，崇某公司不能依据登记取得案涉房屋所有权。

第二，崇某公司能否基于合法建造取得案涉房屋所有权。本院认为，首先，《物权法》第一百四十二条规定，建设用地使用权人建造的建筑物、构筑物及其附属设施的所有权属于建设用地使用权人，但有相反证据证明的除外。即建设用地使用权人建造的建筑物、构筑物及其附属设施的所有权一般属于建设用地使用权人。就本案而言，建设用地使用权证载明的权利人为佳某公司并非崇某公司。其次，虽然《物权法》第三十条规定，因合法建造、拆除房屋等事实行为设立或者消灭物权的，自事实行为成就时发生效力。但合法建造取得物权，应当包括两个前提条件，一是必须有合法的建房手续，完成特定审批，取得合法土地权利，符合规划要求；二是房屋应当建成。根据查明事实，案涉房屋的国有土地使用权证、建设用地规划许可证、建筑工程规划许可证、施工许可证等记载的权利人均为佳某公司。即在案涉房屋开发的立项、规划、建设过程中，佳某公司是相关行政审批机关确定的建设

---

① 原《物权法》第一百四十二条。
② 原《物权法司法解释（一）》第二条。

方，崇某公司仅依据其与佳某公司的联建协议，并不能直接认定其为《物权法》第三十条规定的合法建造人，并因事实行为而当然取得物权。结合《某时代广场B、C座项目联合开发合同书》约定内容分析，双方联建的某时代广场B、C座楼位及B座以北的地下车库项目，双方共同投资至本项目总价的25%－30%时，佳某公司应无条件地将该项目转让、过户给崇某公司，由崇某公司独自建设、经营、销售，收益归崇某公司所有，转让过户的税费由崇某公司承担。即崇某公司、佳某公司双方亦明知，双方合作开发，崇某公司仅能依据联建协议参与建成房屋分配，项目转让仍需履行相关审批手续。

第三，《民诉法解释》第三百一十一条规定，案外人或者申请执行人提起执行异议之诉的，案外人应当就其对执行标的享有足以排除强制执行的民事权益承担举证证明责任。崇某公司主张其基于合法建造事实享有案涉房屋所有权，应当承担举证证明责任。现其既未提交证据足以证明对于案涉项目的投资事实，亦未提交证据证明其对涉案房屋占有的权利外观，更未提交证据证明案涉房屋已经登记至其名下，应当承担举证不能的不利后果。

第四，《物权法》规定物权公示原则，即物权的变动必须将其变动的事实通过一定方法向社会公开，其目的在于使第三人知道物权变动情况，以免第三人遭受损害并保障交易安全。本案中崇某公司与佳某公司之间存在合作开发房地产合同关系，崇某公司有权另案向佳某公司主张基于合作开发合同产生的相关权利。但在其提交证据不足以证明其为相关审批手续载明的合法建造主体、投资事实、占有权利外观情况下，仅依据其与佳某公司合作开发合同关系，不属于《物权法》第三十条规定的合法建造人，原判决认定崇某公司基于合法建造取得案涉房屋所有权属，适用法律不当，本院予以纠正。

案件来源

《中国信达资产管理股份有限公司某分公司、陕西崇某实业发展有限公司二审民事判决书》【（2016）最高法民终763号】

延伸阅读

一、不动产权利登记证书仅具有权利推定效力，在实际投资建造一方实际投资、实际控制项目建设，并实际占有土地后，实际投资建造一方对包括土地使用权在内的建设项目享有物权，有权排除执行。

案例一：《厦门市卓某商贸有限公司、陕西兴庆熙某物业管理有限公司再审审查与审判监督民事裁定书》【（2017）最高法民申1904号】

最高人民法院认为，从《合作开发协议书》《备忘录》约定的内容看，功某公司办理完项目开发所需手续后，项目虽然名义上登记在功某公司名下，但熙某公司实际为项目权利人。上述两份协议系双方真实意思表示，内容不违反法律、行政法规的强制性规定，应为有效。另外，根据《最高人民法院关于民事诉讼证据的若干规定》第九条之规定，已为人民法院发生法律效力的裁判所确认的事实，当事人有相反证据足以推翻的除外，可以成为认定本案案件事实的依据……民事裁定均认定：虽然案涉土地使用权登记在功某公司名下，但在功某公司与熙某公司之间，该不动产权利登记证书作为物权凭证，仅具有权利推定效力，不能当然作为功某公司是该土地唯一权利人的认定依据。在《合作开发协议书》《备忘录》履行过程中，熙某公司实际支付了兼并费用、土地出让金，实际投资、实际控制项目建设，并实际占有案涉土地，故熙某公司对包括土地使用权在内的案涉项目享有物权。

二、《联合开发协议》系合作开发双方之间的内部约定，在没有对土地或房屋进行变更登记或者经生效裁判文书确权之前，实际开发建造一方享有的仅为对合作方的债权。该债权不足以对抗相关权属证书的公示性，无权排除执行。

案例二：《赵某凯、利津县利某益恒信小额贷款股份有限公司再审审查与审判监督民事裁定书》【（2017）最高法民申2004号】

最高人民法院认为，本案中，根据已查明事实，润某公司是案涉房屋所在土地的《土地使用权证》上所载的土地使用权人，案涉房屋的《建设用地规划许可证》《建设工程规划许可证》《建筑工程施工许可证》和《商品房预售许可证》也是由润某公司取得，依据《物权法》上述规定，案涉房屋的产权人应认定为润某公司。赵某凯主张其对案涉房屋享有可排除强制执行的权益，但其主张的依据为其与润某公司之间签订的《联合开发协议》，该协议是其与润某公司之间的内部关系，在没有对案涉土地或房屋进行变更登记或者经生效裁判文书确权之前，赵某凯享有的仅是对润某公司的债权。在法律没有另行规定的情形下，该债权不足以对抗《土地使用权证》《建设用地规划许可证》《建设工程规划许可证》《建筑工程施工许可证》

《商品房预售许可证》等权属证书的公示性。

三、合作开发的房产建设项目未取得开发建设审批手续，在名义所有权人否认开发项目系其开发建设的情况下，申请执行人应就被执行人系建设项目实际开发建设人举证证明，否则，无权申请执行。

案例三：《潼关县聚某小额贷款有限责任公司、渭南中某置业有限责任公司申请执行人执行异议之诉再审民事判决书》【（2019）最高法民再 285 号】

最高人民法院认为，本案中聚某公司的诉讼请求是许可继续执行案涉房屋，在元某公司否认案涉房屋系其开发建设的情况下，聚某公司应就元某公司对案涉房屋享有所有权承担举证证明责任。如上所述，案涉房屋建设项目未取得任何开发建设的审批手续，聚某公司亦未提交案涉房屋建设施工方面的证据证明房屋是由元某公司实际开发建设，元某公司否认案涉房屋由其开发建设。就目前聚某公司提交的证据而言，不能充分证明案涉房屋系元某公司开发建设。因此，聚某公司请求继续执行案涉房屋的诉讼请求亦缺乏充分的事实和法律依据，本院不予支持。

综上，原审判决关于中某公司对案涉房屋享有足以排除强制执行的民事权益的认定有所不当，但聚某公司关于继续执行案涉房屋的再审请求亦不能成立。原审判决说理虽有不当，但最终驳回聚某公司关于继续执行案涉房屋的请求的判决结果是正确的，应予维持。

四、合作建房并签订回购协议的，属于"名为买卖、实为合作"的法律关系，投资建造一方无权以房屋买受人身份排除强制执行。

案例四：《东营某工业园开发运营中心、中国长某资产管理股份有限公司某分公司再审审查与审判监督民事裁定书》【（2019）最高法民申 2664 号】

最高人民法院认为，双方虽约定某工业园运营中心按成本价回购一定的建筑面积房产，但本质上是双方合作建设中计算各方投资成本的一种方式，即使因为房产登记在里某置业公司名下，双方需办理形式上的房屋买卖合同，双方亦不成立房屋买卖合同关系，也即某工业园运营中心不属法律意义上的房屋买受人。《执行异议和复议规定》第二十五条规定……因此，人民法院执行中根据本案房地产的登记状态采取执行措施，依法有据。（一）某工业园运营中心再审申请认为本案系房屋买卖关系，应适用《执行异议和复议规定》第二十八条，事实根据和法律依据，均有不足。（二）关于相关证据的采信及事实认定问题。某工业园运营中心认为原审对其提供的能够反映该中心占有使用的事实等不予认定，属事实认定不清。本院认为，无论某工业园运营中心是否实际占用案涉房屋和是否具有过错，因其合作建设的房产并未进行相应的变更登记，双方依然系债权债务关系，不足以对抗相关法院的执行措施。

五、在合作开发各方之间未对合作开发建设的房地产所有权归属进行确认的情况下，申请执行人仅依据合法开发协议申请执行债务人与其他人合作开发的房地产，不予支持。

案例五：《陈某兰、商丘市康某置业有限公司申请执行人执行异议之诉再审审查与审判监督民事裁定书》【（2019）最高法民申1891号】

最高人民法院认为，根据该规定，已经登记的不动产，认定不动产所有权人应当按照不动产登记簿进行判断。"和谐湾"小区相关建设规划等证件手续均以康某置业公司名义办理，案涉房产亦登记在康某置业公司名下，应当认定康某置业公司为案涉房屋所有权人。陈某兰依据闫某华与康某置业公司签订的协议书主张闫某华为"和谐湾"小区房屋的所有权人，但闫某华与康某置业公司之间就闫某华的出资比例和房屋所有权归属尚存在争议。在双方未进行结算并未对房屋所有权归属进行确认的情况下，仅依据双方协议无法推翻案涉房屋的物权登记效力。原审法院认定康某置业公司享有排除执行的民事权益并无不当，陈某兰的再审申请理由不能成立。

六、申请人仅可就合作开发一方实际取得的财产或者通过合作开发享有的权益份额申请执行，无权就未登记在合作开发一方名下且未实际取得使用权的土地申请执行。

案例六：《唐某民与尹某芬申请执行人执行异议之诉一案再审民事裁定书》【（2018）最高法民申3806号】

最高人民法院认为，唐某民所提供的证据，仅表明了某村委会与海某公司等其他相关主体间就案涉土地的利用及合作开发事宜进行了约定，海某公司享有的只是依据相关协议所取得的对三旧改造项目的合同权益，并非直接取得了案涉土地使用权，而且亦无证据证明案涉集体建设用地已转为国有建设用地、海某公司或尹某芬为案涉土地的实际权利人。唐某民仅可就海某公司实际取得的财产或通过合作开发享有的权益份额申请执行，而无权就未登记在海某公司名下且其未实际取得使用权的案涉土地申请执行。因此原审法院以唐某民未举证证明海某公司取得案涉土地财产权为由，驳回其上诉请求，并无不当。

七、"施工"与物权法中的"建造"并非同一法律概念，建造是事实行为，合作开发一方仅依据合资合作开发房地产法律关系中关于不动产物权分配的约定，不能取得合作开发房屋的所有权。

案例七：《中国某资产管理股份有限公司、李某二审民事判决书》【（2018）最高法民终1260号】

最高人民法院认为，根据原审查明的事实，沃某德公司与某县第二建筑安装工程公司、李某于 2013 年 8 月 21 日签订《协议》,约定:都市花园××楼×号商铺工程竣工后,一半产权归二建公司李某所有。李某据此主张因其作为施工人"合法建造"取得涉案商铺所有权。需要说明的是,"施工"与物权法中的"建造"并非同一法律概念,建造是事实行为,李某的该主张法律依据不足,不能成立。一审判决关于李某依据合资合作开发房地产法律关系中关于不动产物权分配的约定依法享有涉案房屋一半面积所有权的认定,说理不当,本院予以纠正。

八、合作开发各方签订的协议未公示的,其设定物权的法律行为无法对抗第三人。名义权利人将合作开发建设的房屋出卖,房屋买受人支付购房款、实际占有并办理产权登记的,该他人无权排除法院对合作开发建设房屋的执行。

案例八:《执行案外人、浙江省某第三建筑工程有限公司再审审查与审判监督民事裁定书》【(2017)最高法民申 4076 号】

最高人民法院认为,虽然万某公司和天某公司签订了联合开发协议书及两份补充协议,对房屋所有权分配进行了约定,但根据物权公示原则,由于该协议书既未进行预告登记,也未进行所有权转移登记,第三人无法通过工商登记获得相关信息,故万某公司和天某公司双方设定物权的法律行为无法对抗第三人……本案被执行人万某公司和第三人贾某萍、庄某之间签订了合法有效的商品房买卖合同,根据交易凭证、进账单、银行账户明细、购房款收据等证据足以认定贾某萍、庄某在签订买卖合同后支付了全部价款并实际占有和使用涉案房产,且房产已经登记在第三人名下,故人民法院对该房产不得查封、扣押、冻结。

九、买受人购买的房屋系多方合作开发建造的房屋,房屋买受人在符合无过错买受人的情况下,其对案涉房屋所具有的民事权益能够阻却合作建造一方基于开发协议对案涉房屋的强制执行。

案例九:《吴某满、翁某华再审审查与审判监督民事裁定书》【(2017)最高法民申 4180 号】

最高人民法院认为,由于吴某满与世某公司对案涉房屋系合作开发关系,作为合作共同体对外均负有向房屋买受人交付房屋的义务。在翁某华与世某公司签订的案涉《房源认定协议书》合法有效,且翁某华已经付清房款,案涉房屋未能办理物权登记系由于世某公司原因而非翁某华的过错所致的情形下,二审判决认定翁某华对案涉房屋所具有的民事权益能够阻却吴某满与世某公司合作双方之间因利润分配而对案涉房屋的强制执行,适用法律亦无不当。

034 借名开发房地产，实际投资人能否排除强制执行？

> **借名开发房地产，实际投资人有权排除强制执行**

阅读提示

　　房地产开发需要满足一定的准入门槛。根据《城市房地产开发经营管理条例》第五条规定，内资设立房地产开发企业，除应当符合有关法律、行政法规规定的企业设立条件外，还应满足 100 万元以上的注册资本、有 4 名以上持有资格证书的房地产专业、建筑工程专业的专职技术人员，2 名以上持有资格证书的专职会计人员的条件。正是基于开发房地产的主体不仅需要资金实力，还需要专业实力。因此，实践中存在不少不符合准入条件的公司甚至个人，借用有资质的公司开发土地，俗称"挂靠"。挂靠虽然解决了资质的问题，但是也引发了更多的问题。本文针对挂靠开发房地产中，被挂靠方被执行时，实际投资人即挂靠方能否排除强制执行以及如何排除执行等问题，展开讨论。

裁判要旨

　　具有房地产开发资质的公司将土地开发权利义务转让给无开发资质的企业或个人的，不影响转让合同的效力。实际投资方满足《执行异议和复议规定》第二十八条规定的，有权排除执行。

案情简介

　　案涉土地系日某公司通过网拍摘牌取得的以其下属全资子公司绿某公司全权负责开发的土地。2011 年，日某公司将《成交确认书》中的权利义务转让给绿某公司，并签订《国有建设用地使用权出让合同》。之后，绿某公司实际投资开发并占有案涉土地，但未办理权属变更登记。

　　2013 年 12 月，在日某公司为被执行人的金融借款合同纠纷案件中，长沙中院裁定查封日某公司名下的案涉土地使用权。

　　2015 年 6 月，案外人绿某公司提出执行异议，称案涉土地属其所有，长沙中院裁定驳回绿某公司的异议请求。绿某公司提起案外人执行异议之诉。

2015年8月，长沙中院一审认为应以国有土地使用权证确定国有土地使用权人，暂不能认定绿某公司为本院所查封土地的所有权人，判决驳回绿某公司诉讼请求。绿某公司上诉至湖南高院。

2017年11月，湖南高院二审认为，日某公司对涉案土地既不享有物权也不享有债权，绿某公司主张其享有排除强制执行的民事权益的理由成立，判决撤销一审判决，停止对案涉土地的执行。日某公司不服，向最高人民法院申请再审。

2018年10月，最高人民法院裁定驳回日某公司的再审申请。

裁判要点及思路

首先，日某公司将《成交确认书》权利义务转让给绿某公司的行为有效。理由有四：（1）根据国土部门对绿某公司作出的一系列相关文件，可以认定转让成交确认书中权利义务的行为已经获得国土部门的认可；（2）本案中，日某公司并非直接将案涉土地使用权转让给绿某公司，不违反行政法规对于土地使用权转让的禁止性规定；（3）本案不属于《合同法》第七十九条规定的合同性质不得转让的情形；（4）国土部门未追究转让《成交确认书》权利义务项下的违约责任，不存在转让行为属于以合法形式掩盖非法目的，转让行为无效的情形。

其次，《国有建设用地使用权出让合同》有效。日某公司将《成交确认书》中的权利义务转让给绿某公司的行为合法有效。因此，《国有建设用地使用权出让合同》为合同当事人的真实意思表示，没有违反法律、行政法规强制性规定，系合法有效的合同。

最后，绿某明珠公司符合《执行异议和复议规定》第二十八条的规定，有权排除执行。第一，绿某公司早在一审法院查封案涉土地之前，就已通过受让《成交确认书》项下权利义务的方式，与某市国土资源局签订了合法有效的《国有建设用地使用权出让合同》；第二，绿某公司已实际占有案涉土地、已足额支付了案涉土地的土地出让金及相关税费；第三，绿某公司非因自身原因未办理过户登记。

综上，绿某公司对案涉土地享有足以排除强制执行的民事权益。

实务要点总结

一、借名开发房地产的，实际出资人存在较大的难以确权以及排除强制执行的风险。

1. 确权举证要求高，不动产登记簿记载具有推定的法律效力，也是法定的公示方法。为保护物权稳定性，保护交易安全，除非存在登记错误或者其他特定情形，并且相关权利人能够举证证明不动产登记簿的记载与真实权利状态不符、其为该不动产物权的真实权利人，请求确认并排除执行的，法院才有可能在执行异议之诉中，根据《物权法司法解释（一）》第二条规定，根据不动产登记簿的记载认可权利主张者是该不动产的真实所有权人，重新认定标的物的真实权属关系。

2. 法律适用问题多，最高人民法院有观点认为，《物权法司法解释（一）》第二条适用范围有限，该规定仅适用于继承未能及时办理过户等极少数特殊情形，借名开发房地产不适用该条规定。不仅如此，我们发现，申请执行人多引用《民法总则》第三条，论证实际投资人借用资质的行为违反了法律和行政法规的相关规定，损害公共利益和他人合法权益。借名开发一方明知其行为违法，依然选择规避相关法律及行政法规的规定，借用资质对土地进行开发，对此，借名开发一方应承担其所实施的违法行为不受法律保护的风险。

二、本书认为：不动产登记簿仅具有相对的证据效力。人民法院审理确权案件，如果原告举出的证据足以证明不动产登记簿的记载与真实权利状态不符，如买卖合同书、支付价款凭证、委托代购房屋的委托书、与代理人之间的往来函件以及证人证言等，足以证明登记簿的记载是错误的、原告才是该不动产的真实所有权人，法院即应根据原告举出的证据确认原告为争议不动产的真实权利人。法院确认实际投资人为真实权利人的确权判决，也就推翻（否定）了不动产登记簿的证据效力。在此，唯有人民法院才能否定不动产登记簿的证据效力。

三、针对借名开发房地产，本书建议：

1. 诉讼请求方面，由于执行异议之诉包括对执行过程中实体争议的审理，实体权利人只有在证明其享有足以排除强制执行的民事权益时才有权排除执行。因此，借名开发房地产的情形下，实际投资人在执行异议之诉中请求排除执行的，应当同时请求对案涉不动产请求确权。

2. 法律适用方面，从《执行异议和复议规定》第二十四条、《物权法司法解释（一）》第二条规定入手，争取法院适用上述规定；同时加强对于案件适用《物权法司法解释（一）》第二条、《执行异议和复议规定》第二十五条、《民法总则》第三条的论证，防止案件受上述条文的消极影响，引导法官对于借名开发行为的法律定性。

3. 委托律师提前介入，控制交易流程风险。由于在借名买房的情形下，实际投资人请求确权并排除执行的，根据"规定谁主张、谁举证"的一般原则，法院还要求实际投资人承担较高的举证证明责任。相应地，这就要求实际投资人在前期借名开发房地产时，委托专业律师介入，最大限度保证签署的各项文件以及整个交易流程合法、合规且留痕，最大限度防止在后续诉讼过程中陷入被动地位。

4. 对于不动产买受人而言，不动产登记不仅关系到个人重要的财产，还关系到市场交易安全。订立房屋买卖合同，如果连出卖人是不是该房屋的真实所有权人都不清楚就贸然订立合同，很可能面临极大的风险。订立购房合同时，建议买受人要求出卖人出示产权证、前往不动产登记机构查阅登记簿。《不动产登记暂行条例》第二十七条第一款规定："权利人、利害关系人可以依法查询、复制不动产登记资料，不动产登记机构应当提供。"买受人以"利害关系人"身份向登记机构查询，查明出卖人是登记簿记载的所有权人，就可以放心地签订买卖合同。即使后来发现该登记错误（出卖人并不是该房屋的真实权利人），买受人也可以主张自己属于"善意买受人"，而获得善意取得制度的保护。

相关法律规定

《最高人民法院关于人民法院办理执行异议和复议案件若干问题的规定》（2020年12月23日修正）

第二十四条 对案外人提出的排除执行异议，人民法院应当审查下列内容：

（一）案外人是否系权利人；

（二）该权利的合法性与真实性；

（三）该权利能否排除执行。

第二十八条 金钱债权执行中，买受人对登记在被执行人名下的不动产提出异议，符合下列情形且其权利能够排除执行的，人民法院应予支持：

（一）在人民法院查封之前已签订合法有效的书面买卖合同；

（二）在人民法院查封之前已合法占有该不动产；

（三）已支付全部价款，或者已按照合同约定支付部分价款且将剩余价款按照人民法院的要求交付执行；

（四）非因买受人自身原因未办理过户登记。

《民法典》（2020年5月28日公布）

第三条[①] 民事主体的人身权利、财产权利以及其他合法权益受法律保护，任何组织或者个人不得侵犯。

---

① 原《民法总则》第三条。

第五百四十五条[①] 债权人可以将债权的全部或者部分转让给第三人，但是有下列情形之一的除外：

（一）根据债权性质不得转让；

（二）按照当事人约定不得转让；

（三）依照法律规定不得转让。

当事人约定非金钱债权不得转让的，不得对抗善意第三人。当事人约定金钱债权不得转让的，不得对抗第三人。

《最高人民法院关于适用〈中华人民共和国民法典〉物权编的解释（一）》（2020年12月29日公布）

第二条[②] 当事人有证据证明不动产登记簿的记载与真实权利状态不符、其为该不动产物权的真实权利人，请求确认其享有物权的，应予支持。

《城市房地产开发经营管理条例》（2020年11月29日修正）

第五条 设立房地产开发企业，除应当符合有关法律、行政法规规定的企业设立条件外，还应当具备下列条件：

（一）有100万元以上的注册资本；

（二）有4名以上持有资格证书的房地产专业、建筑工程专业的专职技术人员，2名以上持有资格证书的专职会计人员。

省、自治区、直辖市人民政府可以根据本地方的实际情况，对设立房地产开发企业的注册资本和专业技术人员的条件作出高于前款的规定。

法院裁判

以下为最高人民法院在判决书"本院认为"部分就此问题发表的意见：

根据光大银行某分行、日某公司的申请再审事由、绿某明珠公司的答辩意见和原审查明的事实，本案的争议焦点为：1.《国有建设用地使用权出让合同》是否有效；2.绿某明珠公司对案涉土地是否享有足以排除强制执行的民事权益；3.二审法院是否存在程序违法。

（一）《国有建设用地使用权出让合同》是否有效。

1.关于日某公司将《成交确认书》中的权利义务转让给绿某明珠公司的行为是否有效的问题。其一，日某公司将《成交确认书》中的权利义务转让给绿某明珠

[①] 原《合同法》第七十九条。

[②] 原《物权法司法解释（一）》第二条。

公司的行为已经获得国土部门的认可。根据某大河西先导区土地储备（交易）中心于 2011 年 2 月 28 日批复的"同意以湖南绿某明珠公司的名称办理测绘成果"、某市国土资源局于 2011 年 3 月 1 日出具的地籍调查表所载明使用者为绿某明珠公司及权属来源为"2010 年 8 月 12 日某市国土资源交易中心日某公司签订的国有建设用地挂牌出让成交书"、某市国土资源局于 2011 年 3 月 10 日与绿某明珠公司签订《国有建设用地使用权出让合同》以及后续政府部门就案涉土地开发建设事宜对绿某明珠公司作出的一系列相关文件的事实，日某公司转让《成交确认书》中的权利义务的行为已获得国土部门的同意，国土部门已认可绿某明珠公司继受成为《成交确认书》中的权利义务主体并就案涉土地的开发建设开展各项后续工作。故光大银行某分行关于日某公司将《成交确认书》中的权利义务转让给绿某明珠公司的行为未经国土部门同意，不符合《合同法》第八十八条规定，遗漏重要事实和适用法律错误的申请再审理由不能成立。其二，《土地管理法》第二条第三款、《城市房地产管理法》第三十八条第六项以及《最高人民法院关于审理涉及国有土地使用权合同纠纷案件适用法律问题的解释》第九条的规定，分别是针对转让土地使用权、房地产行为的规定，但日某公司在本案中并不存在直接将案涉土地使用权转让给绿某明珠公司的情形，故光大银行某分行关于日某公司将《成交确认书》权利义务转让的行为违反上述法律规定的申请再审理由无事实和法律依据。其三，《合同法》第七十九条规定……根据合同性质不得转让的权利，主要是指合同是基于特定当事人的身份关系订立的，合同权利转让给第三人，会使合同的内容发生变化，违反当事人订立合同的目的，使当事人的合法利益得不到应有的保护。当事人基于信任关系订立的委托合同、雇佣合同及赠与合同等，都属于合同权利不得转让的合同。日某公司虽然就案涉土地使用权通过竞拍与某市国土资源交易中心签订《成交确认书》，但其后绿某明珠公司受让《成交确认书》项下的权利义务，并与某市国土资源局签订《国有建设用地使用权出让合同》。因此，本案中并不存在根据合同性质不能转让，转让合同权利会违反当事人订立合同目的，使当事人合法权益得不到保护的情形。故光大银行某分行关于《成交确认书》的权利依合同性质不能转让的申请再审理由依据不足。其四，日某公司将《成交确认书》中的权利义务转让给绿某明珠公司，并由绿某明珠公司与某市国土资源局签订《国有建设用地使用权出让合同》，某市国土资源局并未向日某公司追究转让《成交确认书》项下的权利义务的违约责任。故光大银行某分行关于日某公司通过转让行为，以达到逃避因违约可能带来的法律责任的目的，此种转让行为属于以合法形式掩盖非法目的，转让行为无效的申请再审理由亦不能成立。

2. 关于《国有建设用地使用权出让合同》是否有效问题。如前所述，日某公司将《成交确认书》中的权利义务转让给绿某明珠公司的行为合法有效。因此，《国有建设用地使用权出让合同》为合同当事人的真实意思表示，没有违反法律、行政法规强制性规定，系合法有效的合同。光大银行某分行关于《国有建设用地使用权出让合同》无效，日某公司关于绿某明珠公司以欺骗手段与国土部门签订该合同以及日某公司为案涉土地使用权人的申请再审理由均不能成立。光大银行某分行和日某公司申请再审主张，绿某明珠公司在签订《国有建设用地使用权出让合同》时已不是日某公司的全资子公司，其不具有签订该合同的资格，且日某公司在提交竞买申请书时未提及其拟设立新公司进行开发建设事宜，不符合《招标拍卖挂牌出让国有土地使用权规范（试行）》第10.2（6）条的规定。对此，本院认为，《招标拍卖挂牌出让国有土地使用权规范（试行）》第10.2（6）条规定……该规定是国土资源部颁布的规范国有建设用地使用权出让程序的部门规章，并非法律、行政法规强制性规定，即使两再审申请人所述属实，《国有建设用地使用权出让合同》亦不因此无效。况且，如前所述，国土部门已认可绿某明珠公司继受成为《成交确认书》中的权利义务主体并就案涉土地的开发建设开展了各项后续工作。故光大银行某分行和日某公司的该项再审主张依据不足，本院不予支持。

（二）绿某明珠公司对案涉土地是否享有足以排除强制执行的民事权益。

1. 关于本案法律适用问题。本案为案外人执行异议之诉，《查封、扣押、冻结规定》第十七条规定保护的是无过错买受人的物权期待权，其适用并不以买受人已取得登记财产或不动产物权为前提，二审法院参照适用该规定审查绿某明珠公司是否对案涉土地享有足以排除强制执行的民事权益，并无明显不当。故光大银行某分行关于日某公司尚未取得案涉土地使用权，本案不存在该规定适用前提的申请再审理由不能成立。《执行异议和复议规定》第二十八条亦体现了无过错买受人对不动产享有的物权期待权优于一般债权的原则，该规定发布于《查封、扣押、冻结规定》后，故本案参照适用《执行异议和复议规定》第二十八条规定审查绿某明珠公司对案涉土地是否享有排除强制执行的民事权益更为妥当。

2. 关于绿某明珠公司对案涉土地是否享有足以排除强制执行的民事权益问题。《执行异议和复议规定》第二十八条规定：……

首先，绿某明珠公司早在一审法院查封案涉土地之前，就已通过受让《成交确认书》项下权利义务的方式，与某市国土资源局签订了合法有效的《国有建设用地使用权出让合同》。

其次，绿某明珠公司已实际占有案涉土地。根据《关于重大招商引资项目开工建设有关问题的会议纪要》《关于重大招商项目（滨江、洋湖片区）"促开工、促进度"调度会议纪要》《关于做好建筑工地扬尘治理工作的函》《关于滨江 A3 地块办理用地手续相关事宜的函》《湘江新区国土项目收费计费表》等政府相关部门就案涉土地的开发建设事宜向绿某明珠公司发出的文件，可以证明绿某明珠公司已实际占有案涉土地。

再次，绿某明珠公司已足额支付了案涉土地的土地出让金及相关税费。案涉土地成交价为 6.017 亿元，日某公司在 2011 年 1 月 20 日出具的《关于申请滨江新城 A3 地块红线更名的函》中认可其已缴纳的 1.3 亿元保证金作为绿某明珠公司应缴纳的土地价款。根据绿某明珠公司、浏阳河酒业公司、日某公司三方于 2011 年 3 月 29 日签订的《结算协议》，绿某明珠公司已将日某公司先前支付的 1.3 亿元竞买保证金予以返还，故日某公司所享有的该 1.3 亿元保证金之债权已归于消灭。绿某明珠公司其后也于 2011 年 3 月 15 日、2012 年 1 月 4 日、2013 年 3 月 20 日分四次缴清了剩余的土地出让金 4.7230818 亿元，某市财政局也向其开具了一般缴款书。在本案一、二审期间，绿某明珠公司业已缴清案涉土地的相关税费。故光大银行某分行主张绿某明珠公司实际并未支付 1.3 亿元保证金的申请再审理由与事实不符。光大银行某分行、日某公司还主张绿某明珠公司代付案涉土地剩余款项的行为后果应归于日某公司，但双方均未能提供证据证明日某公司与绿某明珠公司之间存在委托代理合同关系，且某市财政局开具的湖南省非税收收入一般缴款书上载明单位亦为绿某明珠公司。故该两公司该项申请再审理由亦不能成立。

最后，绿某明珠公司非因自身原因未办理过户登记。根据《某市地方税务局直属局关于土地使用权出（转）让涉税事项的函的处理建议》可知，绿某明珠公司未及时办理过户的原因系因相关契税等问题未协商一致所致，而非完全因其自身原因导致。

综上，绿某明珠公司对案涉土地享有足以排除强制执行的民事权益。光大银行某分行、日某公司关于绿某明珠公司对案涉土地不享有足以排除执行的民事权益的申请再审理由均不能成立，本院不予支持。

案件来源

《中国光大银行股份有限公司某分行、湖南日某投资有限公司再审审查与审判监督民事裁定书》【（2018）最高法民申 2799 号】

延伸阅读

一、借用资质参与土地竞拍、开发，不产生物权变动效果，不改变权属证件上记载的土地使用权人的对世效力。

案例一：《执行案外人、任某案外人执行异议之诉再审审查与审判监督民事裁定书》【（2018）最高法民申2665号】

最高人民法院认为，现有证据不足以证明邓某与中某公司上述往来款项具体性质，即不足以证明邓某系实际出资人和实际权利人，即使中某公司出具的《证明》的内容是真实的，也只是说明邓某借用中某公司的资质进行案涉土地的竞拍与开发的情形是存在的，该事实对邓某与中某公司之间的利益分配具有效力，但不能改变中某公司为案涉土地使用权人的对世效力。同理，再审审查中，邓某作为新证据提交的三份材料内容即使是真实的，也只能证明邓某为规避法律借中某公司之名办理土地使用权证，而不能据此确定邓某为土地使用权人。即不能产生物权变动效果，不能动摇物权登记公示效力的稳定性……邓某作为个人，不具有从事房地产开发业务的资质，对此事实，邓某是明知的。如其借用中某公司资质开发房地产的事实存在，那么灵宝市人民政府颁发的国有土地使用证载明土地使用权人为中某公司，就是邓某与中某公司都认可的真实权利状态。本案中，二审判决以案涉登记簿上的登记为依据，认定案涉土地使用权人为中某公司，即为实质性审查。而《物权法司法解释（一）》第二条适用范围有限，仅适用于继承未能及时办理过户等极少数特殊情形，本案情形不适用该条规定，否则，会对物权稳定性造成巨大冲击。本案并不存在《物权法司法解释（一）》第二条的情形，故邓某认为适用《物权法司法解释（一）》第二条的规定，应确认其享有土地使用权的理由不能成立。

二、借用资质开发建房，适用《执行异议和复议规定》第二十八条的规定，审查实际出资人是否享有足以排除执行的民事权益。

案例二：《余某献、张某伟再审审查与审判监督民事裁定书》【（2017）最高法民申5223号】

最高人民法院认为，根据余某献、张某伟与亿某公司所签协议的约定，案涉土地以亿某公司名义进行施工建设，待完工验收后，亿某公司将所建房屋过户给余某献、张某伟。也就是说，双方办理案涉不动产过户登记的时间是在房屋建设完工之后。而根据原审查明的事实，余某献、张某伟仅对案涉土地进行了平整等部分施工，尚未达到协议约定的过户条件。虽然余某献、张某伟在原审中提交了亿某公司法定代表人秦某出具的书面证据，欲证实未办理过户登记系因亿某公司资金链断裂导致，但该证据与双方所签协议的约定不符。因此，原判决认定案涉不动产未办理过户登记的主要原因是双方约定的施工完成并经验收这一条件未成就，并无不当。

三、借名开发房地产，可以确认实际投资人基于约定对土地使用权享有一定的实体权益，但该权益在效力上并不优先于一般债权，不足以排除强制执行。

案例三：《吴某兴、广东粤某投资控股有限公司再审审查与审判监督民事裁定书》【（2019）最高法民申294号】

最高人民法院认为，吴某兴主张其已经依照《挂靠开发商住楼协议书》履行了义务，为案涉土地实际投资人，依法享有案涉土地的使用权。本院认为，第一，根据查明的事实，案涉土地登记在赤某公司名下，是吴某兴及赤某公司双方合意，吴某兴对土地登记在赤某公司名下是明知且不持异议的。第二，即使《挂靠开发商住楼协议书》系双方真实意思表示，吴某兴确以赤某公司的名义实际缴纳了案涉土地的所有费用，对案涉地块享有一定的权益，但该协议并无对竞拍所得土地权属的约定，仅是对项目开发的主体、收益等做了约定，吴某兴以其为实际出资人主张案涉土地使用权没有事实根据和法律依据。第三，根据《城市房地产开发管理法》相关规定，我国法律对开发经营房地产项目设立了准入门槛，并未允许个人从事房地产开发经营活动。吴某兴为了获得个人收益，规避国家法律法规，采取挂靠赤某公司的方式开发经营房地产项目，应当预见存在相应的风险。因此，吴某兴主张其为案涉土地使用权实际享有人理据不足，不予支持。

四、实践中，不动产登记存在物权登记人与实际权利人不一致的情形，在执行中应考虑实际权利人的利益，特定情况下可以赋予实际权利人排除执行的权利。

案例四：《河北辰某鹏晖建筑工程有限公司、河北普某房地产开发有限公司再审审查与审判监督民事裁定书》【（2017）最高法民申4112号】

最高人民法院认为，普某公司在《吉安嘉园项目转让协议书》上加盖印章，自愿无偿转让案涉项目土地使用权和开发权。齐某公司系在普某公司无力继续进行项目开发、有社会不稳定隐患的情况下，经当地政府协调和许可，受让项目相关权利，实际出资对吉安嘉园项目进行拆迁和开发，建设地上建筑物。根据当地政府会议纪要［（2015）易政123号］记载，案涉土地使用权未过户属历史遗留问题。故尽管案涉土地使用权仍登记在普某公司名下，齐某公司对案涉土地使用权和地上建筑物所享有的民事权益能够排除法院强制执行。实践中，不动产登记存在物权登记人与实际权利人不一致的情形，在执行中应考虑实际权利人的利益，特定情况下可以赋予实际权利人排除执行的权利。二审判决适用法律并无不当。

035 土地使用权实际权利人能否排除对名义所有人的强制执行？

> 土地使用权实际权利人有权要求排除名义权利人的债权人对土地使用权的强制执行

阅读提示

合作开发是房地产开发的常见模式之一，而之所以采用合作开发的模式，往往是有土地使用权的缺钱，有钱的缺土地使用权。当控制土地使用权的一方在当地拥有广泛的人脉资源时，为推进开发过程中各项审批手续的办理，往往倾向于将土地使用权及各项项目开发所需的证件都办理在原土地使用权人一方。但实际上，合作双方可能早已约定，项目所有收益归出资一方所有。此时，名义上登记为土地使用权一方的债权人，申请对土地使用权进行强制执行，实际投资人能够要求排除强制执行吗？

裁判要旨

合作开发房地产项目中，双方协议约定项目所有收益归实际出资一方所有，但土地使用权仍登记在另一方名义下的，实际出资的一方为土地使用权人的实际权利人，未出资的一方仅为名义权利人。该实际权利人有权要求排除名义权利人的债权人对土地使用权人的执行。

案情简介

2009年10月30日，熙某公司经与功某公司达成合作协议，对案涉土地进行合作开发，项目建成后归熙某公司所有，功某公司取得固定回报费。项目名义上登记在功某公司名下，熙某公司实际为项目权利人。另案生效判决确认：合作协议有效，熙某公司对包括土地使用权在内的案涉项目，享有物权性质的权利。

因卓某公司与某印染厂、功某公司金融不良债权追偿纠纷一案，卓某公司向西安中院申请执行。2013年8月16日，西安中院查封了案涉土地使用权。

熙某公司向西安中院提出了执行异议，西安中院裁定驳回熙某公司提出的执行异议。因熙某公司未在法定期间内提起执行异议之诉，西安中院恢复执行。

2016年7月4日，熙某公司又以其为上述诉争土地实际权利人向西安中院提出执行异议，但被驳回。

熙某公司提起本案执行异议之诉，要求停止对案涉土地使用权执行。西安中院以熙某公司对案涉土地使用权享有物权性质的权利为由，支持了熙某公司诉请。

卓某公司不服，上诉至陕西高院。陕西高院二审判决驳回上诉，维持原判。

卓某公司仍不服，向最高人民法院申请再审。主张熙某公司与功某公司之间的合作协议应为债权债务关系。案涉土地的使用权登记在功某公司名下，因此在执行程序中应认定功某公司是土地的使用权人，熙某公司无权要求排除执行。最高人民法院以熙某公司为实际权利人为由，裁定驳回了卓某公司再审申请。

裁判要点及思路

本案是一起典型的合作开发房地产项目中的执行异议之诉纠纷。所涉核心法律问题在于，合作开发项目中土地使用权的实际权利人能否排除名义权利人的债权人对土地使用权的强制执行。本案三级法院，均认为因合作协议有效，熙某公司为实际权利人，故而有权要求排除强制执行。其背后的逻辑，最高人民法院予以了清晰的揭示。最高人民法院认为，虽然案涉土地使用权登记在功某公司名下，但在功某公司与熙某公司之间，该不动产权利登记证书作为物权凭证，仅具有权利推定效力，不能当然作为功某公司是该土地唯一权利人的认定依据。熙某公司支付了项目开发建设的全部费用，对包括土地使用权在内的案涉项目享有物权，为实际权利人。关于卓某公司提出的合作协议仅具有相对效力，对卓某公司不具有约束力的问题，最高人民法院回应称，熙某公司是依据其相关物权对抗法院的强制执行行为，并非利用合同条款约束卓某公司。基于以上理由，最高人民法院最终认定熙某公司有权排除强制执行，卓某公司遗憾败诉。

实务要点总结

一、合作开发房地产项目中，实际物权人有权排除名义权利人的债权人对包括土地使用权在内的项目的强制执行。《物权法》第十六条第一款规定："不动产登记簿是物权归属和内容的根据。"因此，在绝大多数情形下，登记的不动产物权人即为实际的权利人。即不动产登记簿的权利记载与权利的实际享有相一致。但有原则即有例外，不动产登记簿记载的权利人与实际权利人不一致的情况也时有发生。

此时，不动产登记簿的记载事项即出现错误。《物权法司法解释（一）》第二条规定："当事人有证据证明不动产登记簿的记载与真实权利状态不符、其为该不动产物权的真实权利人，请求确认其享有物权的，应予支持。"因此，只要当事人能够举证证明登记错误的事实，即可以要求确认其物权。

与执行程序中的执行异议不同，执行异议之诉程序是从实体上解决执行标的物权归属的程序，以确定案外人对执行标的是否享有排除强制执行的实体性权利为审理对象。因此，在执行异议之诉中，人民法院应当对案外人是否为实际物权人的问题进行审查。如经审查确认存在登记错误，案外人为实际物权人，则案外人即可要求排除强制执行。

本案中，根据熙某公司与功某公司签订的合作协议，包括土地使用权在内的项目所有收益已经约定归熙某公司所有，熙某公司为实际权利人。故三级法院在对案涉土地使用权归属作实质审查的基础上，认定熙某公司有权排除强制执行。

二、对执行标的不享有担保物权的金钱债权人并非《物权法》意义上的第三人，对不动产登记簿没有信赖利益，无权对抗实际权利人。第三人，尤其是善意第三人是《民法典》上经常出现的概念，准确理解其范围，意义重大。《物权法》第一百零六条规定了善意取得制度，根据该规定，善意第三人可基于对不动产登记簿记载正确性的信赖，从无权处分人处取得不动产物权。因此，《物权法》上的第三人，是指与物权变动有实质利益的第三人。通俗地讲，即参与物权交易的人。被执行人的一般金钱债权人，不直接参与针对被执行人物权的交易，不属于《物权法》意义上的第三人，对不动产登记簿登记事项不具有信赖利益。因此，一般金钱债权人，不得以自己为善意第三人为由对抗实际权利人。

三、关于实际权利人能否排除名义权利人的债权人对执行标的的强制执行的问题，实践中存在一定的争议。2019年11月29日，最高人民法院发布了《关于审理执行异议之诉案件适用法律问题的解释（一）》（向社会公开征求意见稿），该意见稿第十三条对隐名权利人（实际权利人）提出执行异议的处理作了规定。但该条给出了两种截然相反的方案，方案一为绝对不支持隐名权利人异议，方案二为有条件地支持隐名权利人异议。以上处理意见上的摇摆，也体现在了人民法院对具体案件的处理过程中。由此可见，对于实际权利人所提异议的处理，实践中并未达成一致意见。任何一方遇到相同或类似案件，只要处理得当，都有争取的空间。

相关法律规定

《民法典》（2020年5月28日公布）

第二百一十六条① 不动产登记簿是物权归属和内容的根据。

不动产登记簿由登记机构管理。

第三百一十一条② 无处分权人将不动产或者动产转让给受让人的，所有权人有权追回；除法律另有规定外，符合下列情形的，受让人取得该不动产或者动产的所有权：

（一）受让人受让该不动产或者动产时是善意；

（二）以合理的价格转让；

（三）转让的不动产或者动产依照法律规定应当登记的已经登记，不需要登记的已经交付给受让人。

受让人依据前款规定取得不动产或者动产的所有权的，原所有权人有权向无处分权人请求损害赔偿。

当事人善意取得其他物权的，参照适用前两款规定。

《最高人民法院关于适用〈中华人民共和国民法典〉物权编的解释（一）》（2020年12月29日公布）

第二条③ 当事人有证据证明不动产登记簿的记载与真实权利状态不符、其为该不动产物权的真实权利人，请求确认其享有物权的，应予支持。

《最高人民法院关于审理执行异议之诉案件适用法律问题的解释（一）》（向社会公开征求意见稿）

第十三条【隐名权利人提起的执行异议之诉的处理】

方案一

金钱债权执行中，人民法院对登记在被执行人名下的财产实施强制执行，案外人以下列理由提起执行异议之诉，请求排除强制执行的，人民法院不予支持：

（一）案外人借用被执行人名义购买不动产或者机动车等，其系被执行不动产或者机动车等的实际权利人；

（二）案外人借用被执行人房地产开发资质开发房地产，其系被执行建设用地

---

① 原《物权法》第十六条。
② 原《物权法》第一百零六条。
③ 原《物权法司法解释（一）》第二条。

使用权、房屋所有权的实际权利人；

（三）案外人借用被执行人名义对有限责任公司出资，其系被执行股权的实际出资人；

（四）案外人借用被执行人的银行、证券账户，其系被执行账户中资金、证券的实际权利人。

案外人因借名所遭受的财产损失，可以依法向被借名者另行主张权利。

方案二

金钱债权执行中，人民法院对登记在被执行人名下的财产实施强制执行，案外人以下列理由提起执行异议之诉，请求排除强制执行，经查证属实，且不违反法律、行政法规强制性规定，亦不违背公序良俗的，人民法院应予支持：

（一）案外人借用被执行人名义购买不动产或者机动车等，其系被执行不动产或者机动车等的实际权利人；

（二）案外人借用被执行人房地产开发资质开发房地产，其系被执行建设用地使用权、房屋所有权的实际权利人；

（三）案外人借用被执行人名义对有限责任公司出资，其系被执行股权的实际出资人；

（四）案外人借用被执行人的银行、证券账户，其系被执行账户中资金、证券的实际权利人。

案外人利用借名方式隐匿违法犯罪所得、利用内幕信息实施股票证券交易等构成犯罪的，或者违反限购政策、资质管理等规定，或者规避执行的，应当依法追究其刑事责任或者按照有关法律法规政策处理。

法院裁判

以下为最高人民法院再审裁定"本院认为"部分就实际物权人为什么能够要求排除强制执行这一问题所作的论述：

关于再审申请人主张二审认定熙某公司享有土地使用权缺乏证据证明，适用法律错误的问题。本院认为，再审申请人该主张不能成立，熙某公司对案涉土地享有使用权，理由如下：

第一，2009年10月30日，功某公司与熙某公司签订《合作开发协议书》，约定共同兼并某印染厂进行合作开发，并约定功某公司负责案涉项目相关手续的办理并承担超出约定数额的土地出让金及兼并费用，熙某公司负责出资并开发建设案涉项目。项目建成后，熙某公司享有项目的所有权，功某公司获得固定回报。2010年

5月24日，功某公司又与熙某公司签订《备忘录》，双方约定，为顺利推进项目建设，以功某公司名义办理项目的立项、备案、报建、规划、土地等相关手续。故从《合作开发协议书》《备忘录》约定的内容看，功某公司办理完项目开发所需手续后，项目虽然名义上登记在功某公司名下，但熙某公司实际为项目权利人。上述两份协议系双方真实意思表示，内容不违反法律、行政法规的强制性规定，应为有效。

第二，根据《最高人民法院关于民事诉讼证据的若干规定》第九条之规定，已为人民法院发生法律效力的裁判所确认的事实，当事人有相反证据足以推翻的除外，可以成为认定本案案件事实的依据。陕西省高级人民法院（2013）陕民一终字第00127号民事判决、本院（2014）民申字第719号民事裁定均认定：虽然案涉土地使用权登记在功某公司名下，但在功某公司与熙某公司之间，该不动产权利登记证书作为物权凭证，仅具有权利推定效力，不能当然作为功某公司是该土地唯一权利人的认定依据。在《合作开发协议书》《备忘录》履行过程中，熙某公司实际支付了兼并费用、土地出让金，实际投资、实际控制项目建设，并实际占有案涉土地，故熙某公司对包括土地使用权在内的案涉项目享有物权。根据《物权法司法解释（一）》第二条之规定，可认定熙某公司系项目实际权利人。

第三，关于卓某公司称双方合同约定不具有对外效力的问题。本院认为，熙某公司是依据其相关物权对抗法院的强制执行行为，并非利用合同条款约束卓某公司，故不涉及合同相对性问题。

案件来源

《厦门市卓某商贸有限公司、陕西兴庆某园物业管理有限公司再审审查与审判监督民事裁定书》【最高人民法院（2017）最高法民申1904号】

延伸阅读

一、实际出资人不能请求排除名义出资人的债权人申请对股权的强制执行。

案例一：《青海百某高纯材料开发有限公司、交通银行股份有限公司某分行二审民事判决书》【最高人民法院（2017）最高法民终100号】

一审法院认为：本案争议的焦点是百某材料公司是否享有足以排除强制执行的民事权益，即百某材料公司对鑫某公司持有的百某小贷公司20%股权是否享有足以排除强制执行的民事权益。一方面，原告百某材料公司提供证据材料，拟证明其为百某小贷公司股东，其与第三人之间是委托持股关系。但是依法进行登记的股权具有对外公示的效力，无论是对执行异议的审查还是对异议之诉案件的审理，判断股权的法律依据应当一致。《公司法司法解释（三）》第二十四条的规定，是对实际出资人与名义股东之间委托持股合同效力及双方因投资权益的归属发生争议的判断依据，仅解决实际出资人与名义股东之间的债权纠纷，不能据此对抗善意第三人或排除人民法院的强制执行。另一方面，根据《执行异议和复议规定》第二十五条第二款以及《最高人民法院关于执行权合理配置和科学运行的若干意见》的规定，执行标的被查封、扣押后作出的另案生效法律文书，不能排除对执行标的的执行。根据上述规定，冻结股权后，西宁中院作出的185号民事判决书不能排除对该股权的执行。

案例二：《中信银行股份有限公司某分行、海某集团有限公司执行异议之诉再审民事判决书》【最高人民法院（2016）最高法民再360号】

最高人民法院认为：本案争议的焦点是海某集团系涉案股份实际出资人的事实，能否排除人民法院的强制执行。

从本案查明事实看，海某集团与中某财富双方签订《委托投资入股代理协议》及《委托投资入股代理协议之补充协议》，约定海某集团自愿委托中某财富作为海某集团对营口某银行的出资入股代理人并代为行使相关股东权利，委托资金总额9360万元，其中7200万元用于出资入股营口某银行，委托期间，海某集团应向中某财富支付共计200万元的代为持股费用。上述协议之履行，表明海某集团与中某财富之间形成了委托代持关系。但是，海某集团就涉案股份并不享有足以排除强制执行的民事权益，不能排除人民法院的强制执行。主要理由如下：

第一，从实际出资人与名义股东的内部代持法律关系的性质分析。代持法律关系其本质属于一种债权债务关系，受合同法相对性原则的约束，隐名股东就该债权仅得以向名义股东主张，对合同当事人以外的第三人不产生效力。从《公司法》第三十二条规定看，公司应当将股东的姓名或者名称及出资额向公司登记机关登记，登记事项发生变更的，应当变更登记，未经登记或者变更登记的，不得对抗第三人。公司股东的登记事项主要体现在公司章程、股东名册和工商登记这三种材料中，本案营口某银行的公司章程、股东名册、工商登记材料中，涉案股份均登记于中某财富名下，中某财富可以据此主张行使股东权利，在公司对外关系上，名义股东具有股东的法律地位，隐名股东不能以其与名义股东之间的约定为由对抗外部债权人对名义股东的正当权利。《公司法司法解释（三）》第二十四条规定对此进一步细化："有限责任公司的实际出资人与名义出资人订立合同，约定由实际出资人出资并享有投资权益,以名义出资人为名义股东,实际出资人与名义股东对该合同效力发生争议的,如无合同法第五十二条规定的情形,人民法院应当认定该合同有效。前款规定的实际出资人与名义股东因投资权益的归属发生争议,实际出资人以其实际履行了出资义务为由向名义股东主张权利的,人民法院应予支持。名义股东以公司股东名册记载、公司登记机关登记为由否认实际出资人权利的,人民法院不予支持。实际出资人未经公司其他股东半数以上同意,请求公司变更股东、签发出资证明书、记载于股东名册、记载于公司章程并办理公司登记机关登记的,人民法院不予支持。"上述法律和司法解释规定虽是针对有限责任公司,但本案中营口某银行为非上市的股份公司,参照上述法律规定处理相关法律关系从性质上而言亦无不妥。从上述法律依据看,在代持情况下,即名义股东与实际股东分离时,通过合同法规制解决。即使海某集团为涉案股份的实际出资人,也并不当然地取得营口某银行的股东地位。代持情形下,隐名股东的财产利益是通过合同由名义股东向实际股东转移,需经过合同请求而取得,若隐名股东请求成为公司股东,则需经过半数股东同意,其并非当然取得股东地位。综合上述分析可知,海某集团即使对涉案股份真实出资,其对因此形成的财产权益,本质还是一种对中某财富享有的债权。如中某财富违反其与海某集团之间签订的委托协议,海某集团得依据双方签订的相关协议向中某财富主张违约责任,并不当然享有对涉案股份的所有权、享受股东地位。

第二,从信赖利益保护的角度分析。根据商事法律的外观主义原则,交易行为的效果以交易当事人行为的外观为准。即使外在的显示与内在的事实不一致,商事主体仍须受此外观显示的拘束,外观的显示优越于内在的事实。法定事项一经登记,即产生公信力,登记事项被推定为真实、准确、有效,善意第三人基于对登记的信赖而实施的行为,受到法律的保护,即使登记事项不真实、与第三人的信赖不符,善意第三人也可以依照登记簿的记载主张权利。只要第三人的信赖合理,第三人的信赖利益就应当受到法律的优先保护。另外,执行案件中的债权人与被执行人发生交易行为时,本身也有信赖利益保护的问题。发生交易时,申请执行人对被执行人的总体财产能力进行衡量后与之进行交易,被执行人未履行生效法律文书确定的义务进入强制执行程序后,被执行人名下的所有财产均是对外承担债务的一般责任财产与总体担保手段,因此不能认为强制执行程序中的申请执行人就不存在信赖利益保护的问题。特别是法律规定明确否定超标的查封,申请执行人为了实现对某项特定财产的查封,必须放弃对其他财产的查封,如果对该查封利益不予保护,对申请执行人有失公允。因此,不能苛求被执行人的债权人与名义股东必须是就登记在名义股东名下的特定代持股权从事民事法律行为时才能适用善意第三人制度。在涉案股份的实际出资人与公示的名义股东不符的情况下，法律不仅应优先保护信赖公示的与名义股东进行交易的善意第三人，也应优先保护名义股东的债权人的权利。就本案而言，中信某分行对涉案股份申请强制执行具有信赖利益并应优先保护。

第三，从债权人和隐名股东的权责和利益分配上衡量。首先，债权人对名义股东的财产判断只能通过外部信息，股权信息查询获得，但代持关系却较难知悉，属于债权人无法预见的风险，不能苛求债权人尽此查询义务，风险分担上应向保护债权人倾斜，制度以此运行则产生的社会成本更小。其次，实际出资人的权利享有相应的法律救济机制。即使名义股东代持的股权被法院强制执行，隐名股东依然可以依据其与名义股东之间的股权代持协议的约定以及信托、委托制度的基本原则，请求名义股东赔偿自己遭受的损失。再次，对涉案股份的执行并未超过实际出资人的心理预期。实际出资人在显名为股东之前，其心理预期或期待的利益仅仅是得到合同法上的权益，而非得到公司法上的保护。本案中，海某集团在相关代持协议中与中某财富就代持股份可能被采取强制执行措施的情形已做了特别约定就是明证。最后，从风险和利益一致性的角度考虑，实际出资人选择隐名，固有其商业利益考虑，既然通过代持关系，获得了这种利益，或其他在显名情况下不能或者无法获得的利益，则其也必须承担因为此种代持关系所带来的固有风险，承担因此可能出现的不利益。因此，由海某集团承担因选择代持关系出现的风险和不利益，更为公平合理。

第四，从司法政策价值导向上衡量。现实生活中因为多种原因产生股份代持的现象，但从维护交易安全、降低交易成本的角度看，如果侧重于承认和保护隐名股东的权利从而阻却执行，客观上则会鼓励通过代持股份方式规避债务，逃避监管，徒增社会管理成本。本案中，在海某集团与中某财富签订协议之时，银监会办公厅已下发了《关于加强中小商业银行主要股东资格审核的通知》[银监办发（2010）115号]，其中第二条第二项规定"主要股东包括战略投资者持股比例一般不超过20%。对于部分高风险城市商业银行，可以适当放宽比例。"而营口某银行的股东中，海某酒店控股集团有限公司作为海某集团的下属成员企业，投资比例已占20%，通过中某财富代持股份的方式，海某集团对营口某银行的持股比例达到了24.8%，海某集团寻求中某财富代持营口某银行股份，主观上不排除为了规避上述通知中对于股东资格审核的监管要求。此外，2018年1月5日银监会公布的《商业银行股权管理暂行办法》[2018年第1号]明确对商业银行的股权代持行为予以了否定。该办法第十二条第一款规定:"商业银行股东不得委托他人或接受他人委托持有商业银行股权。"该规定虽系部门规章,但是从禁止代持商业银行股权规定的规范目的、内容实质,以及实践中允许代持商业银行股权可能出现的危害后果进行综合分析认定,可以看出对商业银行股权代持的监管体现出逐渐严格和否定的趋势。为了维护交易安全,也为了倒逼隐名股东在选择名义股东时更加谨慎,依法判决实际出资人海某集团不能对抗人民法院对涉案股权强制执行,有利于规范商业银行股权法律关系,防止实际出资人违法让他人代持股份或者规避法律。

二、共同借名买房中,未登记的共有人无权要求排除名义权利人的债权人对房屋的强制执行。

案例三:《王某利与王某坚申请执行人执行异议之诉一案再审民事裁定书》【最高人民法院(2019)最高法民申82号】

最高人民法院认为:《物权法》第九条"法律另有规定的除外"应指该法第二十八条、第二十九条、第三十条等法律明确规定的不以登记为物权变动生效要件的情况。法律并未规定在多人共同出资购买房产的情况下,其他共有人可以不进行登记即取得物权,本案不符合《物权法》第九条"法律另有规定"的情形。《执行异议和复议规定》第二十八条是对特定情况下买受人利益的特殊保护,被执行人为出卖人。本案中,被执行人王某宏与王某利、王某某之间并非房屋买卖关系,王某利、王某某亦无法律需要予以优先保护的特殊利益,本案无该条之适用余地。二审判决适用法律并无不当。本案中,不管是认定为共同买房还是借名买房,均不影响案件判决结果,王某利、王某某的再审申请不符合《民事诉讼法》第二百条规定情形。

三、存在真实借名买房关系的真实物权人,可要求排除名义权利人的债权人对房屋的强制执行。

案例四:《辽宁中某哈深冷气体液化设备有限公司、徐某欣、曾某外案外人执行异议之诉二审民事判决书》【辽宁省高级人民法院(2018)辽民终211号】

该院认为:关于徐某欣是否对借名购买的案涉房屋享有物权或物权期待权的问题。首先,关于徐某欣与曾某外就案涉房屋存在真实的"借名买房"关系,徐某欣是实际购买人并实际占有使用案涉房屋的事实,业经上述阐述,不再赘述。徐某欣虽然以曾某外名义购买案涉房屋,案涉房屋的产权登记在曾某外名下,但不动产登记行为并非行政赋权行为,行政登记行为只能产生权利推定效力,登记行为本身并不产生物权。当不动产登记与真实权利状态不一致时,仍然要依据权利的实际归属情况来确定物权权利人。《物权法司法解释(一)》第二条也规定:"当事人有证据证明不动产登记簿的记载与真实权利状态不符、其为该不动产物权的真实权利人，请求确认其享有物权的，应予支持。"该条规定说明物权登记与实际权利状况不符时，要以实际权利状况为依据认定事实。"借名买房"系"不动产登记簿的记载与真实权利状态不符"的一种情形。本案中徐某欣与曾某外就本案的诉争房屋存在借名买房关系，而且徐某欣已经证明其是案涉房屋的实际出资人和占有人。因此，当徐某欣主张该房屋的物权应当归属于自己时，人民法院应当予以支持，或者人民法院在审理案件时根据《民诉法解释》第三百一十二条规定的需要，应当对真实的权利主体予以审理认定。其次，案涉房屋的代持行为，不能导致物权丧失。借名买房在合同形式上，属于债的关系，而实质上，是双方当事人通过借名买房的外在形式，将真实的物权登记于出借名人的名下，是双方当事人对物权的一种安排或处分方式，借名人实际上享有真实的物权。因此，当借名买房双方当事人如果因为借名买房的物权归属发生争议时，真实权利人可以直接向人民法院请求确认物权的归属，而不是仅仅可以请求出借名人变更登记，行使的不是债权请求权。另外，物权的消灭必须有法定事由，即使购买案涉房屋的行为违反了有关地方政府关于商品房限购文件的规定，由于上述文件并非法律和行政法规的效力性强制性规定，借名买房的合同关系也不因此而无效，而应当认定有效。我国法律也没有违反限购政策将导致物权消灭的法律规定，且案涉房屋的代持行为亦无证据证明存在恶意转移财产、逃避债务的情形，认定徐某欣不享有案涉房屋的物权，不符合上述司法解释的规定精神。一审判决认定徐某欣以案涉房屋享有物权期待权而非物权，适用法律不当，本院予以纠正，但认定徐某欣对案涉房屋享有足以排除强制执行的民事权益的裁判结果正确，应予以维持。

036 配偶名下共同财产被拍卖，如何识别和审查配偶所提异议？

> 配偶对共有财产所提执行异议，应视异议内容分别依照《民事诉讼法》第二百二十七条和第二百二十五条①的规定进行审查

阅读提示

执行标的异议和执行行为异议的区分，案外人和利害关系人的区分，案外人、利害关系人提执行异议的最后期限的区分，以及案外人同时提起执行标的异议和执行行为异议，法院应如何审查的问题，都是强制执行领域的重点和难点。司法实践中也经常混淆以上问题、走错程序，值得我们重视。

裁判要旨

夫妻一方是被执行人，另一方名下的夫妻共同财产被拍卖，另一方既作为案外人主张对涉案房屋的实体权利，请求执行法院撤销拍卖成交裁定，提出意在排除执行的案外人异议，又作为利害关系人对执行法院未待其将涉案房屋内的装修装饰物、设备、家具等个人物品搬离，即采取强制腾退的执行行为提出异议，请求取回其个人物品。人民法院应当分别依照《民事诉讼法》第二百二十七条和第二百二十五条的规定进行审查。

案情简介

青海高院在执行五某公司与森某公司、万某宇借款合同纠纷一案中，拍卖了被执行人万某宇的配偶黄某琼名下的房屋，黄某宝通过在淘宝网竞买的方式拍得案涉房屋。

2019年5月6日，青海高院作出（2017）青执恢1号执行裁定，裁定该不动产所有权归买受人黄某宝所有，并向不动产登记部门送达协助办理过户登记通知书。

2019年5月6日，青海高院发出公告，责令被执行人万某宇于2019年6月1

---

① 2021年《民事诉讼法》第二百三十四条和第二百三十二条。

日前迁出房屋。万某宇及黄某琼到期未搬离，法院强制执行，于2019年8月15日将案涉房屋交付给黄某宝。

2019年11月13日，黄某琼向青海高院提出异议，请求撤销青海高院（2017）青执恢1号执行裁定，撤销不动产过户登记；归还案涉房屋内属于案外人黄某琼个人所有的物品。

青海高院经审查认为，拍卖成交裁定已经生效，并向不动产登记部门送达协助办理过户登记通知书，案涉房屋的执行程序已经终结。黄某琼作为案外人针对执行标的提出异议，已经超过了提出异议的最后期限，故裁定驳回案外人黄某琼的异议申请。

黄某琼不服，向最高人民法院申请复议。最高人民法院认为，黄某琼的异议既包括针对执行标的提出异议，也包括针对执行行为提出异议，青海高院应当分别审查黄某琼的异议申请。青海高院未审查执行行为异议，显属不当。故裁定如下：

（1）维持青海省高级人民法院（2019）青执异32号执行裁定对黄某琼就案涉房产主张实体权利的异议申请予以驳回的结论；

（2）青海省高级人民法院对黄某琼所提执行行为异议，依《民事诉讼法》第二百二十五条的规定立案审查。

裁判要点及思路

本案的核心问题是如何识别和审查黄某琼提出的执行异议。黄某琼提出了两项异议：一是请求撤销青海高院（2017）青执恢1号执行裁定，撤销不动产过户登记，理由是青海高院在拍卖过程中，在没有依法追加其为被执行人的情况下，擅自拍卖其名下的资产，属于违法拍卖，故拍卖行为无效，买受人黄某宝没有取得案涉房屋的所有权。二是请求归还案涉房屋内属于黄某琼个人所有的物品，理由是案涉房屋内的其他财产（家具等物品）属于其个人财产，青海高院依法应先腾退房屋、待其搬离全部含家具在内的个人物品后，再进行清水房拍卖，买受人购得的仅为不动产的所有权，该不动产内的其他动产属于黄某琼所有。

青海高院仅识别和审查了黄某琼的上述第一项异议，而最高人民法院识别出上述两项异议。最高人民法院认同青海高院对第一项异议的审查结论，裁定青海高院针对第二项异议进行立案审查。

关于黄某琼的第一项异议，实质上是对案涉房屋主张实体权利，属于案外人提出的执行标的异议，根据《执行异议和复议规定》第六条第二款规定，案外人依照《民事诉讼法》第二百二十七条规定提出异议的，应当在异议指向的执行标的执行终结之前提出。本案中，青海高院于 2019 年 5 月 6 日作出拍卖成交裁定，于 2019 年 5 月 23 日将拍卖成交裁定送达买受人黄某宝，于 2019 年 8 月 15 日将案涉房屋交付给黄某宝。案涉房屋已经青海高院执行终结。2019 年 11 月 13 日，案外人黄某琼才就案涉房屋提出执行异议主张实体权利，已经超过了提出异议的法定期限，不应得到支持。

关于黄某琼的第二项异议，黄某琼作为利害关系人，对青海高院强制腾退其所有的房屋的执行行为提出异议，根据《执行异议和复议规定》第八条的规定，执行法院应当依照《民事诉讼法》第二百二十五条的规定予以审查处理。青海法院对此未予以审查，最高人民法院裁定青海高院针对黄某琼的该项异议进行立案审查。

实务要点总结

一、当事人、律师和法官要正确识别执行标的异议和执行行为异议。《民事诉讼法》第二百二十五条和第二百二十七条分别规定了执行行为异议和执行标的异议的审查程序，多个相关司法解释也对此进行了具体规定。但准确区分二者仍然不是一件容易的事情。从抽象的法条上看，执行标的异议是指案外人基于实体权利对执行标的提出排除执行的异议，执行行为异议是指当事人、利害关系人认为执行过程中或者执行保全、先予执行裁定过程中的行为违法提出的异议。但具体到特定案件中，还需要仔细揣摩才能准确识别。

就本案而言，黄某琼认为，青海高院在拍卖过程中，在没有依法追加其为被执行人的情况下，擅自拍卖其名下的资产，属于违法拍卖，故拍卖行为无效，请求撤销青海高院（2017）青执恢 1 号执行裁定，撤销不动产过户登记的异议。该项异议看似是对法院的拍卖执行行为提出异议，但实质上是对案涉房屋主张实体权利，认为买受人黄某宝没有取得案涉房屋的所有权，即黄某琼基于实体权利对执行标的提出排除执行的异议，属于执行标的异议，应当按照《民事诉讼法》第二百二十七条的规定进行审查。

黄某琼主张，青海高院依法应先腾退房屋，待其搬离全部含家具在内的个人物品后，再进行清水房拍卖，买受人购得的仅为不动产的所有权，该不动产内的其他动产属于黄某琼所有，请求归还案涉房屋内属于黄某琼个人所有的物品。该项异议看似是基于实体权利对房屋内的物品主张所有权，但实际上，该项异议并非对执行标的所提异议，而是对执行行为提出的异议。本案的执行标的是青海高院依法拍卖的涉案房屋所有权，不包括房屋内属于黄某琼的个人物品。因此，黄某琼的该项异议实质上是其作为利害关系人，对青海高院强制腾退案涉房屋的行为，导致其不能取回个人物品，严重损害其合法权益的异议，属于针对执行行为提出的异议，应当按照《民事诉讼法》第二百二十五条的规定进行审查。

二、当某主体同时提出执行标的异议和执行行为异议时，在正确识别执行标的异议和执行行为异议的同时，还应辨别执行行为异议的性质。《执行异议和复议规定》第八条规定："案外人基于实体权利既对执行标的提出排除执行异议又作为利害关系人提出执行行为异议的，人民法院应当依照民事诉讼法第二百二十七条规定进行审查。案外人既基于实体权利对执行标的提出排除执行异议又作为利害关系人提出与实体权利无关的执行行为异议的，人民法院应当分别依照民事诉讼法第二百二十七条和第二百二十五条规定进行审查。"根据该条的规定，利害关系人所提的执行行为异议分为两类：基于实体权利的执行行为异议和与实体权利无关的执行行为异议。前者适用《民事诉讼法》第二百二十七条规定进行审查，后者依照《民事诉讼法》第二百二十五条规定进行审查。

那么如何判断基于实体权利的执行行为异议和与实体权利无关的执行行为异议？关键是对"实体权利"一词的理解。该"实体权利"并非泛指异议人对执行中涉及的所有事物的实体权利，而是特指异议人对执行法院的执行行为所指向的执行标的的实体权利。就本案而言，如前文所述，黄某琼所提出的，青海高院强制腾退案涉房屋的行为，导致其不能取回个人物品，严重损害其合法权益的异议，属于针对执行行为提出的异议。此外，该异议不属于基于实体权利提出的执行行为异议。因为，本案中"实体权利"特指黄某琼对青海高院所拍卖的涉案房屋所主张的实体权利，不包括黄某琼对房屋内个人物品享有的实体权利。正因如此，最高人民法院认为，本案应当分别依照《民事诉讼法》第二百二十七条和第二百二十五条规定进行审查。关于什么是"基于实体权利的执行行为异议"，参见本文"延伸阅读"案例一。

三、我们提请异议人注意，要在提起执行异议的期限届满之前提出异议，否则将会丧失提起异议被支持的权利。根据《执行异议和复议规定》第六条的规定，当事人、利害关系人针对执行行为提出的异议，应当在执行程序终结之前提出，但对终结执行措施提出异议的除外；案外人针对执行标的提出异议的，应当在异议指向的执行标的的执行终结之前提出，但执行标的由当事人受让的，应当在执行程序终结之前提出。本案中，黄某琼提起的第一项执行异议，被青海高院裁定驳回，原因就在于黄某琼的该项异议属于案外人针对执行标的提出的异议，应当在异议指向的执行标的的执行终结之前提出，但黄某琼却在执行标的的执行终结之后才提出。

相关法律规定

《民事诉讼法》（2021年12月24日修正）

第二百三十二条[①] 当事人、利害关系人认为执行行为违反法律规定的，可以向负责执行的人民法院提出书面异议。当事人、利害关系人提出书面异议的，人民法院应当自收到书面异议之日起十五日内审查，理由成立的，裁定撤销或者改正；理由不成立的，裁定驳回。当事人、利害关系人对裁定不服的，可以自裁定送达之日起十日内向上一级人民法院申请复议。

第二百三十四条[②] 执行过程中，案外人对执行标的提出书面异议的，人民法院应当自收到书面异议之日起十五日内审查，理由成立的，裁定中止对该标的的执行；理由不成立的，裁定驳回。案外人、当事人对裁定不服，认为原判决、裁定错误的，依照审判监督程序办理；与原判决、裁定无关的，可以自裁定送达之日起十五日内向人民法院提起诉讼。

《最高人民法院关于人民法院办理执行异议和复议案件若干问题的规定》（2020年12月23日修正）

第六条 当事人、利害关系人依照民事诉讼法第二百二十五条规定提出异议的，应当在执行程序终结之前提出，但对终结执行措施提出异议的除外。

案外人依照民事诉讼法第二百二十七条规定提出异议的，应当在异议指向的执行标的的执行终结之前提出；执行标的由当事人受让的，应当在执行程序终结之前提出。

第七条 当事人、利害关系人认为执行过程中或者执行保全、先予执行裁定过程中的下列行为违法提出异议的，人民法院应当依照民事诉讼法第二百二十五条规定进行审查：

（一）查封、扣押、冻结、拍卖、变卖、以物抵债、暂缓执行、中止执行、终结执行等执行措施；

（二）执行的期间、顺序等应当遵守的法定程序；

（三）人民法院作出的侵害当事人、利害关系人合法权益的其他行为。

被执行人以债权消灭、丧失强制执行效力等执行依据生效之后的实体事由提出排除执行异议的，人民法院应当参照民事诉讼法第二百二十五条规定进行审查。

[①] 原第二百二十五条。
[②] 原第二百二十七条。

除本规定第十九条规定的情形外，被执行人以执行依据生效之前的实体事由提出排除执行异议的，人民法院应当告知其依法申请再审或者通过其他程序解决。

第八条 案外人基于实体权利既对执行标的提出排除执行异议又作为利害关系人提出执行行为异议的，人民法院应当依照民事诉讼法第二百二十七条规定进行审查。

案外人既基于实体权利对执行标的提出排除执行异议又作为利害关系人提出与实体权利无关的执行行为异议的，人民法院应当分别依照民事诉讼法第二百二十七条和第二百二十五条规定进行审查。

法院裁判

以下为最高人民法院在"本院认为"部分的论述：

本院认为，《执行异议和复议规定》第八条第二款规定，案外人既基于实体权利对执行标的提出排除执行异议又作为利害关系人提出与实体权利无关的执行行为异议的，人民法院应当分别依照《民事诉讼法》第二百二十七条和第二百二十五条规定进行审查。本案中，从复议申请人黄某琼的异议、复议请求内容来看，其既作为案外人主张对涉案房屋的实体权利，请求青海高院撤销拍卖成交裁定，提出意在排除执行的案外人异议，又作为利害关系人对青海高院未待其将涉案房屋内的装修装饰物、设备、家具等个人物品搬离，即采取强制腾退的执行行为提出异议，请求取回其个人物品。因此，本案争议焦点有二：一是青海高院对案外人黄某琼就青海高院拍卖其所有的房屋提出异议的处理是否符合规定。二是青海高院对利害关系人黄某琼就青海高院强制腾退其所有的房屋损害其合法权益提出异议的处理是否符合规定。

一、关于青海高院对案外人黄某琼就青海高院拍卖其所有的房屋提出异议的处理是否符合规定的问题。《执行异议和复议规定》第六条第二款规定，案外人依照《民事诉讼法》第二百二十七条规定提出异议的，应当在异议指向的执行标的执行终结之前提出。本案中，根据查明的事实，案外人黄某琼异议指向的执行标的，即案涉房屋，青海高院于2018年5月9日查封，于2019年2月25日裁定拍卖，于2019年4月10日发布网拍公告，于2019年4月26日拍卖成交，于2019年5月6日作出拍卖成交裁定，于2019年5月23日将拍卖成交裁定送达买受人黄某宝、将拍卖成交裁定和腾退公告送达被执行人万某宇，于2019年8月15日将案涉房屋交付给黄某宝。可见，案涉房屋已经青海高院执行终结。2019年11月13日，案外人黄某琼才就案涉房屋提出执行异议主张实体权利。青海高院因此认为黄某琼提出的执行异议申请应不予受理，并作出驳回其异议申请的裁定并无不当，应予维持。

二、关于青海高院对利害关系人黄某琼就青海高院强制腾退其所有的房屋损害其合法权益提出异议的处理是否符合规定的问题。《执行异议和复议规定》第五条规定，有下列情形之一的，当事人以外的公民、法人和其他组织，可以作为利害关系人提出执行行为异议：（一）认为人民法院的执行行为违法，妨碍其轮候查封、扣押、冻结的债权受偿的；（二）认为人民法院的拍卖措施违法，妨碍其参与公平竞价的；（三）认为人民法院的拍卖、变卖或者以物抵债措施违法，侵害其对执行标的的优先购买权的；（四）认为人民法院要求协助执行的事项超出其协助范围或者违反法律规定的；（五）认为其他合法权益受到人民法院违法执行行为侵害的。本案中，黄某琼作为利害关系人对青海高院强制腾退其所有的房屋提出异议，认为青海高院未依法腾退房屋，未待其搬离全部含家具在内的个人物品，就强制将案涉房屋交付买受人，导致其不能取回个人物品，严重损害其合法权益。青海高院仅依照《民事诉讼法》第二百二十七条对黄某琼作为案外人对案涉房屋主张实体权利的异议进行了审查处理，而对其作为利害关系人对青海高院强制腾退案涉房屋严重损害其合法权益的异议未依照《民事诉讼法》第二百二十五条的规定予以审查处理，显属不当。

综上，复议申请人部分复议请求成立，本院予以支持。依照《民事诉讼法》第二百二十五条、第二百二十七条，《执行异议和复议规定》第八条、第二十三条第一款第一项的规定，裁定如下：

一、维持青海省高级人民法院（2019）青执异32号执行裁定对黄某琼就案涉房产主张实体权利的异议申请予以驳回的结论；

二、青海省高级人民法院对黄某琼所提执行行为异议，依《民事诉讼法》第二百二十五条的规定立案审查。

案件来源

《黄某琼、五某国际信托有限公司借款合同纠纷执行审查类执行裁定书》【最高人民法院（2020）最高法执复61号】

> **延伸阅读**

一、复议申请人主张其作为利害关系人提出的执行行为异议与其主张的实体权利相关，故执行法院依据《民事诉讼法》第二百二十七条之规定驳回其异议请求并告知其相关诉讼权利符合法律规定。

案例一：《沈阳市某饺子馆、中国某集团租赁有限公司租赁合同纠纷执行审查类执行裁定书》【山东省高级人民法院（2017）鲁执复202号】

本案争议的焦点问题是复议申请人某饺子馆提出的执行行为异议与其对涉案房产主张的实体权利是否有关。复议申请人主张的其作为利害关系人有权对执行行为提出异议的主要理由是：济南中院执行的涉案房产系复议申请人基于产权调换取得的回迁房产；济南中院对涉案房产的变卖侵害了其享有的优先权；济南中院在执行中未进行公告和拍卖程序违反法律规定。上述理由实际上仍是主张被执行的涉案房产是复议申请人已取得的回迁房，其依法享有优先取得权的实体权利，是为了阻止执行标的的转让、交付。由此可见，复议申请人主张其作为利害关系人提出的执行行为异议与其主张的实体权利相关，故济南中院依据《民事诉讼法》第二百二十七条之规定作出（2017）鲁01执异55号执行裁定并告知其相关诉讼权利符合法律规定。综上，复议申请人请求撤销（2017）鲁01执异55号执行裁定的理由不成立，本院依法不予支持。

二、当事人、利害关系人依照《民事诉讼法》第二百二十五条的规定提出异议，只要是在执行程序终结前提出，就应当对其异议进行审查，执行标的物已执行完毕不能等同于执行程序终结。

案例二：《韩某强、孙某华借款合同纠纷执行审查类执行裁定书》【最高人民法院（2019）最高法执监488号】

最高人民法院认为，按照《执行异议和复议规定》第六条第一款规定："当事人、利害关系人依照民事诉讼法第二百二十五条规定提出异议的，应当在执行程序终结之前提出，但对终结执行措施提出异议的除外"，案外人只要在执行程序终结前提出就应当对其异议进行审查，执行标的物已执行完毕不能等同于执行程序终结。本案中，营口中院异议裁定及辽宁高院复议裁定对该案执行程序是否终结、终结的时间等重要事实未予审查，在韩某强对以物抵债裁定提出异议后，仅以标的物已经交付给该案申请执行人抵偿债务，执行标的物已执行完毕为由认定申诉人的异议请求不符合执行异议案件的受理条件，存在事实不清、对法条理解不当的问题。

037 合伙财产被部分合伙人的债权人申请执行，其他合伙人怎么办？

> 合伙人有权在其享有合伙份额的范围内，排除其他合伙人的债权人对合伙财产的执行

阅读提示

合伙是多个民事主体共同投资、共享利润、共担风险、共同经营的行为。合伙包括民事合伙和合伙企业两种不同的组织形式，民事合伙即《民法典》中规定的"个人合伙"，其本质是多个当事人之间的合同关系；合伙企业即我国《合伙企业法》规定的企业组织形式。民法典也在合同编有名合同部分增加了"合伙"作为有名合同的一种。但不论是民事合伙还是合伙企业，合伙财产均归合伙人共有。与合伙企业不同，民事合伙往往没有独立的字号，合伙财产也可能分别由不同的合伙人所单独持有。

那么，如果持有合伙财产的合伙人的债权人，申请对合伙财产进行执行，其他合伙人如何寻求救济呢？能否在执行程序中，对合伙财产的执行提出执行异议呢？

裁判要旨

合伙经营积累的财产，归合伙人共有。即便合伙财产在部分合伙人名下，也不影响该合伙财产为合伙人共有的事实。其他合伙人基于共有权人的身份，有权要求在其持有的份额范围内排除对合伙财产的强制执行。

案情简介

2007年11月12日，张某华与赣某公司签订《合作协议书》，就江西省新余市某公园景观塔投资建设事宜进行合作，该项目建设单位为立某唐人公司。张某华负责项目的规划、设计、协调政府之间的关系、向政府争取项目的优惠政策等义务。项目建成后，张某华享有40%的净利润分配权。

2012年8月13日，南昌中院裁定长某公司诉赣某公司、王某平、何某借款纠纷一案，执行标的为7058188元。南昌中院裁定冻结了立某唐人公司应支付给赣某

公司的工程款。后经调查，南昌中院扣划赣某公司在立某唐人公司的工程款13988272.39元，上述款项用于支付其他执行案件后，又支付给长某公司76万元，剩余829万元。

2014年12月3日，南昌中院判决：赣某公司向张某华工程承包建设利润款7491250.88元。2015年1月28日，张某华以案外人身份向南昌中院提出执行异议申请，认为南昌中院冻结的款项应为张某华所有，请求法院予以解除该冻结。南昌中院裁定驳回了张某华的异议申请。

张某华向南昌中院提起执行异议之诉，要求在7491250.88元的范围内排除对余款强制执行，南昌中院一审判决支持了张某华的诉请。

长某公司不服，上诉至江西高院。江西高院以余款尚在立某唐人公司为由，改判张某华仅可在829万元40%的范围内，即331.6万元的范围内排除强制执行。

长某公司仍不服，向最高人民法院申请再审。最高人民法院裁定驳回再审申请。

裁判要点及思路

本案争议的焦点问题在于，仅凭一份《合作协议书》，张某华是否享有排除强制执行的权利？如果有，其排除强制执行的范围应如何计算？

关于第一个问题，三级法院均认为，另案判决已认定张某华与赣某公司之间构成合伙关系，故确认张某华有排除强制执行的权利。最高人民法院认为，根据《民法通则》第三十二条第二款规定，合伙经营积累的财产，归合伙人共有。因张某华为合伙人之一，故为未执行完毕款项的共有权人。赣某公司对长某公司负担的债务系其自身债务，与案涉合伙无关，该债务应由赣某公司以其自身资产进行清偿。故长某公司仅能在赣某公司享有合伙财产的范围内，执行合伙财产。对于剩余部分，张某华有排除强制执行的权利。

关于第二个问题，最高人民法院未发表意见。南昌中院根据另案生效判决，确定张某华就7491250.88元有权排除强制执行。但江西高院认为，以上款项尚在立某唐人公司名下，故张某华仅能在40%的范围内排除强制执行。

但本书认为，张某华排除强制执行的金额确定另有其因。根据《执行异议和复议规定》第六条第二款规定："案外人依照民事诉讼法第二百二十七条规定提出异议的，应当在异议指向的执行标的执行终结之前提出……"本案中，13988272.39元被执行后仅剩829万元。张某华在此之后才提出异议，当然只能对未执行完毕的部分提出异议，已执行的部分无权提出相应异议。因此，最高人民法院、江西高院认定张某华仅能在 829 万元的 40% 的范围排除强制执行，符合司法解释的规定，也符合执行异议的内在法理。

实务要点总结

合伙人有权在其享有合伙份额的范围内，排除其他合伙人的债权人对合伙财产的执行。《民法通则》第三十二条第二款规定，合伙经营积累的财产，归合伙人共有。即不论合伙财产由谁占有或控制，都不能改变合伙财产为全体合伙人所共有的事实。合伙人对合伙财产享有的是物权，而非债权。《查封、扣押、冻结规定》第十四条第一款规定："对被执行人与其他人共有的财产，人民法院可以查封、扣押、冻结，并及时通知共有人。"因此，对于有其他共有人的被执行人的财产，执行法院可采取执行措施，其他共有人不能要求全部排除对共有物的执行。实践中，一般采用直接预留对应份额的方式，保障共有人权益。在共有人对份额存在争议时，一般可中止执行，由共有人提起或申请执行人代为提起析产之诉，确定具体份额后再行执行。本案张某华之所以可以直接排除 331.6 万元款项的强制执行，原因有二：一为张某华与赣某公司之间的份额约定明确，不存在任何争议；二为执行标的直接为金钱，不存在分割变现的问题。故三级法院直接认定了张某华对对应份额有排除强制执行的权利。

通常情况下，案外人应当在执行标的执行终结前，根据《民事诉讼法》第二百二十七条的规定提出异议。《执行异议和复议规定》第六条第二款规定："案外人依照民事诉讼法第二百二十七条规定提出异议的，应当在异议指向的执行标的的执行终结之前提出；执行标的由当事人受让的，应当在执行程序终结之前提出。"所谓执行标的的执行终结，是指执行标的的已经通过司法程序变价完成，具体是指拍卖、变卖或以物抵债裁定已经作出并送达。之所以这样规定，一方面是考虑到执行程序的安定性，另一方面也是为了保护交易安全。本案张某华提出执行异议的时间较晚，故只能在未被执行财产的范围内提出异议，这是张某华最终只能够在 331.6 万元的范围内排除执行的根本原因。

应准确理解《执行异议和复议规定》第二十六条第二款中"另案生效法律文书"的范围。《执行异议和复议规定》第二十六条第二款规定，金钱债权执行中，案外人依据执行标的被查封、扣押、冻结后作出的另案生效法律文书提出排除执行异议的，人民法院不予支持。本条规定的"另案生效法律文书"成为理解该条适用范围的关键。结合本条第一款、第三款的有关规定，"另案生效法律文书"应当限于与执行标的权属相关的生效法律文书。本案中，长某公司提出张某华无权提出执行异议的原因之一，即为张某华系根据法院冻结之后的另案判决书提出的执行异议。但张某华所涉另案生效法律文书，只涉及了张某华与赣某公司之间的合伙关系的确认及赣某公司的给付义务，并不涉及执行标的权属的确认问题。因此，该文书不属于《执行异议和复议规定》第二十六条第二款规定的"另案生效法律文书"。

相关法律规定

《民法典》（2020年5月28日公布）

第九百六十九条[①]　合伙人的出资、因合伙事务依法取得的收益和其他财产，属于合伙财产。

合伙合同终止前，合伙人不得请求分割合伙财产。

《最高人民法院关于人民法院办理执行异议和复议案件若干问题的规定》（2020年12月23日修正）

第二十六条　金钱债权执行中，案外人依据执行标的被查封、扣押、冻结前作出的另案生效法律文书提出排除执行异议，人民法院应当按照下列情形，分别处理：

（一）该法律文书系就案外人与被执行人之间的权属纠纷以及租赁、借用、保管等不以转移财产权属为目的的合同纠纷，判决、裁决执行标的归属于案外人或者向其返还执行标的且其权利能够排除执行的，应予支持；

（二）该法律文书系就案外人与被执行人之间除前项所列合同之外的债权纠纷，判决、裁决执行标的归属于案外人或者向其交付、返还执行标的的，不予支持。

（三）该法律文书系案外人受让执行标的的拍卖、变卖成交裁定或者以物抵债裁定且其权利能够排除执行的，应予支持。

金钱债权执行中，案外人依据执行标的被查封、扣押、冻结后作出的另案生效法律文书提出排除执行异议的，人民法院不予支持。

非金钱债权执行中，案外人依据另案生效法律文书提出排除执行异议，该法律文书对执行标的权属作出不同认定的，人民法院应当告知案外人依法申请再审或者通过其他程序解决。

申请执行人或者案外人不服人民法院依照本条第一、二款规定作出的裁定，可以依照民事诉讼法第二百二十七条规定提起执行异议之诉。

[①]　原《民法通则》第三十二条。

法院裁判

以下为最高人民法院在再审裁定"本院认为"部分就此问题发表的意见：

本院经审查认为：《民法通则》第三十二条第二款规定，合伙经营积累的财产，归合伙人共有。根据二审查明事实，案涉工程由张某华与赣某公司合作建设，双方系合伙关系，故案涉项目的工程款应由张某华与赣某公司共有，而非赣某公司一方所有。赣某公司对长某公司负担的债务系其自身债务，与案涉合伙无关，该债务应由赣某公司以其自身资产进行清偿。根据张某华与赣某公司签订的《合作协议书》约定，双方合伙承建的某公园景观塔项目建成后，按照张某华40%、赣某公司60%的比例分配净利润。因该工程款在立某唐人公司账户，二审法院根据本案实际情况，认定张某华对其应分得该项目剩余工程款829万元的40%即331.6万元具有足以排除强制执行的民事权益，未超出（2013）洪民二初字第133号民事判决确认的张某华应享有的利润款数额，并无不当。因案涉项目剩余工程款829万元系张某华与赣某公司共有，故本案不符合《执行异议和复议规定》第二十六条第二款规定的案外人依据执行标的被查封、扣押、冻结后作出的另案生效法律文书提出排除执行异议的情形，长某公司以此为由，主张二审法院支持张某华提出的执行异议错误，不能成立。

案件来源

《九江市长某实业发展有限公司、张某华执行异议之诉再审审查与审判监督民事裁定书》【最高人民法院（2017）最高法民申4499号】

延伸阅读

一、合伙买房，未登记为权利人的一方无权要求排除登记权利人的债权人对房屋强制执行。

案例一：《刘某与王某光案外人执行异议之诉一案再审民事裁定书》【最高人民法院（2018）最高法民申2856号】

最高人民法院经审查认为，刘某排除执行的事实和法律依据不足。根据原审查明的事实，刘某与刘某田所签《合伙购房协议》（以下简称合伙购房协议），性质属双方合伙，但该合伙购房行为在房屋买卖中依法并不产生共同购房的法律效果，即刘某并不属房屋买卖合同中的共同购房人，其也未与房屋出卖方签订合法有效的房屋买卖合同；且本案所涉房屋在交易后，其产权登记在刘某田名下，刘某以其后来签订的合伙购房协议，主张其属共同购房人，事实和法律依据不足。事实上，在房屋产权登记在刘某名下后，刘某根据合伙购房协议主张其对案涉房屋享有民事权益，但该民事权益即房屋产权的依法取得尚需其与刘某田之间再行签订房屋买卖合同并经有关部门批准等，也即属二手房转让。对此，刘某与刘某田并未签订房屋转让合同，亦未经有关部门批准。据此，刘某不属争议房屋的合法买受人，更未签订合法有效的房屋买卖合同，该情形不符合《执行异议和复议规定》第二十八条第一项规定，其主张排除人民法院的强制执行，依据不足。

二、法院可以对被执行人对合伙企业的投资份额采取保全措施。

案例二：《潘某征与董某祝、陈某发案外人执行异议之诉二审民事判决书》【安徽省高级人民法院（2014）皖民二终字第00486号】

该院认为：关于人民法院能否对陈某发在帝豪商都项目享有的"股份"采取财产保全措施。本案证据显示，汪某甲、陈某发、潘某征等15人系借用海中宁公司的名义，合伙投资开发帝豪商都房地产开发项目，故汪某甲、陈某发、潘某征等15人之间系合伙开发房地产关系，各合伙人基于其投资享有帝豪商都项目的合伙份额。因此，案涉当事人所称的帝豪商都项目部的"股份"实际为帝豪商都项目的合伙份额。陈某发基于其向帝豪商都项目的投资，享有该项目10%（30股中的3股）的合伙份额，并按该合伙份额享有投资收益的权利。故该合伙份额具有财产权的性质。诉讼中潘某征关于其受让了陈某发该部分合伙份额的主张，亦表明该合伙份额的财产性及可转让性。人民法院可依法对陈某发享有的合伙份额采取财产保全措施。《查封、扣押、冻结规定》第二条规定，"人民法院可以查封、扣押、冻结被执行人占有的动产、登记在被执行人名下的不动产、特定动产及其他财产权。未登记的建筑物和土地使用权，依据土地使用权的审批文件和其他相关证据确定权属……"该条以列举的方式规定了人民法院可以对被执行人占有的动产、登记在被执行人名下的不动产、特定动产及其他财产权、未登记的建筑物和土地使用权采取财产保全措施，但不能理解为人民法院只能对前述财产采取财产保全措施。凡属当事人或被执行人所有或有权处分的财产权（如到期债权等），人民法院均可依法采取财产保全措施。陈某发享有的帝豪商都项目的合伙份额，属于其享有的财产权，人民法院可以依法对其采取财产保全措施。潘某征关于陈某发在帝豪商都项目享有的合伙份额不属于人民法院财产保全对象的上诉理由不能成立。

三、基金合伙份额收益权受让人的债权人，不得对基金份额采取执行措施。

案例三：《深圳中某资本管理有限公司合同纠纷执行审查类执行裁定书》【湖南省高级人民法院（2019）湘执异23号】

该院认为：中某资本公司向民某加银公司转让的、民某加银公司向中某重工公司转让的均为中某资本公司持有的某文创（上海）股权投资基金合伙企业（有限合伙）有限合伙份额所对应的收益权，而非有限合伙份额，某传媒有限公司对此也无异议。本院（2018）湘执保字第71-13号协助执行通知冻结中某重工公司持有的中某资本公司持有的某文创（上海）股权投资基金合伙企业（有限合伙）的1亿元基金份额与事实不符，确有不当。

038 承包分公司的内部承包合同，能否排除法院对分公司财产的执行？

> 总公司对外负债，可直接执行分公司财产

阅读提示

市场上大量存在这样一种商业模式，公司设立众多分公司，投资人承包分公司，分公司与公司签订内部承包协议，约定分公司按期向公司缴纳管理费，公司不参与分公司的经营管理。这种承包分公司的模式，看似能起到"双赢"的效果：对公司来说，迅速扩张了企业规模，做大了公司的财务报表，可以对外宣称，本公司在全国布局了几百家分支机构，这有利于企业融资，也能通过收取分公司交纳的管理费获取稳定的现金流；对分公司的投资人来说，可以借助公司的资质和市场影响力获得业务。有些分公司的投资人认为，通过签订内部承包协议，相当于建立了一个稳固的"城堡"，可以起到风险隔离作用。事实上是这样的吗？当公司对外负债时，承包分公司的投资人能否以内部承包合同为由，排除法院对分公司财产的强制执行？本文通过最高人民法院的一则案例，对上述问题进行分析。

裁判要旨

分公司的财产即为公司的财产，当公司为被执行人，其直接管理的财产不足以清偿债务时，可以直接执行分公司的财产。至于分公司与公司之间有关权利义务及责任划分的内部约定，因不足以对抗其依法注册登记的公示效力，进而不足以对抗第三人，法院有权执行分公司的财产。

案情简介

长春中院判决圣某公司给付孟某生钢材款及违约金。长春中院裁定冻结圣某公司的分公司建某分公司的银行存款 585 万元。

孟某生向长春中院申请执行，李某国提出异议，认为法院查封的 585 万元是李某国承包建某分公司并承建蓝某佳苑二期工程所得收益，请求法院解除对该款项的冻结。长春中院裁定驳回李某国的异议。

李某国向长春中院提起诉讼。长春中院认为，建某分公司与圣某公司签订《内部承包合同》，约定建某分公司向圣某公司缴纳管理费，圣某公司不对建某分公司进行统一经营管理，建某分公司与圣某公司实质为内部承包关系，李某国又是建某分公司的实际承包人，因此，李某国就本案执行标的享有足以排除强制执行的权利。

孟某生不服一审判决，上诉至吉林高院，吉林高院判决驳回上诉，维持原判。孟某生向最高人民法院申请再审。

最高人民法院认为，建某分公司作为圣某公司的分公司，应当受到公司法既有规则的调整。无论圣某公司与建某分公司内部如何约定双方之间的权利义务关系及责任划分标准，该约定内容均不足以对抗其在工商行政管理机关依法注册登记的公示效力。最高人民法院判决撤销吉林高院和长春中院的民事判决，驳回异议人李某国要求不予执行分公司财产的诉讼请求。

裁判要点及思路

本案的核心问题：公司与分公司的内部权利义务约定，能否对抗公司的债权人对分公司财产的执行。李某国主张其为建某分公司的实际承包人，而建某分公司与圣某公司名为公司与分公司的关系，实为内部承包关系，因此，建某分公司的财产归属于李某国，不属于公司的财产。长春中院和吉林高院都认同了这一观点，认为建某分公司与圣某公司签订《内部承包合同》，约定建某分公司向圣某公司缴纳管理费，圣某公司不对建某分公司进行统一经营管理，建某分公司与圣某公司实质为内部承包关系，李某国又是建某分公司的实际承包人，因此，李某国就本案执行标的享有足以排除强制执行的权利。

最高人民法院认为，本案圣某公司、建某分公司以及李某国之间确实存在有别于一般公司与分公司经营模式的特殊情况，如李某国自述的其虽以分公司形式开展经营活动，但实际上系其个人借用圣某公司资质从事部分工程的施工活动，从某种角度上讲，其境遇亦值得同情。但是，法律规则是立法机关综合衡量取舍之后确立的价值评判标准，应当成为司法实践中具有普遍适用效力的规则，除非法律有特别规定，否则在适用时不应受到某些特殊情况或者既定事实的影响。否则，如某一法律规则可以随着个案的特殊情况或者既定事实不断变化左右逢源，将严重伤害法律的权威性、秩序的稳定性以及司法的公正性。建某分公司作为圣某公司的分公司，应当受到公司法既有规则的调整。因此，无论圣某公司与建某分公司内部如何约定双方之间的权利义务关系及责任划分标准，该约定内容均不足以对抗其在工商行政管理机关依法注册登记的公示效力。

实务要点总结

公司直接管理的财产不足以清偿生效法律文书确定的债务时，法院可以直接执行分公司的财产，分公司与公司签订的内部承包合同不能起到风险隔离的作用。分公司的财产即为公司财产，分公司的民事责任由公司承担，这是公司法确立的基本规则。以分公司名义依法注册登记的，即应受到该规则调整。至于分公司与公司之间内部承包协议中有关权利义务及责任划分的内部约定，因不足以对抗其依法注册登记的公示效力，进而不足以对抗第三人，不能排除法院对分公司财产的执行。此外，《最高人民法院关于民事执行中变更、追加当事人若干问题的规定》[①]第十五条第二款规定："作为被执行人的法人，直接管理的责任财产不能清偿生效法律文书确定债务的，人民法院可以直接执行该法人分支机构的财产。"

承包的分公司并非独立的"城堡"，投资人可以考虑采取承包子公司的方式规避风险。《公司法》第十四条第二款规定："公司可以设立子公司，子公司具有法人资格，依法独立承担民事责任。"子公司与母公司属于独立的法人主体，子公司和母公司以其各自独立的财产承担民事责任。当母公司作为被执行人时，如果不存在财产混同等法定情形，法院无权执行子公司的财产。因此，投资人可以通过承包子公司开展业务，起到隔离风险的作用。此外，还应注意，承包经营不得违反法律的强制性规定。在工程施工领域，企业或者个人不具备施工企业资质，承包建筑施工企业的资质进行施工的，因违反法律的强制性规定，其签订的承包合同无效，面临较大的法律风险。

分公司对外负债，不能清偿生效法律文书确定的债务时，债权人可以申请追加公司为被执行人。《变更、追加当事人规定》第十五条第一款规定，作为被执行人

---

① 以下简称《变更、追加当事人规定》。

的法人分支机构,不能清偿生效法律文书确定的债务,申请执行人申请变更、追加该法人为被执行人的,人民法院应予支持。可见,分公司不具备法人资格,其财产归属于公司,其责任由公司承担。公司与分公司签订内部承包合同,虽然扩大了公司的规模和影响力,但也面临分公司对外负债时以公司财产承担责任的风险。因此,无论是公司作为被执行人,还是分公司作为被执行人,在最终责任承担上,符合法定条件下,均以其财产为对方的债务承担责任。有必要提及的是,申请执行人以子公司为母公司的分支机构,应承担连带责任为由,申请追加母公司为被执行人的,法院不予支持。

相关法律规定

《最高人民法院关于民事执行中变更、追加当事人若干问题的规定》(2020年12月23日修正)

第十五条 作为被执行人的法人分支机构,不能清偿生效法律文书确定的债务,申请执行人申请变更、追加该法人为被执行人的,人民法院应予支持。法人直接管理的责任财产仍不能清偿债务的,人民法院可以直接执行该法人其他分支机构的财产。

作为被执行人的法人,直接管理的责任财产不能清偿生效法律文书确定债务的,人民法院可以直接执行该法人分支机构的财产。

《公司法》(2018年10月26日修正)

第十四条 公司可以设立分公司。设立分公司,应当向公司登记机关申请登记,领取营业执照。分公司不具有法人资格,其民事责任由公司承担。

公司可以设立子公司,子公司具有法人资格,依法独立承担民事责任。

法院裁判

以下为最高人民法院在"本院认为"部分就该问题的论述:

本院认为,本案的争议焦点为李某国对建某分公司账户内的案涉争议款项提出的执行异议是否成立,是否足以阻却人民法院的强制执行。

建某分公司系圣某公司的分支机构,其与圣某公司之间的关系应当受到《公司法》规定的调整。《公司法》第十四条第一款规定:"公司可以设立分公司。设立分公司,应当向公司登记机关申请登记,领取营业执照。分公司不具有法人资格,其民事责任由公司承担。"根据以上规定,分公司的财产属于公司所有,分公司对外进行民事活动所产生的民事责任由公司承担。《执行工作规定》第七十八条第一款亦规定，被执行人为企业法人的分支机构不能清偿债务时，可以裁定企业法人为被执行人。同理，当被执行人为企业法人时，如果不能执行该企业法人分支机构的财产，将有违权利义务对等原则。

李某国提出的其与圣某公司关于建某分公司经营模式的内部约定，不具有对抗第三人的法律效力。如前所述，建某分公司作为圣某公司的分公司在工商行政管理机关依法注册登记，应当受到《公司法》既有规则的调整。无论当时圣某公司与建某分公司内部如何约定双方之间的权利义务关系及责任划分标准，该约定内容均不足以对抗其在工商行政管理机关依法注册登记的公示效力，进而不足以对抗第三人。建某分公司、李某国如认为其为圣某公司承担责任有违其与圣某公司之间的内部约定，可与圣某公司协商解决。

司法实践中，一些案件常产生某些既定事实或者特殊情况与既有的法律规则之间的冲突。本案一、二审法院之所以作出原判决之认定，就是受到这种冲突所引发的利益权衡纠结之影响。诚如原判决之分析，本案圣某公司、建某分公司以及李某国之间确实存在有别于一般公司与分公司经营模式的特殊情况，如李某国自述的其虽以分公司形式开展经营活动，但实际上系其个人借用圣某公司资质从事部分工程的施工活动，从某种角度上讲，其境遇亦值得同情。但本院同时认为，既然法律规则是立法机关综合衡量取舍之后确立的价值评判标准，就应当成为司法实践中具有普遍适用效力的规则，就应当成为司法者在除非法律有特别规定之外要始终坚守的信条，就应当成为不受某些特殊情况或者既定事实影响的准则。否则，如某一法律规则可以随着个案的特殊情况或者既定事实不断变化左右逢源，该规则将因其不确定性，而不再被人们普遍信奉、乐于遵守，从而失去其存在意义，并将严重伤害法律的权威性、秩序的稳定性以及司法的公正性。

综上所述，建某分公司系圣某公司的分支机构，建某分公司账户内的案涉争议款项在法律上即为圣某公司的财产。建某分公司与圣某公司之间的内部承包合同，不具有对抗第三人的法律效力，亦不应包括在《执行工作规定》第七十八条规定的承包经营之列。原判决适用《执行工作规定》第七十八条的规定，认定案涉争议款项系李某国个人财产，适用法律错误，应予纠正。李某国对案涉争议款项提出的异议，不足以阻却人民法院的强制执行。

> 案件来源

《李某国与孟某生、长春圣某建筑工程有限公司等案外人执行异议之诉案》【最高人民法院（2016）最高法民再149号】

> 延伸阅读

分公司对外负债，不能清偿生效法律文书确定的债务时，债权人可以申请追加总公司为被执行人。

案例：《东莞市永某石油化工有限公司、中国银行股份有限公司某分行执行审查类执行复议裁定书》【广东省高级人民法院（2019）粤执复522号】

《变更、追加当事人规定》第十五条第一款规定："作为被执行人的法人分支机构，不能清偿生效法律文书确定的债务，申请执行人申请变更、追加该法人为被执行人的，人民法院应予支持。法人直接管理的责任财产仍不能清偿债务的，人民法院可以直接执行该法人其他分支机构的财产。"本案中，永某公司第二加油站作为永某公司的分支机构，广州海事法院在执行过程中未发现其有可供执行的财产，广州海事法院认定永某公司第二加油站不能清偿（2018）粤72民初350号民事判决确定的债务，准许申请执行人中行某分行追加永某公司为被执行人的申请，符合上述法律规定，并无不当。

039 法院冻结财产却没办登记，买受人能否排除执行？

> 法院作出冻结裁定并送达协助执行部门后，冻结行为即生效。买受人不构成善意取得，无权排除执行

> 阅读提示

《查封、扣押、冻结规定》规定，法院查封、扣押、冻结被申请人财产时，应当作出裁定书。需要相关部门协助执行的，法院还需要向协助部门作出并送达协助执行通知书和裁定书。同时，能够办理登记的，法院要及时办理查封、冻结登记，不能及时办理登记的，法院应张贴封条或者公告。但是，在具体操作过程中，由于

各种原因导致法院及协助执行部门在具体查封、冻结被申请人财产时，并未严格按照《查封、扣押、冻结规定》的要求及时办理登记或者张贴封条或公告。那么，在法院未办理登记或者张贴封条的情况下，被申请人转移查封、冻结财产的，买受人能否基于善意取得制度排除法院强制执行？

裁判要旨

法院的冻结裁定一经作出并送达协助执行部门后，即具有对外公示效力。被申请人将冻结的财产出卖的，买受人如果不能举证证明在受让财产时了解过财产冻结情况，不构成善意取得，无权排除执行。

案情简介

2011年12月，某银行召开股东大会，决议通过明某公司（被执行人）将持有某银行的股权转让至亿某公司。

2012年1月，在李某与明某公司等借款合同纠纷案中，李某（申请执行人）申请保全明某公司财产。大连中院裁定冻结明某公司持有某银行的股权，并向某市工商局送达了冻结裁定书和协助执行通知书。当日，某市工商局向大连中院出具协助执行的回执，确认收到协助执行通知书。

2012年5月至12月，明某公司将案涉股权转让至亿某公司（案外人），获银监会同意并办理工商备案。

2012年9月，大连中院一审判决明某公司给付李某借款及违约金，判决生效后，李某申请强制执行。大连中院裁定继续冻结案涉股权，并向某市工商局送达冻结裁定书和协助执行通知书。同日，某市工商局向大连中院出具协助执行的回执，确认收到协助执行通知书。

2015年1月，案外人亿某公司提出执行异议，以股权受让人身份申请停止对案涉股权的执行。2015年4月，大连中院裁定驳回其异议。亿某公司提起执行异议之诉。

大连中院一审认为，案外人亿某公司不构成善意取得，无权排除执行，驳回亿某公司诉讼请求。亿某公司上诉至辽宁高院，辽宁高院二审维持原判。亿某公司向最高人民法院申请再审。

2017年8月，最高人民法院再审判决驳回案外人亿某公司的申请。

裁判要点及思路

本案的争议焦点是，案外人亿某公司对案涉股权是否享有足以排除强制执行的民事权益。审查的核心问题是，在法院裁定冻结案涉股权并送达工商局的情况下，亿某公司受让案涉股权，是否构成善意取得。对此，最高人民法院从两个方面进行审查：

一、关于执行法院冻结案涉股权的裁定作出和送达情况。执行法院于2012年1月作出冻结案涉股权的裁定书和协助执行通知书，执行法院将两份文书向某市工商局送达。并且，某市工商局向执行法院出具协助执行的回执。之后，执行法院继续冻结案涉股权。据此，执行法院裁定冻结案涉股权的行为早于案涉股权转让的行为。

二、关于某市工商局并非案涉股权变更登记机构以及案涉股权冻结事宜是否公示的问题。一方面，现有规定均明确工商行政管理机关是公司登记机构，并未明确将非上市股份有限公司的股权登记事宜排除在工商行政管理机关职权范畴之外，现行法律法规对非上市股份有限公司股权登记机构也并未另行作出其他规定。之后，某市工商局履行了协助义务，应认定某市工商局系案涉股权变更登记机构。另一方面，法院对案涉股权作出的查封、冻结裁定及协助执行通知经某市工商局接收后，即具有了对外公示效力。

综上所述，案外人亿某公司在受让案涉股权时，应尽到审慎注意义务，查明股权是否存在权利限制的情形。案外人亿某公司不能举证证明其已经尽到最基本的审慎注意义务，故不适用善意取得制度，无权排除申请执行人申请法院强制执行。

实务要点总结

查封、冻结财产，人民法院应当张贴封条或者公告，并办理登记。根据《查封、扣押、冻结规定》第九条的规定，人民法院查封不动产的，应当张贴封条或者公告，并可以提取保存有关财产权证照。查封、扣押、冻结已登记的不动产、特定动产及其他财产权，应当通知有关登记机关办理登记手续。第十条规定，查封尚未进行权属登记的建筑物时，应在显著位置张贴公告。

查封、冻结财产，人民法院未张贴封条或者公告，不影响查封、冻结行为生效。根据《查封、扣押、冻结规定》第一条规定，执行法院查封、扣押、冻结被申请人财产的，应当作出执行裁定书和协助执行通知书，同时向协助执行部门送达，查封、扣押、冻结裁定书和协助执行通知书自送达协助执行部门时发生法律效力。也就是说，即使人民法院未张贴封条或公告，只要向协助执行部门完成执行文书送达，人民法院对某一财产的查封措施即生效。

查封、冻结财产，人民法院未办理查封、冻结登记，不影响查封、冻结行为生效。《查封、扣押、冻结规定》第九条第二款规定，查封、扣押、冻结已登记的不动产、特定动产及其他财产权，应当通知有关登记机关办理登记手续。未办理登记手续的，不得对抗其他已经办理了登记手续的查封、扣押、冻结行为。据此，查封登记不影响查封行为的效力，仅具有对抗效力。《查封、扣押、冻结规定》确立了登记机关协助登记优先的原则，明确规定采取加贴封条或者张贴公告的方法进行查封，但未办理查封登记的，不得对抗其他人民法院的查封。

查封、冻结财产后，被申请人转移查封的财产，不影响申请执行人继续申请执行。根据《查封、扣押、冻结规定》第二十六条规定，被申请人某项财产一旦被法院查封后，就禁止被申请人转移被查封财产，在被查封财产上设定抵押、担保等权利负担或者其他不利于法院执行财产的行为。被申请人实施上述禁止行为的，不得对抗申请执行人。值得注意的是，该条并未明确已经查封、扣押、冻结的财产是作出查封、扣押、冻结裁定并送达的财产，还是已经办理登记或者张贴封条或公告的财产。

查封、冻结行为未公示，能否适用善意取得制度，有争议。就这一问题，司法实践中经历了动态变化的过程：

（1）2017年11月之前，虽然《查封、扣押、冻结规定》已经施行，按照规定，查封行为未公示的，不得对抗善意第三人。但是司法实践中多数观点却认为，查封、冻结作为一种保全措施，具有限制被查封人处分权的效力。法院作出的查封裁定一经送达就产生法律效力，即对外公示，被查封的当事人之后处分财产不存在善意取得制度适用的空间，买受人无权排除执行。

（2）2017年11月1日，最高人民法院民二庭在第5次法官会议中确定：查封行为生效但未进行公示的，不能对抗善意买受人。不动产查封的公示，原则上应通过办理查封登记的方法进行，只有在不动产无法办理登记的时候，才通过张贴封条、公告等方式进行。查封行为未公示的，被查封人处分被查封财产，构成善意取得，买受人有权排除被查封财产的强制执行。

（3）最高人民法院民二庭法官会议之后，大大改变了之前混乱的法律制度适用状态。司法实践中，在高级人民法院层面，主流裁判观点基本按照《查封、扣押、冻结规定》第二十六条第三款的规定，人民法院的查封、扣押、冻结，能够办理登记未办理登记的以及不能办理登记未张贴封条或公告的，视为未公示，不能对抗善意买受人。

相关法律规定

《最高人民法院关于人民法院民事执行中查封、扣押、冻结财产的规定》（2020年12月23日修正）

第一条 人民法院查封、扣押、冻结被执行人的动产、不动产及其他财产权，应当作出裁定，并送达被执行人和申请执行人。

采取查封、扣押、冻结措施需要有关单位或者个人协助的，人民法院应当制作协助执行通知书，连同裁定书副本一并送达协助执行人。查封、扣押、冻结裁定书和协助执行通知书送达时发生法律效力。

第七条[①] 查封不动产的，人民法院应当张贴封条或者公告，并可以提取保存有关财产权证照。

查封、扣押、冻结已登记的不动产、特定动产及其他财产权，应当通知有关登记机关办理登记手续。未办理登记手续的，不得对抗其他已经办理了登记手续的查封、扣押、冻结行为。

第二十四条[②] 被执行人就已经查封、扣押、冻结的财产所作的移转、设定权利负担或者其他有碍执行的行为，不得对抗申请执行人。

第三人未经人民法院准许占有查封、扣押、冻结的财产或者实施其他有碍执行的行为，人民法院可以依据申请执行人的申请或者依职权解除其占有或者排除其妨害。

人民法院的查封、扣押、冻结没有公示的，其效力不得对抗善意第三人。

法院裁判

以下为最高人民法院在裁判文书"本院认为"部分就此问题发表的意见：

本院经审查认为，根据本案查明的事实，一审法院于2012年1月13日作出（2012）辽民二初字第4号民事裁定，并于同日向某市工商局送达了该民事裁定书及协助执行通知书。协助执行通知书中明确载明查封明某公司持有的某银行案涉争议股权，查封期限为两年即自2012年1月13日至2014年1月12日。同日某市工

[①] 原第九条。
[②] 原第二十六条。

商局向一审法院出具了协助执行的回执。之后该院又于 2013 年 12 月 30 日、2014 年 12 月 26 日裁定继续冻结案涉股权，并均向某市工商局送达了协助执行通知书。根据二审法院调查，在某银行的工商企业档案中有一审法院向某市工商局送达的民事裁定书及协助执行通知书。对于亿某公司主张的某市工商局不是案涉股权变更登记机构及股权查封没有进行公示的问题，《公司登记管理条例》（2005 年修订）第二条第一款"有限责任公司和股份有限公司（以下统称公司）设立、变更、终止，应当依照本条例办理公司登记"，第四条第一款"工商行政管理机关是公司登记机关"，第三十五条第三款"有限责任公司的股东或者股份有限公司的发起人改变姓名或者名称的，应当自改变姓名或者名称之日起 30 日内申请变更登记"等相关规定，均明确工商行政管理机关是公司登记机构，并未明确将非上市股份有限公司的股权登记事宜排除在工商行政管理机关职权范畴之外。现行法律法规对非上市股份有限公司股权登记机构也并未另行作出其他规定。本院审查期间，各方当事人均认可案涉股权被查封时，辽宁省当地并没有另行设立负责非上市股份有限公司股权变更登记的部门。且在一审法院于 2012 年 1 月、2013 年 12 月两次裁定查封冻结案涉股权时，某市工商局并未对其负有协助履行查封冻结案涉股权义务提出异议。虽然某市工商局曾拒绝就 2014 年 12 月 26 日的查封裁定继续履行协助义务，但之后亦出具了协助执行的回执，履行了协助义务。另外，明某公司与亿某公司签订的《股权转让协议》第三条交割中"本协议生效后，亿某公司支付完毕股权转让价款后即可办理本次股权转让的工商过户手续，明某公司应积极配合"的约定内容表明，亿某公司在受让案涉股权时亦认为受让案涉股权后应到工商行政管理机关办理变更登记。据此，亿某公司主张某市工商局不是非上市股份有限公司股权变更登记机构，不具有协助执行案涉股权查封事宜的权限，缺乏充分的事实和法律依据。根据《民事诉讼法》第二百四十二条第二款规定："人民法院决定扣押、冻结、划拨、变价财产，应当作出裁定，并发出协助执行通知书，有关单位必须办理。"一审法院对案涉股权作出的查封、冻结裁定及协助执行通知经某市工商局接收后，即具有了对外公示效力。亿某公司主张案涉股权查封没有进行公示，与事实不符。至于某市工商局采取什么方式履行司法协助义务，则属于另一法律关系，并不影响人民法院对案涉股权查封已经依法公示的事实。亿某公司系在案涉股权依法被查封期间受让股权，作为商事主体，亿某公司在受让案涉股权时应明知需对受让的股权是否存在权利负担尽审慎注意义务，但在原审及申请再审期间，亿某公司均未能举证证明其在受让股权时曾向明某公司或某市工商局了解案涉股权情况。原审判决认定亿某公司在案涉股权交易中并没有尽到最基本的审慎注意义务，本案不适用善意取得制度，并无不当。《查封、扣押、冻结规定》第二十六条第一款规定："被执行人就已经查封、扣押、冻结的财产所作的移转、设定权利负担或者其他有碍执行的行为，不得对抗申请执行人。"明某公司转让的是已经人民法院依法查封、冻结的财产，且亿某公司并非善意第三人。因此，亿某公司主张其依据善意取得制度已经取得案涉股权，能够阻却人民法院执行的再审申请理由不能成立。

案件来源

《沈阳亿某商业管理有限公司、李某再审审查与审判监督民事裁定书》【最高人民法院（2017）最高法民申3150号】

延伸阅读

一、执行机关只要办理了查封登记，即使未张贴封条或公告，亦当然产生查封的效力。

案例一：《陈某泽、交通银行股份有限公司某分行案外人执行异议之诉再审审查与审判监督民事裁定书》【最高人民法院（2018）最高法民申1404号】

最高人民法院认为，本案审查的主要问题是案涉查封的效力问题。根据原审查明的事实，陈某泽与瑞某公司所签购房合同的时间为2015年2月1日，而涉案房屋查封的时间为2015年1月27日。陈某泽再审申请称其签订购房合同时，执行机关并未张贴查封封条、瑞某公司亦未告知其房屋已被查封等事实，其属于善意购房人。本院认为，《物权法》第九条规定，不动产物权的设立、变更、转让和消灭，经依法登记，发生效力；未经登记，不发生效力，也即执行机关只要办理了查封登记，即使未张贴封条或公告，亦当然产生查封的效力。《查封、扣押、冻结规定》第九条虽将张贴封条或公告也作为查封的必要条件，但该规定的目的是解决和防止被执行人将房屋等对外出租等不需登记产生的利益冲突等问题，而非查封不发生效力的法定根据。据此，陈某泽主张查封未发生法律效力，无法律根据。

二、查封未经公示，不得对抗善意第三人。

案例二：《李某燕、烟台德某建筑有限公司申请执行人执行异议之诉再审民事判决书》【最高人民法院（2017）最高法民再90号】

最高人民法院认为，烟台市中级人民法院于2010年4月23日作出查封包括案涉房屋在内财产的民事裁定，于2010年4月23日、4月28日分别向国土局、房管局送达民事裁定书、协助执行通知书，于2010年6月29日分别向天某房地产公司、德某建筑公司送达民事裁定书和查封（扣押）物品清单。李某燕于2010年12月17日与天某房地产公司签订商品房买卖合同，于2011年1月19日取得房屋所有权证，于2011年2月24日取得土地使用权证。李某燕虽是在烟台市中级人民法院作出查封财产的民事裁定之后与天某房地产公司签订商品房买卖合同，办理产权证书，但并无证据表明查封财产在李某燕签订商品房买卖合同和办理产权证书时已经进行公示，亦没有证据证明李某燕签订商品房买卖合同和办理产权证书时知道涉案房屋已被查封。根据《查封、扣押、冻结规定》第二十六条第三款关于"人民法院的查封、扣押、冻结没有公示的，其效力不得对抗善意第三人"之规定，烟台市中级人民法院的查封案涉房屋的行为不能对抗作为善意第三人的李某燕。因案涉房屋所有权已转移至李某燕名下，德某建筑公司基于其对天某房地产公司的债权要求执行案涉房屋，不能得到支持。

三、不动产查封登记具有对世效力，不存在善意取得制度适用的空间。

案例三：《李某波、惠某艳等案外人执行异议之诉、买卖合同纠纷民事裁定书》【最高人民法院（2015）民申字第1883号】

最高人民法院认为，执行标的物一旦被人民法院查封，非经人民法院允许，任何人不得对房屋进行毁损变动、设定权利负担等有违查封目的之处分行为。在李某波占有之前，齐齐哈尔中院即已对案涉房屋进行了查封并在房地产管理部门办理了查封登记，加之，惠某艳的处分为无权处分，李某波对案涉房屋的占有缺乏正当权源，为无权占有。至于李某波辩称其不知道查封事实、没有过错的理由，由于查封登记具有对世效力，李某波无论是签订旨在变更案涉房屋物权的买卖合同，还是占有案涉房屋，均应注意到别人经过登记的物权和人民法院的查封，但其未到相关部门查询案涉房屋的权属状况，主观上存在明显的过错。

四、查封、扣押、冻结已登记的不动产、特定动产及其他财产权，未办理登记手续的，不得对抗其他已经办理了登记手续的查封、扣押、冻结行为。

案例四：《刘某1与山西斯某房地产开发有限公司民事执行审查类执行裁定书》【山西省高级人民法院（2020）晋执复13号】

山西高院认为，本案执行标的是斯某公司在某农商行的股权，运城中院于2016年2月1日向某农商行送达《协助执行通知书》，冻结被执行人斯某公司在该行的所有股份，冻结期限为1年，自2016年2月1日至2017年2月1日，2016年4月6日向某市工商局送达《执行裁定书》《协助执行通知书》，冻结期限为2年，自2016年4月6日至2018年4月5日，某市工商局予以办理了案涉股权冻结公示手续，2017年4月13日又向某农商行送达《协助执行通知书》，查封期限为2年；杏花岭区人民法院于 2016 年 8 月 9 日向某农商行送达《执行裁定书》和《协助执行通知书》，冻结期限为 3 年，2016 年 8 月 10 日，杏花岭区人民法院向某市工商局送达《协助执行通知书》《协助公示通知书》，该局当时拒绝签收，杏花岭区人民法院采取留置送达方式，运城中院对案涉股权在某农商行的两次冻结措施存在"空窗期"。但是，首先给工商行政管理机关送达《协助公示通知书》的执行法院的冻结为生效冻结。杏花岭区人民法院对涉案股权冻结不能对抗已经办理了登记手续的查封、冻结行为。故运城中院对案涉股权的执行行为系首封并具有处置权。

五、法院查封房屋未办理查封登记，被申请人转移查封财产的，买受人购买时查询财产权属情况的，构成善意取得，有权排除执行。

案例五：《郑某富、王某研房屋买卖合同纠纷再审审查与审判监督民事裁定书》【黑龙江省高级人民法院（2020）黑民申 1958 号】

黑龙江高院认为，案涉房屋查封的公示，应当在房产管理部门办理查封登记。本案原一审发生的时间是 2018 年，郑某富在原一、二审中未能证明王某研已知晓涉案房屋被人民法院查封的事实，并且王某研在原一审中提交了某市房屋产权市场管理中心出具的查询报告，报告中并未显示涉案房屋已被人民法院查封的信息。郑某富虽主张盖有勘测设计院公章的购房收据字迹有修改、公章不清；但郑某富在原一审中并未提交证据证明，亦未申请鉴定。王某研购买的涉案房屋价格虽低于其他同户型的房屋，但并不能充分证明该价格就是明显不合理的低价。原一审中王某研提交了相关物业费、水电费、煤气费、有线电视费等票据，故原一、二审法院认定勘测设计院将涉案房屋交付王某研并实际占有、使用至今，属于善意取得并无不当。

六、法院查封财产未办理登记手续，不得对抗其他已经办理了登记手续的查封、扣押、冻结行为。

案例六：《国某良、任某梅等与新疆锦某原矿业有限公司执行审查类执行裁定书》【新疆维吾尔自治区高级人民法院（2020）新执监 76 号】

新疆高院认为，伊宁市法院未将查封裁定送达被执行人锦某原公司，未对查封的不动产加贴封条或者在该不动产所在地张贴公告，某县不动产登记中心未在登记系统中登记查封信息，即未办理查封手续。对第三人而言，查封须以一定方式公示，使第三人能够判断该标的物为查封物，否则查封行为对第三人不发生效力。本案中伊宁市法院查封锦某原公司名下土地仅向不动产登记部门送达了裁定书及协助执行通知书，未按照相关法律及司法解释的规定进行公示，现有证据无法证实本案申诉人国某良、任某梅、赵某林、霍城县法院等知道或者能够判断涉案土地已被伊宁市法院查封的事实，且整个处置过程中伊宁市法院对霍城县法院的处置行为均未阻止或告知其已查封的事实，因此伊宁市法院对涉案土地的查封行为不能对抗霍城县法院对被执行人锦某原公司财产的执行行为。霍城县法院（2017）新 4023 执 739 号、（2018）新 4023 执恢 61 号、（2018）新 4023 执恢 60 号执行案件执行措施合法有效，应予维持。

040 最高人民法院关于强制执行中，涉及土地使用权排除强制执行的 16 个裁判规则

问题一、竞拍土地成功后未签书面《国有土地使用权出让合同》，竞买人能否排除对该土地的强制执行？

裁判规则：采取招标、拍卖、协议等出让方式设立建设用地使用权的，当事人应当采取书面形式订立建设用地使用权出让合同。竞拍预成交不同于书面国有土地使用权出让合同，竞买人无权排除强制执行。

案例一：《武汉亘某资源有限公司、武汉剑某人某置业有限公司申请执行人执行异议之诉再审民事判决书》【（2018）最高法民再 400 号】

最高人民法院认为，武汉亘某公司认为其虽然尚未签订《国有建设用地使用权出让合同》并办理土地登记手续，但其已依法竞得案涉地块的建设用地使用权，享有建设用地使用权之期待权，该物权期待权足以排除强制执行。《物权法》第一百三十八条第一款规定："采取招标、拍卖、协议等出让方式设立建设用地使用权的，当事人应当采取书面形式订立建设用地使用权出让合同。"据此，土地使用权出让合同为要式合同。本案中，虽然武汉亘某公司在案涉地块拍卖程序中竞拍成功，并取得《国有建设用地使用权预成交通知书》，但其尚未与行政机关签订书面的《国有土地使用权出让合同》，仅在竞卖程序中拍得案涉地块，而《国有建设用地使用权预成交通知书》《2016 年第 4 号公告挂牌成交信息表》两份文件以及武汉亘某公司缴纳的竞买保证金、土地出让金等已达到土地成交价 50% 的事实，不足以认定武汉亘某公司对案涉地块享有物权期待权，武汉亘某公司亦未指明其享有物权期待权的法律依据，故武汉亘某公司尚不享有足以排除强制执行的民事权益。

问题二、集体用地经政府决定征收转为国有土地的，原土地使用人对土地开发前期投入并支付相关费用，但未通过公开竞价或者协议方式取得国有土地使用权，能否排除执行？

裁判规则："原土地使用人"不能视为原国有土地使用权人。案涉土地在出让前为国家所有，经竞买人在公开市场上拍得并办理登记后方取得土地使用权。对案涉土地前期开发进行了投入，不能以此认定其为案涉土地使用权人。

案例二：《武汉亘某资源有限公司、武汉剑某人某置业有限公司申请执行人执行异议之诉再审民事判决书》【（2018）最高法民再 400 号】

最高人民法院认为，由于执行程序（包括财产保全程序）的价值取向是效率，即要迅速地实现生效法律文书所确定的给付内容，所以，在被执行财产的权属判断标准上主要采取形式审查和表面判断原则，也就是说，在确定一项财产的权属是否属于被执行人时，除非法律有特殊的规定，一般应当根据该财产的权利外观表征来判断是否属于被执行人的责任财产……而本案的特殊性在于，案涉地块的建设用地使用权并未登记在被执行人武汉人某公司名下。根据查明的事实，案涉地块作为住宅用地，在人民政府作出征收决定并生效后，其所有权形式已经由集体所有形式变更为国家所有形式，而使用权应通过公开竞价的方式出让取得。武汉人某公司取得的《武汉市建设用地批准书》仅明确案涉土地用途为住宅用地，已办理完毕征收土地批后手续，准予作为国有建设用地进行出让，但武汉人某公司并未通过公开竞价或协议等方式取得案涉国有土地使用权，案涉国有建设用地使用权至今尚未登记在武汉人某公司名下，武汉人某公司并未取得案涉土地权属证书，不是案涉地块国有建设用地使用权人。武汉人某公司仅因在案涉土地前期安置补偿、场地腾退等方面的投入，而对土地竞得人享有获得补偿的债权。剑某人某公司的举证不能证实被执行人武汉人某公司对案涉建设用地使用权享有实体权利。执行法院根据查明的事实，在案外人异议审查程序中，对不符合执行程序中权属判断标准的错误查封执行行为予以纠正并中止对案涉地块（武汉亘某公司以外的其他案外人财产）的执行是正确的。

问题三、地块未完成开发投资总额的 25% 以上即转让，受让人付款并实际占有的，能否排除强制执行？

裁判规则：转让房地产需完成开发投资总额的 25% 以上，并非效力性强制性规定，不影响转让合同效力。受让人满足《执行异议和复议规定》第二十八条无过错买受人条件的，有权排除强制执行。

案例三：《宁某欣、徐某贵再审审查与审判监督民事裁定书》【（2019）最高法民申 1814 号】

最高人民法院认为，（一）关于案涉土地使用权转让合同的签订时间与合同效力。信某投资公司与徐某贵就案涉22号地先后签订三份《国有土地转让合同》或《协议书》……案涉土地使用权出让给信某投资公司时的土地用途为工业用地，信某投资公司将案涉土地使用权转让给徐某贵，徐某贵仍然将该地块用作工业用地，并未改变土地性质、用途。《城市房地产管理法》第三十九条第一款第二项规定以出让方式取得土地使用权，转让房地产需完成开发投资总额的25%以上，但该项规定并非效力性强制性规定。因此，徐某贵与信某投资公司签订的土地使用权转让合同，内容明确，不违反法律、行政法规的效力性强制性规定，合法有效。（二）关于徐某贵是否在法院查封之前合法占有案涉22号地……案涉22号地虽未登记在徐某贵或其控制的公司名下，徐某贵非以物权人身份占有案涉22号地，但其通过与信某投资公司签订土地使用权转让合同，并支付土地使用权转让价款，其对案涉22号地的权属得到信某投资公司的认可，属于合法占有。（三）关于徐某贵是否已支付土地使用权转让价款……虽然宁某欣主张该汇款单据上付款性质为"往来款"，但徐某贵提供的汇款凭证已经可以证明其于2010年3月1日向信某投资公司汇款2000万元的事实，信某投资公司亦认可收到22号宗地土地使用权转让价款，结合双方在《国有土地转让合同》中约定转让土地使用权及在《协议书》中确认2010年3月1日汇款2000万元系支付土地使用权（包括案涉22号地）转让价款的事实，可以认定徐某贵已履行支付案涉22号地的土地使用权转让价款的义务。（四）关于案涉土地使用权转让未办理过户登记的原因……根据上述分析认定，徐某贵对案涉22号地的土地使用权享有排除执行的权利，徐某贵提出的执行异议符合《执行异议和复议规定》第二十八条规定的情形，二审法院判决停止执行案涉22号地的土地使用权，并无不当。

问题四：受让设定抵押的土地使用权，受让人能否基于无过错买受人身份排除执行？

裁判规则：受让土地使用权一方签订合同时既已明知商业风险和法律障碍，受让人不能办理过户不能归咎于他人的合法行为，更不能阻碍行使抵押权。

案例四：《葫芦岛渤某海洋化工有限公司、葫芦岛渤某海洋经贸实业有限公司案外人执行异议之诉再审审查与审判监督民事裁定书》【（2019）最高法民申1489号】

最高人民法院认为，2011年9月28日，渤某经贸公司与渤某化工公司签订《土地使用权转让协议》，约定转让案涉土地，渤某经贸公司于2011年12月31日前办理完成解除抵押担保手续，但是双方一直未办理过户登记。据此可知，渤某化工公司签订该协议时明知案涉土地上存在他人抵押权。2012年3月14日，渤某经贸公司第三次与农行某支行签订《最高额抵押合同》并依约办理抵押登记。虽然在时间上该《最高额抵押合同》签订于案涉《土地使用权转让协议》之后，但如前所述并不存在《合同法》第五十二条规定的无效情形，属于合法有效合同。进而，农行某支行已办理抵押登记，案涉土地抵押权的设立合法有效，不属于侵权行为。渤某化工公司仅依据未办理过户登记的《土地使用权转让协议》不能产生受让案涉土地使用权的法律效力，不能办理过户登记是其在签订合同时既已明知的商业风险和法律障碍，不能归咎于他人的合法行为，更不能阻碍行使抵押权。综上所述，农行某支行对案涉土地依法享有抵押权，渤某化工公司对案涉土地不享有足以排除强制执行的民事权益。

问题五、土地承包经营权人能否排除强制执行？

裁判规则：土地承包经营权自土地承包经营权合同生效时设立，承包人是否支付土地转包费用及是否实际占有使用案涉土地，属于合同履行问题，不影响其享有土地承包经营权，土地承包经营权人有权排除执行。

案例五：《黑龙江倍某种业有限公司、王某华再审审查与审判监督民事裁定书》【（2019）最高法民申3385号】

最高人民法院认为，本案中，万某村委会与垦某公司于2014年4月25日签订《土地租赁合同书》，该份合同经过万某村村民代表三分之二以上表决同意，并进行备案。该合同系当事人真实意思表示，亦不违反法律、法规强制性规定，应为有效协议。万某村委会与垦某公司签订的《土地租赁合同书》约定，"乙方在本合同有效期内有权同他人联营、转租他人经营的权利，也可抵押贷款、继承等权利。但必须告知甲方并提供相关手续，否则无效"。垦某公司与王某华签订《万某村土地转包合同》时，万某村委会作为《万某村土地转包合同》一方当事人加盖了公章，时任万某村村委会主任刘某君亦在合同上签名，虽然刘某君在哈尔滨市中级人民法院询问笔录中称加盖公章的行为系其个人帮垦某公司法定代表人柳某来的忙，村委会不知情、不代表村委会，否认该行为系村委会认可垦某公司将案涉土地转租给王某华。但根据《土地租赁合同书》的约定，垦某公司在合同有效期内转租他人经营，只需告知甲方，并提供相关手续。刘某君作为村委会主任知道垦某公司将案涉土地转租王某华的事实，并加盖了公章，其行为可以视为村委会知情并认可转租的事实。原审法院根据《物权法》第一百二十七条的规定，认定王某华对案涉土地享有土地承包经营权可以阻却案涉土地的执行，并无不当。

问题六、股东以土地使用权出资入股并为公司办理过户登记,之后股东与公司协议约定撤回以土地出资的,股东能否以该协议对抗公司债权人的强制执行?

裁判规则:股东在将其财产向公司出资完成之后,该出资即成为公司财产的组成部分,独立于股东的个人财产。未经法定程序,股东与公司协议撤回出资属于抽逃出资,损害公司及债权人利益,应为无效,无权排除执行。

案例六:《四川省成都市某县酒厂、冯某再审审查与审判监督民事裁定书》【(2019)最高法民申 2418 号】

最高人民法院认为,现某酒厂根据与聚某置业公司签订的《土地投资开发合同》的约定将案涉房地产权利转移登记至聚某置业公司名下,故聚某置业公司享有对案涉房地产的物权,人民法院在根据冯某申请而对聚某置业公司的强制执行中对案涉房地产采取相应的强制执行措施,于法有据。从案涉房地产的流转过程来看,2013 年 5 月 8 日,某酒厂与聚某置业公司签订《土地投资开发合同》……某酒厂将案涉房地产转移登记至聚某置业公司名下,即履行了《土地投资开发合同》约定的股东出资义务。虽然聚某置业公司未办理任何变更(增加)股东的内部、外部手续,未向公司登记机关办理股东及注册资本的变更登记,但不影响对某酒厂已按照《土地投资开发合同》约定实际履行了向聚某置业公司的出资义务这一基本事实的认定。另外,股东在将其财产向公司出资完成之后,该出资即成为公司财产的组成部分,而独立于股东的个人财产……法律禁止股东未经法定程序而为的抽回出资行为。本案中,2016 年 1 月 5 日,某酒厂与聚某置业公司签订《撤销协议》,撤销土地投资开发合同,协议将案涉房地产过户回某酒厂,该约定显然有违《公司法》关于公司法人财产权、股东取回出资等规定,且该行为将减少聚某置业公司的责任财产,可能损害聚某置业公司其他债权人利益,二审判决据此认定该协议无效,并无不当。

问题七、土地使用权登记人先前已书面承诺非实际权利人,后能否以权属登记为由排除执行?

裁判规则:土地使用权证记载权利人先前书面认可并非实际权利人,之后以其持有国有土地使用权证并实际占有使用诉争房屋为由,主张对诉争房屋享有所有权排除执行,不予支持。

案例七:《四川省大竹县成某房地产开发总公司、冯某伟再审审查与审判监督民事裁定书》【(2019)最高法民申 2747 号】

最高人民法院认为,本院(2015)民抗字第 20 号民事判决认定成某公司、某农行、金某公司于 2000 年 6 月 27 日向房管部门提交申请,将本案诉争房屋移交给金某公司，请求将该房产的产权证变更为金某公司。此后成某公司又以书面形式承诺，其对于本案讼争房屋所占用的土地不具有使用权，权属应归金某公司所有。在此情况下，成某公司以其持有国有土地使用权证，并实际占有使用诉争房屋为由，主张对诉争房屋享有所有权的理由不能成立。根据上述判决认定的事实，成某公司并不享有对诉争房屋排除强制执行的权利。原审法院据此驳回成某公司的诉请并无不当。

问题八、土地使用权二次流转的情况下，受让人实际接收、占有土地，并以土地权属证件记载权利人名义进行开发、适用，受让人能否排除执行？

裁判规则：在土地使用权二次流转的情况下，受让人对土地使用权过户存在权利障碍有一定预期的，对土地不能及时变更登记存在过错，无权排除执行。

案例八：《陈某奏、黄某松再审查与审判监督民事裁定书》【（2019）最高法民申239号】

最高人民法院认为，关于陈某奏对案涉土地未办理变更登记是否存在过错的问题。如前所述，黄某松于2008年将案涉土地转让给蔡某伟，直至2014年仍然未办理变更登记。陈某奏在2014年6月18日与蔡某伟签订《土地转让协议》，约定蔡某伟将案涉土地转让给陈某奏，此时陈某奏对蔡某伟受让该土地多年后仍未办理变更登记应属明知。在《关于〈土地转让协议〉的补充合同》中，亦明确载明当案涉土地因产权纠纷或债权债务不能变更登记时，由蔡某伟负责赔偿，说明陈某奏在签订协议时已对案涉土地的及时过户存在权利障碍有一定预期。因此，在原审法院认定案涉土地使用权存在二次流转的情况下，陈某奏向并未取得土地使用权的蔡某伟购买案涉土地，对该土地不能及时变更登记存在过错，有事实依据。原审法院根据《执行异议和复议规定》第二十八条规定，认定陈某奏对不能办理案涉土地变更登记存在明显过错，其就本案标的不享有足以排除强制执行的民事权益，并无不当。

问题九、法院执行中责令国土部门换发土地使用权证，案外人以其对土地使用证中的部分土地享有权利，请求排除执行的，如何选择救济程序？

裁判规则：在土地的权属没有依法最终确定前，换发土地的土地证，会造成"一地两主"的问题，属于执行行为合法性审查的范围，不能在执行异议之诉中审查。

案例九：《海南鑫某房地产有限公司、海南华某实业开发公司二审民事裁定书》【（2019）最高法民终268号】

最高人民法院认为，鑫某公司主张华某公司要求撤销鑫某公司土地使用权证的诉讼，华某公司因不服一审，上诉至海南省高级人民法院。在涉案土地的权属没有依法最终确定前，换发涉案土地的土地证，会造成"一地两主"的问题，属于执行行为合法性审查范围，鑫某公司可依据《民事诉讼法》第二百二十五条"当事人、利害关系人认为执行行为违反法律规定的，可以向负责执行的人民法院提出书面异议。当事人、利害关系人提出书面异议的，人民法院应当自收到书面异议之日起十五日内审查，理由成立的，裁定撤销或者改正；理由不成立的，裁定驳回。当事人、利害关系人对裁定不服的，可以自裁定送达之日起十日内向上一级人民法院申请复议"的规定予以主张，而本案属于案外人就执行标的提出异议的诉讼程序，故其就执行行为的异议主张本院不予审查。

问题十、国土局单独出让土地使用权（不包括地上房产），竞得人能否根据房地一体原则主张对地上房产享有所有权？

裁判规则：国土部门将土地使用权与房产分离单独公开出让（地上房产未纳入出让范围），买受人仅竞得涉案土地使用权，并未同时竞得附着于该宗土地之上的涉案房产。无权根据房随地走的原则，主张实际取得涉案房产的所有权和使用权。

案例十：《山东国某机电配套有限公司、徐某案外人执行异议之诉再审审查与审判监督民事裁定书》【（2018）最高法民申5187号】

最高人民法院认为，《物权法》第一百四十六条规定，建设用地使用权转让、互换、出资或者赠与的，附着于该土地上的建筑物、构筑物及其附属设施一并处分。本案中，某市国土资源局将涉案土地使用权与房产分离单独公开出让（地上房产未纳入出让范围），国某公司仅竞得涉案土地使用权，并未同时竞得附着于该宗土地之上的涉案房产。在此情况下，应由某市国土资源局、涉案土地竞得人国某公司、涉案房产所有人金某公司和申请执行人徐某协商解决涉案房产的归属和处置问题，国某公司并不当然取得涉案房产的所有权和使用权。因此，国某公司关于"根据房随地走的原则，国某公司实际取得涉案房产的所有权和使用权"的再审事由不能成立。

问题十一、在尚未办理土地使用权登记的情况下，如何认定土地使用权人？

裁判规则：在尚未办理土地使用权登记的情况下，《建设用地批准书》作为用地单位合法使用土地的法律凭证，能够对不动产的权属起到证明作用。

案例十一：《广州市三某房地产开发有限公司、广州合某投资策划有限公司案外人执行异议之诉再审审查与审判监督民事裁定书》【（2018）最高法民申4390号】

最高人民法院认为，在尚未办理土地使用权登记的情况下，《建设用地批准书》作为用地单位合法使用土地的法律凭证，能够对不动产的权属起到证明作用。本案中，案涉批准书上也载明某房产分公司已就案涉土地办理有偿使用手续，原判决以此认定某房产分公司为案涉土地的合法产权人，有事实和法律依据。另据原判决查明的事实，某市国土局曾于 2001 年 1 月发出《关于建设用地批文延期及更改建设用地单位的复函》[穗国土建用函（2001）20 号]，同意将案涉土地建设单位改为三某公司，要求三某公司接文后应在规定期限内办结土地有偿使用手续和领取《建设用地批准书》。但事实上，三某公司至今未按规定办理相关用地手续，完成相应的变更登记。因此，三某公司虽然曾经获得有关国土和规划行政部门函复同意变更其为案涉土地的用地单位，但本案未有证据证明案涉土地使用权人已由某房产分公司变更为三某公司。本案一审期间，某市国土资源和规划委员会向一审法院出具的复函，已明确案涉地块不再涉及以协议方式办理建设用地使用权问题，即三某公司日后已经不可能再以历史遗留问题采用协议方式取得案涉地块的使用。综上，三某公司有关其享有案涉土地的使用权，并能够排除对案涉土地执行的主张不能成立，本院不予支持。

问题十二、法院查封在建工程时未对土地使用权一并查封，土地使用权人将土地使用权对公司出资，公司能否排除法院对该土地使用权的执行？

裁判规则：查封地上建筑物的效力及于该地上建筑物使用范围内的土地使用权，公司接受股东以土地使用权出资存在过错，无权排除执行。

案例十二：《烟台桃某源置业有限公司、黑龙江恒某建设集团有限公司烟台分公司再审审查与审判监督民事裁定书》【（2018）最高法民申 2018 号】

最高人民法院认为，桃某源公司成立前，一审法院已于 2012 年 11 月 30 日查封了欧尚花园×号楼在建工程，根据《查封、扣押、冻结规定》第二十三条规定，查封地上建筑物的效力及于该地上建筑物使用范围内的土地使用权，一审法院查封欧尚花园×号楼时虽未对土地使用权一并查封，但查封效力及于相应的土地使用权。中某公司在明知欧尚花园×号楼被查封的情况下，仍以欧尚花园×号楼项下的土地使用权出资，与上海和某公司共同成立桃某源公司，存在明显过错。根据二审法院查明的事实，上海和某公司的法定代表人张某伟系上海众某公司的监事，中某公司的法定代表人郁某毛系上海众某公司的前法定代表人，以上公司之间存在一定的关联关系。原判决认定中某公司以被查封的土地使用权出资存在明显过错，结合上述公司之间存在的关联关系推定桃某源公司应当明知案涉土地使用权已被查封，从而认定桃某源公司受让案涉土地使用权存在瑕疵，并无不当。

问题十三、旧《国有土地使用证》上记载的部分土地被法院认定违法，换发新证后，案外人能否以持有新《国有土地使用证》为据，主张排除该部分的执行行为？

裁判规则：新证换旧证，在法院认定旧国有土地使用证与其他权利人持有的土地使用权证重叠部分违法的情况下，新证中记载的重叠部分亦失去合法权利渊源，权利人无权以其持有的新证排除重叠部分土地的执行。

案例十三：《海南晟某房地产有限公司、海南华某实业开发公司二审民事裁定书》【（2018）最高法民终429号】

最高人民法院认为，原审法院（2014）琼行终字第50号行政判决认定，某县政府给晟某公司颁发的老城国用（2002）字第00542号《国有土地使用证》，与华某公司名下老城国用（1997）字第183号《国有土地使用证》项下的土地重叠部分违法。晟某公司持有的海口市国用（2013）字第005029号《国有土地使用证》，系承继自老城国用（2002）字第00542号《国有土地使用证》。所以，即便海口市国用（2013）字第005029号《国有土地使用证》目前仍然存在，但其项下前述土地重叠部分，亦已失去合法权利渊源。晟某公司再以海口市国用（2013）字第005029号《国有土地使用证》为据主张排除对涉案重叠部分土地使用权的执行行为，依法不应支持。

问题十四、土地未达到开发建设25%以上即转让，受让人能否排除强制执行？

裁判规则：土地未达到开发建设25%以上即转让，受让人不能办理土地分割登记手续的原因为转让土地未达到《城市房地产管理法》第三十九条规定的转让条件。受让人存在过错，无权排除执行。

案例十四：《九某东盟集团有限公司、国某再审审查与审判监督民事裁定书》【（2018）最高法民申939号】

最高人民法院认为，根据原审查明的事实，2011年3月25日，元某公司与九某公司签订案涉《协议书》，确认了元某公司欠付九某公司的欠款数额及还款时间。2012年11月16日，元某公司与九某公司签订案涉《债务抵顶转让协议书》，约定将案涉争议的土地使用权抵顶转让给九某公司，但双方并未办理土地使用权变更登记手续。原审根据《物权法》第九条、第十四条关于物权变动效力的规定，认定双方关于案涉土地使用权的转让并未产生物权变动效力，适用法律正确。九某公司主张其已经取得案涉土地使用权没有法律依据。对于九某公司主张其符合《执行异议和复议规定》第二十八条之规定，对案涉土地享有物权期待权。本院认为，根据九某公司申请再审陈述的事实，案涉土地使用权未变更登记过户至九某公司名下是因土地部门规定未达到开发建设25%以上不能办理土地分割登记手续，该事实表明案涉土地未办理变更登记的原因系未达到《城市房地产管理法》第三十九条规定的转让条件。且九某公司申请再审中称案涉地块政府仍未拆迁完毕，不能成为净地交给元某公司进行开发建设，而其申请再审中亦没有主张或提供证据证明案涉土地已经实际交付给了九某公司。据此，九某公司不符合《执行异议和复议规定》第二十八条规定的已经合法占有及非因买受人自身原因未办理过户登记的情形。原审认定九某公司基于案涉《债务抵顶转让协议书》对元某公司享有的权利属性仍然属于债权范畴，对案涉土地不享有足以排除强制执行的民事权益，适用法律并无不当。

问题十五、债务人以房屋和土地使用权抵债，未办理权属变更手续，债权人能否排除执行？

裁判规则：我国对不动产的权属问题实行登记生效主义，即对不动产权属的认定原则上以登记为准。当事人在协议的履行过程中并未体现出物权转移的合意和意愿，协议的履行结果也没有达到物权变动的法律效果，债权人未取得抵债物的所有权，无权排除执行。

案例十五：《执行案外人、眉山稻某食品有限责任公司再审审查与审判监督民事裁定书》【（2018）最高法民申181号】

最高人民法院认为，关于涉案财产是否整体抵偿给刘某俊。刘某俊主张其通过与高某华、稻某公司签订的《协议书》，因抵偿债务而取得涉案房屋所有权和土地使用权。虽然《协议书》中约定了高某华、稻某公司将稻某公司名下涉案资产作价1550万元转让给刘某俊以清偿借款本息的内容，也约定具体履行过程中由刘某俊指定胡某作为代表，以高某华出具委托的方式代为持有股权。但是，从双方实际履行情况分析，涉案房屋所有权和土地使用权并未整体抵偿给刘某俊。首先，高某华与胡某签订的《委托持股协议》约定，胡某代为处置稻某公司的股权或资产，处置价款用于归还刘某俊债务本息和交易税费后，剩余款项归高某华所有。《委托持股协议》中约定的剩余款项归属显然与《协议书》约定的资产整体转让后果存在矛盾。因为，依照刘某俊的主张，《协议书》约定的是将涉案财产整体抵偿给刘某俊，则当稻某公司资产处置价款清偿债务后尚有剩余时，剩余款项理应归作为权利人的刘某俊所有。其次，《协议书》约定协议生效后高某华和稻某公司应立即将拟转让的房屋和土地上的抵押权解除并将所有权人变更为刘某俊，但实际上，刘某俊并未提供证据证明其向相关部门提交了变更权属至自己名下的文件。因稻某公司的唯一登记持股人胡某系受高某华的委托持股，并非代刘某俊持股，刘某俊申请再审中主张的房产权属和土地使用权证由罗某公司变更为稻某公司的事实，不能证明刘某俊提出过物权变动的主张。最后，根据《物权法》的相关规定，我国对不动产的权属问题实行登记生效主义，即对不动产权属的认定原则上以登记为准。就本案现有证据而言，涉案房屋和土地的登记权利人为稻某公司而非刘某俊。综上，当事人在协议的履行过程中并未体现出物权转移的合意和意愿，协议的履行结果也没有达到物权变动的法律效果，刘某俊的真实意图是取得涉案财产处置后的款项以实现1550万元的债权，而非取得涉案财产本身。二审法院认定涉案房屋和土地使用权并未整体抵偿给刘某俊并无不当。

问题十六、村民能否以其系宅基地地上房屋唯一权利人为由，排除执行？

裁判规则：宅基地及地上房屋是农村村民的基本生活保障，宅基地用地权应当属于家庭成员共同享有，执行中应当根据土地管理法的规定，保护产权共有人的合法权利，保障被执行人及其所扶养家属的生活所需。

案例十六：《苑某英、于某祥再审审查与审判监督民事裁定书》【（2017）最高法民申2003号】

最高人民法院认为，本案中，苑某英所举证据并不能证明自己是案涉房产唯一权利人、对涉案房产享有足以排除强制执行的民事权益。其一，根据《土地管理法》第六十二条第一款规定，农村村民一户只能拥有一处宅基地。虽然涉案房产《集体土地建设用地使用证》载明使用者为王某、王某喜，但该宅基地用地权应当属于家庭成员共同享有。王某、王某喜去世后其家庭成员除苑某英外，还有王某强等一子二女，故不能证明涉案集体土地用地权只归属苑某英一人所有，不能排除王某强在其上享有权利的可能性。其二，涉案房产系在老房子全部拆除后的新建房产，苑某英未能提供房屋翻建过程中由其个人全部出资的相关证明；证人王某头、李某兰均不能证明新建房屋系苑某英个人出资。其三，《土地管理法》第十一条第一款规定，农民集体所有的土地，由县级人民政府登记造册，核发证书，确认所有权；第六十二条第三款规定，农村村民住宅用地，经乡（镇）人民政府审核，由县级人民政府批准。因此，县级人民政府是宅基地的批准机构和证明机构，村委会出具的证明材料证明力不足。综上，苑某英的再审申请理由不能成立，本院不予采信。

本院认为，宅基地及地上房屋是农村村民的基本生活保障，本案查封的房屋系苑某英及王某强等人共同生活居所，执行中应当根据土地管理法的规定，保护苑某英等产权共有人的合法权利，保障王某强及其所扶养家属的生活所需。

041 最高人民法院涉及车辆、矿产、船舶排除执行的 11 个常见问题

一、涉及车辆排除执行的 4 个常见问题

问题 1. 如何判断案外人提供的证据是否足以证明其对案涉车辆享有足以排除强制执行的民事权益？

裁判规则：机动车属于需要变更登记的特殊动产，首先应依据登记部门的登记情况确定权利归属。案外人未登记为权利人但主张权利的，应当承担更严格的举证责任，案外人未能就待证事实达到高度可能性的证明程度，无权排除执行。

案例：《招商银行股份有限公司某支行、郭某臣再审审查与审判监督民事裁定书》【（2019）最高法民申 2215 号】

最高人民法院认为，本案系案外人执行异议之诉，应当判断郭某臣提供的证据是否足以证明其对案涉车辆享有足以排除强制执行的民事权益。《执行异议和复议规定》第二十五条第一款第二项规定：已登记的机动车、船舶、航空器等特定动产，按照相关管理部门的登记判断。诉争标的物系机动车，依法属于需要变更登记的特殊动产，故应首先依据登记部门的登记情况确定权利归属。进一步而言，本案中，因案外人郭某臣未登记为权利人，故对其主张权利的合法性与真实性，以及未予及时办理变更登记应当承担更严格的举证责任。郭某臣主张购买诉争车辆支付价款，其提交的证据是赵某梅作为存款人，注明车款 79 万元的中国农业银行银行卡交易明细清单，并主张该 79 万元中包括郭某臣交付的 50 万元现金。但两笔款项金额不一致，无直接证据证明赵某梅存入的 79 万元包括郭某臣主张的 50 万元现金，且郭某臣对于现金来源说明不清，郭某臣对于其支付购车款的待证事实的举证尚未达到高度可能性的证明程度，二审判决认定郭某臣已经支付购车款，不符合《民诉法解释》第一百零八条第一款对于待证事实所应达到的证明标准的规定。

问题 2. 当事人在买卖合同中约定买受人未履行支付价款或者其他义务时，标的物的所有权属于出卖人的，买受人未支付全部价款能否排除对买卖标的物的强制执行？

裁判规则：当事人在买卖合同中约定标的物所有权保留条款的，买受人未按照合同约定履行义务未取得所有权，无权排除强制执行。

案例：《武威大某豪典当有限公司、甘肃某工机械设备有限责任公司再审审查与审判监督民事裁定书》【（2018）最高法民申 4307 号】

最高人民法院认为，关于二审判决认定甘肃某工对涉案挖掘机享有足以排除强制执行的民事权益是否正确的问题。要判定甘肃某工对涉案挖掘机是否享有足以排除强制执行的民事权益，须以判定涉案挖掘机的归属为前提。根据本案查明的事实，本院认为，甘肃某工与刘某虎所签的《产品买卖合同》系双方的真实意思表示，不违反法律、行政法规的强制性规定，应认定为有效，其中的所有权保留条款对双方均有约束力。根据《合同法》第一百三十三条"标的物的所有权自标的物交付时起转移，但法律另有规定或者当事人另有约定的除外"及第一百三十四条"当事人可以在买卖合同中约定买受人未履行支付价款或者其他义务的，标的物的所有权属于出卖人"的规定，刘某虎因没有向甘肃某工支付涉案挖掘机的全部价款而并未取得涉案挖掘机的所有权。因此，涉案挖掘机的所有权仍应当属于甘肃某工。

问题3. 原购销合同并未约定所有权保留，在买卖标的物已经交付买受人的情况下，买卖双方重新约定所有权保留条款，出卖人能否以后约定的所有权保留条款为由排除标的物的强制执行？

裁判规则：在原购销合同未约定所有权保留且标的物已经交付至买受人的情况下，出卖人已无所有权可保留。之后，买卖双方仅约定所有权保留事宜但不构成占有改定的，出卖人不享有标的物的所有权，无权排除强制执行。

案例：《某航天动力机电有限公司、湖北达某物流有限公司再审审查与审判监督民事裁定书》【（2018）最高法民申2126号】

最高人民法院认为，第一，根据原审查明的事实，航天公司及其股东江苏大某公司于2011年1月1日与江某公司签订多份购销合同，约定江某公司向航天公司及其股东江苏大某公司购买电机并支付货款，但上述合同中并未有买受人江某公司未履行支付价款或者其他义务，电机所有权属于航天公司、江苏大某公司所有的所有权保留的约定。在航天公司及其股东江苏大某公司将32台电机依照上述购销合同约定交付给江某公司后，该32台电机所有权已发生转移，归属江某公司所有。航天公司与江某公司于2013年5月30日签订的《协议》……该协议虽约定32台电机归属航天公司所有，但因原购销合同并没有约定所有权保留，在案涉32台电机已交付江某公司所有的情况下，航天公司已无所有权可保留，江某公司应通过交付行为转移该32台电机的所有权。故航天公司关于2013年5月30日《协议》构成所有权保留的主张缺乏事实和法律依据，原审法院对此未予支持并无不当。第二，虽然2013年5月30日《协议》约定案涉32台电机所有权归属供方航天公司所有，但该协议并无江某公司继续占有32台电机的约定，航天公司也未提供证据证明双方又约定由江某公司继续占有该 32 台电机。据此，原审法院认定航天公司主张通过占有改定的方式取得案涉 32 台电机的所有权没有事实依据，航天公司对案涉 32 台电机不享有所有权，只享有请求江某公司按照《协议》交付案涉 32 台电机的债权，并无不当。

问题 4. 在涉及机器设备的融资租赁交易中，出租人委托承租人以承租人名义购买租赁物，权属登记在承租人名下。出租人能否以融资租赁合同的内部约定及享有抵押权为由，排除法院对承租人名下机器设备的强制执行？

裁判规则：根据动产物权变动的一般规则，应认定承租人为融资租赁物的所有权人，融资租赁交易中的出租人无权以享有抵押权和内部约定为由排除强制执行。

案例：《石嘴山市艺某源煤业有限公司、李某再审审查与审判监督民事裁定书》【（2018）最高法民申 6146 号】

最高人民法院认为，即便该证据能够证明 6WGI－611961 号、6WGI－612045 号挖掘机即为案涉查封的车辆，根据艺某源公司在原审中所提交的公证材料、《关于 GPS 服务费续费的通知》等证据显示，案涉上述两台挖掘机系由魏某东购买，在无其他相反证据证明的情况下，应认定魏某东为上述设备的权利人。艺某源公司虽以上述两台挖掘机作为抵押物为魏某东购买上述设备的借款提供抵押担保，但不能据此直接证明该两台挖掘机即属艺某源公司所有，而应根据车辆购置及产权登记的相关材料予以判断，故该证据亦不足以证明艺某源公司对案涉两台挖掘机享有排除强制执行的民事权益，即艺某源公司所提交的两份《产品合格证》不足以推翻原判决，其再审申请理由不能成立，本院不予支持。

二、涉及船舶排除执行的 4 个常见问题

问题 1. 共同出资建造船舶各方内部约定共有份额，对外以设立的公司作为船舶登记权利人。共有人能否以抵押权人恶意为由，排除该抵押权人对船舶的强制执行？

裁判规则：设立船舶抵押权无须转移船舶占有，在船舶实际存在的情况下，抵押权人不事先实地查看船舶并不影响抵押权的设立，也不能由此认定抵押权人骗取抵押权登记，共有人无权以此为由排除抵押权人的强制执行。

案例：《徐某根、梁某泉再审审查与审判监督民事裁定书》【（2017）最高法民申 4045 号】

最高人民法院认为，徐某根、韩某方、梁某泉共同出资于 2011 年 8 月 17 日建造完成一艘 27200 载重吨的散货船，于次日完成该船所有权登记，将勤某公司登记为该船所有人，船名登记为"勤某 9"。徐某根、韩某方、梁某泉与勤某公司签订协议约定："勤某 9"船挂靠勤某公司营运，该公司不享有船舶所有权；船舶所有

权证书原件由徐某根、韩某方、梁某泉保管，未经该三人共同签字授权，勤某公司无权处分该船。勤某公司和沈某文于 2014 年 1 月 17 日在某海事局为"勤某 9"船办理船舶抵押权登记：抵押权人为沈某文，船舶所有人和抵押人为勤某公司，担保债权金额 1500 万元。沈某文在办理船舶抵押权登记时向某海事局出具《承诺函》载明其已经现场查看该船，而其实际并未查看。因设立船舶抵押权无须转移船舶占有，抵押权人事先实地查看船舶的主要目的是核实船舶实际物理状况，以避免抵押权人承担船舶实际物理状况与船舶登记不符等商业风险。在船舶实际存在的情况下，抵押权人不事先实地查看船舶并不影响抵押权的设立，也不能由此认定抵押权人骗取抵押权登记……船舶抵押权具有对抵押船舶变价并从中优先受偿的功能，一、二审判决认定徐某根、韩某方、梁某泉对"勤某 9"船实际享有但未登记的所有权不能对抗沈某文对该船已登记的抵押权，具有事实和法律依据，并无不当。

问题 2. 在机组设备已经安装在船舶内部固定位置的情况下，机组设备的所有权人能否排除法院对该船舶的强制执行，请求拆除机组设备？

裁判规则：机组设备安装在船舶内部固定位置后，已经与船舶其他部件形成了一个整体。如果拆除案涉机组设备，不仅会产生较大的费用，还将对船舶的整体价值产生重大影响，与经济原则不符，故机组设备的所有权人无权排除执行。

案例：《舟山潍某产品销售服务有限公司、宁波市江北创某船舶物资有限公司再审审查与审判监督民事裁定书》【（2018）最高法民申 3732 号】

最高人民法院认为，本案为案外人执行异议之诉，审查的核心问题在于舟山潍某公司对案涉执行标的是否享有足以排除强制执行的民事权益。一、二审判决根据舟山潍某公司提交的案涉产品购销合同、大额支付系统专用凭证以及 2013 年 9 月 3 日对账函等证据认定截止到 2013 年 12 月 30 日华某公司支付舟山潍某公司案涉设备款项 430 万元，有相关证据证明。相关执行案件所执行的标的系案涉两艘船舶，而非案涉机组设备。根据原审法院现场查看情况，案涉"兴航 21"轮和"兴航 22"轮建造进度已过大半，案涉机组设备除 1 台 GWC66×× 齿轮箱外，均已安装于两艘船舶内部的固定位置，已经与船舶其他部件形成了一个整体。二审判决认为如果拆除案涉机组设备，不仅会产生较大的费用，还将对案涉船舶的整体价值产生重大影响，与经济原则不符，并无不当。舟山潍某公司关于案涉机组设备未实际安装并与船舶形成一个整体，脱离船舶不会损坏船舶，以及对船舶整体价值不会产生重大影响的主张不能成立。舟山潍某公司不能提供证据证明其就案涉执行标的享有足以排除执行的民事权益。一、二审判决驳回其诉讼请求并无不当。

问题 3. 船舶共有人能否以对船舶享有共有份额为由，排除船舶名义权利人的普通债权人强制执行?

裁判规则:通过建造船舶原始取得或股权重组继受取得方式,取得案涉船舶共有份额,该共有权人的权利足以对抗船舶登记人普通债权人的权利,有权排除强制执行。

案例:《林某豪、陈某尧再审审查与审判监督民事裁定书》【(2018)最高法民申 2628 号】

最高人民法院认为,林某豪因光船租赁合同纠纷对林某庆享有到期债权,陈某尧等八人作为"浙台渔油×××"轮的实际所有人,具有排除普通债权人申请强制执行该轮的权利。林某豪关于陈某尧等八人按份共有以及经营盈亏的约定,只对合伙人内部有效,不得对抗林某豪对该船舶行使权利的主张缺乏法律依据。《查封、扣押、冻结规定》第十七条规定适用于被执行人将其所有的需要办理过户登记的财产出卖给第三人的情况。而本案中,"浙台渔油×××"轮仅是登记为被执行人林某庆所有,实际为林某庆及陈某尧等人按份共有,而且本案并不存在林某庆将案涉船舶出卖给陈某尧等八人的情形,陈某尧等八人是分别通过建造船舶原始取得或股权重组继受取得案涉船舶"股份"。因此,上述规定并不适用于本案。二审判决认定"浙台渔油×××"轮虽然登记在林某庆名下,陈某尧等八人未被登记为"浙台渔油×××"轮的所有人,但对船舶实际享有共有权,该权利可以对抗林某豪的普通债权,并支持陈某尧等八人的上诉请求,适用法律并无不当。

问题 4. 用于融资租赁的船舶系各方共同出资建造,约定融资租赁期间的船舶登记所有人为融资租赁公司,船舶实际所有权由建造双方按照约定的比例共同拥有。建造一方能否基于其对船舶的共有权利,排除执行?

裁判规则:船舶建造各方对于所有权的约定合法有效,建造一方有权基于各方约定对船舶享有共有权,排除船舶名义权利人的强制执行。

案例:《葛某、焦某伟再审审查与审判监督民事裁定书》【(2017)最高法民申 4308 号】

最高人民法院认为,首先,青岛顺某公司与金某全公司于 2013 年 1 月 9 日签订的《47500 吨散货船(船号:×××)合资造船、经营协议》约定:以青岛顺某公司名义银行融资、经营、船舶管理,青岛顺某公司与金某全公司共同出资造船,船舶建成后,按融资租赁合同的要求,融资租赁期间的船舶登记所有人为融资租赁公司,船舶实际所有权由双方按照本协议规定的股份比例共同拥有。2013 年 1 月 20 日,双方又签订了《合资造船经营协议变更协议》,约定金某全公司的所有权益由焦某伟承继。之后,青岛顺某公司与民某金融租赁公司于 2013 年 2 月 1 日签订

《融资租赁合同》，约定出租人是租赁船舶的唯一所有权人，租赁期限内租赁船舶的占有、使用、经营权属于承租人。因此，焦某伟依据《合资造船经营协议变更协议》与青岛顺某公司共同享有对涉案船舶租赁期限内的占有、使用、经营权。葛某于2013年10月基于其与金某全公司的债权债务关系申请查封案涉船舶的财产权益，焦某伟作为相关权利的继受人，有权对此提出异议。其次，一审法院于2013年12月27日作出（2014）平执一字第6号协助执行通知书，其上载明"该船的股权等财产权目前金某全公司已转移至焦某伟名下"，也就是说，一审法院查封案涉船舶的财产权益时，焦某伟已经受让了相关财产权益。另外，该协助执行通知书查封的内容包括案涉船舶的所有权，而《船舶所有权登记证书》显示该船舶的所有权人为民某金融租赁公司。综上，一、二审法院认定焦某伟系案涉船舶相关财产权益的权利人，判决解除了（2014）平执一字第6号协助执行通知书对47500吨散货船的保全措施，并无不当。

三、涉及矿产排除执行的3个常见问题

问题1. 质押物为煤炭的，煤炭虽存放于质押人处，但质押权人已向质押人承租存放场地并委托第三方对煤炭实施监管。如第三监管方未对质押物进行有效监管，质权是否成立？质押权人能否排除该质押物的执行？

裁判规则：质押权人委托第三方对煤炭实施监管，应视为质押权人已经实现了对质押物的间接占有，质押人向质押权人实际交付了质押物。在第三方不存在主动放弃监管或将质押物返还给质押人的情形下，仅仅监管合同履行过程中存在瑕疵这一事实，不影响质押权享有的认定，质押权人有权排除执行。

案例：《苏州市天某物资有限公司、中国工商银行股份有限公司某支行再审审查与审判监督民事裁定书》【（2018）最高法民申2740号】

最高人民法院认为，首先，工行某支行提交的《商品融资合同》《商品融资质押合同》可以证明工行某支行与宏某公司之间具有合法有效的主债权及设立质权的合意。其次，质权自出质人交付质押财产时设立。交付质押财产是指移转质押财产的占有，质权人对质押财产的占有，既可以采取直接占有的方式，也可以采取委托他人保管等间接占有的方式……案涉煤炭虽仍存放在宏某公司厂区内，但中某运山西分公司已向宏某公司承租了该场地并对案涉货物实施监管，也即工行某支行通过委托中某运山西分公司进行监管的方式实现了对案涉煤炭的间接占有，应视为宏某公司已经向工行某支行实际交付了作为质物的案涉煤炭……关于案涉煤炭的监管问题。工行某支行提交的质押物进、出、存动态周报表，质押物现场检查记录表以及中某运山西分公司向工行某支行发出的函告、通知等证据，足以证明中某运山西分

公司对案涉煤炭进行了监管。至于天某公司主张中某运山西分公司并未对案涉质物进行有效监管，应属于中某运山西分公司履行合同存在瑕疵的问题。根据《担保法司法解释》第八十七条"质权人将质物返还于出质人后，以其质权对抗第三人的，人民法院不予支持"之规定，本案并不存在中某运山西分公司主动放弃监管、将案涉质物返还给宏某公司的情形，仅仅是监管合同履行过程中存在瑕疵这一事实，不能认定工行某支行享有的质权已经丧失。综上，二审判决认定工行某支行对案涉煤炭享有质权，事实认定清楚，法律适用正确，本院予以维持。

问题 2. 以矿石抵债并签订购销合同，买卖双方约定抵债物所有权归属于买受人，买受人未实际占有但实际处分标的物的，买受人对标的物是否享有所有权？能否排除法院强制执行？

裁判规则：动产物权转让时，双方约定由出让人继续占有该动产的，构成占有改定。买受人自双方协商一致时取得标的物的所有权，有权排除法院的强制执行。

案例：《交通银行股份有限公司某分行、格尔木黄河仁某小额贷款有限公司二审民事判决书》【（2017）最高法民终 898 号】

最高人民法院认为，鑫某矿业与小贷公司签订的《工矿产品购销合同》《20 万吨铁多金属矿石交割单》约定的所有权转移不是通常所说的标的物的实际控制发生移转，即由交付的一方移转给另一方，由另一方实际控制，上述合同约定的方式是不转移矿石的占有，由于并没有实质上移转占有，小贷公司并没有现实地占有矿石，并未形成物权法上所言的物权变动的外观，所以这种方式是否能发生所有权转移的效果……本院认为，上述合同的约定应当认定为这批矿石的所有权已经从鑫某矿业转移给了小贷公司，理由是：《物权法》第二十七条规定……就是学理上所谓的占有改定。通过占有改定，不仅简化了交付程序、降低了交易费用，而且有利于鼓励交易。据此，案涉矿石的所有权自上述约定生效时从鑫某矿业转移到了小贷公司。本院认为，占有改定主要是合同法上的一种交付方法，当事人之间如何约定、产生何种关系，完全可以通过当事人的意思自治来解决。另外，合同法上关于交付的规定是任意性规范，当事人可以在合同中自由约定。所以，鑫某公司与小贷公司完全可以在上述合同中约定通过占有改定的方式进行交付。《物权法》第二十七条就是其第二十三条"动产物权的设立和转让，自交付时发生效力，但法律另有规定的除外"中的"法律另有规定"。

问题 3. 出让人将采矿权和机器设备等矿山资产一并转让但均未办理过户的，出让人能否以受让人违约为由解除转让合同，排除法院对采矿权及机器设备的强制执行？

裁判规则：机器设备等矿产资产的转让合法有效，该部分资产因交付发生所有权的转移。采矿权转让虽因未经行政审批未生效，但如果转让合同已实际履行、合同目的基本实现，从维护交易秩序的角度，转让方无权解除合同，转让双方均应继续履行转让合同，转让方无权排除执行。

案例：《袁某友、索某林再审民事判决书》【（2018）最高法民再4号】

最高人民法院认为，利某公司将其拥有合法采矿权的某金矿的采矿权及矿山资产转让给神某公司……属于用益物权与动产的概括转让，而非单纯的采矿权转让。因法律、行政法规对动产转让和用益物权转让的合同生效条件、物权变动要件有不同规定，故应区别认定……案涉转让合同未办理报批手续，不影响矿山资产转让部分的合同效力，该部分合同依法应认定为有效。神某公司、利某公司均认可案涉矿山资产已交付神某公司占有、使用，《采矿权及资产转让合同》也没有关于矿山资产所有权转移的特殊约定，依据《物权法》第二十三条以及《合同法》第一百三十三条规定，应认定某金矿的资产因交付而发生所有权的移转，神某公司成为矿山资产的所有权人，利某公司对一审法院查封的某金矿的资产不享有排除强制执行的民事权利，该公司起诉请求停止对"某金矿资产"的执行，依法不应支持……案涉采矿权转让合同虽未办理批准手续而未生效，但已依法成立，对双方当事人具有法律约束力，双方当事人理应积极履行各自义务，促成合同生效，以实现合同目的……鉴于案涉采矿权转让合同已实际履行，利某公司和神某公司的合同目的基本实现，现离合同约定的付款截止时间早已超过一年，利某公司丧失合同解除权，其不能通过解除合同回复到合同签订之前的状态，依法成立的案涉采矿权转让合同对双方当事人依然具有拘束力，从维护交易秩序的角度，利某公司和神某公司应继续履行转让合同约定义务……即便依据采矿权证记载的权利人认定采矿权的权利归属，利某公司业已丧失采矿权，不享有排除强制执行的民事权利，故本院对二审判决予以撤销。

第五章　抵押权与执行异议

042 购房人购买存在抵押的房屋能否排除抵押权人的强制执行？

> 先抵后买，买受人仍可排除抵押人对房屋强制执行

阅读提示

房地产开发商将建设用地使用权和在建工程抵押融资，开发商销售房屋时未告知买受人房屋存在抵押。因存在抵押导致房屋买受人未能办理过户。抵押权人申请执行开发商名下的该房屋，房屋买受人能否排除抵押权人的强制执行？房屋买受人需要符合哪些条件？下面通过最高人民法院的一则案例进行解析。

裁判要旨

法院对涉案房屋的查封发生在买受人与开发商签订《商品房买卖合同》之后，买受人在房屋被查封之前，已实际占有、使用案涉房屋，并且已付清全部购房款，案涉房屋未能办理过户登记系因开发商设立了抵押等不可归责于买受人的事由，根据《执行异议和复议规定》第二十八条的规定，买受人对案涉房屋享有的权益能够排除抵押权人申请的执行。

案情简介

2012年10月11日，千某公司向中国银行某分行借款用于房地产项目建设，双方签订《抵押合同》，约定千某公司用项目建设用地、在建工程设置抵押，并办理了抵押登记。

2014年9月16日，童某与千某公司签订《商品房买卖合同》，童某购买涉案房屋，并于2014年9月26日支付全部房屋价款，于2015年3月31日占有、使用房屋。

2014年10月8日，长某公司与中国银行某分行、千某公司签订《债权转让协议》，约定中国银行某分行向长某公司转让债权1950万元。同日，长某公司与千某公司签订《抵押合同》，约定千某公司以包括涉案房屋在内的在建工程提供抵押。

千某公司不能偿还长某公司债务，一审法院裁定查封了涉案房屋，童某提出执行异议，一审法院裁定支持了童某的执行异议请求。长某公司不服裁定，向一审法院提起执行异议之诉，一审法院判决驳回长某公司的诉讼请求。

长某公司不服一审判决，上诉至宁夏高院。宁夏高院根据《执行异议和复议规定》第二十七条的规定，判决撤销一审判决。

童某向最高人民法院申请再审，再审法院根据《执行异议和复议规定》第二十八条的规定，判决撤销二审判决，维持一审判决。

裁判要点及思路

本案的焦点问题是童某对案涉房屋享有的民事权益是否足以排除强制执行。一审法院认为童某已交纳全部房款，实际占有、使用至今，无相关证据证明童某未办理过户登记手续存在过错，且一审法院的查封行为发生在《商品房买卖合同》签订和童某占有、使用案涉房屋之后，支持了童某的案外人执行异议请求。二审法院认为，案涉房屋因未解除抵押等因素，产权仍登记在千某公司名下，故童某对案涉房屋尚不拥有所有权。长某公司对案涉房屋享有抵押权，且其抵押权先于童某的买受权形成。根据《执行异议和复议规定》第二十七条的规定，童某的物权期待权利不足以对抗长某公司的抵押权。再审法院未支持二审法院关于抵押权先于房屋买卖发生而适用《执行异议和复议规定》第二十七条的观点，再审法院认为童某在申请办理房产证时知悉案涉工程被抵押的事实，案涉房屋未能办理过户登记系因千某公司设立了抵押等不可归责于童某的事由。本案符合《执行异议和复议规定》第二十八条的规定，童某对案涉房屋享有的权益能够排除执行。

实务要点总结

前事不忘，后事之师，我们总结该案的实务要点如下，以供参考：

一、登记在被执行人名下的房屋被申请执行时，房屋买受人可以依据《执行异议和复议规定》第二十八条的规定提出执行异议。房屋买受人根据该条提出执行异议时，需要证明：（1）在人民法院查封之前已签订合法有效的书面买卖合同；（2）在人民法院查封之前已合法占有该不动产；（3）已支付全部价款，或者已按照合同约定支付部分价款且将剩余价款按照人民法院的要求交付执行；（4）非因买受人自身原因未办理过户登记。

二、《执行异议和复议规定》第二十八条规定中的房屋买受人可以对抗抵押权人的抵押权。根据相关法律规定，房屋买受人分为消费者买受人和非消费者买受人。根据《最高人民法院关于建设工程价款优先受偿权问题的批复》的规定，消费者买受人对房屋享有的期待权优先于建设工程价款优先受偿权、抵押权和其他债权。虽然法律没有规定非消费者买受人享有的期待权优先于抵押权，但是，根据居住权优先于抵押权的法理，非消费者买受人仍然可以根据《查封、扣押、冻结规定》第十七条和《执行异议和复议规定》第二十八条的规定对抗抵押权。本案中的房屋买受人童某属于非消费者买受人，最高人民法院认为其符合《执行异议和复议规定》第二十八条规定的条件，可以对抗长某公司的强制执行。

三、抵押权成立在房屋买卖之前，并非一定能够对抗房屋买受人的执行异议请求。开发商隐瞒房屋存在抵押而销售房屋，房屋买受人对未能办理过户登记不存在过错，符合《执行异议和复议规定》第二十八条规定提出的四个条件，买受人即可对抗抵押权人的强制执行。

相关法律规定

《最高人民法院关于人民法院办理执行异议和复议案件若干问题的规定》（2020年12月23日修正）

第二十七条 申请执行人对执行标的依法享有对抗案外人的担保物权等优先受偿权，人民法院对案外人提出的排除执行异议不予支持，但法律、司法解释另有规定的除外。

第二十八条 金钱债权执行中，买受人对登记在被执行人名下的不动产提出异议，符合下列情形且其权利能够排除执行的，人民法院应予支持：

（一）在人民法院查封之前已签订合法有效的书面买卖合同；

（二）在人民法院查封之前已合法占有该不动产；

（三）已支付全部价款，或者已按照合同约定支付部分价款且将剩余价款按照人民法院的要求交付执行；

（四）非因买受人自身原因未办理过户登记。

《最高人民法院关于人民法院民事执行中查封、扣押、冻结财产的规定》（2020年12月23日修正）

第十五条① 被执行人将其所有的需要办理过户登记的财产出卖给第三人，第三人已经支付部分或者全部价款并实际占有该财产，但尚未办理产权过户登记手续的，人民法院可以查封、扣押、冻结；第三人已经支付全部价款并实际占有，但未办理过户登记手续的，如果第三人对此没有过错，人民法院不得查封、扣押、冻结。

《最高人民法院关于建设工程价款优先受偿权问题的批复》（2020年12月29日失效）

一、人民法院在审理房地产纠纷案件和办理执行案件中，应当依照《中华人民共和国合同法》第二百八十六条的规定，认定建筑工程的承包人的优先受偿权优于抵押权和其他债权。

二、消费者交付购买商品房的全部或者大部分款项后，承包人就该商品房享有的工程价款优先受偿权不得对抗买受人。

法院裁判

以下为该案在最高人民法院审理阶段，判决书中"本院认为"部分就该问题的论述：

本院再审认为，本案的焦点问题是童某对案涉房屋享有的民事权益是否足以排除强制执行。《执行异议和复议规定》第二十八条规定："金钱债权执行中，买受人对登记在被执行人名下的不动产提出异议，符合下列情形且其权利能够排除执行的，人民法院应予支持：（一）在人民法院查封之前已签订合法有效的书面买卖合同；（二）在人民法院查封之前已合法占有该不动产；（三）已支付全部价款，或者已按照合同约定支付部分价款且将剩余价款按照人民法院的要求交付执行；（四）非因买受人自身原因未办理过户登记。"本案中，根据已经查明的事实，案涉工程取得预售许可的时间早于抵押设立时间，童某和千某公司签订了合法有效的《商品房买卖合同》，付清了全部购房款，并实际占有、使用案涉房屋。童某在申请办理房产证时知悉案涉工程被抵押的事实，案涉房屋未能办理过户登记系因千某公司设立了抵押等不可归责于童某的事由。本案事实符合上述第二十八条的规定，童某对案涉房屋享有的权益能够排除执行。二审判决未能结合案件事实审查本案是否存在上述第二十八条规定的情形，直接参照适用第二十七条的规定，处理错误，本院予以纠正。

---

① 原第十七条。

案件来源

《童某与被申请人中国某资产管理股份有限公司、石嘴山市千某房地产开发有限公司、孙某新、杨某玲、史某芹、王某刚申请执行人执行异议之诉》【最高人民法院（2020）最高法民再 240 号】

延伸阅读

如果房屋抵押权设立在先，房屋买受人的物权期待权在后，房屋买受人能否依据《执行异议和复议规定》第二十八条，主张排除抵押权人的强制执行，司法实践中存在不同的观点。

裁判规则一：没有证据表明购房人在购买房屋时已经或能够知悉有关抵押状况，在符合《执行异议和复议规定》第二十八条规定的情况下，能够排除设立在先的抵押权人的强制执行。

案例一：《北京昆某资产管理有限公司与许某青案外人执行异议之诉》【北京市第二中级人民法院（2015）二中民（商）初字第 06663 号】

一审法院认为，根据已查明的事实，早在（2005）二中民初字第 11493 号民事判决的强制执行程序开始之前，许某青即与长某开发公司签订了《商品房买卖合同》，购买涉案房屋。该商品房买卖合同系双方当事人的真实意思表示，且不违反法律、行政法规的强制性规定，应为合法有效。昆某资产公司提出的许某青与长某开发公司之间的商品房买卖未经抵押权人同意，系违法行为的抗辩理由并不足以影响《商品房买卖合同》的效力，一审法院不予采纳。实际履行中，许某青支付了全部房款，履行了《商品房买卖合同》项下的义务，长某开发公司亦向许某青交付了房屋。从许某青提交的其支付物业费、供暖费、水电费、有线电视费等生活费用的发票和收据，可以看出，许某青收房后在涉案房屋内居住至今已 11 年有余，即有实际占有涉案房屋的事实存在。

昆某资产公司提出，许某青疏于注意与涉案房屋有关的抵押事实，怠于行使确认房屋产权的权利，对未办理房屋过户登记的行为负有过错。一审法院注意到，就涉案房屋办理产权登记一节，《商品房买卖合同》中约定有长某开发公司的义务和违约责任，而许某青已在签订《商品房买卖合同》之时即向长某开发公司交付了全部代办费用，且从北京农村商业银行股份有限公司某支行于 2006 年 6 月 24 日告知函的内容和长某开发公司庭审中的陈述意见，均可以看出许某青对房屋未能办理产权登记并无过错；而有关房屋抵押的事实过程是，长某开发公司向某农信社贷款，签订《借款合同》和《抵押合同》，办理土地使用权及在建工程抵押登记，领取《土地他项权利证明书》，其发生时间与许某青购买房屋和收房的时间大致相当，且抵押登记的"土地使用权及在建工程"的他项权利种类并未明确指向涉案房屋，没有证据表明许某青在购买房屋时已经或能够知悉有关抵押状况。故一审法院对昆某资产公司该项主张不予支持。

北京市二中院认为，长某开发公司与许某青签订了《商品房买卖合同》，许某青提供了入住及实际占有的证明。长某开发公司于一、二审审理期间均对许某青签约、购买房屋及长期居住等相关事实予以证实，故一审法院关于许某青支付了全部房款，履行了《商品房买卖合同》项下的义务，长某开发公司亦向许某青交付了房屋，许某青实际占有涉案房屋的事实认定并无不当，应予维持。现有证据不能证明许某青对未能办理房屋产权登记负有过错，一审法院判决停止对涉案房屋的执行亦无不当，本院对此亦予维持。

裁判规则二（相反观点）：先抵后售时，房屋买受人不得排除抵押权人对房屋的强制执行。

案例二：《李某红、中国农业银行股份有限公司某支行申请执行人执行异议之诉再审审查与审判监督民事裁定书》【最高人民法院（2019）最高法民申1684号】

本院经审查认为，《民诉法解释》第三百一十一条规定："案外人或者申请执行人提起执行异议之诉的，案外人应当就其对执行标的享有足以排除强制执行的民事权益承担举证证明责任。"因此，本案审查的焦点问题是李某红是否享有足以排除强制执行的民事权益。对此，应当根据法律、司法解释对于民事权益的规定，并在法律、司法解释对此没有明确规定时参照有关执行程序的司法解释的规定加以综合判定。

就一般原则而言，根据《最高人民法院关于建设工程价款优先受偿权问题的批复》的规定，建设工程价款优先受偿权优先于抵押权和其他债权，但建设工程价款优先受偿权不能对抗已经交付全部或者大部分所购商品房价款的消费者。据此，已经交付全部或者大部分所购商品房价款的消费者，对于所购房屋所享有的民事权益，可以排除基于抵押权、建设工程价款优先受偿权等优先受偿权的强制执行。也就是说，在这一问题上，根据现行法律、司法解释的规定，并非只要是支付了全部或大部分对价款、合法占有了房屋、对未办理过户登记没有过错的买受人均可排除基于抵押权等优先受偿权的强制执行，而是对此种情形下的房屋买受人的范围进行了限定。《执行异议和复议规定》第二十九条系根据上述规定之精神对在执行程序中如何掌握操作所作的具体规定。《执行异议和复议规定》第二十七条基于上述原则和精神进一步明确规定："申请执行人对执行标的依法享有对抗案外人的担保物权等优先受偿权，人民法院对案外人提出的排除执行异议不予支持，但法律、司法解释另有规定的除外。"重申了基于担保物权等优先受偿权的强制执行一般不应被排除的基本原则。而《执行异议和复议规定》第二十八条则规定了一般不动产买受人在何种情形下能够排除基于对出卖人的强制执行程序而对买受人所购不动产的强制执行，该规定解决的是在执行程序中买受人对所买受不动产的权利保护与基于金钱执行债权人的权利保护发生冲突时，基于对正当买受人合法权利的特别保护之目的而设置的特别规则，这在一定程度上已经是对债权平等原则和合同相对性原则的突破，故一般而言，该种情形下的买受人对于所买受不动产的民事权益并不能够排除申请执行人基于在先成立的抵押权的强制执行。

从本案的事实看，一方面，李某红系购买了商品房但尚未办理房屋所有权登记的房屋买受人，但案涉某花园车库负1-8房屋系杂物间，李某红与世某物业公司所签的《重庆市商品房买卖合同》中也显示该房屋用途为非住宅，且李某红亦未提交证据证明该房屋系其唯一的、用于居住的房屋，故李某红并非《最高人民法院关于建设工程价款优先受偿权问题的批复》以及《执行异议和复议规定》第二十九条规定所要保护的房屋买受人，其以此为由主张排除强制执行，不能成立。

另一方面，李某红与世某物业公司于2015年7月25日签订房屋买卖合同，但农行某支行已于2013年8月5日就案涉房屋办理了抵押登记，其依法享有抵押权。也就是说，早在案涉房屋买卖合同签订之前的两年多，农行某支行在该房屋上的抵押权就已经存在，李某红在本案中亦未提交有关其在购买案涉房屋时申请查询房屋权利状态的情况、世某物业公司销售案涉房屋时所持有的证照情况、签订房屋买卖合同时当地房屋行政管理部门对于已经设定抵押的房屋销售许可管理制度及具体操作情况等证据。因此，从本案查明的事实看，李某红作为房屋买受人，在签订房屋买卖合同时未能尽到合理的注意义务，从而因案涉房屋上存在他人抵押权而导致其无法办理房屋所有权转移登记，此系李某红自身原因所致，故其主张亦不符合《执行异议和复议规定》第二十八条规定的要件，其据此主张排除强制执行，无事实和法律依据。

043 抵押权人同意出售房屋，购房人能否排除执行？

> 抵押权人同意出售抵押房屋，购买人有权排除执行

阅读提示

实践中，为融资需要，很多房地产开发商将在建工程或者现房抵押给银行等金融机构。金融机构为最大限度实现债权，通常选择向地方住建委、房管部门出具《可售函》《同意销售证明》等文件，同时设定监管账户，监管抵押物流转所得价款。目的是通过这种"一松一紧"的方式，让房地产开发商手中的房产流动起来，最大限度地提高抵押物的价值。然而，银行等金融机构在"放鱼归海"的同时，稍有不慎，"鱼"可能就会跑掉。本文通过一则最高人民法院的案例，讲述不动产的抵押权人，在"放鱼归海"时，存在哪些风险？又如何最大限度避免风险？

裁判要旨

在已抵押不动产买卖交易中，抵押权人同意抵押人转让抵押不动产但未向买受人充分披露相关权利保障措施的，买受人对购买的不动产未能办理过户登记不存在过错，抵押权人的相关损失应由其自行承担。

案情简介

2011年9月，某资产公司与锦某地产公司、某银行签订《监管协议》，约定锦某地产公司在该行开立监管账户，对锦某地产公司房产项目（含诉争房屋）的销售回款进行监管。

2012年11月，某资产公司向某城乡建设委员会、某房屋管理局出具了《抵押权人同意抵押房屋销售的证明》，同意锦某地产公司将抵押的在建工程和现房（含诉争房屋）进行销售。

2013年2月，案外人赵某博、王某与锦某地产公司签订《商品房买卖合同》，某资产公司出具《抵押权人同意抵押房屋销售的证明》为该合同的附件。

2014年10月，在某资产公司与锦某地产公司等借款合同纠纷一案中，重庆高院判决锦某地产公司限期偿还某资产公司借款本金及利息，某资产公司有权就案涉

抵押房屋优先受偿。后，某资产公司申请强制执行。案外人赵某博、王某以诉争房屋实际所有人身份提出执行异议。

2017年6月，重庆高院裁定中止对诉争房屋的执行。某资产公司不服，认为在诉争房屋设定抵押的情况下，案外人购买对不能办理过户存在过错，向重庆高院提起执行异议之诉。

重庆高院一审认为，案外人赵某博、王某对案涉房屋不能办理过户不存在过错，符合无过错买受人条件，有权排除执行，驳回某资产公司的诉讼请求。某资产公司不服，上诉至最高人民法院。

2018年8月13日，最高人民法院二审判决，驳回某资产公司上诉，维持原判。

裁判要点及思路

本案中，最高人民法院在认定诉争房屋之上存在抵押且抵押权人同意销售，买受人对于房屋未能办理过户是否具有过错时，裁判思路为：

一、《物权法》第一百九十一条规定了抵押期间抵押财产流转受到严格限制。根据该条规定，对于已有抵押登记的不动产买卖，只有在满足抵押权人同意抵押人转让抵押财产，或买受人代为清偿债务消灭抵押权两个条件之一时，抵押物流转限制方解除，抵押物"解封"，得以自由流转。

二、在抵押权人同意抵押人转让抵押财产的情形下，抵押物"解封"的条件并不包括"抵押人将转让所得的价款向抵押权人提前清偿债务或者提存"，而仅仅为"抵押权人同意抵押人转让抵押财产"。这是因为，抵押权的权利内容之一为，抵押权人对于抵押物在抵押期间流转的限制权利，即《物权法》第一百九十一条第二款规定的"抵押期间，抵押人未经抵押权人同意，不得转让抵押财产……"当抵押权人同意抵押人转让（出售）抵押财产，即视为抵押权人对于法律赋予其在抵押物上享有的限制流通权利的放弃，该种放弃不违反法律和行政法规的强制规定，合法有效。买受人有权基于抵押权人的可售声明产生合理信赖，有合理理由相信抵押物可以流转且未来不存在不能办理过户之客观情形，即使未来抵押物不能办理过户登记，亦不能视为买受人对此存在过错。

三、抵押权人因未尽到相应注意义务，导致"抵押人将转让所得的价款向抵押权人提前清偿债务或者提存"或者"受让人未将购买抵押物价款向抵押权人或者抵押权人指定账户支付"，应自行承担相关损失。抵押人未将转让所得向抵押权人提前清偿债务或提存，仍需承担担保责任。

实务要点总结

本书提示：在已抵押不动产买卖交易中，抵押权人和买受人均要高度注意抵押人的失信可能性。

一、作为抵押权人，应当注意充分披露抵押物流转要求。抵押权人应将同意转让抵押不动产的合理价位及价款支付方式或监管账户等信息，通过在其同意销售证明上载明等方式让买受人知晓，最大限度避免发生已抵押不动产转让价款的流失及债权损害的法律风险。否则，根据最高人民法院的观点，因抵押权人在同意出售抵押物时未充分注意抵押人的失信可能性，对抵押物的买受人未尽到提示义务，导致抵押物买受人将购买价款支付给抵押人或者抵押人与买受人以抵押物抵偿先前债务，导致抵押权人享有的担保价值大大缩减，应由抵押权人自行承担相关损失。抵押权人无权对抗买受人强制执行抵押物，仅有权要求抵押人就抵押物所得价款优先受偿或者要求其承担担保责任。

二、作为买受人，应当注意以下两点：

（1）在抵押权人同意出售抵押不动产的场合，关注抵押权人的特殊要求。一般情况下，在抵押权人同意出售、转让抵押物的场合，抵押权人会通过设定监管账户或者其他方式对抵押物的流转进行监管。这就要求，买受人在合同签订及付款时注意抵押权人权利保障的方式，关注抵押权人对抵押物流转是否存在特殊要求。如抵押权人有特殊说明的，买受人应当按照抵押权人的要求履行抵押物买卖合同。同时，买受人应注意留存抵押房屋买卖合同签订、占有使用、价款支付的原始凭据，如此，在发生争议时其物权期待权才能依法得到保护，提前预防未来可能产生的已抵押不动产上抵押权人的优先受偿权与买受人物权期待权冲突纠纷的风险。

（2）在抵押权人未同意出售抵押不动产的场合，谨慎购买抵押物。最高人民法院多数观点认为，买受人在购买房屋之前，如该房屋之上已经设有抵押权登记，则应视为买受人没有履行合理的注意义务，忽略了他人权利对于己方办理过户登记的权利障碍，应认定买受人在签订合同时对案涉房屋上存在抵押登记未尽审慎注意义务，存在过失，买受人以其在后的购房行为不能对抗在先成立的抵押权，无权排除抵押权人对于抵押房屋的执行。甚至，最高人民法院在部分案件中认为，买受人明知房屋处于抵押状态，在应支付的购房现金足以偿还贷款的情况下，对何时办理房产过户，按揭贷款如何偿还未作安排，放任其权利登记于被执行人名下，对不能办理房屋登记存在过错。因此，在抵押权人未同意出售抵押不动产的场合，买受人应谨慎购买抵押物。

三、如果案涉房产因未能按期竣工、备案或者因开发商涉诉导致土地使用权被查封等非基于买受人原因不能过户，买受人无过错。因上述原因，买受人未能在法院查封房屋前办理过户登记，意味着购房人并不具备办理过户登记手续的客观条件，买受人对于房屋未能办理过户登记不存在过错，在符合《执行异议和复议规定》第二十八条规定中其他条件的情况下，有权以无过错买受人身份排除执行。关于如何认定购房人是否存在过错，我们将在其他文章中进行详细阐述，敬请关注。

四、需要注意的是，自 2021 年 1 月 1 日起施行的《民法典》第四百零六条改变了现有《物权法》第一百九十一条的规定，《民法典》第四百零六条规定，抵押期间，抵押人可以转让抵押财产。抵押人转让抵押财产，仅需及时通知抵押权人，无须经抵押权人同意。无疑，《民法典》第四百零六条规定改变了《物权法》第一百九十一条的规定，大大提高了抵押物的利用效率，有利于促进市场交易。同时，在"拿掉"抵押权人的限制流通权利后，该条规定也明确肯定了抵押权的追及效力。规定："抵押财产转让的，抵押权不受影响。"因此，买受人明知不动产上设定抵押权仍购买的，由于抵押权人并不能影响抵押物流转，也不能影响抵押不动产过户，应视为无过错，这也将大大改变目前最高人民法院认定买受人购买抵押物有无过错的裁判观点。需要注意的是，买受人购买抵押不动产后办理过户登记时，由于该不动产一般先前权属证件上记载着他项权利或者有单独的他项权证，如抵押权人未及时申请，房管部门是否会在新的不动产产权证上重新记载他项权利，还需要看相关行政部门的具体操作。如果相关部门在为买受人办理不动产产权证时，未在新所有权证上记载他项权利或者抵押权人未及时变更他项权证，根据物权登记生效主义，未来抵押权人在行使抵押权时，是否存在一定的争议，还需要看民法典施行后的具体实践情况。

相关法律规定

《物权法》（2021 年 1 月 1 日失效）

第一百九十一条 抵押期间，抵押人经抵押权人同意转让抵押财产的，应当将转让所得的价款向抵押权人提前清偿债务或者提存。转让的价款超过债权数额的部分归抵押人所有，不足部分由债务人清偿。

抵押期间，抵押人未经抵押权人同意，不得转让抵押财产，但受让人代为清偿债务消灭抵押权的除外。

《担保法》（2021 年 1 月 1 日失效）

第四十九条第一款 抵押期间，抵押人转让已办理登记的抵押物的，应当通知抵押权人并告知受让人转让物已经抵押的情况；抵押人未通知抵押权人或者未告知受让人的，转让行为无效。

《最高人民法院关于适用〈中华人民共和国担保法〉若干问题的解释》（2021年1月1日失效）

第六十七条第一款 抵押权存续期间，抵押人转让抵押物未通知抵押权人或者未告知受让人的，如果抵押物已经登记的，抵押权人仍可以行使抵押权；取得抵押物所有权的受让人，可以代替债务人清偿其全部债务，使抵押权消灭。受让人清偿债务后可以向抵押人追偿。

《民法典》（2020年5月28日公布）

第四百零六条 抵押期间，抵押人可以转让抵押财产。当事人另有约定的，按照其约定。抵押财产转让的，抵押权不受影响。

抵押人转让抵押财产的，应当及时通知抵押权人。抵押权人能够证明抵押财产转让可能损害抵押权的，可以请求抵押人将转让所得的价款向抵押权人提前清偿债务或者提存。转让的价款超过债权数额的部分归抵押人所有，不足部分由债务人清偿。

法院裁判

以下为最高人民法院在判决书"本院认为"部分就此问题发表的意见：

关于未办理过户登记原因问题。《物权法》第一百九十一条规定："抵押期间，抵押人经抵押权人同意转让抵押财产的，应当将转让所得的价款向抵押权人提前清偿债务或者提存。转让的价款超过债权数额的部分归抵押人所有，不足部分由债务人清偿。抵押期间，抵押人未经抵押权人同意，不得转让抵押财产，但受让人代为清偿债务消灭抵押权的除外。"由于抵押登记具有公示公信效力，对于已有抵押登记的不动产买卖，抵押权人同意抵押人转让抵押财产，或买受人代为清偿债务消灭抵押权，是认定未办理过户登记非因买受人自身原因的两种情形。如未经抵押权人同意，除非买受人代为清偿债务以消灭抵押权，否则抵押权人对不动产上的抵押登记不负有涂销义务。但是，如抵押权人同意转让抵押财产，转让价款用以提前清偿抵押权人债务或提存的义务主体是抵押人，而非买受人，抵押人未将转让价款用以提前清偿抵押权人债务或提存的，仍应承担相应的担保责任；此时，抵押权人对不动产上的抵押登记负有涂销义务，除非抵押权人与买受人有约定或抵押权人有为买受人所知晓的相关声明。本案中，抵押权人某资产重庆公司已向房管部门出具《抵押权人同意抵押房屋销售的证明》，抵押人中坤锦某地产公司亦将其作为诉争房屋买卖合同的附件，赵某博、王某对于诉争房屋的买卖产生合理信赖。虽某资产重庆公司与中坤锦某地产公司签订《监管协议》对销售回款进行监管，但该协议并不为诉争房屋买受人赵某博、王某支付款项前所知晓，监管账户亦未在赵某博、王某与中坤锦某地产公司的买卖合同中约定为付款账号，中坤锦某地产公司未将转让价款提存或清偿某资产重庆公司债务，系中坤锦某地产公司违反合同约定而严重失信，但也是某资产重庆公司应当承担的合同风险，赵某博、王某对款项支付亦无过错。因此，赵某博、王某作为买受人，在购买诉争房屋过程中已尽到相应的注意义务，诉争房屋未能办理过户登记并非赵某博、王某的原因。

案件来源

《中国某资产管理股份有限公司重庆市分公司、赵某博申请执行人执行异议之诉二审民事判决书》【（2018）最高法民终714号】

延伸阅读

一、买受人明知房屋处于抵押状态，在应支付的购房款足以偿还贷款的情况下，对何时办理房产过户，按揭贷款如何偿还未作安排，放任其权利登记于被执行人名下，应认定对不能办理房屋登记存在过错。

案例一：《魏某、买某申请执行人执行异议之诉再审审查与审判监督民事裁定书》【最高人民法院（2019）最高法民申1449号】

最高人民法院认为，案涉房屋买卖合同签订后，房产仍然登记于买某名下，按揭款由买某偿还。魏某作为买受人，明知房屋处于抵押状态，在应支付的购房现金足以偿还贷款的情况下，对何时办理房产过户，按揭贷款如何偿还未作任何安排，放任其权利登记于买某名下，对不能办理案涉房屋过户登记存在过错。根据以上法律规定和事实，二审法院认定魏某对案涉房屋不享有足以排除强制执行的民事权益，该认定并无不当，本院予以维持。

二、买受人在购买房屋之前，该房屋上已经设定其他人的抵押权登记。买受人购买本案所涉房屋没有履行合理的注意义务，忽略了他人权利障碍，存在过错。

案例二：《杨某、贵州金某置业投资开发有限公司申请执行人执行异议之诉二审民事判决书》【（2018）最高法民终695号】

最高人民法院认为，本案中，杨某购买涉案房屋未办理过户登记，原因在于在其购买该房屋之前，该房屋上已经设定有其他人的抵押权登记。杨某购买本案所涉房屋没有履行合理的注意义务，忽略了他人权利障碍，导致所购房屋上因存在他人抵押权而无法办理过户登记，故未办理过户登记是因买受人杨某自身的原因。

三、买受人购房时明知房屋存在在建工程抵押仍购买的，应认定买受人对所购房屋未能办理过户登记有过错，无权排除执行。

案例三：《黄某雅、某国际信托股份有限公司二审民事判决书》【（2019）最高法民终1699号】

最高人民法院认为，新某地产公司于2014年5月取得案涉房产的《房屋产权证》，某国际信托公司于2014年6月取得案涉房产的抵押他项权证。黄某雅购房时明知案涉商品房存在在建工程抵押，应尽到审慎的注意义务，但其在未核查案涉房屋权属及他项权属状态的情况下，仍与新某地产公司签订商品房认购协议，对所购房屋未能办理过户登记亦有过错，不属于非因买受人自身原因未能办理过户登记的情形。

四、在未取得抵押权人同意且未代抵押人清偿债务的情况下，买受人购买有抵押的房屋，应认定买受人对不能办理过户有过错。

案例四：《陆某伟、陶某再审审查与审判监督民事裁定书》【（2019）最高法民申1544号】

最高人民法院认为，关于案涉房屋未办理过户登记的过错问题。案涉房屋于2006年3月7日办理了抵押登记，至法院查封时抵押权尚未解除。陆某伟亦认可其在购买房屋前已明知房屋存在抵押情形。因此，原判决认定陆某伟作为买受人，既未取得抵押权人同意，也未代为清偿债务消灭抵押权，应当承担该房屋未能过户的法律风险，并无不当。

五、购房人购买已对外设定抵押权的房屋，不影响买受人以购房消费者身份排除案涉房屋的强制执行。

案例五：《交通银行股份有限公司某分行、执行案外人再审审查与审判监督民事裁定书》【（2018）最高法民申4854号】

最高人民法院认为，尽管王某学与瑞某公司签订《商品房买卖合同》在瑞某公司与交行某分行签订抵押合同之后，交行某分行对该房屋享有抵押权，但是该合同在人民法院查封案涉房产之前签订，原审判决依据本院《执行异议和复议规定》第二十九条的规定，认定王某学对案涉房产享有足以排除强制执行的权益，适用法律并无不当。

六、债权债务消灭且抵押期间经过，抵押权即消灭。抵押权登记未涂销不影响买受人办理过户登记，应认定存在过错。

案例六：《项城市巢某防水防腐有限公司、吉林市恒某企业管理有限责任公司再审审查与审判监督民事裁定书》【（2018）最高法民申2223号】

最高人民法院认为，在该抵债协议签订时，巢某公司已知晓抵债房屋存在他项权利负担。中国农业发展银行某分行营业部针对讼争房屋的他项权利的存续期间为2009年3月22日至2011年3月21日，该他项权登记虽未涂销，但主张权利的期限已过，原审证据证明中国农业发展银行某分行营业部与龙某公司之间的债权债务已于2011年消灭，故该抵押权亦已消灭。且涉案1923平方米房屋在2012年12月27日至2013年12月2日没有被查封，此期间不存在权利负担，巢某公司足以在此期间督促龙某公司协助办理权属变更登记手续，但巢某公司没有及时督促办理，因此，巢某公司主张非因其自身原因导致未能办理产权过户的主张，本院不予支持。

七、买受人购买已设定抵押的物品行为本身无过错，买受人因购买物之上存在抵押未能办理变更登记，不存在过错。

案例七：《陈某萍、陈某红再审审查与审判监督民事裁定书》【（2017）最高法民申3536号】

最高人民法院认为，案涉房屋未能办理物权变更登记并非陈某红自身原因所致。根据相关法律规定，已设定抵押的物品并非禁止流通，买受人在购买已设定抵押的物品时，仅需考虑抵押权实现时可能面临的风险，其购买抵押物的行为本身并不构成过错。从本案事实看，导致案涉房屋物权未发生变更登记的原因是其已抵押给华融湘江某分行，而非陈某红自身原因所致。虽然陈某红在2012年6月20日向华融湘江某分行出具《证明及承诺》，表明其已知道案涉在建工程已抵押给该行，但不能就此认定系陈某红方面的原因导致物权未发生变动。

八、买受人主张申请执行人抵押权无效，不属于执行异议之诉的审理范围。

案例八：《朱某、代某二审民事判决书》【（2019）最高法民终1704号】

最高人民法院认为，新某房地产公司于2014年5月取得案涉房产的《房屋产权证》，国际信托公司于2014年6月取得案涉房产的抵押他项权证，朱某、代某购房时明知案涉商品房存在在建工程抵押，但未尽到审慎的注意义务，在未核查案涉房屋权属及他项权属状态的情况下，仍与新某房地产公司签订商品房认购协议，其对所购房屋未能办理过户登记亦有过错，不属于非因买受人自身原因未能办理过户登记的情形；此外，朱某、代某主张新某房地产公司对案涉房产的房屋产权登记及国际信托公司的抵押权无效，因其效力已被重庆市高级人民法院（2016）渝民初16号生效判决书确认，不属于本案审理范围。

044 抵押权人同意销售抵押房屋，未能过户属于买受人的过错吗？

> 先抵后买但抵押权人同意出让，买受人可排除抵押权人对房屋的执行

阅读提示

房地产商对外负债，抵押权人申请执行房地产商名下房产，当房产属于买受人合法签订合同全款购买并已实际居住的房屋时，买受人能否排除抵押权人的执行？根据《查封、扣押、冻结规定》第十七条和《执行异议和复议规定》第二十八条的规定，买受人还应符合"非因买受人自身原因未办理过户登记"的条件，才能排除抵押权人的强制执行。那么，当抵押权人同意地产商销售抵押房屋，并且已向房管部门公示了其同意房地产商销售抵押房屋，此时，房屋未能过户属于买受人的原因吗？买受人是否可排除抵押权人的强制执行申请？

裁判要旨

在抵押权人同意抵押人出售抵押房屋且向城乡建设委员会、房屋管理局公示的情况下，应当认定买受人已基于抵押权人的行为而产生合理的信赖利益，买受人在此种情况下对房屋不能办理过户登记并非因其自身原因。在抵押人将房屋对外出售后，抵押权人负有涂销抵押登记的义务。在房屋买受人符合《执行异议和复议规定》第二十八条规定的情况下，可以排除抵押权人对抵押房屋的强制执行。

案情简介

2012年11月5日，某资产重庆公司向某城乡建设委员会、某房屋管理局出具了《抵押权人同意抵押房屋销售的证明》，同意中坤锦某地产公司将由其开发并抵押给某资产重庆公司的某村碧河花园一期A区A15号楼、A16号楼的在建工程和现房全部进行销售，本案诉争房屋包含在内。

2013年2月7日，赵某博、王某与中坤锦某地产公司签订了《北京市商品房现房买卖合同》，赵某博、王某购买了诉争房屋，并支付了房屋总价款。2013年7月，中坤锦某地产公司将房屋交付赵某博、王某使用。

某资产重庆公司与中坤锦某地产公司借款合同纠纷一案，一审法院判决中坤锦

某地产公司偿还借款本金 2 亿元及利息。某资产重庆公司向一审法院申请强制执行，2016 年 8 月 22 日，一审法院裁定查封了中坤锦某地产公司名下含本案诉争房屋在内的相关财产。

赵某博、王某闻讯后，以其系诉争房屋的实际所有人提出了书面异议，请求解除对诉争房屋的查封。2017 年 6 月 28 日，执行法院裁定中止对诉争房屋的执行。

某资产重庆公司不服裁定，提起执行异议之诉。一审法院判决驳回某资产重庆公司的诉讼请求。

某资产重庆公司上诉至最高人民法院，最高人民法院判决驳回上诉，维持原判。

裁判要点及思路

本案的争议焦点：赵某博、王某是否就诉争房屋享有足以排除强制执行的民事权益。法院依据《执行异议和复议规定》第二十八条论证本案赵某博、王某是否满足该条规定的条件。《执行异议和复议规定》第二十八条规定："金钱债权执行中，买受人对登记在被执行人名下的不动产提出异议，符合下列情形且其权利能够排除执行的，人民法院应予支持：（一）在人民法院查封之前已签订合法有效的书面买卖合同；（二）在人民法院查封之前已合法占有该不动产；（三）已支付全部价款，或者已按照合同约定支付部分价款且将剩余价款按照人民法院的要求交付执行；（四）非因买受人自身原因未办理过户登记。"本案中，赵某博、王某在房屋被查封之前已经签订了《北京市商品房现房买卖合同》，已经支付全部购房款且已合法占有房屋。

关于赵某博、王某是否满足"非因买受人自身原因未办理过户登记"，某资产重庆公司主张赵某博、王某未将购房款汇入监管账户存在过错。最高人民法院认为，由于抵押登记具有公示公信效力，对于已有抵押登记的不动产买卖，抵押权人同意抵押人转让抵押财产，或买受人代为清偿债务消灭抵押权，是认定未办理过户登记非因买受人自身原因的两种情形。本案中，抵押权人某资产重庆公司已向房管部门出具《抵押权人同意抵押房屋销售的证明》，抵押人中坤锦某地产公司亦将其作为诉争房屋买卖合同的附件，赵某博、王某对于诉争房屋的买卖产生合理信赖。虽某资产重庆公司与中坤锦某地产公司签订《监管协议》对销售回款进行监管，但该协议并不为诉争房屋买受人赵某博、王某支付款项前所知晓，监管账户亦未在赵某博、王某与中坤锦某地产公司的买卖合同中约定为付款账号，中坤锦某地产公司未将转让价款提存或清偿某资产重庆公司债务，过错不在赵某博和王某。因此，赵某博、王某作为买受人，在购买诉争房屋过程中已尽到相应的注意义务，诉争房屋未能办理过户登记并非赵某博、王某的原因。

实务要点总结

前事不忘，后事之师，我们总结该案的实务要点如下，以供参考：

一、对于已有抵押登记的房屋买卖，抵押权人同意抵押人转让抵押财产，或买受人代为清偿债务消灭抵押权，是认定未办理过户登记非因买受人自身原因的两种情形。《物权法》第一百九十一条规定："抵押期间，抵押人经抵押权人同意转让抵押财产的，应当将转让所得的价款向抵押权人提前清偿债务或者提存。转让的价款超过债权数额的部分归抵押人所有，不足部分由债务人清偿。抵押期间，抵押人未经抵押权人同意，不得转让抵押财产，但受让人代为清偿债务消灭抵押权的除外。"根据上述规定可知，抵押财产的转让需要经过抵押权人同意或者买受人代为清偿债务。值得注意的是，《民法典》第四百零六条改变了《物权法》第一百九十一条的规则。根据《民法典》第四百零六条的规定，抵押期间，抵押物转让，原则上不需要抵押权人同意，除非抵押人与抵押权人另有约定。抵押财产转让的，抵押权不受影响。《民法典》确立了抵押物自由转让规则，明确了抵押物的追及效力。因此，《民法典》生效后，《执行异议和复议规定》第二十八条、第二十九条规则是否能够继续适用，有待进一步观察。

二、在抵押权人同意抵押人出售抵押房屋且向房管部门公示的情况下，属于买受人已基于抵押权人的行为而产生合理的信赖利益，买受人在此种情况下对房屋不能办理过户登记并非因其自身原因，应当认定在抵押人将房屋对外出售后，抵押权人负有涂销抵押登记的义务。因此，房屋买受人在购买存在抵押的房屋时，应要求房屋出卖人提供抵押权人同意出卖人转让房屋的证明。

三、我们提请抵押权人和买受人充分重视，在交易已抵押的房屋时要防范抵押人丧失清偿能力的可能：作为抵押权人，应当注意将同意转让不动产的合理价位及价款支付方式或监管账户等信息，通过在其同意销售证明上载明等方式让买受人知晓，避免已抵押不动产转让价款的流失及债权的损害；作为买受人，在合同签订及付款时也应注意留存合同签订、占有使用、价款支付的原始凭据，当发生争议时其物权期待权才能依法得到保护。

相关法律规定

《最高人民法院关于人民法院办理执行异议和复议案件若干问题的规定》（2020年12月23日修正）

第二十八条 金钱债权执行中，买受人对登记在被执行人名下的不动产提出异议，符合下列情形且其权利能够排除执行的，人民法院应予支持：

（一）在人民法院查封之前已签订合法有效的书面买卖合同；

（二）在人民法院查封之前已合法占有该不动产；

（三）已支付全部价款，或者已按照合同约定支付部分价款且将剩余价款按照人民法院的要求交付执行；

（四）非因买受人自身原因未办理过户登记。

《最高人民法院关于人民法院民事执行中查封、扣押、冻结财产的规定》（2020年12月23日修正）

第十五条[①] 被执行人将其所有的需要办理过户登记的财产出卖给第三人，第三人已经支付部分或者全部价款并实际占有该财产，但尚未办理产权过户登记手续的，人民法院可以查封、扣押、冻结；第三人已经支付全部价款并实际占有，但未办理过户登记手续的，如果第三人对此没有过错，人民法院不得查封、扣押、冻结。

《物权法》（2021年1月1日失效）

第一百九十一条 抵押期间，抵押人经抵押权人同意转让抵押财产的，应当将转让所得的价款向抵押权人提前清偿债务或者提存。转让的价款超过债权数额的部分归抵押人所有，不足部分由债务人清偿。

抵押期间，抵押人未经抵押权人同意，不得转让抵押财产，但受让人代为清偿债务消灭抵押权的除外。

《民法典》（2020年5月28日公布）

第四百零六条 抵押期间，抵押人可以转让抵押财产。当事人另有约定的，按照其约定。抵押财产转让的，抵押权不受影响。

抵押人转让抵押财产的，应当及时通知抵押权人。抵押权人能够证明抵押财产转让可能损害抵押权的，可以请求抵押人将转让所得的价款向抵押权人提前清偿债务或者提存。转让的价款超过债权数额的部分归抵押人所有，不足部分由债务人清偿。

[①] 原第十七条。

法院裁判

以下为该案在最高人民法院审理阶段，判决书中"本院认为"部分就该问题的论述：

本院认为，根据本案审理查明的事实和相关法律规定，应当认定赵某博、王某对诉争房屋享有的物权期待权足以排除某资产重庆公司的强制执行。分析评判如下：

一般而言，案外人就执行标的提出的异议，常因申请执行人享有担保物权等优先受偿权而得不到支持，但《执行异议和复议规定》第二十八条、第二十九条也分别针对不动产和用于居住的商品房规定了除外情形，其中第二十八条规定："金钱债权执行中，买受人对登记在被执行人名下的不动产提出异议，符合下列情形且其权利能够排除执行的，人民法院应予支持：（一）在人民法院查封之前已签订合法有效的书面买卖合同；（二）在人民法院查封之前已合法占有该不动产；（三）已支付全部价款，或者已按照合同约定支付部分价款且将剩余价款按照人民法院的要求交付执行；（四）非因买受人自身原因未办理过户登记。"符合该条规定四个条件的不动产买受人的物权期待权，即可对抗享有担保物权等优先受偿权的申请执行人的强制执行。诉争房屋为不动产，赵某博、王某作为买受人的权利能否排除某资产重庆公司作为抵押权人的强制执行，需要从四个方面进行考察……

关于未办理过户登记原因问题。《物权法》第一百九十一条规定："抵押期间，抵押人经抵押权人同意转让抵押财产的，应当将转让所得的价款向抵押权人提前清偿债务或者提存。转让的价款超过债权数额的部分归抵押人所有，不足部分由债务人清偿。抵押期间，抵押人未经抵押权人同意，不得转让抵押财产，但受让人代为清偿债务消灭抵押权的除外。"由于抵押登记具有公示公信效力，对于已有抵押登记的不动产买卖，抵押权人同意抵押人转让抵押财产，或买受人代为清偿债务消灭抵押权，是认定未办理过户登记非因买受人自身原因的两种情形。如未经抵押权人同意，除非买受人代为清偿债务以消灭抵押权，否则抵押权人对不动产上的抵押登记不负有涂销义务。但是，如抵押权人同意转让抵押财产，转让价款用以提前清偿抵押权人债务或提存的义务主体是抵押人，而非买受人，抵押人未将转让价款用以提前清偿抵押权人债务或提存的，仍应承担相应的担保责任；此时，抵押权人对不动产上的抵押登记负有涂销义务，除非抵押权人与买受人有约定或抵押权人有为买受人所知晓的相关声明。本案中，抵押权人某资产重庆公司已向房管部门出具《抵押权人同意抵押房屋销售的证明》，抵押人中坤锦某地产公司亦将其作为诉争房屋买卖合同的附件，赵某博、王某对于诉争房屋的买卖产生合理信赖。虽某资产重庆公司与中坤锦某地产公司签订《监管协议》对销售回款进行监管，但该协议并不为诉争房屋买受人赵某博、王某支付款项前所知晓，监管账户亦未在赵某博、王某与中坤锦某地产公司的买卖合同中约定为付款账号，中坤锦某地产公司未将转让价款提存或清偿某资产重庆公司债务，系中坤锦某地产公司违反合同约定而严重失信，但也是某资产重庆公司应当承担的合同风险，赵某博、王某对款项支付亦无过错。因此，赵某博、王某作为买受人，在购买诉争房屋过程中已尽到相应的注意义务，诉争房屋未能办理过户登记并非赵某博、王某的原因。

案件来源

《中国某资产管理股份有限公司重庆市分公司与赵某博、王某等申请执行人执行异议之诉二审民事判决书》【最高人民法院（2018）最高法民终714号】

延伸阅读

除本案的情形外，还有哪些情形属于《执行异议和复议规定》第二十八条规定的"非因买受人自身原因未办理过户登记"，我们检索到了大量案例，下面列出部分裁判规则：

裁判规则一：房屋买受人已经催告房屋卖方办理过户手续，卖方怠于履行办理义务的，属于"非因买受人自身原因未办理过户登记"。

案例一：《贺某玲与被申请人某社会保险管理局及一审第三人四川兴某房地产开发有限公司等申请执行人执行异议之诉》【最高人民法院（2018）最高法民申489号】

最高人民法院认为，本案中，2003年10月10日，原某机关事业单位社会保险基金管理中心（后更名为某社保局）与兴某房产公司签订《商品房买卖合同》购买执行标的房屋，并向兴某公司支付购房款5043838元，并于2005年11月接收该房屋一直占有使用。上述几项事实双方无异议。双方争议执行标的一直未办理过户，某社保局是否存在重大过错。贺某玲主张兴某房产公司未在合同约定时间办理房屋销售备案，而某社保局未采取有效保护手段或法律措施来保护自身权利，是失职行为，即严重过错。本院认为，某社保局向兴某房产公司购买房屋并支付价款后，为房屋购买者办理过户手续的义务主要在卖方兴某房产公司。根据二审查明的事实，在兴某房产公司未及时办理执行标的房屋过户手续的情况下，某社保局进行了催告，在办理执行标的过户手续方面并非完全放任不管，对此，二审未认定某社保局存在过错，并无不当。同时，二审有关贺某玲因在取得抵押权过程中存在审查不严，增加了自身抵押权落空的风险由其自行承担的认定，亦无不妥。

裁判规则二：房屋卖方未向买方开具发票，导致买方无法缴纳住宅专项维修基金，亦无法办理房屋过户手续，属于"非因买受人自身原因未办理过户登记"。

案例二：《范某学与日照衡某海曲商用设施经营管理有限公司以及原审第三人山东舒某贝尔置业有限公司案外人执行异议之诉》【最高人民法院（2017）最高法民终378号】

最高人民法院认为，结合各方当事人的诉辩主张，本案争议的焦点问题是：涉案房屋未办理过户登记是不是范某学自身原因所致。本院认为，本案系衡某公司申请执行舒某贝尔公司名下被查封的房屋时，范某学以案外人身份就执行标的提起的案外人执行异议之诉。根据《民诉法解释》第三百一十一条"案外人或者申请执行人提起执行异议之诉的，案外人应当就其对执行标的享有足以排除强制执行的民事权益承担举证证明责任"的规定，范某学就涉案房屋是否享有足以排除强制执行的民事权益负有举证义务。本案中，范某学提供了其与舒某贝尔公司签订的《商品房买卖合同》、付款凭据、《舒某贝尔新天地房屋移交协议书》及《房屋租赁合同》等，证明范某学是涉案房屋的权利人。二审审理期间，范某学又提供了公证书，涉案《土地登记卡》《登记卡续表》及系列生效裁判文书等证据，用以证明涉案房屋因舒某贝尔公司的原因没有给范某学开具购房发票，范某学因此无法缴纳住宅专项维修基金，亦无法办理房屋过户手续。《发票管理办法》第十九条规定："销售商品、提供服务以及从事其他经营活动的单位和个人，对外发生经营业务收取款项，收款方应当向付款方开具发票；特殊情况下，由付款方向收款方开具发票。"据此，舒某贝尔公司作为涉案房屋的销售方，在范某学向其支付购房款后，负有向范某学开具购房发票的义务。对没有开具发票的原因，舒某贝尔公司原法定代表人金某出庭作证，证明因该公司没有缴纳相关税费等原因，不愿也无法向范某学出具购房发票。证人金某作证程序符合《民事诉讼法》第七十三条的规定，双方当事人对证人进行了询问，对证人证言进行了质证。证人金某是有关事实的亲历者，与双方当事人均无利害关系，其证人证言具有客观性，应当作为认定案件事实的根据。范某学提供的《土地登记卡》《登记卡续表》证明涉案土地因舒某贝尔公司原因自2013年以来陆续被法院查封至2018年。青岛中院、日照中院等法院的一系列生效文书亦证明，舒某贝尔公司出售的其他房屋在购房户取得购房发票、缴纳了住宅专项维修基金及税款的情况下，依然无法办理房屋过户登记手续。上述证据之间可相互印证，能够证明因舒某贝尔公司原因没有给范某学出具购房发票，且即使在取得购房发票的情况下，舒某贝尔公司亦无法为涉案房屋办理过户登记手续。关于住宅专项维修资金，根据《住宅专项维修资金管理办法》第二条规定，是指专项用于住宅共用部位、共用设施设备保修期满后的维修和更新、改造的资金。该项资金的缴纳以购房发票为计算依据。因舒某贝尔公司不向范某学出具购房发票，住宅专项维修资金亦无法缴纳。综上，范某学关于涉案房屋没有办理过户手续非其原因所致的主张成立，本院予以支持。一审法院认定系范某学原因导致涉案房屋未能办理过户手续错误，本院予以纠正。范某学对涉案房屋提出的异议符合《执行异议和复议规定》第二十八条规定的情形，其对涉案房屋享有足以排除强制执行的民事权益。一审法院认定范某学不具有排除对涉案房屋强制执行的民事权益有误，本院予以纠正。涉案房屋所有权的归属并非判断范某学执行异议成立与否的前提，范某学对此可以另寻法律途径解决。

裁判规则三：虽然买受人购买存在抵押的房屋，无法进行正常的更名过户手续，但是出卖人与买受人签订的补充协议约定出卖人协助买受人办理贷款转贷手续，将房屋贷款转到买受人名下，出卖人未履行其义务的，属于"非因买受人自身原因未办理过户登记"。

案例三：《申请人朱某岩与被申请人刘某茹及一审第三人徐某海申请执行人执行异议之诉》【（2018）最高法民申 2575 号】

最高人民法院认为，关于刘某茹未办理案涉房屋过户登记是否存在过错的问题。根据原审查明的事实，刘某茹与徐某海签订房屋买卖合同时，案涉房屋虽处于吉林省吉林市高新区人民法院查封中，但同年即被该院解封。而案涉房屋虽然因银行贷款设定了抵押权，无法进行正常的更名过户手续，但刘某茹与徐某海签订的补充协议约定徐某海协助刘某茹办理贷款转贷手续，将房屋贷款转到刘某茹、刘某、徐某海名下。在案涉房屋抵押权未涤除的情况下，因朱某岩与徐某海之间的租赁合同诉讼纠纷，案涉房屋于 2011 年、2012 年被法院查封，且此后分别于 2013 年、2014 年被续封。原审基于上述事实，认定刘某茹对于案涉房屋无法办理产权过户登记不存在过错，亦不缺乏证据证明，适用法律亦无不当。

045 先抵后售，房屋买受人能否排除抵押权人的强制执行？

> 先抵后售，一般的房屋买受人不能排除抵押权人的强制执行

阅读提示

房地产开发商将项目建设用地使用权或在建工程抵押贷款，房屋买受人购买了存在抵押的预售商品房。房产商对外负债，抵押权人申请强制执行房屋时，房屋买受人能否向法院提出执行异议，请求排除法院对房屋的强制执行？这涉及对《执行异议和复议规定》第二十七条、第二十八条、第二十九条的理解和适用。《九民纪要》第一百二十六条对商品房消费者的权利与抵押权的关系进行了论述，《民法典》第四百零六条确立了抵押权的追及效力。因此，关于房屋买受人能否排除抵押权人的强制执行这一争议很大的问题，在司法裁判层面逐渐清晰。本文通过最高人民法院的一则案例，对上述问题进行分析。

裁判要旨

《最高人民法院关于建设工程价款优先受偿权问题的批复》中关于交付全部或者大部分款项的商品房消费者的权利优先于抵押权人的抵押权的规定，是针对实践中存在的商品房预售不规范现象，为保护消费者生存权而作出的例外规定，必须严格把握条件，避免扩大范围，以免动摇抵押权具有优先性的基本原则。因此，《最高人民法院关于建设工程价款优先受偿权问题的批复》中的商品房消费者应当仅限于《执行异议和复议规定》第二十九条保护的商品房消费者。举重以明轻，如果买受人不是该条规定的商品房消费者，而是一般的房屋买卖合同的买受人，应当适用《执行异议和复议规定》第二十七条。

案情简介

2013年5月16日，某信托公司与遵义新某公司签订《信托借款合同》和《抵押担保合同》，遵义新某公司向某信托公司借款，并以其所有的某项目在建工程和国有土地使用权向某信托公司提供抵押担保，办理了抵押登记，2014年变更抵押物为遵义新某公司所有的某项目所有房产。

遵义新某公司到期未偿还借款，某信托公司提起诉讼，法院判决遵义新某公司支付借款本息，某信托公司对抵押的房产优先受偿。遵义新某公司未履行生效判决，某信托公司申请强制执行。执行法院查封了涉案房产，并发布拍卖公告。

周某源知晓后，对执行法院执行涉案项目 8 号楼 6 层 1 号房屋提出书面异议，称其在 2014 年 3 月 24 日已购买该房屋，其系该商品房的权利人，申请停止对房屋的执行。执行法院裁定驳回案外人周某源的执行异议请求。

周某源不服，向重庆高院提起执行异议之诉。重庆高院经审理认为，周某源在人民法院查封房屋之前已签订合法有效的书面买卖合同、已支付房屋价款、实际占有房屋，对房屋未过户的过错程度较低。周某源请求停止执行案涉房屋的请求符合《执行异议和复议规定》第二十八条之规定，判决不得执行涉案房屋。

遵义新某公司不服，上诉至最高人民法院。最高人民法院认为周某源并非基于居住购买案涉房屋，不是商品房消费者，而是一般的房屋买卖合同的买受人，本案不适用《执行异议和复议规定》第二十八条的规定，周某源对案涉房屋享有的权利不能对抗某信托公司在案涉房屋上设定的抵押权，判决撤销原判，驳回周某源的诉讼请求。

裁判要点及思路

本案的核心问题是周某源能否依据《执行异议和复议规定》第二十八条的规定，排除执行法院对案涉房产的强制执行。这一问题的实质是如何处理一般的房屋买卖合同买受人的权利与抵押权的关系。这也意味着如何理解《执行异议和复议规定》第二十七条、第二十八条和第二十九条之间的关系。

最高人民法院认为，根据《最高人民法院关于建设工程价款优先受偿权问题的批复》第一条、第二条的规定，交付全部或者大部分款项的商品房消费者的权利优先于抵押权人的抵押权，故抵押权人申请执行登记在房地产开发企业名下但已销售给消费者的商品房，消费者提出执行异议的，人民法院依法予以支持。但应当特别注意的是，此情况是针对实践中存在的商品房预售不规范现象为保护消费者生存权而作出的例外规定，必须严格把握条件，避免扩大范围，以免动摇抵押权具有优先性的基本原则。

《最高人民法院关于建设工程价款优先受偿权问题的批复》中的"商品房消费者"应当仅限于《执行异议和复议规定》第二十九条保护的商品房消费者。举重以明轻，如果买受人不是该条规定的商品房消费者，而是一般的房屋买卖合同的买受人，应当适用《执行异议和复议规定》第二十七条。

周某源与遵义新某公司签订《商品房买卖合同》，案涉房产系商铺，周某源并非基于居住购买案涉房屋，不是商品房消费者，而是一般的房屋买卖合同的买受人，其对案涉房屋享有的权利不能对抗某信托公司在案涉房屋上设定的抵押权，不足以排除执行法院的强制执行。本案不属于《执行异议和复议规定》第二十七条但书规定的情况，亦不适用该规定第二十八条。

实务要点总结

一、在房地产开发商先抵后售房屋的情况下，一般的房屋买受人无权排除抵押权人的强制执行。在本案中，最高人民法院指出，《最高人民法院关于建设工程价款优先受偿权问题的批复》规定，交付全部或者大部分款项的商品房消费者的权利优先于抵押权人的抵押权，其中的"商品房消费者"应当仅限于《执行异议和复议规定》第二十九条保护的商品房消费者，不包括一般的房屋买卖合同的买受人。一般的房屋买受人无权依据《执行异议和复议规定》第二十八条的规定，排除抵押权人对房屋的强制执行。

最高人民法院在另一个案件中认为，《执行异议和复议规定》第二十八条解决的是在执行程序中，买受人对所买受不动产的权利保护与基于金钱执行债权人的权利保护发生冲突时，基于对正当买受人合法权利的特别保护之目的而设置的特别规则，这在一定程度上已经是对债权平等原则和合同相对性原则的突破，故一般而言，该种情形下的买受人对于所买受不动产的民事权益并不能够排除申请执行人基于在先成立的抵押权的强制执行。

实际上，《九民纪要》第一百二十六条对此规则已经进行了明确。第一百二十六条规定："根据《最高人民法院关于建设工程价款优先受偿权问题的批复》第1条、第2条的规定，交付全部或者大部分款项的商品房消费者的权利优先于抵押权人的抵押权，故抵押权人申请执行登记在房地产开发企业名下但已销售给消费者的商品房，消费者提出执行异议的，人民法院依法予以支持。但应当特别注意的是，此情况是针对实践中存在的商品房预售不规范现象为保护消费者生存权而作出的例外规定，必须严格把握条件，避免扩大范围，以免动摇抵押权具有优先性的基本原则。因此，这里的商品房消费者应当仅限于符合本纪要第125条规定的商品房消费者。买受人不是本纪要第125条规定的商品房消费者，而是一般的房屋买卖合同的买受人，不适用上述处理规则。"

此外，《民法典》第四百零六条确立了抵押权的追及效力，在抵押期间，抵押财产转让的，抵押权不受影响。对于已经登记的抵押权而言，房屋买受人在购买抵押物时，明知抵押物上存在抵押权，允许抵押权人追及行使其抵押权，并不会损害房屋买受人的利益。综上所述，现有法律制度下，在房地产开发商先抵后售房屋的情况下，一般的房屋买受人无权排除抵押权人的强制执行。

二、已经交付全部或者大部分所购商品房价款的消费者，对于所购房屋所享有的民事权益，可以排除基于抵押权、建设工程价款优先受偿权等优先受偿权的强制执行。根据《最高人民法院关于建设工程价款优先受偿权问题的批复》的规定，建筑工程价款优先受偿权不能对抗已经交付全部或者大部分所购商品房价款的消费者，同时，建设工程价款优先受偿权优先于抵押权和其他债权。因此，已经交付全部或者大部分所购商品房价款的消费者，对于所购房屋所享有的民事权益，可以排除基于抵押权、建设工程价款优先受偿权等优先受偿权的强制执行。但这种情况是针对实践中存在的商品房预售不规范现象，为保护消费者生存居住权利而作出的例外规定，应当严格把握条件，避免扩大范围，以免动摇抵押权具有优先性的基本原则。

三、一般的房屋买受人和商品房消费者均需注意，无论是购买期房，还是现房，都要格外重视所购房屋及其土地上是否存在抵押。如前文所述，购买存在抵押的房屋，可能面临无法排除抵押权人强制执行的窘境。一般的房屋买受人在购买房屋时，更应该关注预售房屋是否存在抵押，还应关注房地产开发商的综合实力，避免出现房产商在交房前不能偿还对外债务，抵押权人申请执行抵押房屋的不利情形。

相关法律规定

《最高人民法院关于人民法院办理执行异议和复议案件若干问题的规定》（2020年12月23日修正）

第二十七条 申请执行人对执行标的依法享有对抗案外人的担保物权等优先受偿权，人民法院对案外人提出的排除执行异议不予支持，但法律、司法解释另有规定的除外。

第二十八条 金钱债权执行中，买受人对登记在被执行人名下的不动产提出异议，符合下列情形且其权利能够排除执行的，人民法院应予支持：

（一）在人民法院查封之前已签订合法有效的书面买卖合同；

（二）在人民法院查封之前已合法占有该不动产；

（三）已支付全部价款，或者已按照合同约定支付部分价款且将剩余价款按照人民法院的要求交付执行；

（四）非因买受人自身原因未办理过户登记。

第二十九条 金钱债权执行中，买受人对登记在被执行的房地产开发企业名下的商品房提出异议，符合下列情形且其权利能够排除执行的，人民法院应予支持：

（一）在人民法院查封之前已签订合法有效的书面买卖合同；

（二）所购商品房系用于居住且买受人名下无其他用于居住的房屋；

（三）已支付的价款超过合同约定总价款的百分之五十。

《民法典》（2020年5月28日公布）

第四百零六条 抵押期间，抵押人可以转让抵押财产。当事人另有约定的，按照其约定。抵押财产转让的，抵押权不受影响。

抵押人转让抵押财产的，应当及时通知抵押权人。抵押权人能够证明抵押财产转让可能损害抵押权的，可以请求抵押人将转让所得的价款向抵押权人提前清偿债务或者提存。转让的价款超过债权数额的部分归抵押人所有，不足部分由债务人清偿。

《全国法院民商事审判工作会议纪要》（2019年11月8日公布）

126.【商品房消费者的权利与抵押权的关系】根据《最高人民法院关于建设工程价款优先受偿权问题的批复》第1条、第2条的规定，交付全部或者大部分款项的商品房消费者的权利优先于抵押权人的抵押权，故抵押权人申请执行登记在房地产开发企业名下但已销售给消费者的商品房，消费者提出执行异议的，人民法院依法予以支持。但应当特别注意的是，此情况是针对实践中存在的商品房预售不规范现象为保护消费者生存权而作出的例外规定，必须严格把握条件，避免扩大范围，以免动摇抵押权具有优先性的基本原则。因此，这里的商品房消费者应当仅限于符合本纪要第125条规定的商品房消费者。买受人不是本纪要第125条规定的商品房消费者，而是一般的房屋买卖合同的买受人，不适用上述处理规则。

法院裁判

以下是最高人民法院在"本院认为"部分的论述：

本院认为：本案争议的关键问题是周某源能否依据《执行异议和复议规定》第二十八条的规定排除执行法院对案涉房产的强制执行。这一问题的实质是如何处理一般的房屋买卖合同买受人的权利与抵押权的关系。根据《最高人民法院关于建设工程价款优先受偿权问题的批复》第一条、第二条的规定，交付全部或者大部分款项的商品房消费者的权利优先于抵押权人的抵押权，故抵押权人申请执行登记在房地产开发企业名下但已销售给消费者的商品房，消费者提出执行异议的，人民法院依法予以支持。但应当特别注意的是，此情况是针对实践中存在的商品房预售不规范现象为保护消费者生存权而作出的例外规定,必须严格把握条件,避免扩大范围,以免动摇抵押权具有优先性的基本原则。因此,这里的商品房消费者应当仅限于《执行异议和复议规定》第二十九条保护的商品房消费者。举重以明轻,如果买受人不是该条规定的商品房消费者,而是一般的房屋买卖合同的买受人,应当适用《执行异议和复议规定》第二十七条。

周某源与遵义新某公司签订《商品房买卖合同》,案涉房产系商铺,周某源并非基于居住购买案涉房屋,不是商品房消费者,而是一般的房屋买卖合同的买受人,其对案涉房屋享有的权利不能对抗某信托公司在案涉房屋上设定的抵押权,不足以排除执行法院的强制执行。本案不属于《执行异议和复议规定》第二十七条但书规定的情况,亦不适用该规定第二十八条,当事人围绕该条规定形成的其他争执不具有法律意义,无审理之必要。

综上所述,原判决认定事实清楚,但适用法律错误,依照《民事诉讼法》第一百七十条第一款第二项之规定,判决如下:

一、撤销重庆市高级人民法院(2018)渝民初180号民事判决;
二、驳回周某源的诉讼请求。

案件来源

《某国际信托股份有限公司、周某源二审民事判决书》【最高人民法院(2020)最高法民终1132号】

延伸阅读

一、《执行异议和复议规定》第二十八条规定了一般不动产买受人在何种情形下能够排除基于对出卖人的强制执行程序而对买受人所购不动产的强制执行,该规定解决的是在执行程序中买受人对所买受不动产的权利保护与基于金钱执行债权人的权利保护发生冲突时,基于对正当买受人合法权利的特别保护之目的而设置的特别规则,这在一定程度上已经是对债权平等原则和合同相对性原则的突破,故一般而言,该种情形下的买受人对于所买受不动产的民事权益并不能够排除申请执行人基于在先成立的抵押权的强制执行。

案例一:《李某红、中国农业银行股份有限公司某支行申请执行人执行异议之诉再审审查与审判监督民事裁定书》【最高人民法院(2019)最高法民申1684号】
就一般原则而言,根据《最高人民法院关于建设工程价款优先受偿权问题的批复》的规定，建设工程价款优先受偿权优先于抵押权和其他债权，但建设工程价款优先受偿权不能对抗已经交付全部或者大部分所购商品房价款的消费者。据此，已经交付全部或者大部分所购商品房价款的消费者，对于所购房屋所享有的民事权益，可以排除基于抵押权、建设工程价款优先受偿权等优先受偿权的强制执行。也就是说，在这一问题上，根据现行法律、司法解释的规定，并非只要是支付了全部或大部分对价款、合法占有了房屋、对未办理过户登记没有过错的买受人均可排除基于抵押权等优先受偿权的强制执行，而是对此种情形下的房屋买受人的范围进行了限定。《执行异议和复议规定》第二十九条系根据上述规定之精神对在执行程序中如何掌握操作所作的具体规定。《执行异议和复议规定》第二十七条基于上述原则和精神进一步明确规定："申请执行人对执行标的依法享有对抗案外人的担保物权等优先受偿权，人民法院对案外人提出的排除执行异议不予支持，但法律、司法解释另有规定的除外。"重申了基于担保物权等优先受偿权的强制执行一般不应被排除的基本原则。而《执行异议和复议规定》第二十八条规定了一般不动产买受人在何种情形下能够排除基于对出卖人的强制执行程序而对买受人所购不动产的强制执行，该规定解决的是在执行程序中买受人对所买受不动产的权利保护与基于金钱执行债权人的权利保护发生冲突时，出于对正当买受人合法权利的特别保护之目的而设置的特别规则，这在一定程度上已经是对债权平等原则和合同相对性原则的突破，故一般而言，该种情形下的买受人对于所买受不动产的民事权益并不能够排除申请执行人基于在先成立的抵押权的强制执行。

　　从本案的事实看，一方面，李某红系购买了商品房但尚未办理房屋所有权登记的房屋买受人，但案涉某花园车库负1-8房屋系杂物间，李某红与世某物业公司所签的《重庆市商品房买卖合同》中也显示该房屋用途为非住宅，且李某红亦未提交证据证明该房屋系其唯一的、用于居住的房屋，故李某红并非《最高人民法院关于建设工程价款优先受偿权问题的批复》以及《执行异议和复议规定》第二十九条规定所要保护的房屋买受人，其以此为由主张排除强制执行，不能成立。

　　另一方面，李某红与世某物业公司于2015年7月25日签订房屋买卖合同，但农行某支行已于2013年8月5日就案涉房屋办理了抵押登记，其依法享有抵押权。也就是说，早在案涉房屋买卖合同签订之前的两年多，农行某支行在该房屋上的抵押权就已经存在，李某红在本案中亦未提交有关其在购买案涉房屋时申请查询房屋权利状态的情况、世某物业公司销售案涉房屋时所持有的证照情况、签订房屋买卖合同时当地房屋行政管理部门对于已经设定抵押的房屋销售许可管理制度及具体操作情况等证据，因此，从本案查明的事实看，李某红作为房屋买受人，在签订房屋买卖合同时未能尽到合理的注意义务，从而因案涉房屋上存在他人抵押权而导致其无法办理房屋所有权转移登记，此系李某红自身原因所致，故其主张亦不符合《执行异议和复议规定》第二十八条规定的要件，其据此主张排除强制执行，无事实和法律依据。

二、已经交付全部或者大部分所购商品房价款的消费者，对于所购房屋所享有的民事权益，可以排除基于抵押权、建设工程价款优先受偿权等优先受偿权的强制执行。故抵押权人申请执行登记在房地产开发企业名下但已销售给消费者的商品房，消费者提出执行异议的，人民法院依法予以支持。

案例二：《中国华融资产管理股份有限公司某分公司与执行案外人申请执行人执行异议之诉再审审查与审判监督民事裁定书》【最高人民法院（2019）最高法民申3273号】

本院经审查认为，根据《最高人民法院关于建设工程价款优先受偿权问题的批复》的规定，建设工程价款优先受偿权优先于抵押权和其他债权，但建筑工程价款优先受偿权不能对抗已经交付全部或者大部分所购商品房价款的消费者。据此，已经交付全部或者大部分所购商品房价款的消费者，对于所购房屋所享有的民事权益，可以排除基于抵押权、建设工程价款优先受偿权等优先受偿权的强制执行。故抵押权人申请执行登记在房地产开发企业名下但已销售给消费者的商品房，消费者提出执行异议的，人民法院依法予以支持。但这种情况是针对实践中存在的商品房预售不规范现象，为保护消费者生存居住权利而作出的例外规定，应当严格把握条件，避免扩大范围，以免动摇抵押权具有优先性的基本原则。也就是说，在这一问题上，根据现行法律、司法解释的规定，并非只要是支付了全部或大部分对价款、合法占有了房屋、对未办理过户登记没有过错的买受人均可排除基于抵押权等优先受偿权的强制执行，而是对此种情形下的房屋买受人的范围进行了限定，即限于为了生活消费需要而购买商品房的人，不包括一般的房屋买卖合同的买受人。因此，在参照适用《执行异议和复议规定》对房屋买受人能否排除对所购房屋的强制执行时，亦应当遵循上述原则。也就是说，只有符合《执行异议和复议规定》第二十九条规定情形的商品房买受人，才能够排除金钱债权人基于抵押权而申请启动的对前述买受人所购房屋的强制执行。

046 抵押权预告登记权利人能否阻却对预告登记房屋的强制执行？

> 抵押权预告登记具有保全效力，能够阻却对该房屋的强制执行

阅读提示

随着房价日渐高企，房屋买卖一次性付款或者分期付款的情况日渐减少，采用按揭贷款的方式支付房款已成为常态。在商品房预售领域，其具体的交易模式为：银行向购房者发放贷款，购房者将其购买的房屋抵押给银行，房地产企业提供阶段性保证担保。在房屋不满足办理初始登记和抵押登记的情况下，商业银行往往会先行办理抵押权预告登记。但如果作为购房者的一方因负担其他债务而被法院强制执行，所购房屋被法院查封甚至采取拍卖、以物抵债等变价措施，银行是否享有优先受偿权，能否要求排除强制执行呢？

裁判要旨

根据《物权法》第二十条之规定，预告登记具有保全效力。预告登记后，未经预告登记的权利人同意，处分该不动产的，不发生物权效力。因此，办理了抵押权预告登记的不动产被强制执行，如不动产不具备办理抵押登记的条件的，预告登记权利人不具有优先受偿权，但可提出停止处分的异议；如符合抵押权登记条件的，可主张优先受偿权。

案情简介

因姜某云与陈某祥民间借贷纠纷一案，扬州中院作出（2012）扬民初字第0019号民事调解书，陈某祥同意给付姜某云借款人民币1000万元。因陈某祥未履行义务，姜某云申请执行，扬州中院作出（2012）扬执字第0112号民事裁定书：将陈某祥购买16套房产在交行某分行解除抵押后，抵押剩余部分以物抵偿给申请人姜某云。

因上述涉案房地产上的抵押预告登记没有解除，姜某云的债权未能实际受偿，姜某云于2016年8月1日向扬州中院申请恢复执行。2016年8月15日，扬州中院作出以物抵债裁定，将16套房产中的5套房产裁定抵债给姜某云。

交行某分行向扬州中院提起异议,主张交行某分行与陈某祥签订的 16 份《房地产抵押(按揭)合同》真实有效,且办理了抵押权预告登记,交行某分行对抵押的 16 套房产有优先受偿权,扬州中院以物抵债裁定侵害其权益,故请求撤销扬州中院(2016)苏 10 执恢 27 号执行裁定书。经查明,陈某祥购买的前述 16 套房产尚未办理初始登记。

扬州中院裁定驳回交行某分行执行异议,交行某分行不服,向江苏高院申请复议,江苏高院复议裁定改判:撤销扬州中院的以物抵债裁定。

裁判要点及思路

本案争议的焦点问题有二:一为交行某分行对于预告登记的房屋是否享有优先受偿权,二为交行某分行能否要求撤销以物抵债的裁定。

关于第一个问题,《物权法》第二十条规定的预告登记制度,其目的是保障预告登记权利人在将来请求不动产物权变动的权利。因此,预告登记并不等同于本登记,抵押权预告登记的法律效果与抵押权登记的法律效果不同,故抵押权预告登记的权利人对于预告登记的抵押物不享有优先受偿的效力。

关于第二个问题,根据《物权法》第二十条关于"预告登记后,未经预告登记的权利人同意,处分该不动产的,不发生物权效力"的规定可知,预告登记具有保全效力,未经预告登记权利人同意,预告登记的不动产不得发生物权变动。此处的物权变动,主要包括基于法律行为的物权变动。扬州中院的以物抵债裁定将房屋变动给姜某云,本质上是基于当事人之间以物抵债的合意,违反了《物权法》第二十条的规定,侵害了交行某分行作为案涉房屋抵押权预告登记权利人的权益,应予撤销。

实务要点总结

一、抵押权预告登记的权利人对预告登记的不动产不享有优先受偿的效力。根据最高人民法院公报案例的裁判观点,(详见延伸阅读一)预售商品房抵押贷款中,虽然银行与借款人(购房人)对预售商品房做了抵押预告登记,但该预告登记并未使银行获得现实的抵押权,而是待房屋建成交付借款人后银行就该房屋设立抵押权的一种预先的排他性保全。如果房屋建成后的产权未登记至借款人名下,则抵押权设立登记无法完成,银行不能对该预售商品房行使抵押权。

二、抵押权预告登记具有保全效力,可阻却对预告登记不动产的强制执行。

《物权法》第二十条第一款规定："……预告登记后，未经预告登记的权利人同意，处分该不动产的，不发生物权效力。"由此可知，预告登记具有阻却不动产物权变动的效力。在强制执行的场合，如果人民法院对设定有抵押权预告登记的房屋进行拍卖或者以物抵债，实际上是对不动产进行处分的行为，违反了《物权法》第二十条的规定，侵害了抵押权预告登记权利人基于预告登记而享有的取得物权的顺位优先效力。因此，抵押权预告登记权利人可要求停止对不动产的强制执行，待满足抵押权本登记的情形下，要求对不动产实现抵押权以优先受偿。

虽然抵押权预告登记具有阻却强制执行的效力，但抵押权登记并不具有阻却强制执行的效力，抵押权人只能主张在执行分配程序中优先受偿。（详见延伸阅读二）《民事诉讼法》第二百二十七条所指的案外人对执行标的提出的异议，其目的是排除对执行标的的强制执行。抵押权人可以从执行标的的变价款中优先受偿，并不需要排除对抵押物的执行，强制执行程序可以保障抵押权人优先受偿权的实现。抵押权人对抵押物的支配仅指对抵押物变价所得的支配，而非对抵押物本身的直接支配。因此，抵押权人无法对涉及抵押物本身的强制执行行为提出执行异议，而只能就分配、处置抵押物变价所得的执行行为提出执行异议。所以，抵押权人在抵押物被强制执行时，应注意准确地选择执行异议的对象，而非盲目地要求排除对抵押物的强制执行行为。

相关法律规定

《民法典》（2020 年 5 月 28 日公布）

第二百二十一条[1]　当事人签订买卖房屋的协议或者签订其他不动产物权的协议，为保障将来实现物权，按照约定可以向登记机构申请预告登记。预告登记后，未经预告登记的权利人同意，处分该不动产的，不发生物权效力。

预告登记后，债权消灭或者自能够进行不动产登记之日起九十日内未申请登记的，预告登记失效。

《最高人民法院关于适用〈中华人民共和国民法典〉物权编的解释（一）》（2020 年 12 月 29 日公布）

第四条　未经预告登记的权利人同意，转让不动产所有权等物权，或者设立建设用地使用权、居住权、地役权、抵押权等其他物权的，应当依照民法典第二百二十一条第一款的规定，认定其不发生物权效力。

---

[1]　原《物权法》第二十条。

《民事诉讼法》（2021年12月24日修正）

第二百三十二条[1] 当事人、利害关系人认为执行行为违反法律规定的，可以向负责执行的人民法院提出书面异议。当事人、利害关系人提出书面异议的，人民法院应当自收到书面异议之日起十五日内审查，理由成立的，裁定撤销或者改正；理由不成立的，裁定驳回。当事人、利害关系人对裁定不服的，可以自裁定送达之日起十日内向上一级人民法院申请复议。

第二百三十四条[2] 执行过程中，案外人对执行标的提出书面异议的，人民法院应当自收到书面异议之日起十五日内审查，理由成立的，裁定中止对该标的的执行；理由不成立的，裁定驳回。案外人、当事人对裁定不服，认为原判决、裁定错误的，依照审判监督程序办理；与原判决、裁定无关的，可以自裁定送达之日起十五日内向人民法院提起诉讼。

《最高人民法院关于适用〈中华人民共和国民事诉讼法〉的解释》（2022年3月22日修正）

第四百六十三条[3] 案外人对执行标的提出的异议，经审查，按照下列情形分别处理：

（一）案外人对执行标的不享有足以排除强制执行的权益的，裁定驳回其异议；

（二）案外人对执行标的享有足以排除强制执行的权益的，裁定中止执行。

驳回案外人执行异议裁定送达案外人之日起十五日内，人民法院不得对执行标的进行处分。

《最高人民法院关于人民法院办理执行异议和复议案件若干问题的规定》（2020年12月23日修正）

第三十条 金钱债权执行中，对被查封的办理了受让物权预告登记的不动产，受让人提出停止处分异议的，人民法院应予支持；符合物权登记条件，受让人提出排除执行异议的，应予支持。

法院裁判

以下为江苏高院在执行复议裁定"本院认为"部分就此问题发表的意见：

本院认为，扬州中院将交行某分行案涉拥有抵押权预告登记的16套房产中的5

---

[1] 原第二百二十五条。
[2] 原第二百二十七条。
[3] 原第四百六十五条。

套房产裁定归姜某云所有,并将交行某分行的案涉债权数额计算至第三次拍卖结束之日,适用法律不当,(2016)苏10执异38号执行裁定应予撤销。理由是:

一、依据《物权法》第二十条第二款"预告登记后,债权消灭或者自能够进行不动产登记之日起三个月内未申请登记的,预告登记失效"的规定,在交行某分行对被执行人陈某祥的债权未得到清偿,陈某祥在没有办理案涉16套房产的相关权属证书的情形下,交行某分行拥有的案涉16套房产抵押权预告登记至今仍然有效。

二、依据《物权法司法解释(一)》第四条"未经预告登记的权利人同意,转移不动产所有权,或者设定建设用地使用权、地役权、抵押权等其他物权的,应当依照物权法第二十条第一款的规定,认定其不发生物权效力"的规定,交行某分行有权在未经其同意的情况下,依据其拥有的对案涉16套房产抵押权预告登记,主张阻却对上述案涉房产所有权全部或者部分的转移。

……

综上,扬州中院在保留交通银行股份有限公司某分行14247464元(债权数额计算至第三次拍卖结束之日)的房地产价值后,将其余5套房产裁定给另案申请执行人姜某云,没有事实与法律依据,其裁定应予撤销。

案件来源

《姜某云与陈某祥民间借贷纠纷执行裁定书》【江苏省高级人民法院(2017)苏执复73号】

延伸阅读

一、抵押权预告登记权利人对抵押物不享有优先受偿权。

案例一:《中国光大银行股份有限公司某支行诉上海东某房地产有限公司、陈某绮保证合同纠纷案》【上海市第二中级人民法院《最高人民法院公报》2014年第9期(总第215期)】

上海二中院认为:系争房产上设定的抵押预告登记,与抵押权设立登记具有不同的法律性质和法律效力。根据《物权法》等相关法律法规的规定,预告登记后,未经预告登记的权利人同意,处分该不动产的,不发生物权效力。预告登记后,债权消灭或者自能够进行不动产登记之日起3个月内未申请登记的,预告登记失效。即抵押权预告登记所登记的并非现实的抵押权,而是将来发生抵押权变动的请求权，该请求权具有排他效力。因此，上诉人光大银行某支行作为系争房屋抵押权预告登记的权利人，在未办理房屋抵押权设立登记之前，其享有的是当抵押登记条件成就或约定期限届满对系争房屋办理抵押权登记的请求权，并可排他性地对抗他人针对系争房屋的处分，但并非对系争房屋享有现实抵押权，一审判决对光大银行某支行有权行使抵押权的认定有误，应予纠正。

二、抵押权人并不能通过案外人执行异议的方式阻却对抵押物的强制执行。

案例二：《福建长某船务有限公司与泉州市长某集装箱发展有限公司、泉州市鸿某机械制造有限公司等企业借贷纠纷、金融借款合同纠纷等执行裁定书》【最高人民法院（2016）最高法执监204号】

最高人民法院认为：首先，从泉州中行的异议申请书中可以看出，其请求厦门海事法院撤销将拍卖款划拨给该院处置的执行行为，这是对厦门海事法院的具体执行行为提出异议，符合《民事诉讼法》第二百二十五条的规定。其次，《民诉法解释》第四百六十五条规定："案外人对执行标的提出的异议，经审查，按照下列情形分别处理：（一）案外人对执行标的不享有足以排除强制执行的权益的，裁定驳回其异议；（二）案外人对执行标的享有足以排除强制执行的权益的，裁定中止执行。驳回案外人执行异议裁定送达案外人之日起十五日内，人民法院不得对执行标的进行处分。"根据该规定精神，《民事诉讼法》第二百二十七条所指的案外人对执行标的提出的异议，其目的是排除对执行标的的强制执行。抵押权人可以从执行标的的变价款中优先受偿，并不需要排除对抵押物的执行，强制执行程序可以保障抵押权人优先受偿权的实现。本案中，泉州中行提出异议的目的亦非排除对土地使用权的强制执行，故本案不应当适用《民事诉讼法》第二百二十七条的规定。

047 抵押权人能否提起第三人撤销之诉请求撤销确认工程价款优先受偿权的判决？

抵押权人有权对确认建设工程价款优先受偿权生效裁判提起第三人撤销之诉

阅读提示

房地产开发商欠付承包人工程款时，承包人就工程折价或者拍卖的价款享有优先受偿权。房地产开发商不能偿还银行提供的贷款时，银行可依据生效判决，申请法院强制执行已经抵押登记的房地产。建筑工程承包人的优先受偿权优于抵押权和其他债权。

那么，当开发商欠付承包人工程款，承包人起诉至法院，法院判决开发商支付工程款，判决承包人对工程折价或拍卖所得的价款享有优先受偿权时，银行作为抵押权人，认为确认承包人享有建设工程价款优先受偿权的生效裁判存在错误，侵害了其对涉案工程享有的抵押权的实现，抵押权人是否有权向法院提起诉讼，请求撤销确认工程价款优先受偿权的判决？本文通过最高人民法院公布的一则指导案例，对这一问题进行分析。

裁判要旨

建设工程价款优先受偿权与抵押权指向同一标的物，抵押权的实现因建设工程价款优先受偿权的有无以及范围大小受到影响的，应当认定抵押权的实现同建设工程价款优先受偿权案件的处理结果有法律上的利害关系，抵押权人对确认建设工程价款优先受偿权的生效裁判具有提起第三人撤销之诉的原告主体资格。

案情简介

民生银行某分行依据生效判决，向温州中院申请强制执行青田县依某高鞋业公司提供抵押的案涉房地产。在执行过程中，青田县人民法院向温州中院发出《参与执行分配函》，以（2016）浙1121民初1800号民事判决为依据，要求温州中院将该判决确认的山某建筑公司对青田依某高鞋业公司享有的559.3万元建设工程款债权优先于抵押权和其他债权受偿，对案涉房地产折价或拍卖所得价款优先受偿。

民生银行某分行向法院提起诉讼，认为案涉建设工程于2011年10月21日竣工验收合格，但山某建筑公司直至2016年4月20日才向法院主张优先受偿权，显然已超过了6个月的期限，故请求撤销（2016）浙1121民初1800号民事判决。

云和县法院判决撤销（2016）浙1121民初1800号民事判决书第一项关于山某建筑公司对案涉房地产折价或拍卖所得的价款在559.3万元范围内享有优先受偿权的判项。

山某建筑公司不服，向浙江省丽水市中级人民法院提起上诉。丽水市中级人民法院判决驳回上诉，维持原判。山某建筑公司不服，向浙江省高院申请再审。浙江省高院裁定驳回山某建筑公司的再审申请。

裁判要点及思路

本案的核心法律问题有两个：一是民生银行某分行是否具备提起第三人撤销之诉的原告主体资格；二是（2016）浙1121民初1800号民事判决是否存在错误并损害民生银行某分行的民事权益。

关于第一个核心法律问题，浙江省高院认为，民生银行某分行提起撤销之诉时已经提供证据材料证明自己是同一标的物上的抵押权人，山某建筑公司依据（2016）浙1121民初1800号生效判决第一项，要求参与抵押物折价或者拍卖所得价款的分配，将直接影响民生银行某分行债权的优先受偿，民生银行某分行已经提供初步证据证明（2016）浙1121民初1800号生效判决第一项内容可能存在错误并将损害其抵押权的实现。其提起诉讼要求撤销原案生效判决主文第一项符合法律规定的起诉条件。

关于第二个核心法律问题，浙江省高院认为，根据《合同法》第二百八十六条以及《最高人民法院关于建设工程价款优先受偿权问题的批复》的相关规定，除了按照建设工程的性质不宜折价、拍卖的以外，承包人行使优先权的方式是与发包人协议将该工程折价或者申请人民法院将该工程依法拍卖，承包人行使优先权的期限为6个月，自建设工程竣工之日或者建设工程合同约定的竣工之日起计算。

具体到本案，案涉工程并非不宜折价、拍卖的建设工程，其已于2011年10月21日通过竣工验收，山某建筑公司于2012年3月18日向青田依某高鞋业公司发出《催款通知书》时，案涉建筑工程价款已经结算清楚，山某建筑公司发出《催款通知书》主张优先权、对方回函认可并非法律规定的行使优先权的方式，也不是司法实务普遍认可的行使方式；山某建筑公司于2014年5月23日第一次通过诉讼方式主张享有优先权，已经超出法定期限。因此，原案生效判决主文第一项对此予以支持错误，损害了民生银行某分行抵押权的实现，原审据此撤销原案生效判决主文第一项并无明显不当。

实务要点总结

一、建设工程价款优先受偿权与抵押权指向同一标的物，抵押权人对确认建设工程价款优先受偿权的生效裁判具有提起第三人撤销之诉的原告主体资格。《民事诉讼法》第五十六条的规定，有权提起撤销之诉的第三人包括有独立请求权的第三人，以及虽然没有独立请求权，但案件处理结果同他有法律上的利害关系的第三人。建设工程价款优先受偿权与抵押权指向同一标的物，抵押权的实现因建设工程价款优先受偿权的有无以及范围大小受到影响的，应当认定抵押权的实现同建设工程价款优先受偿权案件的处理结果有法律上的利害关系，抵押权人对确认建设工程价款优先受偿权的生效裁判具有提起第三人撤销之诉的原告主体资格。

二、第三人在提起撤销之诉时应对原案判决可能存在错误并损害其民事权益提供初步证据材料加以证明。《民诉法解释》第二百九十二条规定，第三人对已经发生法律效力的判决、裁定、调解书提起撤销之诉的，应当提供存在下列情形的证据材料：（一）因不能归责于本人的事由未参加诉讼；（二）发生法律效力的判决、裁定、调解书的全部或者部分内容错误；（三）发生法律效力的判决、裁定、调解书内容错误损害其民事权益。

上述规定意味着，法院在受理阶段需对原生效裁判内容是否存在错误从证据材料角度进行一定限度的实质审查。但本质上仍是对第三人撤销之诉起诉条件的审查，起诉条件与最终实体判决的证据要求存在区别，上述规定并不意味着第三人在起诉时就要完成全部的举证义务。意即第三人在提起撤销之诉时应对原案判决可能存在错误并损害其民事权益的情形提供初步证据材料加以证明。

本案中，民生银行某分行提起撤销之诉时已经提供证据材料证明自己是同一标的物上的抵押权人，山某建筑公司依据原案生效判决第一项要求参与抵押物折价或者拍卖所得价款的分配，将直接影响民生银行某分行债权的优先受偿，而且山某建筑公司自案涉工程竣工验收至提起原案诉讼远远超过 6 个月期限。因此，从起诉条件审查角度看，民生银行某分行已经提供初步证据证明原案生效判决第一项内容可能存在错误并将损害其抵押权的实现。

三、承包人要注意在法定期限内行使建设工程价款优先受偿权。在民法典生效前，根据《最高人民法院关于审理建设工程施工合同纠纷案件适用法律问题的解释（二）》第二十二条的规定，行使建设工程价款优先受偿权的期限为 6 个月。2021 年 1 月 1 日实施的《最高人民法院关于审理建设工程施工合同纠纷案件适用法律问题的解释（一）》第四十一条规定，将承包人行使建设工程价款优先受偿权的期限延长到 18 个月。承包人应在该法定期限内行使建设工程价款优先受偿权，过期则丧失权利。

关于承包人行使优先受偿权的形式，司法实践中的观点并不统一，需要结合具体案件进行认定。本案中，浙江高院认为，司法实务中，在建设工程合同约定争议解决方式为仲裁或者建设工程已经被拍卖的情况下，普遍认可承包人可以通过申请仲裁要求确认其建设工程价款优先受偿权或者以优先权人身份申请参加建设工程拍卖价款的参与分配程序等方式行使优先权。山某建筑公司发出《催款通知书》主张优先权、对方回函认可并非法律规定的行使优先权的方式，也不是司法实务普遍认可的行使方式，山某建筑公司第一次通过诉讼方式主张享有优先权时，已经超出法定期限。

但是，最高人民法院在一个案件中指出："本院认为，承包人享有的建设工程价款优先受偿权系法定权利，承包人行使优先受偿权的形式包括且不限于通知、协商、诉讼、仲裁等方式，承包人在除斥期间内以上述形式主张过建设工程价款优先受偿权的，应当认定其主张未超过优先受偿权行使的法定期限。"（详见"延伸阅读"案例）

相关法律规定

《民事诉讼法》（2021 年 12 月 24 日修正）

第五十九条① 对当事人双方的诉讼标的，第三人认为有独立请求权的，有权提起诉讼。

对当事人双方的诉讼标的，第三人虽然没有独立请求权，但案件处理结果同他有法律上的利害关系的，可以申请参加诉讼，或者由人民法院通知他参加诉讼。人民法院判决承担民事责任的第三人，有当事人的诉讼权利义务。

前两款规定的第三人，因不能归责于本人的事由未参加诉讼，但有证据证明发生法律效力的判决、裁定、调解书的部分或者全部内容错误，损害其民事权益的，可以自知道或者应当知道其民事权益受到损害之日起六个月内，向作出该判决、裁定、调解书的人民法院提起诉讼。人民法院经审理，诉讼请求成立的，应当改变或者撤销原判决、裁定、调解书；诉讼请求不成立的，驳回诉讼请求。

《最高人民法院关于适用〈中华人民共和国民事诉讼法〉的解释》（2022 年 3 月 22 日修正）

第二百九十条② 第三人对已经发生法律效力的判决、裁定、调解书提起撤销之诉的，应当自知道或者应当知道其民事权益受到损害之日起六个月内，向作出生效判决、裁定、调解书的人民法院提出，并应当提供存在下列情形的证据材料：

（一）因不能归责于本人的事由未参加诉讼；

（二）发生法律效力的判决、裁定、调解书的全部或者部分内容错误；

---

① 原第五十六条。
② 原第二百九十二条。

（三）发生法律效力的判决、裁定、调解书内容错误损害其民事权益。

《合同法》（2021年1月1日失效）

第二百八十六条 发包人未按照约定支付价款的，承包人可以催告发包人在合理期限内支付价款。发包人逾期不支付的，除按照建设工程的性质不宜折价、拍卖的以外，承包人可以与发包人协议将该工程折价，也可以申请人民法院将该工程依法拍卖。建设工程的价款就该工程折价或者拍卖的价款优先受偿。

《民法典》（2020年5月28日公布）

第八百零七条 发包人未按照约定支付价款的，承包人可以催告发包人在合理期限内支付价款。发包人逾期不支付的，除根据建设工程的性质不宜折价、拍卖外，承包人可以与发包人协议将该工程折价，也可以请求人民法院将该工程依法拍卖。建设工程的价款就该工程折价或者拍卖的价款优先受偿。

法院裁判

以下是浙江省高级人民法院在"本院认为"部分的论述：

本院经审查认为，本案争议焦点是：（一）云和县人民法院管辖本案是否符合法律规定；（二）本案是否符合第三人撤销之诉的起诉条件；（三）原案生效判决是否存在错误并损害民生银行某分行的民事权益。

（一）云和县人民法院管辖本案是否符合法律规定。

根据《民事诉讼法》第五十六条第三款之规定，第三人应向作出生效判决、裁定、调解书的人民法院提起撤销之诉。民生银行某分行向作出原案生效判决的青田县人民法院提起本案诉讼并无不当。之后，青田县人民法院受理本案并报请丽水市中级人民法院指定管辖，丽水市中级人民法院依据《民事诉讼法》第三十七条第一款"有管辖权的人民法院由于特殊原因，不能行使管辖权的，由上级人民法院指定管辖"之规定，指定云和县人民法院管辖本案亦无不当。因此，云和县人民法院依照上级人民法院指定管辖本案并作出判决在程序上并无违法之处。而且，管辖错误也不是《民事诉讼法》第二百条规定的再审事由，故山某建筑公司该项再审事由缺乏事实和法律依据。

（二）本案是否符合第三人撤销之诉的起诉条件。

第三人撤销之诉的审理对象是原案生效裁判，为保障生效裁判的权威性和稳定性，第三人撤销之诉的立案审查相比一般民事案件更加严格。正如山某建筑公司所称，《民诉法解释》第二百九十二条规定，第三人提起撤销之诉的，应当提供存在发生法律效力的判决、裁定、调解书的全部或者部分内容错误情形的证据材料，即在受理阶段需对原生效裁判内容是否存在错误从证据材料角度进行一定限度的实质审查。但前述司法解释规定本质上仍是对第三人撤销之诉起诉条件的规定，起诉条件与最终实体判决的证据要求存在区别，前述司法解释规定并不意味着第三人在起诉时就要完成全部的举证义务，毋宁说，第三人在提起撤销之诉时应对原案判决可能存在错误并损害其民事权益的情形提供初步证据材料加以证明。

民生银行某分行提起撤销之诉时已经提供证据材料证明自己是同一标的物上的抵押权人，山某建筑公司依据原案生效判决第一项要求参与抵押物折价或者拍卖所得价款的分配将直接影响民生银行某分行债权的优先受偿，而且山某建筑公司自案涉工程竣工验收至提起原案诉讼远远超过六个月期限，山某建筑公司主张在六个月内行使建设工程价款优先权时并未采取起诉、仲裁等具备公示效果的方式。因此，从起诉条件审查角度看，民生银行某分行已经提供初步证据证明原案生效判决第一项内容可能存在错误并将损害其抵押权的实现。其提起诉讼要求撤销原案生效判决主文第一项符合法律规定的起诉条件。

（三）原案生效判决是否存在错误并损害民生银行某分行的民事权益。

建设工程价款优先受偿权作为法定优先权，与抵押权等优先权确实存在不同。以本案所涉的抵押权为例，抵押权设定需抵押合同双方当事人签订抵押合同确定抵押物和抵押担保范围并办理抵押登记，而建设工程价款优先权则无须建设工程施工合同双方当事人约定优先权的行使对象以及优先受偿范围，亦无须以登记等方式进行公示。但正因为建设工程价款优先受偿权是法定优先权，其行使对象、优先受偿范围以及行使期限、行使方式均应符合法律规定的要求。根据《合同法》第二百八十六条以及《最高人民法院关于建设工程价款优先受偿权问题的批复》的相关规定，除了按照建设工程的性质不宜折价、拍卖的以外，承包人行使优先权的方式是与发包人协议将该工程折价或者申请人民法院将该工程依法拍卖，承包人行使优先权的期限为六个月，自建设工程竣工之日或者建设工程合同约定的竣工之日起计算。司法实务中，在建设工程合同约定争议解决方式为仲裁或者建设工程已经被拍卖的情况下，普遍认可承包人可以通过申请仲裁要求确认其建设工程价款优先受偿权或者以优先权人身份申请参加建设工程拍卖价款的参与分配程序等方式行使优先权。

具体到本案，案涉工程并非不宜折价、拍卖的建设工程，其已于2011年10月21日通过竣工验收，山某建筑公司于2012年3月18日向青田依某高鞋业公司发出《催款通知书》时，案涉建筑工程价款已经结算清楚，山某建筑公司发出《催款通知书》主张优先权、对方回函认可并非法律规定的行使优先权的方式，也不是司法实务普遍认可的行使方式；山某建筑公司于2014年5月23日第一次通过诉讼方式主张享有优先权，已经超出法定期限。原案生效判决主文第一项对此予以支持错误，损害了民生银行某分行抵押权的实现，原审据此撤销原案生效判决主文第一项并无明显不当。

综上，山某建筑公司的再审申请不符合《民事诉讼法》第二百条规定的情形。依照《民事诉讼法》第二百零四条第一款、《民诉法解释》第三百九十五条第二款的规定，裁定如下：

驳回浙江山口建筑工程有限公司的再审申请。

案件来源

《浙江山某建筑工程有限公司与中国民生银行股份有限公司某分行、青田依某高鞋业有限公司第三人撤销之诉再审审查裁定书》【浙江省高级人民法院（2018）浙民申3524号】

延伸阅读

承包人享有的建设工程价款优先受偿权系法定权利，承包人行使优先受偿权的形式包括且不限于通知、协商、诉讼、仲裁等方式，承包人在除斥期间内以上述形式主张过建设工程价款优先受偿权的，应当认定其主张未超过优先受偿权行使的法定期限。

案例：《某建筑机械化工程有限公司、成都紫某投资管理有限公司申请执行人执行异议之诉再审民事判决书》【最高人民法院（2020）最高法民再352号】

本院认为，承包人享有的建设工程价款优先受偿权系法定权利，承包人行使优先受偿权的形式包括且不限于通知、协商、诉讼、仲裁等方式，承包人在除斥期间内以上述形式主张过建设工程价款优先受偿权的，应当认定其主张未超过优先受偿权行使的法定期限。建机工程公司再审中举示的《关于我司向大邑银某房地产开发有限公司交付工程有关情况的说明》明确载明案涉工程竣工验收并交付的时间分别为2009年4月25日、2011年1月8日、2011年2月28日。而建机工程公司再审中提交的大邑银某公司与建机工程公司签订结算书的时间分别为2009年9月29日、2011年3月28日。大邑银某公司出具的《关于我司为某建筑机械化工程有限公司抵偿房屋办理过户登记有关情况的说明》载明："鉴于我司因位于大邑县大邑大道458#邑都上城项目欠付省建机公司工程款6830778元，且省建机公司享有该工程价款优先受偿权，经多次磋商，我司于 2013 年 7 月 11 日与省建机公司签订《协议书》，约定将我司房源中价值 7330778 元的 15 套房屋用以抵扣欠付建机公司的工程款 6830778 元……"原审中建机工程公司已将该份说明作为证据提交，大邑银某公司原审代理人对该份说明的真实性无异议，故该份说明可以证明建机工程公司在案涉工程价款优先受偿权行使的六个月法定期限内通过磋商的方式向大邑银某公司主张过工程价款优先受偿权，故建机工程公司与大邑银某公司于 2013 年 7 月 11 日签订案涉《协议书》时并未超过建设工程价款优先受偿权行使的法定期限。

048 房地产开发商能否解除买卖合同，排除抵押预告登记权人的执行？

> 房地产开发商与房屋买受人恶意串通不正当地阻止抵押条件成就，无权排除抵押预告登记权利人的强制执行

阅读提示

绝大多数家庭都会选择按揭贷款方式买房，银行向购房者发放贷款，购房者将其购买的房屋抵押给银行，在房屋不满足办理初始登记和抵押登记的情况下，商业银行往往会先行办理抵押权预告登记。此时，如果购房者因负担其他债务而被法院强制执行，所购房屋被法院查封甚至采取拍卖、以物抵债等变价措施，银行作为抵押预告登记权利人，是否有权提出执行异议，排除法院的强制执行呢？

在按揭贷款买房的场合，实践中还有一种情形，在银行办理了抵押权预告登记后，向购房者发放了贷款，但购房者未按期偿还房贷，银行申请执行预告登记房产，此时，房地产开发商却起诉解除了其与购房者之间的房屋买卖合同，购房者享有预告登记的权利基础不复存在。那么，预告登记会失效吗？如果预告登记失效，那么，银行享有的抵押预告登记无法进行本登记，从而丧失抵押权。房地产开发商便可排除银行申请的强制执行。如何平衡房地产开发商的合同解除权与银行的抵押权登记期待利益？本文通过最高人民法院的一则案例对上述问题进行分析。

裁判要旨

房地产开发商与房屋买受人恶意串通，签订虚假商品房买卖合同，并将房屋预

告登记在买受人名下，再由买受人以房屋为抵押物向银行借款提供抵押担保，所获借款交由房地产开发商使用。在所获借款无法清偿时，房地产开发商起诉解除商品房买卖合同，以消除案涉房屋权利负担、阻止办理抵押本登记、排除银行对案涉房屋享有的权益，其主张不应得到支持。银行作为善意第三人，其对房屋享有的抵押预告登记权利应予保护。

案情简介

2015年4月，千某公司与吴某忠为套取银行信贷资金，在无真实交易的情况下，串通签订虚假商品房买卖合同，出具虚假房款收据，并将案涉房屋预告登记在吴某忠、余某珍名下。

吴某忠以案涉房屋为吴某刚等向某银行借款提供抵押担保，某银行基于对商品房买卖合同、房款收据、房屋预告登记的信任，与吴某忠等人签订借款、抵押合同，并办理案涉房屋的抵押预告登记。吴某刚等人所获借款交由千某公司使用。

2017年1月10日，大武口区法院作出民事判决书，认定千某公司与吴某忠签订一系列合同的目的是向银行抵押贷款套取银行信贷资金，判决商品房买卖合同无效。

吴某刚、吴某忠等人未按期向某银行偿还借款，某银行起诉至银川中院，2017年12月8日，银川中院出具民事调解书。吴某刚、吴某忠等人未履行调解书确定的义务，某银行向银川中院申请强制执行。在执行过程中，某银行向银川中院申请评估、拍卖吴某忠、余某珍名下作为抵押贷款担保的涉案房屋。

千某公司向执行法院提出异议，执行法院裁定中止对涉案房屋的强制执行。某银行不服，提起执行异议之诉。一审法院认为，涉案商品房买卖合同已解除，吴某忠、余某珍已并非涉案房屋的预告登记权利人，某银行在未办理房屋抵押权设立登记前，不享有涉案房屋抵押权，故判决驳回某银行的诉讼请求。

某银行上诉至宁夏高院，宁夏高院认为，涉案商品房买卖合同无效，并不影响房屋的抵押权预告登记的效力，某银行已尽到了审慎义务，主观并不存在过错。千某公司与吴某忠、余某珍恶意串通，阻止抵押条件成就，应视为案涉抵押条件已成就。宁夏高院判决撤销宁夏中院的民事判决。千某公司向最高人民法院申请再审，最高人民法院裁定驳回千某公司的再审申请。

裁判要点及思路

本案的争议焦点是：千某公司对案涉房屋享有的权益能否排除法院的强制执

行。二审法院和最高人民法院认为千某公司不能排除某银行向法院申请的强制执行。裁判理由有三点：

第一，千某公司起诉解除商品房买卖合同，构成恶意串通阻止办理抵押本登记、排除某银行对案涉房屋享有的权益。千某公司与吴某忠为套取银行信贷资金，在无真实交易的情况下，串通签订虚假商品房买卖合同，出具虚假房款收据，并将案涉房屋预告登记在吴某忠、余某珍名下，再由吴某忠以案涉房屋为吴某刚等向某银行借款提供抵押担保，所获借款交由千某公司使用。在所获借款无法清偿时，千某公司又起诉要求解除商品房买卖合同，以消除案涉房屋权利负担、阻止办理抵押本登记、排除某银行对案涉房屋享有的权益。

第二，某银行属于善意第三人。某银行基于对商品房买卖合同、房款收据、房屋预告登记的信任，与吴某忠等人签订借款、抵押合同，并办理案涉房屋的抵押预告登记。本案并无证据证明某银行在接受抵押担保、发放贷款过程中有违法或者重大过失行为，某银行属善意第三人。

第三，千某公司与吴某忠签订的商品房买卖合同因双方通谋虚伪表示而被确认无效，该无效不能对抗基于信赖预告登记公示公信效力而为后续交易的善意第三人。不影响之后某银行与吴某忠等人之间借款、抵押合同及抵押预告登记的效力。抵押预告登记虽非现实的抵押权，但对其后发生的违背预告登记内容的不动产物权处分行为具有排他效力和优先性，对于某银行基于抵押预告登记而对案涉房屋享有的权益应予保护。

实务要点总结

一般情况下，房地产开发商与房屋买受人签订的商品房买卖合同解除后，买受人的预告登记失效，房地产开发商能够排除买受人的债权人对房屋的预查封，但房地产开发商与房屋买受人恶意串通，阻止办理抵押本登记，损害抵押预告登记权利人权益的除外。本案中千某公司与吴某忠恶意串通，阻止办理抵押本登记、排除某银行对案涉房屋享有的权益，最高人民法院未支持千某公司排除某银行申请执行的主张。但如果房地产开发商与房屋买受人签订了合法有效的商品房买卖合同，后因房屋买受人违约，房地产开发商按照合同约定，解除商品房买卖合同。此时，房地产开发商有权主张房屋预告登记失效，进而以其为房屋的所有权人，排除抵押预告登记权利人向法院申请的强制执行。（详见延伸阅读案例一）

抵押权预告登记权利人有权要求停止对不动产的强制执行，待满足抵押权本登记的情形下，要求对不动产实现抵押权以优先受偿。本文介绍的案例是关于房地产开发商申请排除抵押权预告登记权利人的执行，实践中更常见的是房屋买受人的预告登记房屋被其债权人申请执行，银行作为抵押预告登记权利人，向法院申请排除对房屋的强制执行。根据《物权法》第二十条第一款的规定，预告登记后，未经预告登记的权利人同意，处分该不动产的，不发生物权效力。因此，预告登记具有阻却不动产物权变动的效力。在强制执行的场合，如果人民法院对设定有抵押权预告登记的房屋进行拍卖或者以物抵债，实际上是对不动产进行处分的行为，侵害了抵押权预告登记权利人基于预告登记而享有的取得物权的顺位优先效力。因此，抵押权预告登记权利人可要求停止对不动产的强制执行，待满足抵押权本登记的情形下，要求对不动产实现抵押权以优先受偿。（详见"延伸阅读"案例二）

相关法律规定

《民法典》（2020年5月28日公布）

第二百二十一条[①]　当事人签订买卖房屋的协议或者签订其他不动产物权的协议，为保障将来实现物权，按照约定可以向登记机构申请预告登记。预告登记后，未经预告登记的权利人同意，处分该不动产的，不发生物权效力。

预告登记后，债权消灭或者自能够进行不动产登记之日起九十日内未申请登记的，预告登记失效。

《最高人民法院关于适用〈中华人民共和国民法典〉有关担保制度的解释》（2020年12月31日公布）

第五十二条　当事人办理抵押预告登记后，预告登记权利人请求就抵押财产优先受偿，经审查存在尚未办理建筑物所有权首次登记、预告登记的财产与办理建筑物所有权首次登记时的财产不一致、抵押预告登记已经失效等情形，导致不具备办理抵押登记条件的，人民法院不予支持；经审查已经办理建筑物所有权首次登记，且不存在预告登记失效等情形的，人民法院应予支持，并应当认定抵押权自预告登记之日起设立。

当事人办理了抵押预告登记，抵押人破产，经审查抵押财产属于破产财产，预告登记权利人主张就抵押财产优先受偿的，人民法院应当在受理破产申请时抵押财产的价值范围内予以支持，但是在人民法院受理破产申请前一年内，债务人对没有财产担保的债务设立抵押预告登记的除外。

---

① 原《物权法》第二十条。

《最高人民法院关于人民法院办理执行异议和复议案件若干问题的规定》(2020年12月23日修正)

第三十条 金钱债权执行中,对被查封的办理了受让物权预告登记的不动产,受让人提出停止处分异议的,人民法院应予支持;符合物权登记条件,受让人提出排除执行异议的,应予支持。

法院裁判

以下是最高人民法院在"本院认为"部分的论述:

本院认为,本案应审查的主要问题为千某公司对案涉房屋享有的权益能否排除人民法院强制执行。综合考虑本案实际情况,二审判决未支持千某公司排除执行的诉讼主张并无不当。具体理由如下:

第一,根据查明事实,千某公司与吴某忠为套取银行信贷资金,在无真实交易的情况下,串通签订虚假商品房买卖合同,出具虚假房款收据,并将案涉房屋预告登记在吴某忠、余某珍名下,再由吴某忠以案涉房屋为吴某刚等向某银行借款提供抵押担保,所获借款交由千某公司使用。在所获借款无法清偿时,千某公司又起诉要求解除商品房买卖合同,以消除案涉房屋权利负担、阻止办理抵押本登记、排除某银行对案涉房屋享有的权益。上述事实有相关买卖、融资、抵押、借款合同,以及千某公司另案起诉状、生效民事判决等在案证据予以证实。

第二,某银行基于对上述商品房买卖合同、房款收据、房屋预告登记的信任,与吴某忠等人签订借款、抵押合同,并办理案涉房屋的抵押预告登记。本案并无证据证明某银行在接受抵押担保、发放贷款过程中有违法或者重大过失行为,某银行属善意第三人。

第三,千某公司与吴某忠签订的商品房买卖合同因双方通谋虚伪表示而被确认无效,但该无效不能对抗基于信赖预告登记公示公信效力而为后续交易的善意第三人,不影响之后某银行与吴某忠等人之间借款、抵押合同及抵押预告登记的效力。抵押预告登记虽非现实的抵押权,但对其后发生的违背预告登记内容的不动产物权处分行为具有排他效力和优先性,对于某银行基于抵押预告登记而对案涉房屋享有的权益应予保护。

综合考虑本案商品房买卖合同无效原因、某银行系善意第三人、商品房买卖预告登记失效并不影响在其生效期间公示公信效力等因素,二审判决支持某银行诉讼请求,符合本案实际情况,裁判结果并无不当。千某公司相关申请再审理由不能成立,本院不予支持。

综上，千某公司的再审申请不符合《民事诉讼法》第二百条第六项规定的情形。经本院审判委员会研究决定，依照《民事诉讼法》第二百零四条第一款、《民诉法解释》第三百九十五条第二款规定，裁定如下：

驳回石嘴山市千某房地产开发有限公司的再审申请。

案件来源

《石嘴山市千某房地产开发有限公司、宁夏贺兰某村镇银行有限责任公司申请执行人执行异议之诉再审审查与审判监督民事裁定书》【最高人民法院（2020）最高法民申130号】

延伸阅读

一、一般情况下，在房地产开发商与房屋买受人之间的房屋买卖合同解除后，房地产开发商有权主张房屋预告登记失效，进而以其为房屋的所有权人，排除抵押预告登记权利人向法院申请的强制执行。

案例一：《长春市领某房地产开发有限公司、黄某轩案外人执行异议之诉再审民事判决书》【最高人民法院（2019）最高法民再299号】

领某公司提交了国有土地使用权证、建设工程规划许可证、建设用地规划许可证、建筑工程施工许可证、商品房销（预）售许可证、备案证明五证，足以证明领某公司为诉争房屋的开发企业。在案涉《商品房买卖合同》及补充协议解除后，根据《合同法》第九十七条、《民诉法解释》第三百一十二条第二项规定，能够确认领某公司系诉争房屋的所有权人。在案涉仲裁裁决确认领某公司与孙某丹之间的《商品房买卖合同》及补充协议解除后，针对诉争房屋的预告登记失效。作为诉争房屋所有权人的领某公司诉求解除人民法院对诉争房屋的查封，本院予以支持。应说明的是，上述认定并不剥夺因案涉《商品房买卖合同》及补充协议解除后，孙某丹享有的已付购房款项返还请求权，孙某丹可另寻其他途径解决。领某公司以诉争房屋所有权人身份提起本案诉讼，主张对诉争房屋享有所有权，而二审判决在审理中却将领某公司诉请的法律性质识别为保证人的追偿权，适用法律错误，本院予以纠正。

综上，人民法院的查封措施固定的是房屋预告登记本身以及本登记完成之后对房屋的查封，不包括通过执行程序对标的物进行拍卖、变卖、折价等。房屋预查封的执行效果取决于房屋预告登记能否符合本登记的条件。案涉《商品房买卖合同》

及补充协议解除后,预告登记失效,孙某丹不再享有相应的物权期待权。而领某公司作为诉争房屋开发企业有权向人民法院申请解除查封,排除执行。二审判决认定事实,适用法律均有错误,应予以纠正。

二、抵押权预告登记权利人可要求停止对不动产的强制执行,待满足抵押权本登记的情形下,要求对不动产实现抵押权以优先受偿。

案例二:《姜某云与陈某祥民间借贷纠纷执行裁定书》【江苏省高级人民法院(2017)苏执复73号】

本院认为,扬州中院将交行某分行案涉拥有抵押权预告登记的16套房产中的5套房产裁定归姜某云所有,并将交行某分行的案涉债权数额计算至第三次拍卖结束之日,适用法律不当,(2016)苏10执异38号执行裁定应予撤销。理由是:

一、依据《物权法》第二十条第二款:预告登记后,债权消灭或者自能够进行不动产登记之日起三个月内未申请登记的,预告登记失效的规定,在交行某分行对被执行人陈某祥的债权未得到清偿,陈某祥也没有办理案涉16套房产的相关权属证书的情形下,交行某分行拥有的案涉16套房产抵押权预告登记至今仍然有效。

二、依据《物权法司法解释(一)》第四条:未经预告登记的权利人同意,转移不动产所有权,或者设定建设用地使用权、地役权、抵押权等其他物权的,应当依照物权法第二十条第一款的规定,认定其不发生物权效力的规定,交行某分行有权在未经其同意的情况下,依据其拥有的对案涉16套房产抵押权预告登记,主张阻却对上述案涉房产所有权全部或者部分的转移。

049 被拆迁人能否排除抵押权人执行安置房?

> 拆迁安置户有权排除抵押权人申请执行安置房

阅读提示

在拆迁安置的过程中,被拆迁人除了与政府达成安置补偿协议以外,还会与政府、城投公司、房地产开发公司等主体共同签订安置补偿协议。被拆迁人以原房屋被拆除、毁损、支付差价为代价,换取城投公司、房地产开发公司等主体名下在建或者已建成用于安置的房屋。在这个过程中,如果城投公司、房地产开发公司等主体将用于安置的房屋为银行等办理抵押登记或者对外欠付债务,往往产生安置房屋所有权人的债权人申请执行安置房屋的问题。此时，被拆迁人能否排除债权人的申请执行呢？本文通过整理最高人民法院近年来处理被拆迁人（安置户）能否排除执行的裁判观点，分析最高人民法院处理这一问题的司法态度，总结实务经验，为法官、律师提供处理此类案件的思路，为当事人提供相应的风险控制建议。

裁判要旨

被拆迁人以牺牲其对原房屋的居住权为代价来满足城市建设等社会公共利益的需要，其对安置房享有的拆迁利益关系到自身基本的生存权利，该权利优先于抵押权人，应予以优先保护。

案情简介

2011年1月，宿州中院民事调解书确认：史某海等人作为拆迁人，宿州纵某公司负有为史某海等人安置五间商铺即诉争商铺并限期交付的义务。

2011年10月，亳州典当公司根据某公证处作出的执行证书，申请执行宿州纵某公司财产。宿州中院遂查封宿州纵某公司名下房屋（包括诉争商铺），史某海提起案外人执行异议，宿州中院裁定中止执行诉争房屋。亳州典当公司提起申请执行人执行异议之诉。

宿州中院一审认为，史某海等人对安置房屋享有的权利具有物权性质，优先于亳州典当公司对案涉房屋的抵押权，判决驳回亳州典当公司诉讼请求。亳州典当公司上诉至安徽高院。

2019年6月，安徽高院认为被拆迁人享有的债权作为特种债权赋予其物权的优先效力，足以排除执行，判决驳回亳州典当公司上诉，维持原判。亳州典当公司向最高人民法院申请再审。

2019年12月，最高人民法院再审裁定驳回亳州典当公司再审申请。

裁判要点及思路

本案焦点是案外人史某海等对案涉商铺是否享有足以排除强制执行的民事权益，宿州中院、安徽高院、最高人民法院均认为史某海等人对于案涉商铺有权排除执行，但理由不同：

一、宿州中院认为，史某海等以丧失拥有被拆迁房屋所有权为对价换取宿州纵某公司提供的安置房屋，同时针对差价多退少补，其对产权调换后的房屋享有的拆迁安置利益能否实现直接影响史某海等人基本的生存居住权、使用权，其二人对产权调换后的安置房屋特定化后具有物权客体特定性特征，应优先于亳州典当公司在此之后设定的抵押权。

二、安徽高院认为，被拆迁人与拆迁人达成拆迁安置协议，实质是通过以房换房的房屋产权调换方式，以牺牲原房屋的居住权为代价来满足城市建设等社会公共利益的需要，因此对被拆迁人享有的债权作为特种债权赋予其物权的优先效力。

三、最高人民法院认为，基于案件材料表明，史某海等系拆迁安置户，案涉商铺系安置房性质，史某海等作为拆迁安置户，以牺牲其对原房屋的居住权为代价来满足城市建设等社会公共利益的需要，其对作为安置房的案涉商铺享有的拆迁利益亦关系到其基本的生存权利，故其对案涉商铺享有的权利优先于亳州典当公司享有的抵押权。史某海等人对案涉商铺享有足以排除强制执行的民事权益。

相比较宿州中院将被拆迁人对于安置房屋的权利认定为物权性质、安徽高院将被拆迁人对于安置房屋的权利认定为特殊债权，最高人民法院则回避了对于被拆迁人该权利性质的认定，认为被拆迁人对于安置房屋的权利关系到被拆迁人基本生存权，应当优先抵押权人得到保护。

实务要点总结

通过整理最高人民法院近年来处理被拆迁人（安置户）能否排除执行一般债权人、优先债权人强制执行的裁判观点，我们发现，最高人民法院对于这一问题的态度较为统一，均认为被拆迁人对于特定安置房屋享有的权利优先于安置房屋所有权人的债权人的权利，包括一般债权人和优先债权人，支持被拆迁人对于特定安置房屋的排除执行。关于涉及安置房屋排除执行问题，相关经验总结如下：

一、被拆迁人有权排除一般债权人和优先债权人的强制执行。最高人民法院多数观点认为，根据《最高人民法院关于审理商品房买卖合同纠纷案件适用法律若干问题的解释》[①] 第七条[②]第一款规定，被拆迁人基于与拆迁人达成的拆迁补偿安置协议，对特定补偿安置房屋享有优先于买受人取得的权利。关于被拆迁人这一优先权利，最高人民法院在该条款具体适用中并无分歧，存在分歧的是：被拆迁人这一优先权利的性质到底是什么？优先对抗的对象是什么？也就是说，该权利的内涵和外延究竟是什么。然而，最高人民法院并没有对这一关键问题给出明确答案，以至

---

① 以下简称《商品房买卖合同司法解释》。
② 2020 年 12 月 29 日修正时删除此条。

于在不同的案件中给出不同理由。

支持理由一：在法院确认安置房屋所有权人负有交付义务的情况下，补偿安置房屋是履行生效判决的首选方式，只有在确认不能安置时，才会产生金钱债权。作为被拆迁人，其获得安置补偿权是基于房屋被拆迁毁损而形成的权利，被拆迁人享有的安置补偿权有别于金钱债权，具有物权性质，属于足以排除执行的民事权益。另外，由于《执行异议和复议规定》第二十九条涉及的是金钱债权执行中的内容，因此不能适用该条规定，申请执行人不能以被拆迁人不符合该条规定为由予以抗辩。

支持理由二：在法院未对补偿安置事宜作出生效判决的情况下，被拆迁人履行完毕合同义务后，对置换房屋享有的权利具有物权置换的属性，被拆迁人享有安置补偿权利，应予特殊保护。即使被拆迁人未支付差价款，其享有的安置补偿权利仍应特殊保护，有权排除执行。

二、有权排除强制执行的主体不仅限于被拆迁人。对于这一结论，最高人民法院的认识比较统一。但是支持理由存在差异：

支持理由一：管委会、村委会、政府等主体代表被拆迁人与安置房屋所有权人签订产权调换协议、安置协议、房屋买卖合同的，该类主体代表被拆迁人实施上述行为，亦可以代表拆迁人实施权利。如果拆迁安置房产位置确定、安置房产能够被特定化，最高人民法院或参照《执行异议和复议规定》第二十八条、第二十九条及《商品房买卖合同司法解释》第七条第一款的精神，认定代表被拆迁人的该类主体，对安置房屋享有足以排除强制执行的民事权益。

支持理由二：该类主体可以代表被拆迁人签订相关协议，但是不能代表被拆迁人行使专属于被拆迁人的优先权利，因此不能适用上述规定排除执行。但是，在该类主体履行完毕合同义务后，安置房屋即从"原"所有权人的责任财产中分离出来，因此，安置房屋"原"所有权人的债权人无权申请执行。

三、拆迁相关方履行完毕合同义务后，安置房屋从"原"所有权人的责任财产中分离出来。根据民法基本原理，责任财产是指民事主体所有的具有金钱价值的各种权利的总体所构成，其范围并不等同于民事主体所有的财产客体的范围。安置房屋在人民法院查封之前，已经由房屋所有权人、被拆迁人、政府或城投公司等拆迁相关方，以协议的方式约定作为安置房使用。最高人民法院有观点认为：这一约定，系房屋所有权人对其开发房产的合法处分，安置房屋被特定化，在被拆迁人或者代表被拆迁人的政府履行相应合同义务之后，"原"所有权人对该用于安置的房屋，已经不再享有任何实体性的民事权利，而仅负有在一定条件成就后，向相关主体交付安置房的合同义务，安置房屋已经从"原"所有权人的责任财产中分离出来。

四、被拆迁人取得安置房屋权利的行为区别于一般商品房买卖。最高人民法院有观点认为：被拆迁人与房屋所有权人签订《房屋拆迁安置补偿协议》，被拆迁人基于其与拆迁人协商拆迁安置补偿协议过程中达成的拆迁安置整体补偿方案，取得安置房屋。被拆迁人取得对安置房屋权利的来源为拆迁人拆迁安置的法律行为和法律事实，所付出的对价中也包括丧失原有房屋的物权，不同于一般的商品房买卖，但并不意味着不能适用关于商品房买卖的相关规定。根据《商品房买卖合同司法解释》第七条第一款规定，被拆迁人请求取得安置房屋的权利优先于房屋买受人的请求权，在被拆迁人符合无过错买受人或者购房消费者条件时，可以参照《执行异议和复议规定》第二十八条或第二十九条的规定，认定有权排除执行。

相关法律规定

《最高人民法院关于人民法院办理执行异议和复议案件若干问题的规定》（2020年12月23日修正）

第二十八条　金钱债权执行中，买受人对登记在被执行人名下的不动产提出异议，符合下列情形且其权利能够排除执行的，人民法院应予支持：

（一）在人民法院查封之前已签订合法有效的书面买卖合同；

（二）在人民法院查封之前已合法占有该不动产；

（三）已支付全部价款，或者已按照合同约定支付部分价款且将剩余价款按照人民法院的要求交付执行；

（四）非因买受人自身原因未办理过户登记。

第二十九条　金钱债权执行中，买受人对登记在被执行的房地产开发企业名下的商品房提出异议，符合下列情形且其权利能够排除执行的，人民法院应予支持：

（一）在人民法院查封之前已签订合法有效的书面买卖合同；

（二）所购商品房系用于居住且买受人名下无其他用于居住的房屋；

（三）已支付的价款超过合同约定总价款的百分之五十。

法院裁判

以下为最高人民法院在裁判文书"本院认为"部分就此问题发表的意见：

本院经审查认为，本案焦点是案外人史某海、史某全对案涉商铺是否享有足以排除强制执行的民事权益。宿州纵某公司与史某海、史某全于 2008 年 3 月 10 日签订拆迁安置协议，约定以产权调换的方式为史某海、史某全安置门面和住宅房，并约定了拆迁补助费等费用。2008 年 3 月 12 日，宿州纵某公司依约将拆迁补助费等费用汇入史某海账户。2009 年 9 月 30 日宿州纵某公司向宿州市埇桥区人民法院提起诉讼，请求撤销上述拆迁安置协议，被该院驳回诉讼请求。上述事实表明，史某海、史某全系拆迁安置户，亳州典当公司关于案涉拆迁安置协议真实性无法确定的理由不能成立。2011 年 1 月 21 日，宿州纵某公司与史某海、史某全就案涉拆迁安置协议纠纷在诉讼中达成调解协议，约定宿州纵某公司为史某海、史某全等安置案涉商铺，史某海、史某全等自愿放弃拆迁安置协议约定的安置住宅。宿州市中级人民法院作出（2010）宿中民三终字第 145 号民事调解书予以确认，宿州纵某公司于 2011 年 7 月 21 日向史某海发出商铺的交房通知。原审法院据此认定案涉商铺系安置房性质并无不当，亳州典当公司主张案涉房屋不属于安置房、上述调解书不能作为依据的理由不能成立。亳州典当公司认为上述调解书错误，应另行主张，不属于本案审查范围。史某海、史某全作为拆迁安置户，以牺牲其对原房屋的居住权为代价来满足城市建设等社会公共利益的需要，其对作为安置房的案涉商铺享有的拆迁利益亦关系到其基本的生存权利，故原审法院认定史某海、史某全对案涉商铺享有的权利优先于亳州典当公司享有的抵押权并无不当。史某海、史某全对案涉商铺享有足以排除强制执行的民事权益，亳州典当公司主张原审法院适用法律错误的理由不能成立。

案件来源

《亳州市恒某典当有限责任公司、史某海申请执行人执行异议之诉再审审查与审判监督民事裁定书》【（2019）最高法民申 6875 号】

延伸阅读

一、购买动迁房，买受人支付全部购房款实际入住后、未办理产权过户手续前房屋被执行的，买受人因对房屋未能及时办理过户存在过错，无权排除执行。

案例一：《黄某根、江某再审审查与审判监督民事裁定书》【（2017）最高法民申 5128 号】

最高人民法院认为，本案中，案涉房屋系卢某滨与政府部门于 2015 年签署《动迁补偿协议》取得的动迁配套商品房。同年 4 月 11 日，黄某根与卢某斌签订《动迁房预售预购合同》，后黄某根支付了全部购房款并经装修后入住使用。案涉动迁安置房需到2017年9月才可以办理产权过户手续，黄某根至今尚未办理《上海市房地产权证》。另，江某与卢某滨等民间借贷纠纷一案，经一审法院审理作出生效判决，因卢某滨等未履行义务，江某向一审法院申请强制执行。一审法院为此查封了案涉房屋。根据以上事实，虽然黄某根购买案涉房屋后，已经支付了全部购房款，且已实际使用该房屋。但是，由于该房屋性质属于动迁安置房，根据当地政府主管部门的规定，该房屋需到2017年9月才可以办理产权过户手续。而黄某根对此明知，且《动迁房预售预购合同》中亦约定黄某根是在充分理解和接受该房屋的现状及风险的基础上，自愿签订该合同的。根据黄某根在原审中的陈述，其之所以购买该房屋，系因房屋价格便宜。据此，原审判决认定黄某根在购买案涉房屋时主观上具有过错，以及依据《执行异议和复议规定》第二十八条规定，认定黄某根不能以其对案涉房屋的物权期待权阻却人民法院的执行，适用法律并无不当。

二、法院查封的不动产对应的拆迁补偿款，系受查封的特定款项，在该特定款项为被执行人、案外人非法移转的情况下，人民法院有权循款项的走向予以追及。

案例二：《长春市诚某投资咨询有限公司、某粮食集团收储经销有限公司申请执行人执行异议之诉再审民事判决书》【（2017）最高法民再206号】

最高人民法院认为，本案中，为执行诚某公司的债权，法院冻结的被执行人某中心库的财产本是该单位的土地和房屋，为特定的不动产，并非作为种类物的货币，仅是因为政府行政拆迁，政府承诺担保将解封的土地、房屋对应的拆迁补偿款存入法院账户，才导致查封的土地、房屋转化成拆迁补偿款，故相应数额的拆迁补偿款应属查封物的"替代物"或者"赔偿款"……因案涉拆迁补偿款系受查封、冻结的特定款项，在该特定款项为被执行人、案外人非法移转的情况下，允许人民法院循款项的走向予以追及，有利于保护申请执行人的合法权益，维护司法权威。据此，本案一审法院经审判委员会讨论决定，确认长春中院（2013）长执字第137号案件中冻结的收储公司6541账户内存款1100万元为某中心库的拆迁补偿款，许可在该存款1100万元范围内予以执行，并无不当。

三、棚改公司收购安置项目，以被征收的安置户名义签订商品房买卖合同，不能认定为购房消费者，不能以《执行异议和复议规定》第二十九条规定排除执行。

案例三：《某城市棚户区改造有限公司、罗某红申请执行人执行异议之诉再审审查与审判监督民事裁定书》【（2017）最高法民申3526号】

最高人民法院认为，某棚改公司与金某公司于2011年6月14日签订的《收购合同》约定，某棚改公司收购"金某·世纪外滩"项目所建商品房成套住宅的处分权，实际购房人为达成安置协议在该项目进行安置的棚户区改造片区的被征收户,某棚改公司以金某公司的名义根据拆迁安置协议与购房人签订商品房网上备案合同及办理相关手续,房屋销售价格按安置协议确定的价格执行,由金某公司在购房合同上盖章并向购房人开具相关票据。上述约定虽然表明,某棚改公司收购涉案房屋后,拟以被征收的安置户名义签订商品房买卖合同,目的亦在于履行安置协议。但在被征收户与金某公司实际签订购房合同之前,被征收户尚非涉案房屋购买人,某棚改公司不能以被征收户消费购房名义主张权利。原审判决认定某棚改公司并非消费者,不能依照前述司法解释规定主张排除执行,具有充分的事实和法律依据。相关被征收户如因本案执行行为不能购得涉案房屋,可以依照其所签订的相关安置协议另行提出主张。

四、政府代表被安置对象与房地产开发商签订房屋买卖合同,符合《最高人民法院关于建设工程价款优先受偿权问题的批复》第二条、《执行异议和复议规定》第二十九条规定,政府有权排除法院对所购用于拆迁安置房屋的强制执行。

案例四:《甘肃金某建筑实业集团有限公司、兰州某产业园区管委会再审审查与审判监督民事裁定书》【(2019)最高法民申4459号】

最高人民法院认为,根据某管委会与远某公司的《"远某·某绣华府"三星级酒店暨城际铁路拆迁安置小区项目合同》显示,案涉小区系某管委会委托远某公司垫资代建项目,除政府回购部分外,其余房产由远某公司自行销售,故案涉小区的房产属商品房。树屏镇政府及苦水镇政府回购该部分房产的用途为拆迁安置,其代表村民签订购房合同,且被安置对象系因铁路建设征地需要以失去原有房产或者土地为对价购买案涉房产,其对案涉房产享有的权益应予保护。

五、案涉房屋在法院查封前已由各方约定作为安置房使用,在买受一方履行完毕合同义务后,出卖方对案涉房屋不享有任何实体性权利,不属于出卖一方的责任财产。

案例五:《林某波、某县城市建设投资开发有限公司申请执行人执行异议之诉再审审查与审判监督民事裁定书》【(2018)最高法民申5576号】

最高人民法院认为,本案中,系争12套房屋在人民法院查封之前,已经由远某公司与城投公司、某县人民政府以协议的方式约定作为安置房使用。这一约定,系远某公司对其开发房产的合法处分,在某县人民政府、城投公司已经履行了相应的合同义务之后,远某公司对该12套房屋已经不再享有任何实体性的民事权利,而仅负有在房屋开发建设完成后向城投公司交付安置房的合同义务,案涉12套房屋已经从远某公司的责任财产中分离出来。与此相对应,城投公司作为债权人,在案涉《协议书》签订后,虽然因案涉房屋尚未完工以及房屋被查封等原因尚未办理过户登记,但城投公司作为买受人有权要求远某公司办理案涉房屋的过户登记手续。因此，在案涉12套房产已经不属于远某公司的责任财产的情况下，林某波作为查封债权人要求将系争房屋纳入强制执行的范围，其主张依法不应得到支持。

六、以产权置换的方式取得车位，置换一方优先取得置换财产，在符合《执行异议和复议规定》第二十八条无过错买受人的条件下，有权排除执行。

案例六：《中某信托有限责任公司、张某贵申请执行人执行异议之诉二审民事判决书》【（2018）最高法民终688号】

最高人民法院认为，首先，案涉房屋及车位的《产权置换补偿协议》签订时间是2013年10月19日，系在2015年11月27日的查封之前；案涉车位已实际交付张某贵占有使用，虽中某信托对案涉车位的交付时间有异议，但结合2014年5月19日《关于某新村19号"名流花园"小区国有土地上房屋收购公告》记载的期限及所涉拆迁系现房安置等内容，以及张某贵对中某信托查封的异议等情况看，一审法院认定案涉车位已于查封前交付张某贵占有并无不当；案涉车位系张某贵以产权置换方式获得，且其已经按照约定交付了原房屋产权手续，应视为已经履行了全部价款支付义务；从案涉土地整理及拆迁收购工作的整个过程看，案涉车位在查封前未办理过户登记的原因不能归责于张某贵。其次，按照《商品房买卖合同司法解释》第七条第一款的规定也应保护张某贵对案涉车位的物权期待权。根据查明的事实，张某贵签订《产权置换补偿协议》以所有权调换形式取得案涉房屋及车位属于拆迁安置的性质，中某信托对此亦无异议，典某地产将补偿安置房屋及车位另行抵押处置，亦不能损及张某贵作为被拆迁人对补偿安置房屋及车位享有的物权期待权，张某贵应优先取得安置房屋及车位。

七、被拆迁人有权优先取得补偿安置房屋，有权对抗已经签订房屋买卖合同、办理预告登记的房屋买受人，排除该房屋买受人对安置房屋的强制执行。

案例七：《莫某范、黑龙江省某公路路政管理处再审审查与审判监督民事裁定书》【（2019）最高法民申1414号】

最高人民法院认为，某路政管理处与更某公司在前述置换协议及民事调解书中，系以附条件的方式就案涉2400平方米门市房屋置换补偿给某路政管理处进行约定。现更某公司并未在约定期限内兴建并向某路政管理处交付新建办公楼，因此其以2400平方米门市房屋对某路政管理处进行置换补偿的条件已经成就。根据前述司法解释的规定，某路政管理处作为被拆迁人，有权优先取得案涉房屋。执行法院依据某路政管理处的申请对案涉房屋予以强制执行，具有法律依据。高某功虽就案涉房屋办理了预购商品房预告登记，但其享有的权利并不能对抗某路政管理处作为被拆迁人依法享有的优先权。

八、法院依据被征收人与政府签订的补偿安置协议等证据，认定安置房屋的所有权人。

案例八：《张某、王某燕再审审查与审判监督民事裁定书》【（2018）最高法民申3586号】

最高人民法院认为，关于原审判决认定涉案拆迁安置房产属肖某春所有是否错误的问题。一方面，大榕树酒店401室所在的楼房所有权登记在宿迁市锡某工艺品厂名下，肖某春作为该厂投资人对该房产享有所有权。原审判决根据某镇人民政府与被征收人肖某春签订的《宿迁市宿城区房屋征收补偿安置协议》《宿迁市宿城区房屋征收搬迁奖励协议》等证据，认定涉案房屋系肖某春因其所有的上述房产拆迁安置而分得的房产，涉案房屋所有权亦属肖某春，并无不当。另一方面，本案中并无充分证据证明各方存在债权转让的意思表示，肖某春向某镇人民政府报备的安置房名单中将涉案房屋记载在张某名下的行为亦不具备债权转让的通知效果。综合法院对某镇人民政府征收办公室相关人员的询问笔录等证据，原审判决认定涉案房屋所有权仍属肖某春，亦无不当。

九、被拆迁人获得安置补偿权是基于房屋被拆迁毁损而形成的权利，其享有的安置补偿权有别于金钱债权，具有物权性质。

案例九：《陈某倩、刘某周再审审查与审判监督民事裁定书》【（2018）最高法民申11号】

最高人民法院认为，已生效的河南省高级人民法院（2015）豫法民一终字第195-1号民事判决判令：恒某瑞公司于判决生效后15日内为刘某周安置位于新乡市某营业住宅楼的住宅房146.53平方米，商业用房423.62平方米；如不能安置，则应按照住宅房每平方米3850元，商业用房每平方米10000元的标准赔偿刘某周损失。从上述判项来看，补偿安置房屋是履行该生效判决的首选方式，只有在确认不能安置时，才会产生金钱债权。刘某周作为被拆迁人，其获得安置补偿权是基于房屋被拆迁毁损而形成的权利，二审判决认定刘某周享有的安置补偿权有别于金钱债权，具有物权性质，并无不当。《执行异议和复议规定》第二十九条涉及的是金钱债权执行中的内容，本案不符合该条法律规定适用的条件。

十、不同于一般的商品房买卖，被拆迁人基于其与拆迁人协商拆迁安置补偿协议取得安置房屋的所有权，权利的来源为拆迁安置的法律行为和法律事实，所付出的对价中包括丧失原有房屋的物权。

案例十：《杨某勇、汪某再审审查与审判监督民事裁定书》【（2017）最高法民申2302号】

最高人民法院认为，本案中，邹某红与正某公司签订了《房屋拆迁安置补偿协议》和《房屋安置补充协议》，约定了对邹某红的拆迁房屋进行安置补偿。讼争房产是邹某红作为被拆迁人基于其与拆迁人协商拆迁安置补偿协议过程中达成的拆迁安置整体补偿方案而取得。邹某红取得对讼争房产权利的来源为正某公司拆迁安置的法律行为和法律事实，所付出的对价中也包括丧失原有房屋的物权，不同于一般的商品房买卖。而邹某红已经与金某公司办理完拆迁安置房屋价差款结算事宜，实际接受占有房屋并将房屋用于生活经营。故杨某勇对本案所涉房屋主张行使抵押权，不能对抗邹某红对上述房屋享有的权利。

050 建设工程承包人能否对抗抵押权人的强制执行？

> 承包人无权基于建设工程价款优先受偿权对抗抵押权人的强制执行

阅读提示

建设工程承包人对发包人享有的工程价款请求权具有优先受偿的性质，根据现有法律和司法解释的规定，建设工程价款优先受偿权优先于类似银行等抵押权人和普通债权人的权利实现。那么，在法院执行建设工程时，承包人能否基于这种较为优先的权利排除法院的强制执行呢？

裁判要旨

建设工程价款优先受偿权的基础权源从本质上属于债权，只是相对于普通债权而言具有优先性而已，该权利并不足以排除强制执行，也不应作为当事人提起案外人执行异议之诉的权利基础。

案情简介

2011年5月，发包人裕某公司与承包人国某公司签订建设工程施工合同，裕某公司欠付国某公司建设工程价款。

2014年1月，在贺某妙与裕某公司等民间借贷一案中，河南高院判令裕某公司对贺某妙承担还本付息的责任。判决生效后，贺某妙申请强制执行。2014年10月，南阳中院法院向某市国土资源局发出协助执行通知书，将该局与裕某公司另案中应给付裕某公司的款项全部汇至法院指定账户。

2016年12月，案外人国某公司对上述协助执行通知书提出执行异议。另外，在国某公司与裕某公司建设工程施工合同纠纷一案中，南阳中院判决裕某公司限期支付国某公司工程款。

2017年5月，某市国土资源局根据南阳中院的协助执行通知书将应付给裕某公司的款项汇入法院指定账户。

2017年7月，针对国某公司的异议，南阳中院认为国某公司的异议实质上是主张工程款的优先受偿权，涉及对建设工程合同的效力等实体权利的审查，执行程序中不宜对此作出判断和认定，裁定驳回其异议。国某公司不服，遂提起案外人执行异议之诉。

2018年8月，南阳中院认为，国某公司的优先受偿权应当在建设工程合同纠纷中予以解决，与案外人执行异议之诉不是同一法律关系，判决驳回国某公司的诉讼请求。国某公司不服，上诉至河南高院。

河南高院二审认为国某公司对执行标的享有优先权，国某建设公司可直接参与执行分配而无须再另行确认建设工程价款优先受偿权，裁定驳回国某公司起诉。申请执行人贺某妙不服，向最高人民法院申请再审。

2019年9月，最高人民法院裁定驳回贺某妙的再审申请。

裁判要点及思路

本案争议的焦点有二：一为二审法院裁定驳回国某公司案外人执行异议之诉的起诉，适用法律是否正确；二为二审法院是否错误认定国某公司对执行标的享有建设工程价款优先受偿权。

关于争议焦点一，最高人民法院认为，案外人执行异议之诉是指案外人就执行标的享有足以排除强制执行的权利，请求法院不再对执行标的实施执行的诉讼。建设工程价款优先受偿权的基础权源从本质上属于债权，只是相对于普通债权而言具有优先性而已，因此该权利并不足以排除强制执行，也不应作为当事人提起案外人执行异议之诉的权利基础。建设工程价款优先受偿权属于法定优先权，承包人可以申请参与到执行程序中，主张对执行标的物享有优先受偿权。本案中，裕某公司拖欠国某公司的建设工程价款已经为生效判决所确认，如该公司对执行标的享有建设工程价款优先受偿权并在法定期间内主张，该公司可以申请参与到执行程序中并主张对标的物优先分配，而不应以案外人身份提起执行异议之诉。

关于争议焦点二，最高人民法院认为，二审法院认为如国某公司享有建设工程价款优先受偿权，应通过在执行程序中主张优先权的方式参与分配，而非另行通过案外人执行异议之诉维护权利，因而逻辑论述上的假设并非对国某公司享有建设工程价款优先受偿权这一事实的确认。因而，二审法院并未确认国某公司对执行标的享有建设工程价款优先受偿权，不存在贺某妙所称的事实认定错误问题。

分析最高人民法院裁判思路的内在法理：

建设工程价款优先受偿权，是指承包人对于建设工程价款就该工程折价或者拍卖的价款享有优先受偿的权利。《合同法》第二百八十六条确立了建设工程承包人的优先受偿权。另外，《最高人民法院关于建设工程价款优先受偿权问题的批复》中明确：建筑工程的承包人的优先受偿权优先于抵押权和其他债权，但是不得对抗已经支付全部或大部分购房款的房屋消费者。据此，建设工程价款优先受偿权属于法定优先权。

但是，建设工程优先受偿权的本质是以建设工程的交换价值担保工程款债权的实现，也就是说，建设工程优先受偿权只是一种顺位权，不能达到阻却执行的效果。因此，人民法院对建设工程采取强制执行措施时，案外人不能以其对该建设工程享有优先受偿权为由提起执行异议之诉要求停止执行，而只能在执行程序中向执行法院提出优先受偿的主张。

实务要点总结

案外人不能以其对该建设工程享有优先受偿权为由提起执行异议之诉要求停止执行，而只能在执行程序中向执行法院提出优先受偿的主张。换言之，建设工程承包人的优先受偿权不能作为提起案外人执行异议之诉的权利基础，承包人无权提起案外人执行异议之诉。

建筑工程的承包人的优先受偿权优先于抵押权和其他债权，但是不得对抗已经支付全部或大部分购房款的房屋消费者或无过错买受人。为保护公民的居住权，现行司法解释规定，在执行程序中，满足《执行异议和复议规定》第二十八条的无过错不动产买受人和第二十九条的房屋消费者的权利在法定优先权中居于最高层，优先于其他法定优先权人给予最高级别保护。

建筑工程的承包人有权在案外人执行异议之诉中请求法院确认其优先受偿权。根据《民诉法解释》第三百一十二条的规定，案外人执行异议之诉中，案外人和申请执行人均可申请确权，对执行标的的真实权属和能否阻却执行均纳入法院审查范围。根据《民诉法解释》第三百一十三条的规定，如案外人无排除强制执行的民事权益，法院应判决准许执行。否则，应判决驳回诉讼请求。

案外人必须举证证明其享有足以排除强制执行的民事权益。当建筑工程的承包人申请强制执行建筑工程，不动产买受人作为案外人请求法院排除强制执行的，应当就其享有足以排除强制执行的民事权益举证证明。如该买受人在满足《执行异议和复议规定》第二十八条、第二十九条的情形下，买受人有权排除承包人的强制执行程序。换言之，案外人如通过执行异议排除强制执行的，必须证明其享有足以排除强制执行的民事权益。

相关法律规定

《最高人民法院关于人民法院办理执行异议和复议案件若干问题的规定》（2020年12月23日修正）

第二十七条 申请执行人对执行标的依法享有对抗案外人的担保物权等优先受偿权，人民法院对案外人提出的排除执行异议不予支持，但法律、司法解释另有规定的除外。

第二十八条 金钱债权执行中，买受人对登记在被执行人名下的不动产提出异议，符合下列情形且其权利能够排除执行的，人民法院应予支持：

（一）在人民法院查封之前已签订合法有效的书面买卖合同；

（二）在人民法院查封之前已合法占有该不动产；

（三）已支付全部价款，或者已按照合同约定支付部分价款且将剩余价款按照人民法院的要求交付执行；

（四）非因买受人自身原因未办理过户登记。

第二十九条 金钱债权执行中，买受人对登记在被执行的房地产开发企业名下的商品房提出异议，符合下列情形且其权利能够排除执行的，人民法院应予支持：

（一）在人民法院查封之前已签订合法有效的书面买卖合同；

（二）所购商品房系用于居住且买受人名下无其他用于居住的房屋；

（三）已支付的价款超过合同约定总价款的百分之五十。

《民法典》（2020年5月28日公布）

第八百零七条[①] 发包人未按照约定支付价款的，承包人可以催告发包人在合理期限内支付价款。发包人逾期不支付的，除根据建设工程的性质不宜折价、拍卖外，承包人可以与发包人协议将该工程折价，也可以请求人民法院将该工程依法拍

[①] 原《合同法》第二百八十六条。

卖。建设工程的价款就该工程折价或者拍卖的价款优先受偿。

《最高人民法院关于适用〈中华人民共和国民事诉讼法〉的解释》（2022年3月22日修正）

第三百一十一条[①] 对申请执行人提起的执行异议之诉，人民法院经审理，按照下列情形分别处理：

（一）案外人就执行标的不享有足以排除强制执行的民事权益的，判决准许执行该执行标的；

（二）案外人就执行标的享有足以排除强制执行的民事权益的，判决驳回诉讼请求。

《最高人民法院关于建设工程价款优先受偿权问题的批复》（2020年12月29日失效）

一、人民法院在审理房地产纠纷案件和办理执行案件中，应当依照《中华人民共和国合同法》第二百八十六条的规定，认定建筑工程的承包人的优先受偿权优于抵押权和其他债权。

二、消费者交付购买商品房的全部或者大部分款项后，承包人就该商品房享有的工程价款优先受偿权不得对抗买受人。

法院裁判

以下为最高人民法院在判决书"本院认为"部分就此问题发表的意见：

本院经审查认为，本案争议的焦点为：1. 二审法院裁定驳回国某建设公司案外人执行异议之诉的起诉适用法律是否正确；2. 二审法院是否错误认定国某建设公司对执行标的享有建设工程价款优先受偿权。

关于二审法院裁定驳回国某建设公司案外人执行异议之诉的起诉适用法律是否正确的问题。案外人执行异议之诉是指案外人就执行标的享有足以排除强制执行的权利，请求法院不再对执行标的实施执行的诉讼。建设工程价款优先受偿权的基础权源从本质上属于债权，只是相对于普通债权而言具有优先性而已，因此该权利并不足以排除强制执行，也不应作为当事人提起案外人执行异议之诉的权利基础。《民诉法解释》第五百零八条规定建设工程价款优先受偿权属于法定优先权，承包人可以申请参与到执行程序中，主张对执行标的物享有优先受偿权。本案中，裕某公司拖欠国某建设公司的建设工程价款已经为生效判决所确认，如该公司对执行标

[①] 原第三百一十三条。

的享有建设工程价款优先受偿权并在法定期间内主张，该公司可以申请参与到执行程序中并主张对标的物优先分配，而不应以案外人身份提起执行异议之诉。因此，二审法院依据《民事诉讼法》第一百一十九条、第二百二十五条及《民诉法解释》第三百零五条的相关规定，裁定驳回国某建设公司的起诉，并指引国某建设公司申请参与到执行程序中，适用法律并无不当。

关于二审法院是否错误认定国某建设公司对执行标的享有建设工程价款优先受偿权的问题。二审法院在（2018）豫民终1611号民事裁定书的事实认定部分并未认定国某建设公司对执行标的享有建设工程价款优先受偿权，在本院认为部分基于论述的逻辑规则，该院认为如国某建设公司认为其享有建设工程价款优先受偿权应通过参与到执行程序中主张优先权的方式参与分配，而非另行通过案外人执行异议之诉维护权利，因而逻辑论述上的假设并非对国某建设公司享有建设工程价款优先受偿权这一事实的确认。二审法院也在该裁定中释明，国某建设公司如在执行程序中对执行标的主张优先分配权，应由执行法院审查该公司是否享有建设工程价款优先受偿权以及该权利行使是否超过法定期限。因而，二审法院并未确认国某建设公司对执行标的享有建设工程价款优先受偿权，不存在贺某妙所称的事实认定错误问题。

案件来源

《贺某妙与河南国某建设集团有限公司案外人执行异议之诉一案再审民事裁定书》【（2019）最高法民申3207号】

延伸阅读

一、建筑工程的承包人享有的工程价款优先受偿权的实现方式应是就工程折价或者拍卖的价款优先受偿，而不是直接取得所有权。承包人不享有足以排除强制执行的民事权益。

案例一：《司某强、中国长某资产管理股份有限公司某分公司案外人执行异议之诉再审审查与审判监督民事裁定书》【（2018）最高法民申403号】

最高人民法院认为，根据《合同法》第二百八十六条的规定，建筑工程的承包人享有的工程价款优先受偿权的实现方式应是就工程折价或者拍卖的价款优先受偿，而不是直接取得所有权。且根据原审查明的事实，司某强没有在《最高人民法院关于建设工程价款优先受偿权问题的批复》第四条规定的六个月的法定期限内行使优先受偿权，且其关于对案涉工程的工程价款享有优先受偿权的主张亦与另案生效判决认定新某班公司就案涉工程价款享有优先受偿权的认定相矛盾。故司某强基于其系案涉部分工程施工人，其与嘉某成公司、新某班公司签订了以案涉房屋抵顶工程款的协议而主张其系案涉房屋合法权利人并享有足以排除强制执行的民事权益，缺乏法律依据。

二、案外人不能以其对该建设工程享有优先受偿权为由提起执行异议之诉要求停止执行。

案例二：《天津聚某建筑安装工程有限公司、中某能（天津）投资集团有限公司再审审查与审判监督民事裁定书》【（2017）最高法民申 5098 号】

最高人民法院认为，至于人民法院执行中对优先受偿问题的处理。虽然建设工程价款优先受偿权不能阻止执行标的的转让、交付，但并不影响执行标的转让、交付获得相应执行价款后，案外人以享有法定优先权为由请求参与执行价款的分配。根据《民诉法解释》第五百零八条规定……可见，对人民法院查封、扣押、冻结的财产有优先权、担保物权的债权人，可以直接申请参与分配，主张优先受偿权。该法第五百零九条至第五百一十二条则规定了申请参与分配的程序、财产分配的顺序、分配方案制作与送达程序、分配方案异议的处理与程序等内容。综上，案外人对人民法院正在执行的财产主张享有建设工程价款优先受偿的，应当根据《民诉法解释》第五百零八条第二款规定申请参与分配，而不能根据《民事诉讼法》第二百二十七条规定对执行标的提出异议。

三、建设工程承包人仅依据案涉房屋折抵工程价款协议，无权以其对案涉房屋享有物权期待权为由排除执行。

案例三：《青岛恒某建安发展有限公司与于某宗案外人执行异议之诉一案再审民事裁定书》【（2019）最高法民申 4079 号】

最高人民法院认为，关于恒某公司能否以其对案涉房屋享有物权期待权为由排除执行问题。《执行异议和复议规定》第二十八条规定："金钱债权执行中，买受人对登记在被执行人名下的不动产提出异议，符合下列情形且其权利能够排除执行的，人民法院应予支持：（一）在人民法院查封之前已签订合法有效的书面买卖合同；（二）在人民法院查封之前已合法占有该不动产；（三）已支付全部价款，或者已按照合同约定支付部分价款且将剩余价款按照人民法院的要求交付执行；（四）非因买受人自身原因未办理过户登记。"本案恒某公司与康某公司签订的是以案涉房屋折抵工程价款协议，并非上述司法解释规定的买卖合同，故恒某公司关于依据上述司法解释规定，其对案涉房屋享有物权期待权，可以排除执行的主张，亦不能成立。

四、建筑工程承包人申请执行建设工程，不动产买受人主张排除强制执行的，必须举证证明其享有足以排除强制执行的民事权益。

案例四：《刘某军、河南省某市第一建筑工程有限责任公司再审审查与审判监督民事裁定书》【（2019）最高法民申5684号】

最高人民法院认为，执行异议之诉不仅涉及第三人和被执行人的利益，还涉及申请执行人的利益，在刘某军既未提交转账凭证，亦未提交取款凭证等证明购房款来源、付款过程的其他证据予以补强的情况下，仅凭刘某军提供的购房收据尚不足以证明其已经支付了购房款。此外，刘某军亦未提交充分有效的证据证明其在人民法院查封之前已合法占有案涉房产……天某公司对案涉房产是否享有权益、享有何种权益，建筑公司对案涉房产所涉建设工程是否享有建设工程价款优先受偿权均不影响刘某军未就其对执行标的享有足以排除强制执行的民事权益完成举证责任的事实。

五、银行等抵押权人享有的抵押权不得优先于建设工程承包人基于建设工程价款优先受偿权对房屋享有的权益。

案例五：《交通银行股份有限公司某分行、刘某娟申请执行人执行异议之诉再审审查与审判监督民事裁定书》【（2018）最高法民申4743号】

最高人民法院认为，本案再审审查的焦点问题是：刘某娟对涉案房屋是否享有足以排除强制执行的民事权益。经审查，刘某娟在涉案房产查封前与瑞某公司签订了《商品房买卖合同》，并通过抵扣工程款的方式支付了全部价款，之后因为该房屋被查封未能办理过户手续。《最高人民法院关于建设工程价款优先受偿权问题的批复》第一条规定："人民法院在审理房地产纠纷案件和办理执行案件中，应当依照《中华人民共和国合同法》第二百八十六条的规定，认定建筑工程的承包人的优先受偿权优于抵押权和其他债权。"因此，交行某分行享有的抵押权不得优先于刘某娟基于建设工程价款优先受偿权对房屋享有的权益。

六、《最高人民法院关于建设工程价款优先受偿权问题的批复》第一条是《执行异议和复议规定》第二十七条的例外情形，建设工程价款优先受偿权优于抵押权。

案例六：《交通银行股份有限公司某分行、刘某申请执行人执行异议之诉再审审查与审判监督民事裁定书》【（2018）最高法民申4863号】

最高人民法院认为，建设工程价款优先受偿权优于抵押权。《执行异议和复议规定》第二十七条规定："申请执行人对执行标的依法享有对抗案外人的担保物权等优先受偿权，人民法院对案外人提出的排除执行异议不予支持，但法律、司法解释另有规定的除外。"即原则上申请执行人对执行标的依法享有对抗案外人的担保物权等优先受偿权的，人民法院对案外人提出的排除执行异议不予支持，但申请执行人对执行标的享有优先受偿权的，其对抗案外人的执行异议不是绝对的，如果法律、司法解释另有规定，申请执行人即使对执行标的享有优先受偿权，也不能对抗案外人的执行异议。《最高人民法院关于建设工程价款优先受偿权问题的批复》第一条即上述第二十七条的例外。《最高人民法院关于建设工程价款优先受偿权问题的批复》第一条规定："人民法院在审理房地产纠纷案件和办理执行案件中，应当依照《中华人民共和国合同法》第二百八十六条的规定，认定建筑工程的承包人的优先受偿权优于抵押权和其他债权。"故交行某分行对案涉房屋虽然享有抵押权，但其享有的抵押权不得优先于建设工程价款优先受偿权。

七、不动产买受人在满足购房消费者的情况下，承包人就该商品房享有的工程价款优先受偿权不得对抗购房消费者的物权期待权。

案例七：《广西恒某建设集团有限公司、赵某颖申请执行人执行异议之诉再审审查与审判监督民事裁定书》【（2018）最高法民申1991号】

最高人民法院认为，就本案而言，赵某颖作为购房者，其对抗的是恒某公司的建设工程价款优先受偿权，故本案需适用《执行异议和复议规定》第二十九条来判断赵某颖对案涉商品房是否享有排除强制执行的民事权益。2002年施行的《最高人民法院关于建设工程价款优先受偿权问题的批复》第二条规定，消费者交付购买商品房的全部或者大部分款项后，承包人就该商品房享有的工程价款优先受偿权不得对抗买受人。虽然该条亦规定了购买房屋的消费者对抗享有工程价款优先受偿权的承包人的条件，但该条规定实质已经融入2015年施行的《执行异议和复议规定》第二十九条规定的条款之中，且第二十九条又进一步细化规定了三个要件。在新的司法解释就买受人对登记在被执行的房地产开发企业名下的商品房提出异议明确予以规定后，二审判决仅适用该批复进行裁判，属适用法律不当。

八、符合《执行异议和复议规定》第二十八条规定的无过错买受人，也不得请求排除担保物权人申请的执行。

案例八：《李某、某农村商业银行股份有限公司申请执行人执行异议之诉再审审查与审判监督民事裁定书》【（2018）最高法民申5078号】

最高人民法院认为，本案双方争议的焦点问题是，李某对案涉房产是否享有足以排除强制执行的民事权益。根据《执行异议和复议规定》第二十七条规定，申请执行人对执行标的依法享有对抗案外人的担保物权等优先受偿权，人民法院对案外人提出的排除执行异议不予支持，但法律、司法解释另有规定的除外。第二十八条规定了在金钱债权执行中,买受人对登记在被执行人名下的不动产提出异议,获得人民法院支持所要满足的四个要件,但该条规定仅能对抗对被执行人享有普通债权的债权人。本案中,某农商行作为申请执行人对案涉房产享有担保物权,即便本案情形符合《执行异议和复议规定》第二十八条的规定,李某也不得请求排除担保物权人申请的执行。鉴于李某对案涉房屋不享有足以排除执行的民事权益,原审判决准许对案涉房屋继续执行,并无不当。

九、建设工程价款优先受偿权优先于抵押权,购房消费者与无过错买受人的物权期待权优先于建设工程价款优先受偿权。

案例九:《建某国际资本管理(天津)有限公司、马某申请执行人执行异议之诉再审审查与审判监督民事裁定书》【(2019)最高法民申 5272 号】

最高人民法院认为,结合《最高人民法院关于建设工程价款优先受偿权问题的批复》第一条关于"人民法院在审理房地产纠纷案件和办理执行案件中,应当依照《中华人民共和国合同法》第二百八十六条的规定,认定建筑工程的承包人的优先受偿权优于抵押权和其他债权"和第二条关于"消费者交付购买商品房的全部或者大部分款项后,承包人就该商品房享有的工程价款优先受偿权不得对抗买受人"的规定可知,该批复确定的权利顺位为建设工程价款优先受偿权优先于抵押权,而建设工程价款优先受偿权不能对抗已经支付全部或大部分购房款的消费者。故,在已经支付全部或大部分购房款的购房消费者的权利与银行抵押权产生冲突时,亦应优先保护购房消费者的权利。参照上述权利顺位原则,原审法院认定符合《执行异议和复议规定》第二十八条规定的购房者对案涉房屋所享有的权利能够对抗基于抵押权对该房屋的执行,适用法律并无不当。

051 被判决确认有建设工程价款优先受偿权的房屋,买受人还能否请求排除强制执行?

> 承包人对商品房享有建设工程价款优先受偿权,消费者可请求排除强制执行

阅读提示

《最高人民法院关于建设工程价款优先受偿权问题的批复》第二条规定:"消

费者交付购买商品房的全部或者大部分款项后，承包人就该商品房享有的工程价款优先受偿权不得对抗买受人。"该规定确立了作为消费者的房屋买受人的利益优先于承包人利益的基本原则。但如果生效裁判文书已经确认承包人对工程享有建设工程价款优先受偿权，且承包人已申请执行，此时如支持买受人要求排除对工程范围内某一或某些房屋强制执行的异议，则可能会导致承包人无法实际对工程行使建设工程价款优先受偿权。

根据《民事诉讼法》第二百二十七条的规定，案外人所提异议与执行依据相关的，只能申请再审，无权提起执行异议之诉。那么，房屋买受人要求排除建设工程价款优先受偿权人对某一房屋执行的权利，是不是属于对执行依据的异议？房屋买受人是否有权提起执行异议之诉？

裁判要旨

要求排除工程范围内房屋强制执行的，不属于对执行依据提异议。买受人对执行异议裁定不服的，有权提起执行异议之诉。

案情简介

贾某与贾某1系夫妻关系。2012年7月6日，贾某1用银行卡汇给和某公司出纳员陈某兰银行卡1000万元。

2015年8月26日，贾某（买受人）与和某公司（出卖人）签订《商品房买卖合同》约定，购买和某公司案涉房屋。贾某以其配偶对和某公司1000万元的债权抵偿了相应房款。

中某公司诉和某公司建设工程施工合同纠纷一案，经吉林高院、最高人民法院两审确认中某公司对案涉房屋享有建设工程价款优先受偿权。

2017年11月10日，白山中院立案执行并查封了案涉房屋，查封期限为3年。案外人贾某认为其对该商铺拥有所有权，法院不应查封，而向该院提出异议。2017年11月24日，白山中院裁定驳回。

贾某不服，向白山中院提起执行异议之诉。白山中院以贾某所提异议系对执行依据提异议为由，裁定驳回贾某的起诉。贾某不服，上诉至吉林高院。吉林高院仍以此为由裁定驳回上诉。

贾某仍不服，向最高人民法院申请再审。最高人民法院认为，贾某并没有否定原生效判决确认的中某公司所享有的建设工程价款优先受偿权，贾某有权提起执行异议之诉。故裁定指令白山中院审理贾某所提执行异议之诉。

裁判要点及思路

本案的核心法律问题在于，贾某所提要求排除对房屋强制执行的异议，是否属于与执行依据相关的异议。申言之，贾某是否有提起执行异议之诉的权利。

本案一审阶段，白山中院认为，案涉的商铺在中某公司享有建设工程价款优先受偿权的范围内，贾某作为案外人对执行标的物主张排除执行的异议实质上是对上述生效判决的异议，人民法院应当依照审判监督程序办理，而不应由案外人执行异议之诉进行审理。

二审阶段，吉林高院对白山中院的这一理由进一步予以了阐释，认为因执行标的为中某公司享有建设工程价款优先受偿权的范围，故无论贾某是否认为该判决与其有关，其对该执行标的的异议实质上与作为执行依据的上述生效判决密切相关，主张对执行标的享有的权利与中某公司对案涉房屋的建设工程价款优先受偿权直接冲突，依据相关法律及司法解释规定，贾某的诉请不属于案外人执行异议之诉的审理范围。

但再审阶段，最高人民法院对贾某所提执行异议的性质作了准确的界定。最高人民法院认为，贾某所提执行异议，实际上是要求确认其权利是否优先于建设工程价款优先受偿权，而并无否定中某公司享有建设工程价款优先受偿权的意思。该异议仅会影响中某公司对执行标的的执行，而不会影响中某公司对执行标的所享有的权益。在此基础上，最高人民法院总结出以下裁判观点："当事人主张其权益在特定标的的执行上优于对方的权益，不能等同于否定对方权益的存在；当事人主张其权益会影响生效裁判的执行，也不能等同于其认为生效裁判错误。"我们认为，这一裁判观点，正确区分了针对执行标的的异议和针对执行依据的异议，为后续解决同一标的物上多项权利竞存时执行异议的问题提供了正确的思路，诚值赞同。

实务要点总结

同一标的物上存在多项权利，确认某一权利优先，并非否定另一项权利的存在。实践中，同一标的物上存在多项权利竞存的情况并不鲜见，如同一标的物上存在多个抵押权、同时存在抵押权和质权、同时存在抵押权和租赁权，等等。以上这些情形，都涉及权利冲突应如何解决的问题。以上权利冲突引起的纠纷，不仅体现在诉讼程序中，也体现在执行程序及其延伸的执行异议之诉程序、案外人申请再审程序及第三人撤销之诉程序中。最高人民法院通过本案确定的某一权利优先,并非否定另一项权利的存在的裁判观点,为后续解决以上争议提供了清晰思路,也为多个权利人所提异议的定性提供了依据。

符合条件的房屋买受人有权排除建设工程价款优先受偿权人对特定房屋的强制执行。《最高人民法院关于建设工程价款优先受偿权问题的批复》第二条规定:"消费者交付购买商品房的全部或者大部分款项后,承包人就该商品房享有的工程价款优先受偿权不得对抗买受人。"该规定确立了作为消费者的房屋买受人的利益优先于承包人利益的基本原则。因此,符合条件的房屋买受人有权排除强制执行。房屋买受人所提异议,并不存在否定承包人享有建设工程价款优先受偿权的情况,因此并非针对执行依据所提异议。房屋买受人对执行异议裁定不服的,可提起执行异议之诉确认权利并排除执行。

承包人应注意理性应对符合条件的房屋买受人对工程范围内房屋所提的权利主张。根据《最高人民法院关于建设工程价款优先受偿权问题的批复》第二条规定,符合条件的房屋买受人在诉讼阶段可要求继续履行房屋买卖合同,在执行阶段可要求排除承包人对房屋的强制执行。因此,承包人在应对房屋买受人的权利主张时,切勿死磕硬碰,费时费力。同时,承包人也切勿以为,可以通过另行提起诉讼先行确认建设工程价款优先受偿权的方式暗度陈仓,达到排除房屋买受人权利主张,优先执行的目的。

相关法律规定

《民事诉讼法》(2021年12月24日修正)

第二百三十四条[①] 执行过程中,案外人对执行标的提出书面异议的,人民法院应当自收到书面异议之日起十五日内审查,理由成立的,裁定中止对该标的的执行;理由不成立的,裁定驳回。案外人、当事人对裁定不服,认为原判决、裁定错误的,依照审判监督程序办理;与原判决、裁定无关的,可以自裁定送达之日起十五日内向人民法院提起诉讼。

《最高人民法院关于建设工程价款优先受偿权问题的批复》(2020年12月29日失效)

二、消费者交付购买商品房的全部或者大部分款项后,承包人就该商品房享有的工程价款优先受偿权不得对抗买受人。

---

① 原第二百二十七条。

法院裁判

以下为最高人民法院在再审裁定"本院认为"部分就贾某能否提起执行异议之诉的问题所作的论述：

根据《民事诉讼法》第二百二十七条规定的文义，该条法律规定的案外人的执行异议"与原判决、裁定无关"是指案外人提出的执行异议不含有其认为原判决、裁定错误的主张。案外人主张排除建设工程价款优先受偿权的执行与否定建设工程价款优先受偿权权利本身并非同一概念。前者是案外人在不否认对方权利的前提下，对两种权利的执行顺位进行比较，主张其根据有关法律和司法解释的规定享有的民事权益可以排除他人建设工程价款优先受偿权的执行；后者是从根本上否定建设工程价款优先受偿权权利本身，主张诉争建设工程价款优先受偿权本身不存在。简言之，当事人主张其权益在特定标的的执行上优于对方的权益，不能等同于否定对方权益的存在；当事人主张其权益会影响生效裁判的执行，也不能等同于其认为生效裁判错误。根据贾某提起案外人执行异议之诉的请求和具体理由，贾某并没有否定原生效判决确认的中某公司所享有的建设工程价款优先受偿权，贾某提起案外执行异议之诉意在请求法院确认其对案涉房屋享有可以排除强制执行的民事权益。如果一、二审法院支持贾某关于执行异议的主张也并不动摇生效判决关于中某公司享有建设工程价款优先受偿权的认定，仅可能影响该生效判决的具体执行。因此，贾某的执行异议并不包含其认为已生效的（2016）吉民初19号民事判决存在错误的主张，属于《民事诉讼法》第二百二十七条规定的案外人的执行异议"与原判决、裁定无关"的情形。一、二审法院认定贾某作为案外人对执行标的物主张排除执行的异议实质上是对上述生效判决的异议，应当依照审判监督程序办理，据此裁定驳回贾某的起诉，适用法律错误，本院予以纠正。

案件来源

《贾某、中某建设集团有限公司再审民事裁定书》【最高人民法院（2019）最高法民再375号】

> 延伸阅读

一、符合条件的房屋买受人,可根据《执行异议和复议规定》第二十八条的规定要求排除建设工程价款优先受偿权人对房屋的执行。

案例一:《北京某建设集团有限公司、翟某明再审审查与审判监督民事裁定书》【最高人民法院(2018)最高法民申5807号】

最高人民法院认为:关于本案应当适用《执行异议和复议规定》第二十八条还是第二十九条的问题。《执行异议和复议规定》第二十八条适用于金钱债权执行中,买受人对登记在被执行人名下的不动产提出异议的情形;第二十九条适用于金钱债权执行中,买受人对登记在被执行的房地产开发企业名下的商品房提出异议的情形。第二十八条与第二十九条在适用情形上存在交叉,只要符合其中一条的规定,买受人即享有足以排除强制执行的民事权益。上述两条款及《执行异议和复议规定》其他条款没有规定买受人阻却享有建设工程价款优先受偿权的金钱债权执行时,应适用第二十九条规定,排除第二十八条的适用。原审法院适用《执行异议和复议规定》第二十八条审理本案,并不存在适用法律错误的情形。

二、因存在抵押未办理登记的,房屋买受人无权请求排除成立在先的抵押权人对房屋的强制执行。

案例二:《李某红、中国农业银行股份有限公司某支行申请执行人执行异议之诉再审审查与审判监督民事裁定书》【最高人民法院(2019)最高法民申1684号】

最高人民法院认为:一方面,李某红系购买了商品房但尚未办理房屋所有权登记的房屋买受人,但案涉某花园车库负1-8房屋系杂物间,李某红与世某物业公司所签的《重庆市商品房买卖合同》中也显示该房屋用途为非住宅,且李某红亦未提交证据证明该房屋系其唯一的、用于居住的房屋,故李某红并非《最高人民法院关于建设工程价款优先受偿权问题的批复》以及《执行异议和复议规定》第二十九条规定所要保护的房屋买受人,其以此为由主张排除强制执行,不能成立。另一方面,李某红与世某物业公司于2015年7月25日签订房屋买卖合同,但农行某支行已于2013年8月5日就案涉房屋办理了抵押登记,其依法享有抵押权。也就是说,早在案涉房屋买卖合同签订之前的两年多,农行某支行在该房屋上的抵押权就已经存在,李某红在本案中亦未提交有关其在购买案涉房屋时申请查询房屋权利状态的情况、世某物业公司销售案涉房屋时所持有的证照情况、签订房屋买卖合同时当地房屋行政管理部门对于已经设定抵押的房屋销售许可管理制度及具体操作情况等证据,因此,从本案查明的事实看,李某红作为房屋买受人,在签订房屋买卖合同时未能尽到合理的注意义务，从而因案涉房屋上存在他人抵押权而导致其无法办理房屋所有权转移登记，此系李某红自身原因所致，故其主张亦不符合《执行异议和复议规定》第二十八条规定的要件，其据此主张排除强制执行，无事实和法律依据。

三、作为消费者并且已支付全部或大部分房款的房屋买受人可排除抵押权人对抵押物的强制执行。

案例三：《建某国际资本管理（天津）有限公司、许某东申请执行人执行异议之诉再审审查与审判监督民事裁定书》【最高人民法院（2019）最高法民申4081号】

最高人民法院认为：许某东作为购房买受人，对案涉房屋是否享有足以阻却强制执行的民事权益，可参照《最高人民法院关于建设工程价款优先受偿权问题的批复》以及《执行异议和复议规定》的相关规定及原则予以确认。从《最高人民法院关于建设工程价款优先受偿权问题的批复》第一条关于"人民法院在审理房地产纠纷案件和办理执行案件中，应当依照《中华人民共和国合同法》第二百八十六条的规定，认定建筑工程的承包人的优先受偿权优于抵押权和其他债权"以及第二条"消费者交付购买商品房的全部或者大部分款项后，承包人就该商品房享有的工程价款优先受偿权不得对抗买受人"的规定可知，该批复确定的权利顺位为建设工程价款优先受偿权优先于抵押权，而建设工程价款优先受偿权不能对抗已经支付全部或大部分购房款的特定买受人。就上述权利对抗的顺位原则而言，在已经支付全部或大部分购房款的房屋买受人的权利与银行抵押权产生冲突时，亦应优先保护房屋买受人的物权期待权。在原审法院认定许某东系真实的房屋买受人且已经支付购房款的情况下，参照上述权利顺位的原则，认定许某东对案涉房屋所享有的权利能够对抗建某公司基于抵押权申请对该房屋的执行，适用法律并无不当。

四、未取得房屋占有的买受人无权根据《执行异议和复议规定》第二十八条的规定排除强制执行。

案例四：《苏某华、宏某建工集团有限公司申请执行人执行异议之诉再审审查与审判监督民事裁定书》【最高人民法院（2018）最高法民申5297号】

最高人民法院认为：根据《执行异议和复议规定》第二十八条规定……本条是关于无过错不动产买受人物权期待权保护条件的规定，之所以要对买受人物权期待权进行保护，实际上隐含的理念是，物之交付的债权优于金钱债权，而本案中抵债协议的目的是消灭金钱债，不应优先于另一个金钱债权的实现。另据原审法院查明的事实，宏某公司、苏某华、泰某公司均确认"现在房子是在泰某公司控制下，没有交房"，即苏某华在2016年8月9日人民法院采取查封措施之前并未合法占有该不动产。即使依照苏某华再审申请主张是由于宏某公司原因导致其未办理过户登记，但其也不满足该条款第二项之规定，因此，苏某华不符合《执行异议和复议规定》第二十八条规定的可以排除执行的情形。

第六章　房屋买受人与案外人执行异议

052 买卖合同解除后，出卖人对标的物是否享有排除强制执行的权利？

> 合同解除后返还出卖物的权利为物权请求权，出卖人返还价款后可排除强制执行

阅读提示

《合同法》第九十七条规定："合同解除后，尚未履行的，终止履行；已经履行的，根据履行情况和合同性质，当事人可以要求恢复原状、采取其他补救措施，并有权要求赔偿损失。"据此，买卖合同解除后，在标的物存续且未被第三人取得的场合，出卖人可要求"恢复原状"，即要求返还标的物。

但该返还请求权，是物权请求权还是债权请求权，在司法实务中争议颇大。过往司法实践中，有观点认为合同解除后返还财产的请求权为债权请求权，故出卖人无从排除买受人的金钱债权人对标的物的强制执行。

但最高人民法院于2019年11月发布的《九民纪要》第一百二十四条第二款认为，合同解除后，返还财产的请求权为物权请求权，可排除强制执行，否定了此前司法实务中认为该请求权为债权请求权的观点。同时，纪要制定者考虑到合同解除后双务合同的牵连性，为确保公平，又为出卖人请求排除强制执行设置了一定的前提条件，即仅在出卖人已返还全部价款的情况下，才支持其排除强制执行的权利。

裁判要旨

买卖合同解除后，其要求买受人返还财产的请求权为物权请求权。出卖人已经返还价款的，有权排除买受人的金钱债权人的强制执行。

案情简介

2015年6月5日，新某升置业公司与陈某国（已死亡）等签订房屋买卖合同及补充协议并办理网签备案，陈某国等支付全部房款（其中191万元为银行按揭）并实际占有使用。

2018年2月6日，新某升置业公司取得案涉房屋初始登记。后因陈某国等未按期偿还银行贷款本息，张店区法院判决新某升置业公司对王某所欠该行购房借款本息等损失承担连带保证责任。

2018年6月5日，新某升置业公司向张店区法院请求解除与陈某国等签订的买卖合同及补充协议。后，张店区法院判决房屋买卖合同解除。

因瑞某能源公司与陈某国等买卖合同纠纷一案，林口法院已作出判决，陈某国需支付货款。后，该案执行法院牡丹江中院对先前预查封的案涉房屋进行拍卖。新某升置业公司提出案外人执行异议，主张对涉案查封房屋的所有权。牡丹江中院驳回新某升置业公司的异议。

新某升置业公司遂提起案外人执行异议之诉，请求确认其对案涉房屋的所有权并停止执行。牡丹江中院以被执行人陈某国等对案涉房屋享有物权期待权为由，判决驳回了新某升置业公司诉请。

新某升置业公司上诉至黑龙江高院，该院以新某升置业公司未返还价款为由，判决驳回上诉，维持原判。

裁判要点及思路

本案新某升置业公司败诉原因并不在于其没有排除强制执行的权利，而在于其在合同解除后未履行返还价款的义务。黑龙江高院出于公平的考虑，否定了新某升置业公司要求排除强制执行的权利。本案核心法律问题为：新某升置业公司是否享有排除强制执行的权利？新某升置业公司能否排除强制执行？

牡丹江中院认为，因陈某国等已支付了全部价款，对案涉房屋享有物权期待权。牡丹江中院预查封在先，新某升置业公司办理初始登记在后，即便办理了所有权登记，也不能取得对案涉房屋的所有权，故不享有排除强制执行的权利。因此，新某升置业公司无权排除强制执行。

黑龙江高院认为，新某升置业公司要求返还房屋的生效判决为牡丹江中院裁定查封案涉房屋之后，根据《执行异议和复议规定》第二十六条第二款规定，人民法院不予支持该请求。但是,根据《九民纪要》第一百二十四条的规定,买卖合同解除后返还财产的请求权为物权性质的返还请求权,可排除金钱债权的强制执行。但在双务合同无效或解除的情况下,双方互负返还义务,为平衡各方当事人的利益,只有在案外人已经返还价款的情况下,才能排除普通债权人的执行。本案中,新某升置业公司虽享有可排除强制执行的权利,但因未返还价款而无权要求排除强制执行。

实务要点总结

买卖合同解除后,出卖人请求返还财产的请求权为物权请求权。关于合同解除后,要求返还财产的请求权性质为何,实践中存在一定的争议。根据最高人民法院对《九民纪要》的解读,此处的返还请求权为"物权性质"的返还请求权,但并非"物权请求权",原因在于出卖人为原来的所有权人。但我们认为,最高人民法院逻辑上并不一致,因为非"物权请求权"不能排除强制执行,而《九民纪要》第一百二十四条第二款明确规定"本可"排除强制执行。由此可见,纪要制定者将该项请求权就定位为物权请求权。但过往司法实践中,有裁判观点认为,合同解除后返还财产的请求权为债权请求权。(详见延伸阅读部分)

本书认为,将买卖合同解除后,出卖人要求返还标的物的性质定性为物权请求权,与我国现行的物权变动模式相一致。我国《物权法》采用的物权变动模式为债权形式主义的物权变动模式,不承认独立的物权行为,更不承认所谓物权行为的无因性。买卖合同等以转移所有权为目的的合同,为物权变动的原因行为。该原因行为被撤销、确认无效或解除后,因物权变动的原因不复存在,物权自动恢复到原所有权人。故在合同撤销、解除或被确认为无效后,原所有权人请求返还财产的请求权为物权请求权。《九民纪要》将其定位为"物权性质的返还请求权",有其法律依据,与我国当前的物权变动模式相契合。

买卖合同解除后,出卖人只有在返还价款的前提下,才享有对标的物排除强制执行的权利。《九民纪要》第一百二十四条第二款规定:"……但在双务合同无效的情况下,双方互负返还义务,在案外人未返还价款的情况下,如果允许其排除金钱债权的执行,将会使申请执行人既执行不到被执行人名下的财产,又执行不到本应返还给被执行人的价款,显然有失公允。为平衡各方当事人的利益,只有在案外人已经返还价款的情况下,才能排除普通债权人的执行。反之,案外人未返还价款的,不能排除执行。"该规定并非否定合同解除时出卖人要求排除强制执行的权利,而是对出卖人行使该项权利设定了一定的前提条件。该前提条件的设置,目的是考虑到了双务合同解除后相互返还财产时权利义务上的对等性，以确保公平。此点，与《九民纪要》第三十三条、第三十四条的规定相呼应，意在一次性地解决争议，并保证双务合同的双方当事人不因合同撤销、确认无效或解除等原因，而发生权利义务上的失衡。

出卖人切勿"讨巧"，企图通过另案诉讼解除合同的方式排除对正在执行的标的物的强制执行，将"竹篮打水一场空"。在适用《九民纪要》第一百二十四条第二款的过程中，应注意正确处理其与《执行异议和复议规定》第二十六条的关系。《执行异议和复议规定》第二十六条第二款规定："金钱债权执行中，案外人依据执行标的被查封、扣押、冻结后作出的另案生效法律文书提出排除执行异议的，人民法院不予支持。"因此，《九民纪要》第一百二十四条第二款的规定，适用范围仅限于在执行标的被查封、扣押、冻结后作出前的解除合同的生效判决。对于已经进入执行程序的标的物，出卖人意图通过另案提起诉讼解除合同的方式，"讨巧"排除强制执行，将竹篮打水一场空。

相关法律规定

《民法典》（2020年5月28日公布）

第五百六十六条[1]**第一款** 合同解除后，尚未履行的，终止履行；已经履行的，根据履行情况和合同性质，当事人可以请求恢复原状或者采取其他补救措施，并有权请求赔偿损失。

《最高人民法院关于人民法院办理执行异议和复议案件若干问题的规定》（2020年12月23日修正）

第二十六条 金钱债权执行中，案外人依据执行标的被查封、扣押、冻结前作出的另案生效法律文书提出排除执行异议，人民法院应当按照下列情形，分别处理：

（一）该法律文书系就案外人与被执行人之间的权属纠纷以及租赁、借用、保管等不以转移财产权属为目的的合同纠纷，判决、裁决执行标的归属于案外人或者向其返还执行标的且其权利能够排除执行的，应予支持；

（二）该法律文书系就案外人与被执行人之间除前项所列合同之外的债权纠纷，判决、裁决执行标的归属于案外人或者向其交付、返还执行标的的，不予支持。

---

[1] 原《合同法》第九十七条。

（三）该法律文书系案外人受让执行标的的拍卖、变卖成交裁定或者以物抵债裁定且其权利能够排除执行的，应予支持。

金钱债权执行中，案外人依据执行标的被查封、扣押、冻结后作出的另案生效法律文书提出排除执行异议的，人民法院不予支持。

非金钱债权执行中，案外人依据另案生效法律文书提出排除执行异议，该法律文书对执行标的的权属作出不同认定的，人民法院应当告知案外人依法申请再审或者通过其他程序解决。

申请执行人或者案外人不服人民法院依照本条第一、二款规定作出的裁定，可以依照民事诉讼法第二百二十七条规定提起执行异议之诉。

《全国法院民商事审判工作会议纪要》（2019年11月8日公布）

33.【财产返还与折价补偿】合同不成立、无效或者被撤销后，在确定财产返还时，要充分考虑财产增值或者贬值的因素。双务合同不成立、无效或者被撤销后，双方因该合同取得财产的，应当相互返还。应予返还的股权、房屋等财产相对于合同约定价款出现增值或者贬值的，人民法院要综合考虑市场因素、受让人的经营或者添附等行为与财产增值或者贬值之间的关联性，在当事人之间合理分配或者分担，避免一方因合同不成立、无效或者被撤销而获益。在标的物已经灭失、转售他人或者其他无法返还的情况下，当事人主张返还原物的，人民法院不予支持，但其主张折价补偿的，人民法院依法予以支持。折价时，应当以当事人交易时约定的价款为基础，同时考虑当事人在标的物灭失或者转售时的获益情况综合确定补偿标准。标的物灭失时当事人获得的保险金或者其他赔偿金，转售时取得的对价，均属于当事人因标的物而获得的利益。对获益高于或者低于价款的部分，也应当在当事人之间合理分配或者分担。

34.【价款返还】双务合同不成立、无效或者被撤销时，标的物返还与价款返还互为对待给付，双方应当同时返还。关于应否支付利息问题，只要一方对标的物有使用情形的，一般应当支付使用费，该费用可与占有价款一方应当支付的资金占用费相互抵销，故在一方返还原物前，另一方仅须支付本金，而无须支付利息。

124.【案外人依据另案生效裁判对金钱债权的执行提起执行异议之诉】作为执行依据的生效裁判并未涉及执行标的物，只是执行中为实现金钱债权对特定标的物采取了执行措施。对此种情形，《最高人民法院关于人民法院办理执行异议和复议案件若干问题的规定》第26条规定了解决案外人执行异议的规则，在审理执行异议之诉时可以参考适用。依据该条规定，作为案外人提起执行异议之诉依据的裁判将执行标的物确权给案外人，可以排除执行；作为案外人提起执行异议之诉依据的裁判，未将执行标的物确权给案外人，而是基于不以转移所有权为目的的有效合同（如租赁、借用、保管合同），判令向案外人返还执行标的物的，其性质属于物权请求权，亦可以排除执行；基于以转移所有权为目的有效合同（如买卖合同），判令向案外人交付标的物的，其性质属于债权请求权，不能排除执行。

应予注意的是，在金钱债权执行中，如果案外人提出执行异议之诉依据的生效裁判认定以转移所有权为目的的合同（如买卖合同）无效或应当解除，进而判令向案外人返还执行标的物的，此时案外人享有的是物权性质的返还请求权，本可排除金钱债权的执行，但在双务合同无效的情况下，双方互负返还义务，在案外人未返还价款的情况下，如果允许其排除金钱债权的执行，将会使申请执行人既执行不到被执行人名下的财产，又执行不到本应返还给被执行人的价款，显然有失公允。为平衡各方当事人的利益，只有在案外人已经返还价款的情况下，才能排除普通债权人的执行。反之，案外人未返还价款的，不能排除执行。

法院裁判

以下为黑龙江高院在二审判决"本院认为"部分就此问题发表的意见：

本院认为，根据各方当事人的诉辩主张及本院的庭审情况，解决本案争议的关键问题在于：新某升置业公司是否享有足以排除强制执行的民事权益。

新某升置业公司为案涉房屋的建设单位，其与陈某国、王某签订《商品房买卖合同》后，未办理房屋过户登记前，作为原始取得人，无论是否将房屋的所有权登记在其名下，均享有案涉房屋的所有权，无须人民法院再行确定。牡丹江市中级人民法院（2015）牡商终字第198号民事判决作出后，智晶贸易公司、陈某国均未履行生效判决确定的给付义务，一审法院预查封案涉房屋。根据《最高人民法院、国土资源部、建设部关于依法规范人民法院执行和国土资源房地产管理部门协助执行若干问题的通知》第十八条规定，预查封的效力等同于正式查封。由于陈某国、王某未按期偿还银行贷款本息，根据兴业银行某分行的诉请，张店区法院判决新某升置业公司对王某所欠该行购房借款本息、律师费损失承担连带保证责任，又扣划新某升置业公司的存款。后新某升置业公司起诉陈某国、王某，请求解除合同，赔偿损失。张店区法院于2019年5月16日作出民事判决，判令解除合同，王某等人协助撤销案涉房屋的网签备案手续，王某赔偿违约金等。新某升置业公司以此为由请求停止对案涉房屋的执行。对于此种案外人依据另案生效裁判对金钱债权的执行提起执行异议之诉，最高人民法院发布的《九民纪要》第一百二十四条的观点为："作为执行依据的生效裁判并未涉及执行标的物，只是执行中为实现金钱债权对特定标的物采取了执行措施。对此种情形,《最高人民法院关于人民法院办理执行异议和复议案件若干问题的规定》第26条规定了解决案外人执行异议的规则,在审理执行异议之诉时可以参考适用。依据该条规定,作为案外人提起执行异议之诉依据的裁判将执行标的物确权给案外人,可以排除执行;作为案外人提起执行异议之诉依据的裁判,未将执行标的物确权给案外人,而是基于不以转移所有权为目的的有效合同(如租赁、借用、保管合同),判令向案外人返还执行标的物的,其性质属于物权请求权,亦可以排除执行;基于以转移所有权为目的有效合同(如买卖合同),判令向案外人交付标的物的,其性质属于债权请求权,不能排除执行。应予注意的是,在金钱债权执行中,如果案外人提出执行异议之诉依据的生效裁判认定以转移所有权为目的的合同(如买卖合同)无效或应当解除,进而判令向案外人返还执行标的物的,此时案外人享有的是物权性质的返还请求权,本可排除金钱债权的执行,但在双务合同无效的情况下,双方互负返还义务,在案外人未返还价款的情况下,如果允许其排除金钱债权的执行,将会使申请执行人既执行不到被执行人名下的财产,又执行不到本应返还给被执行人的价款,显然有失公允。为平衡各方当事人的利益,只有在案外人已经返还价款的情况下,才能排除普通债权人的执行。反之,案外人未返还价款的,不能排除执行。"

首先,前述会议纪要表明:《执行异议和复议规定》第二十六条规定了解决案外人执行异议的规则,在审理执行异议之诉时可以参考适用。在王某、新某升置业公司、兴业银行某分行基于案涉房屋形成的买卖合同及担保合同关系中,三方在查封后另行诉讼解除买卖合同及担保合同,新某升置业公司以此为由排除执行,按照《执行异议和复议规定》第二十六条第二款"金钱债权执行中,案外人依据执行标的被查封、扣押、冻结后作出的另案生效法律文书提出排除执行异议的,人民法院不予支持"的规定,其排除执行的主张应予驳回。

其次,即使《执行异议和复议规定》不将第二十六条作为审理执行异议之诉案件的依据,在三方的买卖合同及担保合同解除后,依据《商品房买卖合同司法解释》第二十五条第二款"商品房买卖合同被确认无效或者被撤销、解除后,商品房担保贷款合同也被解除的、出卖人应当将收受的购房贷款和购房款的本金及利息分别返还担保权人和买受人"的规定,出卖人新某升置业公司亦具有将购房款的本金及利息返还买受人王某的法定义务。与会议纪要中表明的案外人未返还价款,允许其排除金钱债权的执行有失公允的情形一致,故只有在新某升置业公司返还购房款1034265元,即将该款交付一审法院执行机构的情况下,才能排除案涉普通债权的执行。至于新某升置业公司根据两份张店区法院需承担逾期利息、罚息、律师费等，及应取得的违约金等费用，均是王某、新某升置业公司、兴业银行某分行在履行买卖合同及担保合同过程中所产生的费用，与本案申请执行人瑞某能源公司无关，不应在本案中扣抵。

案件来源

《新某升置业集团有限公司、黑龙江龙煤瑞某能源有限责任公司案外人执行异议之诉二审民事判决书》【黑龙江省高级人民法院（2019）黑民终506号】

延伸阅读

一、合同解除后返还财产的请求权为债权请求权，出卖人不能要求排除对标的物强制执行。

案例一：《温某露、中某源电力燃料有限公司二审民事判决书》【最高人民法院（2018）最高法民终654号】

最高人民法院认为："关于温某露对案涉股权是否享有民事权益的问题。本案中，温某露主张其对江苏高院（2013）苏执字第0004号中某源公司与中某煤电公司、创某能源公司买卖合同纠纷强制执行一案中的执行标的，即创某能源公司名下彩某晶体公司70%股权中的28%享有足以排除强制执行的民事权益，其依据在于内乡法院（2016）豫1325民初第704号民事判决已经解除温某露与创某能源公司签订的股权转让协议，创某能源公司在彩某晶体公司的案涉28%股权归温某露所有。但温某露在该案中的诉讼请求为解除双方之间的股权转让协议，并由创某能源公司归还案涉股权。故内乡法院（2016）豫1325民初第704号民事判决关于'创某能源公司在彩某晶体公司的案涉28%股权归温某露所有'的判项，只能解读为系针对合同解除产生的股权返还请求权这一债权所作出的确认，并非对案涉股权归属的确权。况且，在该民事判决作出之前，案涉股权已经被江苏高院依法查封冻结，具有限制权利变动的法定效力。因此，内乡法院（2016）豫1325民初第704号民事判决的生效，并不能直接产生股权变动的效力，温某露仅得因该民事判决而要求创某能源公司返还案涉股权。"

二、房屋买卖合同解除后未发生物权变动的，出卖人对房屋的权利不属于足以阻却法院强制执行的民事权益。

案例二：《北京亚某房地产开发有限责任公司与内蒙古汇某担保有限公司、乔某某二审民事判决书》【内蒙古自治区高级人民法院（2016）内民终265号】

内蒙古自治区高级人民法院认为："2010年3月17日，亚某公司与乔某签订《商品房预售合同》（合同编号：Y946603）约定，乔某购买亚某公司开发的坐落于北京市某村久居雅园A区9#住宅楼四层×单元×××室房屋一套，房屋总价款4117894元，乔某支付首付款1647894元，剩余2470000元办理了商业贷款并向亚某公司支付。该房屋已办理了权属证书，所有权人登记为乔某。之后，北京市通州区人民法院于2015年4月20日作出（2014）通民初字第14153号民事判决，解除了亚某公司与乔某签订的《商品房预售合同》及补充协议，但并未对该房屋的权属作出认定，现涉案房屋的所有权仍登记在乔某名下。故依据亚某公司提供的证据，不能证明其对涉案房屋享有足以阻却法院强制执行的民事权益，其上诉请求本院不予支持。"

三、股权转让协议解除后未变更股权登记的，原股权转让方对原股权受让方享有的权利为债权请求权，不能排除法院的强制执行。

案例三：《四川中某世纪教育留学咨询服务有限公司、宁某案外人执行异议之诉二审民事判决书》【四川省高级人民法院（2019）川民终498号】

该院认为：即使根据（2018）川0191民初16432号民事判决结果，中某世纪教育公司与瑞某实业公司签署的《股权转让协议》已于2018年2月6日解除，根据《合同法》第九十七条"合同解除后，尚未履行的，终止履行；已经履行的，根据履行情况和合同性质，当事人可以要求恢复原状、采取其他补救措施，并有权要求赔偿损失"之规定，中某世纪教育公司可以要求恢复原状，即其享有要求瑞某实业公司将案涉的四川中某环球教育科技有限公司20%股权恢复变更至其名下的请求权，但因案涉股权至今还登记在瑞某实业公司名下，由于我国在物权变动上采取物权变动与原因行为的区分原则，案涉股权的所有权并非随中某世纪教育公司行使请求权而自动地、当然地复归于中某世纪教育公司名下，故该请求权并非属于物权请求权，而应当属于债权请求权，且从本案一审查明的案件事实上看，该债权请求权的形成时间明显晚于被上诉人宁某对案涉股权享有债权请求权的形成时间，故，一审法院认定中某世纪教育公司所提交的证据并不足以证明其对案涉20%股权享有足以排除法院执行的民事权益，具有事实和法律依据，应当予以维持。对中某世纪教育公司认为其是案涉20%股权的实际权利人，对该股权享有排除法院强制执行的权利的上诉主张，本院不予支持。

053 《执行异议和复议规定》第二十七条、第二十八条、第二十九条之间的适用关系如何确定？

阅读提示

《执行异议和复议规定》第二十七条是案外人排除执行标的的实体权利与申请执行人优先受偿权产生冲突时如何处理的规定，第二十八条至第三十条则规定了三种例外情形。由于司法实践中，关于第三十条与关联法条之间适用问题较少出现，本文主要讨论出现争议比较多的第二十七条、第二十八条、第二十九条之间的法律适用问题。需要提请读者注意的是，本文主要引用的案例中，最高人民法院的裁判要旨并不代表本文对于这一法律适用问题的理解，具体请见"实务要点总结"部分。

裁判要旨

房屋买受人若要排除普通债权的执行，既可以选择适用《执行异议和复议规定》第二十八条，也可以选择适用第二十九条，但房屋买受人若要排除建设工程价款优先受偿权、担保物权等权利的强制执行，则必须参照适用第二十九条的规定。

案情简介

2014年4月，海某公司向鑫某源公司借款，并将案涉房屋为鑫某源公司办理在建工程抵押登记。2014年5月，根据海某公司申请，海南仲裁委员会作出调解书，确认海某公司的债权以及对案涉房屋的优先受偿权。

2015年1月，王某华购买鑫某源公司开发建设的案涉房屋，支付购房款并实际占有房屋，但一直未办理所有权登记。

2015年9月，根据海某公司申请，海口海事法院裁定查封、拍卖案涉房屋。王某华提起执行异议，被海口海事法院裁定驳回。王某华遂提起案外人执行异议之诉。

海口海事法院一审认为，王某华符合《执行异议和复议规定》第二十八条规定，其无过错买受人的权利优于抵押权人的优先受偿权，有权排除执行，判决不得执行案涉房屋。海某公司不服，上诉至海南高院。

2018 年 3 月，海南高院认为王某华不符合《执行异议和复议规定》第二十九条规定，仅作为无过错买受人无权排除优先权人的执行，判决撤销一审判决，驳回王某华诉讼请求。王某华不服，向最高人民法院申请再审。

2018 年 12 月，最高人民法院再审裁定驳回王某华的再审申请。

裁判要点及思路

本案中，在审查案外人王某华是否享有足以排除执行的民事权益时，核心问题是《执行异议和复议规定》第二十八条和第二十九条如何适用。最高人民法院认为，第二十九条的适用空间是，在金钱债权执行中，一手房买受人对登记在被执行的房地产开发企业名下的商品房，提出的执行异议。第二十九条赋予一手房买受人物权期待权，以排除一手房出卖方债权人（包括优先债权人）执行。而第二十八条下的买受人，仅享有对抗普通债权人申请执行的权利。因此，不动产买受人排除普通债权人执行的，可择一适用上述两条文。但是，申请执行人为对执行标的物享有优先债权的权利人，不动产买受人排除强制执行必须满足第二十九条的规定。

很明显，最高人民法院认为，无过错买受人所享有的权利与购房消费者享有的权利效力位阶不同。存在疑问的是，既然两类主体权利的实质均为不动产买受人的物权期待权，如此，则两类主体的权利效力应相同。为何最高人民法院认为无过错买受人的权利弱于购房消费者权利呢？

实务要点总结

一般情况下，案外人（包括优先权利人）无权排除优先债权人的强制执行，除非系执行标的物唯一所有权人。在我国现有民事法律的程序设计中，执行异议是执行异议之诉的前置程序，二者是相互衔接的。前者属于强制执行过程中的救济程序，后者属于民事诉讼的实体审理程序。《执行异议和复议规定》适用于执行异议和复议程序，基于执行阶段效率优先、兼顾公平的价值考量，该规定确立了以形式审查为主的同时，还规定了实质审查为辅的部分条款。虽然执行异议之诉和执行异议程序性质上的差异决定了审查标准本应有不同，但鉴于二者均具有审查案外人对执行标的是否享有足以排除强制执行的民事权益的功能，故《执行异议和复议规定》中属于实质审查的条款，可以作为执行异议之诉案件审理的参照。

原则上，案外人对执行标的物的债权请求权不能阻止执行，也不能对抗申请执行人的优先受偿权。《执行异议和复议规定》第二十七条是关于案外人排除执行的实体权利与申请执行人优先受偿权产生冲突时如何处理的一般性规定，原则上，案外人无权排除优先权人的强制执行，案外人有权排除强制执行的民事权益，应该是对执行标的物享有所有权性质的权利。从现行司法解释可以看出，即使是优先权利人，亦无权在执行程序中排除执行，仅能就执行标的物变价优先受偿。见《执行工作规定》第四十条规定。关于唯一所有权人，根据现有司法解释规定，共有权人无权在执行过程中以对执行标的物享有所有权份额为由排除执行，为保护其合法权益，仅能就执行标的变价结束后，为共有权人预留相应份额。

《执行异议和复议规定》第二十八条、第二十九条可以在执行异议之诉中参照适用。虽然《执行异议和复议规定》是为了规范人民法院办理执行异议和复议案件，维护当事人、利害关系人和案外人的合法权益，根据民事诉讼法等法律规定，结合人民法院执行工作实际而制作的司法解释。但是，在执行异议之诉中往往涉及对于案外人实体权利的审理，最高人民法院多数观点认为，由于《执行异议和复议规定》第二十八条、第二十九条两条文均规定了在金钱债权执行中，不动产买受人对登记在被执行人名下的房屋提出异议时如何进行审查的规则，该两条属于实质性审查条款，可以作为执行异议之诉审理的参照。

案外人符合《执行异议和复议规定》第二十九条的，可以排除优先债权人的强制执行。根据该条规定，在金钱债权执行中，买受人对登记在被执行的房地产开发企业名下的商品房提出执行异议时，获得人民法院支持应同时满足三个要件。该条规定基于对消费者生存权的维护，赋予消费者买受房屋的物权期待权以排除执行的效力，即便申请执行人对该房屋享有建设工程价款优先受偿权、担保物权等权利，法律也应优先保护消费者的物权期待权。

最高人民法院有观点认为：案外人符合《执行异议和复议规定》第二十八条规定的，仅有权排除一般债权人的强制执行。该条规定解决的是在强制执行程序中，买受人对所买受的不动产权利保护与普通金钱执行债权人权利保护发生冲突时，基于对正当买受人合法权利的特别保护之目的而设置的特别规则，该条规定仅能对抗对被执行人享有普通债权的债权人。因此，从法律逻辑上看，房屋买受人若要排除普通债权的执行，既可以选择适用《执行异议和复议规定》第二十八条，也可以选择适用第二十九条，但房屋买受人若要排除建设工程价款优先受偿权、担保物权等权利的强制执行，则必须参照适用第二十九条的规定。

本书认为：案外人符合《执行异议和复议规定》第二十八条的，亦有权排除优先债权人的强制执行。原因主要有三：一是第二十八条系对无过错买受人予以优先保护的规定，理论基础是不动产买受人享有物权期待权，而第二十九条系对购房消费者予以优先保护的规定，理论基础同样是不动产买受人享有的物权期待权，权利性质本身并无差异。二是第二十八条和第二十九条适用的场景均为金钱债权执行过程中，特殊买受人对执行的不动产提出异议的场景。不同的是，第二十八条中的买受人与第二十九条中的买受人存在明显区别，前者是无过错买受人，后者为购房消费者，均有明确的审查条件，属于不同的买受主体。三是既然第二十八条、第二十九条作为第二十七条规定的例外情形，那么在满足例外条件时，理应均具有不同于第二十七条的法律效力，即有权排除优先债权人的执行。最高人民法院不应忽略第二十八条和第二十九条特定的适用条件，对两条规定不加以区别地进行适用。但是，从近年最高人民法院具体适用两条文情况来看，最高人民法院通常做法主要有三种：不加以区分合并适用、不加以区分择一适用和错误区分择一适用。可以看出，在未来相当一段时间内，第二十七条、第二十八条与第二十九条之间的适用问题将继续存在。

相关法律规定

《最高人民法院关于人民法院办理执行异议和复议案件若干问题的规定》（2020年12月23日修正）

第二十七条 申请执行人对执行标的依法享有对抗案外人的担保物权等优先受偿权，人民法院对案外人提出的排除执行异议不予支持，但法律、司法解释另有规定的除外。

第二十八条 金钱债权执行中，买受人对登记在被执行人名下的不动产提出异议，符合下列情形且其权利能够排除执行的，人民法院应予支持：

（一）在人民法院查封之前已签订合法有效的书面买卖合同；

（二）在人民法院查封之前已合法占有该不动产；

（三）已支付全部价款，或者已按照合同约定支付部分价款且将剩余价款按照人民法院的要求交付执行；

（四）非因买受人自身原因未办理过户登记。

第二十九条 金钱债权执行中，买受人对登记在被执行的房地产开发企业名下的商品房提出异议，符合下列情形且其权利能够排除执行的，人民法院应予支持：

（一）在人民法院查封之前已签订合法有效的书面买卖合同；

（二）所购商品房系用于居住且买受人名下无其他用于居住的房屋；

（三）已支付的价款超过合同约定总价款的百分之五十。

《最高人民法院关于人民法院执行工作若干问题的规定（试行）》（2020 年 12 月 23 日修正）

31①. 人民法院对被执行人所有的其他人享有抵押权、质押权或留置权的财产，可以采取查封、扣押措施。财产拍卖、变卖后所得价款，应当在抵押权人、质押权人或留置权人优先受偿后，其余额部分用于清偿申请执行人的债权。

法院裁判

以下为最高人民法院在判决书"本院认为"部分就此问题发表的意见：

本案争议的焦点问题是，王某华对于案涉房屋是否享有排除强制执行的民事权益。

《执行异议和复议规定》第二十八条、第二十九条均规定了在金钱债权执行中，不动产买受人对登记在被执行人名下的房屋提出异议时如何进行审查的规则，该两条属于实质性审查条款，可以作为本案执行异议之诉审理的参照。根据《执行异议和复议规定》第二十九条的规定，在金钱债权执行中，买受人对登记在被执行的房地产开发企业名下的商品房提出执行异议时，获得人民法院支持应同时满足三个要件，即在人民法院查封之前已签订合法有效的书面买卖合同、所购商品房系用于居住且买受人名下无其他用于居住的房屋，以及支付的价款超过合同约定总价款的 50%。该条规定基于对消费者生存权的维护，赋予消费者买受房屋的物权期待权以排除执行的效力，即便申请执行人对该房屋享有建设工程价款优先受偿权、担保物权等权利，法律也应优先保护消费者的物权期待权。《执行异议和复议规定》第二十八条亦规定了在金钱债权执行中，买受人对登记在被执行人名下的不动产提出异议，获得人民法院支持所要满足的四个要件，但该条规定仅能对抗对被执行人享有普通债权的债权人。从法律逻辑上看，房屋买受人若要排除普通债权的执行，既可以选择适用《执行异议和复议规定》第二十八条，也可以选择适用第二十九条，但房屋买受人若要排除建设工程价款优先受偿权、担保物权等权利的强制执行，则必须参照适用《执行异议和复议规定》第二十九条的规定。就本案而言，王某华在与鑫某源公司于 2014 年 5 月 25 日签订《商品房预售合同》之前，案涉房屋已于 2014 年 4 月 28 日抵押登记给海某公司。即便海某公司在办理抵押之后明确同意鑫某源公司出售案涉房屋，也不能由此认定海某公司丧失了对案涉房屋享有的抵押权。可见，王某华作为购房者，其现在对抗的是海某公司针对案涉房屋享有担保物权的强

---

① 原 40。

制执行，故本案需参照适用《执行异议和复议规定》第二十九条来判断王某华对案涉房屋是否享有排除强制执行的民事权益。

案件来源

《王某华、海南海某小额贷款有限公司再审审查与审判监督民事裁定书》【（2018）最高法民申6179号】

延伸阅读

一、《最高人民法院关于建设工程价款优先受偿权问题的批复》第二条实质已经融入2015年施行的《执行异议和复议规定》第二十九条规定的条款之中，后者施行后，不可仅适用前者进行裁判。

案例一：《广西恒某建设集团有限公司、赵某颖申请执行人执行异议之诉再审审查与审判监督民事裁定书》【（2018）最高法民申1991号】

最高人民法院认为，2002年施行的《最高人民法院关于建设工程价款优先受偿权问题的批复》第二条规定，消费者交付购买商品房的全部或者大部分款项后，承包人就该商品房享有的工程价款优先受偿权不得对抗买受人。虽然该条亦规定了购买房屋的消费者对抗享有工程价款优先受偿权的承包人的条件，但该条规定实质已经融入2015年施行的《执行异议和复议规定》第二十九条规定的条款之中，且第二十九条又进一步细化规定了三个要件。在新的司法解释就买受人对登记在被执行的房地产开发企业名下的商品房提出异议明确予以规定后，二审判决仅适用该批复进行裁判，属适用法律不当。

二、在适用《最高人民法院关于建设工程价款优先受偿权问题的批复》时，亦可以参照《执行异议和复议规定》第二十九条规定的具体情形。

案例二：《广西恒某建设集团有限公司、兰某絮申请执行人执行异议之诉再审审查与审判监督民事裁定书》【（2018）最高法民申1997号】

最高人民法院认为，关于原判决是否适用法律错误的问题。根据《最高人民法院关于建设工程价款优先受偿权问题的批复》的规定，消费者的生存居住权应受法律的优先保护；《执行异议和复议规定》第二十九条亦系为了保护消费者的生存居住权，两者的目的与宗旨相同，并无新旧规范适用的冲突。因此，在适用《最高人民法院关于建设工程价款优先受偿权问题的批复》时，亦可以参照《执行异议和复议规定》第二十九条规定的具体情形。兰某絮除案涉房屋外，名下无其他用于居住的房屋，符合《最高人民法院关于建设工程价款优先受偿权问题的批复》第二条消费者的定义，广西高院适用《最高人民法院关于建设工程价款优先受偿权问题的批复》支持兰某絮的执行异议，并无不当。

三、在《执行异议和复议规定》已经施行的情况下，法院仅适用《最高人民法院关于建设工程价款优先受偿权问题的批复》进行裁判，属适用法律不当。

案例三：《广西恒某建设集团有限公司、罗某旺再审审查与审判监督民事裁定书》【（2018）最高法民申1974号】

最高人民法院认为，2002年施行的《最高人民法院关于建设工程价款优先受偿权问题的批复》第二条规定，消费者交付购买商品房的全部或者大部分款项后，承包人就该商品房享有的工程价款优先受偿权不得对抗买受人。虽然该条亦规定了购买房屋的消费者对抗享有工程价款优先受偿权的承包人的条件，但该条规定实质已经融入2015年施行的《执行异议和复议规定》第二十九条规定的条款内容之中，且第二十九条又进一步细化规定了三个要件。在新的司法解释针对买受人对登记在被执行的房地产开发企业名下的商品房提出异议明确予以规定后，二审判决仅适用《最高人民法院关于建设工程价款优先受偿权问题的批复》进行裁判，属适用法律不当。

四、案涉房屋的性质为商业用途，不属于基本消费范畴，不适用《最高人民法院关于建设工程价款优先受偿权问题的批复》的有关规定。

案例四：《于某岩、柳河恒某小额贷款有限责任公司再审审查与审判监督民事裁定书》【（2017）最高法民申4727号】

最高人民法院认为，《最高人民法院关于建设工程价款优先受偿权问题的批复》第二条规定："消费者交付购买商品房的全部或者大部分款项后，承包人就该商品房享有的工程价款优先受偿权不得对抗买受人。"其规范的是消费者与承包人之间就案涉商品房的优先受偿权问题，而本案案涉房屋的性质为商业用途，不属于基本消费范畴，故本案不应适用《最高人民法院关于建设工程价款优先受偿权问题的批复》的有关规定。

五、《执行异议和复议规定》第二十八条与第二十九条之间并非排斥关系而是并列关系，案外人只要举证证明符合其中任何一条规定的条件即可排除强制执行。

案例五：《赵某、王某庸二审民事判决书》【（2019）最高法民终508号】

最高人民法院认为，《执行异议和复议规定》第二十八条与第二十九条之间并非排斥关系而是并列关系，案外人只要举证证明符合其中任何一条规定的条件即可排除强制执行，故一审法院对本案是否符合上述两条进行逐一审查，并未加重赵某的举证义务,反而是从慎重保护赵某对案涉房屋享有的合法权利的角度出发而为。因此,赵某上诉主张一审法院同时参照适用《执行异议和复议规定》第二十八条、第二十九条系适用法律错误的理由不能成立。

六、《执行异议和复议规定》第二十八条、第二十九条属于第二十七条的除外规定,满足第二十八条的,即可对抗享有担保物权等优先受偿权的申请执行人的强制执行。

案例六:《中国东方资产管理股份有限公司某分公司、赵某博申请执行人执行异议之诉二审民事判决书》【(2018)最高法民终714号】

最高人民法院认为,《执行异议和复议规定》第二十七条规定:"申请执行人对执行标的依法享有对抗案外人的担保物权等优先受偿权,人民法院对案外人提出的排除执行异议不予支持,但法律、司法解释另有规定的除外。"一般而言,案外人就执行标的提出的异议,常因申请执行人享有担保物权等优先受偿权而得不到支持,但该司法解释第二十八条和第二十九条也分别针对不动产和用于居住的商品房规定了除外情形,其中第二十八条规定:……符合该条规定的四个条件的不动产买受人的物权期待权,即可对抗享有担保物权等优先受偿权的申请执行人的强制执行。

七、《执行异议和复议规定》第二十九条是第二十七条规定的"但法律、司法解释另有规定的除外"中的司法解释,第二十九条与第二十七条并不矛盾。

案例七:《交通银行股份有限公司某分行、李某杰申请执行人执行异议之诉再审审查与审判监督民事裁定书》【(2018)最高法民申1409号】

最高人民法院认为,《执行异议和复议规定》第二十九条即为第二十七条规定的"但法律、司法解释另有规定的除外"中的司法解释,第二十九条与第二十七条并不矛盾,因为它是第二十七条的但书内容。第二十九条之所以作为第二十七条的但书,是为了优先保护符合相关情形的房屋购买者的居住权,因为从价值衡量来看,该种情形下的居住权与抵押权相比,居住权优先。据此,在李某杰的行为符合第二十九条规定的情形下,即使交行某分行在案涉商品房上设有抵押权,李某杰也享有足以排除强制执行的民事权利。

八、《执行异议和复议规定》第二十九条是第二十八条规定的特殊情形,专指房地产开发企业商品房出售的情形。

案例八:《中国华融资产管理股份有限公司某分公司、史某莹二审民事判决书》【(2017)最高法民终278号】

最高人民法院认为,第二十八条与第二十九条相同之处为申请执行的债权都是金钱债权,均要求在人民法院查封之前已签订合法有效的书面买卖合同。不同之处在于，第二十八条是买受人对登记在被执行人名下的不动产提出的异议，而第二十九条则针对的是买受人对登记在被执行的房地产开发企业名下的商品房提出的异议。应当说，第二十九条的规定是第二十八条规定的特殊情形，即专指房地产开发企业商品房出售的情形。而根据本案查明的事实，案涉房屋系房地产经营者明某公司所开发的商品房，史某莹系向房地产开发企业明某公司认购商品房，讼争的被执行的房屋即登记于房地产开发企业名下的商品房，故本案依据史某莹诉讼主张的权利基础，应适用第二十九条之规定。华融资产某分公司认为一审法院适用法律错误，本案应当适用第二十八条的上诉请求，于法无据，本院不予支持。

九、第二十八条与第二十九条在适用情形上存在交叉，只要符合其中一条的规定，买受人即享有足以排除强制执行的民事权益。

案例九：《北京长某投资基金、高某申请执行人执行异议之诉二审民事判决书》【（2018）最高法民终1094号】

最高人民法院认为，在金钱债权执行中，《执行异议和复议规定》第二十八条适用于买受人对登记在被执行人名下的不动产提出异议的情形，系普适性的条款，对于所有类型的被执行人和不动产均可适用。而第二十九条则适用于买受人对登记在被执行的房地产开发企业名下的商品房提出异议的情形，是专门针对被执行人为房地产开发企业和商品房而规定的特别条款。第二十八条与第二十九条在适用情形上存在交叉，只要符合其中一条的规定，买受人即享有足以排除强制执行的民事权益。

十、对于不动产买受人来说，如果其不能作为消费者得到特殊保护，法院需进一步考察是否符合第二十八条规定的情形。

案例十：《曹某新、张某杰再审审查与审判监督民事裁定书》【（2018）最高法民申2660号】

最高人民法院认为，关于法律适用问题。《执行异议和复议规定》第二十九条规定系对房屋消费者期待物权的保护，曹某新所称购买房屋虽系该条规定的登记在被执行的房地产开发企业名下，但房屋为商铺并非用于居住，本案并不符合该条规定情形。《执行异议和复议规定》第二十八条系对无过错不动产买受人期待物权的保护，对于不动产买受人来说，如果其不能作为消费者得到特殊保护，则需进一步考察是否符合第二十八条规定的情形。如前所述，现有证据不足以证明曹某新与万某置业泗县分公司签订了房屋买卖合同并支付房款等事实，故本案亦不符合第二十八条规定的情形。一审判决仅适用第二十九条规定确有不当，二审判决虽未明确指出一审判决适用法律存在的问题，但实际上进行了纠正，并未影响本案处理结果。曹某新以此申请再审，本院不予支持。

054《查封、扣押、冻结规定》第十七条[①]与《执行异议和复议规定》第二十八条之间的适用关系如何确定？

> 《执行异议和复议规定》第二十八条是对《查封、扣押、冻结规定》第十五条的修改和补充，应依法适用前者

阅读提示

《查封、扣押、冻结规定》第十七条与《执行异议和复议规定》第二十八条均是处理在执行过程中，房屋买受人排除执行问题的规定。但是，司法实践中，包括最高人民法院在内的各级法院在处理买受人排除执行的案件中，并未厘清两条文之间的适用关系和区别。本文以最高人民法院一则案例作为楔子展开，讨论上述两条文存在哪些差别以及如何在执行异议和执行异议之诉中准确适用。注意：本文选取的最高人民法院案例裁判要旨，并不代表本文观点。本文对于上述两规定适用关系的理解，具体请见"实务要点总结"部分。

裁判要旨

虽然《查封、扣押、冻结规定》第十七条与《执行异议和复议规定》第二十八条系分别针对执行程序中的执行行为与执行异议办理所作的规定，但关于排除强制执行、保护无过错买受人民事权益的意旨相同，并不存在矛盾冲突，均可适用于案外人执行异议之诉。

案情简介

2015年5月，案外人高某香自雅某公司购买案涉商品房并支付购房款，房屋已办理网签，未登记备案。

之后，雅某公司与宏某公司指定方签订商品房买卖合同，并将案涉房屋网签至宏某公司指定方名下。

2016年9月，在宏某公司诉雅某公司等建设工程施工合同纠纷一案中，宏某公

---

① 2020年12月29日修正后为第十五条。

司申请福建省三明中院查封案涉房屋，高某香提出执行异议，福建省三明中院裁定驳回，后本案经福建高院裁定重审。

福建省三明中院认为，案涉房屋未登记在高某香名下，所有权人仍为雅某公司，裁定驳回其异议，高某香提起案外人执行异议之诉。

福建省三明中院一审重审认为，依据《查封、扣押、冻结规定》第十七条规定，高某香对案涉房屋享有物权期待权，足以排除执行，判决停止对案涉房屋的执行。申请执行人宏某公司不服，上诉至福建高院。

2017年12月，福建高院二审认为，本案应适用《执行异议和复议规定》，高某香不符合第二十八条或第二十九条规定，判决撤销一审判决中关于中止执行的判项。高某香不服，向最高人民法院申请再审。

2018年12月，最高人民法院再审判决驳回高某香申请。

裁判要点及思路

本案争议焦点有二，一是在案外人执行异议之诉中，原审判决适用《执行异议和复议规定》是否错误；二是案外人高某香对案涉房屋是否享有足以排除强制执行的民事权益。本文重点讨论关于本案法律适用问题，对此，最高人民法院认为：（1）案涉房屋系被人民法院采取诉讼保全措施查封，财产保全裁定的执行适用《查封、扣押、冻结规定》。因此，《查封、扣押、冻结规定》可以作为判断买受人高某香民事权益能否排除强制执行的依据。（2）本案是案外人针对执行标的提出的执行行为异议，《执行异议和复议规定》第二十八条同样可以作为判断高某香民事权益能否排除强制执行的依据。（3）《查封、扣押、冻结规定》第十七条对需要办理过户登记的财产能否排除强制执行作出了规定，《执行异议和复议规定》第二十八条对不动产能否排除强制执行进行了细化和完善，虽然两者系分别针对执行程序中的执行行为与执行异议办理所作的规定，但关于排除强制执行、保护无过错买受人民事权益的意旨相同，并不存在矛盾冲突。（4）执行异议及案外人执行异议之诉均衍生于执行程序，均是案外人以其对执行标的享有实体民事权益为由启动的救济程序，两者的规范意旨相同且相互衔接。因此，在案外人执行异议之诉程序中，适用《查封、扣押、冻结规定》《执行异议和复议规定》关于案外人民事权益能否排除强制执行的规定，有利于充分保护案外人的民事权益，亦有利于人民法院规范、统一民事诉讼和执行尺度。综上所述，最高人民法院认为本案可以同时适用《查封、扣押、冻结规定》第十七条和《执行异议和复议规定》第二十八条的规定。

但是，本案中，最高人民法院以两规定存在相同之处为由，认为可以同时适用。然而，在具体适用时，最高人民法院却以《执行异议和复议规定》第二十八条规定的条件，忽略《查封、扣押、冻结规定》第十七条规定的条件，审查案外人是否有权排除执行。本书认为，在上述两条规定存在明显不同的情况下，最高人民法院在本案中选择忽略两规定之间的差异，不仅不利于两规定的准确适用，反而模糊了两规定特定的适用空间以及两规定之间的适用逻辑，导致未来相当一段时间内，各级法院存在类似的法律适用问题。

实务要点总结

通过观察、整理、分析最高人民法院近年处理执行异议之诉案件，涉及《执行异议和复议规定》第二十八条与《查封、扣押、冻结规定》第十七条之间法律适用的问题，我们发现在这些案件中，均存在较明显的适用逻辑混乱问题。要厘清两规定之间的法律适用关系，我们必须厘清两规定均涉及的意在保护的权利性质，在我国立法和法学理论方面该权利保护的发展过程，以及两规定之间的区别，厘清上述三点后，我们才能更加准确理解两规定具有的特定适用空间、适用背景，才能准确加以适用。

一、买受人取得标的物所有权的权利性质在理论上的发展。

物权存在一定的生成过程，立法者应当对每个阶段的法律状态配备相应的法律制度，予以保护。以物权是否已经取得为标准，将物权区分为既得权与期待权。在现有物权法理论中，期待权进一步区分为物权性的期待权和债权性的期待权。物权期待权是指物权的某些要件已经实现，所期待的特定利益的内容或者范围已确定，剩下的条件若实现即可取得物权的期待状态。这种期待状态因含有特定利益，受法律保护。起初，典型的物权期待权是在所有权保留买卖关系中，买受人取得标的物所有权的权利。

受我国物权法理论发展的限制，严格的物权法定主义一直限制着物权期待权的发展。在我国法律体系中，买受人在满足一定条件后对房屋享有的权利经历了债权到物权期待权转变的过程。

将买受人对房屋享有的权利视为债权时期，立法者仅着眼于所有人与买受人的相对关系，忽略房屋已交买受人实际占有、收益、使用的事实，不承认买受人对占有房屋的事实支配关系，即实质上的物权关系。

将买受人对房屋享有的权利视为物权期待权时期，最高人民法院通过制定司法解释的方式，对具有物权之实，却以债权形式表现出来的权利，视为具有物权性质的期待权。至此，司法更加关注房屋交由买受人占有、使用、收益的事实，承认买受人对标的物的支配关系，即实质上的物权关系。

二、最高人民法院在执行程序中对不动产受让人优先保护的发展历程。

2002年6月20日，最高人民法院发布《最高人民法院关于建设工程价款优先受偿权问题的批复》，第二条规定："消费者交付购买商品房的全部或者大部分款项后，承包人就该商品房享有的工程价款优先受偿权不得对抗买受人。"对在金钱债权执行中，具有消费者身份的房屋买受人予以优先特殊保护。

2004年2月10日，最高人民法院、国土资源部、建设部联合发布《关于依法规范人民法院执行和国土资源房地产管理部门协助执行若干问题的通知》（自2004年3月1日起实施），第十五条规定："下列房屋虽未进行房屋所有权登记，人民法院也可以进行预查封：（一）作为被执行人的房地产开发企业，已办理了商品房预售许可证且尚未出售的房屋；（二）被执行人购买的已由房地产开发企业办理了房屋权属初始登记的房屋；（三）被执行人购买的办理了商品房预售合同登记备案手续或者商品房预告登记的房屋。"将在金钱债权执行中予以特殊保护的对象扩大至自房地产开发企业购买房屋的所有买受人。

2004年11月4日，最高人民法院发布《查封、扣押、冻结规定》，第十七条规定：被执行人将其所有的需要办理过户登记的财产出卖给第三人，第三人已经支付部分或者全部价款并实际占有该财产，但尚未办理产权过户登记手续的，人民法院可以查封、扣押、冻结；第三人已经支付全部价款并实际占有，但未办理过户登记手续的，如果第三人对此没有过错，人民法院不得查封、扣押、冻结。将在金钱债权执行中予以特殊保护的对象扩大至自购买需要办理过户登记财产的所有买受人。

2015年5月5日，最高人民法院发布《执行异议和复议规定》，第二十八条规定，对在金钱债权执行中予以特殊保护的对象限定为无过错买受人，大大限缩了上述司法解释及相关文件的保护对象。

三、《执行异议和复议规定》第二十八条与《查封、扣押、冻结规定》第十七条之间的区别：

《执行异议和复议规定》第二十八条仅能在金钱债权执行中适用，而《查封、扣押、冻结规定》第十七条未限制申请执行的债权种类。明显可以看出，后者规定在实践中存在一定问题，因为在非金钱债权人申请执行的场合，申请执行人的物质交付请求权包括物权、债权或者与案外人效力相同的无过错买受人的物权期待权。因此，并不能直接得出买受人作为案外人的物权期待权必然优先于其他非金钱债权人权利的结论。

《执行异议和复议规定》第二十八条要求物权期待权依据的基础法律关系必须

合法有效，而《查封、扣押、冻结规定》第十七条对于被执行人与第三人之间的基础法律关系是否合法有效无要求。由于《执行异议和复议规定》第二十八条是对无过错买受人物权期待权的保护，虽然物权期待权本身并非《物权法》明示的一种物权，但是，作为一种具有特定保护利益的物权取得过程中的状态，最高人民法院通过制定司法解释的方式，赋予其法律保护之效力。现有立法及法学理论，尚未对物权期待权这一特殊状态的性质得出统一认识，同时考虑物权期待权特殊的优先性，为稳妥起见，最高人民法院在具体适用《执行异议和复议规定》第二十八条时，参考物权保护的规定，要求物权期待权的保护必须满足以物权变动为内容的债权合同成立并且有效。因此，较之《查封、扣押、冻结规定》第十七条，《执行异议和复议规定》第二十八条完善了第三人保护的条件。

《执行异议和复议规定》第二十八条要求第三人价款支付的条件更为符合现实需要。《查封、扣押、冻结规定》第十七条规定第三人排除法院查封、扣押、冻结的执行措施，应当满足已经支付全部价款的条件。鉴于实践中，相当一部分不动产买卖合同金额较大，买卖双方之间多约定"分期付款"。第三人依据合同约定，分期付款，符合法律规定和合同约定。此时如认为该第三人因不符合付款条件无权排除执行，不利于执行案件执行和化解执行矛盾，明显不当。最高人民法院认识到司法实践中这一问题存在，因此，在《执行异议和复议规定》第二十八条增加"已按照合同约定支付部分价款且将剩余价款按照人民法院的要求交付执行"这一条件，同时给予第三人保障申请执行人债权和给予第三人加速付款、符合条件的机会，适当平衡被执行人和第三人之间的利益。

《执行异议和复议规定》第二十八条要求第三人在法院查封前已经合法占有不动产。较之《查封、扣押、冻结规定》第十七条仅要求第三人实际占有不动产，《执行异议和复议规定》第二十八条在此基础上增加了两个限定条件，即查封前占有和合法占有。受查封效力所及，不动产一旦被法院查封，未经法院和申请人允许，不得流转。第三人购买已被查封的不动产，不能对抗债权人。同时，可以有效减少被执行人与第三人恶意串通的可能性。在物权法上，不管是合法占有还是非法占有，占有人的占有状态均受法律保护。考虑物权期待权具有的物权性和对抗权利的优先性，最高人民法院将其仅限定为合法占有，具有一定的合理性，故要求第三人在法院查封前已经合法占有不动产。很明显，这样规定比较科学、合理。

《执行异议和复议规定》第二十八条要求第三人必须无过错。较之《查封、扣押、冻结规定》第十七条，最高人民法院认为无过错买受人排除强制执行必须满足无过错的条件。司法实践中，认定第三人是否存在"非因买受人自身原因未办理过户登记"时，一般从三个方面出发：是否存在对他人权利障碍的忽略；是否存在怠于行使自身权利；是否存在对政策限制的忽略。

从上面三点可以看出，在《查封、扣押、冻结规定》第十七条尚未被明确废止或者替代的情况下，在金钱债权申请执行的执行异议中，涉及买受人对执行不动产的权利能否排除执行的问题上，虽然该条规定仍有其存续和适用的空间，但是考虑到查封、扣押、冻结均属于执行行为中的执行措施，《执行异议和复议规定》第二十八条在《查封、扣押、冻结规定》第十七条之后作出并且规定了更为具体、严格的认定条件，应当依法适用《执行异议和复议规定》第二十八条的规定处理买受人排除执行的问题。

相关法律规定

《最高人民法院关于人民法院民事执行中查封、扣押、冻结财产的规定》（2020年12月23日修正）

第十五条[1] 被执行人将其所有的需要办理过户登记的财产出卖给第三人，第三人已经支付部分或者全部价款并实际占有该财产，但尚未办理产权过户登记手续的，人民法院可以查封、扣押、冻结；第三人已经支付全部价款并实际占有，但未办理过户登记手续的，如果第三人对此没有过错，人民法院不得查封、扣押、冻结。

《最高人民法院关于人民法院办理执行异议和复议案件若干问题的规定》（2020年12月23日修正）

第二十八条 金钱债权执行中，买受人对登记在被执行人名下的不动产提出异议，符合下列情形且其权利能够排除执行的，人民法院应予支持：

（一）在人民法院查封之前已签订合法有效的书面买卖合同；

（二）在人民法院查封之前已合法占有该不动产；

（三）已支付全部价款，或者已按照合同约定支付部分价款且将剩余价款按照人民法院的要求交付执行；

（四）非因买受人自身原因未办理过户登记。

法院裁判

以下为最高人民法院在判决书"本院认为"部分就此问题发表的意见：

---

[1] 原第十七条。

关于原审判决适用《执行异议和复议规定》是否错误的问题。首先，案涉房屋系被人民法院采取诉讼保全措施而查封，财产保全裁定的执行适用《查封、扣押、冻结规定》。《查封、扣押、冻结规定》第十七条对需要办理过户登记财产能否查封、扣押、冻结的规定，涉及无过错买受人民事权益的保护，可以作为判断高某香民事权益能否排除强制执行的依据。高某香在案涉房屋被查封后提出了执行异议，《执行异议和复议规定》第二十八条关于不动产买受人对不动产提出异议时审查标准的规定，亦涉及无过错买受人民事权益的保护，同样可以作为判断高某香民事权益能否排除强制执行的依据。《查封、扣押、冻结规定》第十七条对需要办理过户登记的财产能否排除强制执行作出了规定，《执行异议和复议规定》第二十八条对不动产能否排除强制执行进行了细化和完善，虽然两者系分别针对执行程序中的执行行为与执行异议办理所作的规定，但关于排除强制执行、保护无过错买受人民事权益的意旨相同，并不存在矛盾冲突，其关于能否排除强制执行的规定在本案中均可予以适用，二审判决适用《执行异议和复议规定》并无不当。其次，执行异议作为执行异议之诉的前置程序，主要解决的是执行问题。根据执行效率原则，其审查以形式审查为主、实质审查为辅，但并非不进行实体审查。在此基础上，案外人执行异议之诉作为一项正式的诉讼程序，给予案外人举证质证、法庭辩论等诉讼权利，以实体审理为主，更加注重案外人民事权益的实体审查。但执行异议及案外人执行异议之诉均衍生于执行程序，均是案外人以其对执行标的享有实体民事权益为由启动的救济程序，两者的规范意旨相同且相互衔接。因此，在案外人执行异议之诉程序中，适用《查封、扣押、冻结规定》《执行异议和复议规定》关于案外人民事权益能否排除强制执行的规定，有利于充分保护案外人的民事权益，亦有利于人民法院规范、统一民事诉讼和执行尺度。高某香申请再审提出的有关二审判决不应适用《执行异议和复议规定》而应适用《查封、扣押、冻结规定》，以及执行异议程序与案外人执行异议之诉不能适用同一规定的主张不能成立，本院不予支持。

案件来源

《高某香、福建众某泰建设工程有限公司（原永安市宏某工程有限公司）案外人执行异议之诉再审审查与审判监督民事裁定书》【（2018）最高法民申5189号】

> 延伸阅读

一、《查封、冻结、扣押规定》是执行程序中对案外人的异议进行形式审查的判断标准，不宜在案外人执行异议之诉中适用。

案例一：《刘某生、杜某清再审民事判决书》【（2017）最高法民再355号】

最高人民法院认为，本案中，陈某明将案涉房屋出售给刘某生并取得房屋价款的行为，虽然在客观上导致了其责任财产中的一部分从实物形态转化为货币形态，但其责任财产的范围并未因此而不当减损，杜某清作为债权人的权利并未因此而受到损害，其仍然有权就房屋价款中陈某明的应有份额主张相应的权利。相反，在案涉《房产买卖协议》合法成立，且已经实际履行的情况下，查封案涉房屋并将其作为杜某清债权执行标的的结果，不仅在客观上不当扩张了陈某明的责任财产范围，亦直接损害了刘某生的合法权利。《查封、扣押、冻结规定》第十七条的规定，是执行程序中对案外人的异议进行形式审查的判断标准，并非对案外人权利的最终确认，案外人实体民事权利的内容是执行异议之诉的审理范围。原审法院将该条规定作为审理本案的法律依据，混淆了执行异议的审查与执行异议之诉的审理之间的差别，本院予以纠正。

二、《执行异议和复议规定》第二十八条与《查封、扣押、冻结规定》第十七条体现的保护买受人的原则和精神相同，在执行异议之诉中可以同时适用。

案例二：《上海天某电梯销售有限公司、姜某来再审民事判决书》【（2017）最高法民再32号】

最高人民法院认为，在此情形下，天某公司对诉争房产享有的民事权益是否可以排除强制执行，并没有可以直接引用的法律条文作为判定标准，只能参照民事执行程序司法解释的相关规定进行判定。《查封、扣押、冻结规定》第十七条、二审判决之后施行的《执行异议和复议规定》第二十八条和相关规定都体现出一个原则：房屋买受人已经支付完全部价款（或依约支付部分价款并按法院要求支付剩余价款）、合法占有房屋、非因自身原因未办理过户登记的，对其就房屋所享有民事权益的保护优于一般债权。参照前述规定所体现出的原则和精神，结合本案中天某公司已经支付完全部价款、合法占有房屋、对未办理过户登记不存在过错等事实，本院认为天某公司基于对诉争房产享有的民事权益而要求排除执行的主张应当获得支持。

三、在执行异议之诉部分案件中，未对《执行异议和复议规定》与《查封、扣押、冻结规定》加以区分，可以同时适用。

案例三：《确山县鹏某实业开发有限公司、曹某威申请执行人执行异议之诉再

审审查与审判监督民事裁定书》【（2019）最高法民申 444 号】

最高人民法院认为，关于原判决适用法律是否错误的问题。《执行异议和复议规定》第二十八条规定……《查封、扣押、冻结规定》第十七条规定……本案中，陈某喜夫妻与信阳亿某投资有限公司及其法定代表人曹某威签订的《协议书》，是在曹某威享有对陈某喜的债权到期的情况下签订，是各方真实意思表示，合法有效。该协议约定以案涉房屋抵偿债务，应当视为曹某威作为买受人已向陈某喜交付全部购房款。案外人宋某太使用案涉房屋开设超市，且于查封前向曹某威交付租金，应当认定曹某威已占有使用案涉房屋。本案无证据表明曹某威因自身原因未能办理房屋过户。原审法院根据查明的事实，认定曹某威对案涉房产享有足以排除执行的民事权利，符合上述司法解释规定。

四、如执行异议之诉针对的查封行为源于诉讼保全，不应适用《执行异议和复议规定》第二十八条，应依法适用《查封、扣押、冻结规定》第十七条的规定。

案例四：《广西桂某房地产有限责任公司、彭某进二审民事判决书》【（2018）最高法民终 580 号】

最高人民法院认为，52 号判决相关判项的执行内容并非金钱债权的执行，本案执行异议之诉针对的查封行为源于诉讼保全，并非对该判项的直接执行，不应适用《执行异议和复议规定》第二十八条，一审判决法律适用确有不当。《查封、扣押、冻结规定》第十七条规定……根据本案认定的事实，彭某进在案涉房屋被查封前与尔某公司签订了案涉房屋买卖合同并交付房款，虽然合同约定的付款时间、方式等内容与实际履行并不完全相同，但彭某进提供的转账记录等证据足以证明其已实际支付购房款共计 270 万元，尔某公司对此予以认可并出具了收款收据。尔某公司向案涉房屋承租人发出通知并将其与承租人的权利义务转由彭某进享有和承担，彭某进已实际控制案涉房屋，应属法律上的实际占有。且案涉房屋未办理过户手续系因客观原因导致尔某公司未能配合彭某进办理，一审判决认定系非因彭某进原因，并无不当。本案符合上述法条"第三人已经支付全部价款并实际占有，但未办理过户登记手续的，如果第三人对此没有过错，人民法院不得查封、扣押、冻结"的情形，彭某进对案涉房屋享有的民事权益，可以排除人民法院对案涉房屋的查封行为。

五、即使在《查封、扣押、冻结规定》第十七条并未对当事人之间基础交易关系作出要求的情况下，法院在适用第十七条时，也应结合证据全面审查当事人交易的合法性与真实性。

案例五：《石某山、孙某莎申请执行人执行异议之诉再审审查与审判监督民事裁定书》【（2017）最高法民申 3797 号】

最高人民法院认为，孟某福与石某山无房屋转让合同，石某山也未打款给孟某福，而是打款给脱某东，不能证明向孟某福买房。石某山称孟某福委托脱某东卖房和收款，但无正式的授权委托手续。永某公司给石某山的收据与石某山称其从孟某福处取得并支付房屋价款的主张相矛盾。2013年4月12日永某公司给石某山出具收据时，当时双方还未签订《房地产买卖契约》，且永某公司出具收据时间先于石某山给脱某东的打款时间，打款金额1100万元与收据金额700万元亦不相符。石某山主张2013年4月13日其与永某公司的协议在某县房管局备案，但2013年5月14日永某公司才根据与孟某福的契约向某县房管局进行更名申请，先备案，再申请更名，不符合逻辑。永某公司没有获得房屋产权证，某县房管局在永某公司与石某山买卖契约上加盖产权转让确认章的行为不发生房屋所有权转移的法律后果，亦不属于预告登记。2013年5月29日，永某公司已经出租房屋给案外人，石某山未向法院提供其实际占有房屋的有效证据。石某山的执行异议申请，不符合《查封、扣押、冻结规定》第十七条的规定，其再审申请理由不能成立。

六、《查封、扣押、冻结规定》制定的目的和适用范围主要是"为了进一步规范民事执行中的查封、扣押、冻结措施"，并不是判断当事人实体权利的主要依据。

案例六：《新疆聚某典当有限责任公司、张某智申请执行人执行异议之诉再审审查与审判监督民事裁定书》【（2017）最高法民申2265号】

最高人民法院认为，关于法律适用问题。《查封、扣押、冻结规定》第十七条规定制定的目的和适用范围主要是"为了进一步规范民事执行中的查封、扣押、冻结措施"，并不是判断当事人实体权利的主要依据，原审法院也并非根据该条规定处理本案。而《执行异议和复议规定》第二十九条规定，原审判决并未引用，故聚某公司提出原审法院适用上述两条规定错误的主张不能成立。

055 一房二卖碰到执行异议之诉，如何处理？

> 一房多卖时买受人的权利顺位应结合登记、占有、合同签订先后等因素进行判断

阅读提示

一房二卖，在实践中并不鲜见，也是司法实务中的难题之一。《最高人民法院

关于审理买卖合同纠纷案件适用法律问题的解释》[1] 第九条、第十条对动产多重买卖应如何确定履行顺序的问题作了相应规定,但对于不动产多重买卖的履行顺序问题却并未予以规定。《执行异议和复议规定》第二十八条、第二十九条对于金钱债权执行过程中,不动产买受人所提执行异议能否得到支持的问题作了相应规定。但对于非金钱债权执行过程中,不动产买受人所提执行异议应如何处理的问题未作规定。尤其是申请执行人同为买受人的场合,应如何进行处理,欠缺明确的规定。本案为最高人民法院处理的一起典型的一房二卖碰到执行异议的案件,对实践中同类问题的解决具有很大的指导意义。

裁判要旨

在一房数卖的情况下,如果数份房屋买卖合同均有效且买受人均要求履行合同的,一般应按照已经办理房屋所有权变更登记、合法占有房屋以及合同履行情况、买卖合同成立先后等顺序确定权利保护顺位。均未办理变更登记,但已实际占有房屋的买受人,可排除未实际占有房屋买受人的申请执行。

案情简介

远某公司与申请执行人陈某德在 2014 年 7 月 2 日签订的 85 份《商品房买卖合同》中约定了仲裁条款。因远某公司未履行交付房屋义务,陈某德向运城市仲裁委申请仲裁并获支持,该委裁决:《商品房买卖合同》合法有效,远某公司交房。其中即包括案涉房屋。

案外人谢某际与远某公司于 2016 年 9 月 29 日签订案涉房屋的《商品房买卖合同》,以首付加按揭贷款的方式支付了全部房款,对房屋进行了装修并实际入住。

陈某德申请执行,谢某际向运城中院提出执行异议。运城中院以案涉陈某德签订合同在先为由,裁定驳回谢某际的异议。

谢某际不服,向运城中院提起执行异议之诉,要求确认其具有排除强制执行的权利,经运城中院一审、山西高院二审,支持了谢某际的诉讼请求。

陈某德不服,向最高人民法院申请再审,主张谢某际所提执行异议实际上系否定仲裁裁决书效力。最高人民法院以谢某际实际占有房屋,权利顺位优先于陈某德为由,裁定驳回陈某德的再审申请。

---

[1] 以下简称《买卖合同司法解释》。

裁判要点及思路

本案陈某德败诉的原因在于，其虽签订房屋买卖合同在先，但并未实际占有案涉房屋。本案的核心法律问题在于，多重房屋买卖，如何确定多个买受人的先后履行顺序。针对这一问题，三级法院的处理思路各不相同。在执行异议阶段，运城中院认为因陈某德签订房屋买卖合同在先，故其权利顺位优先于谢某际。在执行异议之诉阶段，山西高院根据《执行异议和复议规定》第二十八条规定，以谢某际占有在先为由认定谢某际具有排除强制执行的权利。但最高人民法院认为，本案中陈某德系非金钱债权的申请执行人，不能适用《执行异议和复议规定》第二十八条的规定。

最高人民法院认定谢某际有排除强制执行的权利的思路是，确定不动产多重买卖中多个买受人的履行顺序，并以此为基础确定多个买受人的权利顺位。最高人民法院认为，在一房数卖的情况下，如果数份房屋买卖合同均有效且买受人均要求履行合同的，一般应按照已经办理房屋所有权变更登记、合法占有房屋以及合同履行情况、买卖合同成立先后等顺序确定权利保护顺位。由于谢某际已实际占有案涉房屋，故其履行顺位在先，有排除强制执行的权利。

实务要点总结

多重房屋买卖中多个买受人的权利保护顺位，应结合登记、占有、合同签订先后等因素进行判断。对于多重买卖中多个买受人的先后履行顺序问题，是实践中经常发生争议的问题。《买卖合同司法解释》第十条对特殊动产多重买卖的先后履行顺序问题作了规定，人民法院按照交付时间、登记时间、合同签订时间依次判断履行顺序，交付的权利顺位优先于登记的权利顺位。原因在于，特殊动产虽然也有登记，但仍为动产。根据《物权法》第二十四条的规定，其物权变动仍以交付为要件，登记只是对抗第三人的效力。

而不动产物权变动，系以登记为生效要件，故最高人民法院在处理本案时，采用了有异议特殊动产的处理思路，将登记先后顺序作为第一位的因素，其次才是占有先后，最后为签订合同先后。本案中，谢某际虽签订合同在后，但占有房屋在先，故最高人民法院认定其权利顺位优先于陈某德。

《执行异议和复议规定》第二十八条、第二十九条的规定，仅适用于金钱债权执行的案件。本案中，陈某德向最高人民法院申请再审时提出，山西高院根据《执行异议和复议规定》第二十八条的规定，支持谢某际的诉讼请求属适用法律错误。最高人民法院也认为，《执行异议和复议规定》第二十八条明确规定其适用范围仅限于金钱债权的执行案件，本案申请执行案件为交付特定标的物的案件，并非金钱执行案件。因此，最高人民法院对山西高院适用法律错误的情况予以了纠正。

在一房数卖的情况下，权利顺位在先的买受人除提出执行异议外，还可通过第三人撤销之诉的方式寻求救济。《民事诉讼法》第五十六条第三款规定，第三人"因不能归责于本人的事由未参加诉讼，但有证据证明发生法律效力的判决、裁定、调解书的部分或者全部内容错误，损害其民事权益的，可以自知道或者应当知道其民事权益受到损害之日起六个月内，向作出该判决、裁定、调解书的人民法院提起诉讼。人民法院经审理，诉讼请求成立的，应当改变或者撤销原判决、裁定、调解书；诉讼请求不成立的，驳回诉讼请求"。此处的第三人系对诉讼标的有独立请求权的第三人。在一房数卖的场合，案外人主张对房屋享有顺位在先的权利，符合提起第三人撤销之诉的条件。

相关法律规定

《民事诉讼法》（2021 年 12 月 24 日修正）

第五十九条[①] 对当事人双方的诉讼标的，第三人认为有独立请求权的，有权提起诉讼。

对当事人双方的诉讼标的，第三人虽然没有独立请求权，但案件处理结果同他有法律上的利害关系的，可以申请参加诉讼，或者由人民法院通知他参加诉讼。人民法院判决承担民事责任的第三人，有当事人的诉讼权利义务。

前两款规定的第三人，因不能归责于本人的事由未参加诉讼，但有证据证明发生法律效力的判决、裁定、调解书的部分或者全部内容错误，损害其民事权益的，可以自知道或者应当知道其民事权益受到损害之日起六个月内，向作出该判决、裁定、调解书的人民法院提起诉讼。人民法院经审理，诉讼请求成立的，应当改变或者撤销原判决、裁定、调解书；诉讼请求不成立的，驳回诉讼请求。

第二百三十四条[②] 执行过程中，案外人对执行标的提出书面异议的，人民法院应当自收到书面异议之日起十五日内审查，理由成立的，裁定中止对该标的的执行；理由不成立的，裁定驳回。案外人、当事人对裁定不服，认为原判决、裁定错

[①] 原第五十六条。
[②] 原第二百二十七条。

误的，依照审判监督程序办理；与原判决、裁定无关的，可以自裁定送达之日起十五日内向人民法院提起诉讼。

《最高人民法院关于审理买卖合同纠纷案件适用法律问题的解释》（2020 年 12 月 23 日修正）

第六条① 出卖人就同一普通动产订立多重买卖合同，在买卖合同均有效的情况下，买受人均要求实际履行合同的，应当按照以下情形分别处理：

（一）先行受领交付的买受人请求确认所有权已经转移的，人民法院应予支持；

（二）均未受领交付，先行支付价款的买受人请求出卖人履行交付标的物等合同义务的，人民法院应予支持；

（三）均未受领交付，也未支付价款，依法成立在先合同的买受人请求出卖人履行交付标的物等合同义务的，人民法院应予支持。

第七条② 出卖人就同一船舶、航空器、机动车等特殊动产订立多重买卖合同，在买卖合同均有效的情况下，买受人均要求实际履行合同的，应当按照以下情形分别处理：

（一）先行受领交付的买受人请求出卖人履行办理所有权转移登记手续等合同义务的，人民法院应予支持；

（二）均未受领交付，先行办理所有权转移登记手续的买受人请求出卖人履行交付标的物等合同义务的，人民法院应予支持；

（三）均未受领交付，也未办理所有权转移登记手续，依法成立在先合同的买受人请求出卖人履行交付标的物和办理所有权转移登记手续等合同义务的，人民法院应予支持；

（四）出卖人将标的物交付给买受人之一，又为其他买受人办理所有权转移登记，已受领交付的买受人请求将标的物所有权登记在自己名下的，人民法院应予支持。

《最高人民法院关于人民法院办理执行异议和复议案件若干问题的规定》（2020 年 12 月 23 日修正）

第二十八条 金钱债权执行中，买受人对登记在被执行人名下的不动产提出异议，符合下列情形且其权利能够排除执行的，人民法院应予支持：

（一）在人民法院查封之前已签订合法有效的书面买卖合同；

---

① 原第九条。
② 原第十条。

（二）在人民法院查封之前已合法占有该不动产；

（三）已支付全部价款，或者已按照合同约定支付部分价款且将剩余价款按照人民法院的要求交付执行；

（四）非因买受人自身原因未办理过户登记。

第二十九条 金钱债权执行中，买受人对登记在被执行的房地产开发企业名下的商品房提出异议，符合下列情形且其权利能够排除执行的，人民法院应予支持：

（一）在人民法院查封之前已签订合法有效的书面买卖合同；

（二）所购商品房系用于居住且买受人名下无其他用于居住的房屋；

（三）已支付的价款超过合同约定总价款的百分之五十。

《第八次全国法院民事商事审判工作会议（民事部分）纪要》（2016年11月21日公布）

15. 审理一房数卖纠纷案件时，如果数份合同均有效且买受人均要求履行合同的，一般应按照已经办理房屋所有权变更登记、合法占有房屋以及合同履行情况、买卖合同成立先后等顺序确定权利保护顺位。但恶意办理登记的买受人，其权利不能优先于已经合法占有该房屋的买受人。……

《民法典》（2020年5月28日公布）

第二百二十五条[①] 船舶、航空器和机动车等的物权的设立、变更、转让和消灭，未经登记，不得对抗善意第三人。

法院裁判

以下为最高人民法院在再审裁定"本院认为"部分就谢某际是否享有排除强制执行权利问题所发表的意见：

关于谢某际对案涉房屋是否享有足以排除强制执行的民事权益。在一房数卖的情况下，如果数份房屋买卖合同均有效且买受人均要求履行合同的，一般应按照已经办理房屋所有权变更登记、合法占有房屋以及合同履行情况、买卖合同成立先后等顺序确定权利保护顺位。本案中，陈某德与远某公司于2014年7月2日签订《商品房买卖合同》，购买案涉房屋，陈某德以其对远某公司原法定代表人王某凯的债权抵顶了案涉房屋的购房款。谢某际与远某公司于2016年9月29日签订《商品房买卖合同》，谢某际于2016年10月25日付清了全部购房款，并对案涉房屋进行装修，于2018年7月入住。陈某德、谢某际均系案涉房屋购买人，均未办理房屋

[①] 原《物权法》第二十四条。

过户登记手续，谢某际已合法占有案涉房屋，但陈某德一直未占有案涉房屋，故谢某际对案涉房屋的权利优先于陈某德，其对案涉房屋享有足以排除案涉强制执行的民事权益。陈某德并非对金钱债权申请执行，二审法院直接适用《执行异议和复议规定》第二十八条规定确存不当之处，但处理结果正确。陈某德以二审法院适用法律错误为由申请再审，不予支持。

案件来源

《陈某德、谢某际再审审查与审判监督民事裁定书》【最高人民法院（2019）最高法民申6866号】

延伸阅读

以下为部分法院就一房数卖场合，案外人权利应如何救济的相关裁判观点。

一、权利顺位在先的买受人，可提起第三人撤销之诉维护自身权益。

案例一：《张某华、黄某燕第三人撤销之诉再审审查与审判监督民事裁定书》【最高人民法院（2018）最高法民申440号】

最高人民法院认为：关于黄某燕是否具有第三人撤销权的问题，是二审法院审查的焦点问题之一。(2011)桂市民终字第286号民事判决判令嘉某公司交付案涉房屋，使得黄某燕与嘉某公司签订的商品房买卖合同不能继续履行，符合上述法律规定的"对当事人双方的诉讼标的，第三人认为有独立请求权的，有权提起诉讼"情形。二审法院依据《民事诉讼法》第五十六条、《民诉法解释》第二百九十六条的规定，作出二审判决，符合法律规定。张某华关于原判决违反法律规定的再审申请理由亦不能成立。

二审判决撤销的相关判项除向张某华交付案涉房屋外，还包括撤销办理相关房屋所有权证和土地使用权证、逾期交房的租金损失及逾期办证的违约金，这些判项内容均是以嘉某公司应向张某华交付案涉房屋为前提所涉相关权益，二审判决一并撤销并无不当。张某华可就嘉某公司不能按双方约定的商品房买卖合同交付案涉房屋另行起诉，主张不能履行合同的相关违约责任。

二、未取得房屋实际占有的买受人，无权排除房屋占用土地使用权的买受人对土地使用权的强制执行。

案例二：《中国新某建筑工程有限责任公司、北京千某元晨企业策划有限公司申请执行人执行异议之诉二审民事判决书》【最高人民法院（2018）最高法民终

646号】

最高人民法院认为：关于新某公司请求准予继续执行宝某公司案涉土地使用权的保全措施应否得到支持问题。本院认为，《物权法》第九条第一款规定："不动产物权的设立、变更、转让和消灭，经依法登记，发生效力；未经登记，不发生效力，但法律另有规定的除外。"第十四条规定："不动产物权的设立、变更、转让和消灭，依照法律规定应当登记的，自记载于不动产登记簿时发生效力。"根据《物权法》规定，物权的取得，应当依法登记，未经登记，不发生物权效力。《执行异议和复议规定》第二十八条规定："金钱债权执行中，买受人对登记在被执行人名下的不动产提出异议，符合下列情形且其权利能够排除执行的，人民法院应予支持：（一）在人民法院查封之前已签订合法有效的书面买卖合同；（二）在人民法院查封之前已合法占有该不动产；（三）已支付全部价款，或者已按照合同约定支付部分价款且将剩余价款按照人民法院的要求交付执行；（四）非因买受人自身原因未办理过户登记。"根据第二十八条规定，买受人在购买不动产后，虽未取得物权登记，但在符合第二十八条规定的情形下，仍然享有排除其他金钱债权执行的权利。在本案中，谢某川等24位被上诉人虽然与宝某公司签订了商品房买卖合同且已经支付全部或部分价款，但是谢某川等24位被上诉人所购买商品房尚未竣工，不存在实际交付。因此，谢某川等24位被上诉人未实际合法占有所购买商品房。亦即谢某川等24位被上诉人所购买商品房并不符合《执行异议和复议规定》第二十八条规定的条件。故谢某川等24位被上诉人对于新某公司请求执行保全登记在宝某公司名下的案涉土地使用权，不享有排除执行的权利，不能阻却对登记在宝某公司名下的案涉土地使用权进行保全的执行行为。一审判决认定谢某川等24位被上诉人享有排除执行保全的民事权利，属适用法律错误，应予纠正。

056 房屋未办理预售许可证，案外人能排除执行吗？

> 房屋未办理预售许可证，案外人无权排除执行

阅读提示

《执行异议和复议规定》第二十八条、第二十九条均规定了案外人排除执行必

须满足"在人民法院查封之前已签订合法有效的书面买卖合同"这一条件。《商品房买卖合同司法解释》第二条规定:"出卖人未取得商品房预售许可证明,与买受人订立的商品房预售合同,应当认定无效,但是在起诉前取得商品房预售许可证明的,可以认定有效。"那么,房屋未办理预售许可证,房屋买卖合同是否必然无效?案外人是否必然无权排除执行?根据最高人民法院近年处理这一问题的裁判观点显示,目前,最高人民法院内部并未就该问题形成统一认识。可以预见到,该争议在未来一段时间内或将继续存在。

裁判要旨

出卖人在案外人起诉前未取得商品房预售许可证明,与买受人订立的商品房预售合同,应当认定无效,买受人无权排除强制执行。

案情简介

2009年3月7日,王某学与天某公司签订《认购商品房协议书》,购买案涉房屋并缴纳购房款,办理过户等交接手续。

2014年10月30日,梁某忠与天某公司就房屋买卖合同纠纷一案,三亚中院一审法院作出民事调解书,确认天某公司对梁某忠的债权。梁某忠申请三亚中院强制执行。

2015年1月,三亚中院裁定查封案涉房屋,王某学提出执行异议,三亚中院裁定驳回王某学执行异议。王某学遂提起案外人执行异议之诉。

三亚中院一审认为,王某学与天某公司之间未签订合法有效的买卖合同,即使双方存在商品房买卖合同关系,因天某公司并未取得商品房预售许可证,该买卖合同也应认定为无效,判决驳回其诉讼请求。王某学上诉至海南高院。

2016年3月30日,海南高院二审认为,王某学与天某公司之间签订的认购协议,不是合法有效的买卖合同,判决驳回王某学上诉请求。王某学向最高人民法院申请再审。

2017年3月28日,最高人民法院裁定驳回王某学再审申请。

裁判要点及思路

最高人民法院认为,本案中,即便王某学与天某公司就商品房买卖合同所欠缺的内容补充达成了一致,使得商品房预约合同转化为商品房买卖合同,但由于天某公司未取得商品房预售许可证明,商品房预售合同应认定为无效。因此,王某学与天某公司之间未形成有效的书面商品房买卖合同，其对天某公司不产生优先于梁某忠对天某公司的债权，故其无权请求人民法院停止对案涉房屋的强制执行。

分析最高人民法院的裁判思路，案外人不管是依据《执行异议和复议规定》第二十八条规定，以无过错买受人身份排除执行；还是依据第二十九条规定，以购房消费者身份排除执行，都必须满足"在人民法院查封之前已签订合法有效的书面买卖合同"这一条件。这是因为，上述两规定均旨在保护案外人的物权期待权，虽购房消费者保护的是居住权，其实质仍来源于购房人的物权期待权，而物权期待权所依据的基础法律关系必须合法有效。

为何要求商品房买卖合同必须合法有效？一项物的交易过程可以被分割为两个阶段，债的关系建立与物的所有权转移。在债的关系建立后，交易主体之间形成关于物的所有权变动的合意并交付或办理登记，这就是物权行为。目前，我国物权法不承认物权行为的独立性，物权能够变动的前提是以物权变动为内容的债权合同成立并生效。买受人在与出卖人签订房屋买卖合同后，买受人基于合法有效的房屋买卖合同对交易双方之间物权行为的期待，买受人对出卖物所有权享有期待利益，该期待利益受到法律的保护而上升为期待权，这种期待权显然是买受人对出卖物所有权的期待权，在性质上属于物权期待权。因此，物权期待权的基础就是交易各方之间存在合法有效的买卖合同。

实务要点总结

一般而言，案外人起诉前，案涉房屋未办理预售许可证，签订的商品房买卖合同无效，案外人无权排除执行。《商品房买卖合同司法解释》第二条规定："出卖人未取得商品房预售许可证明，与买受人订立的商品房预售合同，应当认定无效，但是在起诉前取得商品房预售许可证明的，可以认定有效。"最高人民法院有观点认为，如果案涉房屋属于商品房，法院应直接适用该条规定，认定案外人在起诉前未取得商品房预售许可证明的，其与买受人订立的商品房预售合同无效。买受人无权基于无效的预售合同排除对案涉房屋的强制执行。

部分案件中，案外人起诉前，案涉房屋未办理预售许可证，签订的房屋认购书不一概认定无效，案外人有权排除执行。在部分案件中，地方政府出于保护实际买受人合法权益，为了解决历史遗留问题，在被执行人补缴相关税费之后，为案涉住宅部分房屋办理了房屋初始登记。最高人民法院有观点认为，在地方政府对案涉房产合法性予以认可的情况下，如果因案涉房屋未办理预售许可证而机械地认定《购房认购书》无效，将导致房屋被查封拍卖的后果由房屋买受人承担，有失公平。故基于案外人与被执行人之间签订的《购房认购书》是双方真实意思表示，且案涉房屋已经实际交付的情况下，从维护社会稳定、保障商品房交易秩序和保护交易现状的角度出发，认定《购房认购书》有效。

案外人起诉前，案涉房屋未办理预售许可证，签订的商品房买卖合同不一定无效，案外人有权排除执行。最高人民法院有观点认为，商品房买卖合同系双方当事人的真实意思表示，不违反法律、行政法规的强制性规定，应认定合法有效。虽然房产在执行异议之诉审理中仍未取得预售许可证，但并非案外人原因造成，而是被执行人经营中出现的特殊情况所致。因此，不宜依照《商品房买卖合同司法解释》第二条的规定，认定未取得预售许可证就导致案涉房产买卖合同无效。

如购房人主张购房款已通过"以房抵债"形式支付，购房人应对其出借款项、以物抵债的事实举证证明。在商品房预售合同纠纷中，如果买受人系通过以物抵债形式购买房屋，根据"谁主张、谁举证"的一般原则，买受人应当就债存在的事实、以房相抵的事实等举证证明。参照上述基本原则和要求，案外人申请排除执行的，如案外人提交的证据不足以证明出借款项、以物抵债的事实成立，则不足以使人民法院确信案外人与被执行人之间存在真实的借款关系，不足以使法院确信案外人已经支付购房款，应承担举证不能的责任。

房屋抵押权人与开发商就房屋签订抵押合同后、正式办理抵押登记前出具《抵押可售函》，系双方真实意思表示，应为有效。在部分案件中，申请执行人主张，案涉房屋抵押权人的《抵押可售函》出具于抵押登记之前，抵押权尚未产生，《抵押可售函》无效。因此，案外人与被执行人"恶意串通"，在案涉房屋抵押之后签订商品房买卖合同应为无效。最高人民法院有观点认为，抵押权人在与开发商就房屋签订抵押合同后、正式办理抵押登记前出具《抵押可售函》，系双方真实意思表示，应为有效。

目前，最高人民法院内部关于起诉前未取得房屋、未办理预售许可的预售合同及买卖合同的效力未形成统一认识。《城市房地产管理法》第四十五条第一款第四项规定：商品房预售，应当"向县级以上人民政府房产管理部门办理预售登记，取得商品房预售许可证明"。预售许可作为行政许可的一种方式，是政府管控和调解房地产交易市场的工具，是政府对正在建设的商品房可买卖提供的"背书"，最大减少预售的副作用，增加交易的安全性。目前，在《商品房买卖合同司法解释》第二条已有明确规定的情况下，对于在起诉前未办理预售许可的预售合同及买卖合同的效力，最高人民法院内部仍存在不同认识。主要原因有：预售许可的功能定位决定其仅具有管制作用；预售许可无权影响当事人之间的意思自治；一概认定该类合同无效将在一定程度上鼓励出卖人不诚信行为、损害买受人利益,有悖诚实信用原则。可以预见到,该争议在未来一段时间内或将继续存在。

相关法律规定

《城市房地产管理法》(2019 年 8 月 26 日修正)

第四十五条　商品房预售,应当符合下列条件:

(一) 已交付全部土地使用权出让金,取得土地使用权证书;

(二) 持有建设工程规划许可证;

(三) 按提供预售的商品房计算,投入开发建设的资金达到工程建设总投资的百分之二十五以上,并已经确定施工进度和竣工交付日期;

(四) 向县级以上人民政府房产管理部门办理预售登记,取得商品房预售许可证明。

商品房预售人应当按照国家有关规定将预售合同报县级以上人民政府房产管理部门和土地管理部门登记备案。

商品房预售所得款项,必须用于有关的工程建设。

《最高人民法院关于审理商品房买卖合同纠纷案件适用法律若干问题的解释》(2020 年 12 月 23 日修正)

第二条　出卖人未取得商品房预售许可证明,与买受人订立的商品房预售合同,应当认定无效,但是在起诉前取得商品房预售许可证明的,可以认定有效。

《最高人民法院关于人民法院办理执行异议和复议案件若干问题的规定》(2020 年 12 月 23 日修正)

第二十八条第一项　金钱债权执行中,买受人对登记在被执行人名下的不动产提出异议,符合下列情形且其权利能够排除执行的,人民法院应予支持:

(一) 在人民法院查封之前已签订合法有效的书面买卖合同;

第二十九条第一项　金钱债权执行中,买受人对登记在被执行的房地产开发企业名下的商品房提出异议,符合下列情形且其权利能够排除执行的,人民法院应予支持:

(一) 在人民法院查封之前已签订合法有效的书面买卖合同;

法院裁判

以下为最高人民法院在判决书"本院认为"部分就此问题发表的意见:

最高人民法院认为，从合同法律效力看，即使双方之间订立正式的商品房买卖合同，该合同效力亦为无效。依据一审查明的事实，因天某公司违规加盖楼层，"太阳岛公寓"项目并未取得商品房预售许可证。天某公司在二审中提交意见确认，案涉房产尚未经过房屋测量和竣工验收。可见，"太阳岛公寓"项目不符合《商品房销售管理办法》规定的商品房现售条件，只能纳入商品房预售范畴。《商品房买卖合同司法解释》第二条规定："出卖人未取得商品房预售许可证明，与买受人订立的商品房预售合同，应当认定无效，但是在起诉前取得商品房预售许可证明的，可以认定有效。"本案中，即便王某学与天某公司就商品房买卖合同所欠缺的内容补充达成了一致，使得商品房预约合同转化为商品房买卖合同，但由于天某公司未取得商品房预售许可证明，商品房预售合同应认定为无效。因此，王某学与天某公司之间未形成书面有效的商品房买卖合同，其对天某公司不产生优先于梁某忠对天某公司的债权，故其无权请求人民法院停止对案涉房屋的强制执行。

案件来源

《王某学、梁某忠再审审查与审判监督民事裁定书》【（2017）最高法民申583号】

延伸阅读

一、案涉房屋未办理预售许可，签订的房屋认购书不一概认定无效。

案例一：《濮阳市华龙区金某商场、张某献再审审查与审判监督民事裁定书》【（2019）最高法民申4746号】

最高人民法院认为，关于张某献与金某公司之间签订的《购房认购书》是否合法有效，其效力是否及于金某商场的问题。案涉金某公司商住楼因存在一房二卖问题，长期未竣工决算，也达不到房屋交付的条件，河南省某市人民政府（以下简称某市政府）出于保护实际买受人合法权益，为了解决历史遗留问题，在金某公司补缴相关税费之后，为案涉住宅部分房屋办理了房屋初始登记。在某市政府对金某公司商住楼合法性予以认可的情况下，如果因案涉房屋未办理预售许可证而机械地认定《购房认购书》无效，将导致房屋被查封拍卖的后果由房屋买受人承担，有失公平。故基于张某献与金某公司之间签订的《购房认购书》是双方真实意思表示，且案涉房屋已经实际交付的情况下，原审法院从维护社会稳定、保障商品房交易秩序和保护交易现状的角度出发，认定张某献与金某公司之间签订的《购房认购书》有效并无不当。

二、案涉房屋未办理预售许可证，签订的商品房买卖合同不一定无效。

案例二：《王某、闫某清再审审查与审判监督民事裁定书》【（2018）最高法民申4007号】

最高人民法院认为，根据调卷审查和询问当事人，在西安中院于2015年5月7日查封案涉房产之前，闫某清与瑞某公司于2014年12月13日就该房产已经签订了《商品房买卖合同》，该合同系双方当事人的真实意思表示，不违反法律、行政法规的强制性规定，合法有效。虽然该房产至今未取得预售许可证，但并非闫某清原因造成，而是瑞某公司经营中出现的特殊情况所致。案涉房产以上的地上三层是西安市某区教育局出资委托瑞某公司代建，地下××层也就是案涉房产是瑞某公司出资建造的，并非一般意义上的商品房，再考虑到瑞某公司的特殊经营状况。因此，不宜依照《商品房买卖合同司法解释》第二条的规定，认定未取得预售许可证就导致案涉房产买卖合同无效。

三、案外人起诉前，案涉房屋未办理预售许可证，签订的商品房买卖合同无效。

案例三：《白某、王某再审审查与审判监督民事裁定书》【（2018）最高法民申3891号】

最高人民法院认为，白某对案涉房屋不享有足以排除强制执行的民事权益。《商品房买卖合同司法解释》第二条规定："出卖人未取得商品房预售许可证明，与买受人订立的商品房预售合同，应当认定无效，但是在起诉前取得商品房预售许可证明的，可以认定有效。"本案中，直至白某向一审法院起诉，新某公司仍未取得案涉房屋的商品房预售许可证，一、二审法院认定双方所签订的《商品房买卖协议》无效，并无不当。而根据《执行异议和复议规定》第二十九条第一项的规定，"在人民法院查封之前已签订合法有效的书面买卖合同"是金钱债权执行中，买受人对登记在被执行的房地产开发企业名下的商品房提出异议，人民法院应予支持的法定条件之一，因白某与新某公司之间不存在合法有效的商品房买卖合同，并不符合上述法律规定的情形，故白某对案涉房屋不享有足以排除强制执行的民事权益。

四、在开发商取得商品房预售许可的情况下，购房人所签商品房预售合同可以认定为有效，考虑普通消费者不能便捷查询商品房抵押登记，购房人对因房屋上已设定抵押不能办理过户手续不存在过错。

案例四：《林某正、姚某毅申请执行人执行异议之诉再审审查与审判监督民事裁定书》【（2019）最高法民申2945号】

最高人民法院认为，《查封、扣押、冻结规定》第十七条规定："被执行人将其所有的需要办理过户登记的财产出卖给第三人，第三人已经支付部分或者全部价款并实际占有该财产，但尚未办理产权过户登记手续的，人民法院可以查封、扣押、冻结；第三人已经支付全部价款并实际占有，但未办理过户登记手续的，如果第三人对此没有过错，人民法院不得查封、扣押、冻结。"本院认为，前述批复与规定系为保护公民的基本生存权利而在司法实践层面作出的特别规定。根据物权优于债权的原则，原则上物权期待权不能对抗担保物权。但是，在担保物权人和商品房买受人利益发生冲突时，在满足一定的特殊条件下，对于作为商品房买受人的消费者就其享有的必要的居住生存权益等，可以给予适当的保护。《执行异议和复议规定》第二十九条规定："金钱债权执行中，买受人对登记在被执行的房地产开发企业名下的商品房提出异议，符合下列情形且其权利能够排除执行的，人民法院应予支持：（一）在人民法院查封之前已签订合法有效的书面买卖合同；（二）所购商品房系用于居住且买受人名下无其他用于居住的房屋；（三）已支付的价款超过合同约定总价款的百分之五十。"该规定进一步对作为商品房买受人的普通消费者的物权期待权保护作出规定。根据前述规定，普通消费者以其享有的物权期待权可以对抗执行标的之上设立的物权，但是，须同时符合该规定的三项条件，且消费者自身无过错。此外，根据《商品房买卖合同司法解释》第二条规定："出卖人未取得商品房预售许可证明，与买受人订立的商品房预售合同，应当认定无效，但是在起诉前取得商品房预售许可证明的，可以认定有效。"本院认为，在开发商取得商品房预售许可的情况下，消费者买房人基于对开发商取得预售许可而进行房屋销售的合理信赖，所签商品房预售合同可以认定为有效，且考虑普通消费者买房人不能便捷查询商品房抵押登记，不能当然推定消费者不能办理过户登记是因为其签订合同前未尽到审慎的注意义务，其自身存在过错。

五、开发商于诉讼前取得案涉房屋的《商品房预售许可证》，《商品房买卖合同》应认定合法有效。

案例五：《北京长某投资基金、齐某静申请执行人执行异议之诉二审民事判决书》【（2018）最高法民终1104号】

最高人民法院认为，根据《商品房买卖合同司法解释》第二条"出卖人未取得商品房预售许可证明，与买受人订立的商品房预售合同，应当认定无效，但是在起诉前取得商品房预售许可证明的，可以认定有效"的规定，某公司已于本案诉讼前取得案涉房屋的《商品房预售许可证》，案涉《商品房买卖合同》应认定合法有效。长某基金主张案涉《商品房买卖合同》不具有合法性，无事实和法律依据，本院不予支持。

六、在商品房预售合同的履行过程中，应当允许购房人在出现法定或约定的购房人有权解除合同的事由后，有一段合理的时间向开发商提出异议、协商问题的解决办法。

案例六：《某万达广场有限公司、滕某新商品房预售合同纠纷再审审查与审判监督民事裁定书》【（2018）最高法民申2127号】

最高人民法院认为，本案《补充协议》第13.4条关于"如出现法定或约定的乙方有权解除本合同及本补充协议的事由，甲方自该事由发生之日起30日内未收到乙方解除合同的书面通知，则视为乙方放弃本合同及本补充协议的解除权及责任追究权"的约定，属于某万达公司单方提供的格式条款。在商品房预售合同的履行过程中，应当允许购房人在出现法定或约定的购房人有权解除合同的事由后，有一段合理的时间向开发商提出异议、协商问题的解决办法。某万达公司提供的上述格式条款中关于30日的除斥期间的约定，并未合理设置解决问题的缓冲期间和缓冲条件，不符合商品房买卖合同履行中的实际情况，性质上是属于排除购房人主要权利的条款。原审判决根据《合同法》第三十九条、第四十条之规定，认定前述条款为无效条款，法律依据充分。某万达公司关于滕某新行使合同解除权的期限已超过了合同约定的30日期限，丧失了解除合同的权利的申请理由，并无相应的法律依据，本院不予支持。

057 购房多年，买受人长期未办过户能否排除执行？

> 无过户障碍且买受人长期未办过户手续，无权排除执行

阅读提示

《执行异议和复议规定》第二十八条规定了无过错买受人有权排除法定优先债权人的申请执行，既然称为"无过错买受人"，那么，此类买受人必须满足的条件是对于案涉不动产未能办理过户登记手续不存在过错。如何认定买受人是否无过错呢？本篇文章通过检索最高人民法院近年来关于这一问题的裁判观点，梳理、分析最高人民法院处理这一问题的裁判思路，归纳实务要点总结，并为买受人提供降低此类法律风险的建议。

裁判要旨

买受人在签订房屋买卖合同后,未积极通过诉讼维护权利或者发函等方式要求出卖人协助办理过户手续。如果买受人不能举证证明其不存在怠于履行权利情形的,应认定买受人有过错,无权基于无过错买受人身份排除执行。

案情简介

2005年12月,案外人孟某有与某粮库签订《出售固定资产营业室协议》,孟某有购买案涉房产并依约支付购房款,且实际占有使用多年。

自2005年至案涉房屋被查封的10余年时间,案外人孟某有一直未通过诉讼或者要求某粮库协助办理过户等方式处理案涉房屋未过户的问题。

2015年10月,长春中院依据吉林银行某支行申请,对某粮库强制执行,查封案涉房产。某粮库以案外人的身份向长春中院提出书面异议,长春中院裁定驳回其执行异议。孟某有不服,向长春中院提起诉讼。

长春中院一审认为,案外人孟某有在长达10年的时间内始终未办理过户,怠于履行权利,存在过错,判决驳回其诉讼请求。孟某有不服,上诉至吉林高院。

吉林高院二审判决驳回案外人孟某有的诉讼请求,孟某有向最高人民法院申请再审。

2018年12月20日,最高人民法院判决驳回案外人孟某有再审申请。

裁判要点及思路

本案中,最高人民法院在认定案外人孟某有是否对案涉房屋未办理过户存在过错时,裁判思路如下:

《执行异议和复议规定》第二十八条明确规定,买受人排除执行必须满足"非因买受人自身原因未办理过户登记"这一条件。

根据"谁主张、谁举证"的一般证据规则,当事人对自己提出的诉讼请求所依据的事实,应当提供证据加以证明。当事人未能提供证据或证据不足以证明其事实主张的,由负有举证证明责任的当事人承担不利的后果。

本案中,自2005年至案涉房屋被查封的10余年时间,没有证据证明此间案涉房屋存在权利负担,孟某有可以督促某粮库或者某粮集团协助办理权属变更登记手续,亦可通过诉讼等方式予以救济。案外人孟某有不能提供证据证明案涉房屋未办理产权过户登记系非因其自身的原因，据此，认定孟某有存在怠于行使权利的情形。

综上，孟某有对案涉房屋未办理过户登记存在过错，对于诉争房屋不享有足以排除强制执行的民事权益。因此，驳回其再审申请。

实务要点总结

一、《执行异议和复议规定》第二十八条中"买受人自身原因"主要包括对他人权利障碍的忽略、政策限制的忽略以及消极不行使登记权利三种情形：

买受人对他人权利障碍的忽略。一般情况下，如购房人购买的是已经设定抵押的房屋，则购房人对房屋未能办理过户登记存在过错。最高人民法院多数观点认为，买受人在购买前房屋已设有其他人的抵押权登记，则买受人购买房屋没有履行合理的注意义务，忽略了他人权利障碍，导致所购房屋因存在他人抵押权而无法办理过户登记，故买受人存在过错，无权基于《执行异议和复议规定》第二十八条的规定排除执行。

买受人对政策限制的忽略。对于这一问题，最高人民法院的裁判观点较为统一。最高人民法院认为，只有有可能取得所有权的主体，才有享有物权期待权的必要。但处于限购政策中的房屋买受人，无法请求出卖人为其办理不动产转让登记，因此不可能取得所有权，也就不可能成为物权期待权的主体。如果买受人在购买房屋前，房屋所在地区已有相关限购政策的，买受人对于房屋限购政策内容应是明知的。如果买受人不符合限购政策的条件，买受人对于案涉房屋因限购措施而无法办理过户登记也是明知的，因此应当自行承担不能办理房屋过户登记而产生的不利后果。在部分案件中，最高人民法院有观点认为，在违背限购政策的情况下，即使买受人满足购房消费者条件，亦无权排除执行。

买受人消极不行使登记权利。例如，在部分案件中，最高人民法院认为，购房人未及时办理权属变更登记无合理原因的，无权基于无过错买受人身份排除执行。在房屋不存在办理权属变更登记不能的情形时，购房人应当对其未及时办理过户登记的原因进行合理说明。如果购房人不能证明其在合理期间内向房产登记部门申请办理房屋的过户登记或要求房屋出卖人办理案涉房屋的过户登记，亦未进行合理说明，应承担举证不能的不利法律后果。为有效避免这一风险，本书建议：

（1）在房屋不存在不能办理过户登记的客观情形时，买受人应通过提起诉讼或者书面发函催告等形式，要求出卖人协助办理过户登记手续，及时行使"登记"的权利，并注意留存相关诉讼、发函文件，避免未来进入诉讼程序被法院认定怠于履行权利，从而败诉的法律风险。

（2）如果房屋存在不能办理过户登记的客观情形时，买受人应注意保存相关证据。例如，因政府行为导致不能办理过户，应注意保存相关行政行为的证据；因出卖人涉诉所购房屋被法院查封，应注意保存法院保全、执行的文书等。

（3）如果房屋买卖合同明确约定买受人应按期履行一定义务的，买受人应依据合同约定积极履行义务。例如，买受人购买二手按揭期房时，未能及时一次性付清房款并及时办理交房和一手房产权证，则对办理产权登记手续存在不合理的迟延，未来存在被认定为对房屋未能办理过户登记手续有过错的法律风险。

二、特殊情况下，即使购买房屋上存在他人权利障碍，购房人对房屋未能办理过户登记也不存在过错。例如：

（1）在开发商取得商品房预售许可的情况下，最高人民法院有观点认为，消费者买房人基于对开发商取得预售许可而进行房屋销售的合理信赖，所签商品房预售合同可以认定为有效，且考虑普通买房消费者不能便捷查询商品房抵押登记，不能当然推定消费者不能办理过户登记是因为其签订合同前未尽到审慎的注意义务，其自身存在过错。

（2）在出卖人与买受人约定涤除抵押权条件的，最高人民法院有观点认为，买受人基于约定产生出卖人在满足一定条件时（如经过一定期间或者代为清偿债务），出卖人、抵押权人将会配合其办理过户登记的合理信赖，作为买受人，对这一问题已经尽到充分的注意义务。即使未来因该房屋之上存在抵押未能过户，法院也应认定买受人不存在过错。

相关法律规定

《最高人民法院关于人民法院办理执行异议和复议案件若干问题的规定》（2020年12月23日修正）

第二十八条　金钱债权执行中，买受人对登记在被执行人名下的不动产提出异议，符合下列情形且其权利能够排除执行的，人民法院应予支持：

（一）在人民法院查封之前已签订合法有效的书面买卖合同；

（二）在人民法院查封之前已合法占有该不动产；

（三）已支付全部价款，或者已按照合同约定支付部分价款且将剩余价款按照人民法院的要求交付执行；

（四）非因买受人自身原因未办理过户登记。

法院裁判

以下为最高人民法院在判决书"本院认为"部分就此问题发表的意见：

根据原审查明的事实，孟某有与某粮库于2005年12月28日签订《桦甸市某粮库出售固定资产营业室协议》，孟某有原审提交证据证明其已向某粮库交付房款，且已实际占有并使用多年。本院认为，孟某有依据合同约定享有民事权益。孟某有主张，双方签订协议后，2005年至2008年某粮库改制，无人具体负责此项工作，无法办理房屋产权变更登记；2013年，因政府对含案涉房屋在内的区域进行棚户区改造，停止为拆迁房屋办理产权变更登记，故案涉房屋未能办理产权变更登记。本院认为，即使存在上述情况，在2009年至2012年，某粮库被某粮集团收购，没有证据证明此间案涉房屋存在权利负担，孟某有可以督促某粮库或者某粮集团协助办理权属变更登记手续。自2005年至案涉房屋被查封，10余年时间，孟某有亦可通过诉讼等方式予以救济。据此，原审认定孟某有存在怠于行使权利的情形，基本符合本案实际。孟某有提出的再审申请不符合《执行异议和复议规定》第二十八条第四项规定的情形，对其提出的主张，不予支持。

案件来源

《孟某有、吉林银行股份有限公司某支行再审审查与审判监督民事裁定书》【（2018）最高法民申5920号】

延伸阅读

一、如果购房人不能证明其在合理期间内向房产登记部门申请办理房屋的过户登记或要求房屋出卖人办理案涉房屋的过户登记，亦未进行合理说明，应承担举证不能的不利法律后果。

案例一：《丁某与某农村信用合作联社申请执行人执行异议之诉一案再审民事裁定书》【（2019）最高法民申2416号】

最高人民法院认为，依照丁某与聚某房开公司签订的《商品房买卖合同》第二十二条约定，在聚某房开公司未能按照合同约定办理预告登记的情况下，丁某可以单方办理预告登记。本案中，案涉房屋并未办理预告登记，丁某亦未合理说明未办理预告登记不是出于其自身原因。举轻以明重，在2015年12月8日至2017年聚某房开公司未将案涉房屋办理过户登记的这一段时间内，丁某更应积极地向聚某房开公司或房屋登记机关要求办理过户登记，现丁某并未举示证据证明其在上述期间内向房产登记部门申请办理案涉房屋的过户登记或要求聚某房开公司办理案涉房屋的过户登记，亦未进行合理说明，应承担举证不能的不利法律后果。

二、如购房人购买的是已经设定抵押的房屋，购房人对房屋未能办理过户登记存在过错。

案例二：《贵州贵某信贸易有限公司与中国长某资产管理股份有限公司某分公司申请执行人执行异议之诉一案二审民事判决书》【（2019）最高法民终479号】

最高人民法院认为，本案中，贵某信公司购买案涉房屋未办理过户登记，原因在于其购买前，该房屋已设立有其他人的抵押权登记。贵某信公司购买案涉房屋没有履行合理的注意义务，忽略了他人权利障碍，导致所购房屋因存在他人抵押权而无法办理过户登记，故未办理过户登记是因买受人贵某信公司自身的原因。

三、考虑普通消费者买房人不能便捷查询商品房抵押登记，不能当然推定消费者不能办理过户登记是因为其签订合同前未尽到审慎的注意义务，其自身存在过错。

案例三：《林某明、姚某毅申请执行人执行异议之诉再审审查与审判监督民事裁定书》【（2019）最高法民申2999号】

最高人民法院认为，在开发商取得商品房预售许可的情况下，消费者买房人基于对开发商取得预售许可而进行房屋销售的合理信赖，所签商品房预售合同可以认定为有效，且考虑普通消费者买房人不能便捷查询商品房抵押登记，不能当然推定消费者不能办理过户登记是因为其签订合同前未尽到审慎的注意义务，其自身存在过错。

四、虽然房屋上存在抵押，但买受人与出卖人之间约定涤除抵押权事宜的，视为买受人对抵押权可涤除产生合理信赖，买受人对房屋未能过户登记不具有过错。

案例四：《朱某岩、刘某茹申请执行人执行异议之诉再审审查与审判监督民事裁定书》【（2018）最高法民申2575号】

最高人民法院认为，根据原审查明的事实，刘某茹与徐某海签订房屋买卖合同时，案涉房屋虽处于吉林省吉林市高新区人民法院查封中，但同年即被该院解封。而案涉房屋虽然因银行贷款而设定了抵押权，无法进行正常的更名过户手续，但刘某茹与徐某海签订的补充协议约定徐某海协助刘某茹办理贷款转贷手续，将房屋贷款转到刘某茹、刘某、徐某海名下。在案涉房屋抵押权未涤除的情况下，因朱某岩与徐某海之间的租赁合同诉讼纠纷，案涉房屋于2011年、2012年被法院查封，且此后分别于2013年、2014年被续封。原审基于上述事实，认定刘某茹对于案涉房屋无法办理产权过户登记不存在过错，亦不缺乏证据证明，适用法律亦无不当。

五、房屋出卖人认可房屋未过户系其不配合所致，在无证据证明房屋出卖人与买受人之间存在恶意串通、虚假诉讼等损害申请执行人利益情形的，认定买受人对房屋未能过户无过错。

案例五：《李某宇与白某松申请执行人执行异议之诉一案再审民事裁定书》【（2019）最高法民申 2450 号】

最高人民法院认为，白某松为证明其对案涉房产占有以及未办理过户登记原因的情况，举示了其将案涉房产出租给案外人的四份租赁协议、租金收条以及《二手房交易结算资金监管规定》等证据材料；房屋出卖人周某也认可房屋未过户系周某不配合所致；目前亦无证据证明周某与白某松存在恶意串通、虚假诉讼等损害李某宇债权的情形。同时，李某宇未举示足以推翻白某松证据的反驳证据。一、二审判决综合双方当事人的举证、庭审情况，认定白某松就案涉房产享有足以排除强制执行的民事权益，不违反民事诉讼优势证据原则，并无明显不当。

六、在房屋可以办理网签备案手续的情况下，房屋买受人一直未办理网签备案系怠于行使权利，应认定为因自身原因未办理过户登记。

案例六：《张某涛、赵某生再审审查与审判监督民事裁定书》【（2019）最高法民申 3678 号】

最高人民法院认为，关于非因买受人自身原因未办理过户登记。"买受人自身原因"主要包括对他人权利障碍、政策限制的忽略以及消极不行使登记权利等。根据已查明的事实，至一审法院查封案涉房屋之前，案涉小区可以办理网签备案手续，张某涛签订购房合同时间为 2015 年 11 月 4 日，案涉房屋被查封时间为 2016 年 6 月 21 日，张某涛在此期间一直未办理网签备案，系怠于行使权利，应认定为系自身原因未办理过户登记。

七、买受人在购买房屋时即知晓房屋处于查封状态或者买受人从未主张办理权属过户登记手续，应认定为买受人对所购房屋不能办理过户存在过错。

案例七：《程某兴、福建省建某建筑公司再审审查与审判监督民事裁定书》【（2019）最高法民申 4321 号】

最高人民法院认为，据原审查明事实可知，案涉房产自 2003 年 7 月 1 日已被一审法院查封，2011 年 11 月 10 日某市房地产交易登记中心向一审法院的函告内容亦表明该房产在登记系统中自始处于查封状态。程某兴与和某公司系于 2011 年 4 月 22 日签订《商品房买卖合同》，作为理性房屋买受人，购房时理应向福州市房地产交易登记中心询证确认所购房屋情况，而其在再审申请书中亦陈述某市房地产交易登记中心在房产档案中记载案涉房产处于查封状态，表明程某兴在签订《商品房买卖合同》时对于案涉房产的登记状态系为明知或应知。同时，双方在《商品房买卖合同》中对案涉房产逾期办理产权登记的违约责任等内容并未进行约定，既有违常理亦可从旁印证程某兴对案涉房产权属登记可能存在困难有所预期。现并无证据表明程某兴曾主张办理权属过户登记手续，故原审法院认为即便如程某兴所述，其签订合同时案涉房产并非为查封状态，亦存在怠于行使自身权利，未及时办理过户登记之情形。

八、在签订房屋买卖合同前，房屋所在地即存在限购政策的，应认定为买受人对于房屋因限购措施而无法办理过户登记明知，应当自行承担不能办理房屋过户登记而产生的不利后果。

案例八：《魏某、青岛海某林投资控股有限公司二审民事判决书》【（2017）最高法民终354号】

最高人民法院认为，山东省青岛市于2011年1月31日出台限购措施，案涉《青岛市商品房买卖合同》签订于2011年12月26日。魏某二审主张因中海盛某置业无故拖延导致未办理案涉房屋产权登记，但并未提供相应证据证明。虽然魏某本人名下并未有商品房登记信息，但根据魏某在前述执行异议案件中提供的情况说明，其对于房屋限购政策内容是明知的，对于案涉房屋因限购措施而无法办理过户登记也是明知的，因此应当自行承担不能办理房屋过户登记而产生的不利后果。因此，魏某对案涉房屋并不享有所有权，也不享有能够排除执行的其他实体权益。

九、买受人购买房屋后，长期未申请办理过户登记、未向法院主张房屋权利。如买受人不能举证证明存在不能过户的客观情形，应认定买受人存在过错。

案例九：《某银行股份有限公司、兰州倚某电力（集团）有限公司案外人执行异议之诉再审审查与审判监督民事裁定书》【（2017）最高法民申848号】

最高人民法院认为，本案中，在某银行表示于1998年清理材料过程中发现涉案房产至2013年其就涉案房产提起诉讼主张权利前后长达十几年的期间内，某银行既未申请办理产权过户登记手续，亦未向人民法院主张过涉案房产权利，且在为何始终没有办理涉案房屋产权过户登记手续的问题上，某银行仅表述是因珠海四某公司名下房屋处于涉诉状态所致，并未提供有效证据予以证实，故不足以认定某银行对未办理涉案房产过户登记手续无过错。

十、买受人未及时催告出卖人办理过户登记手续，应认定买受人怠于行使权利，对房屋权属转移登记办理存在过错，无权排除执行。

案例十：《张某梅、魏某再审审查与审判监督民事裁定书》【（2019）最高法民申4287号】

最高人民法院认为，根据本案查明的事实，张某梅、魏某系于一年后即2012年6月15日，才向鑫某房产公司出具自书催告办证函要求办理过户登记手续，二人对房屋权属转移登记的办理怠于行使权利，不符合《执行异议和复议规定》第二十八条第四项规定的非因买受人自身原因未办理过户登记的情形，二审法院认定张某梅、魏某就案涉房屋不享有足以排除强制执行的民事权益，并无不当，本院予以支持。

058 购房消费者能否对酒店式公寓排除执行？

> 案外人可以以购房消费者身份，对酒店式公寓排除执行

阅读提示

目前，国内房价高企，大多数购房者需要付出一代人，甚至是两代人的收入，购得一处安身之所。因此，保护购房消费者便具有了深刻的社会基础。同时，法律也对何谓购房消费者，规定了较为严格的构成条件。《执行异议和复议规定》第二十九条明确规定，案外人以购房消费者身份，排除执行必须满足的条件之一是"所购商品房系用于居住"。但是，商业房被用于自住、住宅被用于投资炒卖的现象在现实中均不鲜见，那么，购房人能否根据该条对商业房、商铺、酒店式公寓类等商业用房或者商住两用类的房屋排除执行呢？质言之，在执行过程中，购房消费者到底能对什么样的房产排除执行呢？本篇文章在梳理最高人民法院近年审理此类案件争议焦点的基础上，总结、归纳最高人民法院处理此类案件的裁判观点，为案件当事人、律师或者法官提供处理该类问题的思路，提高购房者在购房付款阶段，最大限度控制未来房屋在执行程序中的法律风险意识。

裁判要旨

房屋是否具有居住功能，与房屋系商业房还是住宅的属性并无直接对应关系。在没有证据证明案外人尚有其他可供居住房屋且案涉房屋已被实际用于自住的情况下，案涉房屋对案外人即具有了居住保障功能，案外人有权以购房消费者身份排除执行。

案情简介

2004年9月7日,陈某亭购买时某公司开发建设的酒店式公寓并支付购房款。但房产开发建设完成后,时某公司未为陈某亭办理房产变更登记手续,案涉房产仍登记在时某公司名下。陈某亭与时某公司共同确认,在时某公司将案涉房产实际交付给陈某亭后,陈某亭即委托时某公司统一出租,时某公司按时向陈某亭支付收取的租金。

2014年7月21日,苏州中院在执行住某公司(申请执行人)与时某公司(被执行人)建设工程施工合同一案过程中,查封时某公司名下案涉房产。陈某亭以案涉房产系其所有提起执行异议。

2017年3月16日,苏州中院裁定驳回陈某亭执行异议,陈某亭据此提起案外人执行异议诉讼。

苏州中院一审认为,案涉房屋为酒店式公寓,陈某亭并非购房消费者,判决驳回陈某亭的诉讼请求。陈某亭上诉至江苏高院。

江苏高院二审认为,陈某亭在较长时间内一直未办理过户手续存在过错。因此,陈某亭不能依据无过错买受人规定排除执行,判决驳回其诉讼请求。陈某亭向最高人民法院申请再审。

2019年6月24日,最高人民法院再审认为,案外人陈某亭有权排除执行,判决撤销原审裁判文书,不得执行案涉房产。

裁判要点及思路

本案中,最高人民法院在审查案外人请求排除的房屋是否属于"系用于居住"的房屋时,认为应从房屋是否具有居住功能、案外人是否实际居住以及房屋系案外人唯一住房的角度,认定房屋是否属于"系用于居住"。

在认定酒店式公寓是否属于"系用于居住"的房屋时,最高人民法院认为,在案外人仅购买一套房屋且实际居住时,该房屋是否具有居住功能,与房屋系商业房还是住宅的属性并无直接对应关系,虽然酒店式公寓可归于商业房范畴,但酒店式公寓的设计仍可用于居住,且不排除自住。在没有证据证明案外人尚有其他可供居住房屋且案涉房屋已被实际用于自住的情况下,案涉房屋对案外人而言即具有了居住保障功能。故,相对于申请执行人享有的普通金钱债权,案外人的居住、生存权益就有了优先保护的价值和意义。

本书认为,最高人民法院在本案中一改之前"客观标准"的审查思路,采取一种更为符合司法实践需要的"实际用途"认定标准,正是对《执行异议和复议规定》第二十九条规定的正确理解与适用。基于对购房消费者生存权这一更高价值的维护,赋予购房者对买受房屋的物权期待权,进而排除金钱债权人申请强制执行的效力。

实务要点总结

酒店式公寓等商住两用的房产,如案外人实际用于居住且案外人无其他可供居住房屋的,有权以购房消费者身份排除执行。我们注意到,在审查案外人请求排除的房屋是否属于"系用于居住"的房屋时,最高人民法院的最新裁判观点从房屋是否具有居住功能、案外人是否实际居住以及房屋系案外人唯一住房的角度,认定房屋是否属于"系用于居住"。需要注意的是,如果案外人购买多套"商住两用"类型的房产,明显超出生活居住需要,即使该房屋具有居住功能,亦无权以购房消费者身份排除执行。

注意,最高人民法院认定案外人购买的房屋是否为"居住需要"裁判思路转变。分析最高人民法院近几年审查购房者购买的房屋是否"系用于居住"的裁判观点,最高人民法院的裁判思路存在由"客观标准"到"实际用途"的转变:

(1)从最高人民法院前几年处理案件的裁判观点来看,基本形成了以案外人购买房屋的性质作为判断的"客观标准",即如果案外人购买的房屋性质为居住用房,则认定为消费者;如果案外人购买的房屋性质为商铺、写字楼等经营性用房,则不是消费者。房屋性质以政府规划主管部门规划批准的该房屋的使用性质为准。

(2)但是,根据最高人民法院最新裁判观点显示,最高人民法院在具体案件中判断购房者购房是否"为生活需要",已经渐渐在摒弃上述"客观标准",认为:不管是单纯的居住用房还是商住两用住房,只要是有居住功能并且该房屋系购房者唯一用于居住的房屋,即应视为该房屋"系用于居住"。

商铺不是居住用房,案外人不能以购房消费者身份排除执行。商铺的性质为经营性用房,购房者购买商铺后,一般对外出租或者用于经营。由于购房消费者要求购房人购买房屋目的和实际用途为居住,因此,购房人无权以购房消费者身份,依据《执行异议和复议规定》第二十九条的规定排除执行,而是以无过错买受人身份排除执行。关于商铺排除执行更为全面的裁判观点和实务要点总结,我们将在其他文章中作出详细阐述,敬请关注。

工业用地上的厂房,案外人不能以购房消费者身份排除强制执行。因《执行异议和复议规定》第二十九条明确规定，案外人以购房消费者身份排除执行必须满足"所购商品房系用于居住"的条件，国有工业用地上的厂房明显系用于生产经营，非用于居住，不涉及购房者生存权的保护，故案外人不能以该条规定排除对工业用地上厂房的强制执行。

购房者将商品房出租，不影响其作为购房消费者排除执行。最高人民法院认为，《执行异议和复议规定》第二十九条系针对房屋消费者物权期待权的保护条件所作的规定，对于该条规定的"所购商品房系用于居住"应当做宽泛理解，不管是单纯的居住房还是商住两用住房，只要是有居住功能的，即应视为用于居住的房屋。房屋被出租，但不能以此否定该房屋系用于居住的房屋性质。申请执行人不能以案涉房屋用于经营而未实际居住为由，主张案涉房屋不符合"所购商品房系用于居住"的条件。

案外人购买商品房数量明显超出居住需要，应推定购买房产的目的并不是用于消费性居住，而是商业性投资，案外人无权排除执行。《执行异议和复议规定》第二十九条规定，购房消费者排除对所购房屋的强制执行，必须满足"买受人名下无其他用于居住的房屋"这一条件，即所购房屋必须为购房人名下唯一的可用于居住的房屋。一般情况下，购房人名下用于居住的房屋应为一处，但是，在已有的房屋不能满足买受人居住需要的情况下，其名下房屋的数量可以大于一处。如何认定购房人只有"一套房"以及在购房人名下房屋数量大于一套时，其符合购房消费者条件，我们将在其他文章中详细阐述，敬请关注。

案外人购买房产目的是通过转卖回笼资金实现债权，不属于购买商品房用于居住的普通消费者，无权排除执行。由于《执行异议和复议规定》第二十九条保护的是购房消费者的生存权，是基于特定的社会基础，对购房人利益的特殊优先保护。该种优先保护具有优先于房屋抵押权人和其他优先债权人的效力，因此必须从严掌握和适用。对于以单纯牟利为目的的案外人，显然无法律给予特殊保护居住权之必要，因此，无权排除执行。

购房消费者应为自然人，但是，法人或者其他组织（如村委会）以组织名义购买房屋并分配给职工个人居住的，可以认定为消费者。根据《消费者权益保护法》第二条的规定，并未明确指出消费者仅限于自然人。参考部分地方司法文件关于消费者是否仅限于自然人的解答，消费者包括为生活消费购买、使用商品或者接受服务的个人和单位。最高人民法院有观点认为，在执行异议之诉中，购房消费者的自然属性应当是自然人，但是，法人或者其他组织（如村委会）以单位名义购买房屋并分配给职工个人居住的，可以认定为消费者。

相关法律规定

《最高人民法院关于人民法院办理执行异议和复议案件若干问题的规定》（2020年12月23日修正）

第二十九条 金钱债权执行中，买受人对登记在被执行的房地产开发企业名下的商品房提出异议，符合下列情形且其权利能够排除执行的，人民法院应予支持：

（一）在人民法院查封之前已签订合法有效的书面买卖合同；

（二）所购商品房系用于居住且买受人名下无其他用于居住的房屋；

（三）已支付的价款超过合同约定总价款的百分之五十。

《消费者权益保护法》（2013年10月25日修正）

第二条 消费者为生活消费需要购买、使用商品或者接受服务，其权益受本法保护；本法未作规定的，受其他有关法律、法规保护。

法院裁判

以下为最高人民法院在判决书"本院认为"部分就此问题发表的意见：

最高人民法院认为，陈某亭对案涉房屋具有一定的居住权益，有优先保护的价值和意义。本案中，案涉房屋作为酒店式公寓在2014年被人民法院查封前，陈某亭一直委托时某公司对外出租获取收益，而非自住。仅就此而言，一审判决从形式上审查认定陈某亭的异议不符合《执行异议和复议规定》第二十九条所列可以排除执行的条件，也并无不当。但根据一、二审法院查明的事实，常熟市不动产登记中心于2017年4月17日出具《证明》，载明：依据查询人陈某亭申请，经查询，至2017年4月17日10：34，查询人个人在我中心不动产登记信息库中，无房产（现手）登记记录。本案一审庭审中，陈某亭陈述自己之前居住在儿子名下的小产权房中，目前该房屋已被拆迁，并提交一份《关于对常昆路两侧相关地块进行收储的通知》予以佐证；时某公司确认其向陈某亭支付案涉房屋的租金至2016年8月，并当庭陈述2016年8月之后未再支付案涉房屋租金的原因是陈某亭自己居住。陈某亭再审亦陈述自己和配偶目前居住在案涉房屋内。尽管住某公司对陈某亭的陈述尚有异议，但并无证据证明陈某亭及其配偶除案涉房屋外还有其他可用于居住的房屋。至于房屋是否具有居住功能，与房屋系商业房还是住宅的属性并无直接对应关系，商业房被用于自住、住宅被用于投资炒卖的现象在现实中均不鲜见。虽然案涉房屋系酒店式公寓，可归于商业房范畴，但酒店式公寓的设计仍可用于居住，且不排除自住。在没有证据证明陈某亭尚有其他可供居住房屋且案涉房屋已被实际用于自住的情况下,案涉房屋对陈某亭夫妇即具有了居住保障功能。故,相对于住某公司享有的普通金钱债权,陈某亭的居住、生存权益就有了优先保护的价值和意义。

案件来源

《陈某亭、上海市住某建设发展股份有限公司再审民事判决书》【(2019)最高法民再49号】

延伸阅读

一、国有工业用地上的厂房不是商品房,案外人无权以购房消费者为由排除执行。

案例一:《贵州诺某传媒投资有限公司与中国长某资产管理股份有限公司某分公司申请执行人执行异议之诉一案二审民事判决书》【(2019)最高法民终480号】

最高人民法院认为,诺某公司所购案涉房屋是国有工业用地上的厂房,不是商品房,故本案不适用《最高人民法院关于建设工程价款优先受偿权问题的批复》第二条和《执行异议和复议规定》第二十九条之规定。诺某公司不能依据前述规定主张购买商品房的消费者的相关权益,不能依据前述规定请求排除执行。

二、购房者将商品住宅出租,不影响其作为购房消费者排除执行。

案例二:《中国长某资产管理股份有限公司某分公司、张某某申请执行人执行异议之诉二审民事判决书》【(2018)最高法民终545号】

最高人民法院认为,《执行异议和复议规定》第二十九条系针对房屋消费者物权期待权的保护条件所作的规定,该条规定的"所购商品房系用于居住"应当做宽泛理解,不管是单纯的居住房还是商住两用房,只要是有居住功能的,即应视为用于居住的房屋;这里的"买受人名下无其他用于居住的房屋",通常是指买受人在被执行房屋所在地长期居住,而在同一地点其名下无其他能够用于居住的房屋。本案中,案涉房屋系商品住宅,具有居住功能,符合"所购商品房系用于居住"的要求。虽然案涉房屋目前被出租,但不能以此否定该房屋系用于居住的房屋性质。长某资产某公司以案涉房屋用于经营而未实际居住为由,主张案涉房屋不符合"所购商品房系用于居住"的条件,依据尚不充分。同时,根据东街社区居委会的《证明》载明的内容,买受人张某某户籍所在地在安顺,在外地没有长期的正式的工作,只是短期务工,且其本人名下除案涉房屋外没有其他具有居住功能的房屋,可以认定其符合"买受人名下无其他用于居住的房屋"的条件。故一审认定张某某所购案涉房屋系用于居住且其名下无其他用于居住的房屋,并无不当。

三、案涉房屋是否用于居住的标准是政府规划主管部门规划批准的房屋使用性质。

案例三:《交通银行股份有限公司某分行、李某杰申请执行人执行异议之诉再审审查与审判监督民事裁定书》【(2018)最高法民申 1409 号】

最高人民法院认为,《执行异议和复议规定》第二十九条第二项规定的"用于居住",其标准是政府规划主管部门规划批准的该房屋的使用性质。经查,李某杰所购房屋性质为居住用房。故交行某分行提出的李某杰无法证明案涉房屋已交付、已居住、已占有使用等理由,均不能否定李某杰所购房屋是居住用房。

四、案外人购买商品房数量明显超出居住需要,应推定购买房产的目的并不是用于消费性居住,而是商业性投资。

案例四:《李某、广西恒某建设集团有限公司再审审查与审判监督民事裁定书》【(2018)最高法民申 777 号】

最高人民法院认为,原审查明,包括案涉商品房在内,李某一次性购买案涉楼盘 14 套房产(其中 1 套未被强制执行),说明李某购买房产的目的并不是用于消费性居住,而是商业性投资。本案不符合《执行异议和复议规定》第二十九条第二项规定的情形。因此,李某作为购房人不能对抗本案建设工程价款优先受偿权的强制执行。

五、案外人购买案涉房产目的是通过转卖回笼资金实现债权,不属于购买商品房用于居住的普通消费者,无权排除执行。

案例五:《冯某明、大同市晨某建设有限责任公司再审审查与审判监督民事裁定书》【(2017)最高法民申 5021 号】

最高人民法院认为,冯某明购买案涉房产目的是通过转卖回笼资金实现债权,不属于购买商品房用于居住的普通消费者。二审判决认定本案不适用《执行异议和复议规定》第二十九条规定,并无不当。

六、商铺不是用于满足其生活居住需要购买的住宅,购房人无权以购房消费者身份排除对商铺的强制执行。

案例六:《九江市芙某建筑有限责任公司、张某福再审审查与审判监督民事裁定书》【(2018)最高法民申 1238 号】

最高人民法院认为,关于本案应当适用《执行异议和复议规定》第二十八条还是第二十九条的问题。经查,虽然该司法解释第二十九条规范的对象是登记在被执行的房地产开发企业名下的商品房,但从该条第二项"所购商品房系用于居住且买受人名下无其他用于居住的房屋"的规定来看,第二十九条的立法目的在于保护房屋消费者物权期待权,所谓房屋消费者应当指直接用于满足其生活居住需要购买住宅的当事人,与本案中张某福购买雨某房地产公司开发的作为商铺的房屋并不相符。本案更符合该司法解释第二十八条"买受人对登记在被执行人名下的不动产提出异议"规定的情形。原审适用该司法解释第二十八条并无错误,该项申请理由不能成立。

059 如何认定作为房屋买受人的案外人已支付购房款?

> 如案外人不能提供支付购房款的转账凭证,法院不能推定其已付购房款

阅读提示

《执行异议和复议规定》第二十九条规定了购房消费者有权排除强制执行,其中第三项规定案外人必须满足"已支付的价款超过合同约定总价款的百分之五十"的付款条件。那么,在执行异议之诉中,购房消费者应该如何证明已付款事实?申请执行人面对购房消费者排除执行时,应从哪几个角度着手抗辩?法院在认定购房消费者是否符合付款条件时应该注意什么?本篇文章通过分析最高人民法院近年处理同类案例的裁判观点,总结该类案件胜诉经验和败诉教训,旨在帮助读者朋友全面了解该类案件的争议焦点,以提供准确处理此类案件的思路。

裁判要旨

如案外人不能提供向被执行人支付购房款的转账凭证,即使提供的间接证据能够初步证明其已经支付购房款,在申请执行人不能提供反证的情况下,法院也不能推定案外人已支付购房款。

案情简介

2014年3月10日,某信用社与众某公司任丘分公司等借款合同纠纷一案中,沧州中院一审判决众某公司等共同偿还某信用社借款。判决生效后,某信用社向沧州中院申请执行。

2016年5月23日，沧州中院裁定查封被执行人众某公司任丘分公司所有的不动产。执行中，案外人郭某梅提出执行异议，主张以购房消费者身份排除强制执行。

案外人郭某梅向沧州中院提交其与被执行人众某公司任丘分公司签订的房屋买卖合同、收据等证据，但未提交直接向众某公司任丘分公司支付购房款的转账凭证。

2017年3月6日，沧州中院裁定驳回案外人郭某梅的执行异议，郭某梅提起案外人执行异议之诉。

沧州中院一审认为，郭某梅不能提供充分证据证明其已经支付房屋价款，判决驳回郭某梅诉讼请求，郭某梅上诉至河北高院。

河北高院二审认为，虽然郭某梅不能提交向众某公司任丘分公司缴纳房款的转账凭证及正规销售发票，但其提交的其他间接证据能够形成一个完整的证据链，在某信用社不能提供反证的情况下，能够推定郭某梅已支付全部房屋价款，判决撤销一审判决。申请执行人某信用社不服，向最高人民法院申请再审。

2018年12月25日，最高人民法院再审裁定，指令河北高院再审本案。

裁判要点及思路

最高人民法院认为，在案外人不能提交向被执行人缴纳房款的转账凭证及正规销售发票（直接证据）的情况下，即使案外人提交的存款及取款凭证、被执行人的收据、证人证言、税收完税证明等间接证据，能够形成一个完整的证据链。在申请执行人不能提供反证的情况下，法院也不能推定案外人已支付全部房屋价款。原因主要有三点：

（1）执行异议之诉涉及申请执行人的利益，仅依靠被执行人一方出具的收据或者对案外人付款事实的承认不足以认定已经支付购房款的事实。

（2）执行异议之诉涉及申请执行人利益，对于案外人是否享有阻却强制执行的民事权利的事实，应采用较普通民事案件更高的证明标准。

（3）《民诉法解释》第三百一十一条规定："案外人或者申请执行人提起执行异议之诉的，案外人应当就其对执行标的享有足以排除强制执行的民事权益承担举证证明责任。"根据该规定，应由案外人就其对执行标的享有足以排除强制执行的民事权益承担举证证明责任。在案外人未完成举证责任前，举证责任并不转移至申请执行人。因此，在申请执行人不能提供反证的情况下，不能推定案外人已支付全部房屋价款。

实务要点总结

一、如案外人不能提供向被执行人支付购房款的转账凭证，即使提供的间接证据能够初步证明其已经支付购房款，法院也不能推定案外人已支付购房款。

二、购房者主张以现金方式支付的，仅有收据不能证明其已实际支付购房款。法院在对案外人支付价款的事实进行审查时，除应当对收据、银行流水等款项交付凭证进行审查外，还应结合款项来源、交易习惯、经济能力、当事人关系以及当事人陈述等因素综合判断价款支付的真实情况。需要注意的是，在购房者已举证证明已经支付购房款的情况下，购房发票不是佐证购房人支付购房款的必要证据，故法院不能仅以案外人未提供购房发票为由否定其支付购房款的事实。

三、如执行标的系拆迁产权置换取得的不动产，案外人交付原房屋应视为已付款。如案涉不动产系案外人以产权置换方式取得，且其已经按照约定交付了原房屋产权手续，应视为已经履行了全部价款支付义务。需要注意的是，最高人民法院对于案外人以物抵债取得不动产的，能否视为已经支付购房款存在争议。关于涉及拆迁时安置房的排除执行和案外人对通过以物抵债方式取得的不动产的排除执行，我们将在其他文章中详细论述，敬请关注。

四、购房者通过银行转账方式支付购房款，应明确备注汇款用途。实践中，存在不少购房者通过银行转账或者其他线上支付的方式支付购房款，且未明确备注汇款用途。此时，如购房者（案外人）与房屋出卖方（被执行人）先前并不存在其他法律关系，在汇款金额与房屋买卖合同约定的合同价款一致时，能够初步证明该笔款项与购房款具有唯一对应性。如购房者（案外人）与房屋出卖方（被执行人）先前存在其他交易行为，此时：

（1）房屋出卖方（被执行人）向购房者（案外人）出具的收据金额与合同价款一致且记载为购房款的，法院应认定购房者（案外人）已实际支付购房款；

（2）房屋出卖方（被执行人）向购房者（案外人）出具的收据数额不一致且记载非购房款的，法院难以认定购房者（案外人）已实际支付购房款；

（3）房屋出卖方（被执行人）未向购房者（案外人）出具收据但购房者的汇款金额与合同约定一致的，法院将结合其他材料综合审查该笔款项的用途；

（4）房屋出卖方（被执行人）未向购房者（案外人）出具收据且购房者的汇款金额与合同约定不一致的，法院难以认定购房者（案外人）已实际支付购房款。

五、案外人在一审庭审时已经支付购房款或者表示愿意将剩余购房款支付给执行法院的，视为符合已经支付购房款的条件。根据《执行异议和复议规定》第二十九条的规定，购房消费者排除强制执行需要满足的条件之一是"已支付的价款超过合同约定总价款的百分之五十"，但是并未要求案外人必须在提起执行异议或者查封之前完成支付。参考最高人民法院的观点，从有利于消费购房者的原则出发，法院的处理态度一般分为两类：

（1）案外人在执行异议或者执行异议之诉审理中，表示愿意将全部剩余购房款支付或者实际支付全部剩余价款的，视为案外人符合付款条件；

（2）案外人已支付的价款超过合同约定总价款的50%，案外人有权排除执行。执行法院对买受人应当支付的剩余房款，按照到期债权进行执行。

六、申请执行人以案外人无真实付款行为为由请求法院调查收集证据的，一般不予支持。虽然《民事诉讼法》第六十四条第二款规定："当事人及其诉讼代理人因客观原因不能自行收集的证据，或者人民法院认为审理案件需要的证据，人民法院应当调查收集。"但是，《民诉法解释》第九十四条、第九十六条分别对该条文作了进一步规定：

（1）对于当事人不能自行收集的证据，《民诉法解释》第九十四条规定了三种情形，包括两种具体情形和一条兜底条款，即证据由国家有关部门保存，当事人及其诉讼代理人无权查阅调取的；涉及国家秘密、商业秘密或者个人隐私的；当事人及其诉讼代理人因客观原因不能自行收集的其他证据。只有符合前两种具体情形的，当事人及其诉讼代理人才可以在举证期限届满前书面申请法院调查收集。

（2）对于人民法院认为审理案件需要的证据，《民诉法解释》第九十六条规定了五种情形：涉及可能损害国家利益、社会公共利益的；涉及身份关系的；涉及《民事诉讼法》第五十五条规定诉讼的；涉及当事人有恶意串通损害他人合法权益可能的；涉及依职权追加当事人、中止诉讼、终结诉讼、回避等程序性事项的。

结合最高人民法院处理该问题的态度，在执行异议之诉中，如申请执行人认为案外人主张已付购房的事实存在疑点，需要法院进一步调取证据查明事实，则申请执行人应向法院提供初步证据，证明被申请人（案外人）主张的付款事实确实存有疑点。否则，法院一般不予支持申请执行人向法院申请调取证据的申请。对于在执行异议之诉中申请法院调取证据的条件和注意事项，我们将在其他文章中详细论述，敬请关注。

七、购房消费者排除执行需要满足的付款条件与无过错买受人不同。《执行异议和复议规定》第二十九条规定，购房者排除强制执行需要满足的付款条件为"已支付的价款超过合同约定总价款的百分之五十"；第二十八条规定，无过错买受人排除执行的付款条件为"已支付全部价款，或者已按照合同约定支付部分价款且将剩余价款按照人民法院的要求交付执行"。

八、购房消费者不能以支付购房款未至合同约定时间为由，对抗《执行异议和复议规定》。在不动产交易中，由于交易金额较大，交易双方之间通常约定分期支付购房款。于是，在执行过程中通常存在这一现象：法院执行登记在房地产公司名下且已经出售给购房者的不动产时，购房者根据合同约定应支付购房款的金额尚未达到合同约定总价款的 50%。此时，购房者能否以此为由，对抗《执行异议和复议规定》第二十九条对购房者排除执行的付款条件。参考最高人民法院对于无过错买受人付款条件的观点，我们认为，购房消费者购房款的支付，应按照人民法院要求和《执行异议和复议规定》第二十九条规定的时间，并非合同约定期限。因为，执行财产在查封前并非处于静止状态，而是一直处于社会交易流转过程中，执行财产上会不断承载第三人的权利。如果执行工作受制于当事人之间的约定，必将难以推进执行工作。基于此，该条规定应视为执行工作作为国家公权力对被执行人与第三人之间的民事法律关系的适当干预，是在被执行人与第三人之间进行的利益平衡。如案外人按照法院的要求和《执行异议和复议规定》的规定期限支付剩余价款，则大大保障了申请执行人的债权实现，执行法院自然应当保护已经作出让步的案外人利益，支持其排除强制执行的申请。否则，执行法院应当严格遵循现有司法解释的规定，审查案外人排除执行是否符合条件。

相关法律规定

《最高人民法院关于人民法院办理执行异议和复议案件若干问题的规定》（2020 年 12 月 23 日修正）

第二十九条　金钱债权执行中，买受人对登记在被执行的房地产开发企业名下的商品房提出异议，符合下列情形且其权利能够排除执行的，人民法院应予支持：

（一）在人民法院查封之前已签订合法有效的书面买卖合同；

（二）所购商品房系用于居住且买受人名下无其他用于居住的房屋；

（三）已支付的价款超过合同约定总价款的百分之五十。

《民事诉讼法》（2021 年 12 月 24 日修正）

第六十七条[①]　当事人对自己提出的主张，有责任提供证据。

当事人及其诉讼代理人因客观原因不能自行收集的证据，或者人民法院认为审理案件需要的证据，人民法院应当调查收集。

---

① 原第六十四条。

人民法院应当按照法定程序，全面地、客观地审查核实证据。

《最高人民法院关于适用〈中华人民共和国民事诉讼法〉的解释》（2022 年 3 月 22 日修正）

第九十四条　民事诉讼法第六十七条第二款规定的当事人及其诉讼代理人因客观原因不能自行收集的证据包括：

（一）证据由国家有关部门保存，当事人及其诉讼代理人无权查阅调取的；

（二）涉及国家秘密、商业秘密或者个人隐私的；

（三）当事人及其诉讼代理人因客观原因不能自行收集的其他证据。

当事人及其诉讼代理人因客观原因不能自行收集的证据，可以在举证期限届满前书面申请人民法院调查收集。

第九十六条　民事诉讼法第六十七条第二款规定的人民法院认为审理案件需要的证据包括：

（一）涉及可能损害国家利益、社会公共利益的；

（二）涉及身份关系的；

（三）涉及民事诉讼法第五十八条规定诉讼的；

（四）当事人有恶意串通损害他人合法权益可能的；

（五）涉及依职权追加当事人、中止诉讼、终结诉讼、回避等程序性事项的。

除前款规定外，人民法院调查收集证据，应当依照当事人的申请进行。

法院裁判

以下为最高人民法院在判决书"本院认为"部分就此问题发表的意见：

最高人民法院认为，关于本案二审判决认定郭某梅已经支付全部购房款是否缺乏证据证明问题。一审判决认定，郭某梅仅提交在合同签订当日以银行转账方式取款 175000 元的银行取款凭证，未提供证据证明该银行转账取款的收款方为众某公司任丘分公司一方，即郭某梅不能提供充分证据证明其已经支付房屋价款且支付的价款超过合同约定总房款的 50%，故郭某梅就涉案执行标的楼房不享有足以排除强制执行的民事权益。二审判决改判的理由是，虽然郭某梅不能提交向众某公司任丘分公司缴纳房款的转账凭证及正规销售发票，但其提交的存款及取款凭证、众某公司任丘分公司的原始收据、穆某波的证人证言、徐某全的证人证言、税收完税证明，结合众某公司任丘分公司的陈述，能够形成一个完整的证据链，在某联社不能提供反证的情况下，能够推定郭某梅已支付全部房屋价款。本院认为，二审判决关于郭某梅已支付全部房屋价款的推定缺乏证据支持。第一，执行异议之诉涉及申请执行人的利益，仅依靠被执行人一方出具的收据或者对案外人付款事实的承认不足以认定已经支付购房款的事实。第二，对于一审判决驳回郭某梅诉讼请求的主要理由，即郭某梅未提供证据证明其提交的银行转账取款的收款方为众某公司任丘分公司一方，二审判决未作分析。第三，二审判决对郭某梅提交的存款及取款凭证、众某公司任丘分公司的原始收据、穆某波的证人证言、徐某全的证人证言、税收完税证明以及众某公司任丘分公司的陈述，如何形成一个完整的证据链证明郭某梅已经支付全部购房款，未作分析。第四，执行异议之诉涉及申请执行人利益，对于案外人是否享有阻却强制执行的民事权利的事实，应采用较普通民事案件更高的证明标准，二审判决根据郭某梅提供的证据推定其已支付全部房屋价款，但并未对证据的质证、认证作分析认定。第五，《民诉法解释》第三百一十一条规定："案外人或者申请执行人提起执行异议之诉的，案外人应当就其对执行标的享有足以排除强制执行的民事权益承担举证证明责任。"本案应由案外人郭某梅就其对执行标的享有足以排除强制执行的民事权益承担举证证明责任。在郭某梅未完成举证责任前，举证责任并不转移至某联社。二审判决认定，在某联社不能提供反证的情况下，能够推定郭某梅已支付全部房屋价款，不妥当。因此，某联社关于二审判决认定郭某梅已经支付全部购房款缺乏证据证明的再审申请理由成立，本院予以支持。

案件来源

《某农村信用合作联社申请执行人执行异议之诉再审审查与审判监督民事裁定书》【（2018）最高法民申5339号】

延伸阅读

一、案外人主张以现金方式支付的，仅有收据不能证明已支付购房款。

案例一：《杨某申请执行人执行异议之诉再审审查与审判监督民事裁定书》【（2018）最高法民申5752号】

最高人民法院认为，根据杨某的再审申请，本案审查重点是杨某对案涉房屋是否享有足以排除执行的民事权益。经审查认为，杨某的申请再审事由不能成立，理由如下：因案涉房屋买卖关系发生于房屋抵押登记之后，因此杨某对其是否享有足以排除执行的民事权益需要结合人民法院查封前的房款支付、房产占有及用途等情况综合考量。首先案涉房屋查封前，杨某与鑫某源公司签订了《商品房买卖合同》并主张以现金支付的形式全额支付房款，辅之以收据和发票加以证明。但该发票形成于 2016 年，且缺乏入账凭证等其他证据形成完整证据链，据此二审法院认为上述证据不足以证明杨某已实际支付购房款的观点，本院予以支持。

二、不动产系拆迁产权置换取得的，交付原房屋视为已支付购房款。

案例二：《中某信托有限责任公司、甘某梅申请执行人执行异议之诉二审民事判决书》【（2018）最高法民终 709 号】

最高人民法院认为，中某信托关于应对案涉车位准予执行的诉讼主张不能成立。首先，按照《执行异议和复议规定》第二十八条的规定，甘某梅、刘某群对案涉车位享有的民事权益足以排除中某信托的强制执行。案涉车位的《产权置换补偿协议》签订时间是 2013 年 10 月 19 日，系在 2015 年 11 月 27 日查封之前；案涉车位已实际交付甘某梅、刘某群占有使用，虽中某信托对其交付时间有异议，但结合 2014 年 5 月 19 日《关于某新村××号"名流花园"小区国有土地上房屋收购公告》记载的期限及所涉拆迁系现房安置等内容以及物业公司出具的证明和甘某梅、刘某群对中某信托查封的异议等情况看，一审判决认定案涉车位已于查封前交付甘某梅、刘某群占有并无不当；案涉车位系甘某梅、刘某群以产权置换方式取得，且其已经按照约定交付了原房屋产权手续，应视为已经履行了全部价款支付义务；从案涉土地整理及拆迁收购工作的整个过程看，案涉车位在查封前未办理过户登记并非因甘某梅、刘某群的原因。其次，按照《商品房买卖合同司法解释》第七条第一款的规定也应保护甘某梅、刘某群对案涉车位享有的权益。根据查明的事实，甘某梅、刘某群以所有权调换形式签订《产权置换补偿协议》取得案涉车位属于拆迁安置的性质，中某信托对此亦无异议，典某地产将其另行抵押处置，亦不能损及甘某梅、刘某群作为被拆迁人享有的权益。

三、案外人以物抵债取得不动产，不视为已经支付购房款。

案例三：《王某琳、银川市乐某外加剂有限公司申请执行人执行异议之诉再审审查与审判监督民事裁定书》【（2018）最高法民申 1930 号】

最高人民法院认为，本案中，首先，王某琳就案涉房屋仅与千某公司签订《商品房买卖合同》，该房产并未变更登记在王某琳名下，故王某琳并没有取得房屋所有权。其次，《执行异议和复议规定》第二十九条规定："金钱债权执行中，买受人对登记在被执行的房地产开发企业名下的商品房提出异议，符合下列情形且其权利能够排除执行的，人民法院应予支持：（一）在人民法院查封之前已签订合法有效的书面买卖合同；（二）所购商品房系用于居住且买受人名下无其他用于居住的房屋；（三）已支付的价款超过合同约定总价款的百分之五十。"据此，由于一审法院于 2014 年 4 月 21 日查封案涉房屋，而王某琳与千某公司签订《商品房买卖合同》的时间是 2014 年 6 月 23 日，即一审法院查封之后；案涉房产并不是居住用房，而是商铺，王某琳在与千某公司签订《商品房买卖合同》后，自己并未实际使用该房屋，而是将其出租给他人经营餐饮酒楼；且王某琳是从乐某公司处抵账取得该房产，实际并未向千某公司支付购房款。

四、案外人在一审庭审时已经支付或者表示愿意将剩余购房款支付给执行法院的，视为符合已经支付购房款的条件。

案例四：《成某、陶某明案外人执行异议之诉再审审查与审判监督民事裁定书》【（2017）最高法民申 4654 号】

最高人民法院认为，根据原审法院查明的事实，1997 年 7 月 8 日，陶某明与某旅游度假村签订《青岛市商品房购销合同》，合同履行过程中，某旅游度假村未在合同约定时间交付房屋，在向陶某明交付房屋时，陶某明未付清房款。现有证据无法证明，某旅游度假村在交付房屋后的近 20 年中，向陶某明主张过剩余房款，要求陶某明承担违约责任，或者要求解除合同。现陶某明已将剩余购房款 26.3 万元转入青岛市中级人民法院账户交付执行，原判决认定陶某明对涉案房屋享有的物权期待权优于成某的普通债权，足以排除强制执行，并无不当。成某申请再审提交新的证据用以证明陶某明名下有多处房产，但因本案不适用《执行异议和复议规定》第二十九条规定，其所提交的证据不足以证明原判决认定的主要事实或者裁判结果错误，不符合《民事诉讼法》第二百条第一项规定的情形。

五、申请执行人以案外人无真实付款行为为由，请求法院调查收集证据的，一般不予支持。

案例五：《交通银行股份有限公司某分行、董某再审审查与审判监督民事裁定书》【（2018）最高法民申 4786 号】

最高人民法院认为，关于二审法院是否应依交行某分行申请予以调查收集证据的问题。交行某分行提出其曾向一、二审法院书面申请调查收集有关被申请人是否真实交付房款的证据，一、二审法院未调查收集。本院认为，首先，瑞某公司作为收取购房款的一方，其出具《收据》载明已收到董某购房款 550000 元，表明瑞某公司已认可被申请人支付了上述购房款，故二审法院不予调查、收集并无不当。其次，《民事诉讼法》第六十四条规定："当事人对自己提出的主张，有责任提供证据。当事人及其诉讼代理人因客观原因不能自行收集的证据，或者人民法院认为审理案件需要的证据，人民法院应当调查收集……"根据该条规定，在董某提供了瑞某公司出具的《收据》证明其已交付购房款的前提下，如交行某分行主张被申请人并未真实交付购房款，应当提供证据予以证明，即使交行某分行认为其因客观原因不能自行收集相关证据，也应向二审法院提供初步证据，证明被申请人交付房款之事实确实存有疑点。最后，被申请人已于再审期间提交其以现金方式支付购房款的相关证据，证明被申请人以现金方式支付 550000 元购房款，故对交行某分行的该项再审申请事由，本院不予支持。

060 买受人未及时办理预告登记、网签或备案，能否排除强制执行？

预告登记、网签或备案与权属转移登记无必然联系，买受人有权排除执行

阅读提示

《执行异议和复议规定》第二十八条规定了无过错买受人有权排除法定优先权人的申请执行，既然称为"无过错买受人"，那么，此类买受人必须满足的条件是对于案涉不动产未能办理过户登记手续不存在过错。如何认定买受人是否无过错呢？本篇文章通过检索最高人民法院近年来关于这一问题的裁判观点，梳理、分析最高人民法院处理这一问题的裁判思路，归纳实务要点总结，并为买受人提供降低此类法律风险的建议。

裁判要旨

预告登记并非买受人必须履行的法定义务，网签、备案系房屋行政主管部门为规范商品房销售行为对房地产开发企业提出的管理性要求，买受人未申请办理预告登记、网签或备案与所购不动产未办理权属转移登记并无必然联系，不存在过错。

案情简介

2016 年 2 月 24 日，买受人宋某梅向银某公司购买案涉车位，约定银某公司在一年内为买受人办理产权过户。购买时，案涉车位上有一年期限的抵押。之后，宋某梅支付合同价款并实际占有、使用案涉车位。

2016 年 9 月 2 日，银某公司继续以案涉车库为农行某支行提供抵押担保。之后，农行某支行将银某公司等起诉。

2017年5月5日，根据农行某支行申请，重庆一中院对案涉车库予以保全查封。在保全过程中，宋某梅提出书面异议，重庆一中院裁定中止对案涉车位的执行。农行某支行向重庆一中院提起申请执行人执行异议之诉。

2018年6月13日，重庆一中院一审认为，买受人宋某梅对案涉车位未办理过户不存在过错，判决驳回农行某支行的诉讼请求。农行某支行上诉至重庆高院。

2018年12月27日，重庆高院二审认为，宋某梅并无义务就案涉车位申请网签或预告登记，以防范之后案涉车位过户登记的权利障碍，故并无过错。判决驳回农行某支行上诉，农行某支行向最高人民法院申请再审。

2019年9月26日，最高人民法院再审驳回农行某支行的再审申请。

裁判要点及思路

本案中，关于是否因买受人宋某梅自身原因未办理案涉车位权属转移登记的问题，最高人民法院认为：

第一，出卖人以案涉车库为第三人多次提供抵押担保，每个抵押担保合同都对应有独立编号的《借款合同》，有独立的抵押期。案涉《车位申购协议书》签订时车库虽被抵押，但该抵押有期限，买受人对解除抵押有合理预期，不应认定买受人未尽基本的注意义务。

第二，预告登记并非买受人必须履行的法定义务，网签、备案系房屋行政主管部门为规范商品房销售行为对房地产开发企业提出的管理性要求，故买受人宋某梅未就案涉车位申请办理预告登记、网签或备案与造成案涉车位未办理权属转移登记并无必然联系。

第三，出卖人银某公司未履行与买受人宋某梅关于一年内办理车位产权证的约定，再次用案涉车库提供抵押担保，导致买受人宋某梅未能办理权属转移登记，过错方显属出卖人银某公司一方。

综上所述，买受人宋某梅对于案涉车位未办理过户，不存在过错。宋某梅在满足《执行异议和复议规定》第二十八条规定的其他条件的情况下，有权排除执行。

实务要点总结

买受人未及时办理预告登记、网签、备案的，不影响法院对其是否存在过错的认定。最高人民法院认为，预告登记并非买受人必须履行的法定义务，网签、备案系房屋行政主管部门为规范商品房销售行为对房地产开发企业提出的管理性要求，故买受人宋某梅未就案涉车位申请办理预告登记、网签或备案与造成案涉车位未办理权属转移登记并无必然联系。因此，买受人未及时办理预告登记、网签、备案的，不影响法院对其是否存在过错的认定。

买受人购买已抵押的房屋，不必然认定存在过错。一般情况下，买受人购买已抵押的房屋，法院将认为买受人在购买时未尽合理注意义务，忽略他人权利的障碍，认为买受人存在过错。但是，如果买受人与出卖人在签订房屋买卖合同时明知所购房屋之上存在抵押，但是该抵押属于一定期限的抵押，并且买受人与出卖人约定过户期限和过户条件，应当认定买受人对未来所购房屋能够办理过户存在合理信赖。在约定的过户期限内，即使所购房屋不存在客观不能办理过户的情形，买受人未及时办理过户也不存在过错。

在出卖人失信的情形下，应认定买受人不存在过错。最高人民法院认为，如果出卖人与买受人约定限期办理不动产权属转移登记的，出卖人在该期限内将该不动产为第三人设定抵押，买受人因所购不动产已对外设定抵押致使未能办理过户登记，买受人不存在过错，相关风险应由出卖人自行承担。

法院在对未办理过户的原因进行审查时，应当从以下几个方面出发：根据当事人对于商品房买卖流程的约定，法律、法规或规章对于商品房交易操作规程的规定，并结合当地房地产管理部门的实际操作情况、交易惯例等事实，综合判断买受人是否对于未办理商品房买卖合同备案登记、预告登记或者其他应由买受人履行的内容存在过错，以及未办理商品房买卖合同备案登记、预告登记或者其他应由买受人履行的义务对于此后未能办理房屋产权转移登记的影响。如果因应由买受人履行相应义务且不存在客观履行不能，导致所购房屋未能办理产权变更登记的，应认定买受人存在过错。

本书建议：在已抵押不动产买卖交易中，买受人应充分注意出卖人的失信可能，尽量减少或者避免抵押权人的优先受偿权与买受人基于买卖关系而对物权转移及物的交付的权益产生冲突。作为抵押权人，尤其是专业从事金融业务的金融机构，应注意对房地产开发企业提供的抵押物进行动态监管，避免已抵押不动产转让价款的流失和债权的损失。作为买受人，在签订合同及付款时应留意抵押权人权利保障的方式，注意留存合同签订、占有使用、价款支付的原始凭证，以防范因标的物上存在权利瑕疵而带来的相应风险。

相关法律规定

《最高人民法院关于人民法院办理执行异议和复议案件若干问题的规定》(2020年12月23日修正)

第二十八条 金钱债权执行中,买受人对登记在被执行人名下的不动产提出异议,符合下列情形且其权利能够排除执行的,人民法院应予支持:

(一)在人民法院查封之前已签订合法有效的书面买卖合同;

(二)在人民法院查封之前已合法占有该不动产;

(三)已支付全部价款,或者已按照合同约定支付部分价款且将剩余价款按照人民法院的要求交付执行;

(四)非因买受人自身原因未办理过户登记。

法院裁判

以下为最高人民法院在判决书"本院认为"部分就此问题发表的意见:

关于是否因宋某梅自身原因未办理案涉车位权属转移登记的问题,第一,银某公司以案涉车库为文某公司向农行某支行的借款多次提供抵押担保,每个抵押担保合同都对应有独立编号的《流动资金借款合同》,有独立的抵押期。重庆市某区国土资源和房屋管理局对抵押权进行了相应的登记、注销,具有间断性,故多个抵押担保不能混为一谈。案涉《车位申购协议书》签订时车库虽被抵押,但该抵押有期限,买受人对解除抵押有合理预期,不应认定买受人未尽基本的注意义务。第二,预告登记并非买受人必须履行的法定义务,网签、备案系房屋行政主管部门为规范商品房销售行为对房地产开发企业提出的管理性要求,故宋某梅未就案涉车位申请办理预告登记、网签或备案与造成案涉车位未办理权属转移登记并无必然联系。第三,银某公司未履行与宋某梅关于一年内办理车位产权证的约定,再次用案涉车库提供抵押担保,导致宋某梅未能办理权属转移登记,过错方显属银某公司。综上,农行某支行关于未办理车位权属转移登记系因宋某梅自身原因的主张,不能成立。

案件来源

《中国农业银行股份有限公司某支行、执行案外人申请执行人执行异议之诉再审审查与审判监督民事裁定书》【(2019)最高法民申3912号】

延伸阅读

一、买受人与出卖人约定过户期限的,在该期限内即使所购房屋不存在客观不能办理过户的情形,买受人未及时办理过户也不存在过错。

案例一:《重庆市渝中区兴某投小额贷款有限公司、曾某东再审审查与审判监督民事裁定书》【(2019)最高法民申 766 号】

最高人民法院认为,本案中,曾某东的《房屋买卖合同》系 2012 年 7 月 6 日签订,并于同月依约支付了绝大部分购房款,早于王某勇与兴某投公司之间签订的《抵押合同》。曾某东提供的气费缴纳发票证实其至迟在 2015 年 1 月 5 日已占有使用案涉房屋,亦早于法院查封时间。王某勇于 2013 年 1 月 15 日取得案涉房屋产权登记后,于当年 7 月 30 日即办理了抵押登记,此期间未超过曾某东与王某勇约定交房后 365 个工作日内办理房地权属证书的期间,故未办理过户登记不是曾某东自身原因所致。且根据 2017 年 3 月 1 日重庆市开州区不动产登记中心出具的无房证明,曾某东在开州区无其他住房,其居住权依法应受到保护。曾某东购买案涉房屋的行为符合《执行异议和复议规定》第二十八条规定的情形,属于善意买受人,其物权期待权能够排除担保物权人兴某投公司申请执行案涉房屋的权利,一、二审判决在适用法律上并无不当。

二、法院应当根据当事人对于商品房买卖的约定、商品房交易操作规程的规定,并结合当地房地产管理部门的实际操作情况、交易惯例等事实,综合判断买受人是否存在过错。

案例二:《平安银行股份有限公司某分行、孙某芹二审民事裁定书》【(2018)最高法民终 945 号】

最高人民法院认为,在对未办理过户的原因进行审查时,应当根据当事人对于商品房买卖流程的约定,法律、法规或规章对于商品房交易操作规程的规定,并结合当地房地产管理部门的实际操作情况、交易惯例等事实,综合判断当事人是否对于未办理商品房买卖合同备案登记或者预告登记存在过错,以及未办理商品房买卖合同备案登记或者预告登记对于此后未能办理房屋产权转移登记的影响。

三、房屋尚在租赁期间,出卖人以公告声明的形式将房屋进行了交付,虽未办理房屋产权变更登记手续,但并不影响买受人依法享有的合同权利,买受人无过错。

案例三:《某农村信用联社股份有限公司、常某申请执行人执行异议之诉再审审查与审判监督民事裁定书》【(2017)最高法民申 2075 号】

最高人民法院认为,生效的张家口中院(2015)张民终字第 773 号民事判决,认定常某与张某于 2014 年 1 月 23 日签订的房屋买卖协议是双方真实意思表示，且经过张家口第三公证处的公证，该协议不违反法律强制性规定、合法有效。因所涉房屋尚在租赁期间，张某以公告声明的形式将房屋进行了交付，虽未办理房屋产权变更登记手续，但并不影响常某依法享有的合同权利，常某在这过程中并无过错。

四、买受人不能举证证明存在不动产不能办理过户登记之客观情形的情况下，应认定买受人对不动产未办理过户登记存在过错。

案例四：《王某、鄂尔多斯市华某整车配件修理有限责任公司申请执行人执行异议之诉再审审查与审判监督民事裁定书》【（2019）最高法民申 3051 号】

最高人民法院认为，对于案涉房屋未办理过户登记的原因，根据原审查明的事实，自江苏省无锡市中级人民法院解除查封后，有两年多时间，案涉房屋并未处于查封状态，但在此期间双方并未办理过户登记。王某称是由于弛某公司原因不办理过户，但没有提交证据证明其曾经就过户登记向弛某公司主张权利；王某称案涉房屋一直处于被查封状态，但并未提交证据证明自江苏省无锡市中级人民法院解除查封后，案涉房屋随即又被查封，故在此情形下，二审判决认定王某对未及时办理房产过户登记存在过错并无不当。

五、买受人不能举证证实所购房屋客观不具备办证条件或其在具备办证条件时有积极办理产权变更登记的行为时，应认定买受人对所购不动产未办理权属变更手续存在过错。

案例五：《朱某、蓝某申请执行人执行异议之诉二审民事判决书》【（2018）云民终 631 号】

最高人民法院认为，蓝某与巨某公司在房屋认购书中对于产权办理的义务没有约定，办证义务应当归于蓝某一方，根据一审查明事实，涉案房屋在查封前即已具备办证条件，涉案小区已有部分业主办理了房产证。蓝某并未举证证实涉案房屋客观不具备办证条件或其在具备办证条件时有积极办理产权变更登记的行为，相反，从其一、二审陈述来看，没有及时办证系因蓝某与巨某公司没有及时签订用于办证的正式商品房买卖合同，蓝某没有及时办理二代身份证，因工作忙怠于办理、房产限购无法办理等，这些未能办证的因素均应归因于蓝某自身。巨某公司在一审中称因测绘和办证政策调整原因造成未能办证，但未举证证实确实存在该原因且该原因造成了蓝某不能办理产权移转登记，一审法院以此认为蓝某对于未办证没有过错不当。二审中，巨某公司又称系部分业主反映房屋局部需维修，由于其工作人员自身原因未能通知业主办证并转交相关材料，登记机关暂停接件办证等原因造成不能办证，但均不能提供证据证实有该类情况发生。且即使这些情况存在，也没有证据证实这些行为直接影响了蓝某的办证，造成其不能办理。

六、在未经行政批准变更土地用途之前，买受人购买工业用地属于对能否办理房屋产权过户登记的后果采取忽视的态度，忽略他人权利障碍，应认定买受人对未办理过户登记存在一定过错。

案例六：《杨某东、中国长某资产管理股份有限公司某分公司申请执行人执行异议之诉二审民事判决书》【（2018）最高法民终585号】

最高人民法院认为，工业用地的土地用途是被明确限定的。虽然案涉合同中约定杨某东购买房屋的用途为厂房，但基于金某公司报批的用地规划许可，案涉土地的产权登记只能是以整块土地为单位予以登记，在未经行政批准变更土地用途之前，工业用地上分栋修建房屋的产权过户是受限制的。对此，买受人杨某东在明知房屋所占土地为工业用地的情况下，仍然签订案涉房屋购房合同，实质是对能否办理房屋产权过户登记的后果采取忽视的态度。另外，杨某东在购买案涉房屋之前，该房屋上已经设定了他人的抵押登记。作为具有完全民事行为能力的购房人，在购买房屋时，有义务对所购房屋是否存在权利瑕疵做基本考察，否则应视为未尽到合理注意义务，忽略他人权利障碍，应认定买受人对未办理过户登记存在一定过错。杨某东上诉认为，办理过户登记手续买受人只有被动配合的义务，以及在购买房屋时没有正常途径查询抵押情形的理由不能成立。

七、买受人无钱支付办理过户登记的费用，属于因买受人原因未办理过户登记的情形。

案例七：《齐某昌、潘某林再审审查与审判监督民事裁定书》【（2019）最高法民申1269号】

最高人民法院认为，本案中，齐某昌主张2010年与潘某林签订了"以房抵债"协议，但是，直至2013年案涉房屋办理抵押登记时，案涉房屋仍然登记在潘某林名下，齐某昌的理由是无钱支付办理过户登记的费用，这显属于因齐某昌的原因未办理过户登记的情形，原审不予支持齐某昌对于案涉房屋排除强制执行的诉请并无不当。

八、规避行为或行业惯例，均不属于非因自身原因未能办理过户的正当理由。作为专业的房产中介机构，应该明确知晓不办理过户登记而产生的风险，故其应承担不办理过户登记而产生的法律后果，买受人无过错。

案例八：《重庆市琴某房地产咨询服务有限公司、瀚某融资担保股份有限公司再审审查与审判监督民事裁定书》【（2018）最高法民申3969号】

最高人民法院认为，关于案涉房产未办理过户登记是否属于非因买受人自身原因，琴某咨询公司再审主张其作为房产中介，行业惯例为房源经公证再出卖，立即过户再出卖则多交税费而导致不经济；且当时办理该项业务的员工已辞职无法联系以及左某妹不配合，导致案涉房屋未能办理过户。本案中，不论其是为了规避多产生一次税费还是主张作为房屋中介惯例的不过户，均不属于非因自身原因未能办理过户的正当理由。作为专业的房产中介机构，琴某咨询公司应该明确知晓不办理过户登记而产生的风险，故其应承担不办理过户登记而产生的法律后果。关于琴某咨询公司主张因员工无法联系及左某妹有事未能及时配合问题，从其签订案涉包销合同及后续协议来看，既有相关的授权亦有左某妹等房产权利人可以及时联系的客观事实，但经过多年其仍未办理过户登记，故其提出的上述理由均无事实和法律依据。原审判决认定琴某咨询公司的主张不符合《执行异议和复议规定》第二十八条规定的要件并无不当，本院对其再审主张不予支持。

九、买受人支付购房款后，房屋的销售方负有向买受人开具购房发票的义务。因房屋销售方未履行相应开票义务导致买受人未能办理过户登记，买受人对房屋不能办理过户不存在过错。

案例九：《范某学、日照衡某海曲商用设施经营管理有限公司二审民事判决书》【（2017）最高法民终378号】

最高人民法院认为，上述证据之间可相互印证，能够证明因舒某贝尔公司原因没有给范某学出具购房发票，且即使在取得购房发票的情况下，舒某贝尔公司亦无法为涉案房屋办理过户登记手续。关于住宅专项维修资金，根据《住宅专项维修资金管理办法》第二条规定，是指专项用于住宅共用部位、共用设施设备保修期满后的维修和更新、改造的资金。该项资金的缴纳以购房发票为计算依据。因舒某贝尔公司不向范某学出具购房发票，住宅专项维修资金亦无法缴纳。综上，范某学关于涉案房屋没有办理过户手续非其原因所致的主张成立，本院予以支持。

十、买受人明知案涉房屋产权证存在不能办理过户登记的重大风险，仍决定签订并继续履行购房合同，具有过错，不属于非因买受人自身原因未办理过户登记的情形。

案例十：《杨某光、中国长某资产管理公司某办事处再审审查与审判监督民事裁定书》【（2017）最高法民申2688号】

最高人民法院认为，张某萍与杨某光于2013年11月13日签订的《房屋出售协议》载明，合同双方于2008年7月29日签订房屋出售协议，因房屋所有权证涉及房产证重置问题，市房产局限制案涉房屋更名过户，致使双方无法实现合同目的。双方在知道房屋因房产证重置问题暂时不能更名的情况下，同意履行上述2008年签订的房屋出售协议。可见，杨某光购买和入住案涉房屋的时间迟于吉林市中级人民法院查封时间，且其对未能办理更名过户的情况及原因亦属知情。案涉房屋的产权证存在重复登记被行政主管部门行政查封,杨某光明知案涉房屋产权证存在不能办理过户登记的重大风险,仍决定签订并继续履行购房合同,具有过错,不属于非因买受人自身原因未办理过户登记的情形。

061 案外人要求排除执行,法院如何认定在法院查封前已签订买卖合同?

> 房屋买卖合同签订时间不仅以书面买卖合同为准,应结合在案事实严格审查、综合判断

阅读提示

《执行异议和复议规定》第二十八条、第二十九条规定了在金钱债权执行中,不动产买受人对登记在被执行人名下的房屋提出异议时如何进行审查的规则,上述两条规定属于实质审查条款,均规定了"在人民法院查封之前已签订合法有效的书面买卖合同"这一条件。对于案件当事人、律师而言,在执行异议之诉中,应如何准确理解、把握购房人是否符合在法院查封前已经签订合法有效的买卖合同?对于法官而言,在具体适用上述规定时,又应着重审查哪些方面?

裁判要旨

执行异议之诉中,案外人排除执行的,法院应基于在案证据能够证明的双方签订的相关合同情况、约定的权利义务内容及履行等双方交易的事实并结合各自主张的法律关系特征进行综合审查判断,认定双方签订商品房买卖合同的真实意思及双方之间的法律关系性质,严格审查买卖双方之间是否存在买卖合同关系。

案情简介

陈某峰、张某平系夫妻关系。2011年5月16日,丽某公司分别与陈某峰、张某平签订226份《商品房买卖合同》,约定陈、张二人购买丽某公司房屋226套,房屋单价为3000元/平方米(实际购买单价为1800元/平方米),总价款83229930元,并办理了备案登记。同日,陈、张二人与中某天盛公司签订《委托付款协议》,

约定中某天盛公司代其支付购房款。后，中某天盛公司向丽某公司完成全额汇款。

2011年5月16日，丽某公司分别与陈某峰、张某平各签订一份《商品房回购合同书》，约定丽某公司回购上述226套房屋事宜。之后，丽某公司未按回购合同的约定向陈某峰、张某平支付回购款项。

在河某公司与丽某公司的项目转让合同纠纷一案中，河某公司依据生效裁决书申请辽宁高院执行包括案涉房屋在内的整个房地产项目，陈某峰、张某平提起执行异议被驳回后，向辽宁高院提起案外人执行异议之诉。

辽宁高院一审认为，本案存在六大不合常理之处，两个自然人以如此大额资金购买大量房产，陈某峰、张某平与丽某公司之间不属于真实的商品房买卖合同关系，案涉226套房屋的买卖合同为担保的借贷法律关系，裁定驳回陈某峰、张某平起诉。陈某峰、张某平上诉至最高人民法院。

2018年3月31日，最高人民法院再审裁定驳回上诉，维持原裁定。

裁判要点及思路

本案的争议焦点为陈某峰、张某平与丽某公司之间是否存在真实房屋买卖关系。最高人民法院从买卖合同的定义、房屋买卖合同关系的基本法律特征出发，基于在案证据能够证明的双方签订的相关合同情况、约定的权利义务内容及履行等双方交易的事实并结合各自主张的法律关系特征进行综合审查判断，认定双方签订买卖合同的真实意思及双方之间的法律关系性质。具体而言：

序号	案件事实	最高人民法院认为	结论
1	自然人在房屋尚未开发完成的情形下一次性购买226套商品房并一次性全额支付购房款	出于商业风险考虑，该交易本身不符合常理	认定陈某峰、张某平与丽某公司之间不属于真实的商品房买卖合同关系
2	陈某峰、张某平以接近当时市场出售价格的一半购买案涉房屋	不符合开发商通常能够让利的幅度，反而与民间借贷用于担保的房屋作价通常低于实际市场出售价格的特点吻合	
3	丽某公司收到购房人支付的全部购房款后按月给付李某某居间费用	不符合常理，而按月给付利息是民间借贷中常见的情形	
4	签订回购合同，在购房人已经全额支付了购房款的情形下仍保有回购权利	此种交易模式不符合商品房买卖合同的交易习惯	
5	丽某公司主张其分三个月向李某某支付的525万元系给付的利息	可对上述论述作出合理解释	

实务要点总结

　　法院在对案外人是否符合《执行异议和复议规定》第二十八条、第二十九条规定的案外人是否已经与房屋所有权人签订合法有效的书面买卖合同进行审查时，通常会从以下角度出发：

　　一、是否存在真实的房屋买卖意思表示，重点审查案外人与被执行人之间是否存在恶意串通损害申请执行人利益，逃避债务、转移被执行人财产的可能性。审查内容主要有两个方面：（1）是否存在意思表示，即案外人与房屋所有权人之间就案涉房屋是否已建立房屋买卖关系。最高人民法院在多数案例中采取的做法是：根据《商品房买卖合同司法解释》第五条规定："商品房的认购、订购、预订等协议具备《商品房销售管理办法》第十六条规定的商品房买卖合同的主要内容，并且出卖人已经按照约定收受购房款的，该协议应当认定为商品房买卖合同。"然后审查案涉合同是否符合《商品房销售管理办法》第十六条规定，是否对应当明确的主要内容予以记载。（2）是否符合正常交易习惯，如本案。

　　二、商品房买卖合同是否合法有效。最高人民法院有观点认为，合同无效应严格按照《合同法》有关规定进行判断。我们注意到，在相当一部分案例中，申请执行人通过《物权法》第一百九十一条第二款的规定，即"抵押期间，抵押人未经抵押权人同意，不得转让抵押财产，但受让人代为清偿债务消灭抵押权的除外"。主张案外人与被执行人之间签订的买卖合同无效。对此，最高人民法院的态度较为统一且明确，认为《物权法》第一百九十一条第二款并非针对抵押财产转让合同的效力性强制性规定，该条款所规范的是物权行为，并不能直接否定合同效力，最终认定房屋买卖合同系双方当事人真实意思表示，内容不违反法律、行政法规的强制性规定，应属合法有效。

　　三、警惕"名不副实"的房屋买卖合同。此类"买卖"合同不具有房产销售的真实内容，不以房产销售为主要目的。在房款交纳的方式上，相关款项未打入出卖人账户，而是仅开具收据，未开具交纳房款发票。在诸多方面均存在有异于普通的商品房买卖形式。通常，此类"买卖"合同实质是以返本销售、售后包租、约定回购、销售房产份额等方式非法吸收资金，此类做法可能构成非法吸收公众存款罪，至少也是行政机关应当采取处罚措施的违法行为。由于该类合同未能形成真实的商品房买卖意思表示，不具备商品房买卖合同的核心条款，因此不属于真实有效的房屋买卖合同。

　　四、当事人之间签订的房屋买卖合同是否合法有效的证明责任。不动产的买卖合同一般都是书面的，是否合法有效主要涉及买卖合同是否为预约合同、是否系伪造以及是否名为买卖等，查清相关事实后即可按照实体法的规范审查判断。对这个问题，司法实践中更多的争议在于买卖合同的签订时间是否系在人民法院查封诉争不动产之前。对此，买受人首先应当承担证明在查封前已签订合法有效书面买卖合同的举证责任。若申请执行人对买受人举示的证据有异议，则应承担反证的举证责任，如对形成时间申请司法鉴定以确定买卖合同是否系倒签等。但是，不动产买卖合同在房管部门已备案的，则因备案合同的公示性而无须买受人再证。在案外人向法院提交房屋买卖合同、付款收据、交房确认书等证据后，法院会初步认定当事人之间存在真实的房屋买卖关系，如果当事人一方对案外人证明的事实存在异议的，法院会要求其提供初步证据证明对方所述行为为虚假，当事人一方不能仅以"本案存在大量违法行为及疑点"为由，认为其因客观原因不能自行收集相关证据，要求人民法院依职权调查收集证据。根据《民诉法解释》第一百零九条规定，只有在当事人对欺诈、胁迫、恶意串通事实的证明，以及对口头遗嘱或者赠与事实的证明，人民法院确信该待证事实存在的可能性能够排除合理怀疑的，方认定该事实存在。但是，绝大多数情形下，申请执行人对于其主张的"案外人与被执行人存在恶意串通损害其合法权益的行为"，难以举证证明。如果异议一方不能直接举证证明该买卖合同存在无效事由的，法院将认定买卖合同成立并生效。

五、是否在法院查封前签订。关于查封时间的认定，人民法院送达回证的备考栏记载的查封时间与土地房屋权属登记的查封时间不一致的，由于在查封前签订房屋认购书并办理网签的，房屋被查封后无法进行网签。如果不动产登记中心显示网签时间在法院查封之后的，土地房屋权属登记中心作为有权办理土地房屋权属登记的法定机构，其作出的该项登记表仍具有公示效力，在人民法院送达回证的备考栏所载事项与土地房屋权属登记的法定机构出具的证明文件所载明的内容出现不一致的情况下，有关土地房屋权属登记事项的认定，因土地房屋权属登记的法定机构出具的证明文件属于直接证据，人民法院送达回证所载内容属于间接证据，根据证据证明力大小的比较、认定规则，应以土地房屋权属登记的法定机构出具的证明文件为准。如合同未记载签订时间，也未进行备案，则无法确定是否在查封前签订。

六、准确把握法院审查案外人以购房消费者身份排除执行案件的理念。执行异议之诉不仅涉及案外人和被执行人的利益，还涉及申请执行人的利益。人民法院审理执行异议之诉案件，应全面考虑不同当事人之间的利害关系，充分保护各方当事人的合法权益。《执行异议和复议规定》第二十九条的规定，目的在于加强对作为弱势者的房屋消费者权利的特别保护，在所购商品房系用于居住且买受人名下无其他用于居住的房屋的特殊情况下，将对房屋消费者生存权利的保护置于对房地产开发企业债权人金钱债权的保护之上，赋予房屋消费者对买受房屋享有排除强制执行的民事权益。实际上，该规定赋予符合一定条件的商品房买受人对房地产开发企业所享有的请求转移所购房屋所有权之债权，优先于其他债权人对房屋开发企业所享有的金钱债权的效力，是对债权平等原则的突破。同时，这一规定使此种情形下的买受人购买商品房的行为产生了对抗房屋开发企业金钱债权人的效力，突破了合同相对性原则，但又缺乏足以产生公信力的公示方式，对交易安全和作为被执行人的房地产开发企业其他金钱债权人的利益影响巨大，也增加了被执行人和案外人通过执行异议恶意串通逃避强制执行的道德风险。因此，人民法院在适用《执行异议和复议规定》第二十九条规定对案外人权利予以特别保护时，应当从严审查、严格把握。如严格审查被执行人和案外人签订的买卖合同是否真实有效，是否签订在人民法院查封之前，是否倒签；所购商品房是否系用于居住且买受人名下无其他用于居住的房屋；支付房屋价款的证据是否充分，付款事实是否真实，已支付价款是否超过合同约定总价款的50％；等等。在依法保护案外人合法权利的同时，也要切实防止被执行人和案外人恶意串通损害申请执行人利益的行为发生。

相关法律规定

《最高人民法院关于审理商品房买卖合同纠纷案件适用法律若干问题的解释》（2020年12月23日修正）

第五条 商品房的认购、订购、预订等协议具备《商品房销售管理办法》第十六条规定的商品房买卖合同的主要内容，并且出卖人已经按照约定收受购房款的，该协议应当认定为商品房买卖合同。

《商品房销售管理办法》（2001年4月4日修正）

第十六条 商品房销售时，房地产开发企业和买受人应当订立书面商品房买卖合同。

商品房买卖合同应当明确以下主要内容：

（一）当事人名称或者姓名和住所；

（二）商品房基本状况；

（三）商品房的销售方式；

（四）商品房价款的确定方式及总价款、付款方式、付款时间；

（五）交付使用条件及日期；

（六）装饰、设备标准承诺；

（七）供水、供电、供热、燃气、通讯、道路、绿化等配套基础设施和公共设施的交付承诺和有关权益、责任；

（八）公共配套建筑的产权归属；

（九）面积差异的处理方式；

（十）办理产权登记有关事宜；

（十一）解决争议的方法；

（十二）违约责任；

（十三）双方约定的其他事项。

《民法典》（2020 年 5 月 28 日公布）

第四百零六条① 抵押期间，抵押人可以转让抵押财产。当事人另有约定的，按照其约定。抵押财产转让的，抵押权不受影响。

抵押人转让抵押财产的，应当及时通知抵押权人。抵押权人能够证明抵押财产转让可能损害抵押权的，可以请求抵押人将转让所得的价款向抵押权人提前清偿债务或者提存。转让的价款超过债权数额的部分归抵押人所有，不足部分由债务人清偿。

《最高人民法院关于适用〈中华人民共和国民事诉讼法〉的解释》（2022 年 3 月 22 日修正）

第一百零九条 当事人对欺诈、胁迫、恶意串通事实的证明，以及对口头遗嘱或者赠与事实的证明，人民法院确信该待证事实存在的可能性能够排除合理怀疑的，应当认定该事实存在。

《最高人民法院关于人民法院办理执行异议和复议案件若干问题的规定》（2020 年 12 月 23 日修正）

第二十八条 金钱债权执行中，买受人对登记在被执行人名下的不动产提出异议，符合下列情形且其权利能够排除执行的，人民法院应予支持：

（一）在人民法院查封之前已签订合法有效的书面买卖合同；

（二）在人民法院查封之前已合法占有该不动产；

（三）已支付全部价款，或者已按照合同约定支付部分价款且将剩余价款按照人民法院的要求交付执行；

（四）非因买受人自身原因未办理过户登记。

第二十九条 金钱债权执行中，买受人对登记在被执行的房地产开发企业名下

---

① 原《物权法》第一百九十一条。

的商品房提出异议，符合下列情形且其权利能够排除执行的，人民法院应予支持：

（一）在人民法院查封之前已签订合法有效的书面买卖合同；

（二）所购商品房系用于居住且买受人名下无其他用于居住的房屋；

（三）已支付的价款超过合同约定总价款的百分之五十。

法院裁判

以下为最高人民法院在判决书"本院认为"部分就此问题发表的意见：

本院认为，本案二审争议焦点为陈某峰、张某平与丽某公司之间的法律关系性质。陈某峰、张某平主张与丽某公司之间系商品房买卖合同关系，丽某公司主张与陈某峰、张某平签订商品房买卖合同系为担保的借贷关系。《合同法》第一百三十条规定：买卖合同是出卖人转移标的物的所有权于买受人，买受人支付价款的合同。买受人支付房屋对价的目的在于取得房屋所有权是房屋买卖合同关系的基本法律特征。由于本案双方对签订的商品房买卖合同外观形式表现的法律关系是否与双方真实意思表示一致存在争议，故本案需基于在案证据能够证明的双方签订的相关合同情况、约定的权利义务内容及履行等双方交易的事实并结合各自主张的法律关系特征进行综合审查判断，认定双方签订商品房买卖合同的真实意思及双方之间的法律关系性质。首先，陈某峰、张某平作为自然人，一次性购买226套商品房的行为本身并不属于通常情形下自然人为使用或投资进行商品房买卖的情形。即使如陈某峰、张某平主张其系以炒房为目的进行的大批量团购，但在案涉房屋尚没有开发完成的情形下一次性购买226套商品房并一次性全额支付购房款，且丽某公司在收到购房款后也没有为陈某峰、张某平开具付清购房款的发票，从该交易本身的商业风险考虑亦具有一定不符合常理之处。其次，陈某峰、张某平与丽某公司双方签订的案涉226套《商品房买卖合同》约定的房屋单价为3000元/平方米，总面积约为27775平方米，总价款83229930元。陈某峰、张某平自认实际购房单价为1800元/平方米，实际支付购房款为5000万元。陈某峰、张某平与中某天盛签订《委托付款协议》约定的代付购房款亦为5000万元，中某华所对丽某公司的审核意见载明，2011年5月17日丽某公司收到中某天盛转款83229930元，同日通过翊某公司转回中某天盛33229930元，中某天盛实际转给丽某公司5000万元。上述本案查明的事实足以证明中某天盛代陈某峰、张某平支付的款项金额为5000万元，陈某峰、张某平上诉主张翊华公司转回中某天盛的33229930元与本案无关，与事实不符。陈某峰、张某平称对外宣称和合同上签订单价为3000元/平方米是为了不影响丽某公司地产项目的市场销售价格，（2016）辽民终529号民事判决查明的事实显示，丽某公司以1500元/平方米的价格将丽湖名居小区55套房屋出售给耿某，股东会决议载明为维护市场价格稳定，以2800元/平方米的价格对出售给耿某的房屋进行备案登记。上述陈某峰、张某平的陈述及另案生效判决查明事实表明，本案陈某峰、张某平与丽某公司签订的商品房买卖合同约定的购房价为3000元/平方米应与当时案涉项目房屋对外市场交易价格相吻合，陈某峰、张某平并无证据证明该市场销售价在当时属于虚高价。据此，陈某峰、张某平以1800元/平方米购买案涉房屋，接近当时市场出售价格的一半，并不符合商品房买卖交易中开发商通常能够让利的幅度，反而与民间借贷用于担保的房屋作价通常低于实际市场出售价格的特点相吻合。而上述生效民事判决亦认定耿某与丽某公司签订的商品房买卖合同不具有真实性。再次，丽某公司与李某某签订的案涉《居间合同》约定丽某公司须向其支付525万元居间服务费。丽某公司应在购房款到账当日向李某某支付三分之一的服务费，即175万元，以后每满一个月支付三分之一，直到全部支付完毕。本院查明的事实表明，丽某公司也于2011年5月17日、6月17日、7月15日分别向李某某支付了175万元，共计525万元。其中两笔转款的付款用途载明为暂支利息款。丽某公司主张支付李某某的525万元系利息与其财务记载相吻合。由于陈某峰、张某平系一次性全额支付购房款，丽某公司在收到了购房人支付的全部购房款的情形下却按月给付促成该笔交易的李某某居间费用，显然也不符合常理，而按月给付利息是民间借贷中常见的情形。最后，陈某峰、张某平与丽某公司签订商品房买卖合同后又分别签订了《商品房回购合同书》，约定丽某公司在2011年8月16日以1800元/平方米的价格支付回购款后双方签订的商品房买卖合同自行解除。最晚可以迟延至2011年9月16日，但应给付迟延期间溢价款。如丽某公司未能按约定时间给付回购款，除非陈某峰、张某平同意，否则丽某公司无权再回购。上述回购合同显示的丽某公司作为房屋出卖方，在购房人已经全额支付了购房款的情形下仍保有通过回购的方式将房屋取回的权利，与房屋买卖合同关系中买受人付清购房款后，出卖方即负有交付房屋并办理产权过户义务的通常权利义务内容不一致，而与目前实践中以尚未建成的预售商品房为借款担保时采取的由出卖方在借款到期前保有房屋回购权的常见方式相吻合。且案涉回购合同约定按原购房价回购，仅约定支付延期回购溢价款，对自该款项发生至约定的回购日前丽某公司占用陈某峰、张某平购房款3个月是否给付利息等并未约定，结合丽某公司主张的其分3个月向李某某支付的525万元系给付的利息，则可以对此作出合理解释。陈某峰、张某平主张由于丽某公司与河某公司就案涉房屋所有权问题产生了纠纷，为减少损失而与丽某公司签订回购合同。但在本院审理中，双方明确系于2011年7月19日签订案涉《商品房回购合同书》，而河某公司于 2011 年 8 月 29 日才就案涉房屋所涉纠纷向营口仲裁委员会提交仲裁申请，陈某峰、张某平陈述的签订回购合同的原因与事实不符，也不具有合理性。

综上所述，尽管丽某公司并未提供证明其与陈某峰、张某平之间以案涉 226 套《商品房买卖合同》为借贷提供担保的直接证据，但陈某峰、张某平与丽某公司签订的商品房买卖合同从所购房屋数量、实际购房单价与市场交易价的差异、支付的购房款数额以及所谓的居间费用的支付方式、丽某公司在一定期限内保有回购权等事实，均与以支付购房款取得房屋所有权为目的的房屋买卖合同关系的法律特征不符，而与民间借贷中以签订商品房买卖合同并进行备案的方式为借贷提供担保的通常做法相吻合。一审基于在案证据对双方签订合同的真实意思经合理性分析判断认定陈某峰、张某平与丽某公司之间不属于真实的商品房买卖合同关系，系以案涉 226 套房屋的买卖合同为担保的借贷法律关系，并经向陈某峰、张某平释明后，陈某峰、张某平在明确拒绝变更诉讼请求的情形下，裁定驳回陈某峰、张某平的起诉，认定事实及适用法律并无不当。

案件来源

《陈某峰、张某平民间借贷纠纷二审民事裁定书》【最高人民法院（2018）最高法民终 234 号】

延伸阅读

一、房屋出卖人出具的销售发票中载明了房屋具体信息，其内容与商品房买卖合同载明的信息相符，且双方合同已实际履行，可以认定当事人之间签订的房屋买卖合同系双方真实意思表示。

案例一：《某国际资本管理（天津）有限公司、梁某军申请执行人执行异议之诉再审审查与审判监督民事裁定书》【最高人民法院（2019）最高法民申 4104 号】

最高人民法院认为，梁某军、牟某芬提交了其与中某公司签订的《商品房买卖合同》，中某公司出具讼争房屋的销售不动产统一发票中载明了不动产项目名称、地址、面积、单价及支付首付款金额，该发票上加盖了中某公司的发票专用章，其内容与梁某军、牟某芬持有的《商品房买卖合同》载明的信息相符，且双方合同已实际履行，可以认定梁某军、牟某芬与中某公司之间签订的房屋买卖合同系双方真实意思表示，合同已经订立。

二、房屋买卖合同，形式上应具备《商品房销售管理办法》第十六条规定的商品房买卖合同的主要内容；在意思表示方面，应包含商品房的交付使用条件及日期、办理产权登记有关事宜。

案例二：《李某锐、乔某伟申请执行人执行异议之诉再审审查与审判监督民事裁定书》【（2019）最高法民申 3703 号】

最高人民法院认为，从形式要件看，买受人乔某伟与华某公司签订的《协议》第三条约定，甲方（华某公司）在收到乙方（乔某伟）总房款之日至六年满如数返还乙方所付总房款。该约定明显异于商品房买卖合同的一般条款。同时，该《协议》还缺少关于商品房的交付使用条件及日期、办理产权登记有关事宜等事项，而商品房买受人支付价款、出售方交付房产、将房屋过户至买受人名下，这是商品房买卖合同的基本合同目的，这些要件对于商品房买卖合同的成立来说至关重要，本案《协议》缺乏上述商品房买卖合同成立的基本要件。从意思表示要件看，如前所述，案涉《协议》一方面约定一定期限内退回房款，另一方面没有关于房屋交付和过户登记事宜的约定，双方对于商品房买卖法律关系最基础的条件没有约定，或与一般商品房买卖法律关系约定不同，难以构成房屋买卖的真实意思表示。

三、房屋申购协议对房屋买卖事宜作出明确约定，具备买卖合同主要条款，应认定当事人符合已签订书面买卖合同的条件。

案例三：《中国农业银行股份有限公司重庆某支行与宋某梅申请执行人执行异议之诉一案再审民事裁定书》【最高人民法院（2019）最高法民申 3912 号】

最高人民法院认为，银某公司与宋某梅于 2016 年 2 月 24 日签订的《车位申购协议书》对车位转让价款、交付时间、产权办理等事宜作出了明确约定，具备买卖合同的主要条款。协议文本约定宋某梅受让"车位使用权"，但结合前后文可知，当事人实际买卖的标的物是车位所有权。尽管银某公司系先将案涉车库设立抵押后再与宋某梅签订《车位申购协议书》，违反了《物权法》第一百九十一条第二款的规定，但抵押人未经抵押权人同意转让抵押财产的法律后果是不能产生物权变动的效果，而非导致《车位申购协议书》无效。综上，农行某支行关于《车位申购协议书》效力的异议不能成立，原审法院认定银某公司与宋某梅签订的《车位申购协议书》合法有效，并无不当。

四、房屋认购书不完全具备《商品房销售管理办法》第十六条规定的商品房买卖合同主要内容，买受人即使已经付款入住，亦不能认定当事人之间已经签订合法有效的书面买卖合同。

案例四：《何某玲、四川某建设投资有限公司再审审查与审判监督民事裁定书》【最高人民法院（2018）最高法民申4400号】

最高人民法院认为，从《认购书》的内容看，不完全具备《商品房销售管理办法》第十六条规定的商品房买卖合同的主要内容。虽然何某玲举证证明已经支付全部购房款并入住使用了案涉房屋，阳某公司也予以认可。但本案是有关执行标的的执行异议之诉，《执行异议和复议规定》第二十九条旨在保护房屋消费者的物权期待权，赋予买房人物权期待权以排除执行的效力，但同时也要保护申请执行人的合法权益，对于条文中所设置的可以排除执行的条件应从严掌握。该条文第一项之所以将"在人民法院查封之前已签订合法有效的书面买卖合同"作为排除执行的条件之一，是因为合同一方是房地产开发企业，相比一般民事主体有更严格的监管制度，更有利于保护买房人合法权益。原则上都签订有规范的商品房销售合同，以方便办理销售合同备案、网签或者预登记手续。本案中，仅依据《认购书》还无法办理销售合同备案、网签等手续，显然不是规范的商品房买卖合同，何某玲亦无法根据《认购书》办理所购商品房的产权过户手续。据此，一、二审法院认定《认购书》不符合"已签订合法有效的书面买卖合同"的条件，并无明显不妥。

五、买受人因借名贷款与出卖人签订房屋买卖合同，房屋登记在第三人名下的，实际出资购买方因与出卖方之间形成真实房屋买卖关系，可排除法院对第三人名下房屋的强制执行。

案例五：《中国银行股份有限公司某支行、鄂尔多斯市东某城市建设开发投资集团有限责任公司执行异议之诉再审审查与审判监督民事裁定书》【最高人民法院（2019）最高法民申3846号】

最高人民法院认为，《执行异议和复议规定》第二十八条第一项规定的条件为"在人民法院查封之前已签订合法有效的书面买卖合同"，该项规定并未限定书面买卖合同为买受人与被执行人签订，东某城投在案涉房屋被查封之前已与万某公司签订《商品房买卖合同》，该合同是双方真实意思表示，内容不违反法律、行政法规强制性规定，合法有效。东某城投取得案涉房屋具有合法来源，符合《执行异议和复议规定》第二十八条第一项规定的条件，二审法院判决不得执行案涉房屋，并无不当。

六、房屋买受人与出卖人之间已签订书面买卖合同的，申请执行人不能仅以"房价低于市场价格、买卖双方之间存在密切私人关系"为由推断买卖双方之间不存在真实买卖关系。

案例六：《刘某娟、董某旺申请执行人执行异议之诉再审审查与审判监督民事裁定书》【最高人民法院（2018）最高法民申5554号】

最高人民法院认为，原审已查明，在河南省郑州市中级人民法院于2017年4月20日查封案涉房产之前，董某旺与吉某钧于2016年11月2日签订了《房屋买卖合同》。刘某娟主张该合同系董某旺与吉某钧恶意串通而签订，但其仅是从房产买卖的交易习惯、房产价格以及买卖双方与房款出借人的关系等方面进行的推断，不足以证明董某旺与吉某钧存在恶意串通，低价转让财产以损害第三人利益的主观恶意，故不能推翻原判决对董某旺与吉某钧在执行标的查封之前已签订合法有效的书面买卖合同的认定。

七、商品房的认购、订购、预订等协议具备《商品房销售管理办法》第十六条规定的商品房买卖合同的主要内容，并且出卖人已经按照约定收受购房款的，该协议应当认定为商品房买卖合同。

案例七：《北京长某投资基金、宋某勋申请执行人执行异议之诉二审民事判决书》【最高人民法院（2019）最高法民终617号】

最高人民法院认为，本案中，宋某勋早在案涉房屋查封前即于2015年8月20日与中某公司就案涉房屋签订了《商品房认购书》，该认购书是双方当事人的真实意思表示，并不违反法律、行政法规的强制性规定。根据《商品房买卖合同司法解释》第五条关于"商品房的认购、订购、预订等协议具备《商品房销售管理办法》第十六条规定的商品房买卖合同的主要内容，并且出卖人已经按照约定收受购房款的，该协议应当认定为商品房买卖合同"的规定，案涉《商品房认购书》载明了买卖双方的基本情况及房屋的位置、面积、付款方式（工程款抵顶）等商品房买卖合同应具备的内容，且宋某勋已经以工程款抵顶的方式支付了案涉房屋的购房款，应认定案涉《商品房认购书》的性质为商品房买卖合同。

八、在人民法院送达回证的备考栏所载事项与土地房屋权属登记的法定机构出具的证明文件所载明的内容出现不一致的情况下，有关土地房屋权属登记事项的认定，应以土地房屋权属登记的法定机构出具的证明文件为准。

案例八：《何某垚、周某智申请执行人执行异议之诉再审审查与审判监督民事裁定书》【最高人民法院（2018）最高法民申2075号】

最高人民法院认为，在人民法院送达回证所载事项与土地房屋权属登记的法定机构出具的证明文件所载明的内容出现不一致的情况下，有关土地房屋权属登记事项的认定：因土地房屋权属登记的法定机构出具的证明文件属于直接证据，人民法院送达回证所载内容属于间接证据，根据证据证明力大小的比较、认定规则，应以土地房屋权属登记的法定机构出具的证明文件为准。因此，何某垚申请再审主张案涉房屋"先办理网签后被查封"缺乏事实和法律依据，本院不予支持。

九、执行机关已经办理查封登记，但是存在未依规张贴封条或进行公告等程序瑕疵，不影响查封效力。

案例九：《陈某泽、交通银行股份有限公司某分行案外人执行异议之诉再审审查与审判监督民事裁定书》【最高人民法院（2018）最高法民申1404号】

最高人民法院认为，《物权法》第九条规定，不动产物权的设立、变更、转让和消灭，经依法登记，发生效力；未经登记，不发生效力，也即执行机关只要办理了查封登记，即使未张贴封条或公告，亦当然产生查封的效力。《查封、扣押、冻结规定》第九条虽将张贴封条或公告也作为查封的必要条件，但该规定的目的是解决和防止被执行人将房屋等对外出租等不需登记产生的利益冲突等问题，而非查封不生效力的法定根据。据此，陈某泽主张查封未发生法律效力，无法律根据。

十、签订买卖合同时房屋处于另案查封状态，之后解除查封的，不影响法院对案外人是否符合在法院查封前已签订合法有效买卖合同的认定。

案例十：《葛某、陈某鸣再审审查与审判监督民事裁定书》【最高人民法院（2018）最高法民申2896号】

最高人民法院认为，综合本案证据和事实可以判断，陈某鸣提出的异议符合《执行异议和复议规定》第二十八条规定的四个要件，其对案涉房产享有排除强制执行的民事权益。第一，案涉《涉外房地产买卖契约》经由中国司法部委托公证员证实，经中国法律服务（香港）有限公司转递珠海市公证处并由珠海市公证处出具《公证书》，可以证明该合同中香某公司法定代表人刘某海和陈某鸣的签字属实。由此可以认定，香某公司和陈某鸣在1995年订立了房屋买卖合同，合同内容合法有效。《城市房地产管理法》关于查封房产不得转让的规定，属于管理性规定，不影响双方房屋买卖合同的效力。虽然香某公司和陈某鸣订立买卖合同时，案涉房产处于查封状态，但之后解封，而本案执行所开始查封的时间是2013年，故本案属于在人民法院查封之前已签订合法有效的书面买卖合同。

十一、查封裁定作出未送达，不影响法院对案外人是否符合在法院查封前已签订合法有效买卖合同的认定。

案例十一：《康某、交通银行股份有限公司某分行再审审查与审判监督民事裁

定书》【最高人民法院（2018）最高法民申 3091 号】

最高人民法院认为，法院查封被执行人房产与作出裁定送达给被执行人是执行程序中的两个执行行为。《执行异议和复议规定》第二十八条、第二十九条规定的时间节点是法院查封这一执行行为，而非法院向被执行人送达执行裁定，保护的是买受人在法院查封前已经签订商品房买卖合同的行为。康某与瑞某公司于 2015 年 1 月 20 日签订的《商品房买卖合同》，违反了《执行异议和复议规定》第二十八条、第二十九条中"在人民法院查封之前已签订合法有效的书面买卖合同"的规定。执行裁定是否向被执行人瑞某公司送达，康某是否知晓西安中院已经查封涉案房屋，不是执行异议之诉中应否停止对涉案房屋的强制执行并解除查封的审查要件。据此，康某不享有排除强制执行的权益。原判决不存在适用法律错误的问题。

062 一手房买卖中，房屋消费者排除优先权利人强制执行的条件是什么？

> 买受人已于查封前签订买卖合同并支付 50% 以上购房款，且所购房屋为唯一居住房屋，有权排除优先权利人的执行

阅读提示

消费者的交易对象为房地产开发企业，作为弱势群体，法律为保护消费者的生存权，赋予满足一定条件的房屋消费者以物权期待权。房屋消费者可基于该权利排除强制执行。那么，房屋消费者排除另案对于所购房屋的条件到底是什么呢？

裁判要旨

在法院查封前，买受人已与房地产开发企业签订合法有效的买卖合同，所购房屋为名下唯一用于居住的房屋且已支付 50% 以上购房款的，有权排除优先权利人的执行。

案情简介

2004年9月,陈某与时某公司签订《商品房买卖合同》,以44万元的价格购买时某公司开发的酒店式公寓,合同约定房屋用途为商业用房。之后,陈某支付全部购房款。但案涉房产开发建设完成后,未办理房产变更登记手续,所购房产仍登记在时某公司名下。

2007年3月,陈某与时某公司签订《房屋交接书》并缴纳所购房产各项物业、水、电等费用。之后,陈某委托时某公司出租,时某公司按期向陈某支付收取的租金。

2014年7月,苏州中院在执行住某公司与时某公司建设工程施工合同一案中,裁定查封时某公司名下房屋,陈某遂提起执行异议。

2017年3月,苏州中院裁定驳回陈某的执行异议,陈某提起执行异议之诉,请求法院确认对案涉房屋的所有权并排除强制执行。

苏州中院一审认为,陈某对案涉房屋未办理过户登记存在过错,判决驳回陈某诉讼请求。陈某不服,上诉至江苏高院。

江苏高院二审认为,陈某未能证明案涉房屋未过户系非因自身原因所造成。因此,不能依据《执行异议和复议规定》第二十八条规定排除人民法院对案涉房屋的执行,判决驳回上诉,维持原判。陈某不服,向最高人民法院申请再审。

2019年6月24日,最高人民法院经审查,判决撤销原审判决,不得执行案涉房屋。

裁判要点及思路

本案的争议焦点是陈某享有的民事权益是否足以排除强制执行。最高人民法院结合被执行人时某公司的责任财产范围、异议人陈某、申请执行人住某公司及被执行人时某公司对案涉房屋各自享有的权利性质,以及案涉房屋的功能、属性等方面进行综合判断。最高人民法院的裁判思路如下表所示:

考虑情节	认定依据	部分结论	总论
1. 被执行人时某公司的责任财产范围	签订房屋买卖合同，陈某支付全部购房款，房屋已经交付，陈某支付物业、水、电等费用	案涉房屋不属于时某公司的责任财产，不应纳入强制执行的范围	陈某对执行标的享有的民事权益是否足以排除强制执行
2. 各当事人对案涉房屋享有权利的性质	陈某基于商品房买卖合同对房屋享有权利，陈某对案涉房屋具有一定的居住权益，有优先保护的价值和意义	陈某对案涉房屋享有的物权期待权与住某公司的普通金钱债权相比，应予优先保护	
	住某公司基于建设施工合同对时某公司享有普通债权		
3. 案涉房屋属性	酒店式公寓的设计仍可用于居住，且不排除自住，住某公司无证据证明陈某尚有其他可供居住房屋，且案涉房屋已被实际用于自住	案涉房屋对陈某既具有居住保障功能，也具有优先保护的价值和意义	

虽然我国现行立法未就物权期待权作出规定，但作为一种从债权过渡而来、处于物权取得预备阶段的权利状态，此种权利具有与债权相区别、与物权相类似的效力特征。

2002年6月27日起施行的《最高人民法院关于建设工程价款优先受偿权问题的批复》中，最早对该问题房屋消费者的最优先保护进行了规定，该批复中明确规定了"房屋消费者物权期待权＞建设工程价款优先权＞抵押权＞一般债权"的递续关系。

《执行异议和复议规定》第二十九条规定了在一手房买卖过程中，保护房屋消费者物权期待权的条件。房屋消费者物权期待权保护，是在执行程序中，基于对消费者生存权这一更高价值的维护，赋予消费者基于物权期待权排除执行的效力。该条文进一步具体规定了房屋消费者作为案外人排除另案对优先权利人强制执行的条件，《执行异议和复议规定》第二十八条是对房屋买受人排除普通债权人申请强制执行行为的一般规定。

其中，《执行异议和复议规定》第二十九条规定体现了对于消费者生存权这一较高价值的倾斜，从有利于消费者的原则出发，在很大程度上放宽了房屋消费者保护的标准，既不要求主观上无过错，也不要求交付全部价款，更不要求占有房屋。

所以，在本案中，最高人民法院从三个方面分析陈某是否享有排除强制执行的民事权益，应理解为对《执行异议和复议规定》第二十九条规定的理解与适用。

但是，经查询发现，另案中，住某公司对时某公司享有建设工程价款优先受偿权，并非普通债权。陈某作为房屋消费者如排除住某公司作为优先受偿权权利人的申请执行行为，应满足《执行异议和复议规定》第二十九条的规定。而本案中，最高人民法院在论述陈某有权排除强制执行时，并未将该条作为法律依据。另外，最高人民法院认为住某公司的债权性质为普通债权，但仍从第二十九条规定的关于房屋消费者的三个条件出发予以论证存在值得商榷之处。

实务要点总结

在法院查封前，房屋消费者已与房地产开发企业签订合法有效的书面买卖合同，所购房屋为名下唯一用于居住的房屋且已支付50%以上购房款，有权排除执行。

案外人基于《执行异议和复议规定》第二十九条规定排除强制执行仅限于一手房买卖，即异议指向的标的物必须是房地产经营者开发的商品房。这是因为，只有消费者的物权期待权才值得最优保护，权利主体仅限于消费者。而消费者是相对于经营者而言，只有从经营者处购买商品的人才能称为消费者，在二手房交易过程中，购买房屋的人显然不能称为消费者。

房屋消费者原则上仅限于个人。但是，有最高人民法院观点认为，如果法人或者其他组织以单位名义购买，目的是分配给个人居住，应认定为消费者。如政府为拆迁安置购买商品房，属于代被安置人员购买房屋，应认定为消费者。

购房人举证证明所购房屋为"生活需要"采取客观标准。购房人只需证明所购商品房系用于居住，且买受人名下无其他可用于居住的房屋，即视为购房人已完成对于所购房屋为"生活需要"的证明。另外，最高人民法院在本案中认为，这里的"用于居住"的房屋并不仅限于居住房。此处应做宽泛理解，只要是有居住功能的，即应视为用于居住的房屋。关于这里的"无其他可用于居住的房屋"的理解，最高人民法院有观点认为，是指买受人在其长期居住地，名下无其他可用于居住的房屋。

相关法律规定

《最高人民法院关于人民法院办理执行异议和复议案件若干问题的规定》(2020年12月23日修正)

第二十八条 金钱债权执行中，买受人对登记在被执行人名下的不动产提出异议，符合下列情形且其权利能够排除执行的，人民法院应予支持：

（一）在人民法院查封之前已签订合法有效的书面买卖合同；

（二）在人民法院查封之前已合法占有该不动产；

（三）已支付全部价款，或者已按照合同约定支付部分价款且将剩余价款按照人民法院的要求交付执行；

（四）非因买受人自身原因未办理过户登记。

第二十九条 金钱债权执行中，买受人对登记在被执行的房地产开发企业名下的商品房提出异议，符合下列情形且其权利能够排除执行的，人民法院应予支持：

（一）在人民法院查封之前已签订合法有效的书面买卖合同；

（二）所购商品房系用于居住且买受人名下无其他用于居住的房屋；

（三）已支付的价款超过合同约定总价款的百分之五十。

《最高人民法院关于建设工程价款优先受偿权问题的批复》（2020 年 12 月 29 日失效）

一、人民法院在审理房地产纠纷案件和办理执行案件中，应当依照《中华人民共和国合同法》第二百八十六条的规定，认定建筑工程的承包人的优先受偿权优于抵押权和其他债权。

二、消费者交付购买商品房的全部或者大部分款项后，承包人就该商品房享有的工程价款优先受偿权不得对抗买受人。

法院裁判

以下为最高人民法院在判决书"本院认为"部分就此问题发表的意见：

1. 案涉房屋不属于时某公司的责任财产，不应纳入强制执行的范围。

人民法院在执行程序中对被执行人所采取的强制执行措施，应当以其责任财产为限。如果有证据证明拟执行标的不属于被执行人的责任财产，则人民法院应当停止对该标的执行。责任财产是指民事主体用于承担民事责任的各项财产及权利总和。民事主体以责任财产为限对外承担法律责任，债权人不能要求债务人用其责任财产之外的财产偿付债务。

就本案而言，住某公司申请查封、执行的案涉房屋，系被执行人时某公司开发建设的酒店式公寓。基于本案已查明的事实，2004 年 9 月 7 日，时某公司与陈某亭签订《商品房买卖合同》，将该房屋以 443688 元出售给陈某亭，陈某亭依约向时某公司支付了全部购房款，时某公司亦向陈某亭实际交付了该房屋，陈某亭也实际缴纳过该房屋有线电视费用、物业管理费用、基础建设配套费、水电费等相关费用。

尽管陈某亭在收房后又将该房屋委托给时某公司进行出租，但没有证据证明陈某亭与时某公司恶意串通或者存在其他利害关系。在此情况下，陈某亭与时某公司所签《商品房买卖合同》已经基本履行完毕。时某公司作为出卖人对该房屋即不再享有任何法律上的实体权利，仅负有协助陈某亭办理过户登记的义务。据此，案涉房屋已经脱离时某公司责任财产范围，时某公司因全额收取了陈某亭支付的购房款，其责任财产并未因此减损，时某公司业已无权再用该房屋偿付其所欠债务，否则就有违公平、诚实信用的法律原则。住某公司作为时某公司债权人原则上亦不能请求以该房屋抵偿时某公司所欠债务，除非住某公司有证据证明陈某亭与时某公司恶意串通或者有其他利害关系，影响了对时某公司责任财产范围的认定。

2. 陈某亭对案涉房屋享有的物权期待权与住某公司的普通金钱债权相比，应予优先保护。

如前所述，陈某亭基于《商品房买卖合同》及相关法律规定，在已支付完毕购房款并合法占有案涉房屋的情况下，即对时某公司享有请求协助办理案涉房屋过户登记手续，进而取得案涉房屋所有权（完全物权）的权利，该权利也被称为物权期待权。而基于江苏省高级人民法院（2013）苏民终字第0197号生效民事判决，住某公司对时某公司享有的是普通金钱债权，该债权与案涉房屋并无直接关联。

虽然我国现行立法未就物权期待权作出明确规定，但作为一种从债权过渡而来、处于物权取得预备阶段的权利状态，此种权利具有与债权相区别、与物权相类似的效力特征。就本案而言，案涉《商品房买卖合同》的成立和生效意味着买受人陈某亭有权请求时某公司依约交付所购商品房，该请求权作为一般合同债权与住某公司同样基于合同享有的普通金钱债权并无二致，没有优先保护的权利基础。但陈某亭在依约支付了全部购房款并实际合法占有所购房屋的情况下，其基于合同享有的一般债权就转化为其对该房屋享有的物权期待权。该物权期待权虽然仍属于债权的范畴，但已不同于一般债权。时某公司作为出卖人因买受人陈某亭依约履行了付款义务而让渡了其对所售房屋享有的占有、使用、收益及部分处分的物权权能，买受人也因实际占有该房屋获得了一定的对外公示效力，尽管该效力尚不能与不动产物权登记的法定效力相等同。据此，陈某亭对案涉房屋所享有的权利尽管尚不属于《物权法》意义上的物权（所有权），但已具备了物权的实质性要素，陈某亭可以合理预期通过办理不动产登记将该物权期待权转化为《物权法》意义上的物权（所有权）。

实际上，根据《最高人民法院关于审理建筑物区分所有权纠纷案件具体应用法律若干问题的解释》第一条第二款关于"基于与建设单位之间的商品房买卖民事法律行为，已经合法占有建筑物专有部分，但尚未依法办理所有权登记的人，可以认定为物权法第六章所称的业主"；《物权法》第六章第七十条、第七十一条、第七十二条中关于"业主对建筑物内的住宅、经营性用房等专有部分享有所有权，对专有部分以外的共有部分享有共有和共同管理的权利""业主对其建筑物专有部分享有占有、使用、收益和处分的权利……""业主对建筑物专有部分以外的共有部分，享有权利，承担义务……业主转让建筑物内的住宅、经营性用房，其对共有部分享有的共有和共同管理的权利一并转让"等规定，基于本案已经查明的事实，陈某亭至少在形式上已经符合上述司法解释对"业主"的界定，只是由于尚未办理不动产物权登记，其作为"业主"对案涉房屋的处分权能尚受到一定限制，但陈某亭对案涉房屋享有的物权期待权已具有一定的物权权能是可以确定的。陈某亭所享有的权利在内容和效力上已经超过了住某公司享有的普通金钱债权，在没有证据证明陈某亭物权期待权的取得有瑕疵或存在适法性问题的情况下，应优先于住某公司的普通金钱债权予以保护。

至于案涉房屋因陈某亭自身原因一直未办理过户登记手续，不影响对陈某亭享有前述物权期待权的认定。但基于一、二审判决查明的事实，陈某亭怠于行使自己的权利，购买并接收案涉房屋后多年不办理过户登记，对本案的发生具有明显过错，浪费本已紧张的司法资源，亦应承担相应的法律责任，故结合本案实际情况由其承担本案一、二审诉讼费用，以示惩戒。

3. 陈某亭对案涉房屋具有一定的居住权益，有优先保护的价值和意义。

本案中，案涉房屋作为酒店式公寓在2014年被人民法院查封前，陈某亭一直委托时某公司对外出租获取收益，而非自住。仅就此而言，一审判决从形式上审查认定陈某亭的异议不符合《执行异议和复议规定》第二十九条所列可以排除执行的条件，也并无不当。但根据一、二审法院查明的事实，常熟市不动产登记中心于2017年4月17日出具《证明》，载明：依据查询人陈某亭申请，经查询，至2017年4月17日10：34止，查询人个人在我中心不动产登记信息库中，无房产（现手）登记记录。本案一审庭审中，陈某亭陈述自己之前居住在儿子名下的小产权房中，目前该房屋已被拆迁，并提交一份《关于对常昆路两侧相关地块进行收储的通知》予以佐证；时某公司确认其向陈某亭支付案涉房屋的租金至2016年8月，并当庭陈述2016年8月之后未再支付案涉房屋租金的原因是陈某亭自己居住。陈某亭再审亦陈述自己和配偶目前居住在案涉房屋内。尽管住某公司对陈某亭的陈述尚有异议，但并无证据证明陈某亭及其配偶除案涉房屋外还有其他可用于居住的房屋。

至于房屋是否具有居住功能，与房屋系商业房还是住宅的属性并无直接对应关系，商业房被用于自住、住宅被用于投资炒卖的现象在现实中均不鲜见。虽然案涉房屋系酒店式公寓，可归于商业房范畴，但酒店式公寓的设计仍可用于居住，且不排除自住。在没有证据证明陈某亭尚有其他可供居住房屋，且案涉房屋已被实际用于自住的情况下，案涉房屋对陈某亭夫妇即具有了居住保障功能。故，相对于住某公司享有的普通金钱债权，陈某亭的居住、生存权益就有了优先保护的价值和意义。

案件来源

《陈某亭、上海市住某建设发展股份有限公司再审民事判决书》【（2019）最高法民再49号】

延伸阅读

一、政府为拆迁安置购买商品房，属于代被安置人员购买房屋，应认定为消费者。

案例一：《甘肃金某建筑实业集团有限公司、兰州某产业园区管委会再审审查与审判监督民事裁定书》【（2019）最高法民申4459号】

最高人民法院认为，根据某管委会与远某公司的《"远某·某绣华府"三星级酒店暨城际铁路拆迁安置小区项目合同》显示，案涉小区系某管委会委托远某公司垫资代建项目，除政府回购部分外，其余房产由远某公司自行销售，故案涉小区的房产属商品房。树屏镇政府及苦水镇政府回购该部分房产的用途为拆迁安置，其代表村民签订购房合同，且被安置对象系因铁路建设征地需要以失去原有房产或者土地为对价购买案涉房产，其对案涉房产享有的权益应予保护。

二、如共同购房者中名下拥有多套住房时，其他购房者无权基于《执行异议和复议规定》第二十九条规定排除强制执行。

案例二：《吴某茹、姚某毅申请执行人执行异议之诉再审审查与审判监督民事裁定书》【（2019）最高法民申3002号】

最高人民法院认为，具体到本案中，根据一审法院查明的事实，王某与吴某平系夫妻，与吴某茹系其女，案涉"香港丽都"×层×号房屋系王某与吴某茹共同购买。2017年12月25日，武汉市房屋交易权属登记及合同备案信息查询结果显示，王某名下在东西湖环湖路恋湖家园×组团（登记备案时间为2004年9月24日）、江汉区万松园路×××号 B 栋（登记备案时间为 2007 年 10 月 16 日）、江汉区青年路××号（登记备案时间为 2008 年 3 月 6 日）、汉阳区玫瑰新苑×栋（登记备案时间为 2005 年 4 月 11 日）等地拥有或曾拥有多处房产。吴某茹购买案涉房产时未满 18 周岁，与其共同购买案涉房产的王某名下有多套住房，不符合《执行异议和复议规定》第二十九条第二项规定的条件。吴某茹不能以其对案涉房产享有的物权期待权对抗在案涉房产上设定的抵押权。二审法院根据现有证据认定吴某茹不能排除对案涉房产的执行并无明显不当。

三、"无其他用于居住的房屋"是指买受人在被执行房屋所在地长期居住，而在同一地点其名下无其他能够用于居住的房屋。

案例三：《某国际资本管理（天津）有限公司、关某申请执行人执行异议之诉再审审查与审判监督民事裁定书》【（2019）最高法民申 3996 号】

最高人民法院认为，一审法院已查明，关某在大连市全域境内无其他可用于居住的房屋。至于关某已支付房屋总价款 50% 的购房款一节，建某公司未提出异议，据此，关某的异议符合《执行异议和复议规定》第二十九条规定的情形，建某公司的再审申请理由，本院不予采信。

四、车位非基本生活之需，不属于居住房屋，不属于《执行异议和复议规定》第二十九条规定的调整范畴。

案例四：《王某力、张某明申请执行人执行异议之诉再审审查与审判监督民事裁定书》【（2019）最高法民申 3349 号】

最高人民法院认为，《执行异议和复议规定》第二十九条旨在保护消费者基本生存权，该条所称"商品房"特指"居住房屋"，用于保证购房者的基本生活之需。本案诉争标的物为车位，虽然主要是供该小区内的业主使用，但尚未达到影响业主生存权的程度，不能被认定为居住性房屋，不属于该司法解释第二十九条的调整范畴。因此本案不应适用该解释第二十九条，而应适用第二十八条来判断王某力是否具有排除案涉车位强制执行的民事权益。

五、"名为买卖、实为担保"的商品房买卖合同欠缺真实的买卖合意，债权人不属于房屋买受人，无权基于《执行异议和复议规定》第二十九条的规定排除强制执行。

案例五：《余某华、四川省某县第二建筑工程公司第一分公司申请执行人执行异议之诉再审审查与审判监督民事裁定书》【（2019）最高法民申 866 号】

最高人民法院认为，关于余某华对涉案房屋是否享有足以排除强制执行的民事权益的问题。在二审法院（2017）鄂民再 343 号民事判决中，余某华申请再审称

"涉案借款协议和两份商品房买卖合同均为依法成立并生效的合同。双方当事人实际上就同一笔款项先后设立民间借贷和商品房买卖两个法律关系，借款协议和商品房买卖合同属于并立又有联系的两个合同，能确保一个合同可以得到完全履行。如果借款到期，宇某公司如约还款，商品房买卖合同不再履行；若借款到期，宇某公司不能偿还借款，则履行商品房买卖合同"。对此，本院认为案涉《商品房买卖合同》双方欠缺真实的买卖合意，双方签订买卖合同的真实意思表示是对借款的担保，即宇某公司不能偿还借款时，双方约定以转移房屋所有权的方式抵偿余某华债务。二审法院据此认定余某华与宇某房产公司签订《商品房买卖合同》并非用于居住，并认定余某华的行为不符合《执行异议和复议规定》第二十九条规定的情形，并无不当。

063 非买受人办理预告登记能排除强制执行？

> 非买受人即使办理了预告登记也无权排除强制执行

阅读提示

在商品房买卖过程中，购房者将期房预抵押给金融机构办理按揭贷款，已经成为住房抵押贷款的主要交易模式。对不动产设定抵押权预告登记后，金融机构对该房屋拥有优先受偿权吗？《执行异议和复议规定》第三十条规定，金钱债权执行中，对被查封的办理了受让物权预告登记的不动产，符合物权登记条件，受让人提出排除执行异议的，应予支持。那么，诸如金融机构等非买受人能否基于该规定，以取得抵押权预告登记为由排除另案的强制执行呢？

裁判要旨

可以排除人民法院执行处分行为的，系不动产买卖关系中已对标的物办理了预告登记的买受人，并非抵押权预告登记的权利人，非房屋买受人即使办理了预告登记亦无权排除强制执行。

案情简介

2013年7月31日，郭某、建行某分行与公积金中心一同签订了《个人住房抵押借款合同》，约定公积金中心为委托人、抵押权人，郭某为借款人、抵押人；借款金额为70万元，借款期限至2033年8月27日。郭某以案涉房屋提供抵押担保并为公积金中心办理了抵押权预告登记。

2015年6月12日，在花旗银行与恒某公司等金融借款合同纠纷一案中，花旗银行对被告之一郭某所属的案涉不动产申请财产保全。大连中院判决恒某公司限期偿还花旗银行借款本息及其他费用，其他次债务人（包括郭某）负连带清偿责任。判决生效后，因恒某公司未予履行判决内容，花旗银行对该郭某所属的案涉不动产申请强制执行。

2016年9月13日，在执行过程中，公积金中心向大连中院提出执行异议，大连中院裁定驳回公积金中心的异议请求。

公积金中心遂提起案外人执行异议之诉。大连中院认为法律并未规定抵押权预告登记具有排他性效力，故判决驳回公积金中心的诉讼请求。公积金中心不服，上诉至辽宁高院。

2018年3月28日，辽宁高院经审查认为，在建房屋抵押预告登记只是对将来建成房屋所作的一种事先约束，以约束债务人以将来建成房屋作为抵押标的物，对执行标的并不享有足以排除强制执行的实体民事权益，判决驳回公积金中心的上诉。

公积金中心不服，向最高人民法院申请再审。2019年4月18日，最高人民法院裁定驳回公积金中心的再审申请。

裁判要点及思路

本案的争议焦点是公积金中心能否排除另案中对于案涉不动产的执行程序。最高人民法院认为，基于现有司法解释规定，对执行标的物享有优先权的案外人不能排除对于该物的强制执行程序，而是通过执行程序中的分配制度保护优先受偿权人的合法权益。

在具体适用《执行异议和复议规定》第三十条时，最高人民法院认为，根据文义可知，该条司法解释中可以排除人民法院执行处分行为的，系不动产买卖关系中已对标的物办理了预告登记的买受人，而并非抵押权预告登记的权利人。公积金中心并非《执行异议和复议规定》第三十条规定"金钱债权执行中,对被查封的办理了受让物权预告登记的不动产……符合物权登记条件,受让人提出排除执行异议的,应予支持"中的受让人,故裁定驳回公积金中心的再审申请。

分析最高人民法院在本案中的裁判思路:

首先,《执行工作规定》第四十条规定:"人民法院对被执行人所有的其他人享有抵押权、质押权或留置权的财产,可以采取查封、扣押措施。财产拍卖、变卖后所得价款,应当在抵押权人、质押权人或留置权人优先受偿后,其余额部分用于清偿申请执行人的债权。"《执行异议和复议规定》第二十七条规定:"申请执行人对执行标的依法享有对抗案外人的担保物权等优先受偿权,人民法院对案外人提出的排除执行异议不予支持,但法律、司法解释另有规定的除外。"上述司法解释规定,对执行标的物享有优先受偿权的案外人不能排除对于标的物的强制执行,但是对执行标的物的真实权利人(包括以取得所有权为目的的物权期待权)则有权排除强制执行。

其次,《执行异议和复议规定》第三十条中明确规定受让人为"受让物权预告登记的不动产"的人,即受让不动产的人。本案中公积金中心办理的是设定抵押权预告登记,并非所有权转移的预告登记,也并非不动产的受让人。预告登记是与本登记相对应的概念,是为了保障将来发生不动产物权变动,目的在于赋予一方当事人请求另一方当事人办理登记的请求权的物权效力。此处的物权效力是指预告登记权利人可以对抗对于后来发生的该不动产的处分行为,在办理预告登记后,不动产物权的权利不得发生不利于预告登记权利人的变动,否则对预告登记权利人不发生法律效力。

虽然,根据《物权法》第二十条规定,预告登记权利人既包括房屋买受人,也包括通过签订其他不动产物权协议取得的权利人。但是对于非买受人的预告登记权利人,其权利可在执行程序中以主张优先受偿的方式获得保护,无权排除对标的物的强制执行。如为抵押权预告登记,则预告登记抵押权人可根据《物权法》第一百九十一条的规定,要求将执行所得的价款向抵押权人提前清偿债务或者提存。

本书认为,关于《执行异议和复议规定》第三十条中的受让人的理解,未来存在两种走向:

(1)不管是在请求停止处分还是请求排除执行的情况下,均限定为买受人,此时,为防止预告登记权利人的权利落空,赋予预告登记物权的效力,保障未完成本登记的预告登记权利人的物权期待权。

(2)在请求停止处分的情形下,作扩张理解,既包括买受人也包括通过签订物权协议取得的其他权利人,如非买受人的抵押权人。在请求排除强制执行的情形下,应作限缩理解,仅限于买受人。此时,预告登记权利人的权利不因对于预告登记权利的性质究竟属于一般请求权还是赋予物权效力的请求权而落空,预告登记权利人可以在请求法院停止处分不动产后,及时办理抵押登记,保障己方后续参与分配程序中。

实务要点总结

在商品房预售领域,购房者将期房预抵押给金融机构办理按揭贷款,已经成为住房抵押贷款的主要交易模式。对于诸如银行等金融机构并非不动产买受人的情况下,不动产在未办理"本登记"前即被列为另案执行标的物的,为准确、及时保护银行等金融机构的合法权益,本书建议应重点关注以下几点:

受让不动产物权预告登记的权利人若非房屋买受人,无权排除法院的强制执行。预告登记的权利人(非买受人)不应在执行程序中请求排除强制执行。本案中,公积金中心败诉的主要原因是诉讼请求错误。如其请求停止处分,有获得人民法院支持的可能。因此,聘请对执行纠纷处理有丰富经验的专业律师团队提出正确的诉讼请求至关重要,否则可能"有理也赢不了官司"。

受让不动产物权预告登记的权利人若非房屋买受人,应通过对不动产请求"停止处分"和参与分配制度精准维护己方权益。通过上文分析,预告登记的权利人尚未办理抵押登记的非买受人,或者已经满足办理抵押登记条件的预告登记的权利人,应通过案外人执行异议之诉和参与分配制度保障己方合法权益。由于目前司法实务界对于预告登记的性质认识存在差异,建议首先请求法院停止处分,及时办理抵押登记以保障己方有权参与到后续分配程序;其次通过直接在执行程序中申请参与分配保障己方权利。

办理预告登记的案外人请求法院停止处分不动产和请求解除查封的条件不同。根据《执行异议和复议规定》第三十条的规定,办理预告登记的案外人请求停止处分不动产的条件是在法院查封不动产之前已经对该不动产办理预告登记;办理预告登记的案外人请求法院解除查封的条件是在法院查封不动产之前已经对该不动产办理预告登记,并且在申请解除对不动产查封时已经符合办理本登记的条件。

如果法院在查封不动产时,案外人尚未办理预告登记,无权请求停止处分或排除强制执行。根据《查封、扣押、冻结规定》第二十六条第一款规定:"被执行人就已经查封、扣押、冻结的财产所作的移转、设定权利负担或者其他有碍执行的行为,不得对抗申请执行人。"因此,查封不动产前未办理预告登记的,案外人、被执行人均不能对抗申请执行人。但满足《执行异议和复议规定》第二十八条、第二十九条规定的案外人除外。

法院裁定对执行标的中止执行后，申请执行人若未在法定期间内提起执行异议之诉的，法院自起诉期限届满之日起 7 日内解除对该执行标的采取的执行措施。根据《民诉法解释》第三百零四条的规定，案外人对执行行为提起执行异议后，申请执行人享有通过执行异议之诉对案外人的异议行为提起诉讼的权利。当法院经形式审查后认为案外人异议成立的，裁定中止对于执行标的物的执行行为。如果申请执行人未在法院送达案外人执行异议裁定 15 日内提起执行异议之诉，则视为申请执行人认可案外人的异议。执行法院将在起诉期间届满后 7 日内裁定解除执行。此时，由于执行程序已经终结，如果被执行人提起执行异议之诉的，根据《民诉法解释》第三百零九条的规定，法院将告知其另行起诉。

相关法律规定

《最高人民法院关于人民法院执行工作若干问题的规定（试行）》（2020 年 12 月 23 日修正）

31①. 人民法院对被执行人所有的其他人享有抵押权、质押权或留置权的财产，可以采取查封、扣押措施。财产拍卖、变卖后所得价款，应当在抵押权人、质押权人或留置权人优先受偿后，其余额部分用于清偿申请执行人的债权。

《最高人民法院关于适用〈中华人民共和国民事诉讼法〉的解释》（2022 年 3 月 22 日修正）

第三百零二条② 根据民事诉讼法第二百三十四条规定，案外人、当事人对执行异议裁定不服，自裁定送达之日起十五日内向人民法院提起执行异议之诉的，由执行法院管辖。

第三百零七条③ 申请执行人对中止执行裁定未提起执行异议之诉，被执行人提起执行异议之诉的，人民法院告知其另行起诉。

《民法典》（2020 年 5 月 28 日公布）

第二百二十一条④ 当事人签订买卖房屋的协议或者签订其他不动产物权的协议，为保障将来实现物权，按照约定可以向登记机构申请预告登记。预告登记后，

---

① 原 40。
② 原第三百零四条。
③ 原第三百零九条。
④ 原《物权法》第二十条。

未经预告登记的权利人同意，处分该不动产的，不发生物权效力。

预告登记后，债权消灭或者自能够进行不动产登记之日起九十日内未申请登记的，预告登记失效。

第四百零六条① 抵押期间，抵押人可以转让抵押财产。当事人另有约定的，按照其约定。抵押财产转让的，抵押权不受影响。

抵押人转让抵押财产的，应当及时通知抵押权人。抵押权人能够证明抵押财产转让可能损害抵押权的，可以请求抵押人将转让所得的价款向抵押权人提前清偿债务或者提存。转让的价款超过债权数额的部分归抵押人所有，不足部分由债务人清偿。

《最高人民法院关于人民法院办理执行异议和复议案件若干问题的规定》(2020年12月23日修正)

第二十七条 申请执行人对执行标的依法享有对抗案外人的担保物权等优先受偿权，人民法院对案外人提出的排除执行异议不予支持，但法律、司法解释另有规定的除外。

第二十八条 金钱债权执行中，买受人对登记在被执行人名下的不动产提出异议，符合下列情形且其权利能够排除执行的，人民法院应予支持：

（一）在人民法院查封之前已签订合法有效的书面买卖合同；

（二）在人民法院查封之前已合法占有该不动产；

（三）已支付全部价款，或者已按照合同约定支付部分价款且将剩余价款按照人民法院的要求交付执行；

（四）非因买受人自身原因未办理过户登记。

第二十九条 金钱债权执行中，买受人对登记在被执行的房地产开发企业名下的商品房提出异议，符合下列情形且其权利能够排除执行的，人民法院应予支持：

（一）在人民法院查封之前已签订合法有效的书面买卖合同；

（二）所购商品房系用于居住且买受人名下无其他用于居住的房屋；

（三）已支付的价款超过合同约定总价款的百分之五十。

第三十条 金钱债权执行中，对被查封的办理了受让物权预告登记的不动产，受让人提出停止处分异议的，人民法院应予支持；符合物权登记条件，受让人提出排除执行异议的，应予支持。

---

① 原《物权法》第一百九十一条。

《最高人民法院关于人民法院民事执行中查封、扣押、冻结财产的规定》
（2020年12月23日修正）

第二十四条[①] 被执行人就已经查封、扣押、冻结的财产所作的移转、设定权利负担或者其他有碍执行的行为，不得对抗申请执行人。

第三人未经人民法院准许占有查封、扣押、冻结的财产或者实施其他有碍执行的行为的，人民法院可以依据申请执行人的申请或者依职权解除其占有或者排除其妨害。

人民法院的查封、扣押、冻结没有公示的，其效力不得对抗善意第三人。

法院裁判

以下为最高人民法院在判决书"本院认为"部分就此问题发表的意见：

本院认为，公积金中心申请再审的理由不能成立。《执行工作规定》第四十条、《民诉法解释》第五百零八条第二款规定，对于其他人享有抵押权的被执行人财产，人民法院可以采取强制执行措施，抵押权人则可以通过对拍卖变卖的价款参与分配、主张优先受偿维护自己的合法权益，但不能排除强制执行。本案中，公积金中心对案涉房屋仅办理了抵押权预告登记，尚未享有抵押权，根据前述司法解释的规定，人民法院显然可以采取强制执行措施。即被执行财产上的抵押权预告登记并不具有阻却人民法院强制执行的效力。《执行异议和复议规定》第三十条规定："金钱债权执行中，对被查封的办理了受让物权预告登记的不动产，受让人提出停止处分异议的，人民法院应予支持；符合物权登记条件，受让人提出排除执行异议的，应予支持。"根据文义可知，该条司法解释中可以排除人民法院执行处分行为的，系不动产买卖关系中已对标的物办理了预告登记的买受人，而并非抵押权预告登记的权利人。公积金中心以其对案涉房屋办理了抵押权预告登记为由要求排除人民法院的强制执行，没有法律依据。在此前提下，原审是否查明案涉抵押权预告登记的时效等事实，并不影响原审对公积金中心不享有足以排除人民法院强制执行的民事权益的事实认定。如前所述，公积金中心仅是案涉房屋的抵押权预告登记权利人，在其未提供证据证明已经具备完成本登记条件的情况下，原审对其要求确认就案涉房屋享有优先受偿权的诉讼请求未予支持，并无不当。公积金中心主张原审认定事实及适用法律错误的申请再审事由不成立。

[①] 原第二十六条。

案件来源

《某市住房公积金管理中心、花旗银行（中国）有限公司某分行再审审查与审判监督民事裁定书》【（2019）最高法民申1049号】

延伸阅读

一、受让人对被查封的不动产办理了物权预告登记的，其权利可以排除执行。

案例一：《王某珍、大同市晨某建设有限责任公司再审审查与审判监督民事裁定书》【（2018）最高法民申2930号】

最高人民法院认为，根据《执行异议和复议规定》第二十九条规定，买受人应当同时符合以下三个条件，其权利才能够排除执行：（一）在人民法院查封之前已签订合法有效的书面买卖合同；（二）所购商品房系用于居住且买受人名下无其他用于居住的房屋；（三）已支付的价款超过合同约定总价款的50%。根据《执行异议和复议规定》第三十条规定，受让人对被查封的不动产办理了受让物权预告登记的，其权利可以排除执行。

二、预告登记权利人的请求权，在性质上属于能够阻止法院处分该不动产的实体权利，但不属于能排除法院强制执行该不动产的实体权利。

案例二：《苏某华、宏某建工集团有限公司申请执行人执行异议之诉再审审查与审判监督民事裁定书》【（2018）最高法民申5297号】

最高人民法院认为，预告登记期内，预告登记权利人的不动产物权期待权，虽然尚处于债权状态，但已经具备了对抗所有权人和第三人的物权效力，未经预告登记权利人同意，处分该不动产的，不发生物权效力。预告登记权利人的请求权，在性质上属于能够阻止人民法院处分该不动产的实体权利。停止处分不动产和排除对不动产的执行，对于预告登记权利人的影响是不同的。因此，《执行异议和复议规定》第三十条对人民法院停止处分不动产和排除对不动产的强制执行，分别规定了不同的审查标准。受让人对被查封的不动产提出停止处分的异议，只要符合该不动产已经办理了受让物权预告登记的条件，即可获得人民法院支持；而受让人提出异议，请求排除对该不动产的强制执行，则应视是否符合预告登记物权的取得条件而定。如果受让人能够提出证据证明，其按照约定已经符合取得预告登记物权的条件，可以确定地取得不动产物权，人民法院对其异议请求应予支持，将相关执行措施予以解除，以利于受让人办理物权登记。反之，则不应解除对该不动产的查封等执行措施。

064 购房人仅签订认购书，能否作为案外人排除强制执行？

> 认购书、申购书有买卖合意且满足《执行异议和复议规定》第二十八条或第二十九条规定的，买受人有权排除强制执行

阅读提示

购房人只有在满足《执行异议和复议规定》第二十八条或第二十九条规定的条件时，才有权利享有法律、司法解释赋予的房屋消费者或无过错买受人的物权期待权，从而获得在执行程序中特殊保护的权利。但是，无论是该规定第二十八条还是第二十九条，均存在一个共同的条件，即"在人民法院查封之前已签订合法有效的书面买卖合同"。那么，仅签订认购书、申购书的购房者是否可以视为签订合法有效的书面买卖合同呢？

裁判要旨

如果房屋认购书、申购书能够表明房屋买卖双方之间就成立房屋买卖达成一致意思表示，应视为已签订书面买卖合同。购房者符合《执行异议和复议规定》第二十八条或第二十九条的规定时，有权排除强制执行。

案情简介

2009年11月，韩某与A房地产公司签订《房屋认购协议》，购买涉案房屋。韩某支付价款并占用，A房地产公司出具收据。之后，A房地产公司未按约定办理房屋过户手续。

2017年2月，在B公司与Aa投资公司（系A独立关联公司）、葛某等仲裁案中，B公司获胜诉裁定。

2017年4月，由于葛某与A房地产公司签订《商品房买卖合同》并办理了网签备案登记手续，B公司仅能申请对涉案房屋实施预查封。

2017年10月，韩某提出案外人执行异议，北京二中院裁定驳回异议。韩某遂提起案外人执行异议之诉。

2018年8月，北京二中院经审查认为，双方《房屋认购协议》已对房屋买卖关系

中的权利义务作出具体约定，结合《房屋认购协议》签订以及后续履行情况，判决停止对案涉房屋执行，解除案涉房屋查封。申请执行人 B 公司不服，上诉至北京高院。

2018 年 12 月，北京高院经审查认为，本案被执行人并非为房屋所有权人 A 公司，被执行人葛某对案涉房屋仅享有债权。申请执行人 B 公司对案涉房屋的权利不应强于案涉房屋所有权人的其他债权人 A 公司在对于案涉房屋享有的权利。案外人签订《房屋认购协议》应视为已签订书面买卖合同，加之符合《执行异议和复议规定》第二十八条的规定，判决驳回上诉，维持原判。

申请执行人 B 公司不服，向最高人民法院申请再审。2019 年 6 月，最高人民法院判决驳回 B 公司再审申请。

裁判要点及思路

本案的争议焦点是韩某是否满足《执行异议和复议规定》第二十八条的规定，对涉案房屋是否享有足以排除强制执行的民事权益。关键问题则是韩某与 A 公司签订的《房屋认购协议》是否符合该条规定的"在人民法院查封之前已签订合法有效的书面买卖合同"这一条件。最高人民法院认为，双方签订的《房屋认购协议》已对房屋买卖关系中的权利义务作出具体约定，结合《房屋认购协议》签订以及后续履行情况，以及庭审情况，韩某与 A 房地产公司之间已就成立房屋买卖关系达成一致意思表示。故，双方之间存在真实的房屋买卖关系，继而认为其已经签订合法有效的书面合同。

分析最高人民法院背后的裁判思路：

确定当事人之间就房屋买卖订立的认购书、申购书或者仅办理网签能否视为签订书面房屋买卖合同的关键要素是，当事人之间是否就房屋买卖事宜达成一致合意。《合同法》第十一条规定："书面形式是指合同书、信件和数据电文（包括电报、电传、传真、电子数据交换和电子邮件）等可以有形地表现所载内容的形式。"由此可知，只要能将当事人之间订立合同的意思表示以有形的形式表现出来，均应视为当事人之间已经订立书面合同，并非仅限于以纸质形式记录、固定当事人之间的买卖合意。

关于当事人之间是否达成房屋买卖的合意，只要当事人之间的合意涵盖商品房买卖合同中的主要内容并以有形形式记录、固定下来，就应当认为其符合"已签订合法有效的书面买卖合同"这一条件。当事人之间先前所达成的合意以"网签""认购书""申购书"等形式固定，均不影响其已经以书面形式达成房屋买卖合意的认定。最高人民法院民二庭在《〈全国法院民商事审判工作会议纪要〉理解与适用》一书①中亦持相同观点。通过检索发现，最高人民法院在该问题上基本形成统一共识。

虽然，最高人民法院在部分案例中认为，"《执行异议和复议规定》第二十九条旨在保护房屋消费者的物权期待权，赋予买房人物权期待权以排除执行的效力，但同时也要保护申请执行人的合法权益，对于条文中所设置的可以排除执行的条件应从严掌握"。故案外人仅签订认购书却无法办理网签、备案等手续的，认为是非规范的商品房买卖合同。但是，最高人民法院背后裁判思路仍是从认购书等是否能表明当事人之间真实房屋买卖合意出发。

需要注意的是，最高人民法院在本案中认定认购协议的内容是否具备房屋买卖合同的主要内容时，并未参考《商品房销售管理办法》第十六条关于商品房买卖合同应具备内容的规定。而根据最高人民法院民二庭在九民会议纪要中的最新司法观点，最高人民法院民二庭认为网签、认购书、申购书在符合该办法第十六条的主要内容时，才可认为双方达成房屋买卖合意。

实务要点总结

一手房买卖中，当申购书、认购书具备商品房买卖合同主要内容时，应视为购房人已经签订了书面买卖合同，案外人有权在满足房屋消费者条件时，排除强制执行。根据最高人民法院的观点，此时，购房人在满足《执行异议和复议规定》第二十九条的条件时，应视为房屋消费者，对其拥有的物权期待权予以特殊保护。购房人有权基于认购书、申购书以房屋消费者的身份请求法院排除强制执行。

二手房买卖中，买受人仅签订申购书、认购书的，案外人以无过错买受人身份排除强制执行难度大。我们注意到，最高人民法院在解读《执行异议和复议规定》第二十八条关于无过错买受人应符合条件时认为（见《最高人民法院〈关于人民法院办理执行异议和复议案件若干问题规定〉理解与适用》② 第 423 页），在二手房买卖过程中，无过错买受人须在法院查封前已签订合法有效的书面买卖合同，是基于《城市房地产管理法》第四十一条"房地产转让，应当签订书面转让合同，合同中应当载明土地使用权取得的方式"的规定，同时，也为执行机构甄别真实买受人提供证据。基于此，我们认为，未来在二手房买卖纠纷中，如案外人仅签订申购书、认购书，案外人以无过错买受人身份提出执行异议或执行异议之诉的，获得人

---

① 见该书第 631 页，人民法院出版社 2019 年版。
② 最高人民法院执行局编著，人民法院出版社 2015 年版。

民法院支持存在一定的难度。

房屋买受人办理网签与申购书、认购书对认定是否应视为已签订书面买卖合同影响程度不同。网签是房屋行政管理部门为防止一房多卖建立的网络化管理系统，因此，网签除了反映买卖双方合意之外，还反映了行政管理部门对于买卖双方合意的确认和公示。所以，在对方不能举证证明网签存在无效事由的情况下，法院应依法认定双方已签订合法有效的书面买卖合同。一手房买卖过程中，法院在认定申购书、认购书是否能证明买卖双方之间买卖合意时，则需要根据协议的履行情况、收据等综合认定双方之间是否存在真实买卖合意。在二手房买卖过程中，不排除法院根据《商品房销售管理办法》第十六条规定加以审查认定。

本书建议，房屋买受人在购买房屋时，应注意以下几点：

（1）与卖方达成的各项合意是否以有形形式固定；

（2）签订的申购书、认购书等文件是否具备规范房屋买卖合同应具备的主要内容；

（3）办理网签时，仔细确认各条款是否合法、合规；

（4）签订申购书、认购书后应及时办理网签，如因其他原因未能依规办理网签，由卖方出具说明，载明缘由。避免未来承担因己方原因不能办理过户登记的法律风险。

相关法律规定

《商品房销售管理办法》（2001年4月4日修正）

第十六条 商品房销售时，房地产开发企业和买受人应当订立书面商品房买卖合同。

商品房买卖合同应当明确以下主要内容：

（一）当事人名称或者姓名和住所；

（二）商品房基本状况；

（三）商品房的销售方式；

（四）商品房价款的确定方式及总价款、付款方式、付款时间；

（五）交付使用条件及日期；

（六）装饰、设备标准承诺；

（七）供水、供电、供热、燃气、通讯、道路、绿化等配套基础设施和公共设施的交付承诺和有关权益、责任；

（八）公共配套建筑的产权归属；

（九）面积差异的处理方式；

（十）办理产权登记有关事宜；

（十一）解决争议的方法；

（十二）违约责任；

（十三）双方约定的其他事项。

《最高人民法院关于人民法院办理执行异议和复议案件若干问题的规定》（2020年12月23日修正）

第二十八条 金钱债权执行中，买受人对登记在被执行人名下的不动产提出异议，符合下列情形且其权利能够排除执行的，人民法院应予支持：

（一）在人民法院查封之前已签订合法有效的书面买卖合同；

（二）在人民法院查封之前已合法占有该不动产；

（三）已支付全部价款，或者已按照合同约定支付部分价款且将剩余价款按照人民法院的要求交付执行；

（四）非因买受人自身原因未办理过户登记。

第二十九条 金钱债权执行中，买受人对登记在被执行的房地产开发企业名下的商品房提出异议，符合下列情形且其权利能够排除执行的，人民法院应予支持：

（一）在人民法院查封之前已签订合法有效的书面买卖合同；

（二）所购商品房系用于居住且买受人名下无其他用于居住的房屋；

（三）已支付的价款超过合同约定总价款的百分之五十。

法院裁判

以下为最高人民法院在判决书"本院认为"部分就此问题发表的意见：

根据原审法院查明的事实，1.韩某平与鑫某海房地产公司之间已经成立房屋买卖合同关系。2009年11月，韩某平与鑫某海房地产公司签订《房屋认购协议》，约定购买涉案房屋，房屋价款为372932.4元。韩某平提供证明显示，鑫某海房地产公司于2009年11月26日出具收据，收到韩某平购房款372932.4元。双方签订的《房屋认购协议》已对房屋买卖关系中的权利义务作出具体约定，结合《房屋认购协议》签订、后续履行情况，以及庭审情况，韩某平与鑫某海房地产公司之间已就成立房屋买卖关系达成一致意思表示。《房屋认购协议》的签订时间明显早于2017年4月房屋被预查封之时。2.本案现有证据不能证明韩某平与鑫某海房地产公司房屋买卖关系存在无效的情形，鑫某海房地产公司是否取得预售许可证并不影响《房屋认购协议》的效力。3.关于韩某平就涉案房屋是否享有足以排除强制执行的民事权利。原审法院参照《执行异议和复议规定》第二十八条的规定认定如下：(1) 韩某平与鑫某海房地产公司签订《房屋认购协议》系合同当事人真实意思表示，双方成立真实的买卖关系且不存在合同无效的情形。(2) 根据韩某平提供的收据等支付凭证确认韩某平已付《房屋认购协议》约定的总价。(3) 韩某平提供的鑫某海物业公司物业费收费单、采暖费收据、购水电回执单显示，案涉房屋已被韩某平合法占有使用。虽然中某智融公司主张韩某平未占有涉案房屋并怀疑相关证据的真实性，但未提供反证加以证明，原审法院不予采信并无不当。(4) 根据本案查明的事实，涉案房屋非因韩某平自身原因未办理过户登记。中某智融公司虽不同意韩某平的诉讼请求，但未提供相应的证据予以否定。(5) 没有证据证明原审法院将韩某平是否享有足以排除强制执行的民事权利的举证责任分配给中某智融公司。故原审法院认定韩某平满足《执行异议和复议规定》第二十八条规定的条件、对涉案房屋享有足以排除执行的权利的依据充分。

案件来源

《北京中某智融投资基金管理有限公司、葛某再审审查与审判监督民事裁定书》【（2019）最高法民申 2618 号】

延伸阅读

一、申购书具备买卖合同主要条款时，应视为已订立书面买卖合同。

案例一：《中国农业银行股份有限公司某支行申请执行人执行异议之诉再审审查与审判监督民事裁定书》【（2019）最高法民申 3920 号】

最高人民法院认为，银某公司与伍某军于 2015 年 8 月 31 日签订的《银海新城一期车位申购协议书》对车位转让价款、交付时间、产权办理等事宜作出了明确约定，具备买卖合同的主要条款。协议文本约定伍某军受让"车位使用权"，但结合前后文可知，当事人实际买卖的标的物是车位所有权。尽管银某公司系先将案涉车库设立抵押后再与伍某军签订《银海新城一期车位申购协议书》，违反了《物权法》第一百九十一条第二款的规定，但抵押人未经抵押权人同意转让抵押财产的法律后果不能产生物权变动的效果，而非导致《银海新城一期车位申购协议书》无效。综上，农行某支行关于《银海新城一期车位申购协议书》效力的异议不能成立，原审法院认定银某公司与伍某军签订的《银海新城一期车位申购协议书》合法有效，并无不当。

二、认购书不完全具备《商品房销售管理办法》第十六条规定的商品房买卖合同的主要内容时，视为未签订合法有效的书面买卖合同。

案例二：《何某玲、四川某建设投资有限公司再审审查与审判监督民事裁定书》【（2018）最高法民申 4400 号】

最高人民法院认为，关于《认购书》的性质，双方争议《认购书》可否认定为双方已签订了合法有效的商品房买卖合同。对此，从《认购书》的内容来看，不完全具备《商品房销售管理办法》第十六条规定的商品房买卖合同的主要内容。虽然何某玲举证证明已经支付全部购房款并入住使用了案涉房屋，阳某公司也予以认可。但本案是有关执行标的的执行异议之诉，《执行异议和复议规定》第二十九条旨在保护房屋消费者的物权期待权，赋予买房人物权期待权以排除执行的效力，但同时也要保护申请执行人的合法权益，对于条文中所设置的可以排除执行的条件应从严掌握。该条文第一项之所以将"在人民法院查封之前已签订合法有效的书面买卖合同"作为排除执行的条件之一，是因为合同一方是房地产开发企业，相比一般民事主体有更严格的监管制度，更有利于保护买房人合法权益。原则上都签订有规范的商品房销售合同，以方便办理销售合同备案、网签或者预登记手续。本案中，仅依据《认购书》还无法办理销售合同备案、网签等手续，显然不是规范的商品房买卖合同，何某玲亦无法根据《认购书》办理所购商品房的产权过户手续。据此，一、二审法院认定《认购书》不符合"签订合法有效的书面买卖合同"的条件，并无明显不妥。

三、在没有证据证明当事人之间存在恶意串通的情形下，根据《收款收据》和银行对账单能够认定当事人之间存在事实上的商品房买卖关系。

案例三：《北京某建设集团有限公司、金某再审审查与审判监督民事裁定书》【（2018）最高法民申 5792 号】

最高人民法院认为，虽然金某未能举证证明其与宏某公司签订的第一份原始合同，但根据其提供的《收款收据》和建设银行对账单，金某于 2008 年 11 月 18 日向宏某公司支付购房定金 5 万元和部分购房款 759850 元，宏某公司为其和另案当事人刘某共同开具《收款收据》。在没有证据证明金某与宏某公司之间存在恶意串通的情形下，原审认定金某与宏某公司于 2008 年 11 月 18 日形成事实上的商品房买卖关系且具有真实性，并无不当。

065 法院查封时房屋未竣工验收合格的，购房人能否排除执行？

> 房屋未竣工验收合格即交付入住的，购房人无权排除执行

阅读提示

《执行异议和复议规定》第二十八条规定，不动产无过错买受人排除强制执行需要满足的条件之一是，在人民法院查封之前已合法占有该不动产。司法实践中，买受人是否占有房屋是法院认定买受人能否排除强制执行时重点审查的内容之一，常见争议情形为房屋未经竣工验收即交付入住的，应否视为买受人已经占有房屋？买受人持有钥匙入住后，缴纳水电费、物业费等费用，应否视为买受人已经占有房屋？买受人购买房屋后即对外出租的，应否视为买受人已经占有房屋？本文以"法院查封时房屋未竣工验收合格的，购房人能否排除执行？"这一话题作为楔子，结合最高人民法院近年作出的裁判文书，整理最高人民法院认定买受人是否占有房屋时的审判观点，以供参考。

裁判要旨

在建工程未经竣工验收合格不得交付使用，交付尚未竣工验收的房屋构成违法交付，购房人基于违法交付所占有的房屋，不是合法占有，不受法律保护。

案情简介

2014年7月至12月，张某生与美某公司签订《购房协议》并实际占用房屋（处于在建工程状态，未经验收）。

2016年3月18日，圣某公司与郝某国、雅某公司、美某公司民间借贷一案中，圣某公司依据生效民事调解书申请鄂尔多斯中院执行债务人美某公司名下商品房。

2016年8月25日，张某生以涉诉房屋系其所有为由，提起执行异议，请求中止对涉诉房屋的执行，鄂尔多斯中院裁定中止对涉诉房屋的执行。圣某公司不服，提起执行异议之诉。

鄂尔多斯中院认为案外人张某生符合排除强制执行的条件，一审判决驳回圣某公司的诉讼请求。圣某公司不服，上诉至内蒙古高院。

内蒙古高院二审认为美某公司已将涉诉房屋的钥匙交付,案外人张某生已合法占有涉诉房屋,判决驳回圣某公司上诉。圣某公司不服,向最高人民法院申请再审。

2018年9月30日,最高人民法院再审认为,案涉房屋未经竣工验收合格,构成违法交付。原判决认定事实不清,指令内蒙古自治区高级人民法院再审本案,再审期间,中止原判决的执行。

2019年12月28日,内蒙古高院再审判决维持原一审判决。

裁判要点及思路

本案的主要争议焦点是,在案涉房屋未经竣工验收合格即交付使用的,买受人是否构成合法占有。最高人民法院认为,根据法律规定,建设工程经验收合格的,方可交付使用。案涉房屋作为建设工程只有经过竣工验收合格才能交付使用。因此,美某公司应履行向买房人交付竣工验收合格的房屋这一法定义务。否则,即构成违法交付。而购房人基于违法交付所占有的房屋,不是合法占有。具体到本案,原判决并未对美某公司所交付的案涉房屋是否竣工验收合格作出认定。在此前提下,原判决认定张某生基于该交付所占有的房屋是合法占有这一事实,缺乏证据证明。

虽然,内蒙古高院基于《购房合同》《领取钥匙通知单》,认定案外人占有房屋,最终维持原一审判决,但是从最高人民法院作出的再审裁定书中可以看出,最高人民法院对于该问题的态度较为明确,认为案外人不构成合法占有。鉴于最高人民法院在其他部分案件中亦持与本案相同观点,本文选取此案例意在分析最高人民法院处理这一问题的态度,故本案最终处理结果不影响本文对于最高人民法院观点的分析,在此予以特殊说明。

实务要点总结

案外人基于购房消费者或者无过错买受人身份排除法院执行,在观察是否符合"在法院查封前已经合法占有房屋"这一条件时,应注意以下核心要点:

一、购房人对房屋的占有应为基于房屋买卖关系的占有。在执行程序中对不动产受让人进行优先保护的理论基础是买受人物权期待权保护。基于此,物权期待权依据的基础法律关系必须合法有效。但是,最高人民法院在具体审查案外人执行异议之诉时,往往还要求该基础法律关系必须为房屋买卖关系。分析个中缘由,一方面，基于《执行异议和复议规定》规定了无过错买受人和购房消费者排除执行的条件之一是在查封前签订房屋买卖合同，所以应理解为案外人对房屋的占有系房屋买卖关系；另一方面，基于物权期待权保护的特殊性，法院在具体案件中应采取更为严格的审查标准，以适用《执行异议和复议规定》第二十八条。同时，我们注意到，在部分案例中，最高人民法院有观点认为基于非买卖关系（如以物抵债关系）的占有属于合法占有，案外人在符合其他条件时，有权排除执行。

二、购房人应在法院查封房屋前占有房屋。根据《查封、扣押、冻结规定》第二十六条规定，被执行人就已经查封、扣押、冻结的财产所作的移转、设定权利负担或者其他有碍执行的行为，不得对抗申请执行人。第三人未经人民法院准许占有查封、扣押、冻结的财产或者实施其他有碍执行的行为的，人民法院可以依据申请执行人的申请或者依职权解除其占有或者排除其妨害。在部分案例中，最高人民法院不予支持案外人异议请求的理由是，根据《查封、扣押、冻结规定》第二十六条规定，法院查封房屋后，房屋所有权人无权将房屋交付案外人，案外人的占有属于无权占有，因此，不受法律保护。但是，在多数情况下，最高人民法院不予支持案外人异议请求的理由是，根据《查封、扣押、冻结规定》第二十六条规定，房屋被法院查封后，房屋所有权人就查封房屋所作的转移不得对抗申请执行人，查封的时间以法院作出查封裁定时为准。

三、法院查封时房屋未竣工验收合格的，无权排除执行。对于房屋未经竣工验收合格，案外人能否排除执行的问题，最高人民法院的审判观点呈现两极分化的特点：

第一，认为购房人无权排除执行的理由：根据《建筑法》第六十一条第二款规定，建筑工程竣工经验收合格后，方可交付使用；未经验收或者验收不合格的，不得交付使用。一方面，当房屋属于在建工程状态或者房屋虽建成但未竣工验收的情况下，最高人民法院认为房屋不具备现实交付条件，难以证明案外人实际占有房屋。另一方面，即使案外人能够举证证明已实际入住、使用房屋，但是该等"交付"由于违反了法律的强制性规定，不具有合法性，不予以保护。

第二，认为购房人有权排除执行的理由：最高人民法院认为，竣工验收是商品房交付使用的前提条件。房屋出卖方在案涉房屋所在工程竣工验收前向购房人交付房屋钥匙，不符合法律规定。但是，在购房人能够初步举证证明其实际控制房屋的情况下，作为房屋买受人，在购买的商品房没有办理竣工验收手续的情形下接收房屋，对之后可能产生的质量责任及使用风险依法可能处于不利的法律地位，但不能据此否定在法院查封前房屋出售方已向房屋买受人交付了房屋钥匙、房屋买受人已实际占有案涉房屋的事实，不足以此认定占有案涉房屋不符合《执行异议和复议规定》第二十八条第二项规定，房屋未竣工未验收不影响占有事实。

四、交付钥匙或对外出租房屋应视为占有。占有，指案外人对不动产管理和支配的状态。以房屋为例，生活中，一般认为购房人拿到房屋的钥匙、办理物业的入住手续，即应视为对房屋已经有事实上的管理和支配权。司法实践中，购房人是否构成直接占有的争议焦点，主要是购房人持有房屋钥匙、缴纳物业费、水电费等费用的，是否应认定为已经实际占有房屋。购房人是否构成间接占有的争议焦点，主要是购房人将房屋对外出租的，是否应认定已经实际占有房屋。关于交付钥匙，最高人民法院有观点认为仅交付钥匙不能证明占有，但是，也有观点认为仅交付钥匙可以认定购房人已经实现对房屋的支配和管理，应认定为占有；关于对外出租房屋，最高人民法院多数观点认为，对外出租房屋应视为对房屋占有的一种方式。

五、购房人举证证明占有房屋应重点注意：（1）合法占有是一种有法律依据的对不动产实际控制的事实状态，占有是否发生在人民法院查封之前，是对过去事实状态的回溯。被执行人与买受人之间的房屋交接手续或物业公司在争议发生后出具的证明等常因涉嫌恶意串通而在诉讼中争议较大，这就需进一步提供相对较为客观的第三方证据，如入住通知书、房屋门禁卡，缴纳车场管理费、水电费、房费、卫生费、取暖费的凭据，装修入住证明等资料，代管代租的，务必签订合同保存付款票据。（2）物业公司、居委会证明，物业费是重要证明材料，物业公司提供证明需要盖章或相关负责人员出庭作证，否则无效。（3）我们注意到，最高人民法院有观点认为，案外人仅提供房屋查封后的水电费、物业费单据不足以证明已经在查封前实际占有。

六、准确把握法院认定购房人是否构成占有的审查理念。《执行异议和复议规定》第二十八条规定了一般不动产买受人在何种情形下能够排除基于对出卖人的强制执行程序而对买受人所购不动产强制执行的问题，该规定解决的是在强制执行程序中，买受人对所买受的不动产权利保护与普通金钱执行债权人权利保护发生冲突时，基于对正当买受人合法权利的特别保护之目的而设置的特别规则。因此，人民法院在审理案外人执行异议之诉案件参照适用该规定审查认定案外人是否享有足以排除强制执行的民事权益时，应当从严掌握对买受人支付价款、合法占有不动产以及未办理过户的原因等事实和证据的审查力度。在对合法占有的事实进行审查时，应当着重查明买受人是否取得了房屋钥匙、是否办理了入住手续、是否签订了物业服务合同，以及是否交纳了水、暖、电、气及物业等费用，是否与他人签订了合法有效的租赁合同并收取了租金等事实。

相关法律规定

《最高人民法院关于人民法院办理执行异议和复议案件若干问题的规定》（2020年12月23日修正）

第二十八条 金钱债权执行中，买受人对登记在被执行人名下的不动产提出异议，符合下列情形且其权利能够排除执行的，人民法院应予支持：

（一）在人民法院查封之前已签订合法有效的书面买卖合同；

（二）在人民法院查封之前已合法占有该不动产；

（三）已支付全部价款，或者已按照合同约定支付部分价款且将剩余价款按照人民法院的要求交付执行；

（四）非因买受人自身原因未办理过户登记。

《最高人民法院关于人民法院民事执行中查封、扣押、冻结财产的规定》（2020年12月23日修正）

第二十四条[①] 被执行人就已经查封、扣押、冻结的财产所作的移转、设定权利负担或者其他有碍执行的行为，不得对抗申请执行人。

第三人未经人民法院准许占有查封、扣押、冻结的财产或者实施其他有碍执行的行为的，人民法院可以依据申请执行人的申请或者依职权解除其占有或者排除其妨害。

人民法院的查封、扣押、冻结没有公示的，其效力不得对抗善意第三人。

《建筑法》（2019年4月23日修正）

第六十一条 交付竣工验收的建筑工程，必须符合规定的建筑工程质量标准，有完整的工程技术经济资料和经签署的工程保修书，并具备国家规定的其他竣工条件。

建筑工程竣工经验收合格后，方可交付使用；未经验收或者验收不合格的，不得交付使用。

法院裁判

以下为最高人民法院在判决书"本院认为"部分就此问题发表的意见：

最高人民法院认为，原判决关于金某公司已合法占有案涉房屋的事实认定，缺

[①] 原第二十六条。

乏证据证明。一审法院认定金某公司是在人民法院查封案涉房屋之前，已与美某公司签订了书面房屋买卖合同，以美某公司欠付的工程款和材料款抵顶案涉房屋的全部价款形式购得案涉房屋，并实际所有、占用至今。二审法院确认了一审法院认定的上述事实，另在原判决"本院认为"部分载明，美某公司出具的《通知单》证实美某公司已将案涉房屋的钥匙交付，金某公司已合法占有案涉房屋。钥匙交付只能证明美某公司已将案涉房屋交付给金某公司，由金某公司事实上控制和占有。但金某公司对案涉房屋事实上的占有、使用，不能等同于合法占有。根据圣某公司二审提交的内蒙古自治区阿拉善左旗人民法院于 2016 年 9 月 11 日作出的（2016）内 2921 民初 1789 号民事判决可知，该判决已认定"目前美某公司开发的《美景盛世》小区完成土建工程，未进行验收，处于停建状态"。也即金某公司所称的交付案涉房屋可能是交付的尚未竣工验收的在建工程。根据《建筑法》第六十一条第二款"建筑工程竣工经验收合格后，方可交付使用；未经验收或者验收不合格的，不得交付使用"以及《建设工程质量管理条例》第十六条第三款"建设工程经验收合格的，方可交付使用"之规定，案涉房屋作为建设工程只有经过竣工验收合格才能交付使用。因此，美某公司应履行向买房人交付竣工验收合格的房屋这一法定义务。否则，即构成违法交付。而购房人基于违法交付所占有的房屋，不是合法占有。具体到本案，原判决并未对美某公司所交付的案涉房屋是否竣工验收合格作出认定。在此前提下，金某公司基于该交付所占有的房屋是合法占有这一事实，也缺乏证据证明。

案件来源

《鄂尔多斯市圣某投资集团有限责任公司、内蒙古金某建筑有限责任公司申请执行人执行异议之诉再审审查与审判监督民事裁定书》【最高人民法院（2018）最高法民申 4566 号】

延伸阅读

一、法院查封房屋后，购房者收到房屋钥匙和交房条的，不符合排除执行的条件。

案例一：《刘某、中国长某资产管理股份有限公司某分公司申请执行人执行异议之诉二审民事判决书》【最高人民法院（2018）最高法民终 680 号】

最高人民法院认为，2016 年 3 月，人民法院对包括案涉房屋在内的楼房进行查封，刘某于2016年11月实际收到案涉房屋的钥匙和交房条。结合案件事实，刘某并不符合《执行异议和复议规定》第二十八条所列之情形，买受人提出异议必须符合第二十八条所列的全部四种情形方可主张排除执行，而刘某的异议并未满足上述条件。刘某如认为利某公司有向其隐瞒所售房屋已经抵押之事实，应向利某公司主张权利，而非主张排除抵押权人长某公司的执行。

二、法律上的实际占有不同于实际使用，房屋所在工程因处于停工闲置状态不具备居住条件，不影响案外人对房屋实际占有的认定。

案例二：《中某信托有限责任公司、吴某再审审查与审判监督民事裁定书》【最高人民法院（2018）最高法民申2189号】

最高人民法院认为，中某公司举示了辽宁世某房地产土地与资产评估有限公司出具的《房地产估价结果报告》，拟证明案涉房屋所在工程处于停工闲置烂尾状态，根本不具备居住条件。需要说明的是，法律上的实际占有并非限定于实际使用，只要案涉财产处于权利人实际管控之中即可。本案中，吴某提供了准住通知单等证据证明其已实际占有案涉房屋。

三、物业公司提供材料证明案外人已经实际占有房屋，未加盖单位印章，不符合单位证明材料形式要件的规定，不予以采信。

案例三：《黄某、邢某龙再审审查与审判监督民事裁定书》【最高人民法院（2017）最高法民申2096号】

最高人民法院认为，《民诉法解释》第一百一十五条规定，"单位向人民法院提出的证明材料，应当由单位负责人及制作证明材料的人员签名或者盖章，并加盖单位印章……"而黄某向本院提交的山东鲁某物业服务有限公司于2017年5月5日出具的证明，仅加盖了山东鲁某物业服务有限公司的印章，不符合该条关于单位证明材料形式要件的规定，故本院对此不予采信。黄某与高某2017年3月15日的房屋租赁合同，并不足以证明黄某对案涉房屋占有、使用的事实。因此，黄某的再审申请不符合《民事诉讼法》第二百条第一项规定的情形。

四、在法院查封房屋后交付房屋的，购房人对房屋的占有不受法律保护，无权排除执行。

案例四：《执行案外人、海南东某投资有限公司申请执行人执行异议之诉再审审查与审判监督民事裁定书》【最高人民法院（2018）最高法民申574号】

最高人民法院认为，关于张某是否于法院查封之前占有案涉房产的问题。原判决查明，三亚中院对案涉房产作出查封裁定后，分别送达了当事人及有关部门协助执行，送达日期均早于张某主张的东某公司于2013年8月9日交付房屋的日期。

且依据《查封、扣押、冻结规定》第二十六条有关"被执行人就已经查封、扣押、冻结的财产所作的移转、设定权利负担或者其他有碍执行的行为，不得对抗申请执行人。第三人未经人民法院准许占有查封、扣押、冻结的财产或者实施其他有碍执行的行为的，人民法院可以依据申请执行人的申请或者依职权解除其占有或者排除其妨害……"的规定，东某公司本无权将案涉房屋交付于张某，故张某对房屋的占有不受法律保护，不能对抗申请执行人，不符合《执行异议和复议规定》第二十八条第二项有关"在人民法院查封之前已合法占有该不动产"的规定。

五、房屋未经竣工验收合格即交付使用，不影响法院认定购房人实际占有房屋。

案例五：《北京首某建设集团有限公司再审审查与审判监督民事裁定书》【最高人民法院（2018）最高法民申5790号】

最高人民法院认为，竣工验收依法应是商品房交付使用的前提条件。宏某公司在案涉房屋所在工程竣工验收前向购房人交付房屋钥匙，不符合法律规定。作为房屋买受人的曲某林，在购买的商品房没有办理竣工验收手续的情形下接收房屋，对之后可能产生的质量责任及使用风险依法可能处于不利的法律地位，但不能据此否定在法院查封前房屋出售方已向曲某林交付了房屋钥匙、曲某林已实际占有案涉房屋的事实，不足以因此认定占有案涉房屋不符合《执行异议和复议规定》第二十八条第二项规定。首某公司提出的曲某林在起诉状中所述"2012年7月6日交付"及案涉《小区住宅安置单》中明确注明"2012年9月1日之后到物业办理正式入住手续"等事实，均无法反驳二审基于审查采信的证据形成的证据链对曲某林实际占有房屋时间的事实认定。

066 所购房屋未竣工验收、未过户，购房人能否排除执行？

> **所购房屋未竣工验收即交房不影响占有，购房人有权排除执行**

阅读提示

《执行异议和复议规定》第二十八条规定，不动产无过错买受人排除强制执行需要满足的条件之一是，在人民法院查封之前已合法占有该不动产。司法实践中，买受人是否占有房屋是法院认定买受人能否排除强制执行时重点审查的内容之一，常见争议情形为房屋未经竣工验收即交付入住的，应否视为买受人已经占有房屋？就该问题，本书"法院查封时房屋未竣工验收合格的，购房人能否排除执行？"一文中，主要讨论了最高人民法院认为购房人无权排除执行的裁判观点。鉴于最高人民法院对这一问题存在不同意见，本篇文章将从"所购房屋未竣工验收即交房不影响占有，购房人有权排除执行"这一最高人民法院裁判观点出发，有针对性地讨论这一问题。

裁判要旨

房屋买受人在购买的商品房没有办理竣工验收手续的情形下接收房屋，对之后可能产生的质量责任及使用风险依法可能处于不利的法律地位，但不能据此否定其在法院查封前房屋已实际占有案涉房屋的事实。

案情简介

2010年10月，曲某林自宏某公司购买房屋一套（即案涉房产）。之后，案涉房产所属项目一直未办理竣工验收手续，曲某林亦未办理诉争房屋产权登记。

2011年6月，在另案首某建设公司与宏某公司建设工程施工合同纠纷案中，首某建设公司向辽宁省鞍山中院提出诉前财产保全申请。之后，首某建设公司胜诉并申请执行。

2014年12月，另案执行过程中，曲某林提出执行异议，辽宁省鞍山中院裁定驳回曲某林异议申请。曲某林提起案外人执行异议之诉（即本案）。之后，本案经历一、二审裁定重审。

辽宁省鞍山中院重审一审认为，涉案房屋未办理竣工验收手续，不具有法定交付条件，认定曲某林不符合无过错买受人条件，判决驳回曲某林的诉讼请求。曲某林上诉至辽宁高院。

2018年4月，辽宁高院二审认为，曲某林于司法查封行为之前已取得该房产钥匙且进行简单装修，认定已经实际占有案涉房屋，判决撤销一审判决，不得执行案涉房屋。首某建设公司不服，向最高人民法院申请再审。

2018年12月，最高人民法院判决驳回首某建设公司再审申请。

裁判要点及思路

本案争议焦点为，曲某林是否实际占有案涉房屋，是否满足无过错买受人排除执行的条件。最高人民法院认为：

曲某林于司法查封之前已取得案涉房屋钥匙，曲某林采取了安装卷帘门进行简单装修及张贴出租信息等行为表明占有，并据此认定曲某林在查封前对案涉房屋已实施了有效控制。

虽然，合同法及相关法律法规均明确规定，建设工程竣工经验收合格后，方可交付使用，未经验收或者验收不合格的，不得交付使用。竣工验收依法应是商品房交付使用的前提条件。宏某公司在案涉房屋所在工程竣工验收前向购房人交付房屋钥匙，不符合法律规定。

但是，作为房屋买受人的曲某林，在购买的商品房没有办理竣工验收手续的情形下接收房屋，对之后可能产生的质量责任及使用风险依法可能处于不利的法律地位，但不能据此否定在法院查封前房屋出售方已向曲某林交付了房屋钥匙、曲某林已实际占有案涉房屋的事实。

实务要点总结

一、认定买受人是否实际占有所购房屋时主要存在6大争议焦点问题。根据检索、整理最高人民法院近年处理的执行异议之诉案件，我们发现，在该类纠纷案件中，在认定案外人（即买受人）是否实际占有所购房屋时，容易发生争议的问题主要有以下六种：（1）如何认定占有不动产行为发生在人民法院查封之前；（2）买受人签订购房合同后即对外出租的，是否构成占有；（3）买受人签订购房合同后即委托装修，未实际入住是否构成占有；（4）买受人仅举证出卖人交付钥匙的，能否视为占有；（5）占有所依据的基础法律关系非房屋买卖合同法律关系，能否视为占有；（6）占有的内容是否必然包括合法占有，房屋未经验收合格即交付是否符合条件。本文主要讨论最后一种争议焦点问题，即占有的内容是否必然包括合法占有，关于其他问题的裁判观点请见本篇延伸阅读部分。

二、最高人民法院支持观点：房屋未经竣工验收，不影响买受人实际占有使用的事实认定。理由主要有两种：

（1）房屋交付不符合法律规定，不影响事实占有的认定。虽然根据房屋买卖双方合同约定及《建筑法》的规定，建设工程竣工经验收合格后，方可交付使用，未经验收或者验收不合格的，不得交付使用。竣工验收是商品房交付使用的前提条件，出卖方在案涉房屋所在工程竣工验收前向购房人交付房屋钥匙，不符合法律规定。但是，作为房屋买受人，在购买的商品房没有办理竣工验收手续的情形下接收房屋，对之后可能产生的质量责任及使用风险依法可能处于不利的法律地位，但不能据此否定在法院查封前房屋出售方已向买受人交付了房屋钥匙、买受人已实际占有案涉房屋的事实，不足以因此认定占有案涉房屋不符合《执行异议和复议规定》第二十八条第二项规定。因此，即使是案涉房屋处于停工闲置烂尾状态，在购房人实际居住使用的情况下，亦不影响买受人实际占有使用。

（2）法律上的实际占有并非限定于实际使用，只要案涉财产处于权利人实际管控之中即可。在我国现有法律及司法实践体系下，将占有转移界定为事实行为，即人对物管领控制的事实行为，非法律行为。例如，占有行为或者说占有事实的成立，不要求占有人必须具备民事行为能力；即使是无权占有，也受法律保护。占有包括直接占有和间接占有，直接占有系占有人直接对物进行事实上的管领和控制，间接占有是指虽未直接占有物，但依据一定的法律关系（或占有媒介关系）而对于直接占有人享有返还占有请求权，从而通过直接占有人间接管领和控制该物。间接占有虽非占有人对于物为事实上的管领，但是间接占有这种观念上的占有与直接占有具有同等的保护价值，受我国法律保护。

三、最高人民法院反对观点：房屋未经竣工验收，不应视为买受人实际占有房屋，买受人无权排除执行。最高人民法院认为房屋未经竣工验收，购房人无权排除执行的理由主要有两种：

（1）房屋未经竣工验收，不存在占有可能。持此种理由的观点认为，因为买受人所购买商品房尚未竣工，达不到使用条件，无法占有使用，故不存在占有可能，以此认定买受人未实际合法占有所购买房屋，不符合无过错买受人和购房消费者条件，无权排除执行。

（2）房屋未经竣工验收，不属于合法占有。该种裁判观点的内在逻辑为：一般而言，即使在买受人向法庭提交了物业公司出具的入住流转单、钥匙等证据试图证明其已合法占有涉案不动产的情况下，法院通常会进一步审查证据是否真实或者根据当事人申请对涉案不动产进行现场勘验，以调查涉案不动产是否被实际使用。在法院查封案涉不动产前未经竣工验收的，《建筑法》第六十一条第二款明确规定："建筑工程竣工经验收合格后，方可交付使用；未经验收或者验收不合格的，不得交付使用。"因此，认为即使买受人主张涉案房屋已经交付使用，但是该等"交付"显然违反了法律的强制性规定，不具有合法性。买受人对案涉房屋事实上的占有、使用，不能等同于合法占有。根据《建筑法》第六十一条第二款，以及《建设工程质量管理条例》第十六条第三款"建设工程经验收合格的，方可交付使用"之规定，房屋作为建设工程只有经过竣工验收合格才能交付使用。因此，出卖人应履行向购房人交付竣工验收合格的房屋这一法定义务。否则，即构成违法交付。而购房人基于违法交付所占有的房屋，不是合法占有。

四、买受人举证过程中避免败诉的注意事项：

（1）买受人务必注意事先保存证据。根据"谁主张、谁举证"的一般原则，买受人作为案外人排除申请执行人对于其所购房屋的强制执行，应当向执行法院举证证明其有足以排除执行的民事权益。买受人不能举证的，无权排除执行。因此，在未办理过户前，买受人应当注意保管房屋买卖合同、付款凭证、入住凭证等证据，防止日后进入诉讼时处于被动局面。换言之，只有将风险提前控制好，才能在风险发生时以最小的成本应对风险。

（2）买受人举证方向建议：除了购房合同，在未办理过户前，买受人务必注意保存物业公司或者出卖人开具的入住通知书，交付的房屋门禁卡，缴纳的车场管理费、电费、房费、卫生费、取暖费等凭证，以证明占有事实。但是，如果上述证据材料显示的时间在法院查封案涉不动产之后的，应慎重向法庭提交。否则，法院将认定其在查封不动产前未占有不动产。需要注意的是，司法实践中，买受人仅举证已经交付钥匙且无其他相关证明的，最高人民法院对于能否认定买受人占有房屋存在不同意见，具体请见本篇延伸阅读部分。

（3）社区居委会、物业公司为买受人出具相应证明材料的，负责人必须签字，单位加盖公章。否则，此类主体出具的相关说明，属于其主观描述，无出具说明的相关人员签字且出具说明的人员未出庭作证，在无其他证据印证的情况下，法院对该内容的真实性将不能确认。

相关法律规定

《建筑法》（2019年4月23日修正）

第六十一条 交付竣工验收的建筑工程，必须符合规定的建筑工程质量标准，有完整的工程技术经济资料和经签署的工程保修书，并具备国家规定的其他竣工条件。

建筑工程竣工经验收合格后，方可交付使用；未经验收或者验收不合格的，不得交付使用。

《最高人民法院关于人民法院办理执行异议和复议案件若干问题的规定》（2020年12月23日修正）

第二十八条 金钱债权执行中，买受人对登记在被执行人名下的不动产提出异议，符合下列情形且其权利能够排除执行的，人民法院应予支持：

（一）在人民法院查封之前已签订合法有效的书面买卖合同；

（二）在人民法院查封之前已合法占有该不动产；

（三）已支付全部价款，或者已按照合同约定支付部分价款且将剩余价款按照人民法院的要求交付执行；

（四）非因买受人自身原因未办理过户登记。

法院裁判

以下为最高人民法院在判决书"本院认为"部分就此问题发表的意见：

关于是否在查封之前已合法占有的问题。本案中，二审法院根据查明的卷帘门收款收据以及证人证言等在案证据，以及包某根确认在查封前已实际向购房者交付钥匙的事实，认定宏某公司于司法查封之前已将案涉房屋钥匙正式交付曲某林，曲某林采取了安装卷帘门进行简单装修及张贴出租信息等行为表明占有，并据此认定曲某林在查封前对案涉房屋已实施了有效控制，有事实依据。合同法及相关法律法规均明确规定，建设工程竣工经验收合格后，方可交付使用，未经验收或者验收不合格的，不得交付使用。竣工验收依法应是商品房交付使用的前提条件。宏某公司在案涉房屋所在工程竣工验收前向购房人交付房屋钥匙，不符合法律规定。作为房屋买受人的曲某林，在购买的商品房没有办理竣工验收手续的情形下接收房屋，对之后可能产生的质量责任及使用风险依法可能处于不利的法律地位，但不能据此否定在法院查封前房屋出售方已向曲某林交付了房屋钥匙、曲某林已实际占有案涉房屋的事实，不足以因此认定占有案涉房屋不符合《执行异议和复议规定》第二十八条第二项规定。首某公司提出的曲某林在起诉状中所述"2012年7月6日交付"及案涉《小区住宅安置单》中明确注明"2012年9月1日之后到物业办理正式入住手续"等事实，均无法反驳二审基于审查采信的证据形成的证据链对曲某林实际占有房屋时间的事实认定。

案件来源

《北京首某建设集团有限公司再审审查与审判监督民事裁定书》【（2018）最高法民申5790号】

延伸阅读

一、被执行人与买受人之间的房屋交接手续或物业公司在争议发生后出具的证明等常因涉嫌恶意串通而在诉讼中争议较大，买受人进一步提供相对较为客观的证据后，申请执行人应提交反驳证据，否则应承担举证不能的不利后果。

案例一：《中国某资产管理股份有限公司重庆市分公司、赵某博申请执行人执行异议之诉二审民事判决书》【（2018）最高法民终714号】

最高人民法院认为，关于是否在查封之前已合法占有的问题。合法占有是一种有法律依据的对不动产实际控制的事实状态，占有是否发生在人民法院查封之前，是对过去事实状态的回溯。被执行人与买受人之间的房屋交接手续或物业公司在争议发生后出具的证明等常因涉嫌恶意串通而在诉讼中争议较大，这就需进一步提供相对较为客观的第三方当时证据，如物业管理费、水电气暖费等当时的缴费凭据。本案中，赵某博、王某举示的物业公司证明及五费统收收据等证据，可以证明其在查封之前已实际占有使用诉争房屋。某资产重庆公司并未提交足以否定前述证据的反驳证据，其关于诉争房屋未在一审法院查封之前实际占有使用的上诉主张，本院不予支持。

二、单位向人民法院提出的证明材料，应当由单位负责人及制作证明材料的人员签名或者盖章，并加盖单位印章。否则，法院对相关证人证言不予采信。

案例二：《张某凤、王某玲再审审查与审判监督民事裁定书》【（2019）最高法民申3237号】

最高人民法院认为，关于张某凤是否已合法占有案涉房屋的问题。张某凤虽主张其实际占有了案涉房屋，但其提交的社区居委会证明，因居委会工作人员未签字并说明相关情况，原审法院根据《民诉法解释》第一百一十五条关于"单位向人民法院提出的证明材料，应当由单位负责人及制作证明材料的人员签名或者盖章，并加盖单位印章"的规定，对张某凤提交的社区居委会证明未予采信，并无不当。张某凤提交的证人证言以及证人赵某在一、二审庭审中的陈述，与张某凤的主张相矛盾，原审法院对相关证人证言未予采信，并无不当。

三、证明单位为案件当事人出具相关证明文件，无出具说明的相关人员签字且出具说明的人员未出庭作证，在无其他证据印证的情况下，其内容的真实性不能确认。

案例三：《中国长某资产管理股份有限公司某分公司、刘某秀再审民事判决书》【（2019）最高法民再243号】

最高人民法院认为，本案中，从刘某秀提交的物业费交纳凭证来看，其开始交纳案涉商铺物业费的时间为 2016 年 1 月。刘某秀提交中某公司向榆林市中某物业服务有限公司出具的《承诺书》和榆林市中某物业服务有限公司出具的两份说明，用以证明其在案涉商铺被查封之前占有案涉房屋。对此，本院认为，2015 年 4 月 17 日中某公司向榆林市中某物业服务有限公司出具的《承诺书》中仅表明 2015 年 4 月 30 日前物业费由其承担，并未表明商铺产权人系刘某秀。从中某公司的《承诺书》中不能看出中某公司是基于其系未售商铺的权利人身份交纳物业费还是基于其与商铺产权人之间的约定承担物业费。榆林市中某物业服务有限公司出具的两份说明，属于该公司的主观描述，无出具说明的相关人员签字且出具说明的人员未出庭作证，在无其他证据印证的情况下，其内容的真实性不能确认。因此，现有证据只能证明案涉商铺被查封前物业费系由中某公司承担。

四、案涉不动产不具备交付条件，尚不足以否定出卖人认可已将案涉不动产的钥匙交给买受人的事实。

案例四：《九江市芙某建筑有限责任公司、张某福再审审查与审判监督民事裁定书》【（2018）最高法民申 1238 号】

最高人民法院认为，关于张某福是否在人民法院查封之前已合法占有案涉商铺的问题。芙某建筑公司申请再审称案涉楼盘不具备交付条件，尚不足以否定雨某房地产公司认可已将案涉商铺的钥匙交给张某福，张某福已实际占有该商铺的事实。

五、所购买商品房尚未竣工，不存在实际交付的可能，买受人未实际合法占有所购买房屋，不符合无过错买受人和购房消费者条件，无权排除执行。

案例五：《中国新某建筑工程有限责任公司、北京千某元晨企业策划有限公司申请执行人执行异议之诉二审民事判决书》【（2018）最高法民终 646 号】

最高人民法院认为，在本案中，谢某川等 24 位被上诉人虽然与宝某公司签订了商品房买卖合同且已经支付全部或部分价款，但是谢某川等 24 位被上诉人所购买商品房尚未竣工，不存在实际交付。因此，谢某川等 24 位被上诉人未实际合法占有所购买商品房。亦即谢某川等 24 位被上诉人所购买商品房并不符合《执行异议和复议规定》第二十八条规定的条件。故谢某川等 24 位被上诉人对于新某公司请求执行保全登记在宝某公司名下的案涉土地使用权，不享有排除执行的权利，不能阻却对登记在宝某公司名下的案涉土地使用权进行保全的执行行为。

六、出卖人在房屋未经竣工验收的情况下交付买受人使用，违反《建筑法》第六十一条第二款规定，购房人的占有不属于合法占有，无权排除执行。

案例六：《李某、王某永再审审查与审判监督民事裁定书》【（2018）最高法民申 3365 号】

最高人民法院认为，原审中，王某永提交了大同市桐某物业管理有限责任公司出具的入住流转单试图证明其已合法占有涉案不动产。事实上，李某提交的证据足以证明东某城项目的物业管理公司为大同市东某城物业管理公司而非桐某物业公司，桐某物业公司从未为东某城项目提供过物业管理服务，而东某城物业公司从未为任何业主办理入住手续。王某永提交的入住流转单系深某房地产公司伪造的，根本不具有真实性。而且，一审法院曾对涉案不动产进行现场勘验，涉案不动产根本没有被实际使用。另外，东某城项目至今未经竣工验收，《建筑法》第六十一条第二款明确规定："建筑工程竣工经验收合格后，方可交付使用；未经验收或者验收不合格的，不得交付使用。"王某永和深某房地产公司一再主张涉案房屋已经交付使用，但是该等"交付"显然违反了法律的强制性规定，不具有合法性。

七、法律上的实际占有并非限定于实际使用，只要案涉财产处于权利人实际管控之中即可。

案例七：《中某信托有限责任公司、吴某再审审查与审判监督民事裁定书》【（2018）最高法民申2189号】

最高人民法院认为，吴某实际占有案涉房屋。中某公司举示了辽宁某信房地产土地与资产评估有限公司出具的《房地产估价结果报告》，拟证明案涉房屋所在工程处于停工闲置烂尾状态，根本不具备居住条件。需要说明的是，法律上的实际占有并非限定于实际使用，只要案涉财产处于权利人实际管控之中即可。本案中，吴某提供了准住通知单等证据证明其已实际占有案涉房屋。

八、"占有"应理解为对不动产的支配和管理。一般认为，拿到不动产的钥匙，即应视为对房屋已经有事实上的支配权和管理权。

案例八：《李某则、郭某娥再审审查与审判监督民事裁定书》【（2018）最高法民申387号】

最高人民法院认为，再审申请人李某则主张案涉房屋至今无人居住的证据主要是案涉房屋的物业费、供热费、垃圾处理费、公用水电费等无人缴纳的物业公司明细，对此，被申请人郭某娥在本院询问中称，上述费用由于客观原因未及时缴纳，现已补交完毕，并向本院提交了相关证据。本院认为，《执行异议和复议规定》第二十八条规定的"占有"应理解为对不动产的支配和管理。一般认为，拿到不动产的钥匙，即应视为对房屋已经有事实上的支配权和管理权。被申请人郭某娥在案涉房屋买卖合同签订后即拿到了房屋钥匙，应视为已经"占有"案涉房屋。据此，李某则提供的物业公司明细不足以推翻郭某娥实际占有案涉房屋的事实。

九、仅依据买受人持有诉争房屋钥匙，在其提交的其他证据不能证明实际占有的情况下，应认定为未合法占有。

案例九：《陈某云、林某明再审审查与审判监督民事裁定书》【（2018）最高法民申 1920 号】

最高人民法院认为，陈某云、林某明虽持有诉争房屋钥匙，但仅凭该事实不能得出讼争房屋已实际交付陈某云、林某明占有的结论。陈某云、林某明不能提交讼争房屋书面交接手续，所提交的物业费用缴纳凭证亦形成于 2016 年 5 月，不能证明讼争房屋在查封之前已由其合法占有。

十、占有属人对物的关系，表现为人对物的事实上的控制和支配。购房人将房屋对外出租，是对房产进行处分的表现，足以证明其已占有案涉房产。

案例十：《江苏省华某建设股份有限公司、江苏省华某建设股份有限公司惠州分公司再审审查与审判监督民事裁定书》【（2018）最高法民申 3972 号】

最高人民法院认为，关于张某姗是否在人民法院查封之前已合法占有该不动产的问题。原判决根据张某姗提交的证据认定其在查封前已交纳案涉房产管理费及将案涉房产出租给案外人，认定其在人民法院查封之前已合法占有案涉房产，并无不当。占有属人对物的关系，表现为人对物的事实上的控制和支配。该条件是否满足，关键应看购房人对房屋是否有事实上的控制和支配情形。本案中，张某姗将案涉商铺出租，是对房产进行处分的表现，足以证明其已占有案涉房产。华某公司、华某惠州分公司没有提供证据推翻原判决认定的该事实，其关于张某姗没有合法占有案涉房产的再审申请理由不能成立。

067 案外人名下有多套房，能否排除对未过户房屋的强制执行？

> 另购房系原有住房不能满足居住要求，案外人有权排除执行

阅读提示

目前，国内房价高企，大多数购房者需要付出一代人甚至是两代人的收入，购得一处安身之所。因此，保护购房消费者便具有了深刻的社会基础。同时，法律也对何谓购房消费者，规定了较为严格的构成条件。《执行异议和复议规定》第二十

九条明确规定，购房人排除执行必须满足的条件之一为"买受人名下无其他用于居住的房屋"。从字面理解，除执行房屋外，买受人名下无其他可用于居住的房屋，即买受人名下仅有一套房。那么，买受人名下有两套房时，是否还符合该条规定？本篇文章在梳理最高人民法院近年审理此类案件争议焦点的基础上，总结、归纳最高人民法院处理此类案件的裁判观点，为案件当事人、律师或者法官提供处理该类问题的思路，提高购房者在购房付款阶段，最大限度控制未来房屋在执行程序中的法律风险的意识。

裁判要旨

对于《执行异议和复议规定》第二十九条第二项规定的"买受人名下无其他用于居住的房屋"，不应机械限于套数的理解。如原有住房不能满足现有家庭成员的居住要求，再购买房屋是为了对居住环境进行必要的改善，其仍属于满足生存权的合理消费范畴之内。

案情简介

2013年6月19日，黄某婷和尚某居公司订立《商品房预约合同》，并先后支付合同价款66.67%。

2015年9月21日，在恒某公司与尚某居公司仲裁案中，根据恒某公司申请，北海海城区法院查封案涉商品房。

2016年5月6日，北海仲裁委员会裁决尚某居公司向恒某公司支付工程进度款。之后，恒某公司申请北海中院强制执行案涉商品房，黄某婷提出执行异议。

2016年10月17日，北海中院认为黄某婷名下虽备案登记预购一套商品房但未过户，符合购房消费者的条件，裁定中止对案涉房屋的执行。恒某公司不服，向北海中院提起案外人执行异议之诉。

北海中院一审、广西高院二审均判决支持案外人黄某婷的请求，恒某公司不服，认为案外人名下还有其他住房，本案购房行为系商业投资，向最高人民法院申请再审。

2018年9月30日，最高人民法院裁定驳回恒某公司再审申请。

裁判要点及思路

本案中，最高人民法院在审查案外人黄某婷是否符合《执行异议和复议规定》

第二十九条规定的"买受人名下无其他用于居住的房屋"这一条件时，从以下两个角度进行论述：

（1）虽然案外人黄某婷名下备案登记了一套房屋，但备案登记并不产生物权变动的效力，在备案登记的房屋未依法过户至案外人黄某婷名下，且恒某公司亦未能提供证据证实案外人黄某婷实际居住该房屋的情形下，不能据此认定黄某婷名下有其他用于居住的房屋。

（2）对于"买受人名下无其他用于居住的房屋"这一条件，不应机械限于套数的理解。如原有住房不能满足现有家庭成员的居住要求，再购买房屋是为了对居住环境进行必要的改善，其仍属于满足生存权的合理消费范畴之内。

需要注意的是，最高人民法院在本案中使用"改善型消费"这一用语，评价案外人购买案涉商品房目的。"改善型消费"，系消费者基于改善现有居住条件另外购房的行为。近几年，部分省份陆续出台支持扩大消费的各项意见，包括支持提高城乡居民消费能力、支持扩大住房消费、支持扩大信息消费、支持促进绿色消费、支持促进农村消费、支持改善消费环境、支持提高城乡居民消费能力等举措，将个人购买住房契税优惠范围由家庭唯一住房，扩大到家庭第二套改善性住房，降低刚需和改善性住房的购房成本，引导住房需求全面释放。

本书认为，最高人民法院在本案中的做法或顺应目前中央及各地鼓励首套自住房和改善性住房消费需求政策，但是在一定程度上扩张了《执行异议和复议规定》第二十九条中购房消费者的范围。毕竟，与刚需购房消费者相比，改善型购房消费者值得公权力给予特殊保护的必要性较低。而且，该条规定是对房屋消费者物权期待权的保护，或名"弱者保护"，是在执行程序中基于对购房者生存权这一更高价值的维护，赋予消费者排除抵押权人、建设工程价款优先受偿权人等优先权人和一般债权人申请执行的特殊权利。因此，法院应严格适用该条规定，从该条规定的立法目的出发，严格将这里的购房消费者限制为刚需消费者。

实务要点总结

案外人以购房消费者身份排除强制执行时，最高人民法院审查案外人是否符合"名下无其他用于居住的房屋"这一条件时，相关裁判观点主要有：

一般情况下，购房消费者排除执行，其名下应只有一套房，即案涉房产。对《执行异议和复议规定》第二十九条进行文意理解，"买受人名下无其他用于居住的房屋"应当理解为买受人名下仅存在一套可用于居住的房屋，即案涉房产。实践中，比较常见的争议类型是，执行房屋系父母子女共同购买房屋，如父母名下拥有多处房产，则父母无权以购房消费者身份排除对案涉房屋的强制执行；夫妻离婚的，约定房屋归另一方所有，则另一方满足只有一套房的条件。

最高人民法院认定案外人名下在何地只有一套房的判断标准不同：

（1）案外人名下在与涉案房屋同一设区的市和县级行政区（不包括设区的市的"区"）无其他用于居住的房屋。

（2）案外人在被执行房屋所在地长期居住，在同一地点其名下无其他能够用于居住的房屋，而不是在全国范围内无其他用于居住的房屋。最高人民法院认为，案外人不同于被执行人，不能按照对被执行人的标准在全国范围内查明其是否仅有此一套用于居住的住房，只要案外人在案涉房屋所在地没有其他登记于其名下的住房即可。

（3）案外人名下有备案未过户的房屋，如申请执行人不能举证证明案外人已经居住，则应认定案外人符合只有一套房屋的条件。最高人民法院认为，虽然案外人名下备案登记了一套房屋，但备案登记并不产生物权变动的效力，在备案登记的房屋未依法过户至案外人名下，且申请执行人亦未能提供证据证实案外人目前在该房屋居住生活的情形下，不能据此认定案外人名下有其他用于居住的房屋。

（4）执行程序中，在法院网络执行查控系统查询，案外人名下无房产登记信息。

虽然《执行异议和复议规定》第二十九条第二项并没有限定"买受人名下无其他用于居住的房屋"条件的时间节点，但应包括买受人购买争议房屋这一时间。目前，《执行异议和复议规定》第二十九条并未规定案外人应在何时满足"名下无其他用于居住的房屋"这一条件，最高人民法院在部分案例中认为，该时间点应包括买受人购买争议房屋时。本书认为，参考该条规定中对于案外人签订书面买卖合同的时间要求，应理解为，案外人在法院查封登记在被执行人名下的商品房之前，满足名下无其他用于居住的房屋这一条件即可。一方面，在案外人购买案涉房屋后至法院对案涉房屋采取执行措施期间，应充分尊重案外人对于自有财产权利的处分权利；另一方面，将时间节点提前至案外人购买案涉房产时，将大大限缩购房消费者的范围，相当程度上剥夺在法院执行案涉房产时确有保护必要的案外人的权利。可以预见的是，在未来一段时间内，这一问题的争议或将继续存在。

案外人名下有两套房的，如能举证证明确为生活居住需要，亦满足条件。最高人民法院认为，现实中，出于照顾父母或者抚养孩子的考虑，购买两套房用于居住的实际情况已经有相当的普遍性，符合现实情况中一般家庭对居住权的期待，故不能机械地限于套数的理解，将居住权仅仅限定为一套。案外人基于对居住环境进行必要改善，另外购买房屋用于居住的改善型消费，符合《执行异议和复议规定》第二十九条的规定。

关于举证证明，如案外人能够提供住所地的个人住房登记信息查询结果，证明其名下无其他用于居住的房屋，即有权排除执行。案外人无须举证证明其配偶、未成年子女名下无其他用于居住的房屋。《执行异议和复议规定》第二十四条规定，案外人针对执行标的提出排除执行的异议，案外人应举证证明其为执行标的的权利人、该权利的合法性与真实性、该权利能够排除执行。否则，案外人应承担举证不利的证明责任。根据最高人民法院在多数案例中的裁判观点，案外人仅需证明其个人名下无其他用于居住的房屋即可，无须举证与其共同生活的人名下有无房产；如果案外人能够提供证据证明其名下未登记有其他房屋，申请执行人应当进一步举证证明案外人在其他地区或者在全国范围内还有其他用于居住的房屋，否则，法院应认定案外人符合购房消费者的条件。

案外人通过以房抵债、直接购买等方式一次性购买多套房屋的，如案外人未能进一步举证证明购买多套房屋确系生活需要，不能认定其属于消费者。最高人民法院认为，《最高人民法院关于建设工程价款优先受偿权问题的批复》第一条、第二条规定，消费者交付商品房的全部或者大部分款项后，承包人就该商品房享有的工程价款优先受偿权不得对抗买受人。可见，适用该批复的主体应是"消费者"，依照《消费者权益保护法》第二条规定，消费者应当是为生活消费需要购买、使用商品或接受服务的主体，而以其他债权抵付购房款或者直接购买的方式一次性购买多套（指大于2套）房屋，超出一般生活所需，如果案外人未能进一步举证证明购买3套房屋确系生活需要，并非商业性投资，则应认为案外人主张其系消费者的依据不足，对其排除执行的请求不予支持。

案外人在诉讼期间通过办理房屋产权过户手续致使名下无房产，应认定为存在规避法律的情形，无权排除执行。

相关法律规定

《最高人民法院关于人民法院办理执行异议和复议案件若干问题的规定》（2020年12月23日修正）

第二十九条　金钱债权执行中，买受人对登记在被执行的房地产开发企业名下的商品房提出异议，符合下列情形且其权利能够排除执行的，人民法院应予支持：

（一）在人民法院查封之前已签订合法有效的书面买卖合同；

（二）所购商品房系用于居住且买受人名下无其他用于居住的房屋；

（三）已支付的价款超过合同约定总价款的百分之五十。

《最高人民法院关于建设工程价款优先受偿权问题的批复》（2020年12月29日失效）

二、消费者交付购买商品房的全部或者大部分款项后，承包人就该商品房享有的工程价款优先受偿权不得对抗买受人。

《消费者权益保护法》（2013年10月25日修正）

第二条 消费者为生活消费需要购买、使用商品或者接受服务，其权益受本法保护；本法未作规定的，受其他有关法律、法规保护。

法院裁判

以下为最高人民法院在判决书"本院认为"部分就此问题发表的意见：

本案证据能够证明，黄某婷购买案涉商品房系用于居住，其目的属于满足家庭生活的合理消费。虽然黄某婷名下备案登记了一套房屋，但备案登记并不产生物权变动的效力，在备案登记的房屋未依法过户至黄某婷名下，且恒某公司亦未能提供证据证实黄某婷目前在该房屋居住生活的情形下，不能据此认定黄某婷名下有其他用于居住的房屋。对于《执行异议和复议规定》第二十九条第二项规定的"买受人名下无其他用于居住的房屋"，不应机械地限于套数的理解。如原有住房不能满足现有家庭成员的居住要求，再购买房屋是为了对居住环境进行必要的改善，其仍属于满足生存权的合理消费范畴之内。本案根据已查明的事实，可以认定黄某婷购买案涉商品房是用于居住的改善型消费之需，并非用于商业性投资。恒某公司认为黄某婷购买案涉商品房属于商业投资，黄某婷对该商品房享有的民事权益不能优先于恒某公司享有的建设工程价款优先受偿权，无事实和法律依据，不能成立。至于黄某婷就案涉商品房未及时办理产权预告登记备案是否存在过错的问题，由于该内容并不属于《执行异议和复议规定》第二十九条规定所要审查的要件，故本案无须就此过错进行判断。

案件来源

《广西恒某建设集团有限公司、黄某婷申请执行人执行异议之诉再审审查与审判监督民事裁定书》【（2018）最高法民申1968号】

> **延伸阅读**

一、执行房屋系父母子女共同购买房屋，如父母名下拥有多处房产，父母无权以购房消费者身份排除对案涉房屋的强制执行。

案例一：《吴某茹与姚某毅申请执行人执行异议之诉一案再审民事裁定书》【（2019）最高法民申 3002 号】

最高人民法院认为，根据一审法院查明的事实，王某与吴某平系夫妻，吴某茹系其女，案涉"香港丽都"××层×号房屋系王某与吴某茹共同购买。2017 年 12 月 25 日，武汉市房屋交易权属登记及合同备案信息查询结果显示，王某名下在东西湖环湖路恋湖家园×组团（登记备案时间为 2004 年 9 月 24 日）、江汉区万松园路×××号 B 栋（登记备案时间为 2007 年 10 月 16 日）、江汉区青年路××号（登记备案时间为 2008 年 3 月 6 日）、汉阳区玫瑰新苑×栋（登记备案时间为 2005 年 4 月 11 日）等地拥有或曾拥有多处房产。吴某茹购买案涉房产时未满 18 周岁，与其共同购买案涉房产的王某名下有多套住房，不符合《执行异议和复议规定》第二十九条第二项规定的条件。吴某茹不能以其对案涉房产享有的物权期待权对抗在案涉房产上设定的抵押权。二审法院根据现有证据认定吴某茹不能排除对案涉房产的执行并无明显不当。

二、案外人通过以房抵债的方式一次性购买多套房屋，超出一般生活所需，如案外人未能进一步举证证明购买多套房屋确系生活需要，不能认定其属于消费者。

案例二：《戴某维、中某信托有限责任公司申请执行人执行异议之诉二审民事判决书》【（2019）最高法民终 160 号】

最高人民法院认为，本案中，戴某维虽然在一审法院查封之前已签订书面买卖合同，并已支付全部房款，但是其未举示证据证明所购房屋用于居住，且其名下无其他用于居住的房屋，故戴某维也不能依据该条规定排除对案涉房屋的执行。《最高人民法院关于建设工程价款优先受偿权问题的批复》第一条、第二条规定："一、人民法院在审理房地产纠纷案件和办理执行案件中，应当依照《中华人民共和国合同法》第二百八十六条的规定，认定建筑工程的承包人的优先受偿权优于抵押权和其他债权。二、消费者交付购买商品房的全部或者大部分款项后，承包人就该商品房享有的工程价款优先受偿权不得对抗买受人。"可见，适用该批复的主体应是"消费者"。依照《消费者权益保护法》第二条规定，消费者应当是为生活消费需要购买、使用商品或接受服务的人，而本案中系以其他债权抵付购房款的方式一次性购买三套房屋，超出一般生活所需，而戴某维未能进一步举证证明购买三套房屋确系生活需要，故戴某维主张其系消费者的依据不足，对其相关上诉请求不予支持。

三、案外人在诉讼期间通过办理房屋产权过户手续致使名下无房产，应认定为存在规避法律的情形，无权排除执行。

案例三：《张某志、许某申请执行人执行异议之诉再审审查与审判监督民事裁定书》【（2019）最高法民申 1031 号】

最高人民法院认为，张某志占有该房产系在人民法院查封之后，且 2015 年 12 月 25 日经一审法院查询，张某志名下有两套房产，而该两套房产均在二审法院审理期间办理了产权过户手续，存在规避法律的情形。依据《执行异议和复议规定》第二十八条、第二十九条之规定，张某志对案涉房屋所享有的民事权益不足以排除强制执行。二审法院认定事实清楚，适用法律正确。本院依照《民事诉讼法》第二百零四条第一款、《民诉法解释》第三百九十五条第二款之规定，裁定如下：驳回张某志的再审申请。

四、案外人能够提供住所地个人住房登记信息查询结果，证明其名下无其他用于居住的房屋，即有权排除执行。购房人无须举证证明其配偶、未成年子女名下无其他用于居住的房屋。

案例四：《中某信托有限责任公司、周某林申请执行人执行异议之诉二审民事判决书》【（2019）最高法民终 161 号】

最高人民法院认为，本案中，周某林与典某地产公司于 2014 年 9 月 5 日签订了合法有效的《重庆市商品房买卖合同》，周某林作为购房者已经支付了案涉房屋的全部价款 635846 元。且周某林举示了重庆市某不动产登记中心出具的《重庆市个人住房登记信息查询证明》，亦证明了自己名下除购买的用于居住的案涉商品房外无其他用于居住的房屋。一审法院根据《执行异议和复议规定》第二十九条规定……认定周某林对案涉房屋享有足以排除强制执行的民事权益，并无不当。中某信托公司主张周某林所举示的重庆市某不动产登记中心出具的《重庆市个人住房登记信息查询证明》不能证明周某林名下无其他用于居住的房屋，但中某信托公司亦未提交证据证明周某林名下有其他用于居住的商品房等房屋，应承担举证不能的不利法律后果，本院对其该主张，不予支持。中某信托公司另主张周某林应举证证明其配偶、未成年子女名下无其他用于居住的房屋，但《执行异议和复议规定》第二十九条并未要求购房人应同时举证证明其配偶、未成年子女名下无其他用于居住的房屋。在周某林已经举证证明自己名下无其他用于居住的房屋，且中某信托公司亦未能举证证明周某林的配偶或未成年子女名下有其他用于居住的房屋的情况下，中某信托公司的该主张缺乏事实和法律依据，本院亦不予支持。

五、在案外人初步举证证明其在住所地无其他用于居住的房屋后，如申请执行人不能举证证明案外人在全国范围内还有其他可居住的房屋，应认定案外人符合消费者条件。

案例五：《交通银行股份有限公司某分行、支某微申请执行人执行异议之诉再审审查与审判监督民事裁定书》【（2018）最高法民申4875号】

最高人民法院认为，关于支某微所购房屋是否用于居住且其名下是否有其他用于居住房屋的问题。经查，支某微所购房屋经政府主管部门规划批准的使用性质为居住用房，支某微只能用于居住。根据某房管局出具的《财产查询反馈信息表》，支某微名下未登记有其他房屋，交行某分行不能证明支某微在西安市或者在全国范围内还有其他用于居住的房屋，原审法院认定支某微所购房屋用于居住且其名下无其他用于居住的房屋，并不缺乏证据证明。《执行异议和复议规定》第二十九条仅规定房屋买受人名下无其他用于居住的房屋，并未规定买受人的配偶、子女名下无其他用于居住的房屋，而交行某分行亦未证明支某微的配偶、子女名下有其他用于居住的房屋，交行某分行主张上述第二十九条规定系指买受人本人及其配偶、子女名下均没有其他用于居住的房屋，并以原审法院对支某微配偶、子女名下是否有其他居住用房未予查清为由申请再审，缺乏依据，不予采纳。

六、虽然《执行异议和复议规定》第二十九条第二项并没有限定"买受人名下无其他用于居住的房屋"条件的时间节点，该条件应包括买受人购买争议房屋时无其他用于居住的房屋的情形。

案例六：《吉某海与卢某和申请执行人执行异议之诉一案再审民事裁定书》【（2019）最高法民申1476号】

最高人民法院认为，吉某海于2008年8月25日购买案涉商品房时，其名下有本溪市明山区永新街食品栋××层×单元××号建筑面积为160.39平方米的房屋，吉某海在二审庭审中亦认可在购买案涉房产时有用于居住的房屋。虽然吉某海于2012年12月3日经公证出售了其名下原有住房，但《执行异议和复议规定》第二十九条第二项并没有限定"买受人名下无其他用于居住的房屋"条件的时间节点，该条件应包括买受人购买争议房屋时无其他用于居住的房屋的情形。吉某海购买案涉房屋时，名下有用于居住的房屋，不符合《执行异议和复议规定》第二十九条第二项规定的条件。

七、出于照顾父母或者抚养孩子的考虑，购买两套房用于居住的实际情况已经有相当的普遍性。符合现实情况中一般家庭对居住权的期待，故不应将房屋仅仅限定为一套。

案例七：《交通银行股份有限公司某分行、王某申请执行人执行异议之诉再审审查与审判监督民事裁定书》【（2018）最高法民申 5473 号】

最高人民法院认为，王某在西安中院查封前与瑞某公司签订书面《商品房买卖合同》，该房屋系用于居住且王某名下无其他用于居住的房屋，王某也实际缴纳了购房款。虽然王某在该小区购买案涉两套房屋，但现实情况中，出于照顾父母或者抚养孩子的考虑，购买两套房用于居住的实际情况已经有相当的普遍性。符合现实情况中一般家庭对居住权的期待，故不应将居住权仅仅限定为一套。因此，原判决适用《执行异议和复议规定》第二十九条，认定王某对案涉房屋享有的权利能够排除执行，并不缺乏证据证明，亦不存在法律适用错误的问题。

八、"买受人名下无其他用于居住的房屋"，通常是指买受人在被执行房屋所在地长期居住，而在同一地点其名下无其他能够用于居住的房屋。

案例八：《中国长某资产管理股份有限公司某分公司、张某申请执行人执行异议之诉二审民事判决书》【（2018）最高法民终 545 号】

最高人民法院认为，《执行异议和复议规定》第二十九条系针对房屋消费者物权期待权的保护条件所作的规定，该条规定的"所购商品房系用于居住"应当做宽泛理解，不管是单纯的居住房还是商住两用住房，只要是有居住功能的，即应视为用于居住的房屋；这里的"买受人名下无其他用于居住的房屋"，通常是指买受人在被执行房屋所在地长期居住，而在同一地点其名下无其他能够用于居住的房屋。本案中，案涉房屋系商品住宅，具有居住功能，符合"所购商品房系用于居住"的要求。虽然案涉房屋目前被出租，但不能以此否定该房屋系用于居住的房屋性质。长某资产某公司以案涉房屋用于经营而未实际居住为由，主张案涉房屋不符合"所购商品房系用于居住"的条件，依据尚不充分。同时，根据东街社区居委会的《证明》载明的内容，买受人张某户籍所在地在安顺，在外地没有长期的正式的工作，只是短期务工，且其本人名下除案涉房屋外没有其他具有居住功能的房屋，可以认定其符合"买受人名下无其他用于居住的房屋"的条件。故一审认定张某所购案涉房屋系用于居住且其名下无其他用于居住的房屋，并无不当。

068 因限购而不具备购房资格，能否排除对所购房屋的强制执行？

> 限购政策限制了购房人取得房屋所有权的可能，不得以物权期待权主张排除执行

阅读提示

近十年来，中国房地产市场高歌猛进。在此背景下，各地纷纷出台了与之相适应的限购政策，限制部分主体（如户口、是否为首套房、是否缴纳社保满一定期限等）购买房屋尤其是住宅。以上限制措施不属于法律或者行政法规，不可能影响合同效力，但在合同履行过程中可能存在一定障碍。随之带来的问题是，如果买受人满足《执行异议和复议规定》第二十八条或第二十九条的条件，是否有权以享有物权期待权为由主张排除出卖人的债权人对房屋的强制执行呢？

裁判要旨

房地产限购政策直接限制了房屋向特定买受人变动物权的可能，房屋买受人即便满足《执行异议和复议规定》第二十八条、第二十九条规定的条件，也不能享有物权期待权，不享有排除强制执行的权利。

案情简介

根据海南限购政策，2018年4月22日之后，非海南省户籍居民家庭不得通过补缴个人所得税或社会保险购买住房。

2018年5月，永某公司与上海人关某签订《商品房买卖合同》，合同签订后关某支付全部价款并实际入住，其在文昌市无其他住房。

因金融借款关系，永某公司将案涉房屋所在的在建工程以及土地使用权抵押给某农商行并办理抵押登记。2018年9月14日，因永某公司未按照借款合同约定还款，应某农商行请求，海南一中院裁定查封了案涉项目（含关某购买房屋）。

关某作为案外人对查封行为提出异议，海南一中院才中止对案涉房屋的执行。某农商行向海南一中院提起执行异议之诉，海南一中院认定关某有权排除强制执行，判决解除对房屋查封。

某农商行不服,上诉至海南高院。海南高院二审以关某不符合限购政策的要求,其购买案涉房屋的行为不能产生物权变动的结果为由改判关某无权排除执行。

关某不服,向最高人民法院申请再审,最高人民法院裁定驳回关某再审申请。

裁判要点及思路

本案是一起典型的处于限购政策中的房屋买受人要求排除强制执行的案例。本案核心争议焦点在于关某是否享有排除强制执行的权利。根据关某所购房屋情况:(1)关某在房屋被查封前与永某公司签订了《商品房买卖合同》;(2)限购政策并非法律、行政法规,不能成为合同无效的事由,故案涉《商品房买卖合同》应认定为有效;(3)关某已支付了全款并实际入住;(4)关某在文昌也无其他住房。结合以上四点,在不考虑限购政策的前提下,关某完全符合《执行异议和复议规定》第二十八条或第二十九条规定的房屋买受人的条件,已取得对房屋的物权期待权,有权排除强制执行。但海南高院认为:"关某不符合限购政策的要求,其购买案涉房屋的行为不能产生物权变动的结果",因此不享有物权期待权。

最高人民法院在再审裁定中,对物权期待权的概念进行了界定。最高人民法院认为:"物权期待权是指案外人对案涉房屋虽尚不享有《物权法》意义上的物权(所有权),但因具备了物权的实质性要素,依法可以合理预期通过办理不动产登记将该物权期待权转化为《物权法》意义上的物权(所有权),即对不动产所有权登记至其名下的期待。"即只有最终能够取得所有权的主体,才有享有物权期待权的可能。但处于限购政策中的房屋买受人,无法请求出卖人为其办理不动产转让登记,因此不可能最终取得所有权,也就不可能成为物权期待权的主体。

基于以上理由,最高人民法院认为关某虽然在形式上满足物权期待权的条件,但在实质上不享有物权期待权,无权排除执行。

实务要点总结

房地产限购政策限制了不符合购房条件的买受人取得房屋所有权的可能,买受人不可能享有物权期待权,也不享有排除强制执行的权利。物权期待权是当事人对取得物权可能性的期待,没有取得物权可能性的主体不享有物权期待权。房地产限购政策虽然不是法律、行政法规,但属于行政命令。该行政命令直接限制了不符合购房条件的房屋买受人取得房屋所有权的可能,属于《合同法》上的不可抗力。因此,没有购房资格的主体不可能对所购房屋享有物权期待权,也不可能根据《执行异议和复议规定》第二十八条、第二十九条的规定去排除强制执行。

房屋买卖应注意遵守限购政策，防止遭遇不测。如前所述，限购政策虽然不影响房屋买卖合同效力，但直接影响房屋买卖合同的履行。即便房屋买卖合同有效，但基于限购政策也无法办理过户登记。如所购房屋无法办理过户登记，房屋买受人即无法最终取得所有权，即便实际占有房屋也可能面临诸多不测。

房屋买受人的执行异议在实践中的表现形式复杂多样，应谨慎处理。执行异议和执行异议之诉案件是典型的全有或者全无的诉讼，没有中间状态，不同的裁判结果对当事人而言有霄壤之别。根据我们处理大量执行异议和执行异议之诉案件积累的经验来看，关于房屋买受人或者其他不动产买受人排除强制执行的争议在实践中大量存在，但各地裁判观点并未统一。部分案件可能因为细微的差别，最终结果就可能判若云泥。因此，不论是申请执行人还是案外人，在面对相关争议时切勿掉以轻心，应对所有因素作通盘考虑并合理应对，防止一着不慎，满盘皆输。

相关法律规定

《民法典》（2020年5月28日公布）

第二百零九条 不动产物权的设立、变更、转让和消灭，经依法登记，发生效力；未经登记，不发生效力，但是法律另有规定的除外。

依法属于国家所有的自然资源，所有权可以不登记。

《最高人民法院关于人民法院办理执行异议和复议案件若干问题的规定》（2020年12月23日修正）

第二十八条 金钱债权执行中，买受人对登记在被执行人名下的不动产提出异议，符合下列情形且其权利能够排除执行的，人民法院应予支持：

（一）在人民法院查封之前已签订合法有效的书面买卖合同；

（二）在人民法院查封之前已合法占有该不动产；

（三）已支付全部价款，或者已按照合同约定支付部分价款且将剩余价款按照人民法院的要求交付执行；

（四）非因买受人自身原因未办理过户登记。

第二十九条 金钱债权执行中，买受人对登记在被执行的房地产开发企业名下的商品房提出异议，符合下列情形且其权利能够排除执行的，人民法院应予支持：

（一）在人民法院查封之前已签订合法有效的书面买卖合同；

（二）所购商品房系用于居住且买受人名下无其他用于居住的房屋；

（三）已支付的价款超过合同约定总价款的百分之五十。

法院裁判

以下为最高人民法院在再审裁定"本院认为"部分就此问题发表的意见：

本案中，由于案涉房屋已被人民法院在另案中采取保全措施，案外人关某对永某公司的债权履行请求权（移转物之所有权的请求）无法实现，关某遂以与被执行人永某公司间存在不动产交易关系为由，对案涉房屋提出实体权利排除强制执行的异议，后至本案诉讼。一般认为，前述规定中所涉物权期待权是指案外人对案涉房屋虽尚不享有《物权法》意义上的物权（所有权），但因具备了物权的实质性要素，依法可以合理预期通过办理不动产登记将该物权期待权转化为《物权法》意义上的物权（所有权），即对不动产所有权登记至其名下的期待。这显然与关某所称对有关商品房限购政策改变的期待，或等待取得购房资格的内涵不同。根据原审法院查明的事实，尽管关某与永某公司就案涉房屋签订《文昌市商品房买卖合同》，但因其购买案涉房屋不符合当地商品房限购政策，故关某关于其对案涉房屋享有的物权期待权应优先于房产调控行政管理需要的主张，于法无据，本院不予支持。而原审法院以关某购买案涉房屋的行为不能产生物权变动的结果，无法请求出卖人永某公司为其办理不动产转让登记为由，认定关某对案涉房屋没有物权期待权，并无不当，本院予以认可。此外，根据一般生活经验，购房人交易前了解当地商品房限购政策并不需要特殊的法律专业知识，因此，关某认为其在购房中已尽到充分的注意义务，不存在过错的主张，不能成立。关某还主张银行监管存在过错，但其并未提供证据予以证明，本院不予支持。

案件来源

《关某与海南某农村商业银行股份有限公司申请执行人执行异议之诉一案再审民事裁定书》【最高人民法院（2020）最高法民申1860号】

延伸阅读

一、限购政策导致无法办理过户登记的，不属于买受人过错，买受人有权排除执行。

案例一：《孙某民、杨某玲案外人执行异议之诉再审审查与审判监督民事裁定书》【最高人民法院（2019）最高法民申5161号】

最高人民法院认为："关于杨某玲提出的执行异议是否符合《执行异议和复议

规定》第二十八条规定问题。《执行异议和复议规定》第二十八条规定，金钱债权执行中，买受人对登记在被执行人名下的不动产提出异议，符合下列情形且其权利能够排除执行的，人民法院应予支持：（一）在人民法院查封之前已签订合法有效的书面买卖合同；（二）在人民法院查封之前已合法占有该不动产；（三）已支付全部价款，或者已按照合同约定支付部分价款且将剩余价款按照人民法院的要求交付执行；（四）非因买受人自身原因未办理过户登记。根据前述理由，在法院查封之前杨某玲与柳某鹏已签订合法有效的书面买卖合同；已经支付购房款。杨某玲原审提交的证据足以证明其在查封之前已经合法占有案涉不动产。杨某玲未及时办理过户是因北京市的政策，非因其本人存在过错。二审判决认定，并无不当。孙某民的再审申请理由，依据并不充分，本院不予采纳。"

二、买受人不具备购房资格导致无法办理过户登记的，应认定买受人过错，无权排除执行。

案例二：《王某、青岛海某林投资控股有限公司再审审查与审判监督民事裁定书》【最高人民法院（2018）最高法民申 2639 号】

最高人民法院认为："关于案涉房屋未办理过户登记是否因买受人自身原因的问题。青岛市国土资源和房屋管理局下发的《关于落实住房限购政策有关事项的通知》明确规定，合同网签备案时间在 2011 年 1 月 31 日之前（含 1 月 31 日）的，不受住房限购政策限制。王某付款行为发生在 2008 年和 2009 年，至 2011 年 1 月 31 日之前仍未办理网签备案手续。再审审查期间，王某提交中海盛某置业于 2018 年 6 月出具的情况说明，拟证明案涉的《青岛市商品房出售合同》存放在中海盛某置业，没有交付王某；王某多次要求中海盛某置业办理网签备案及过户手续，但因中海盛某置业管理不善的原因，没有及时办理。本院认为，中海盛某置业系本案一方当事人，其出具的情况说明属于当事人陈述，其陈述中自认的事实涉及第三人的利益，对其陈述的事实应当提交相关证据证明。王某关于房产未能办理过户并非因自身原因的主张缺乏有效证据证明。一审法院于 2014 年 7 月 15 日查封案涉房屋时，争议房产仍登记在中海盛某置业名下，青岛市住房限购政策也未取消，王某未能办理过户登记是因其本人拥有多处住房而无法办理网签备案手续，属于因自身原因未能办理过户登记的情形。"

069 房屋买受人程序走错，错误申请再审，到手房产被另案执行

> 只有购房人属于必要共同诉讼当事人时，才有权对另案申请再审

阅读提示

购房者与房屋出卖人的其他债权人对所购房屋的争夺，是执行程序中常见的争议：购房者与房屋出卖方签订买卖合同、支付全部购房款后即占有房屋，但是，由于房地产公司一般在开发房地产过程中因融资借贷需要在在建工程或者房屋上设定抵押等原因，房屋出卖方未能及时为购房者办理房屋过户登记。当房屋出卖方与其他债权人产生纠纷时，由于所购房屋仍登记在出卖方名下，一旦出卖人不能清偿到期债务或者相关方抢先一步确认房屋权利的，该房屋将被列为被执行财产，剥夺购房人的占有。对于购房者来说，遇到此类情况务必聘请专业律师团队，精准选择救济程序、精准打击案件"痛点"，才是取胜之道。

裁判要旨

第三人申请再审须是原审必要共同诉讼的当事人，第三人主张权利的标的物虽与原判决争议的标的物部分重合，但第三人依据的法律关系与原判决当事人之间的法律关系不同一的，无权申请再审。

案情简介

2009年，肖某君等7人与东某公司签订《商品房买卖合同》，约定东某公司将其开发的共10套房屋出售给肖某君等7人。合同签订后，肖某君等7人依约支付全部购房款，地税局分别向7人出具了购房发票。

2010年，东某公司向肖某君等7人交付了房屋，肖某君等7人随即入住，但东某公司未配合7人办理房屋过户手续。

2012年，在东某公司与三某农场和台某管委会等房屋所有权确认纠纷一案中，湖北高院二审判决案涉房屋（包括肖某君等7人购买的10套房屋）全部产权归三某农场和台某管委会享有。该案中，法院并未追加肖某君等7人为当事人。该案判决生效后，法院执行包括肖某君等7人购买的10套房屋在内的房屋，肖某君等7

人遂向最高人民法院申请再审。

2018年3月30日，最高人民法院裁定驳回肖某君等7人的再审申请。

裁判要点及思路

分析最高人民法院在本案中的裁判思路，最高人民法院根据申请人的再审依据和事实理由审查申请人的请求是否应予以支持。

本案中，肖某君等7人的再审请求是：(1)撤销另案判决中三某农场、台某管委会对东某公司开发案涉房产享有所有权的判项。(2)改判确认申请人肖某君等7人的房产所有权。(3)本案一审、二审、再审诉讼费用由被申请人承担。肖某君等7人的再审依据是：《民事诉讼法》第二百条第二项、第八项及《民诉法解释》第四百二十二条。

最高人民法院依据肖某君等7人的再审依据、再审事实和理由认为，该7人的再审事实并不符合再审依据的适用条件。理由是：

最高人民法院认为，该7人若依据第三人申请再审的法律依据申请再审，按照规定必须满足该7人为另案必要共同诉讼当事人的条件。但是，根据对该7人的再审事实审查可以看出，该7人与东某公司之间的权利义务关系为房屋买卖合同法律关系；而必要共同诉讼的当事人必须满足诉讼标的同一的条件，即肖某君等7人与东某公司之间的法律关系必须与另案三某农场和台某管委会等与东某公司之间的法律关系相同且共同。但是，另案三某农场和台某管委会等与东某公司之间的法律关系系基于合作开发合同、拆迁安置补偿、商品房买卖合同关系产生争议的法律关系，明显与肖某君等7人与东某公司之间的房屋买卖合同法律关系不同。

基于此，最高人民法院认为，肖某君等7人再审申请的事实和理由不符合法律和司法解释的规定，故裁定驳回。

实务要点总结

一、本案肖某君等7人的败诉原因——不是必要共同诉讼当事人

《民事诉讼法》第二百条第八项规定，即"无诉讼行为能力人未经法定代理人代为诉讼或者应当参加诉讼的当事人，因不能归责于本人或者其诉讼代理人的事由，未参加诉讼的"人民法院应当再审。《民诉法解释》第四百二十二条第一款规定："必须共同进行诉讼的当事人因不能归责于本人或者其诉讼代理人的事由未参加诉讼的，可以根据民事诉讼法第二百条第八项规定，自知道或者应当知道之日起

六个月内申请再审，但符合本解释第四百二十三条规定情形的除外。"

本案肖某君等7人便是依据《民事诉讼法》第二百条第八项、《民诉法解释》第四百二十二条第一款规定向法院申请再审。可惜的是，肖某君等7人并未清晰地理解该条文以及作为第三人申请再审的条件，这是本案肖某君等7人败诉的最主要原因。具体分析如下：

首先，肖某君等7人错误认识第三人申请再审的条件。这里的第三人必须是共同诉讼当事人，且因不能归责于本人或者其诉讼代理人的事由未参加诉讼的第三人。所以，第三人申请再审必须满足的条件之一就是必须为共同诉讼的当事人。

其次，如何认定必要共同诉讼当事人，需以准确区分普通共同诉讼和必要共同诉讼为前提。

（1）普通共同诉讼，是指诉讼标的同种类，其本质上是若干个独立的权利义务关系。经典举例：1辆车撞了10人，这里存在10个相同且独立的侵权法律关系。此时，受侵害人可以单独提起诉讼，也可以共同提起诉讼。法院可以单独审理，也可以合并审理。

（2）必要共同诉讼，是指诉讼标的同一，其本质是仅有一个诉讼标的，只有一个共同的法律关系。经典举例：10个人共同推翻1辆车，这里只有1个不可分的侵权法律关系，属于必要共同诉讼。

针对共同诉讼进行进一步举例说明：保证合同纠纷中，债权人向保证人和被保证人一并主张权利的属于共同诉讼，人民法院应当将保证人和被保证人列为共同被告；挂靠（权利人主张挂靠方、被挂靠方都要承担责任的，挂靠方、被挂靠方应列为共同被告）；个体工商户（营业执照上登记的经营者和实际经营者不一致的列为共同被告）；个人合伙的全体合伙人列为共同被告；企业法人分立的，分立后的法人承担连带责任，分立后的法人列为共同被告；企业法人未经清算即注销，企业股东、发起人列为共同被告；借用业务介绍信、合同专用章、盖章的空白合同或者银行账户，借用方与出借方承担连带责任，列为共同被告；追索赡养费的案件中，应当将所有的赡养义务人列为共同被告；遗产继承纠纷中，部分继承人起诉其他继承人未作放弃实体权利的，应当将其他继承人列为共同被告等法定情形。

最后，本案肖某君等7人和东某公司争议与三某农场、台某管委会与东某公司争议，诉讼标的并非同一。本案中，东某公司与三某农场、台某管委会之间争议的诉讼标的是基于合作开发合同、拆迁安置补偿、商品房买卖合同产生的法律关系，而肖某君等7人与东某公司之间争议的诉讼标的是基于房屋买卖合同产生的法律关系。两个法律关系中涉及的诉讼标的物存在部分重合，但是诉讼标的物的部分重合并不等于诉讼标的相同或重合。因此，本案再审申请人肖某君等7人与另案各方当事人均未处于同一法律关系中，各方诉讼标的不同一，再审申请人肖某君等7人不属于另案共同诉讼的当事人。再审申请人肖某君等7人不符合以第三人身份提起再审的条件，法院应裁定驳回其再审申请。

二、本案肖某君等7人正确的救济程序选择——提出执行异议后申请再审

案外人认为执行标的错误，原判决错误时正确的救济途径应该是：首先，以案外人身份就执行行为存在错误向执行法院提起执行异议。其次，《民事诉讼法》第二百二十七条规定："执行过程中，案外人对执行标的提出书面异议的，人民法院应当自收到书面异议之日起十五日内审查，理由成立的，裁定中止对该标的的执行；理由不成立的，裁定驳回。案外人、当事人对裁定不服，认为原判决、裁定错误的，依照审判监督程序办理；与原判决、裁定无关的，可以自裁定送达之日起十五日内向人民法院提起诉讼。"《民诉法解释》第四百二十三条规定："根据民事诉讼法第二百二十七条规定，案外人对驳回其执行异议的裁定不服，认为原判决、裁定、调解书内容错误损害其民事权益的，可以自执行异议裁定送达之日起六个月内，向作出原判决、裁定、调解书的人民法院申请再审。"因此，如执行法院经过形式审查后驳回其执行异议的，肖某君等7个案外人可依法向作出原判决的法院申请再审。

三、案外人认为执行标的错误但不涉及执行依据的，可通过案外人异议之诉救济

首先，以案外人身份就执行行为存在错误向执行法院提起执行异议。其次，根据《民诉法解释》第三百零四条规定："根据民事诉讼法第二百二十七条规定，案外人、当事人对执行异议裁定不服，自裁定送达之日起十五日内向人民法院提起执行异议之诉的，由执行法院管辖。"第三百零五条规定："案外人提起执行异议之诉，除符合民事诉讼法第一百一十九条规定外，还应当具备下列条件：（一）案外人的执行异议申请已经被人民法院裁定驳回；（二）有明确的排除对执行标的执行的诉讼请求，且诉讼请求与原判决、裁定无关；（三）自执行异议裁定送达之日起十五日内提起。人民法院应当在收到起诉状之日起十五日内决定是否立案。"因此，如执行法院经过形式审查后裁定驳回其执行异议的，肖某君等7人可依法提起案外人执行异议之诉。本案中，肖某君等7人要求确认房屋归其所有，实际上是否定认定案涉房屋归三某农场、台某管委会所有的判决，与执行依据相关，因此肖某君等7人不能通过执行异议之诉程序寻求救济。

四、对于购房人而言，遇到此类情况务必聘请专业律师团队，精准选择救济程序、精准打击案件"痛点"，才是真正的取胜之道。

相关法律规定

《民事诉讼法》（2021年12月24日修正）

第二百零七条[①]　当事人的申请符合下列情形之一的，人民法院应当再审：

（一）有新的证据，足以推翻原判决、裁定的；

（二）原判决、裁定认定的基本事实缺乏证据证明的；

（三）原判决、裁定认定事实的主要证据是伪造的；

（四）原判决、裁定认定事实的主要证据未经质证的；

（五）对审理案件需要的主要证据，当事人因客观原因不能自行收集，书面申请人民法院调查收集，人民法院未调查收集的；

（六）原判决、裁定适用法律确有错误的；

（七）审判组织的组成不合法或者依法应当回避的审判人员没有回避的；

（八）无诉讼行为能力人未经法定代理人代为诉讼或者应当参加诉讼的当事人，因不能归责于本人或者其诉讼代理人的事由，未参加诉讼的；

（九）违反法律规定，剥夺当事人辩论权利的；

（十）未经传票传唤，缺席判决的；

（十一）原判决、裁定遗漏或者超出诉讼请求的；

（十二）据以作出原判决、裁定的法律文书被撤销或者变更的；

（十三）审判人员审理该案件时有贪污受贿，徇私舞弊，枉法裁判行为的。

第二百三十四条[②]　执行过程中，案外人对执行标的提出书面异议的，人民法院应当自收到书面异议之日起十五日内审查，理由成立的，裁定中止对该标的的执行；理由不成立的，裁定驳回。案外人、当事人对裁定不服，认为原判决、裁定错误的，依照审判监督程序办理；与原判决、裁定无关的，可以自裁定送达之日起十五日内向人民法院提起诉讼。

《最高人民法院关于适用〈中华人民共和国民事诉讼法〉的解释》（2022年3月22日修正）

第三百零三条[③]　案外人提起执行异议之诉，除符合民事诉讼法第一百二十二条规定外，还应当具备下列条件：

---

① 原第二百条。
② 原第二百二十七条。
③ 原第三百零五条。

（一）案外人的执行异议申请已经被人民法院裁定驳回；

（二）有明确的排除对执行标的执行的诉讼请求，且诉讼请求与原判决、裁定无关；

（三）自执行异议裁定送达之日起十五日内提起。

人民法院应当在收到起诉状之日起十五日内决定是否立案。

第三百零四条[①] 申请执行人提起执行异议之诉，除符合民事诉讼法第一百二十二条规定外，还应当具备下列条件：

（一）依案外人执行异议申请，人民法院裁定中止执行；

（二）有明确的对执行标的继续执行的诉讼请求，且诉讼请求与原判决、裁定无关；

（三）自执行异议裁定送达之日起十五日内提起。

人民法院应当在收到起诉状之日起十五日内决定是否立案。

第四百二十条[②] 必须共同进行诉讼的当事人因不能归责于本人或者其诉讼代理人的事由未参加诉讼的，可以根据民事诉讼法第二百零七条第八项规定，自知道或者应当知道之日起六个月内申请再审，但符合本解释第四百二十一条规定情形的除外。

人民法院因前款规定的当事人申请而裁定再审，按照第一审程序再审的，应当追加其为当事人，作出新的判决、裁定；按照第二审程序再审，经调解不能达成协议的，应当撤销原判决、裁定，发回重审，重审时应追加其为当事人。

第四百二十一条[③] 根据民事诉讼法第二百三十四条规定，案外人对驳回其执行异议的裁定不服，认为原判决、裁定、调解书内容错误损害其民事权益的，可以自执行异议裁定送达之日起六个月内，向作出原判决、裁定、调解书的人民法院申请再审。

法院裁判

以下为最高人民法院在判决书"本院认为"部分就此问题发表的意见：

本院经审查认为，本案系案外人申请再审，根据肖某君等7人的申请理由，本案审查焦点是：肖某君等7人是否属于原审判决必须参加诉讼的当事人因不可归责

[①] 原第三百零六条。
[②] 原第四百二十二条。
[③] 原第四百二十三条。

于本人的原因未参加诉讼之情形。

《民诉法解释》第四百二十二条规定，必须共同进行诉讼的当事人因不能归责于本人或者其诉讼代理人的事由未参加诉讼的，可以根据民事诉讼法第二百条第八项规定，自知道或者应当知道之日起6个月内申请再审，但符合本解释第四百二十三条规定情形的除外。该条是关于被遗漏的必要共同诉讼人申请再审的规定，即依据该条申请再审的当事人须是原审必须共同进行诉讼的当事人。从本案再审申请人肖某君等7人提交再审申请书及相关材料来看，其主张权利的标的物虽与原判决争议的标的物有部分重合，但肖某君等7人与东某公司之间签订房屋买卖合同关系产生纠纷，与原判决因东某公司与三某农场、台某管委会之间合作开发合同、拆迁安置补偿、商品房买卖合同关系产生的争议，各方主体并未处于同一法律关系中，解决的也并非同一争议。肖某君等7人不属于必须共同参加原审诉讼的当事人，且其在再审申请书中亦自认系对争议房产有独立请求权的第三人，肖某君等7人以此为由申请再审，缺乏事实与法律依据。该7人认为对案涉标的物享有权利，可依法另行主张。

综上，肖某君等7人的再审申请不符合《民诉法解释》第四百二十二条以及《民事诉讼法》第二百条第二项、第八项规定的情形。依照《民事诉讼法》第二百零四条第一款，《民诉法解释》第三百九十五条第二款规定，裁定如下：驳回肖某君、张某琳、陈某、丁某、王某章、王某、徐某君的再审申请。

案件来源

《肖某君、张某琳所有权确认纠纷再审审查与审判监督民事裁定书》【（2018）最高法民申601号】

延伸阅读

一、对于非因自身原因未参加诉讼的必须共同进行诉讼的当事人，无权提起第三人撤销之诉。

案例一：《林某与龙某丽、桂林市宇某房地产开发有限公司二审民事裁定书》【（2015）民一终字第273号】

最高人民法院认为，《民事诉讼法》第五十六条确立的第三人撤销之诉制度，赋予了第三人对错误生效裁判的救济途径。第三人撤销之诉意味着对已生效裁判的效力进行评价，打破已经稳定的法律关系，是对判决终局性和稳定性的挑战。第三人撤销之诉作为一种事后救济途径，不同于普通民事诉讼，其起诉条件被严格限定。鉴于《民事诉讼法》第五十六条第三款明确将提起第三人撤销之诉的原告限定为"前两款规定的第三人"，因此不宜再对"第三人"做扩大解释。对于非因自身原因未参加诉讼的必须共同进行诉讼的当事人，《民诉法解释》第四百二十二条第一款另行规定了救济途径，即"必须共同进行诉讼的当事人因不能归责于本人或者其诉讼代理人的事由未参加诉讼的，可以根据民事诉讼法第二百条第八项规定，自知道或者应当知道之日起六个月内申请再审，但符合本解释第四百二十三条规定情形的除外"。根据前述分析，从程序条件上审查，林某并非广西高院（2013）桂民再终字第 7 号民事案件的第三人，不具备《民事诉讼法》第五十六条规定的第三人撤销之诉的原告资格，原审裁定不予受理林某的起诉正确。若林某认为自己仍然是案涉商品房的共同买受人之一，可以被遗漏的必须共同进行诉讼的当事人身份依照相关规定主张自己的权利。

二、实际施工人挂靠在房地产公司名下的，不足以对挂靠公司参与的另案建设工程施工纠纷产生重大影响，依据合同相对性原则，不属于应当参加诉讼的当事人。

案例二：《郓城县某公司建设工程施工合同纠纷再审审查与审判监督民事裁定书》【（2018）最高法民申 5718 号】

最高人民法院认为，郓城公司以原告身份提起诉讼，要求澳某公司向其给付工程款，所依据的是两者之间的施工合同法律关系。在该关系中并不存在孙某永作为当事人一方与郓城公司共同履行案涉施工合同权利义务的问题。即便一审法院知道孙某永是涉案工程的实际施工人，也不等于其必须作为共同原告或有独立请求权的第三人在本案中主张其权益。一审中，孙某永曾向法院回答"我是实际施工人，原告郓城公司安排我来处理这个案件，但我没有委托手续"。根据合同相对性原则，即便孙某永是借用郓城公司资质的实际施工人，其与郓城公司之间的内部挂靠关系，也不足以对郓城公司与澳某公司之间的建设工程施工纠纷产生重大影响，不属于应当参加诉讼的当事人。即便如郓城公司申请再审认为，孙某永应当作为有独立请求权的第三人参加诉讼，也不存在人民法院依职权主动追加，强制其通过诉讼解决纠纷的问题。

三、必要共同诉讼当事人的诉讼标的是同一的，认定当事人是否属于必要共同当事人应考虑合同相对性原理。

案例三：《阜康市天某热力有限责任公司、华某阜康热电有限责任公司供用热力合同纠纷再审审查与审判监督民事裁定书》【（2018）最高法民申 6155 号】

最高人民法院认为，必要共同诉讼当事人的诉讼标的是同一的，本案中蓝某热力公司和阜某有限公司与华某热电公司的法律关系与本案并非同一法律关系，案涉纠纷发生在华某热电公司和天某热力公司之间，根据合同相对性原理，蓝某热力公司和阜某有限公司并非本案必要共同诉讼当事人。且天某热力公司在一、二审中并未主张追加，现就此申请再审，本院不予支持。

四、承担共同还款责任中，债权人仅向部分责任人主张债权的，其他人不属于必要共同诉讼当事人。

案例四：《佛山市天某泰普贸易有限公司、佛山市光某亮照明灯具有限公司买卖合同纠纷再审审查与审判监督民事裁定书》【（2017）最高法民申 4905 号】

最高人民法院认为，关于仁某公司是不是本案必要共同诉讼当事人的问题。根据《非独家经销协议补充协议》《还款承诺书》的记载，仁某公司与天某泰普公司、光某亮公司、澳某朗公司共同承诺还款，对飞某浦公司承担共同还款责任，据此飞某浦公司有权选择仅对部分债务人进行主张，因此仁某公司并非本案必要共同诉讼当事人。

070 获赠取得的房屋（地下车库、储藏室）使用权人能否阻止移交、排除强制执行？

> 获赠取得的使用权不同于租赁权不能阻止移交占有，不能排除执行

阅读提示

目前，我国在相关法律和司法解释中确立了"买卖不破租赁"的原则。当承租人满足一定条件时，可基于不动产租赁权提出案外人执行异议或执行异议之诉，赋予其阻止移交不动产占有的权利，达到在执行程序中保护租赁权的目的。但是，获赠取得的不动产的使用权人在执行程序中又该如何保护自身合法权益呢？

裁判要旨

获赠取得的房屋使用权不同于租赁权、不同于以转移所有权为目的的物权期待权，案外人不能以此为由阻止移交占有，亦无权排除强制执行。

案情简介

2012年12月8日,杨某购买金某源房地产公司开发的房屋,并在签订《商品房购销合同》后付款。双方另行签订《储藏室使用权赠与协议》《停车位租赁合同》,两份协议以杨某全面履行《商品房购销合同》为附随条件。

2015年3月17日,在谭某与金某源房地产公司等借款合同纠纷一案中,重庆一中院作出民事裁定书,查封金某源房地产公司财产(包括上述储藏室、停车位)。

2015年12月3日,重庆高院作出民事调解书,要求金某源房地产公司限期向谭某还本付息。后,金某源房地产公司未履行该调解书,谭某申请强制执行,杨某提出执行异议。

2017年5月20日,物业公司出具《关于拥有合法权益的证明》,证明杨某接房后一直缴纳物业费并一直使用案涉储藏室和车位。

2017年11月8日,重庆高院裁定驳回杨某的异议。杨某遂提起案外人执行异议之诉,请求阻止移交车位和储藏室、排除执行,并请求法院确认其对于储藏室享有使用权、对于车位享有租赁权。

2018年7月20日,重庆高院经审查认为,因各方当事人对杨某享有储藏室使用权、车位租赁权无异议,故不支持杨某对储藏室、车位的确权请求。杨某有权基于租赁权阻止移交车位,无权排除强制执行;杨某无权基于使用权阻止移交储藏室,排除强制执行。杨某不服,向最高人民法院申请再审。

2019年3月8日,最高人民法院经审查,判决驳回上诉,维持原判。

裁判要点及思路

本案的争议焦点有三,最高人民法院分别对三个争议焦点进行了审查,具体审查、认定情况如下表所示:

争议焦点	判决理由	判决结论
1.是否应确认杨某对案涉车位和储藏室的使用权	案外人在执行异议之诉请求确认的权利应为足以排除强制执行的权利,因杨某对案涉车位、储藏室的使用权不足以排除强制执行,各方当事人以及执行法院对其享有的使用权亦无异议,自无须在执行异议之诉中对此进行专门确认	不应支持杨某对案涉车位和储藏室的使用权的确权请求

续表

争议焦点	判决理由	判决结论
2. 杨某对案涉储藏室的使用权是否足以排除执行	案涉车位、储藏室的使用权并非法定的用益物权，亦不同于以转移所有权为目的的物权期待权，而使用权与所有权的分离并不能阻碍所有权的变更	杨某对案涉储藏室的使用权不足以排除执行行为
3. 杨某要求阻止案涉储藏室赠与使用期内的移交占有是否应支持	执行法院已注意到杨某作为使用权受赠人、租赁人的权益，杨某在二审中亦自述案涉储藏室执行中的司法评估报告已去除了储藏室使用权的价值。杨某亦未举证证明法院在执行过程中要求其腾退房屋，其要求阻止案涉储藏室移交占有缺乏事实依据	杨某无权要求阻止案涉储藏室赠与使用期内的移交占有

分析最高人民法院的裁判思路：

我国《合同法》第二百二十九条、《物权法》第一百九十条在实体法上规定了"买卖不破租赁"原则。之后，《执行异议和复议规定》第三十一条、《拍卖、变卖规定》第三十一条第二款中在执行程序中进一步细化了"买卖不破租赁"原则。上述法律和司法解释均为保护承租人而设，租赁权属于被物权化的债权。但是，使用权作为所有权的权能内容之一，法律及司法解释并非赋予其物权性质的权利。同时，获赠形式取得的使用权区别于租赁权，不能获得法律特殊保护。因此，这是本案中杨某不能基于《执行异议和复议规定》第三十一条的规定请求阻止移交占有储藏室、有权基于该规定阻止移交车位的主要原因。

我国《民诉法解释》第三十一条第二款赋予了案外人在执行异议之诉中可以提起确认其权利的诉讼请求，人民法院可以在判决中一并作出裁判。一般而言，案外人提起执行异议之诉的目的是阻却对执行标的的强制执行。为达到该目的，案外人需证明其享有足以排除强制执行的民事权益。最高人民法院从纠纷一次性解决的角度出发，将执行异议之诉中"真实权属"和"能否阻止执行"两项内容均纳入人民法院的审查范围。但是，根据该条司法解释的规定，案外人在执行异议之诉中提起确认其权利的诉讼请求的，人民法院可以在判决中一并作出裁判，并非"必须"在判决中一并作出裁判。人民法院只对案外人要求确认的权利对是否能排除强制执行起决定作用、存在争议的权益加以确认，对于其他的无争议、不足以排除强制执行的民事权益无须加以确认。由于租赁权、使用权并非能够排除强制执行的所有权且各方当事人对此均无异议，因此，本案中，最高人民法院正是基于对《民诉法解释》第三百一十二条的精准理解和适用，作出不予支持杨某请求确认对车位享有租赁权、对储藏室享有使用权的判决。

实务要点总结

  房屋使用权不同于租赁权，案外人不能以此为由阻止移交占有；房屋使用权非法定的用益物权，不同于以转移所有权为目的的物权期待权，案外人不能以此为由排除强制执行。

  只有在满足法定条件的情形下，不动产承租人才有权阻止移交占有。根据《执行异议和复议规定》第三十一条第一款规定，承租人作为案外人主张不动产租赁权异议的条件有三：（1）承租人在承租期内；（2）在法院查封前已签订合法有效的书面租赁合同；（3）在法院查封前已经占有使用该不动产。否则，承租人无权在执行程序中对抗不动产买受人或申请执行人。

  不动产承租人仅有权请求阻止移交占有，无权排除对执行标的物的强制执行。《执行异议和复议规定》第三十一条第一款规定了承租人在执行程序中可以作为案外人通过主张不动产租赁权异议保护已方合法权益。但是，实践中，存在承租人作为案外人提起执行异议和执行异议之诉时，请求法院阻止移交占有和排除强制执行，或者仅请求排除强制执行。由于租赁权作为一种特殊债权，法律通过"买卖不破租赁"的原则对其予以特殊保护，对承租人的保护仅限于保护其占有状态，并非租赁物的所有权。故，承租人仅有权请求阻止移交占有，无权排除对执行标的物的强制执行行为，如法院对不动产的查封行为。

  承租人应慎重选择在案外人执行异议之诉中提出确认其租赁权或使用权的诉请。关于承租人在案外人执行异议之诉中请求确认其享有租赁权或使用权的请求，有最高人民法院观点认为，该请求超出执行异议请求范围的，不应予以审查；若各方当事人以及执行法院对其享有的租赁权或使用权无异议的情况下，则无须在执行异议之诉中对此进行专门确认，应对确认案涉物使用权的请求不予支持。

  承租人应重视在签订租赁合同阶段控制未来在执行程序中的风险。目前，司法解释已明确：承租人如果在执行程序中以自己享有的租赁权对抗申请执行人或者执行标的物买受人，必须在法院查封之前已签订合法有效的书面租赁合同并占有使用该不动产。本书建议，承租人应尽量与出租人通过书面形式确定双方之间的租赁关系，同时在合同中约定合同签订后、占有前以及占有后，发生非由承租人一方原因导致合同履行不能时，出租人的违约责任。

相关法律规定

《最高人民法院关于人民法院办理执行异议和复议案件若干问题的规定》（2020年12月23日修正）

第三十一条　承租人请求在租赁期内阻止向受让人移交占有被执行的不动产，在人民法院查封之前已签订合法有效的书面租赁合同并占有使用该不动产的，人民法院应予支持。

承租人与被执行人恶意串通，以明显不合理的低价承租被执行的不动产或者伪造交付租金证据的，对其提出的阻止移交占有的请求，人民法院不予支持。

《最高人民法院关于人民法院民事执行中拍卖、变卖财产的规定》（2020年12月23日修正）

第二十七条①　人民法院裁定拍卖成交或者以流拍的财产抵债后，除有依法不能移交的情形外，应当于裁定送达后十五日内，将拍卖的财产移交买受人或者承受人。被执行人或者第三人占有拍卖财产应当移交而拒不移交的，强制执行。

第二十八条②　拍卖财产上原有的担保物权及其他优先受偿权，因拍卖而消灭，拍卖所得价款，应当优先清偿担保物权人及其他优先受偿权人的债权，但当事人另有约定的除外。

拍卖财产上原有的租赁权及其他用益物权，不因拍卖而消灭，但该权利继续存在于拍卖财产上，对在先的担保物权或者其他优先受偿权的实现有影响的，人民法院应当依法将其除去后进行拍卖。

《民法典》（2020年5月28日公布）

第四百零五条③　抵押权设立前，抵押财产已经出租并转移占有的，原租赁关系不受该抵押权的影响。

第七百二十五条④　租赁物在承租人按照租赁合同占有期限内发生所有权变动的，不影响租赁合同的效力。

《最高人民法院关于适用〈中华人民共和国民事诉讼法〉的解释》（2022年3月22日修正）

第三十一条　经营者使用格式条款与消费者订立管辖协议，未采取合理方式提

---

① 原第三十条。
② 原第三十一条。
③ 原《物权法》第一百九十条。
④ 原《合同法》第二百二十九条。

请消费者注意，消费者主张管辖协议无效的，人民法院应予支持。

第三百一十二条① 对案外人执行异议之诉，人民法院判决不得对执行标的执行的，执行异议裁定失效。

对申请执行人执行异议之诉，人民法院判决准许对该执行标的执行的，执行异议裁定失效，执行法院可以根据申请执行人的申请或者依职权恢复执行。

法院裁判

以下为最高人民法院在判决书"本院认为"部分就此问题发表的意见：

本院认为，本案二审的争议焦点是：1. 是否应确认杨某容对案涉车位和储藏室的使用权；2. 杨某容对案涉储藏室的使用权是否足以排除执行；3. 杨某容要求阻止案涉储藏室赠与使用期内的移交占有是否应支持。

杨某容与云南金某源房地产公司签订《停车位租赁合同》，获得案涉车位的租赁使用权，又与云南金某源房地产公司在签订《商品房购销合同》的同时签订《溪谷雅苑储藏室使用权赠与协议》，获得案涉储藏室的赠与使用权。杨某容、云南金某源房地产公司对此不存在争议，执行法院亦未否认。但案涉车位、储藏室的使用权并非法定的用益物权，亦不同于以转移所有权为目的的物权期待权，而使用权与所有权的分离并不能阻碍所有权的变更，故杨某容对案涉车位、储藏室的使用权不足以排除处置案涉车位、储藏室所有权的执行行为。

对案外人提出的执行异议之诉，其目的在于判定案外人就执行标的享有的权益是否足以排除强制执行，案外人同时提出确认其权利的诉请可一并裁判，因杨某容对案涉车位、储藏室的使用权不足以排除强制执行行为，各方当事人以及执行法院对其享有的使用权亦无异议，自无须在执行异议之诉中对此进行专门确认，故一审对杨某容确认案涉储藏室使用权的请求不予支持并无不当。

从相关裁定中可知执行法院已注意到杨某容作为使用权受赠人、租赁人的权益，杨某容在二审中亦自述案涉储藏室执行中的司法评估报告已去除了储藏室使用权的价值，杨某容亦未举证证明法院在执行过程中要求其腾退房屋，其要求阻止案涉储藏室移交占有缺乏事实依据，本院不予支持。若评估拍卖等执行行为影响了其对案涉储藏室的使用，其可另寻救济。

---

① 原第三百一十四条。

案件来源

《执行案外人杨某容、谭某富二审民事判决书》【（2019）最高法民终 56 号】

延伸阅读

一、承租人无权在执行异议程序中排除查封措施。

案例一：《福建某农村商业银行股份有限公司华林支行与何某生、肖某等金融借款合同纠纷执行裁定书》【（2016）最高法执监 397 号】

最高人民法院认为，在执行法院实际移交占有被执行人的不动产或虽未实际移交但法院采取的执行措施有此种现实风险时，如涤除租赁权对财产进行评估、拍卖等，符合条件的承租人可以提出异议，阻止执行法院在租赁期内向受让人移交占有被执行的不动产，以保护其正常使用、收益租赁物的权利。但对不动产采取查封措施本身不涉及移交该不动产，也未产生将来移交的现实风险。本案中，执行依据（2014）榕民初字第 1025 号民事判决已明确原告农商行华林支行有权就本案所涉房产拍卖、变卖所得价款在 450 万元的限额内优先受偿，福州中院对本案所涉房产采取查封措施并无不当，该房产上无论是否附着有在先的租赁权，均不能阻止执行法院对其采取查控措施。因此，何某生关于在人民法院查封之前已签订合法有效的书面租赁合同并占有使用该房产的主张无论是否成立，其解除对本案争议房产查封的请求均不能得到支持。

二、承租人不能证明在法院查封之前已占有使用租赁物的，无权拒绝移交占有租赁物。

案例二：《谢某能、王某江再审审查与审判监督民事裁定书》【（2017）最高法民申 259 号】

最高人民法院认为，《拍卖、变卖规定》第三十条规定，"人民法院裁定拍卖成交或者以流拍的财产抵债后，除有依法不能移交的情形外，应当于裁定送达后十五日内，将拍卖的财产移交买受人或者承受人。被执行人或者第三人占有拍卖财产应当移交而拒不移交的，强制执行"。本案中，谢某能、王某江虽提供了与讼争房产有关的租赁协议，但未能证明该房产在人民法院查封之前已被其占有使用，因此其无权请求阻止向买受人金某昌公司移交占有讼争房产。厦门中院作出执行《公告》，责令谢某能、王某江腾空、迁出讼争房产，符合法律和司法解释相关规定。

三、在不能举证承租关系真实性的情况下，承租人不能排除强制执行。

案例三：《王某、西安达某曼实业股份有限公司房屋租赁合同纠纷再审审查与

审判监督民事裁定书》【（2018）最高法民申 3551 号】

最高人民法院认为，首先，承租人王某虽然提交了于 2003 年 6 月 25 日其与许某林以达某曼公司的名义签订的《房屋租赁协议》并将上述房屋租于王某使用，但一审法院法官于 2010 年 1 月 11 日与达某曼公司常务副总、董秘、出纳、会计等工作人员谈话时，该公司工作人员表示未曾见过涉案《房屋租赁协议》，查阅公司档案并不存在该份协议，也未收到过王某缴纳的 50 万元租金，公司固定资产中也无该两套涉案房产。两者存在矛盾，无法确定《房屋租赁协议》的真实性。其次，虽然王某主张房屋租金（含物业管理费）每年 5 万元，租期为 20 年，第一次一次性支付 10 年租金 50 万元，后 10 年每 5 年支付一次。但在案涉房屋租赁期为 20 年，被执行人达某曼公司未到庭参与诉讼的情况下，王某未能按照《城市房地产管理法》第五十四条关于"向房产管理部门登记备案"之规定，提供房屋租赁备案登记或公证的相关材料，原判决对案涉《房屋租赁协议》的真实性未予认定并无不当。最后，案涉当事人均未能对争议房屋款项及所有权提交完整的证据链条，原判决对王某关于案涉房屋所有权为达某曼公司的主张未予采信，亦无不当。综上，王某举示的证据不足以证明其与达某曼公司就案涉房屋形成租赁关系，亦不能阻却法院对案涉房屋的强制执行。

四、租赁合同履行情况、租赁物范围是法院在执行程序中必须查清的基本事实。

案例四：《乌苏市鑫某丰小额贷款有限公司、田某祥再审民事裁定书》【（2018）最高法民再 346 号】

最高人民法院再审认为，原审法院没有查清以下两个方面的基本事实：第一，在《酒店承包经营合同》和补充协议签订之前与之后，蔡某疆欠付田某祥的借款本金和利息是多少，田某祥向蔡某疆、蔡某龙支付的承包金（租金）是多少，这些基本事实涉及《酒店承包经营合同》和补充协议的履行情况，执行案涉房产时也必须查清。第二，本案中田某祥一审诉讼请求和二审上诉请求的内容并不一致，其一审诉讼请求为，确认对田某祥租赁的位于奎屯市捷乐得别克特团结南街 × 幢 × 号如某酒店享有 20 年的租赁权；其二审上诉请求为，请求二审法院对田某祥租赁的位于奎屯市捷乐得别克特团结南街 × 幢 × 号如某酒店不予执行。在本案中，田某祥提出诉讼请求针对的是如某酒店；而另案执行的对象是案涉房产，如某酒店只占案涉房产的一部分。但原判决并未查清如某酒店与案涉房产的面积。案涉房产面积和如某酒店面积是本案必须查清的基本事实，对于在执行中如何保护田某祥和鑫某丰汇某公司的合法权益也是必要的，必须查清。

第七章 以物抵债与执行异议

071 以房屋抵偿工程款,能否排除开发商普通债权人的执行?

> 抵债房屋属于工程款的物化载体,能够排除开发商普通债权人的执行

阅读提示

《合同法》第二百八十六条规定,发包人逾期不支付工程价款的,承包人可以与发包人协议将该工程折价,也可以请求人民法院将该工程依法拍卖。建设工程的价款就该工程折价或者拍卖的价款优先受偿。那么,当发包人的普通债权人申请强制执行发包人的建设工程时,承包人是否有权排除发包人的债权人的强制执行?

根据《民诉法解释》第五百零八条的规定,建设工程价款优先受偿权人可以直接申请参与分配,主张优先受偿权。建设工程价款优先受偿权的基础权源从本质上属于债权,只是相对于普通债权而言具有优先性而已,因此该权利并不足以排除强制执行。但是,当发包人已经将房屋抵偿给承包人时,承包人能否排除发包人的普通债权人对抵偿房屋的强制执行?本文通过最高人民法院的一则案例,对这一问题进行分析。

裁判要旨

承包人以冲抵工程款的方式购买案涉房屋,其实质是通过协商折价抵偿,实现承包人就案涉项目房屋所享有的建设工程价款优先受偿权。承包人与发包人以案涉房屋折价抵偿欠付工程款,案涉房屋系工程款债权的物化载体,能够排除开发商普通债权人的强制执行。

案情简介

开发商大邑银某公司不能偿还对承包人建机工程公司的工程款,双方签订《协

议书》，约定将案涉13套房抵偿欠付的工程款。建机工程公司可以将抵偿的房屋出售，大邑银某公司配合购房人办理权属证书。

双方针对抵偿的房屋又签订《商品房买卖合同》，约定建机公司购买《协议书》附表中约定的房屋，房屋价款与《协议书》附表约定一致。

开发商大邑银某公司与紫某投资公司借款合同纠纷一案中，成都中院裁定对案涉13套房屋予以查封。建机工程公司对案涉13套房屋提出执行异议，成都中院裁定中止对案涉13套房屋的执行。

紫某投资公司不服裁定，向成都中院提起诉讼。成都中院经审理认为，建机工程公司在双方商品房买卖合同成立后，未办理房屋权属登记属于建机工程公司自身的原因所致。本案不符合《执行异议和复议规定》第二十八条的规定，不足以排除人民法院强制执行，判决准予执行案涉房屋。

建机工程公司上诉至四川省高院，建机工程公司的本意并非购买案涉房屋，本案不能参照《执行异议和复议规定》第二十八条的规定进行处理。建机公司仅享有债权，不享有所有权等实体权利，不能排除强制执行，判决驳回上诉，维持原判。

建机公司向最高人民法院申请再审，最高人民法院认为，建机公司与大邑银某公司以房屋折价抵偿欠付工程款，案涉房屋系工程款债权的物化载体，能够排除开发商普通债权人的强制执行，判决撤销四川高院和成都中院的民事判决，驳回紫某投资公司的诉讼请求。

裁判要点及思路

本案的核心争议焦点是：建机工程公司通过协商抵偿方式获得案涉房屋，能否排除发包人大邑银某公司的普通债权人的强制执行。

一审法院依据《执行异议和复议规定》第二十八条对本案进行审理，认为建机工程公司在签订商品房买卖合同成立后，由于自身过错未办理房屋权属登记，因此无权排除执行。

二审法院认为建机公司虽然签订了《商品房买卖合同》，但是建机工程公司的本意并非购买案涉房屋，本案不能参照《执行异议和复议规定》第二十八条的规定进行处理。二审法院认为，建机公司仅享有债权，不享有所有权等实体权利，不能排除强制执行。

最高人民法院同样认为本案不适用《执行异议和复议规定》第二十八条，但认为建机公司能够排除强制执行，裁判思路如下：

第一，建机工程公司以与大邑银某公司签订以房抵债《协议书》的方式，行使了建设工程价款优先受偿权。建机工程公司以冲抵工程款的方式购买案涉房屋，其实质是通过协商折价抵偿的方式，实现建机工程公司就案涉项目房屋所享有的建设工程价款优先受偿权，建机工程公司与大邑银某公司以案涉房屋折价抵偿欠付工程款，符合《合同法》第二百八十六条规定的工程价款优先受偿权实现方式。

第二，建机工程公司享有的工程价款优先受偿权足以排除紫某投资公司的强制执行。紫某投资公司对大邑银某公司享有的是普通借贷债权，而建机工程公司作为案涉工程项目的承包人对案涉房屋享有建设工程价款优先受偿权，建机工程公司工程款债权优先于紫某投资公司的普通债权得到受偿，案涉房屋系工程款债权的物化载体，本案不适用《执行异议和复议规定》第二十八条，建机工程公司就案涉房屋享有的权利足以排除紫某投资公司的强制执行。

实务要点总结

承包人与发包人以案涉房屋折价抵偿欠付工程款，案涉房屋系工程款债权的物化载体，能够排除开发商普通债权人的强制执行。根据《民诉法解释》第五百零八条的规定，建设工程价款优先受偿权人可以直接申请参与分配，主张优先受偿权。建设工程价款优先受偿权的基础权源从本质上属于债权，只是相对于普通债权而言具有优先性而已，因此该权利并不足以排除强制执行。（详见延伸阅读案例）但是，当发包人已经将房屋抵偿给承包人时，符合《合同法》第二百八十六条规定的工程价款优先受偿权实现方式，承包人已经实现了建设工程价款优先受偿权，用于抵偿的房屋系工程款债权的物化载体，承包人能够排除发包人的普通债权人对抵偿房屋的强制执行。

承包人与发包人签订以房抵债协议书，符合《合同法》第二百八十六条规定的工程价款优先受偿权实现方式。《合同法》第三百八十六条规定了承包人享有建设工程价款优先受偿权。《合同法》第二百八十六条规定"发包人未按照约定支付价款的，承包人可以催告发包人在合理期限内支付价款。发包人逾期不支付的，除按照建设工程的性质不宜折价、拍卖的以外，承包人可以与发包人协议将该工程折价，也可以申请人民法院将该工程依法拍卖。建设工程的价款就该工程折价或者拍卖的价款优先受偿"。可见，承包人与发包人签订以房抵债协议书，其实质是通过协商折价抵偿方式，实现承包人享有的建设工程价款优先受偿权，符合《中华人民共和国合同法》第二百八十六条规定的工程价款优先受偿权实现方式。

承包人要注意在法定期限内行使建设工程价款优先受偿权。在民法典生效前，根据《最高人民法院关于审理建设工程施工合同纠纷案件适用法律问题的解释

(二)》第二十二条的规定，行使建设工程价款优先受偿权的期限为 6 个月。2021 年 1 月 1 日实施的《最高人民法院关于审理建设工程施工合同纠纷案件适用法律问题的解释（一）》第四十一条规定，将承包人行使建设工程价款优先受偿权的期限延长到 18 个月。承包人应在该法定期限内行使建设工程价款优先受偿权，过期则丧失权利。承包人行使优先受偿权的形式包括且不限于通知、协商、诉讼、仲裁等方式，承包人要在除斥期间内以上述形式主张建设工程价款优先受偿权。

相关法律规定

《民法典》（2020 年 5 月 28 日公布）

第八百零七条[①]　发包人未按照约定支付价款的，承包人可以催告发包人在合理期限内支付价款。发包人逾期不支付的，除根据建设工程的性质不宜折价、拍卖外，承包人可以与发包人协议将该工程折价，也可以请求人民法院将该工程依法拍卖。建设工程的价款就该工程折价或者拍卖的价款优先受偿。

《最高人民法院关于适用〈中华人民共和国民事诉讼法〉的解释》（2022 年 3 月 22 日修正）

第五百零六条[②]　被执行人为公民或者其他组织，在执行程序开始后，被执行人的其他已经取得执行依据的债权人发现被执行人的财产不能清偿所有债权的，可以向人民法院申请参与分配。

对人民法院查封、扣押、冻结的财产有优先权、担保物权的债权人，可以直接申请参与分配，主张优先受偿权。

《最高人民法院关于人民法院办理执行异议和复议案件若干问题的规定》（2020 年 12 月 23 日修正）

第二十八条　金钱债权执行中，买受人对登记在被执行人名下的不动产提出异议，符合下列情形且其权利能够排除执行的，人民法院应予支持：

（一）在人民法院查封之前已签订合法有效的书面买卖合同；

（二）在人民法院查封之前已合法占有该不动产；

（三）已支付全部价款，或者已按照合同约定支付部分价款且将剩余价款按照人民法院的要求交付执行；

（四）非因买受人自身原因未办理过户登记。

[①] 原《合同法》第二百八十六条。

[②] 原第五百零八条。

《最高人民法院关于审理建设工程施工合同纠纷案件适用法律问题的解释（一）》(2020年12月29日公布)

第四十一条 承包人应当在合理期限内行使建设工程价款优先受偿权，但最长不得超过十八个月，自发包人应当给付建设工程价款之日起算。

法院裁判

以下是最高人民法院在判决书"本院认为"部分就此问题发表的意见：

一、建机工程公司在法定期限内向大邑银某公司就案涉建设工程价款主张了工程价款优先受偿权。

本院认为，承包人享有的建设工程价款优先受偿权系法定权利，承包人行使优先受偿权的形式包括且不限于通知、协商、诉讼、仲裁等方式，承包人在除斥期间内以上述形式主张过建设工程价款优先受偿权的，应当认定其主张未超过优先受偿权行使的法定期限。建机工程公司再审中举示的《关于我司向大邑银某房地产开发有限公司交付工程有关情况的说明》明确载明案涉工程竣工验收并交付的时间分别为2009年4月25日、2011年1月8日、2011年2月28日。而建机工程公司再审中提交的大邑银某公司与建机工程公司分别签订结算书的时间为2009年9月29日、2011年3月28日。大邑银某公司出具的《关于我司为某建筑机械化工程有限公司抵偿房屋办理过户登记有关情况的说明》载明："鉴于我司因位于大邑县大邑大道458#邑都上城项目欠付省建机公司工程款6830778元，且省建机公司享有该工程价款优先受偿权，经多次磋商，我司于2013年7月11日与省建机公司签订《协议书》，约定将我司房源中价值7330778元的15套房屋用以抵扣欠付建机公司的工程款6830778元……"原审中建机工程公司已将该份说明作为证据提交，大邑银某公司原审代理人对该份说明的真实性无异议，故该份说明可以证明建机工程公司在案涉工程价款优先受偿权行使的六个月法定期限内通过磋商的方式向大邑银某公司主张过工程价款优先受偿权，故建机工程公司与大邑银某公司于2013年7月11日签订案涉《协议书》时并未超过建设工程价款优先受偿权行使的法定期限。

二、建机工程公司以与大邑银某公司签订的以房抵债《协议书》方式行使建设工程价款优先受偿权。

根据《合同法》第二百八十六条规定，在发包人逾期不支付工程价款的情形下，承包人既可以通过法院拍卖程序就建设工程拍卖价款优先受偿，也可以通过与发包人协商的方式将建设工程折价抵偿。建机工程公司承建了大邑银某公司开发的"邑都上城"项目土建、水电安装工程。大邑银某公司欠付建机工程公司该工程项目的工程款 6830778 元。双方于 2013 年 7 月 11 日签订《协议书》，约定以案涉位于"邑都上城"项目的 13 套房屋在内的共 15 套房屋作价 7330778 元抵偿大邑银某公司欠付建机工程公司的工程款，后建机工程公司与大邑银某公司就案涉房屋签订《商品房买卖合同》，建机工程公司以冲抵工程款的方式购买案涉房屋，其实质是通过协商折价抵偿实现建机工程公司就案涉项目房屋所享有的建设工程价款优先受偿权，建机工程公司与大邑银某公司以案涉房屋折价抵偿欠付工程款，符合《合同法》第二百八十六条规定的工程价款优先受偿权实现方式。

三、建机工程公司享有的工程价款优先受偿权足以排除紫某投资公司的强制执行。

本院《最高人民法院关于建设工程价款优先受偿权问题的批复》第一条规定："人民法院在审理房地产纠纷案件和办理执行案件中，应当依照《中华人民共和国合同法》第二百八十六条的规定，认定建筑工程的承包人的优先受偿权优于抵押权和其他债权。"紫某投资公司对大邑银某公司享有的是普通借贷债权，而建机工程公司作为案涉工程项目的承包人对案涉房屋享有建设工程价款优先受偿权，建机工程公司工程款债权优先于紫某投资公司的普通债权得到受偿，案涉房屋系工程款债权的物化载体，本案不适用《执行异议和复议规定》第二十八条的规定，建机工程公司就案涉房屋享有的权利足以排除紫某投资公司的强制执行。

综上所述，建机工程公司的再审理由成立，其再审请求应予支持。原审判决认定事实不清，适用法律不当，应予纠正。依照《民事诉讼法》第一百五十四条第一款第三项规定，判决如下：

一、撤销四川省高级人民法院（2019）川民终 1009 号民事判决和四川省成都市中级人民法院（2018）川 01 民初 3248 号民事判决；

二、驳回成都紫某投资管理有限公司的诉讼请求。

案件来源

《某建筑机械化工程有限公司、成都紫某投资管理有限公司申请执行人执行异议之诉再审民事判决书》【最高人民法院（2020）最高法民再 352 号】

延伸阅读

建设工程价款优先受偿权的基础权源从本质上属于债权，只是相对于普通债权而言具有优先性而已，因此该权利并不足以排除强制执行，也不应作为当事人提起案外人执行异议之诉的权利基础。

案例：《贺某妙与河南国某建设集团有限公司案外人执行异议之诉一案再审民事裁定书》【最高人民法院（2019）最高法民申 3207 号】

关于二审法院裁定驳回国某建设公司案外人执行异议之诉的起诉适用法律是否正确的问题。案外人执行异议之诉是指案外人就执行标的享有足以排除强制执行的权利，请求法院不再对执行标的实施执行的诉讼。建设工程价款优先受偿权的基础权源从本质上属于债权，只是相对于普通债权而言具有优先性而已，因此该权利并不足以排除强制执行，也不应作为当事人提起案外人执行异议之诉的权利基础。《民诉法解释》第五百零八条规定："被执行人为公民或者其他组织，在执行程序开始后，被执行人的其他已经取得执行依据的债权人发现被执行人的财产不能清偿所有债权的，可以向人民法院申请参与分配。对人民法院查封、扣押、冻结的财产有优先权、担保物权的债权人，可以直接申请参与分配，主张优先受偿权。"建设工程价款优先受偿权属于法定优先权，承包人可以申请参与到执行程序中，主张对执行标的物享有优先受偿权。本案中，裕某公司拖欠国某建设公司的建设工程价款已经为生效判决所确认，如该公司对执行标的享有建设工程价款优先受偿权并在法定期间内主张，该公司可以申请参与到执行程序中并主张对标的物优先分配，而不应以案外人身份提起执行异议之诉。因此，二审法院依据《民事诉讼法》第一百一十九条、第二百二十五条及《民诉法解释》第三百零五条的相关规定，裁定驳回国某建设公司的起诉，并指引国某建设公司申请参与到执行程序中，适用法律并无不当。

072 债务人破产，债权人能否要求继续履行以房抵债协议？

> **债务人破产，债权人无权要求继续履行以房抵债协议**

阅读提示

签订以房抵债、以车抵债等以物抵债协议的，在债务人企业破产的情况下，以物抵债协议的债权人能否要求债务人企业继续履行以物抵债协议，进而要求其交付抵债物？管理人能否解除以物抵债协议？在签订以物抵债协议的债务人破产时，债权人应该注意哪些法律风险呢？

裁判要旨

债务人破产，破产管理人不能随意解除以物抵债协议，债权人亦无权请求继续履行以物抵债协议，抵债物应被列入债务人企业破产财产。

案情简介

2015年10月，因卢某国与广某公司之间存在借款关系，广某公司将其名下581个车位以网签的形式预售给卢某国，并签订《顶房协议》《商品房预售合同》。

2016年6月，广某公司经法院裁定重整。卢某国向广某公司管理人申报借款债权。2017年12月，广某公司管理人通知卢某国不再向其交付上述车位。

卢某国遂将广某公司诉至山东威海中院，请求确认其对涉案车位享有所有权，并要求继续履行合同。

2018年7月，威海中院经审查认为，卢某国与广某公司之间的商品房预售合同实质为借贷关系提供担保，因未办理登记，卢某国对涉案车位仅享有债权。应按企业破产法的规定申报债权，判决驳回诉讼请求。卢某国不服，上诉至山东高院。

2018年11月，山东高院经审查认为，卢某国与广某公司之间的合同属于以物抵债协议，涉案车位买卖是为担保民间借贷债务履行，并非买卖合同关系。因广某公司未交付涉案房产、未办理过户登记，以物抵债构成个别清偿，广某公司管理人有权解除合同。判决驳回上诉，维持原判。卢某国不服，向最高人民法院申请再审。

2019年9月，最高人民法院判决驳回卢某国再审申请。

裁判要点及思路

最高人民法院认为，本案再审审查主要有两个问题：（1）原判决认定《顶房协议》《商品房预售合同》系以物抵债协议是否存在认定事实错误问题；（2）二审法院认定广某公司构成个人清偿，是否存在适用法律错误问题。

关于争议焦点一，最高人民法院认为，《商品房预售合同》系在双方之间因民间借贷关系而形成财产抵偿债务协议的基础上签订的，二者具有整体性和关联性，不能割裂地分析双方之间的房屋买卖关系和借贷关系。故《商品房预售合同》的性质应认定为以物抵债协议。因涉案房屋未发生物权变动，卢某国无权行使取回权。

关于争议焦点二，最高人民法院认为，鉴于广某公司仅在二审答辩时提出本案以物抵债行为属于个别清偿行为，但在其未就上述个别清偿行为提起反诉的情况下，二审法院认定广某公司管理人有权主张撤销《顶房协议》《商品房买卖合同（预售）》超出本案审理范围，有所不当。但由于原判决中未就撤销问题作出明确判项，且原审法院未支持卢某国关于对案涉房屋行使取回权主张的处理结果并无不当。本案是否构成个别清偿，当事人可另案处理。

分析最高人民法院背后的裁判思路，最高人民法院认为，当债务人破产且抵债物未发生物权变动的情况下，债权人无权仅基于以物抵债协议要求确认其对抵债物的所有权，更无权要求取回，抵债物应被列入债务人的破产财产。本案债权人卢某国请求继续履行合同，但是，在债务人企业破产的情况下，最高人民法院的态度比较明确，即债权人无权在该种情形下请求继续履行合同。这是因为，一旦允许债务人继续履行合同，无异于赋予以物抵债的债权人物权性质的权利，不符合破产程序公平受偿的原则。另外，在程序方面需要注意的是，债务破产管理人如在"破产债权确认纠纷"中撤销以物抵债协议，需要就个别清偿行为提起反诉。此时，法院才有权就以物抵债协议是否构成个别清偿、是否应撤销作出判项。

实务要点总结

当事人欲通过以不动产抵债形式消灭原有债权时，债权人必须考虑到一旦债务人企业破产的情况下，债权人存在极大的不能取得抵债物的法律风险。债务人应当知道以下法律要点，提前做好相关准备，请专业律师介入前期以物抵债协议的拟定、签署工作，防止"一着不慎"，不能全额受偿债权。

债务人破产时，破产管理人不能随意解除以物抵债协议。《企业破产法》第十八条规定，破产管理人对破产申请受理前成立而债务人企业和对方当事人均未履行完毕的合同，有权决定解除或者继续履行。但是，在以物抵债协议中，债权人一方已经履行完毕合同，仅破产债务人未履行完毕。故，不符合企业破产法第十八条规定的情形，债务人破产管理人不能随意解除合同。

债务人破产时，以物抵债协议的债权人无权请求继续履行以物抵债协议。债务人破产管理人不能解除合同，并不意味着债权人有权请求债务人的破产管理人继续履行合同。这是因为，一旦支持以房抵债、以物抵债的债权人继续履行合同的请求，无异于赋予其物权期待权。即使在债权人不属于无过错的买受人或买受房屋的消费者时，支持债权人要求破产管理人交付抵债物的请求，无异于个别清偿，不符合破产程序公平受偿的原则。

债务人破产，债权人请求债务人继续履行合同的，应通过破产程序公平受偿。即使债权人属于无过错的买受人或买受房屋的消费者时，债权人请求破产的债务人继续履行合同的，根据最高人民法院在九民会议纪要中的最新司法观点，法院应将债权人的请求转化为金钱之债，即一般的金钱债权。以物抵债的债权人通过破产程序，与其他债权人公平受偿。

如果抵债物是在建房屋，在债务人企业破产的情况下，可以以事实履行不能，不能实现合同目的为由，允许破产管理人解除合同。此时，破产管理人有权解除以物抵债协议的依据是《合同法》关于合同履行不能时当事人对待给付义务消灭的规定，而非《企业破产法》第十八条的规定。

相关法律规定

《民法典》（2020年5月28日公布）

第五百六十三条　有下列情形之一的，当事人可以解除合同：

（一）因不可抗力致使不能实现合同目的；

（二）在履行期限届满前，当事人一方明确表示或者以自己的行为表明不履行主要债务；

（三）当事人一方迟延履行主要债务，经催告后在合理期限内仍未履行；

（四）当事人一方迟延履行债务或者有其他违约行为致使不能实现合同目的；

（五）法律规定的其他情形。

以持续履行的债务为内容的不定期合同，当事人可以随时解除合同，但是应当在合理期限之前通知对方。

《企业破产法》（2006年8月27日公布）

第十八条 人民法院受理破产申请后，管理人对破产申请受理前成立而债务人和对方当事人均未履行完毕的合同有权决定解除或者继续履行，并通知对方当事人。管理人自破产申请受理之日起二个月内未通知对方当事人，或者自收到对方当事人催告之日起三十日内未答复的，视为解除合同。

管理人决定继续履行合同的，对方当事人应当履行；但是，对方当事人有权要求管理人提供担保。管理人不提供担保的，视为解除合同。

第三十二条 人民法院受理破产申请前六个月内，债务人有本法第二条第一款规定的情形，仍对个别债权人进行清偿的，管理人有权请求人民法院予以撤销。但是，个别清偿使债务人财产受益的除外。

第四十条 债权人在破产申请受理前对债务人负有债务的，可以向管理人主张抵销。但是，有下列情形之一的，不得抵销：

（一）债务人的债务人在破产申请受理后取得他人对债务人的债权的；

（二）债权人已知债务人有不能清偿到期债务或者破产申请的事实，对债务人负担债务的；但是，债权人因为法律规定或者有破产申请一年前所发生的原因而负担债务的除外；

（三）债务人的债务人已知债务人有不能清偿到期债务或者破产申请的事实，对债务人取得债权的；但是，债务人的债务人因为法律规定或者有破产申请一年前所发生的原因而取得债权的除外。

法院裁判

以下为最高人民法院在判决书"本院认为"部分就此问题发表的意见：

本院认为，本案再审审查主要有两个问题：原判决认定《顶房协议》《商品房买卖合同（预售）》系以物抵债协议是否存在认定事实错误问题；二审法院是否存在适用法律错误问题。

关于原判决认定《顶房协议》《商品房买卖合同（预售）》系以物抵债协议是否存在认定事实错误问题。根据卢某国与广某公司签订的《顶房协议》，其中约定了借款顶房产权的归属和相关抵顶金额，且卢某国在一审起诉状中，明确表述因广某公司无法偿还借款本息，故双方签订《顶房协议》，约定将广某公司所欠款项中的862751元借款抵顶房款。《商品房买卖合同（预售）》系在双方之间因民间借贷关系而形成财产抵偿债务协议的基础上签订的，二者具有整体性和关联性，不能割裂分析双方之间的房屋买卖关系和借贷关系。故原审判决认定《顶房协议》《商品房买卖合同（预售）》构成以物抵债协议，并无不当。卢某国关于原审判决认定事实错误的再审理由不能成立，本院不予支持。另，《物权法》第九条第一款规定："不动产物权的设立、变更、转让和消灭，经依法登记，发生效力；未经登记，不发生效力，但法律另有规定的除外。"据此规定，关于不动产物权登记生效原则，除法律另有规定外，不动产登记是不动产权利变动的生效要件。由于本案房屋产权未登记至卢某国名下，故该房屋仍应属于广某公司财产。原审法院认定卢某国对案涉房产不享有所有权，故无权行使取回权，亦无不当。此外，卢某国依约支付的60.6万元款项，在《顶房协议》中明确约定为"解押资金"，广某公司已实际向目标房屋原有抵押权人支付该款项并已经实际解除案涉房屋的抵押，卢某国在一审诉讼请求中未对该部分款项主张权利，原审判决应当另案处理，并无不当。

关于二审法院认定广某公司构成个人清偿，是否存在适用法律错误问题。本案中，广某公司仅在二审答辩时提出本案以物抵债行为属于个别清偿行为，但在其未就撤销上述个别清偿行为提起反诉的情况下，二审法院认定广某公司管理人有权主张撤销《顶房协议》《商品房买卖合同（预售）》超出本案审理范围，有所不当。但由于原判决中未就撤销问题作出明确判项，且原审法院未支持卢某国关于对案涉房屋行使取回权主张的处理结果并无不当。故本案是否构成个别清偿，《顶房协议》《商品房买卖合同（预售）》是否应予撤销的问题，当事人可另案处理。

案件来源

《卢某国、威海广某房地产开发有限责任公司破产债权确认纠纷再审审查与审判监督民事裁定书》【（2019）最高法民申1529号】

延伸阅读

一、破产重整裁定作出后，执行行为应当中止，债权人申请以物抵债的裁定系在重整裁定作出后作出且尚未送达的，管理人可申请撤销。

案例一：《南通金某兰装饰工程有限公司与乳山金某城置业有限公司执行裁定书》【（2017）最高法执监151号】

最高人民法院认为，本案的争议焦点是涉案房产应否列入破产财产。

第一，《企业破产法》第十九条规定：人民法院受理破产申请后，有关债务人财产的保全措施应当解除，执行程序应当中止。第七十一条规定：人民法院经审查认为重整申请符合本法规定的，应当裁定债务人重整，并予以公告。第七十二条规定：自人民法院裁定债务人重整之日起至重整程序终止，为重整期间。根据上述规定，重整裁定自人民法院作出之日即发生法律效力，并不以送达或公告为生效条件，执行程序于重整裁定作出之日即应当中止。实践中，债务人通常有多个债权人，如以送达生效，将出现重整期间不一致的情形，无法实现公平清理债权债务的目的。本案中，乳山法院于2015年1月12日裁定金某城长某公司破产重整，该裁定自作出之日即发生法律效力。威海中院于2015年1月13日对涉案财产进行第三次拍卖，采取执行措施在破产申请受理之后，根据《最高人民法院关于适用〈中华人民共和国企业破产法〉若干问题的规定（二）》第五条规定，破产申请受理后，有关债务人财产的执行程序未依照《企业破产法》第十九条的规定中止的，采取执行措施的相关单位应当依法予以纠正。威海中院裁定撤销该院（2013）威执一字第351号执行裁定符合法律和司法解释的规定。

第二，申诉人认为，根据《最高人民法院关于适用〈中华人民共和国企业破产法〉若干问题的规定（二）》第十五条规定，债务人经诉讼、仲裁、执行程序对债权人进行的个别清偿，管理人依据《企业破产法》第三十二条的规定请求撤销的，人民法院不予支持。金某城长某公司是经过诉讼程序对金某兰公司进行的个别清偿，因此不应被撤销。同时，符合《最高人民法院关于如何理解〈最高人民法院关于破产法司法解释〉第六十八条的请示的答复》[①] 规定的不应列入破产财产的两种例外情形。上述申诉理由，均是以重整裁定送达生效为前提，认为因重整裁定晚于以物抵债裁定送达，因此晚于以物抵债裁定生效。如前所述，重整裁定作出即生效，申诉人对上述司法解释的理解不符合法律和司法解释的规定，亦不符合企业破产法关于公平受偿的立法精神。

二、房产企业破产的，对于购房消费者已经交付的房款本金，破产管理人应确认消费者优先债权，依法优先偿还。但是，购房消费者无权要求管理人继续交付房产。

案例二：《郑某成、威海广某房地产开发有限责任公司破产债权确认纠纷再审审查与审判监督民事裁定书》【（2019）最高法民申4145号】

最高人民法院认为，郑某成属于消费性购房，对于已经交付的房款本金，管理人确认为消费者优先债权，依法优先偿还。故没有证据证明广某公司与郑某成就交付案涉房产达成了新的协议，郑某成提交的第三次、第四次债权人会议材料中，关于其债权性质的记载也不足以证明广某公司管理人作出了同意向其交付案涉房产的

---

① 2017年12月12日失效。

意思表示。根据《合同法》第九十七条的规定，合同解除后，尚未履行的，终止履行；已经履行的，根据履行情况和合同性质，当事人可以要求恢复原状、采取其他补救措施，并有权要求赔偿损失。由于双方签订的案涉房产买卖合同已被人民法院依法解除，本案中郑某成要求作为业主债权人，主张管理人向其交付案涉房产，没有事实和法律依据，故本院对于郑某成的相关再审请求不予支持。

三、在执行程序中，双方当事人协商以物抵债是一种私法行为，属于执行和解的一种形式，人民法院一般不宜出具执行裁定予以确认。但由于法律并未作禁止性规定，在协议以物抵债事实客观存在并且已经部分实际履行的情况下，不宜仅以法律无明确规定为由撤销以物抵债裁定。

案例三：《山东黎某纺织有限公司破产管理人、哈密双某棉业有限责任公司买卖合同纠纷执行审查类执行裁定书》【（2016）最高法执监 447 号】

最高人民法院认为，关于以物抵债裁定的合法性。在执行程序中，双方当事人协商以物抵债是一种私法行为，属于执行和解的一种形式，人民法院一般不宜出具执行裁定予以确认。但由于法律并未作禁止性规定，在协议以物抵债事实客观存在并且已经部分实际履行的情况下，不宜仅以法律无明确规定为由撤销以物抵债裁定。

四、以房抵债是支付购房款的一种形式，债权人如为《执行异议和复议规定》第二十八条规定的房屋消费者，债权人对抵债房屋享有物权期待权，有权排除案外人的强制执行。

案例四：《江苏省华某建设股份有限公司、江苏省华某建设股份有限公司惠州分公司再审审查与审判监督民事裁定书》【（2018）最高法民申 3971 号】

最高人民法院认为，关于朱某清是否已支付购房款的问题。虽然朱某清并没有以现金或转账方式向麦某公司实际交付所有房款，但以房抵债亦是支付购房款的一种形式，在麦某公司对此予以认可，并出具了收款收据的情况下，原判决认定朱某清于 2011 年 9 月 6 日以款项冲抵方式付清了案涉房产的购房款 1955800 元，并无不当。华某公司、华某惠州分公司不能提供充分证据证明以房抵债存在虚构债务等情形，不足以推翻原判决认定的相关事实，其关于以物抵债不产生针对交易不动产的物权期待权的再审申请理由没有法律依据，本院不予支持。

073 拍卖流拍后，法院可以直接将部分拍卖物抵债吗？

> 法院不可在整体拍卖流拍后直接将其中部分财产抵债给债权人

阅读提示

拍卖物是在建工程、房屋、土地使用权的，拍卖流拍后，当事人受让多个债权后与债务人达成以物抵债协议的，存在哪些法律风险？很多人不知道，即使在有法院作出以物抵债裁定的情况下，存在损害其他顺位债权人的情形时，以物抵债裁定照样能撤销！

裁判要旨

法院应在拍卖物整体拍卖流拍后以整体抵债。财产可分割的，则宜通过重新评估等方式确定部分财产处置参考价并重新拍卖，不宜在整体拍卖流拍后直接将其中部分财产抵债给债权人。

案情简介

陈某利（首封）、郭某宾（第二轮候）、贾某强（第十五轮候）、春某峰（第十六轮候）四股东分别查封了博某公司的财产，并将其债权转让给神某之源公司。除此之外，尚有赵某军等12人为第三轮候至第十四轮候的在先权利人。

2017年4月，平顶山中院在另案中对博某公司名下土地使用权进行拍卖，但因无人竞买而流拍。神某之源公司向平顶山中院申请将拍卖被执行人博某公司的上述财产以拍卖的保留价以物抵债。抵债的土地使用权为上述拍卖物的一部分。平顶山中院裁定将被执行人博某公司部分土地使用权抵债给神某之源公司所有。

赵某军等其他债权人不服上述裁定，向平顶山中院提出执行异议，请求法院实现查封在前的债权人债权以后，严格按照查封顺位对申请人的债权予以保护、清偿。平顶山中院裁定驳回赵某军等异议，赵某军等向河南高院申请复议。

河南高院经审查认为，存在多个债权人对同一被执行人申请执行的情况下，法院应按照采取执行措施的先后顺序受偿。平顶山中院的执行措施侵害了顺位在先的其他债权人利益，应予撤销。神某之源公司不服，向最高人民法院申诉。

2019年3月19日，最高人民法院裁定驳回神某之源公司的申诉请求。

裁判要点及思路

最高人民法院认为，本案争议焦点有三：（1）针对以物抵债裁定提出异议是否超过法定期限；（2）以物抵债裁定是否损害查封顺位在先的其他债权人利益；（3）以物抵债裁定是否会导致土地与房产权属不一致。

关于以物抵债裁定提出异议是否超过法定期限的问题。当事人、利害关系人提出异议的期限包括两种情况：一是对于一般执行行为提出异议的，应当在执行程序终结之前提出；二是对终结执行行为提出异议的，应当自收到终结执行法律文书之日起60日内提出；未收到法律文书的，应当自知道或者应当知道人民法院终结执行之日起60日内提出。通常将在结案通知书之前发出以物抵债裁定理解为一般执行行为，对该以物抵债裁定提出异议应在执行程序终结之前。最高人民法院认为，在以物抵债裁定送达之日即终结全案执行程序的特殊情形下，如因执行程序终结而不允许对以物抵债裁定提出异议，则几乎完全剥夺了当事人、利害关系人就以物抵债裁定提出异议的权利，将实质上剥夺当事人及利害关系人法定的异议权，与法律保护异议权利的精神不符。故应参照适用《最高人民法院关于对人民法院终结执行行为提出执行异议期限问题的批复》对终结执行行为提出异议的期限规定更为公正。

关于以物抵债裁定是否损害查封顺位在先的其他债权人利益的问题。平顶山中院在陈某利等四人将债权转让给神某之源公司后将四案合并执行，但该四人在四案查封土地、房产的顺位情况不一，也并非全部首封案涉土地或房产。最高人民法院认为，执行法院虽将四案合并执行，但仍应按照四人申请查封的顺序确定受偿顺序。平顶山中院的以物抵债裁定实质上是将查封顺位在后的原贾某强、春某峰债权受偿顺序提前，侵害了在先轮候的债权人的合法权益。

关于以物抵债裁定是否会导致土地与房产权属不一致的问题。先前拍卖时所作评估报告，对象和范围为土地使用权一宗及地上未完工房屋建筑物，且明确该次评估中在建房产资产价值不含其所占用的土地使用权价值。所以，案涉抵债的部分土地使用权，不包括地上未抵债在建工程价值。案涉以物抵债裁定将导致在建工程的产权人与占用范围内的土地使用权人不一致。物权法确立了土地使用权与地上建筑物、构筑物及附属设施一体化处理原则，人民法院在执行程序中处置相关财产时，也应遵循这一原则，将土地使用权与地上建筑物、构筑物一并处分。

最后，针对神某之源公司提出的"对于以物抵债裁定中不存在撤销理由的部分财产自以物抵债裁定送达之日起归神某之源公司所有"的主张,最高人民法院认为,在整体拍卖流拍后以整体抵债,才符合以物抵债规定的精神。若以其中部分财产抵债,则会导致所抵债部分财产与原拍卖标的物不同。为更充分体现部分财产价值、公平保障各方当事人利益,在财产可分割前提下,如需就其中部分财产予以处置,则宜通过重新评估等方式确定部分财产处置参考价并重新拍卖,而不宜在整体拍卖流拍后直接将其中部分财产抵债给债权人。

实务要点总结

在执行程序中,选择通过受让多个债权申请以物抵债的方式受偿债权,债权人务必对以下几点事项予以重点关注:

是否存在受让的多个债权人查封顺序不一、原债权人之间是否存在其他顺序的债权人的情形。如果存在上述情形,我们建议当事人之间尽量不要选择通过合并受让债权的方式达到"浑水摸鱼"的目的。否则,即使在法院作出以物抵债裁定的情况下,受让债权人亦存在因损害其他顺位债权人利益被撤销的法律风险。

查封顺序不同的债权人合并转让债权,债权受让人与债务人达成的以物抵债协议或以物抵债裁定应被撤销。在这种情况下,实质上是将查封顺位在后的原债权人的受偿顺序提前,损害了在先轮候的债权人的合法权益,应予撤销。

注意以物抵债裁定是否会导致土地与房产权属不一致的问题。《物权法》确立了土地使用权与地上建筑物、构筑物及附属设施一体化处理原则,法院在执行程序中处置相关财产时,应将土地使用权与地上建筑物、构筑物一并处分。一般而言,法院在进行拍卖时会对拍卖物进行价值评估,如存在在建工程、土地使用权、房屋时,评估对象不必然包括所有地上建筑物。如选择部分拍卖物受偿,以物抵债裁定将导致未抵债部分建筑物的产权人与该建筑物所占用范围内的土地使用权人不一致,部分抵债物的价值无法被准确评估,法院应予以依法撤销。

法院应在拍卖物整体拍卖流拍后以整体抵债,切勿选择部分抵债。若其中部分财产抵债,则会导致所抵债部分财产与原拍卖标的物不同,极有可能出现本案中违反"房地一体原则"的情形,在财产可分割前提下,如需就其中部分财产予以处置,则宜通过重新评估等方式确定部分财产处置参考价并重新拍卖,而不宜在整体拍卖流拍后直接将其中部分财产抵债给债权人。

另外,对于以物抵债裁定不服的当事人或利害关系人,应重点关注在以物抵债裁定送达之日即终结全案执行程序的特殊情形下,对以物抵债裁定提出异议的法定期限。法院作出以物抵债裁定为一般执行行为,如对该以物抵债裁定提出异议的,应在自收到终结执行法律文书之日起 60 日内提出；未收到法律文书的，应当自知道或者应当知道人民法院终结执行之日起 60 日内提出。

相关法律规定

《最高人民法院关于人民法院执行工作若干问题的规定（试行）》（2020 年 12 月 23 日修正）

55①. 多份生效法律文书确定金钱给付内容的多个债权人分别对同一被执行人申请执行，各债权人对执行标的物均无担保物权的，按照执行法院采取执行措施的先后顺序受偿。

多个债权人的债权种类不同的，基于所有权和担保物权而享有的债权，优先于金钱债权受偿。有多个担保物权的，按照各担保物权成立的先后顺序清偿。

一份生效法律文书确定金钱给付内容的多个债权人对同一被执行人申请执行，执行的财产不足清偿全部债务的，各债权人对执行标的物均无担保物权的，按照各债权比例受偿。

《最高人民法院关于人民法院民事执行中查封、扣押、冻结财产的规定》（2020 年 12 月 23 日修正）

第二十一条② 查封地上建筑物的效力及于该地上建筑物使用范围内的土地使用权，查封土地使用权的效力及于地上建筑物，但土地使用权与地上建筑物的所有权分属被执行人与他人的除外。

地上建筑物和土地使用权的登记机关不是同一机关的，应当分别办理查封登记。

《最高人民法院关于对人民法院终结执行行为提出执行异议期限问题的批复》（2016 年 2 月 14 日公布）

当事人、利害关系人依照民事诉讼法第二百二十五条规定对终结执行行为提出异议的，应当自收到终结执行法律文书之日起六十日内提出；未收到法律文书的，应当自知道或者应当知道人民法院终结执行之日起六十日内提出。批复发布前终结执行的，自批复发布之日起六十日内提出。超出该期限提出执行异议的，人民法院不予受理。

---

① 原 88。
② 原第二十三条。

法院裁判

以下为最高人民法院在判决书"本院认为"部分就此问题发表的意见：

本院认为，本案争议焦点是：一、针对以物抵债裁定提出异议是否超过法定期限；二、以物抵债裁定是否损害查封顺位在先的其他债权人利益；三、以物抵债裁定是否会导致土地与房产权属不一致。

一、关于针对以物抵债裁定提出异议是否超过法定期限的问题。根据《执行异议和复议规定》第六条第一款和《最高人民法院关于对人民法院终结执行行为提出执行异议期限问题的批复》规定，当事人、利害关系人提出异议的期限包括两种情况：一是对于一般执行行为提出异议的，应当在执行程序终结之前提出；二是对终结执行行为提出异议的，应当自收到终结执行法律文书之日起60日内提出；未收到法律文书的，应当自知道或者应当知道人民法院终结执行之日起60日内提出。按照《最高人民法院关于执行案件立案、结案若干问题的意见》第十五条第二款的要求，执行完毕应当制作结案通知书并发送当事人。双方当事人书面认可执行完毕或口头认可执行完毕并记入笔录的，无须制作结案通知书。该结案通知书应属于终结执行法律文书。相应地，通常将在结案通知书之前发出以物抵债裁定理解为一般执行行为，对该以物抵债裁定提出异议应在执行程序终结之前。

神某之源公司主张以物抵债裁定作出当日平顶山中院即向其送达了裁定，裁定送达即产生财产权移转的法律效果，抵债土地及建筑物对应的执行程序已经终结。本院认为，对特定标的物终结执行不同于执行案件全案终结执行，在全案终结执行前，当事人、利害关系人仍可提出执行异议。而在以物抵债裁定送达之日即终结全案执行程序的特殊情形下，如因执行程序终结而不允许对以物抵债裁定提出异议，则几乎完全剥夺了当事人、利害关系人就以物抵债裁定提出异议的权利，将实质上剥夺当事人及利害关系人法定的异议权，与法律保护异议权利的精神不符。因此，在以物抵债裁定送达之日即终结全案执行程序的特殊情形下，在审查当事人、利害关系人对以物抵债裁定提出异议是否超过期限时，参照适用《最高人民法院关于对人民法院终结执行行为提出执行异议期限问题的批复》对终结执行行为提出异议的期限规定更为公正。

从本案查明情况看，执行法院收到赵某军执行异议材料的时间为2017年4月13日，收到刘某珠、王某东、王某年、张某、康某花等人执行异议材料的时间为2017年4月25日，收到博某公司执行异议材料的时间为2017年4月14日。而以物抵债裁定落款时间为2017年4月4日，提出异议时明显没有超过60日期限，平顶山中院受理异议并无不当。

二、关于以物抵债裁定是否损害查封顺位在先的其他债权人利益的问题。关于执行顺位，《执行工作规定》第八十八条第一款规定，多个债权人对同一被执行人申请执行，各债权人对执行标的物均无担保物权的，按照执行法院采取执行措施的先后顺序受偿。平顶山中院在陈某利、郭某宾、春某峰、贾某强将债权转让给神某之源公司后将四案合并执行，但该四案查封土地、房产的顺位情况不一，也并非全部首封案涉土地或房产。贾某强虽申请执行法院对案涉土地B29地块运营商总部办公楼采取了查封措施，但该建筑占用范围内的土地使用权此前已被查封。根据《查封、扣押、冻结规定》第二十三条第一款有关查封土地使用权的效力及于地上建筑物的规定精神，贾某强对该建筑物及该建筑物占用范围内的土地使用权均系轮候查封。陈某利、郭某宾虽仅对土地使用权采取查封措施，但根据查封土地使用权的效力及于地上建筑物的规定精神，陈某利、郭某宾对本案所涉建筑物的查封顺序亦同于对土地使用权查封顺序。执行法院虽将春某峰、贾某强的案件与陈某利、郭某宾的案件合并执行，但仍应按照春某峰、贾某强、陈某利、郭某宾依据相应债权申请查封的顺序确定受偿顺序。截至2017年2月28日，原陈某利、郭某宾债权本息合计76736464.09元，远低于本案所涉财产抵债价值153073614元。对原陈某利、郭某宾相应债权抵债后剩余部分财产价值，应当由查封顺序在郭某宾之后，贾某强、春某峰之前，且未受偿的债权人优先受偿。因神某之源公司受让了贾某强、春某峰及陈某利、郭某宾债权，平顶山中院裁定将全部涉案财产抵债给神某之源公司，实质上是将查封顺位在后的原贾某强、春某峰债权受偿顺序提前，影响了在先轮候的债权人的合法权益。平顶山中院未按照法律规定采取执行措施的先后顺序确定受偿顺序，将博某公司的部分土地使用权及地上部分建筑物裁定以物抵债给神某之源公司，该执行行为违反了法律规定，侵害了顺位在先的其他债权人利益。

三、关于以物抵债裁定是否会导致土地与房产权属不一致的问题。神某之源公司认为以物抵债裁定以"路南部分土地使用权"抵债，已扣除三栋楼所占用的土地使用权，客观上不会造成房地分离情形。而根据评估机构的评估报告，评估对象和范围为土地使用权一宗及地上未完工房屋建筑物，且明确评估中在建房产资产价值不含其所占用的土地使用权价值。平顶山中院（2016）豫04执57-5号裁定中明确抵债价格153073614元系从拍卖的保留价177922700元中扣除1号住宅楼的评估价值5308280元及B14-03地块内的温泉酒店评估价值19540806元而来。结合评估报告的说明看，扣除的1号住宅楼的评估价值及B14-03地块内的温泉酒店评估价值并不包括其占用范围内的土地使用权价值。本案平顶山中院确定抵债财产价值

153073614元，也并未扣除160720.03平方米土地使用权评估价值97685634元或其中部分价值，也就是说抵债财产价值包括抵债及未抵债建筑物所占用范围内的土地使用权价值。物权法确立了土地使用权与地上建筑物、构筑物及附属设施一体化处理原则，人民法院在执行程序中处置相关财产时，也应遵循这一原则，将土地使用权与地上建筑物、构筑物一并处分。据此，河南高院认为平顶山中院所作以物抵债裁定将导致未抵债给神某之源公司的部分建筑物的产权人与该建筑物所占用范围内的土地使用权人不一致的情况并无不当。

此外，神某之源公司主张，即便平顶山中院以物抵债裁定中存在表述不清，对部分抵债财产能否抵债存在不同认知和主张等情形，但是对于其中经审查确定不存在撤销理由的抵债财产，依法应自平顶山中院抵债裁定生效之日起即属于神某之源公司所有。对此问题，本院认为，在整体拍卖流拍后以整体抵债，才符合以物抵债规定的精神。若以其中部分财产抵债，则会导致所抵债部分财产与原拍卖标的物不同。为更充分体现部分财产价值、公平保障各方当事人利益，在财产可分割的前提下，如需就其中部分财产予以处置，则宜通过重新评估等方式确定部分财产处置参考价并重新拍卖，而不宜在整体拍卖流拍后直接将其中部分财产抵债给债权人。本案执行法院对案涉财产进行了整体拍卖，神某之源公司关于就不存在撤销理由的部分财产抵债的意见，本院不予采纳。

案件来源

《河南神某之源实业发展有限公司、赵某军民间借贷纠纷执行审查类执行裁定书》【（2018）最高法执监848、847、845号】

延伸阅读

一、拍卖流拍后，各申请执行人均应有机会成为拍卖物的承受人，执行法院应通知各申请执行人后续拍卖或以物抵债事宜。

案例一：《常州华某福海电子科技有限公司、常州久某电子有限公司与江苏高某资产监管有限公司、常州新北区商某担保有限公司企业借贷纠纷、申请公司清算执行裁定书》【（2016）最高法执监205号】

江苏高院审委会讨论认为，本案中，华某公司系被执行人高某公司的普通债权人，对被执行人高某公司所持金某公司股权强制执行流拍后，各申请执行人均应有机会成为上述抵债股权的承受人，而南京中院在2014年5月23日、11月18日、

11月20日已收到吴某琴、谢某平、久某公司、商某公司请求对高某公司股权执行参与分配，由全体债权人按比例分配书面申请的情况下，未告知吴某琴、谢某平恢复拍卖案涉股权事宜，未通知吴某琴、谢某平、商某公司、久某公司等其他债权人拍卖流拍及可申请以物抵债事宜，未征询其意见，亦未根据《民诉法执行程序解释》第二十五条"多个债权人对同一被执行人申请执行或者对执行财产申请参与分配的，执行法院应当制作财产分配方案，并送达各债权人和被执行人。债权人或者被执行人对分配方案有异议的，应当自收到分配方案之日起十五日内向执行法院提出书面异议"的规定，制作财产分配方案，即径行作出（2013）宁执字第386-4号执行裁定，剥夺了久某公司等申请执行人成为高某公司股权以物抵债承受人，提出执行分配方案异议的机会和权利。

二、法院分配拍卖价款时，应考虑拍卖物的查封顺序，不可笼统清偿。

案例二：《陈某南、吉安市锦某宾馆有限责任公司民间借贷纠纷执行审查类执行裁定书》【（2019）赣执复98号】

广东高院认为，本案吉安中院在拍卖价款的清偿过程中，没有依照上述法律和司法解释的规定，厘清该院裁定拍卖的27套房产及移送吉安市吉州区法院处置的6套房产中本案已轮为正式查封的房产及其拍卖价款清偿顺位，笼统地直接将剩余拍卖价款200万元移交给吉安市吉州区法院进行清偿，该剩余拍卖价款移交行为违反法定程序，故而原审异议裁定认定事实不清，适用法律不当。

三、以拍卖的不动产交付抵债需征得申请执行人的同意，且应以拍卖所定的保留价为标准进行折抵，应受清偿的债权数额低于抵债财产价值的，申请执行人还需补交差额。

案例三：《青海东某旅业有限责任公司与某银行股份有限公司其他执行申请复议执行裁定书》【（2014）执复字第19号】

最高人民法院认为，关于能否抵债的问题。某银行主张，青海高院认定其表示不能以财产抵债，缺乏依据。依据法律规定，以拍卖的不动产交付抵债需征得申请执行人的同意，且应以拍卖所定的保留价为标准进行折抵，应受清偿的债权数额低于抵债财产价值的，申请执行人还需补交差额。本案中，被执行人虽提出抵债方案，但因案涉标的物的拍卖保留价高于本案生效法律文书所确定的应履行数额，双方当事人就案涉标的物如何分割、其价值如何确定、申请执行人应否支付差额以及如何计算差额等事项均未达成一致。在未征得申请执行人同意的情况下，执行法院不能强制将拍卖财产交其抵偿债务。故本案不存在青海高院对于抵债处置不当的问题，亦不能以此认定终结本次执行程序不当。

074 以民事调解书形式达成的以物抵债协议能否排除强制执行

> 以民事调解书形式达成的以物抵债协议不能排除强制执行

阅读提示

当事人除了以自行签订以物抵债协议的方式进行以物抵债以外，还有通过法院介入以执行和解的形式进行的以物抵债。当事人之间自行签订的以物抵债协议在未进行变更登记或交付前，不产生物权变动的效果，所以案外人不能主张排除对于该抵债物的强制执行程序。那么，在民事诉讼中，以民事调解书的形式约定以物抵债的，能否直接产生物权变动，债权人依据民事调解书能否直接主张排除法院在另案中对于抵债物的强制执行呢？

裁判要旨

民事调解书是对当事人之间达成的以物抵债调解协议的确认，而以物抵债调解协议的本质属于债的范畴，只能表明当事人之间达成以物抵偿债务的利益安排，产生的直接后果是债权人取得要求债务人转移抵债物所有权的请求权，此时创设物权仍要按照法律规定的物权变动规则进行。

案情简介

2014年2月25日，姚某起诉鸿某来公司借款合同纠纷一案，在审理过程中，姚某与鸿某来公司在庭外自行达成以物抵债协议。鸿某来公司以土地使用权作价520万元抵偿对姚某负担的部分欠款。驻马店中院作出民事调解书确认双方达成的以物抵债协议，该调解书已生效。

2014年6月25日，因郭某与鸿某来公司等借款合同纠纷一案，河南省驿城公证处作出执行证书。在该案执行程序中，驻马店中院根据郭某的申请，裁定查封鸿某来公司名下土地使用权。

姚某以民事调解书已将该土地使用权抵偿给其所有为由，提出书面异议。

2015年1月12日，驻马店中院认为案涉土地使用权系鸿某来公司所有，裁定驳回案外人姚某的异议。姚某遂提起案外人执行异议之诉。

驻马店中院一审认为，法院的民事调解书不产生抵债物物权变动的法律效果，判决驳回姚某的诉讼请求。

姚某不服，上诉至河南高院。河南高院二审认为姚某通过民事调解书这一法律文书享有案涉土地物权，判决撤销一审判决，不得执行案涉土地使用权。郭某不服，向最高人民法院申请再审。

2018年12月27日，最高人民法院再审判决撤销河南高院作出的二审判决，维持驻马店中院作出的一审判决。

裁判要点及思路

本案的争议焦点是姚某对案涉土地使用权是否享有足以排除强制执行的民事权益。姚某认为，其与鸿某来公司在庭外自行达成以物抵债协议已经由法院作出民事调解书，《物权法司法解释（一）》第七条规定，法院作出的民事调解书产生物权变动的效力，因此其享有足以排除强制执行的民事权益。

本案中，一审法院、二审法院对于以民事调解书形式达成的以物抵债是否产生抵债物物权变动的效力认识不一。最高人民法院认为，以民事调解书形式达成的以物抵债不产生物权变动的效力，案外人不能基于以民事调解书形式达成的以物抵债排除强制执行。

分析最高人民法院背后的裁判思路，原因是以物抵债调解书只是法院对当事人以物抵债协议的确认，其实质内容是确认债务人用以物抵债的方式来履行债务合法，并不产生对物权权属的变动效果。此处主要涉及《物权法》第二十八条中导致物权变动的人民法院的法律文书范围的理解，该条中的法律文书是指法院作出的直接为当事人创设或者变动物权的法律文书。一般而言，该类文书仅限于共有纠纷诉讼中，法院直接认定案件当事人之间对于案涉标的物的共有关系的判决或裁定。在这类案件中，法院的介入直接对诉争物的权属作出了判断，产生物权变动的效果。而在法院出具关于以物抵债的民事调解书的场合，法院只是确认当事人之间以物抵债这种清偿方式的合法性，并不产生物权变动的效果。这类调解书具有给付内容，法院可以强制义务人交付标的物或完成权利变更登记。只有在标的物完成交付或者完成权利变更登记后，才产生物权变动的效力。因此，债权人并不因此取得抵债物的所有权。债权人作为案外人以物抵债的民事调解书为依据，排除强制执行的，不能支持。

实务要点总结

诉讼中达成的以物抵债协议及民事调解书不能排除强制执行。根据目前的司法解释及最高人民法院的观点，对于当事人在诉讼中达成的以物抵债协议，法院一般不出具民事调解书进行确认。当事人申请确认的，原则上，法院不应准许。当事人在诉讼中达成以物抵债协议的，当事人撤诉后，如果债务人不履行以物抵债协议，债权人可以请求债务人履行以物抵债协议。

以物抵债裁定不能直接导致物权变动。能够直接引起物权变动的法律文书限于法院作出的形成判决。所谓形成判决是指，变更或消灭当事人之间原来存在的没有法律争议的民事法律关系的判决。人民法院、仲裁机构作出的确认当事人给付行为、未改变原有物权关系的判决书、裁决书、调解书，不属于《物权法》第二十八条所称导致物权设立、变更、转让或者消灭的人民法院、仲裁机构的法律文书，当事人即使取得该类文书，也不能当然地认为已经取得抵债物的所有权。

只有分割共有不动产或者动产等案件中，法院作出并依法生效的改变原有物权关系的判决书、裁决书、调解书才有物权变动的效力。《物权法司法解释（一）》第七条规定："人民法院、仲裁委员会在分割共有不动产或者动产等案件中作出并依法生效的改变原有物权关系的判决书、裁决书、调解书，以及人民法院在执行程序中作出的拍卖成交裁定书、以物抵债裁定书，应当认定为物权法第二十八条所称导致物权设立、变更、转让或者消灭的人民法院、仲裁委员会的法律文书。"该条文中，人民法院、仲裁机构作出的判决书、裁决书、调解书，应作狭义理解。即仅为人民法院、仲裁机构在分割共有不动产或者动产案件中作出并依法生效的改变原有物权关系的判决书、裁决书、调解书。除此之外，其他类型的法律文书，不产生物权变动的法律效果。

当事人欲达成以物抵债协议的，建议在执行程序中申请法院作出以物抵债裁定。债权债务人通过法院达成以物抵债协议的，法院作出民事调解书确认债权债务关系及具体金额后，债权人可向法院申请执行。在执行程序中，债权人申请法院以物抵债，法院根据债权人的申请作出以物抵债裁定。该裁定将列明抵债物的所有权自以物抵债裁定送达受偿方时发生转移。此时，受偿方即使未就抵债物办理变更登记或者未实际占有的，亦不影响其成为合法的所有权人。

相关法律规定

《民法典》（2020年5月28日公布）

第二百二十九条[1]　因人民法院、仲裁机构的法律文书或者人民政府的征收决定等，导致物权设立、变更、转让或者消灭的，自法律文书或者征收决定等生效时发生效力。

《最高人民法院关于适用〈中华人民共和国民法典〉物权编的解释（一）》（2020年12月29日公布）

第七条[2]　人民法院、仲裁机构在分割共有不动产或者动产等案件中作出并依法生效的改变原有物权关系的判决书、裁决书、调解书，以及人民法院在执行程序中作出的拍卖成交裁定书、变卖成交裁定书、以物抵债裁定书，应当认定为民法典第二百二十九条所称导致物权设立、变更、转让或者消灭的人民法院、仲裁机构的法律文书。

《最高人民法院关于人民法院民事执行中查封、扣押、冻结财产的规定》（2020年12月23日修正）

第十五条[3]　被执行人将其所有的需要办理过户登记的财产出卖给第三人，第三人已经支付部分或者全部价款并实际占有该财产，但尚未办理产权过户登记手续的，人民法院可以查封、扣押、冻结；第三人已经支付全部价款并实际占有，但未办理过户登记手续的，如果第三人对此没有过错，人民法院不得查封、扣押、冻结。

《最高人民法院关于人民法院办理执行异议和复议案件若干问题的规定》（2020年12月23日修正）

第二十八条　金钱债权执行中，买受人对登记在被执行人名下的不动产提出异议，符合下列情形且其权利能够排除执行的，人民法院应予支持：

（一）在人民法院查封之前已签订合法有效的书面买卖合同；

（二）在人民法院查封之前已合法占有该不动产；

（三）已支付全部价款，或者已按照合同约定支付部分价款且将剩余价款按照人民法院的要求交付执行；

---

[1] 原《物权法》第二十八条。
[2] 原《物权法司法解释（一）》第七条。
[3] 原第十七条。

（四）非因买受人自身原因未办理过户登记。

法院裁判

以下为最高人民法院在判决书"本院认为"部分就此问题发表的意见：

本院再审认为，根据双方当事人的再审请求及答辩意见，本案再审的焦点问题是，姚某对案涉土地使用权是否享有足以排除强制执行的民事权益。该问题取决于对河南省驻马店市中级人民法院（2014）驻民一初字第00007号民事调解书能否产生物权变动效力的分析和判断。关于物权取得和变动问题，《物权法》第九条规定："不动产物权的设立、变更、转让和消灭，经依法登记，发生效力；未经登记，不发生效力，但法律另有规定的除外。"因物权具有对抗第三人的效力，故我国法律原则上采取登记主义的物权变动模式，也即不动产物权的设立、变更、转让和消灭必须经过登记才可发生效力。人民法院确认当事人达成的以物抵债协议的民事调解书，并不能直接发生物权变动效力。理由如下：

《物权法》第二十八条规定："因人民法院、仲裁委员会的法律文书或者人民政府的征收决定等，导致物权设立、变更、转让或消灭的，自法律文书或者人民政府的征收决定等生效时发生效力。"该条规定虽未列举有关引起物权变动的生效法律文书的类型，但并不意味着包括调解书在内的所有法律文书均可导致物权变动，其重点在于强调物权变动的时间以法律文书生效时为准。至于何种生效法律文书能够导致物权变动，还应结合其他法律、司法解释的规定、基本的物权变动法理以及当事人之间的基本利益平衡和交易安全综合考虑。应当认为，导致物权变动的人民法院的法律文书，是指直接为当事人创设或者变动物权的判决书、裁定书、调解书，此类文书具有与登记等公示方法相同的效力，因而无须再进行一般的物权公示即可直接发生物权变动效力。因此，可以导致物权变动的生效法律文书必须具有直接导致物权变动的内容，并以此为限。为明晰该生效法律文书的范围，2016年3月1日实施的《物权法司法解释（一）》第七条规定："人民法院、仲裁委员会在分割共有不动产或者动产等案件中作出并依法生效的改变原有物权关系的判决书、裁决书、调解书，以及人民法院在执行程序中作出的拍卖成交裁定书、以物抵债裁定书，应当认定为物权法第二十八条所称导致物权设立、变更、转让或者消灭的人民法院、仲裁委员会的法律文书。"虽然该解释对施行前已经受理、施行后尚未审结的一、二审案件，如本案，并不适用，但该解释与《物权法》第二十八条的规定并不冲突，与前述对何种生效法律文书能够导致物权变动的认识亦一以贯之。

具体到本案，案涉民事调解书是对鸿某来公司与姚某达成的以物抵债调解协议的确认，而以物抵债调解协议的本质属于债的范畴，只能表明鸿某来公司与姚某达成以土地使用权抵偿债务的利益安排，产生的直接后果是姚某取得要求鸿某来公司转移案涉土地使用权的请求权。此时创设物权仍要按照法律规定的物权变动规则进行，即办理过户登记，方可发生物权变动之效果。在变更登记之前，案涉土地使用权仍属于鸿某来公司，姚某享有的民事权益并不优于郭某，因此不足以排除另案的强制执行，其诉讼请求应予驳回。姚某辩称，本案应适用《查封、扣押、冻结规定》第十七条、《执行异议和复议规定》第二十八条的规定，但上述规定不适用于本案就土地使用权达成以物抵债协议的情形，故该抗辩理由，本院不予采信。

案件来源

《郭某田、姚某义再审民事判决书》【（2018）最高法民再445号】

延伸阅读

一、生效仲裁裁决书对以物抵债协议确认的，不属于《物权法》第二十八条所称导致物权设立、变更、转让或者消灭的仲裁机构的法律文书，不发生抵债物物权变动的效果。

案例一：《白某平、姜某东等案外人执行异议之诉民事裁定书》【（2016）最高法民申1094号】

最高人民法院认为，《物权法司法解释（一）》第七条规定："人民法院、仲裁委员会在分割共有不动产或者动产等案件中作出并依法生效的改变原有物权关系的判决书、裁决书、调解书，以及人民法院在执行程序中作出的拍卖成交裁定书、以物抵债裁定书，应当认定为物权法第二十八条所称导致物权设立、变更、转让或者消灭的人民法院、仲裁委员会的法律文书。" 2011年11月15日，露某莎公司因欠白某平等4人共计220万元借款无法偿还，遂与4人签订了以物抵债协议，以220万元的价格将宏某果蔬公司阳谷县不动产转让给白某平等4人。协议书签订后，白某平等4人根据与露某莎公司签订的仲裁协议，向聊城仲裁委员会提出仲裁申请。2013年2月8日，聊城仲裁委员会作出（2012）聊仲裁字第60号裁决书，确认白某平等4人与露某莎公司于2011年11月15日签订的以物抵债协议成立。该裁决书中没有物权设立或变更的内容，不属于《物权法》第二十八条所称导致物权设立、变更、转让或者消灭的仲裁委员会的法律文书。因此，白某平等4人根据案涉聊城仲裁委员会裁决书，提出有关宏某果蔬公司阳谷县不动产实际权利人已经得到生效法律文书确认的主张，缺乏事实和法律依据，不予支持。

二、《物权法》第二十八条所称的"法律文书"，应当以生效之时即能够直接导致物权设立、变更、转让或者消灭的法律文书为限。

案例二：《陕西新华发行集团某新华书店有限责任公司（原陕西新华发行集团某新华书店有限责任公司）、刘某泉再审审查与审判监督民事裁定书》【（2019）最高法民申 2060 号】

最高人民法院认为，《物权法》第二十八条规定："因人民法院、仲裁委员会的法律文书或者人民政府的征收决定等，导致物权设立、变更、转让或者消灭的，自法律文书或者人民政府的征收决定等生效时发生效力。"该条内容规定了不动产物权登记生效原则的例外情形，但是，并非所有类型的生效法律文书均属该条规定的可以直接导致物权变动的法律文书范畴。对此，《物权法司法解释（一）》第七条规定："人民法院、仲裁委员会在分割共有不动产或者动产等案件中作出并依法生效的改变原有物权关系的判决书、裁决书、调解书，以及人民法院在执行程序中作出的拍卖成交裁定书、以物抵债裁定书，应当认定为物权法第二十八条所称导致物权设立、变更、转让或者消灭的人民法院、仲裁委员会的法律文书。"因此，《物权法》第二十八条所称的"法律文书"，应当以生效之时即能够直接导致物权设立、变更、转让或者消灭的法律文书为限。在美某公司与某新华书店公司合资、合作开发房地产合同纠纷一案中，陕西省汉中市中级人民法院于 2018 年 4 月 25 日作出（2018）陕 07 民终 246 号民事判决，判令美某公司向某新华书店公司返还案涉土地并配合办理过户手续。从该判项表述看，其在性质上为判令美某公司向某新华书店公司履行相应给付义务，因而该判决生效之时并不能直接导致案涉土地权属的变动，故不属于《物权法》第二十八条规定的情形。

三、抵债物的所有权自法院以物抵债裁定送达当事人时转移。

案例三：《鞍山市东某建筑工程有限公司、张某国再审民事裁定书》【（2019）最高法民再 219 号】

最高人民法院认为，一审法院在执行该院生效调解书确认奥某美公司欠东某公司工程款债务 10811200 元及其利息债权的过程中，于 2016 年 5 月 20 日作出（2015）鞍执字第 00162 号执行裁定书，裁定将案涉房屋作价抵偿奥某美公司欠东某公司的债务，并明确房屋所有权自该裁定送达东某公司时转移，之后于 5 月 23 日向东某公司和奥某美公司送达该裁定。《物权法》第二十八条规定："因人民法院、仲裁委员会的法律文书或者人民政府的征收决定等，导致物权设立、变更、转让或者消灭的，自法律文书或者人民政府的征收决定等生效时发生效力。"《民诉法解释》第四百九十三条规定:"拍卖成交或者依法定程序裁定以物抵债的,标的物所有权自拍卖成交裁定或者抵债裁定送达买受人或者接受抵债物的债权人时转移。"据此,东某公司在一审法院于 2016 年 5 月 23 日向其送达以物抵债裁定时取得诉争房屋所有权。

075 以房地抵债的受让人能否作为无过错不动产买受人排除强制执行?

> 以房地抵债的受让人不能作为无过错不动产买受人排除强制执行

阅读提示

无过错不动产买受人在符合一定条件下有权基于《执行异议和复议规定》第二十八条规定排除强制执行。实践中,除了买受人之外,不少人选择以物抵债方式受让不动产。这些受让人往往持有与债务人签订的《以物抵债协议》请求排除强制执行。如果受让人已经办理不动产登记,则受让人已经成为抵债物的所有权人,受让人基于所有权当然有权排除强制执行。但是,如果没有办理不动产登记,以房地抵债的受让人能否作为无过错不动产买受人排除强制执行呢?

裁判要旨

受让人享有的普通债权性质不因以房地抵债协议而改变为物权期待权。在未办理过户登记的情况下,以房地抵债的受让人不能作为无过错不动产买受人排除强制执行。

案情简介

2014 年 1 月,峰某公司分别与西某公司、渭某公司签订《抵款协议》,峰某公司以房屋抵偿欠付两公司的材料款,未办理过户登记手续。抵债房屋为邦某公司开发,该房屋的所有权人为邦某公司。

2015 年 4 月,西某公司、渭某公司指定第三人与邦某公司签订房屋买卖合同,但西某公司、渭某公司不能证明已经委托该第三人占有、使用涉案房屋。

2015年3月，聚某公司与邦某公司等公司借款合同纠纷案中，重庆一中院采取财产保全执行措施，对邦某公司涉案房屋予以查封。后，聚某公司申请执行。

2017年，西某公司、渭某公司提出执行异议。

2017年12月，重庆一中院认为，西某公司、渭某公司基于《抵款协议》有权排除强制执行，裁定中止对案涉房屋的执行。聚某公司不服，提起执行异议之诉。

2018年7月，重庆一中院经审查认为，由于无法确认以房抵债协议的真实性以及以房抵债的权利人已实际占有诉争房屋，故西某公司、渭某公司就执行标的不享有足以排除强制执行的民事权益，判决准予对案涉房屋的执行。西某公司、渭某公司不服，上诉至重庆高院。

2019年1月，重庆高院认为《抵款协议》的目的并非单纯的房屋买卖。即使属于普通房屋买卖，也必须符合《执行异议和复议规定》第二十八条或第二十九条规定的要件，房屋买受人才能享有足以排除执行的物权期待权，判决驳回上诉，维持原判。西某公司、渭某公司不服，向最高人民法院申请再审。

2019年8月28日，最高人民法院裁定驳回西某公司、渭某公司再审申请。

裁判要点及思路

本案的争议焦点之一是西某公司、渭某公司基于以物抵债协议是否享有排除强制执行的民事权益。最高人民法院认为，本案中，西某公司、渭某公司的债权仍然属于普通债权，不能享有买受人对于所购房屋的相应权利，无权优先于普通债权而排除强制执行。即便西某公司、渭某公司与峰某公司之间存在真实的以物抵债关系，当事人之间通过以物抵债的方式抵偿的也仅为西某公司、渭某公司对峰某公司所享有的债权，并不仅因抵债协议的形成而改变该债权的普通债权性质，在作为抵债物的案涉房屋未办理权属转移登记的情况下，抵债行为并未完成，故西某公司、渭某公司仍为峰某公司的普通金钱债权人，其并不享有就案涉房屋排除强制执行并优先受偿的民事权益。

分析最高人民法院的裁判思路：

最高人民法院从以物抵债行为不产生物权变动和以物抵债合同区别于买卖合同、受让人不享有房屋买受人权利的角度论证，以房地抵债的受让人无权排除强制执行。法院区分了以房地抵债的受让人的债权与房屋买受人的物权期待权的差别。

不动产买受人的物权期待权，是指对于签订买卖合同的买受人，在已经履行部分合同义务的情况下，虽然尚未取得合同标的物的所有权，但赋予其类似所有权人的地位。买受人基于物权期待权具有排除执行的物权效力。

《查封、扣押、冻结规定》第十七条与《执行异议和复议规定》第二十八条、第二十九条并不矛盾，后者是对前者规定的进一步完善，两者所体现的立法精神和处理原则是一致的，均是对买卖关系中的无过错买受人在满足一定的条件下，对其物权期待权的特别保护。

之所以在执行程序中对房屋买受人和抵债受让人作出区别对待，原因主要有两点：一、虽然房屋买受人和以不动产抵债的受让人一样，均基于合同享有债权。但是，在不动产买卖合同中，买受人对出卖人享有的债权是不动产交付、过户的债权，而受让人基于不动产抵债协议享有的是金钱债权，抵债协议的目的是消灭金钱债权，其本质上仍属于普通债权。故在未办理过户登记的情况下，以房地抵债的受让人不能作为无过错不动产买受人排除强制执行。二、目前，尚不能通过成熟的科学技术鉴定合同签订的具体时间。所以，无法避免案外人与被执行人通过恶意倒签或者伪造以物抵债协议的方式进行偏颇性清偿或者逃避执行的情形。基于以物抵债的问题比较复杂，法律及司法解释未将抵债受让人列入物权期待权的保护范围。（见《最高人民法院关于〈人民法院办理执行异议和复议案件若干问题规定〉的理解与适用》第429页）

实务要点总结

在未办理过户登记的情况下，以房地抵债的受让人不能作为无过错不动产买受人排除强制执行。受让人基于以房地抵债协议享有的是普通债权，区别于房屋买受人基于买卖合同享有的物权期待权，不属于足以排除强制执行的民事权益，不能依据《执行异议和复议规定》第二十八条的规定排除执行。需要注意的是，经检索发现，最高人民法院有观点认为，以不动产抵债协议中的受让人在满足《执行异议和复议规定》第二十八条规定的条件下，可以请求排除执行。（具体请见本文延伸阅读部分）

不动产买受人在未办理过户前请求排除强制执行的，必须同时满足以下四个条件：（1）在法院查封前已签订合法有效的书面买卖合同；（2）在法院查封前已合法占有该不动产；（3）已支付全部价款或者已按照合同约定支付部分价款且剩余价款按照人民法院的要求执行；（4）非因买受人自身原因未办理过户登记，即买受人对未办理过户登记手续无过错。

执行程序中以不动产抵债协议达成和解的，受让人在一定条件下有权排除强制执行。在执行程序中，申请执行人和被执行人之间达成以不动产抵债协议的方式和解，系当事人意思自治的结果，属于合同的范畴，本身并不产生物权变动的法律效果。但是，如果执行法院作出以物抵债裁定的，受让人有权基于所有权排除另案对于抵债物的强制执行；若执行法院未作出以物抵债裁定的，有最高人民观点认为，受让人在满足《执行异议和复议规定》第二十八条规定的条件下，可以请求排除执行。（具体请见本文延伸阅读部分）

根据近年来最高人民法院处理类似案件的裁判观点，最高人民法院呈现较为明显的"两极化"态势，最高人民法院在相当数量的案件中认为，受让人选择以不动产抵偿债务的情形下，若受让人同时满足《执行异议和复议规定》第二十八条的规定，有权排除强制执行。这也意味着，就该问题，仍存在相当大的博弈空间。因此，建议当事人及时请专业律师介入该类案件，在法律范围内寻找、争取对己方有利的博弈空间。

相关法律规定

《最高人民法院关于人民法院办理执行异议和复议案件若干问题的规定》（2020 年 12 月 23 日修正）

第二十八条 金钱债权执行中，买受人对登记在被执行人名下的不动产提出异议，符合下列情形且其权利能够排除执行的，人民法院应予支持：

（一）在人民法院查封之前已签订合法有效的书面买卖合同；

（二）在人民法院查封之前已合法占有该不动产；

（三）已支付全部价款，或者已按照合同约定支付部分价款且将剩余价款按照人民法院的要求交付执行；

（四）非因买受人自身原因未办理过户登记。

《最高人民法院关于人民法院民事执行中查封、扣押、冻结财产的规定》（2020 年 12 月 23 日修正）

第十五条[①] 被执行人将其所有的需要办理过户登记的财产出卖给第三人，第三人已经支付部分或者全部价款并实际占有该财产，但尚未办理产权过户登记手续的，人民法院可以查封、扣押、冻结；第三人已经支付全部价款并实际占有，但未办理过户登记手续的，如果第三人对此没有过错，人民法院不得查封、扣押、冻结。

《最高人民法院、国土资源部、建设部关于依法规范人民法院执行和国土资源房地产管理部门协助执行若干问题的通知》（2004 年 3 月 1 日公布）

十五、下列房屋虽未进行房屋所有权登记，人民法院也可以进行预查封：

（一）作为被执行人的房地产开发企业，已办理了商品房预售许可证且尚未出

---

① 原第十七条。

售的房屋；

（二）被执行人购买的已由房地产开发企业办理了房屋权属初始登记的房屋；

（三）被执行人购买的办理了商品房预售合同登记备案手续或者商品房预告登记的房屋。

法院裁判

以下为最高人民法院在判决书"本院认为"部分就此问题发表的意见：

本案中，《执行异议和复议规定》保护的是买受人对于所购房屋的相应权利，而《抵款协议》和《抵房申请表》是具有意向性的前期磋商行为，并无房屋买卖的性质和目的，不能根据《抵款协议》《抵房申请表》得出本案中以房抵债转化为买卖合同法律关系，本案中西某公司、渭某公司的债权仍然属于普通债权，不能优先于普通债权而排除强制执行。

即便西某公司、渭某公司与峰某公司之间存在真实的以物抵债关系，当事人之间通过以物抵债的方式抵偿的也仅为西某公司、渭某公司对峰某公司所享有债权，并不仅因抵债协议的形成而改变该债权的普通债权性质，在作为抵债物的案涉房屋未办理权属转移登记的情况下，抵债行为并未完成，故西某公司、渭某公司仍为峰某公司的普通金钱债权人，其并不享有就案涉房屋排除强制执行并优先受偿的民事权益。基于此，原审法院对西某公司、渭某公司是否享有排除强制的民事权益问题进行分析评判时仅是参照了上述司法解释规定的精神与原则，并未完全适用上述司法解释的规定，因此，并不存在西某公司、渭某公司申请再审所主张的适用法律错误的问题。

案件来源

《重庆市西某石材销售有限公司、重庆渭某石材有限公司申请执行人执行异议之诉再审审查与审判监督民事裁定书》【（2019）最高法民申3249号】

延伸阅读

一、执行程序中以不动产抵债协议达成和解的，受让人不满足《执行异议和复议规定》第二十八条规定的，无权排除强制执行。

案例一：《李某峰、吉林冶某有限公司再审审查与审判监督民事裁定书》【（2019）最高法民申3875号】

最高人民法院认为，本案中，李某峰基于与翔某公司在另案执行程序中达成的和解协议，主张对案涉 26 套房屋享有排除强制执行的民事权益。该和解协议系李某峰与翔某公司意思自治的结果，本质上属于合同的范畴，并不必然导致物权变动……本案中，李某峰提交的维修基金发票、商品房备案单、商品房包销合同等证据，只能证明李某峰与翔某公司在案涉 26 套房屋被查封前存在以房抵债的执行和解行为，因李某峰并未办理入住手续，亦未缴纳水、暖、电费和物业费等费用，原审法院认定李某峰并未占有案涉房屋，不予支持李某峰对案涉 26 套房屋排除强制执行的诉讼请求并无不当。

二、当事人之间达成不动产抵债协议后，受让人满足《执行异议和复议规定》第二十八条规定的，有权排除强制执行。

案例二：《朱某书、孟某杰再审民事判决书》【（2018）最高法民再 311 号】

最高人民法院认为，本案朱某书与天某公司于 2006 年 12 月 5 日签订协议书，约定将诉争房屋即天津市西青区梨双路××号×号楼×××号房屋抵偿工程款 1320320 元给实际施工人朱某书，天某公司为朱某书开具了购房款收据；诉争房屋未能办理过户登记手续的原因在于天某公司，朱某书对此并无过错；朱某书于 2013 年 2 月 28 日办理了房屋入住手续，早于 2013 年 4 月 3 日天津市第一中级人民法院查封房屋的时间，且实际占有诉争房屋至今。综合上述事实，本案应当参照上述司法解释规定，认定朱某书对诉争房屋享有足以排除强制执行的民事权益。

三、当事人之间以签订房屋买卖合同抵偿先前债务的，受让人属于房屋买受人，有权基于《执行异议和复议规定》第二十八条规定排除强制执行。

案例三：《钟某勇、陈某林执行异议之诉再审审查与审判监督民事裁定书》【（2019）最高法民申 2223 号】

最高人民法院认为，本案《商品房买卖合同》是在《借款合同》还款期限届满后签订的，是陈某林和东某公司在平等自愿的基础上协商一致的结果，是双方真实的意思表示。陈某林与东某公司建立商品房买卖合同关系，并非为陈某林与富某居公司、腾某公司、谭某明、郭某琴之间的《借款合同》提供担保，而是《借款合同》到期后，富某居公司、腾某公司、谭某明、郭某琴难以清偿债务，通过将东某公司所有的商品房作价出售给债权人陈某林的方式来偿还借款，双方之间基于借款所形成的债权债务关系，已被以房抵债协议中的权利义务关系所取代。

四、"名为以房抵债、实为担保"的情形下，债权人不属于不动产买受人，无权基于《执行异议和复议规定》第二十八条规定排除强制执行。

案例四：《宋某花、郝某生再审审查与审判监督民事裁定书》【（2019）最高法民申 2187 号】

根据原审查明的事实以及宋某花一方在再审审查环节的陈述，涉案《关于借款抵偿的协议》签订之前，相关借款出借时，赵某堆已将涉案房产证件交给了宋某花，这表明借款时双方已达成了用涉案房屋为借款提供担保的合意，随后双方签订了涉案《关于借款抵偿的协议》，约定"自愿将本处房产抵偿给宋某花女士所有"，从上述交易过程看，宋某花与赵某堆、祁某耐签订《关于借款抵偿的协议》是将作为担保的涉案房产用于抵偿借款，目的系收回债权，与通过签订房屋买卖合同进而取得房屋所有权存在不同之处，且从涉案《关于借款抵偿的协议》约定内容看，双方在进行以物抵债时对涉案房屋的价值并未确定，也未明确抵偿借款的具体数额，故宋某花与赵某堆、祁某耐虽签订了《关于借款抵偿的协议》，但这与《执行异议和复议规定》第二十八条所规定的"在人民法院查封之前已签订合法有效的书面买卖合同"情形并不相同，原审认定宋某花并非《执行异议和复议规定》第二十八条规定的不动产买受人，不享有足以排除人民法院强制执行的民事权益并不缺乏法律依据。

五、以房屋抵债协议不同于单纯的房屋买卖，以房抵债协议并不形成优于其他债权的权益，不能阻却其他合法权利人基于生效法律文书申请强制执行。

案例五：《孙某和、车某玲申请执行人执行异议之诉再审审查与审判监督民事裁定书》【（2018）最高法民申6180号】

如孙某和所述，其与侯某某签订的房屋买卖合同实质是以物抵债协议，目的在于消灭孙某和对侯某某的债权而非单纯的房屋买卖，是债务人侯某某履行债务的变通方式，在房屋权属未变更登记前，以房抵债协议并不形成优于其他债权的权益，不能阻却其他合法权利人基于生效法律文书申请强制执行。至于驻马店仲裁委员会作出的（2014）驻仲裁字第101号裁决书，系驻马店仲裁委员会在侯某某与孟某某借款纠纷案中根据双方达成的以房抵债调解协议制作，不发生物权变动公示效力，亦与本案无直接关联。适用《执行异议和复议规定》第二十八条的前提是"买受人对登记在被执行人名下的不动产提出异议"，与本案情形不符。一、二审判决认定孙某和对案涉房屋不享有足以排除强制执行的民事权益，并无不当。

076 不动产以物抵债协议到底能否排除对执行标的的强制执行？

> 以物抵债协议不同于房屋买卖合同，案外人不能依据以物抵债协议当然排除强制执行

阅读提示

以物抵债协议订立后，未进行不动产变更登记或者未交付动产的，债权人能否产生排除执行的效力？在以物抵债的情形下，能否适用《执行异议和复议规定》第二十八条、第二十九条的例外规定？当事人采用以物抵债消灭债权债务关系的，存在哪些风险，又应当注意哪些问题呢？

裁判要旨

以物抵债协议不同于房屋买卖合同，案外人不能依据以物抵债协议成立生效当然排除强制执行。如果以物抵债协议已经实际履行，抵债物的权属已发生变动，受领人有权主张排除对抵债物的强制执行。否则，将不能对抗强制执行。

案情简介

2004年，内蒙古高院在某一执行案件中将北某公司追加为被执行人。

2007年9月19日，张某以拍卖方式受让债权成为北某公司的债权人。9月28日，张某与北某公司签订《债务偿还协议》，约定以案涉不动产折价并补差价的方式抵偿全部债务，但未办理产权变更登记。

在此期间，本案所涉土地使用权及房屋所有权登记在北某公司名下，案涉房屋以北某公司名义对外出租，北某公司向租赁户出具收费凭证。

2017年4月5日，内蒙古高院裁定查封被执行人北某公司建筑物（案涉不动产）。张某对内蒙古高院的该执行措施提出书面异议，内蒙古高院裁定驳回张某的异议申请。

张某不服该裁定，向内蒙古高院提起执行异议之诉，主张对案涉不动产享有排除强制执行的权利。内蒙古高院一审判决驳回其诉讼请求。

张某不服，上诉至最高人民法院，主张案涉不动产经评估后以通过以物抵债的

形式抵偿给张某。2018年5月,最高人民法院判决张某驳回上诉,维持原判。

裁判要点及思路

本案的争议焦点是张某对案涉土地和房产是否享有阻却法院强制执行的实体权利。最高人民法院认为,依据物权法的相关规定,因未办理产权变更登记,张某未取得案涉不动产所有权,张某对于案涉土地使用权和房屋所有权未变更登记存在过错。本案的《债务偿还协议》实质属于以物抵债,不同于房屋买卖合同,不适用《执行异议和复议规定》第二十八条规定。故认为张某对案涉土地和房产不享有阻却法院强制执行的实体权利,判决驳回上诉,维持原判。

分析最高人民法院背后的裁判思路,关于本案,有以下几点关键问题:

一、以物抵债的性质

以物抵债协议是指债权人与债务人约定,以他种给付代替原来给付,意在消灭债权债务关系,产生清偿的法律效果。以物抵债行为属于诺成合同,自债权人与债务人意思表示一致时即成立。

二、物权变动理论

物权变动是指物权的设立、变更、转让和消灭。依据《物权法》的规定,我国对于物权变动采用物债二分体系,即"区别原则",物权变动的原因行为属于债权法律关系范畴,依照债法的相关规定进行处理。物权变动的基本规则依照《物权法》的规定处理。物权的变动与否不影响物权变动的原因行为成立生效,而物权变动的原因行为成立生效也不必然产生物权的实质变动。本案中《债务偿还协议》的实质是以物抵债协议,该协议属于物权变动的原因行为,协议成立生效,但是由于案外人张某未依法办理案涉不动产变更登记,故未取得案涉不动产的所有权,不享有足以排除另案执行的民事权益。

三、例外规定

一般而言,案外人不享有足以排除另案执行的民事权益时,无权主张排除另案对于诉争标的物的强制执行程序。但是,现行司法解释仍对债权人以其享有的债权可以排除强制执行作出了例外规定。见下文"相关法律规定"部分,如适用例外规定,则需要案件事实符合例外规定中的每一适用要件。本案中,张某与北某公司签订的以物抵债协议不同于房屋买卖合同,所以不能适用该例外规定,不能主张排除另案强制执行。

实务要点总结

当事人采用以物抵债消灭债权债务关系的,应当注意以下几点风险:

以物抵债协议未实际履行的,案外人未取得抵债物所有权,不享有足以排除另案执行的民事权益,不能据此排除强制执行程序。所以,当事人在签订以物抵债协议后,应当注意及时办理所有权变更登记或及时要求对方交付动产。

以物抵债协议是诺成合同,协议成立生效不等于债权人能够依法取得抵债物所有权,物权变动规则严格按照《物权法》的相关规定处理。当抵债物成为另案执行程序标的物时,债权人不能仅依据以物抵债协议主张排除强制执行。

以物抵债合同不是房屋买卖合同,其实质仍是原有的债权债务关系的延续,不能适用涉及房屋买卖合同中的例外规定。现有司法解释规定了几种例外情形,但是例外规定的适用必须符合司法解释规定的要件。这一点,当事人选择私下签订以物抵债协议消灭债权债务关系的应当尤为注意,一旦未来抵债物被另案执行,以物抵债协议的债权人相比于其他一般房屋买卖合同当事人,将减少救济的可能性。

但同时我们也注意到,最高人民法院关于以房屋抵偿借款的协议与普通房屋买卖合同之间的关系存在不同的观点,具体请见延伸阅读部分案例二。

相关法律规定

《最高人民法院关于人民法院民事执行中查封、扣押、冻结财产的规定》(2020年12月23日修正)

第十五条[①] 被执行人将其所有的需要办理过户登记的财产出卖给第三人,第三人已经支付部分或者全部价款并实际占有该财产,但尚未办理产权过户登记手续的,人民法院可以查封、扣押、冻结;第三人已经支付全部价款并实际占有,但未办理过户登记手续的,如果第三人对此没有过错,人民法院不得查封、扣押、冻结。

《最高人民法院关于人民法院办理执行异议和复议案件若干问题的规定》(2020年12月23日修正)

第二十八条 金钱债权执行中,买受人对登记在被执行人名下的不动产提出异议,符合下列情形且其权利能够排除执行的,人民法院应予支持:

---

① 原第十七条。

（一）在人民法院查封之前已签订合法有效的书面买卖合同；

（二）在人民法院查封之前已合法占有该不动产；

（三）已支付全部价款，或者已按照合同约定支付部分价款且将剩余价款按照人民法院的要求交付执行；

（四）非因买受人自身原因未办理过户登记。

第二十九条 金钱债权执行中，买受人对登记在被执行的房地产开发企业名下的商品房提出异议，符合下列情形且其权利能够排除执行的，人民法院应予支持：

（一）在人民法院查封之前已签订合法有效的书面买卖合同；

（二）所购商品房系用于居住且买受人名下无其他用于居住的房屋；

（三）已支付的价款超过合同约定总价款的百分之五十。

《民法典》（2020年5月28日公布）

第二百零九条 不动产物权的设立、变更、转让和消灭，经依法登记，发生效力；未经登记，不发生效力，但是法律另有规定的除外。

依法属于国家所有的自然资源，所有权可以不登记。

第二百一十五条 当事人之间订立有关设立、变更、转让和消灭不动产物权的合同，除法律另有规定或者当事人另有约定外，自合同成立时生效；未办理物权登记的，不影响合同效力。

第二百二十四条 动产物权的设立和转让，自交付时发生效力，但是法律另有规定的除外。

法院裁判

以下为最高人民法院在判决书"本院认为"部分就此问题发表的意见：

本院认为，本案当事人二审争议的焦点问题是张某对案涉土地和房产是否享有阻却法院强制执行的实体权利。

《物权法》第六条规定："不动产物权的设立、变更、转让和消灭，应当依照法律规定登记。动产物权的设立和转让，应当依照法律规定交付。"第九条第一款规定："不动产物权的设立、变更、转让和消灭，经依法登记，发生效力；未经登记，不发生效力，但法律另有规定的除外。"张某与北某公司2009年8月6日签订的《债务偿还协议》约定，北某公司以案涉土地使用权和房屋所有权折价并补差资金86万元，抵偿所欠张某的全部债务；并约定签订协议时移交土地使用权证和房屋所有权证，产权过户手续费由张某承担，北某公司积极配合。亦即按《债务偿还协议》约定，北某公司以案涉土地使用权和房屋所有权抵偿所欠张某债务。但张某与北某公司签订《债务偿还协议》后，并未依法办理案涉土地使用权和房屋所有权变更登记手续。至内蒙古高院查封案涉土地和房屋时，案涉土地使用权和房屋所有权仍然登记在北某公司名下。根据《物权法》第六条、第九条规定，案涉土地使用权和房屋所有权仍属北某公司所有。张某在二审庭审时称，其与北某公司签订《债务偿还协议》后，就案涉土地使用权和房屋所有权变更登记咨询过当地国土资源部门人员，但未向相关部门申请办理案涉土地使用权和房屋所有权变更登记。显然，张某对于案涉土地使用权和房屋所有权未变更登记存在过错。北某公司上诉主张本案应适用《执行异议和复议规定》第二十八条规定。本院认为，张某与北某公司签订的《债务偿还协议》实质属于以物抵债，是债的清偿，而不是房屋买卖合同，因而不能适用《执行异议和复议规定》第二十八条规定。北某公司的主张缺乏事实依据，不能成立。故北某公司主张案涉土地使用权和房屋所有权已经转移给张某，张某主张其已经占有、使用案涉土地和房屋，享有案涉土地使用权和房屋所有权，不符合《物权法》的规定，缺乏法律依据，不能成立。一审判决张某对案涉土地和房屋不享有阻却法院强制执行的实体权利，并无不当，本院予以维持。

案件来源

《上诉人张某、丰镇北某石材有限公司与被上诉人福建省隆某建设工程有限公司案外人执行异议之诉一案二审民事判决书》【（2018）最高法民终275号】

延伸阅读

一、以物抵债作为债务清偿的一种方式，属于实践性法律行为（九民纪要采诺成合同说），而非事实行为。除了要有债务人的给付行为以外，还须有债权人的受领并取得所有权，此时才成立并发生给付的法律效果。未取得所有权的案外人不具有优先保护性，不能主张排除强制执行。

案例一：《朱某书、孟某杰再审民事判决书》【（2018）最高法民再311号】

最高人民法院认为，在施工过程中，天某公司就支付工程进度款问题与朱某书达成协议，约定天某公司将诉争房屋以房抵工程款1320320元，抵偿给朱某书。该份协议的性质为以物抵债，目的在于用他物来抵原债。以物抵债作为债务清偿的一种方式，属于实践性法律行为，除了要有债务人的给付行为以外，还须有债权人的受领并取得所有权，此时才成立并发生给付的法律效果。朱某书虽与天某公司达成了以诉争房屋折抵工程款的协议，并将抵款数额在结算和调解中作为已付款数额，但朱某书与天某公司未就诉争抵债房屋签订买卖合同，未办理物权转移手续，故以房抵债清偿行为并未成立，更未生效。朱某书据此主张所有权，缺乏依据，二审法院不予支持。朱某书可依据与天某公司的基础法律关系即建设工程施工合同关系，向天某公司主张工程欠款。一审法院认为朱某书与天某公司达成的以房抵债协议属于事实行为，并根据《物权法》关于因事实行为而产生的不动产物权变动的规定，认为朱某书自该事实发生之日起，取得了诉争房屋的所有权，系适用法律错误，二审法院依法予以纠正。关于朱某书是否对执行标的即诉争房屋享有足以排除强制执行的民事权益问题。本案中，朱某书作为李奇与天某公司执行案件的案外人，主张通过以房抵债的方式，取得了该案的执行标的物即诉争房屋的所有权，并以此为由请求法院解除对诉争房屋的查封。然，如前所述，朱某书与天某公司的以房抵债清偿行为尚未成立，更未生效。其与天某公司间仅存在普通的建设工程欠款之债，不具有优先保护性，朱某书要求法院解除查封，优先保护其权益，缺乏依据，不予支持。

二、当事人之间基于借款所形成的债权债务关系，已被以房抵债协议中的权利义务关系所取代，可以适用《执行异议和复议规定》第二十八条规定。

案例二：《钟某勇、陈某林执行异议之诉再审审查与审判监督民事裁定书》【（2019）最高法民申2223号】

最高人民法院认为，《借款合同》到期后，富某居公司、腾某公司、谭某明、郭某琴难以清偿债务，通过将东某公司所有的商品房作价出售给债权人陈某林的方式来偿还借款，双方之间基于借款所形成的债权债务关系，已被以房抵债协议中的权利义务关系所取代。因此，《商品房买卖合同》并未违反法律、行政法规的强制性规定，不属于《物权法》第一百八十六条规定禁止流押的情形。《执行异议和复议规定》第二十八条规定……本案中，陈某林的执行异议符合上述规定。

三、以房屋抵债的交易过程、签订目的与通过签订房屋买卖合同进而取得房屋所有权存在不同之处，加之以物抵债协议未对房屋价值和具体抵偿金额确定的情况下，不能适用《执行异议和复议规定》第二十八条中关于房屋买卖合同的相关规定。

案例三：《宋某花、郝某生再审审查与审判监督民事裁定书》【（2019）最高法民申2187号】

最高人民法院认为，本院经审查认为，《执行异议和复议规定》第二十八条规定："金钱债权执行中，买受人对登记在被执行人名下的不动产提出异议，符合下列情形且其权利能够排除执行的，人民法院应予支持：（一）在人民法院查封之前已签订合法有效的书面买卖合同；（二）在人民法院查封之前已合法占有该不动产；（三）已支付全部价款，或者已按照合同约定支付部分价款且将剩余价款按照人民法院的要求交付执行；（四）非因买受人自身原因未办理过户登记。"根据原审查明的事实以及宋某花一方在再审审查环节的陈述，涉案《关于借款抵偿的协议》签订之前，相关借款出借时，赵某堆已将涉案房产证件交给了宋某花，这表明借款时双方已达成了用涉案房屋为借款提供担保的合意，随后双方签订了涉案《关于借款抵偿的协议》，约定"自愿将本处房产抵偿给宋某花女士所有"，从上述交易过程看，宋某花与赵某堆、祁某耐签订《关于借款抵偿的协议》是将作为担保的涉案房产用于抵偿借款，目的系收回债权，与通过签订房屋买卖合同进而取得房屋所有权存在不同之处，且从涉案《关于借款抵偿的协议》约定内容看，双方在进行以物抵债时对涉案房屋的价值并未确定，也未明确抵偿借款的具体数额，故宋某花与赵某堆、祁某耐虽签订了《关于借款抵偿的协议》，但这与《执行异议和复议规定》第二十八条所规定的"在人民法院查封之前已签订合法有效的书面买卖合同"情形并不相同，原审认定宋某花并非《执行异议和复议规定》第二十八条规定的不动产买受人，不享有足以排除人民法院强制执行的民事权益并不缺乏法律依据。

第八章　变更、追加执行当事人

077 申请追加接受无偿调拨、划转财产的主体为被执行人需要符合哪些条件？

> 无偿调拨、划转致使该被执行人财产不足以清偿生效法律文书确定的债务是追加接受财产主体为被执行人的前提条件

阅读提示

《变更、追加当事人规定》第二十五条规定："作为被执行人的法人或其他组织，财产依行政命令被无偿调拨、划转给第三人，致使该被执行人财产不足以清偿生效法律文书确定的债务，申请执行人申请变更、追加该第三人为被执行人，在接受的财产范围内承担责任的，人民法院应予支持。"如何理解本条中的"致使该被执行人财产不足以清偿生效法律文书确定的债务""行政命令""无偿调拨、划转给第三人"，是适用该规则的关键。本文通过几则案例来展示司法实践对以上几个条件的理解和适用。

裁判要旨

在被执行人的资产大于负债，法院裁定不予受理被执行人的破产申请的情况下，申请执行人依据《变更、追加当事人规定》第二十五条的规定，申请追加接受无偿调拨被执行人财产的第三人为被执行人，因不满足"致使该被执行人财产不足以清偿生效法律文书确定的债务"的条件，其追加第三人为被执行人的申请应予驳回。

案情简介

申请执行人康某公司主张，某监督管理局依据行政命令，无偿取得被执行人某

商总位于机场路×××号首层至四层物业,后来由某国资公司和某城建公司全权经营管理、收取租金,致使被执行人某商总的财产不足以清偿生效法律文书确定的债务,因此申请法院追加某监督管理局、某国资公司、某城建公司为被执行人。

广州市天河区法院经审理认为,某商总的涉案房产依据行政命令被无偿调拨、划转给某国资公司和某城建公司管理出租收益,现被执行人的财产不足以清偿生效法律文书确定的义务,申请执行人申请某国资公司和某城建公司为被执行人,在其接受的财产范围内承担责任,应予支持,裁定追加某国资公司和某城建公司为被执行人。

某国资公司、某城建公司对上述裁定不服,向广州中院申请复议,主张其接受的只是经营管理权,并非产权,不符合《变更、追加当事人规定》第二十五条规定的情形。广州中院未支持上述观点,裁定驳回某国资公司和某城建公司的复议申请。

某城建公司不服广州中院复议裁定,向广东省高院申诉,主张被执行人某商总有足够财产可供执行处置且执行实施法院正在处置,本案追加某城建公司和某国资公司为被执行人不具备《变更、追加当事人规定》第二十五条规定的"致使该被执行人财产不足以清偿生效法律文书确定的债务"的法定条件。广东省高院采纳了某城建公司的观点,裁定撤销广州中院的执行裁定。

裁判要点及思路

本案的争议焦点是,天河法院追加某城建公司为本案被执行人是否合法有据。在广东省高院审理阶段,某城建公司和某商总之间争议的关键点是,本案追加某城建公司是否符合《变更、追加当事人规定》第二十五条规定的"致使该被执行人财产不足以清偿生效法律文书确定的债务"的法定条件。

根据证据,天河法院已作出(2018)粤0106执恢19号执行裁定书,"拍卖被执行人某商总所有的位于广州市白云区机场路×××号78、297、397、497号四处房产",该房产经评估公司评估价值高达2.09亿元,可见被执行人某商总尚有财产可供执行。广州中院(2020)粤01破申31号民事裁定书也认定现有证据不足以证明某商总资不抵债,对某商总自行破产清算的申请,裁定不予受理。因此,广东省高院认为,申请执行人康某公司向天河法院申请追加第三人某城建公司为本案被执行人的条件尚未成就,对其追加第三人某城建公司为本案被执行人之申请,应予驳回。

实务要点总结

申请执行人依据《变更、追加当事人规定》第二十五条申请追加第三人为被执行人的，需要提供证据证明因无偿调拨、划转行为"致使该被执行人财产不足以清偿生效法律文书确定的债务"。当被执行人的财产足以偿还申请执行人的债务时，申请执行人依据上述第二十五条追加第三人的请求不予支持。

《变更、追加当事人规定》第二十五条中的"调拨""划转"财产不必然指财产的产权转让给第三人，也包括使用权、收益权的转移。在本案执行复议阶段中，某城建公司主张其接受的只是经营管理权，并非产权，不符合《变更、追加当事人规定》第二十五条中的"无偿调拨、划转给第三人"之规定。广州中院认为，某城建公司虽然不享有产权，但管控经营并收益，导致被执行人某商总的财产不足以清偿生效法律文书确定的债务，因此，追加某城建公司为被执行人并无不当。

值得提及的是，"无偿调拨、划转给第三人"是否要求被执行人将其名下财产的产权转移给第三人，这在司法实践中存在不同观点。本文"延伸阅读"案例二中法院认为，被执行人财产的产权转移给第三人，第三人实质上接受财产，才视为满足"无偿调拨、划转给第三人"之条件。因此，当事人应综合具体案件情况，选择合理的角度支撑自己的主张。我们认为，当被执行人财产的产权未转移给第三人，仅仅是使用权、收益权转移给第三人时，申请执行人可以强调使用权、收益权转移给第三人的行为致使被执行人不能清偿债务，意即从实质重于形式、手段与目的关系、制度价值的角度论证追加第三人的合法合理性。

当行政机关无偿调拨、划转的财产的所有权未转移给第三人，法院不予追加第三人为被执行人时，如果该财产的所有权依然属于被执行人，则申请执行人可以申请执行该被执行人名下的财产。

相关法律规定

《最高人民法院关于民事执行中变更、追加当事人若干问题的规定》（2020年12月23日修正）

第二十五条 作为被执行人的法人或非法人组织，财产依行政命令被无偿调拨、划转给第三人，致使该被执行人财产不足以清偿生效法律文书确定的债务，申请执行人申请变更、追加该第三人为被执行人，在接受的财产范围内承担责任的，人民法院应予支持。

法院裁判

以下为该案在广东省高院审理阶段，裁定书中"本院认为"部分就该问题的论述：

本院认为：本案的争议焦点是，天河法院追加某城建公司为本案被执行人是否合法有据。《变更、追加当事人规定》第二十五条规定："作为被执行人的法人或非法人组织，财产依行政命令被无偿调拨、划转给第三人，致使该被执行人财产不足以清偿生效法律文书确定的债务，申请执行人申请变更、追加该第三人为被执行人，在接受的财产范围内承担责任的，人民法院应予支持。"据此，作为被执行人的法人或其他组织，财产依行政命令被无偿调拨、划转给第三人，申请执行人申请变更、追加该第三人为本案被执行人的前提条件是被执行人的财产不足以清偿生效法律文书确定的债务。天河法院已作出（2018）粤0106执恢19号执行裁定书，"拍卖被执行人某商总所有的位于广州市白云区机场路×××号78、297、397、497号四处房产"，该房产经评估公司评估价值高达2.09亿元，可见被执行人某商总尚有财产可供执行。对比康某公司申请执行标的总额82010965.81元（其中，康某公司于2020年1月19日收到白云法院发放的马沥地块拍卖分配款41593347.35元），与天河法院已查封、准备拍卖的被执行人某商总前述房产的评估价值2.09亿元，可知若前述房产可处置变现，则被执行人某商总的财产足以清偿本案所欠康某公司的债务，因此，天河法院对已查封、准备拍卖的被执行人某商总的财产尚未处置完毕前，不能得出被执行人某商总的现有财产不足以清偿本案生效法律文书所确定债务的结论。

另，本案申请执行人康某公司在另案（2020）粤01破申31号，向广州中院提交《关于某商总总资产大于负债不符合破产清算条件的函》《某商总名下财产一览表》及《房地产司法委托估价报告》等证据，证明某商总的涉案房产经评估价值高达2.09亿元，并以此为由认为某商总资产大于负债，不符合破产条件。广州中院（2020）粤01破申31号民事裁定书也认定现有证据不足以证明某商总资不抵债，对某商总自行破产清算的申请，裁定不予受理。在此情况下，申请执行人康某公司向天河法院申请追加第三人某城建公司为本案被执行人的条件尚未成就，对其追加第三人某城建公司为本案被执行人之申请，应予驳回。待条件具备时，申请执行人康某公司可依法另行申请追加。某城建公司申诉称其不应被追加为本案被执行人的请求，理由成立，本院予以支持。

天河法院异议裁定认为"现被执行人的财产不足以清偿生效法律文书确定的义务"、广州中院复议裁定认为"实际权属人为某商总的涉案房产交由某城建公司管控经营并收益,导致被执行人某商总的财产不足以清偿生效法律文书确定的债务",均缺乏事实依据,本院对此予以撤销。因某国资公司未向本院提出申诉,故异议裁定和复议裁定中与其相关的内容,本院不予审查。综上所述,某城建公司的申诉请求理由成立,本院予以支持。

案件来源

《广州市某城市建设投资有限公司、广州康某投资咨询有限公司借款合同纠纷执行审查类执行裁定书》【广东省高级人民法院(2020)粤执监31号】

延伸阅读

关于被执行人财产依行政命令被无偿调拨、划转给第三人,申请执行人申请追加第三人为被执行人需要符合哪些条件,我们也检索出其他有关案例,希望有助于读者理解与适用《变更、追加当事人规定》第二十五条中规定的条件。

一、国土局作出行政决定以及行政处罚是将案涉国有土地使用权和建筑物收归国有,并非调拨、划转给"第三人",不属于"依行政命令被无偿调拨、划转给第三人"的情形。

案例一:《富裕县卧某生物工程有限责任公司、某县人民政府执行异议之诉再审审查与审判监督民事裁定书》【最高人民法院(2019)最高法民申1482号】

本院经审查认为,本案的主要焦点问题是:卧某公司主张追加某县政府为被执行人的再审申请理由能否成立。《变更、追加当事人规定》第二十五条规定:"作为被执行人的法人或其他组织,财产依行政命令被无偿调拨、划转给第三人,致使该被执行人财产不足以清偿生效法律文书确定的债务,申请执行人申请变更、追加该第三人为被执行人,在接受的财产范围内承担责任的,人民法院应予支持。"本案中,卧某公司主张依据上述规定追加某县政府为被执行人。经审查,某县国土局于2008年3月28日作出《关于收回卧某公司(姜峰)国有土地使用权的决定》,将卧某公司取得的28.6万平方米国有土地使用权收回。某县国土局于2009年8月5日作出的《行政处罚决定书》,没收28.6万平方米土地上所有永久建筑物,并处以每平方米5元罚款。某县国土局作出行政决定以及行政处罚是将案涉国有土地使用权和建筑物收归国有,并非调拨、划转给"第三人",不属于"依行政命令被无偿调拨、划转给第三人"的情形。因此,卧某公司主张应当适用《变更、追加当事人规定》第二十五条的再审申请事由不能成立。

二、第三人虽然接收了案涉财产相关文件及权属证书并向租赁户发布搬迁公告，但这只能证明完成了形式上的接收，案涉财产仍未变更到第三人名下，第三人未对案涉财产进行实质接收的情况下，追加其为本案被执行人没有法律依据。

案例二：《吉林建某集团有限公司与某国家农业科技园区东亚生化有限责任公司建设工程合同纠纷执行复议执行裁定书》【吉林省高级人民法院（2020）吉执复65号】

本院经审查认为，本案的争议焦点为是否应追加财某投资公司为本案的被执行人。本案中，财某投资公司在某市人民政府批准将东亚生化公司8.8公顷土地及地上附着物划入该公司后，虽然接收了案涉财产相关文件及权属证书并向租赁户发布搬迁公告，但这只能证明完成了形式上的接收。综观全案，财某投资公司对案涉财产并未完成实质上的接收。表现在，时至今日案涉财产仍未变更到财某投资公司名下，案涉财产仍由原产权人东亚生化公司对外出租，收取租金，在东亚生化公司清算中，仍将案涉财产作为该公司财产计入其中。并且建某集团申请执行后，四平中院将案涉财产租金10万元作为东亚生化公司的合法财产执行给建某集团并对案涉财产进行查封后，财某投资公司也未作为权利人提出执行异议。上述事实表明，2015年6月16日后，东亚生化公司并未将案涉财产实质交付给财某投资公司，财某投资公司并未对案涉财产享有所有权人的权利，并未对案涉财产进行占有、使用、收益和处分，在财某投资公司未对案涉财产进行实质接收的情况下，追加其为本案被执行人没有法律依据。

三、财政部确认被执行人的产权归第三人所有，不属于对被执行人财产予以无偿调拨、划转。

案例三：《德阳市德某物资有限公司、成都某企业（集团）总公司金融借款合同纠纷执行审查类执行裁定书》【四川省高级人民法院（2020）川执复156号】

财政部于2001年1月20日向成某总公司、中某总公司作出的《关于中某成都公司产权归属问题确认的函》，确认中某成都公司的产权由中某总公司所有。并非对中某成都公司的财产予以无偿调拨、划转。根据《变更、追加当事人规定》第二十五条的规定，本案不存在中某成都公司被无偿调拨、划转的情形，德乐公司的该项复议理由不能成立。

078 一人公司股东个人私户收公款，可追加股东为被执行人

> 股东不能证明个人财产独立于一人公司的，可追加股东为被执行人

阅读提示

《公司法》第六十三条规定："一人有限责任公司的股东不能证明公司财产独立于股东自己的财产的，应当对公司债务承担连带责任。"这是"法人人格否认"在一人有限公司中的体现。根据这一规则，当一人有限公司对外负有债务，债权人起诉公司时，可以同时列一人有限公司的股东为被告，股东不能证明不存在人格混同的，应当对公司债务承担连带责任。

未经前述诉讼程序判决一人有限公司股东承担连带责任的情况下，在执行程序中，一人有限公司的债权人能否直接向执行法院申请追加一人有限公司的股东为被执行人？《变更、追加当事人规定》第二十条规定，符合法定条件下，债权人可以申请追加一人有限公司的股东为被执行人。那么，在执行程序中，如何适用这一实体上的"法定条件"？这与诉讼程序中认定人格混同的标准是否相同？股东在程序上如何救济？本文通过最高人民法院的几则案例，对执行一人有限公司股东财产的相关问题进行梳理和分析。

裁判要旨

一人有限公司未依法进行年度财务会计审计，违反法律规定的强制性义务，且股东用个人账户收取公司往来款项，股东未提交证据证明其收到公司往来款项后，将该款项转付给公司。股东提供的证据不能证明其个人财产独立于一人有限公司的财产，应当追加股东为被执行人。

案情简介

明某发公司为一人公司，股东为韵某明。原告元某公司与被告明某发公司买卖合同纠纷一案，法院判决明某发公司向元某公司支付合同款。判决生效后，元某公司申请执行明某发公司的财产，并申请追加明某发公司的股东韵某明为被执行人。

执行法院裁定追加韵某明为被执行人。

韵某明不服该裁定,向青海高院提起案外人执行异议之诉。青海高院审理查明,明某发公司违反法律规定,没有在每一会计年度进行审计,韵某明将个人银行卡用于明某发公司和其他公司之间的资金往来交易。韵某明不能证明其个人财产独立于公司财产。青海高院判决驳回异议人韵某明的诉讼请求。

韵某明不服一审判决,上诉至最高人民法院。最高人民法院经审理,认为韵某明提供的证据不能证明其个人财产独立于明某发公司的财产,判决驳回韵某明的上诉,维持原判。

裁判要点及思路

本案的争议焦点是:韵某明的个人财产是否独立于明某发公司财产。《变更、追加当事人规定》第二十条规定:"作为被执行人的一人有限责任公司,财产不足以清偿生效法律文书确定的债务,股东不能证明公司财产独立于自己的财产,申请执行人申请变更、追加该股东为被执行人,对公司债务承担连带责任的,人民法院应予支持。"本案中,明某发公司作为一人有限公司,不能清偿对外负有的到期债务。韵某明作为明某发公司的股东,如果不能证明公司财产独立于自己的财产,那么,明某发公司的债权人元某公司有权申请追加韵某明为被执行人。

青海高院和最高人民法院均认定,韵某明提供的证据不能证明其个人财产独立于明某发公司的财产,应当追加韵某明为被执行人。最高人民法院主要从以下两个方面对这一问题进行认定:

第一,明某发公司未依法进行年度财务会计审计,违反法律规定的强制性义务,足以令人对明某发公司股东韵某明的个人财产是否独立于明某发公司财产形成合理怀疑。

第二,明某发公司在对外经营过程中,有使用韵某明个人账户收取公司往来款项的情形,与公司之间的经济往来应当通过公司账户结算的会计准则相悖,且韵某明未提交证据证明其收到明某发公司往来款项后,将该款项转付给明某发公司。

因此,最高人民法院认为,现有证据不足以证明明某发公司财产独立于韵某明个人财产,应当由韵某明承担举证不能的不利后果。韵某明提出不予追加其为被执行人的诉讼请求,应予驳回。

实务要点总结

追加一人有限公司股东为被执行人的实质要件是"股东不能证明公司财产独立

于自己的财产"，前提条件是"一人有限责任公司，财产不足以清偿生效法律文书确定的债务"。关于这一前提条件，根据《公司法》第六十三条的规定，债权人要求一人有限公司的股东承担连带责任时，并不要求公司的财产不足以偿还债务。关于"股东不能证明公司财产独立于自己的财产"这一实质要件，《变更、追加当事人规定》和《公司法》的认定标准基本一致。实践中有各种各样的情形都可以被认定为符合这一实质要件的"人格混同"。《九民纪要》第十条对"人格混同"的情形进行了非常详细的总结，具有很强的实践价值和指导意义，值得我们重点关注。

股东需要承担证明公司财产独立于自己财产的举证责任，这与诉讼程序中股东承担举证责任并无不同，但在执行程序中，股东提出执行异议时，执行法院应当举行公开听证，进行一定程度的实质审查。在执行程序中，并非所有的追加被执行人案件，都必须进行公开听证。根据《变更、追加当事人规定》第二十八条的规定，事实清楚、权利义务关系明确、争议不大的案件，不需要举行公开听证。但我们认为，在追加一人公司的股东为被执行人时，应当举行公开听证，否则，程序不合法。青海高院在某个案件的审理中，认为海北中院未对股东的异议举行公开听证审查，违反了法定程序，裁定撤销了海北中院的执行裁定。（详见"延伸阅读"案例一）

另外，鉴于追加一人有限责任公司的股东为被执行人会对股东个人的实体权利义务产生重大影响，当股东下落不明无法送达追加被执行人申请书等案件材料，且现有证据不足以认定人格混同时，不能在执行程序中追加股东为被执行人。（详见"延伸阅读"案例二）由此可见，在追加一人有限公司股东为被执行人时，法院应尽较多的审慎义务，方能平衡各方的权利义务。

一人有限公司的股东为被执行人时，股东的债权人无权以人格混同为由追加一人有限公司为被执行人。不经审判程序，在执行程序中直接追加特定主体为被执行人，这背后的价值追求是效率优先，但不能不兼顾公平。因此，《变更、追加当事人规定》第一条规定，申请追加被执行人，必须符合法定条件。现有法律和司法解释，并未规定一人有限公司的股东为被执行人时，股东的债权人可以申请追加一人有限公司为被执行人。因此，即使一人有限公司存在人格混同，股东的债权人也无权申请追加一人有限公司为被执行人。

相对于两人以上的有限责任公司，一人有限公司被认定存在人格混同的难度较小，一人有限公司的股东应重视公司治理、防范风险。认定两人以上的有限责任公司是否存在人格混同时，公司债权人承担举证责任，且需要符合其他要件。这区别于一人有限责任公司的股东承担举证责任的情况。因此，一人有限公司的股东应注意规范公司治理，依法出具财务会计报告、审计报告，划定股东个人财产与公司财产的边界等，防范被认定为人格混同。

相关法律规定

《最高人民法院关于民事执行中变更、追加当事人若干问题的规定》（2020年12月23日修正）

第一条 执行过程中，申请执行人或其继承人、权利承受人可以向人民法院申请变更、追加当事人。申请符合法定条件的，人民法院应予支持。

第二十条 作为被执行人的一人有限责任公司，财产不足以清偿生效法律文书确定的债务，股东不能证明公司财产独立于自己的财产，申请执行人申请变更、追加该股东为被执行人，对公司债务承担连带责任的，人民法院应予支持。

第二十八条 申请人申请变更、追加执行当事人，应当向执行法院提交书面申请及相关证据材料。

除事实清楚、权利义务关系明确、争议不大的案件外，执行法院应当组成合议庭审查并公开听证。经审查，理由成立的，裁定变更、追加；理由不成立的，裁定驳回。

执行法院应当自收到书面申请之日起六十日内作出裁定。有特殊情况需要延长的，由本院院长批准。

《公司法》（2018年10月26日修正）

第六十二条 一人有限责任公司应当在每一会计年度终了时编制财务会计报告，并经会计师事务所审计。

第六十三条 一人有限责任公司的股东不能证明公司财产独立于股东自己的财产的，应当对公司债务承担连带责任。

《全国法院民商事审判工作会议纪要》（2019年11月8日公布）

10.【人格混同】认定公司人格与股东人格是否存在混同，最根本的判断标准是公司是否具有独立意思和独立财产，最主要的表现是公司的财产与股东的财产是否混同且无法区分。在认定是否构成人格混同时，应当综合考虑以下因素：

（1）股东无偿使用公司资金或者财产，不作财务记载的；

（2）股东用公司的资金偿还股东的债务，或者将公司的资金供关联公司无偿使用，不作财务记载的；

（3）公司账簿与股东账簿不分，致使公司财产与股东财产无法区分的；

（4）股东自身收益与公司盈利不加区分，致使双方利益不清的；

(5) 公司的财产记载于股东名下,由股东占有、使用的;

(6) 人格混同的其他情形。

在出现人格混同的情况下,往往同时出现以下混同:公司业务和股东业务混同;公司员工与股东员工混同,特别是财务人员混同;公司住所与股东住所混同。人民法院在审理案件时,关键要审查是否构成人格混同,而不要求同时具备其他方面的混同,其他方面的混同往往只是人格混同的补强。

《最高人民法院关于人民法院执行公开的若干规定》(2006年12月23日公布)

第十二条 人民法院对案外人异议、不予执行的申请以及变更、追加被执行主体等重大执行事项,一般应当公开听证进行审查;案情简单,事实清楚,没有必要听证的,人民法院可以直接审查。审查结果应当依法制作裁定书送达各方当事人。

法院裁判

以下为最高人民法院在"本院认为"部分的论述:

本案中,首先,明某发公司于2017年变更为一人有限责任公司,则应当在每一会计年度结束时编制财务会计报告,并进行审计形成年度报告。现明某发公司未依法进行年度财务会计审计,违反法律规定的强制性义务,足以令人对明某发公司股东韵某明的个人财产是否独立于明某发公司财产形成合理怀疑。

其次,明某发公司股东韵某明提交山西财信会计师事务所晋财信财审(2019)0103号《审计报告》,用以证明公司财产与韵某明个人财产相互独立。该会计师事务所出具说明称该报告系对明某发公司2017年1月1日至2018年12月31日的财务进行审计,但《审计报告》所附财务报表仅为明某发公司2018年12月31日资产负债表、2018年度利润表及财务报表附注等资料,不包括2017年度财务会计资料。该审计报告不能反映明某发公司2017年度财务状况。且在一审中一审法院要求韵某明提交明某发公司财务账册,韵某明未予提交,《审计报告》依据的财务资料的真实性存疑,故一审法院未予采信《审计报告》并无不当。同时,根据查明的事实,明某发公司在对外经营过程中,有使用韵某明个人账户收取公司往来款项的情形,与公司之间的经济往来应当通过公司账户结算的会计准则相悖,且韵某明未提交证据证明其收到明某发公司往来款项后,将该款项转付给明某发公司。因此,现有证据不足以证明明某发公司财产独立于韵某明个人财产,应当由韵某明承担举证不能的不利后果。

最后,本院(2016)最高法民终577号民事判决系2016年12月作出,该判决认定韵某明不应对明某发公司债务承担连带责任的理由是元某公司提交的证据不足以证明韵某明存在《公司法》第二十条第三款规定的情形。但该判决作出后，相关事实发生了变化，即明某发公司变更为一人有限公司；韵某明以个人账户收取明某发公司交易往来款项；明某发公司未能履行前述判决确定的债务。且因明某发公司性质发生变化，本案与前案的举证证明责任分配亦发生变化。本案中，作为一人有限责任公司股东的韵某明未能提交充分证据证明明某发公司财产独立于其个人财产，而明某发公司未能履行生效裁判文书确定的债务，债权人元某公司利益受损，一审法院追加韵某明作为被执行人，符合《公司法》第六十三条及《变更、追加当事人规定》第二十条"作为被执行人的一人有限责任公司，财产不足以清偿生效法律文书确定的债务，股东不能证明公司财产独立于自己的财产，申请执行人申请变更、追加该股东为被执行人，对公司债务承担连带责任的，人民法院应予支持"之规定。故韵某明认为一审判决与本院（2016）最高法民终577号民事判决冲突的主张不能成立。

案件来源

《韵某明、青海元某矿业有限公司二审民事判决书》【最高人民法院（2019）最高法民终1364号】

延伸阅读

一、在执行程序中，一人有限公司的债权人申请追加股东为被执行人，股东提出异议时，执行法院应当举行公开听证，审查一人有限公司的财产是否与股东的财产存在混同。

案例一：《重庆国某建设（集团）有限公司与门源县海某置业房地产开发有限公司执行审查类执行裁定书》【青海省高级人民法院（2020）青执复10号】

本院认为，根据《最高人民法院关于人民法院执行公开的若干问题规定》（以下简称《执行公开规定》）第十二条、《变更、追加当事人规定》第二十八条第二款的规定，对于追加被执行人的申请，一般应当公开听证查明案件基本事实。本案中，海北中院在作出追加卞某军为被执行人之前，应当公开听证查明卞某军的财产是否与海某公司的财产混同的事实，但海北中院没有通过公开听证查明该事实，程序上违反了《执行公开规定》第十二条、《变更、追加当事人规定》第二十八条第二款的规定，致卞某军与海某公司是否存在财产混同的事实不清。

另外，根据《最高人民法院关于执行案件立案、结案若干问题的意见》第九条第四项的规定，申请执行人申请追加被执行人的案件，应当按照执行异议案件予以立案审查。本案中，海北中院申请追加被执行人，没有按照执行异议案件审查，程序不当。

综上，海北中院在执行实施中直接裁定追加卞某军为被执行人及对卞某军的异议均未公开听证审查，违反了法定程序，且事实不清。依照《执行异议和复议规定》第二十三条第一款第四项的规定，裁定如下：一、撤销青海省海北藏族自治州中级人民法院（2020）青执22执异2号执行裁定；二、本案发回青海省海北藏族自治州中级人民法院重新审查。

二、鉴于追加一人有限责任公司的股东为被执行人会对股东个人的实体权利义务产生重大影响，当股东下落不明无法送达追加被执行人申请书等案件材料，且现有证据不足以认定人格混同时，不能在执行程序中追加股东为被执行人。

案例二：《王某民等执行裁定书》【北京市高级人民法院（2020）京执监30号】

本院认为，根据《变更、追加当事人规定》第二十条规定，证明公司财产独立于股东个人财产适用于举证责任倒置的原则，由股东承担举证责任。考虑到追加一人有限责任公司的股东为被执行人会对股东个人的实体权利义务产生重大影响，在此类案件的审查中应当在程序上充分保障涉案股东进行举证、质证、辩论等诉讼权利。本案中，博某创业公司申请追加一人有限责任公司民某物资公司股东王某民为被执行人，鉴于执行程序的权利保障不同于诉讼程序，在民某物资公司及其股东王某民下落不明，无法送达追加被执行人申请书等案件材料，且博某创业公司提供的现有证据材料不足以证明民某物资公司与股东王某民个人财产存在混同的情形下，不宜在执行程序中追加王某民为被执行人。

079 对申请追加配偶为被执行人的裁定不服，能不能提起执行异议之诉？

> 申请执行人对申请追加配偶为被执行人的裁定不服，不能提起执行异议之诉

阅读提示

追加被执行人是申请执行人提高实现债权可能性的重要手段之一，2016年底

颁布的《变更、追加当事人规定》对变更、追加被执行的具体情形及其相应程序作了相应规定，关于追加被执行人的程序也日益规范。但该司法解释对于变更、追加被执行人的裁定不服，区分不同的情形，设置了两种不同的救济路径，一为复议程序，二为执行异议之诉程序。但最高人民法院在具体司法实践中，对于追加被执行人的裁定到底能否提起执行异议之诉存在不同的看法。本文将通过最高人民法院的一则案例，对追加被执行人裁定的救济程序进行梳理。

裁判要旨

申请执行人提起执行异议之诉的前提条件是，案外人提起了阻却对执行标的的执行异议申请，且人民法院已经作出中止执行的裁定。申请执行人对执行法院作出的驳回追加申请裁定不服提起的诉讼，不符合提起执行异议之诉的条件。

案情简介

2014年9月30日，上海仲裁委员会就申请人王某普与被申请人戴某忠之间的民间借贷债权债务纠纷作出《裁决书》，裁决戴某忠还本付息。

2014年10月，王某普就上述《裁决书》向上海二中院申请执行。在案件执行中，王某普申请追加戴某忠配偶叶某为该案被执行人，上海二中院裁定驳回。王某普不服该裁定，遂提起执行异议之诉。

上海二中院立案受理，以相应债务为夫妻共同债务为由，判决准予王某普追加叶某为被执行人之申请。

叶某不服一审判决，上诉至上海高院。上海高院二审驳回上诉，维持原判。

叶某向最高人民法院申请再审，最高人民法院裁定撤销一、二审判决，驳回王某普要求追加叶某为被执行人的起诉。

裁判要点及思路

本案王某普面临的问题，是绝大多数申请执行自然人的申请人都想采取的措施——申请追加配偶为被执行人。本案的焦点问题在一、二审阶段，也是围绕王某普是否有权追加配偶为被执行人展开。到了叶某申请再审阶段，叶某还是围绕这一问题申请再审。一、二审法院及所有的当事人都没有思考这个案件可能存在的程序性问题。

但最高人民法院在处理该案时，没有回应任何实体性问题，而是从案件的程序性问题出发，给了各方一个都始料未及的结果。最高人民法院从《民事诉讼法》第二百二十七条规定的案外人或申请执行人提起异议之诉的前提条件出发，认为案外人对执行标的提出排除执行的异议是启动执行异议之诉的前提条件，《民诉法解释》第三百零六条第一款对此予以了进一步明确。但在本案中，王某普并不是基于案外人提出执行异议申请，执行法院作出中止执行裁定，其不服该裁定所提出的执行异议之诉，而是对执行法院作出的驳回追加申请裁定不服提起的诉讼。因此，不符合提起申请执行人异议之诉的条件。基于以上程序性问题，最高人民法院裁定改判，驳回了王某普的起诉。

实务要点总结

程序性问题是案外人和申请执行人获得权利救济的前提性问题，程序选择错误所有的努力都有可能前功尽弃。对于案外人的权利救济，《民事诉讼法》区分不同的情形，规定了不同的救济程序，至少包括案外人异议和异议之诉、案外人申请再审、第三人撤销之诉和另诉。但以上四种路径并非并行不悖，面对不同的问题必须有不同的选择。在案外人被追加为被执行人的场合，也应区分不同情形分别判断。

《变更、追加当事人规定》第三十条规定："被申请人、申请人或其他执行当事人对执行法院作出的变更、追加裁定或驳回申请裁定不服的，可以自裁定书送达之日起十日内向上一级人民法院申请复议，但依据本规定第三十二条的规定应当提起诉讼的除外。"由此可见，最高人民法院对于追加被执行人的裁定不服，采取了以异议和复议程序为原则，以执行异议之诉为例外的处理方式。因此，最高人民法院认为，对于追加被执行人的裁定不服，申请执行人无法提起执行异议之诉，并非绝对真理。

因此，案外人、被申请追加人、申请执行人在面对相应争议时，应慎重行事，考虑周全，选择正确的权利救济路径。一旦选择错误的救济程序，所有的努力终将是镜花水月。必要时，建议选聘对执行异议程序选择有丰富经验的律师团队进行整体研究筹划，切勿在情况不明的情况下贸然行事。

特定情形下，申请执行人或被追加主体对于追加被执行人的裁定不服的，可以提起执行异议之诉。《变更、追加当事人规定》第三十二条第一款规定："被申请人或申请人对执行法院依据本规定第十四条第二款、第十七条至第二十一条规定作出的变更、追加裁定或驳回申请裁定不服的，可以自裁定书送达之日起十五日内，向执行法院提起执行异议之诉。"以上几条的情况具体包括：（1）未足额缴纳出资的有限合伙人；（2）未足额缴纳出资的股东；（3）抽逃出资的股东；（4）未足额缴纳出资即转让股权的原股东和其他连带责任发起人；（5）不能证明财产独立于公司的一人公司股东；（6）未清算即办理注销的有限责任公司的股东、股份有限公司的董事和控股股东。

法律、司法解释并未明确规定执行程序中可追加被执行人的配偶为被执行人。在《变更、追加当事人规定》规定的众多追加被执行人的程序中，并无关于可追加被执行人配偶为被执行人的规定。根据《最高人民法院关于在执行工作中规范执行行为切实保护各方当事人财产权益的通知》，在执行程序中变更、追加被执行人的，应严格限定于法律、司法解释明确规定的情形。各级人民法院应严格依照《变更、追加当事人规定》，避免随意扩大变更、追加范围。而《变更、追加当事人规定》中并未规定可直接追加被执行人配偶的情形，故在执行程序中是无法直接追加被执行人配偶为被执行人的，只能通过另诉解决。

相关法律规定

《最高人民法院关于适用〈中华人民共和国民事诉讼法〉的解释》（2022年3月22日修正）

第二百二十七条 人民法院适用普通程序审理案件，应当在开庭三日前用传票传唤当事人。对诉讼代理人、证人、鉴定人、勘验人、翻译人员应当用通知书通知其到庭。当事人或者其他诉讼参与人在外地的，应当留有必要的在途时间。

第三百零三条[①] 案外人提起执行异议之诉，除符合民事诉讼法第一百二十二条规定外，还应当具备下列条件：

（一）案外人的执行异议申请已经被人民法院裁定驳回；

（二）有明确的排除对执行标的执行的诉讼请求，且诉讼请求与原判决、裁定无关；

（三）自执行异议裁定送达之日起十五日内提起。

人民法院应当在收到起诉状之日起十五日内决定是否立案。

第三百零四条[②] 申请执行人提起执行异议之诉，除符合民事诉讼法第一百二十二条规定外，还应当具备下列条件：

（一）依案外人执行异议申请，人民法院裁定中止执行；

（二）有明确的对执行标的继续执行的诉讼请求，且诉讼请求与原判决、裁定

[①] 原第三百零五条。
[②] 原第三百零六条。

无关；

（三）自执行异议裁定送达之日起十五日内提起。

人民法院应当在收到起诉状之日起十五日内决定是否立案。

《最高人民法院关于民事执行中变更、追加当事人若干问题的规定》（2020年12月23日修正）

第十四条　作为被执行人的合伙企业，不能清偿生效法律文书确定的债务，申请执行人申请变更、追加普通合伙人为被执行人的，人民法院应予支持。

作为被执行人的有限合伙企业，财产不足以清偿生效法律文书确定的债务，申请执行人申请变更、追加未按期足额缴纳出资的有限合伙人为被执行人，在未足额缴纳出资的范围内承担责任的，人民法院应予支持。

第十七条　作为被执行人的营利法人，财产不足以清偿生效法律文书确定的债务，申请执行人申请变更、追加未缴纳或未足额缴纳出资的股东、出资人或依公司法规定对该出资承担连带责任的发起人为被执行人，在尚未缴纳出资的范围内依法承担责任的，人民法院应予支持。

第十八条　作为被执行人的营利法人，财产不足以清偿生效法律文书确定的债务，申请执行人申请变更、追加抽逃出资的股东、出资人为被执行人，在抽逃出资的范围内承担责任的，人民法院应予支持。

第十九条　作为被执行人的公司，财产不足以清偿生效法律文书确定的债务，其股东未依法履行出资义务即转让股权，申请执行人申请变更、追加该原股东或依公司法规定对该出资承担连带责任的发起人为被执行人，在未依法出资的范围内承担责任的，人民法院应予支持。

第二十条　作为被执行人的一人有限责任公司，财产不足以清偿生效法律文书确定的债务，股东不能证明公司财产独立于自己的财产，申请执行人申请变更、追加该股东为被执行人，对公司债务承担连带责任的，人民法院应予支持。

第二十一条　作为被执行人的公司，未经清算即办理注销登记，导致公司无法进行清算，申请执行人申请变更、追加有限责任公司的股东、股份有限公司的董事和控股股东为被执行人，对公司债务承担连带清偿责任的，人民法院应予支持。

第三十条　被申请人、申请人或其他执行当事人对执行法院作出的变更、追加裁定或驳回申请裁定不服的，可以自裁定书送达之日起十日内向上一级人民法院申请复议，但依据本规定第三十二条的规定应当提起诉讼的除外。

第三十二条　被申请人或申请人对执行法院依据本规定第十四条第二款、第十七条至第二十一条规定作出的变更、追加裁定或驳回申请裁定不服的，可以自裁定书送达之日起十五日内,向执行法院提起执行异议之诉。

被申请人提起执行异议之诉的,以申请人为被告。申请人提起执行异议之诉的,以被申请人为被告。

《最高人民法院关于在执行工作中规范执行行为切实保护各方当事人财产权益的通知》(2016年11月22日公布)

在执行程序中直接变更、追加被执行人的,应严格限定于法律、司法解释明确规定的情形。各级人民法院应严格依照即将施行的《最高人民法院关于民事执行中变更、追加当事人若干问题的规定》,避免随意扩大变更、追加范围。

法院裁判

以下为最高人民法院在再审裁定"本院认为"部分就此问题发表的意见:

本院再审认为,本案是申请执行人王某普提起的执行异议之诉。原审判决依据《民事诉讼法》第二百二十七条规定,认定王某普提起执行异议之诉属于执行异议之诉的受理范围。《民事诉讼法》第二百二十七条规定:"执行过程中,案外人对执行标的提出书面异议的,人民法院应当自收到书面异议之日起十五日内审查,理由成立的,裁定中止对该标的的执行;理由不成立的,裁定驳回。案外人、当事人对裁定不服,认为原判决、裁定错误的,依照审判监督程序办理;与原判决、裁定无关的,可以自裁定送达之日起十五日内向人民法院提起诉讼。"根据该规定,第一,该条规定的是执行程序中案外人对执行标的提出异议的情形,而非申请执行人申请追加被执行人的情形;第二,人民法院经审查案外人提出的异议,认定理由不成立作出裁定驳回案外人执行异议申请后,对驳回裁定不服,可以提起诉讼的主体是案外人;第三,申请执行人可以提起诉讼的裁定应当是人民法院作出的中止执行裁定。因为只有在案外人对执行标的提出异议,人民法院作出中止执行裁定,阻却了执行程序时,申请执行人才有提起执行异议之诉,请求继续执行之必要。《民诉法解释》第三百零六条第一款进一步明确了申请执行人提起执行异议之诉的条件,即"申请执行人提起执行异议之诉,除符合民事诉讼法第一百一十九条规定外,还应当具备下列条件:(一)依案外人执行异议申请,人民法院裁定中止执行;(二)有明确的对执行标的继续执行的诉讼请求,且诉讼请求与原判决、裁定无关;(三)自执行异议裁定送达之日起十五日内提起。"该规定是对《民事诉讼法》第二百二十七条的进一步解释。根据该规定,申请执行人提起执行异议之诉的前提条件是,案外人提起了阻却对执行标的的执行异议申请,且人民法院已经作出中止执行的裁定。也就是说,案外人提出执行异议,执行法院经审查认定案外人执行异议成立,且已作出中止执行裁定,是申请执行人提起执行异议之诉的前置程序。本案中,王某普并不是基于案外人提出执行异议申请,执行法院作出中止执行裁定,其不服该裁定所提出的执行异议之诉,而是对执行法院作出的驳回追加申请裁定不服提起的诉讼。因此,王某普提起本案诉讼不符合上述法律规定的申请执行人提起执行异议之诉的条件。原审判决依据《民事诉讼法》第二百二十七条规定,认定王某普提起本案诉讼符合法律规定,适用法律不当,本院予以纠正。

案件来源

《叶某、王某普申请执行人执行异议之诉再审民事裁定书》【最高人民法院(2017)最高法民再354号】

延伸阅读

一、案外人被追加为被执行人后,无权对其名下特定财产排除执行提起执行异议之诉。

案例一:《青海宏某投资(集团)股份有限公司、西宁某木器厂再审民事裁定书》【最高人民法院(2017)最高法民再119号】

最高人民法院认为:案外人执行异议之诉是案外人主张就执行标的享有足以排除强制执行的权利,请求人民法院不得对该标的实施执行的特殊类型诉讼;目的是通过诉讼排除对执行标的物的强制执行。《民诉法解释》第三百零七条规定:"案外人提起执行异议之诉的,以申请执行人为被告。被执行人反对案外人异议的,被执行人为共同被告;被执行人不反对案外人异议的,可以列被执行人为第三人。"2015年4月23日,西宁中院作出(2015)宁执恢字第1-2号执行裁定,追加青海宏某集团公司为被执行人,并要求该公司在接受青海金某公司财产的范围内对申请执行人某木器厂承担责任。一方面,从诉讼程序看,青海宏某集团公司成为执行程序一方当事人后,不能再兼具"案外人"身份。否则,将无法在案外人执行异议之诉中,确定其诉讼地位。执行异议被驳回后,提起执行异议之诉是法律赋予案外人的一种实体上的救济权利,青海宏某集团公司不能在本案中适用《民事诉讼法》第二百二十七条规定,提起案外人执行异议之诉。另一方面,从诉讼请求看,青海宏某集团公司被追加为被执行人后,无论其是否原始取得"青海省××号综合办公楼"或是否享有排除执行的权利,青海宏某集团公司作为被执行人,必须按照生效法律文书内容,及时履行应承担的义务。根据本案原审查明的事实,青海宏某集团公司如果认为本案追加其为被执行人违反法律规定,可以根据《民事诉讼法》第二百二十五条、《执行工作规定》、《变更、追加当事人规定》中的有关规定,向执行法院提出书面异议。

二、抽逃出资股东对于追加裁定不服的,有权提起执行异议之诉。

案例二:《郑州建某建筑工程有限公司、张某东执行异议之诉再审民事裁定书》【最高人民法院(2017)最高法民再314号】

最高人民法院认为:本案中,辽宁省葫芦岛市中级人民法院在执行(2015)葫执字第00049号案期间,经申请执行人北京华某公司申请追加被申请人辽宁云某地公司股东郑州建某公司、张某东、刘某为被执行人,后该院作出(2015)葫执异字第00058号执行裁定,认定郑州建某公司、张某东、刘某在辽宁郑建公司、辽宁云某地公司的设立过程中均存在明显的抽逃注册资金的行为,故追加郑州建某公司、张某东、刘某为被执行人,在各自抽逃注册资金的范围内对北京华某公司承担责任。此后,郑州建某公司、张某东、刘某对上述裁定不服向辽宁省葫芦岛市中级人民法院提起执行异议之诉,该院作出(2015)葫民初字第120号民事判决认为追加案外人郑州建某公司、张某东、刘某为被执行人不符合《执行工作规定》第八十条规定的追加案外人为被执行人的情形,停止对郑州建某公司、张某东、刘某的执行。北京华某公司不服辽宁省葫芦岛市中级人民法院(2015)葫民初字第120号民事判决,向辽宁省高级人民法院提起上诉,该院认为根据《民事诉讼法》第二百二十五条的规定,郑州建某公司、张某东、刘某对被追加被执行人的执行行为提出的异议,不属于人民法院受理民事诉讼的范围,应当通过该案执行程序主张权利。本院认为,根据《变更、追加当事人规定》第十八条以及第三十二条的相关规定,被申请人郑州建某公司、张某东、刘某对追加裁定不服,可以向执行法院提起执行异议之诉,属于人民法院受理民事诉讼的范围。故,辽宁省高级人民法院适用法律错误,本院予以纠正。

080 夫妻设立的公司欠债，债权人能否追加夫妻二人为被执行人？

> 夫妻二人不能举证证明自身财产独立于公司财产的，在公司不能清偿债务时，债权人有权追加夫妻二人为被执行人

阅读提示

"夫妻公司"对债权人的利益保护存在天然缺陷，导致债权人与"夫妻公司"发生纠纷时，得不到法律的有力保护，此情况尚待立法及法律适用的完善。但依照《婚姻法》确立的夫妻财产共同共有原则，夫妻股东持有的全部股权应构成不可分割的整体，而公司实质充任了夫妻股东实施民事行为的代理人，若依法人有限责任制度认定夫妻股东设立的公司承担有限责任的同时，不对夫妻股东其他义务予以强化和规制，则有违民法的公平原则，也不利于对交易相对方利益的平等保护。本案中，人民法院执行机构在执行程序中，就申请执行人追加被执行人的申请，以形式审查为原则，关注夫妻股东设立的公司是否属实质意义上的"一人公司"，是否存在公司财产与股东个人财产混同等争议问题，有效保障了债权人的利益，具有一定的"指导"意义。

裁判要旨

夫妻在婚姻存续期间共同设立公司且不能证明自身财产独立于公司财产的，应认定公司股权主体具有利益的一致性和实质的单一性，该公司实质属于"一人公司"。当公司财产不能清偿债务时，公司债权人有权追加股东为被执行人。

案情简介

2011年8月，熊某平与沈某霞登记结婚。2011年11月，熊某平、沈某霞出资成立青某瑞公司。青某瑞公司为有限责任公司，熊某平、沈某霞各持股50%。

2015年6月，武汉中院作出民事调解书，确认青某瑞公司应限期支付猫某公司货款2983704.65元。

2015年8月，猫某公司申请强制执行。执行中，未发现被执行人青某瑞公司有可供执行的财产线索，武汉中院裁定终结本次执行程序。猫某公司认为青某瑞公

符合一人公司的实质要件，请求武汉中院追加股东熊某平、沈某霞为被执行人。

2017年10月，武汉中院裁定驳回猫某公司追加请求，猫某公司遂提起申请执行人执行异议之诉。

2018年5月，武汉中院一审认为青某瑞公司不是一人公司，不适用相关追加、变更一人公司股东的规定，判决驳回猫某公司的诉讼请求。猫某公司上诉至湖北高院。

2018年12月，湖北高院二审判决撤销一审判决，追加熊某平、沈某霞为被执行人，熊某平、沈某霞夫妻二人向最高人民法院申请再审。

2020年6月，最高人民法院再审维持二审判决。

裁判要点及思路

本案的争议焦点为，熊某平、沈某霞出资设立的青某瑞公司是否属于一人有限责任公司，以及熊某平、沈某霞应否对青某瑞公司的债务承担连带责任。对此，最高人民法院认为：

对于"一人公司"的理解不应仅限于设立股东的数量。《公司法》虽规定一人有限责任公司，是指只有一个自然人股东或者一个法人股东的有限责任公司。但是，本案中，青某瑞公司股东登记一直为熊某平、沈某霞，股东人数为复数。熊某平、沈某霞为夫妻，青某瑞公司设立于双方婚姻存续期间，应认定青某瑞公司的全部股权这一熊某平、沈某霞婚后取得的财产归其双方共同共有。青某瑞公司的全部股权实质来源于同一财产权，并为一个所有权共同享有和支配，该股权具有利益的一致性和实质的单一性。据此应认定青某瑞公司系实质意义上的"一人公司"。

举证责任方面，应参照《公司法》"一人公司"举证责任倒置规则，将公司财产独立于股东自身财产的举证责任分配给熊某平、沈某霞。熊某平、沈某霞未能限期举证证明其自身财产独立于青某瑞公司财产，将承担举证不力的法律后果。夫妻二人应对青某瑞公司案涉债务承担连带清偿责任。

因此，最高人民法院认为猫某公司申请追加熊某平、沈某霞为被执行人具有事实和法律依据。

实务要点总结

对于"一人公司"的理解不应仅限于公司设立股东的数量。公司法虽规定"一人公司"为只有一个自然人股东或者一个法人股东的有限责任公司。但是，夫妻在婚姻存续期间设立的公司，所需注册资本来源于夫妻共同财产，夫妻二人均参与公司实际经营、管理，公司实际由夫妻二人共同控制，公司实质为夫妻股东实施民事行为的代理人，在股东不能举证证明其自身财产独立于公司财产的情况下，应认定公司系实质意义上的"一人公司"。

法院审查夫妻设立的公司与夫妻其他共同财产是否混同时，参照《公司法》"一人公司"举证责任倒置规则。主要考虑，一人有限责任公司只有一个股东，缺乏社团性和相应的公司机关，没有分权制衡的内部治理结构，缺乏内部监督。股东既是所有者，又是管理者，个人财产和公司财产极易混同，极易损害公司债权人利益。故通过举证责任倒置，强化一人有限责任公司的财产独立性，从而加强对债权人的保护。

夫妻二人如不能证明其自身财产独立于公司财产，应对公司债务承担连带责任。在此情况下，夫妻设立的公司与一人有限责任公司在主体构成和规范适用上具有高度相似性，系实质意义上的一人有限责任公司。根据《公司法》第六十三条规定，一人有限责任公司的股东不能证明公司财产独立于股东自己的财产的，应当对公司债务承担连带责任。

本书建议：设立夫妻公司需谨慎。虽然，现行法律和司法解释并未明确规定夫妻不能证明财产独立于公司财产，但在公司不能清偿债务时，公司债权人有权追加股东为被执行人，本案中确立的司法裁判观点也仅是最高人民法院在个案中的审判意见。但是，各位读者应当吸取本案当事人的经验教训，设立夫妻公司时应保证公司有独立和完善的财务制度、管理制度和运营制度，避免存在人格混同、日后股东被执行的法律风险。

相关法律规定

《公司法》（2018年10月26日修正）

第五十七条第二款 本法所称一人有限责任公司，是指只有一个自然人股东或者一个法人股东的有限责任公司。

第六十三条 一人有限责任公司的股东不能证明公司财产独立于股东自己的财产的，应当对公司债务承担连带责任。

《民法典》（2020年5月28日公布）

第一千零六十二条 夫妻在婚姻关系存续期间所得的下列财产，为夫妻的共同财产，归夫妻共同所有：

（一）工资、奖金、劳务报酬；

（二）生产、经营、投资的收益；

（三）知识产权的收益；

(四)继承或者受赠的财产,但是本法第一千零六十三条第三项规定的除外;

(五)其他应当归共同所有的财产。

夫妻对共同财产,有平等的处理权。

第一千零六十五条 男女双方可以约定婚姻关系存续期间所得的财产以及婚前财产归各自所有、共同所有或者部分各自所有、部分共同所有。约定应当采用书面形式。没有约定或者约定不明确的,适用本法第一千零六十二条、第一千零六十三条的规定。

夫妻对婚姻关系存续期间所得的财产以及婚前财产的约定,对双方具有法律约束力。

夫妻对婚姻关系存续期间所得的财产约定归各自所有,夫或者妻一方对外所负的债务,相对人知道该约定的,以夫或者妻一方的个人财产清偿。

《最高人民法院关于民事执行中变更、追加当事人若干问题的规定》(2020年12月23日修正)

第二十条 作为被执行人的一人有限责任公司,财产不足以清偿生效法律文书确定的债务,股东不能证明公司财产独立于自己的财产,申请执行人申请变更、追加该股东为被执行人,对公司债务承担连带责任的,人民法院应予支持。

法院裁判

以下为最高人民法院在裁判文书"本院认为"部分就此问题发表的意见:

本院再审认为,本案猫某公司依据《变更、追加当事人规定》第二十条"作为被执行人的一人有限责任公司,财产不足以清偿生效法律文书确定的债务,股东不能证明公司财产独立于自己的财产,申请执行人申请变更、追加该股东为被执行人,对公司债务承担连带责任的,人民法院应予支持"的规定,申请追加青某瑞公司股东熊某平、沈某霞为被执行人。故本案焦点为青某瑞公司是否属于一人有限责任公司;猫某公司申请追加熊某平、沈某霞为被执行人应否支持。

关于青某瑞公司是否属于一人有限责任公司问题。《公司法》第五十七条第二款规定:"本法所称一人有限责任公司,是指只有一个自然人股东或者一个法人股东的有限责任公司。"本案中,青某瑞公司虽系熊某平、沈某霞两人出资成立,但熊某平、沈某霞为夫妻,青某瑞公司设立于双方婚姻存续期间,且青某瑞公司工商登记备案资料中没有熊某平、沈某霞财产分割的书面证明或协议,熊某平、沈某霞亦未补充提交。《婚姻法》第十七条规定,除该法第十八条规定的财产及第十九条规定的约定财产制外,夫妻在婚姻存续期间所得财产归夫妻共同共有。据此可以认定，青某瑞公司的注册资本来源于熊某平、沈某霞的夫妻共同财产，青某瑞公司的全部股权属于熊某平、沈某霞婚后取得的财产，应归双方共同共有。青某瑞公司的全部股权实质来源于同一财产权，并为一个所有权共同享有和支配，该股权主体具有利益的一致性和实质的单一性。另外，一人有限责任公司区别于普通有限责任公司的特别规定在于《公司法》第六十三条，该条规定："一人有限责任公司的股东不能证明公司财产独立于股东自己的财产的，应当对公司债务承担连带责任。"即一人有限责任公司的法人人格否认适用举证责任倒置规则。之所以如此规定，原因系一人有限责任公司只有一个股东，缺乏社团性和相应的公司机关，没有分权制衡的内部治理结构，缺乏内部监督。股东既是所有者，又是管理者，个人财产和公司财产极易混同，极易损害公司债权人利益。故通过举证责任倒置，强化一人有限责任公司的财产独立性，从而加强对债权人的保护。本案青某瑞公司由熊某平、沈某霞夫妻二人在婚姻关系存续期间设立，公司资产归熊某平、沈某霞共同共有，双方利益具有高度一致性，亦难以形成有效的内部监督。熊某平、沈某霞均实际参与公司的管理经营，夫妻其他共同财产与青某瑞公司财产亦容易混同，从而损害债权人利益。在此情况下，应参照《公司法》第六十三条规定，将公司财产独立于股东自身财产的举证责任分配给股东熊某平、沈某霞。综上，青某瑞公司与一人有限责任公司在主体构成和规范适用上具有高度相似性，二审法院认定青某瑞公司系实质意义上的一人有限责任公司并无不当。

关于猫某公司申请追加熊某平、沈某霞为被执行人应否支持问题。如上分析，青某瑞公司系实质意义上的一人有限责任公司，适用《公司法》第六十三条规定，而《变更、追加当事人规定》第二十条的实体法基础亦在《公司法》第六十三条规定。据此，熊某平、沈某霞应对青某瑞公司财产独立于双方其他共有财产承担举证责任，在二审法院就此事项要求熊某平、沈某霞限期举证的情况下，熊某平、沈某霞未举证证明其自身财产独立于青某瑞公司财产，应承担举证不力的法律后果。二审法院支持猫某公司追加熊某平、沈某霞为被执行人的申请，并无不当。

综上所述，熊某平、沈某霞的再审申请理由不能成立。依照《民事诉讼法》第二百零七条第一款、第一百七十条第一款第一项规定，判决如下：维持湖北省高级人民法院（2018）鄂民终1270号民事判决。

案件来源

《熊某平、沈某霞申请执行人执行异议之诉再审民事判决书》【（2019）最高法民再372号】

延伸阅读

一、夫妻二人设立的公司，能够证明公司财产独立于个人财产的，不能认定该公司系一人公司，债权人追加股东为被执行人的，不予支持。

案例一：《王某、任某芹执行异议之诉再审审查与审判监督民事裁定书》【（2019）最高法民申 105 号】

最高人民法院认为，原审法院以增某公司实际出资情形符合一人有限责任公司的股东出资特点及性质为由，认定杨某庆、刘某华申请追加王某、任某芹为被执行人符合《变更、追加当事人规定》第二十条规定的情形，判决驳回王某、任某芹的诉讼请求，在认定事实和适用法律上均存在错误。增某公司不是一人有限责任公司，不符合《变更、追加当事人规定》第二十条规定的追加股东为被执行人的情形。

二、一人公司股东股权转让的，如公司原股东和现股东不能证明其个人财产独立于公司财产，公司债权人有权追加一人公司原股东和现股东为被执行人。

案例二：《张某正、原某华执行异议之诉再审审查与审判监督民事裁定书》【（2020）最高法民申 2827 号】

最高人民法院认为，根据本案查明的事实，张某正于 2016 年 4 月 19 日成为大某公司唯一股东，2017 年 6 月 2 日变更其母亲原某华为大某公司唯一股东。张某正作为大某公司股东期间与大某公司之间频繁进行银行转账，大某公司一有入账，基本都是很快将其转入张某正个人账号，在大某公司需要对外支付时，再从张某正个人账户转入大某公司账户，然后大某公司再对外支出，且大某公司转账给张某正时的转账备注为"劳务费演出费""往来款"等，而大某公司的记账凭证中却均记载为"还款"，张某正在原审庭审中亦承认曾伪造大某公司部分账目；此外，张某正多次以个人账户收取应由大某公司收取的租金。原审法院据此认定张某正、原某华个人财产没有独立于大某公司财产有相应的事实依据……张某正在将大某公司财产混同于个人财产，造成大某公司资不抵债的情形下，为逃避公司债务和股东责任，让其 80 多岁老母亲原某华挂名一人公司大某公司的股东，有违道德伦理……虽然张某正、原某华不是济南仲裁委员会（2017）济仲裁字第 1284 号裁决书的义务主体，但根据评审中心提出的追加被执行人的申请，一审法院在执行程序中追加张某正、原某华为被执行人符合前述法律规定。一审法院可在查清事实的基础上依据相关法律、法规及司法解释的规定依法作出认定，并不存在违反民事诉讼不告不理原则的问题。

三、一人公司股东能够证明公司的财产独立于自己的财产，即完成了相应的举证义务，股东对公司的债务不承担连带责任。

案例三：《特某电工股份有限公司新疆变压器厂、湖北宜某化工股份有限公司执行异议之诉再审审查与审判监督民事裁定书》【（2018）最高法民申 3219 号】

最高人民法院认为，依据《公司法》第六十三条规定，一人有限责任公司的股东不能证明公司财产独立于股东自己财产，应当对公司债务承担连带责任。反之，股东如能证明公司财产独立于自己财产，则不应当对公司债务承担连带责任。本案中，宜昌嘉某公司为一人公司，湖北宜某公司作为宜昌嘉某公司的股东，所提交的证据能够证明宜昌嘉某公司的财产独立于自己的财产，即完成了相应的举证义务，湖北宜某公司不应当对宜昌嘉某公司的债务承担连带责任。故特某电工公司在执行程序中要求追加湖北宜某公司为被执行人，连带清偿宜昌嘉某公司对其债务，缺乏依据，原审法院判决不追加湖北宜某公司为被执行人，并无不当。原判决适用法律没有错误，特某电工公司的该项申请再审理由不能成立。

四、公司由一人股东和该一人股东独立控制的公司共同设立，在公司债权人提出公司与股东人格混同抗辩的情况下，股东应就其个人财产与公司财产没有混同的事实承担举证责任。否则，公司债权人有权追加公司股东为被执行人。

案例四：《重庆市蓝某物业发展有限公司、雷某桦案外人执行异议之诉再审审查与审判监督民事裁定书》【（2018）最高法民申 178 号】

最高人民法院认为，虽然重庆蓝某公司系由股东蓝某泽与蓝某房产公司共同出资设立，但蓝某房产公司为蓝某泽一人独资控股的公司。因此，在雷某桦等四人提出重庆蓝某公司与蓝某泽存在财产混同抗辩的情况下，蓝某泽应对其个人财产与公司财产没有混同的事实承担举证责任。因蓝某泽未完成相应举证责任，原审法院认定蓝某泽与重庆蓝某公司之间存在财产混同，并无不当。

五、作为被执行人的公民死亡，其配偶没有放弃继承的，人民法院可以裁定变更被执行人，由该配偶在遗产的范围内偿还债务。

案例五：《黄某、郭某英股权转让纠纷执行审查类执行裁定书》【（2018）最高法执监 116 号】

最高人民法院认为，自然人被执行人死亡后，其继承人没有放弃继承的，人民法院可以裁定变更继承人为被执行人。至于继承人实际是否继承遗产以及继承了多少遗产的问题，人民法院在确定继承人偿还债务的范围时会予以审查。因此，申诉人以黄某法没有留下遗产、自己并未继承遗产为由，主张执行程序不能将其变更为被执行人，于法无据，本院不予支持……此外，从实质公平角度考虑，变更申诉人为被执行人后,执行法院应首先审查核实原被执行人黄某法的遗产情况以及申诉人实际继承的遗产范围,对申诉人的执行以其继承黄某法遗产的范围为限,并不会损害其合法权益。

六、如系夫妻共同债务,可执行夫妻共同财产。但对于事实比较复杂、配偶另一方争议较大、难以在执行程序中对债务是否属于夫妻共同债务作出简单推定的,不应通过执行异议和复议程序处理,而是由配偶一方提起诉讼。

案例六:《张某、张某英执行审查类执行裁定书》【(2020)最高法执监 5 号】

最高人民法院认为,本案执行行为发生于 2013 年,当时法律和司法解释对夫妻一方为被执行人的案件,债务发生在夫妻关系存续期间,但执行依据未明确债务为夫妻双方共同债务还是一方个人债务的,并未明确规定可以在执行程序中直接审查认定该债务属于夫妻共同债务,并进而对执行依据确定的债务人的配偶予以执行。实践中,人民法院对属于共同债务的事实比较清楚,证据比较确凿,配偶另一方争议不大的,为及时有效保护债权人权益,避免程序过于复杂,有在执行程序中直接推定为夫妻共同债务,并执行夫妻共同财产、配偶的个人财产的做法。但对于事实比较复杂、配偶另一方争议较大、难以对债务性质作出简单推定的,鉴于仅通过执行异议、复议程序进行审查,对异议人的程序权利保障不够充分,故以不通过复议程序对是否属于夫妻共同债务作出最终判断为宜,而应当参照《民事诉讼法》第二百二十七条的规定,由配偶另一方提起诉讼进行救济。

081 追加裁定送达后擅自向其他债权人清偿债务,如何处理?

> 被执行人在追加裁定送达后擅自向其他债权人清偿债务,申请执行人要求其继续承担责任的,应予支持

阅读提示

股东抽逃出资的,应对公司债权人承担责任。同时,根据禁止重复承担责任的法律精神要求,股东已经在未实缴出资、抽逃出资范围内向其他债权人承担了责任的,则不能要求该股东重复承担责任。那么,如何认定该股东"已经在注册资金范围内或接受财产范围内向其他债权人承担了全部责任的"呢?如果存在股东已经承

担部分出资责任的情形，在执行过程中如何相应免除该股东的责任呢？

裁判要旨

追加裁定送达生效之后，被追加人应当自觉履行追加裁定所确定的义务。被追加人在追加裁定生效后擅自向其他债权人履行债务的，不免除其依据追加裁定继续履行债务的义务。

案情简介

2010年4月，海南高院判决长某公司向京某公司支付股权转让款及垫付款750万元，京某公司向三亚中院申请强制执行。

2012年3月，林某俊、长某海洋公司、长某公司签订《协议书》，林某俊代替长某公司承担对长某海洋公司债务1000万元，五年内还清。

2014年9月，三亚中院在执行过程中查明长某公司股东林某俊存在抽逃出资行为，追加林某俊为被执行人并查封其名下不动产，要求其在抽逃出资640万元内清偿京某公司债务。

2015年3月，林某俊向长某海洋公司还款100万元；2015年10月，林某俊向长某海洋公司还款200万元，尚欠700万元未还。林某俊认为自己已经实际代长某公司承担了1000万元的债务，提出执行异议。

三亚中院审查后认为，林某俊为公司承担的债务额已超过其出资的份额，故林某俊不再重复承担其出资之责，支持林某俊异议，撤销三亚中院执行裁定。

京某公司向海南高院提起复议，海南高院持与三亚中院相同观点，裁定驳回京某公司复议申请。京某公司向最高人民法院提起申诉。

2018年12月，最高人民法院撤销查封裁定，撤销执行异议裁定和复议裁定，将林某俊债务责任范围调整为340万元。

裁判要点及思路

本案的争议焦点为，被追加的被执行人林某俊是否存在免责情形。对此，最高人民法院认为：

第一，追加裁定合法有效。本案中，三亚中院裁定追加林某俊为被执行人，明确裁定送达后立即发生法律效力。该追加裁定经过法定送达程序，已发生效力。

第二，林某俊在追加裁定生效之前并未向其他债权人承担责任。被申请人林某俊在追加裁定生效前与其他债权人签订债务清偿协议,但并未实际履行债务,追加裁定要求林某俊在次债务范围内履行债务合法有效。

第三,林某俊应当自觉履行追加裁定确定的义务。被申请人林某俊实际履行债务的行为发生在追加裁定生效后,不影响生效追加裁定的效力,应依据追加裁定继续履行债务。但是,考虑林某俊已经实际履行300万元的事实,根据法律禁止重复承担责任的精神,应对其债务责任进行减少,林某俊应在剩余抽逃出资340万元范围内,向京某公司承担责任。

实务要点总结

被追加人在追加裁定生效后擅自向其他债权人履行债务的,不免除其依据追加裁定继续履行债务的义务。股东未实缴出资或者抽逃出资,存在被公司债权人随时追加为被执行人的可能性。在被追加之前,如股东通过其他途径代公司履行债务,那么,应当注意保存好相关证据资料;当被法院追加为被执行人后,股东应在第一时间内核对责任范围,及时请求法院予以扣除。

法律禁止被申请人重复承担责任。被申请人在应承担责任范围内已承担相应责任的,人民法院不得责令其重复承担责任。在涉公司纠纷中,股东抽逃出资的,应对公司债权人承担责任,但若股东已经在抽逃出资范围内向其他债权人承担了责任的,则不能要求该股东重复承担责任。

关于"已经承担责任"的理解,"已经承担责任"必须是已经完成实际清偿行为,主要是指已经发生的客观事实,而不应是尚未发生的事实。因此,被追加人在追加裁定作出前已经实际承担的债务部分,应在追加裁定的执行程序中予以扣除,未实际承担的债务部分,应当继续承担。

关于"已经承担责任"的时间点理解,被申请人必须在追加裁定生效前,就已经完成实际清偿行为。对"已经承担责任"时间点的判断,应以追加裁定生效时间为判断标准。判断追加裁定合法与否,应以该裁定生效之前发生的事实为依据。因此,不能以追加裁定生效之后发生的承担责任事实,来否定在该事实发生之前作出的追加裁定的合法性。追加裁定送达生效之后,被追加人应当自觉履行追加裁定所确定的义务,若其以追加裁定之后向其他债权人的履行行为作为"已经承担"责任、从而主张免责抗辩事由的,一般不宜予以支持。

关于衍生的超标查封问题的处理,根据上文,由于法律精神禁止重复承担责任,司法实践中,申请执行人在申请追加被执行人之后,一般会根据债务标的额申请查封被追加人的财产。如果在后续执行过程中,发现被追加人在追加裁定生效前或之后存在实际履行行为的，应相应减少其债务范围。此时，就会出现此前申请查封的财产金额大于或者明显大于被追加人的债务金额，产生超标查封的问题。此时，执行法院应及时撤销原查封裁定，在相应责任范围内对被追加人的财产采取查封、扣押、冻结措施。

相关法律规定

《最高人民法院关于民事执行中变更、追加当事人若干问题的规定》（2020年12月23日修正）

第二十六条 被申请人在应承担责任范围内已承担相应责任的，人民法院不得责令其重复承担责任。

法院裁判

以下为最高人民法院在裁判文书"本院认为"部分就此问题发表的意见：

结合本案，第一，追加裁定于2014年生效。《民事诉讼法》第二百二十五条规定，"当事人、利害关系人认为执行行为违反法律规定的，可以向负责执行的人民法院提出书面异议……"《民诉法执行程序解释》第十条规定，"执行异议审查和复议期间，不停止执行"。本案中，三亚中院于2014年9月9日作出第8号裁定，追加林某俊为被执行人，明确裁定送达后立即发生法律效力，同时，允许当事人依照《民事诉讼法》第二百二十五条规定提出异议和复议。因此，第8号裁定是一个执行行为，该裁定作出送达后即生效，在异议审查和复议期间，仍然有效。第二，林某俊在追加裁定生效之前并未向其他债权人承担责任。林某俊主张因抽逃出资但要求免责的事由，系依据2012年3月19日其与长某海洋公司、长某公司的三方协议，其中约定林某俊代长某公司向长某海洋公司清偿1000万元，五年内付清。但林某俊仅签订了代被执行人长某公司清偿1000万元的协议，在2014年追加裁定作出之前，该协议并未实际履行，亦未经其他生效法律文书确认。林某俊主张的两次履行行为均发生于2015年，晚于追加裁定的生效时间。第三，林某俊应当自觉履行追加裁定确定的义务。三亚中院在追加裁定作出后，又据此作出了第81号裁定，查封了林某俊名下的土地使用权，实质启动了对林某俊的强制执行程序。林某俊应当积极配合法院的执行工作，依法自觉履行追加裁定确定的义务。综上，林某俊在第8号裁定及第81号裁定生效后，应当依法自觉履行相应的义务。林某俊以在上述裁定生效之前签订但未实际履行的代被执行人向其他债权人履行1000万元的协议,主张"已经承担",追加裁定违法,缺乏事实和法律依据,不予支持。三亚中院、海南高院对此适用法律欠妥,应予纠正。

关于股东在追加裁定之后向其他债权人代为履行义务的认定问题。如前所述,股东在追加裁定之后向其他债权人代为履行义务的,不足以否定追加裁定的合法性。但本案中,林某俊于2012年签订的协议约定了还款期限为5年,在追加裁定作出之时,该期限尚未届满,其向长某海洋公司实际履行的300万元亦在协议约定期限之内。对于林某俊依照协议约定期限内履行的300万元,可以在追加裁定的执行过程中予以考虑。此外,执行程序中,当事人有权处分自己的合法权益。本案中,林某俊在追加裁定生效之后,代长某公司向长某海洋公司履行了300万元。申诉人认可这300万元可以视为林某俊已经在其抽逃注册资金范围内向其他债权人承担了责任。申诉人的上述主张,不违反法律规定,应予支持。综上,截至目前,可以认定林某俊已经在其抽逃注册资金范围内向其他债权人承担了300万元的责任,林某俊应该在剩余抽逃注册资金范围内向申请执行人承担责任。

案件来源

《中国京某有限公司、林某俊执行审查类执行裁定书》【(2018)最高法执监411号】

延伸阅读

一、负责协助执行义务的主体,通过变更付款主体达到向相关方支付的目的,不追究其擅自支付的责任。

案例一:《银川市某区某镇人民政府、郝某红民间借贷纠纷执行审查类执行裁定书》【(2019)最高法执监482号】

最高人民法院认为,2017年6月20日,某镇召开党委会议,会议决定,同意支付隆某公司地面附着物补偿款300万元。后该镇政府进行了款项支付。根据《银川市某区人民政府会议纪要》[银兴专题纪要发(2017)64号],2017年10月18日,某区政府召开会议,决定关于隆某公司拆迁补偿款,由某区财政局负责,某区拆迁办配合,按程序核拨,并由某区拆迁办做好征收补偿相关工作。后某区拆迁办将5491559.35元支付给隆某公司,某镇政府并未支付该5491559.35元款项……根据前述银川中院(2017)宁01执185号执行裁定以及该院于2017年7月27日作出的(2017)宁01执185号之一执行裁定,某镇政府共应协助冻结拆迁补偿款

8516050.67元，但是某镇政府自己擅自支付的仅有300万元，此外的由某区拆迁办支付的拆迁补偿款，付款主体并非某镇政府，不能视为某镇政府擅自支付的款项。银川中院以某镇政府变更付款主体为由责令其追回某区拆迁办支付的拆迁补偿款，缺乏事实和法律依据，应予纠正。

二、协助履行义务主体在接到法院的履行协助执行通知后，与被保全人或者被执行人、第三人达成债务转移协议的，协助义务主体与被执行人之间没有债权债务关系，不是法院到期债权冻结措施的义务主体。

案例二：《某文化旅游投资集团有限公司、唐山长某商贸有限公司执行审查类执行裁定书》【(2019)最高法执监407号】

最高人民法院认为，根据查明事实，文投公司与华某公司虽然签订有两份BT投资建设合同，曾经有过债权债务关系，但在2011年5月6日，文投公司、华某公司、南某公司即已签订了《合同主体变更协议》，约定由南某公司概括承受文投公司在前述合同中的权利义务。因此，自该合同签订生效之后，文投公司与华某公司之间已经没有债权债务关系，华某公司对文投公司不再享有债权。故唐山中院在2013年5月3日、16日查封华某公司在文投公司应得工程款1500万元、2200万元的事实前提已经不复存在，该院对文投公司采取冻结到期债权的执行措施属于对象错误……在本案中，不得以母子公司之间存在资金审核关系为由，要求文投公司承担追回南某公司擅自支付款项的责任。综上，文投公司与被执行人华某公司之间没有债权债务关系，不是本案到期债权冻结措施的义务主体，对其采取到期债权冻结措施错误。如果南某公司存在违反执行裁定而擅自支付冻结债权款项的情况，应由南某公司承担相应的追回责任，而不应由文投公司承担。

三、确认之诉的判决内容仅确定了当事人之间的权利义务关系，没有给付内容，不符合申请执行的条件。法院据此作出的协助执行通知书，应予撤销。

案例三：《李某亮、王某军执行审查类执行裁定书》【(2019)最高法执监507号】

最高人民法院认为，本案作为执行依据的(2015)张商初字第22号民事判决的主文为：确认原告李某亮与被告王某军于2009年10月12日签订的《协议书》中出资与收益的约定有效，李某亮已履行出资1000万元的义务，并享有《协议书》第二条约定的收益的权利。此为确认之诉的判决，判决内容仅确定了当事人之间的权利义务关系，没有给付内容，不符合《民诉法解释》第四百六十三条及《执行工作规定》第十八条关于人民法院受理执行生效法律文书的条件的规定。张家口中院受理并以(2017)冀07执46号案立案执行李某亮与王某军确认合同纠纷一案缺乏法律依据。张家口中院在执行（2015）张执字第 2 号案中，于 2015 年 12 月 17 日向星某宏公司送达（2015）张执字第 2 号协助执行通知书，要求停止支付被执行人王某军在该公司的投资款 2000 万元及利润分成等收益……李某亮作为（2017）冀 07 执 46 号案申请执行人主张应维持该责令限期追款通知书，依据不足。

四、在次债务人对保全的债权提出实质异议的情况之下，执行法院不宜在执行程序中直接判断该到期债权确实存在、认为被保全人支付行为属于擅自支付行为，继而作出要求被保全人追回相关款项的执行措施。

案例四：《湖北省农业某信用担保股份有限公司、湖北同某农业有限公司追偿权纠纷执行审查类执行裁定书》【（2019）最高法执监 529 号】

最高人民法院认为，就本案而言，本案执行过程中，武汉中院根据申请执行人农业公司的申请，作出 519 号履行到期债务通知书，要求作为次债务人的畜禽公司向农业公司履行其对同某公司所负到期债务。畜禽公司在规定期限内向武汉中院提出异议，认为其对同某公司无到期债务。根据上述法律规定，武汉中院对畜禽公司提出的异议不能进行审查，也不得对畜禽公司采取进一步的执行措施。武汉中院 17851 号裁定和 140 号协助执行通知书是对同某公司对畜禽公司到期债权的保全，在畜禽公司对该债权提出实质异议的情况下，执行法院也不宜直接判断该到期债权确实存在，并据此认为畜禽公司相关支付行为属于违反保全裁定的擅自支付行为，继而作出要求畜禽公司追回相关款项的执行措施。农业公司可依法通过代位权诉讼的方式主张权利。根据代位权诉讼对畜禽公司与同某公司之间实体债权债务关系的裁判结果，可以对畜禽公司是否存在违反保全裁定的行为作出判断，并依法采取一定的处置措施。据此，武汉中院作出 519 号追款通知书存有不当，应予撤销。同时，湖北高院认为武汉中院 1498 号裁定就同某公司对畜禽公司是否享有到期债权的实体问题作出审查结论不当，予以撤销，也是适当的。

五、次债务人在法院送达保全裁定后提出执行异议的，执行法院未回应。之后，执行法院对被保全人擅自支付行为作出的限期追回通知、追回不能时的执行措施因丧失合法性应予撤销。

案例五：《卢某生、施某服民间借贷纠纷执行审查类执行裁定书》【（2019）最高法执复 75 号】

最高人民法院认为，卢某生、施某服、邓某珍主张，中某公司提出执行异议只认为执行裁定和协助执行通知涉及的被查封房产属（2016）赣 0722 刑初 230 号刑事案件的涉案财物，应由信丰县法院处置，并未对江西高院的查封行为有异议，故认为江西高院异议程序超越异议请求进行审查。经查，根据江西高院查明的事实，中某公司对限期追回股权收益通知明确提出异议，认为通知所述 87984207 元并非股权收益或分红款，而是中某公司与郭建某、郭桂某、郭华某的往来累计款项等。鉴于此，江西高院有权对限期追回股权收益通知是否合法进行审查。而（2014）赣执字第 15 号执行裁定、（2014）赣执字第 18 号协助执行通知均是在限期追回股权收益通知基础上作出的，在中某公司未追回款项的情况下，决定直接对中某公司的财产采取强制执行措施。既然江西高院异议裁定认定限期追回股权收益通知所认定的中某公司擅自支付给郭建某 87984207 元系股权收益并责令中某公司追回的依据不充分，据此撤销该通知，以该通知为基础的裁定和协助执行通知亦丧失合法性，江西高院一并予以撤销并无不当，不存在超越异议请求的程序问题。

六、冻结被执行人对第三人的债权与被执行人的其他财产，在执行过程中无先后执行顺序的要求。

案例六：《红某辽宁烟草有限责任公司、沈阳华某建筑工程有限公司（原沈阳双某建设集团华某建筑工程有限公司）建设工程施工合同纠纷执行审查类执行裁定书》【（2018）最高法执监 664 号】

最高人民法院认为，关于红某辽宁公司主张的执行不公的问题。被执行人享有的对第三人的合法债权，亦属于被执行人的财产，关于该财产和被执行人名下其他财产的执行，法律并未规定有先后顺序，因此，红某辽宁公司主张的应先执行被执行人名下其他财产的理由，于法无据。至于红某辽宁公司主张的执行法院未对其他承租人采取同样的执行措施，存在不公的问题，首先应予明确的是，红某辽宁公司违反生效裁定擅自向嘉某公司支付房租，执行法院责令其限期追回，符合法律规定，并不存在不公；其次关于执行法院应该对其他承租人采取同样的执行措施，不采取即构成选择性执行，存在执行不公的问题，红某辽宁公司并没有提供充分证据予以证明。因此，红某辽宁公司的此节申诉理由亦不成立。

七、次债务人实际支付的行为，可视为对应付债务的部分承认。次债务人未经执行法院允许，擅自支付。执行法院有权责令其追回并赔偿申请执行人损失，符合法律规定。

案例七：《江西省寻某高速公路有限责任公司、何某平企业借贷纠纷执行审查类执行裁定书》【（2017）最高法执监 441 号】

最高人民法院认为，在赣州中院冻结工程款债权并送达相关法律文书后，寻某高速公司并未否定该公司有应付工程款债务，且分多笔向被执行人支付涉案工程量款及保证金共计 559 万余元。在寻某高速公司作出回复之前，赣州中院未对该公司采取扣划措施，在该公司回复预计可支付最小及最大金额之后，且在该公司已支付

559万元的情况下,赣州中院才作出责令追款通知书。寻某高速公司认可的预计最小可支付金额,及其实际已支付的559万余元,可视为该公司对应负债务的部分承认,并且可依据其支付行为视为该部分债权已经到期。根据《执行工作规定》第六十四条规定,第三人对债务部分承认的,可以对其承认的部分强制执行。寻某高速公司既承认了到期债权的存在,却又未经允许擅自支付,对其擅自支付的559万元,执行法院作出裁定责令其追回并赔偿申请执行人损失,符合法律规定,并无不当。

八、第三人擅自支付的行为对申请执行人权益的实现有无实际损害,是认定第三人是否构成擅自支付已冻结债权并应承担相应清偿责任的重要事实。

案例八:《某县交通运输局、夏某凡合伙协议纠纷执行审查类执行裁定书》【(2017)最高法执监336号】

最高人民法院认为,本案保全及强制执行的对象实质为到期债权。对于协助执行人某交通局向被执行人的债权人支付431.3988万元的行为,能否认定为擅自支付已冻结到期债权并应承担相应清偿责任,除了考虑某交通局的支付行为这一因素之外,对于该局提出的其代刘某辉支付的348万余元是农民工工资,为应优先支付的债权;支付该348万余元及李某凤45万元医疗费,是在当地党委政府研究并提出要求下作出的,株洲中院参与协调并予以同意;代为缴纳工程欠税136.5012万元,系税务部门依职权直接扣划,不应归责于某交通局等事由,也应予以审查。本院经查,株洲中院执行异议卷宗中有若干证据材料与上述事实相关。同时,申请执行人提出某交通局所欠刘某辉的工程款为1700万元,远远超过冻结债权的数额,该情况如属实,则某交通局支付431.3988万元似对申请执行人权益的实现并无实际损害。上述事实对于认定某交通局是否构成擅自支付已冻结债权并应承担相应清偿责任均具有重要意义,株洲中院、湖南高院在没有查明的情况下即作出异议和复议裁定,属于基本事实认定不清。

九、只有在一方的给付义务履行完毕,事实上已经出现了另一方实际上只欠付对方债权利益,且已进入清偿期的情况下,才能认定次债务人对债务人的支付确属违反保全裁定的擅自支付行为。

案例九:《唐山荣某房地产开发有限公司、唐山市丰润区瑞某商贸有限公司买卖合同纠纷执行审查类执行裁定书》【(2016)最高法执监240号】

最高人民法院认为,本案中到期债权的保全与荣某公司的支付行为均发生在荣某公司与二建公司的建设工程合同履行过程之中,后双方因建设工程施工合同履行、工程款结算等纠纷诉至法院。可见,在建设工程施工合同等具有持续性给付义务的双务合同履行过程中,双方资金往来频繁,事实上不可能在尚未结算时准确认定到期债权利益的最终数额。相应地,也不能简单地认定其在履行合同过程中的款项支付行为即属于违反保全裁定的擅自给付行为。只有在一方的给付义务履行完毕,事实上已经出现了另一方实际上只欠付对方债权利益,且已进入清偿期的情况下,才能认定次债务人对债务人的支付确属违反保全裁定的擅自支付行为……目前,相关工程款结算纠纷正在诉讼审查之中,双方间债权债务数额仍未有定论。因此,尚无确切证据证明荣某公司支付的该部分款项包括保全裁定冻结的1100万元。唐山中院、河北高院的异议、复议裁定仅依据荣某公司在保全裁定作出后发生了向二建公司支付款项的行为,在未查明双方合同履行情况等相关事实的情况下,认定其违反了保全裁定的内容,构成擅自支付到期债权的行为,缺乏事实和法律依据。

082 公司恶意延长股东出资期限,能否追加该股东为被执行人?

> 在公司不能清偿债务的情况下,公司债权人可以在执行程序中直接追加未届出资期限的股东为被执行人

阅读提示

现行《公司法》确定的公司注册资本认缴制度,为股东出资赋予了更多的灵活性和自主性,但这并不意味着股东的出资义务可以当然或变相免除。特别是在可能存在公司股东利用注册资本认缴制逃避出资义务、损害债权人权益等道德风险时,应当对股东在宽泛条件下的出资行为合法性、合理性严格审查、从严把握。本案产生于九民会议纪要之前,符合九民会议纪要的精神,能够代表最高人民法院对于如何审查追加未实缴股东为被执行人这一实务问题的裁判观点,故与各位读者分享。

裁判要旨

在无证据证明公司具有清偿能力的情况下,公司延长股东认缴出资期限的,客观上损害了公司债权人的利益。公司债权人有权要求该股东在未实缴出资范围内,就公司债务承担补充赔偿责任,有权申请法院追加该股东为被执行人。

案情简介

2014年7月，中某大公司修改公司章程，将股东新某公司的认缴出资增加至500万元，认缴期限延长至2034年12月。

之后，在中某研究院与中某大公司合同纠纷一案中，北京市仲裁委裁决中某大公司应向中某研究院支付合同价款及违约金等100余万元。中某研究院向北京一中院申请执行。

执行中，因被执行人中某大公司无财产可供执行，北京一中院裁定终结本次执行。中某研究院遂申请追加中某大公司的股东新某公司作为被执行人，理由是中某大公司无可供执行的财产，新某公司未实缴出资。

2018年5月，北京一中院支持中某研究院追加申请，追加股东新某公司为被执行人。新某公司遂提起案外人执行异议之诉。北京一中院一审驳回新某公司诉讼请求，新某公司上诉至北京高院。

2018年12月，北京高院二审判决驳回新某公司的上诉，维持原判。新某公司向最高人民法院申请再审。

2019年3月，最高人民法院裁定驳回新某公司的再审申请。

裁判要点及思路

本案的争议焦点有二：一是中某大公司是否存在公司财产不足以清偿案涉债务的情形；二是新某公司应否对中某研究院承担责任。对此，最高人民法院分析认为：

关于第一点，北京一中院已经作出终本裁定，中某大公司确无财产可供执行。股东新某公司虽提供了中某大公司知识产权证书，但未证明资质证书的价值，且申请执行人中某研究院不同意就资质证书进行以物抵债，中某大公司是否有其他可供执行的财产线索，新某公司并未提供。

关于第二点，被执行人中某大公司在对外欠付债务且公司资产不足以清偿对外债务的情况下，延长股东认缴出资期限，放弃股东出资利益，客观上损害了债权人的利益。中某研究院与中某大公司交易前，基于工商公示信息，对中某大公司股东新某公司认缴出资期限产生信赖，中某大公司章程关于宽限公司股东自身相关义务及加大债权人潜在风险的修改，不足以对抗债权人中某研究院对债务人原章程产生的合理信赖。

综上，股东新某公司未实缴出资，应对中某大公司所负债务在未实缴出资范围内承担补充赔偿责任。

实务要点总结

公司不能清偿到期债务，通过召开股东（大）会决议、修改公司章程或者其他方式恶意延长股东出资期限的，债权人可以在执行程序中直接追加未届认缴期限的股东为被执行人。公司产生债务后，通过召开股东（大）会决议或者其他方式延长股东出资期限的，公司债权人可以要求该股东出资期限加速到期。公司召开股东（大）会延长股东出资期限的行为，实质系公司放弃对股东即将到期的债权，损害公司和公司债权人的利益，公司债权人有权撤销。该条规定出现在九民会议纪要中，实质是公司债权人撤销权的行使，打击股东试图逃避股东补足出资义务的行为。

公司不能清偿到期债务时，债权人可以在执行程序中直接追加未届认缴期限的股东为被执行人。需要特别注意的是，由于现行立法和司法解释仅规定了破产情形下的股东出资加速到期，仅在最高人民法院发布的执行规范文件和会议纪要中规定了非破产加速到期情形。由于在公司不能清偿债务时，一概允许未届出资期限的股东出资加速到期，事关重大，司法实践中对此持审慎态度，很难做到一概支持。

注意区分"破产加速"情形下与"非破产加速"情形下的规定情况。目前，法律和司法解释分别在《企业破产法》第三十五条和《最高人民法院关于适用〈中华人民共和国公司法〉若干问题的规定（二）》第二十二条规定了在公司破产和强制清算两种情形下股东加速到期，即"破产加速"的情形；最高人民法院在强制执行规范和会议纪要中规定了"非破产加速"情形，其中九民会议纪要中规定了公司无能力清偿债务和公司恶意延长股东出资期限两种情形，包含最高人民法院强制执行规范规定的情形。

注意区分"破产加速"情形下与"非破产加速"情形下的不同后果。在"破产加速"的情形下，股东认缴出资的期限加速到期后，股东向公司履行出资义务。加速到期的财产归公司，作为破产财产，根据破产清偿规则由全体债权人公平清偿，此时，实现的是全体清偿的效果。在"非破产加速"的情形下，加速到期的财产归公司的个别债权人所有，这个债权人可以是普通债权人，也可以是优先债权人，实现的是个别清偿的效果。

注意区分最高人民法院对不同程序中股东加速到期问题的司法裁判观点差异：在执行中，由于《变更、追加当事人规定》第十七条规定了股东出资不足时，申请执行人可追加该股东为被执行人。因此，公司不能清偿债务时，在执行程序中通过申请变更追加被执行人的方式，使股东出资期限加速到期一般不存在障碍，且对申请执行人而言成本较低。

在诉讼中，在公司不能清偿债务时，如果债权人起诉要求股东加速到期，要求其在未出资范围内承担补充赔偿责任的，法院一般会向债权人释明，如公司不能自行融资或者股东不能自行缴纳出资，债权人有权申请公司破产。换言之，即使在公司不能清偿债务时，债权人起诉要求股东承担补充赔偿责任的，法院一般不予支持。但是，如果债务发生时，股东的相关行为足以使该债权人对股东未届出资期限的出资额产生高度确信和依赖的，该债权人起诉要求股东承担补充赔偿责任的，法院一般予以支持。类似于本案。

相关法律规定

《企业破产法》（2006年8月27日公布）

第三十五条 人民法院受理破产申请后，债务人的出资人尚未完全履行出资义务的，管理人应当要求该出资人缴纳所认缴的出资，而不受出资期限的限制。

《最高人民法院关于适用〈中华人民共和国公司法〉若干问题的规定（二）》（2020年12月23日修正）

第二十二条 公司解散时，股东尚未缴纳的出资均应作为清算财产。股东尚未缴纳的出资，包括到期应缴未缴的出资，以及依照公司法第二十六条和第八十条的规定分期缴纳尚未届满缴纳期限的出资。

公司财产不足以清偿债务时，债权人主张未缴出资股东，以及公司设立时的其他股东或者发起人在未缴出资范围内对公司债务承担连带清偿责任的，人民法院应依法予以支持。

《全国法院民商事审判工作会议纪要》（2019年11月8日公布）

6.【股东出资应否加速到期】在注册资本认缴制下，股东依法享有期限利益。债权人以公司不能清偿到期债务为由，请求未届出资期限的股东在未出资范围内对公司不能清偿的债务承担补充赔偿责任的，人民法院不予支持。但是，下列情形除外：

（1）公司作为被执行人的案件，人民法院穷尽执行措施无财产可供执行，已具备破产原因，但不申请破产的；

（2）在公司债务产生后，公司股东（大）会决议或以其他方式延长股东出资期限的。

《最高人民法院关于民事执行中变更、追加当事人若干问题的规定》（2020年12月23日修正）

第十七条 作为被执行人的营利法人，财产不足以清偿生效法律文书确定的债务，申请执行人申请变更、追加未缴纳或未足额缴纳出资的股东、出资人或依公司法规定对该出资承担连带责任的发起人为被执行人，在尚未缴纳出资的范围内依法承担责任的，人民法院应予支持。

法院裁判

以下为最高人民法院在裁判文书"本院认为"部分就此问题发表的意见：

《公司法》第二十八条第一款规定："股东应当按期足额缴纳公司章程中规定的各自所认缴的出资额。股东以货币出资的，应当将货币出资足额存入有限责任公司在银行开设的账户；以非货币财产出资的，应当依法办理其财产权的转移手续。"股东对公司的出资是公司法人财产的重要组成部分，构成公司独立承担责任的基础。现行《公司法》确定的公司注册资本认缴制度，为股东出资赋予了更多的灵活性和自主性，但这并不意味着股东的出资义务可以当然或变相免除，特别是在可能存在公司股东利用注册资本认缴制逃避出资义务、损害债权人权益等道德风险时，应当对股东在宽泛条件下的出资行为合法性、合理性严格审查、从严把握。本案中，根据北京市一中院（2018）京01执异45号执行裁定及本案一审查明的事实，2014年3月7日，中某研究院与中某大公司签订案涉《技术服务合同书》时，中某大公司的工商登记显示该公司注册资本100万元，新某公司认缴10万元，实缴0元，出资时间截至2015年7月9日。2014年7月31日，即在案涉合同签订后的不到6个月，中某大公司修改公司章程，将中某大公司注册资本由100万元大幅增加至5000万元，其中，新某公司认缴出资额由10万元变更为500万元，出资时间延后至2034年12月6日。直至2016年3月22日，新某公司仍未实缴任何出资额。新某公司在修改前的公司章程规定的出资期限届满时不仅未缴纳出资，反而大幅增加认缴出资额并长期延长出资期限，在无证据证明中某大公司具有债务清偿能力的情况下，上述行为客观上对中某研究院债权的实现产生不利影响。中某大公司修改前的公司章程中规定的新某公司的相关出资信息经过工商登记确认，具有公示公信效力，原审认定债权人中某研究院基于公示公信效力产生的信赖利益应予保护，并无不当。案涉交易发生后，中某大公司修改公司章程对新某公司的注册资本及出资期限进行了调整，但在后发生的事实不能作为中某大公司在先交易主观认知的判断因素。况且，公司章程关于宽限公司股东自身相关义务及加大债权人潜在风险的修改,不足以对抗债权人中某研究院对债务人原章程产生的合理信赖。原审综合考虑中某大公司的履约能力、新某公司履行出资义务的实际情况、中某研究院的信赖利益应予保护等的情形,认定新某公司关于其不应对中某研究院承担责任的主张不能成立,并无不当。

案件来源

《北京中某大新某投资有限公司、北京中某联华石油科学研究院再审审查与审判监督民事裁定书》【(2019)最高法民申1112号】

延伸阅读

一、未出资或者未完全出资的股东,对公司债权人承担的是补充赔偿责任,应当以公司承担还款责任为第一顺位。只有在公司财产不能清偿债务时,才满足股东承担补充赔偿责任的条件。

案例一:《林某、赵某俭再审审查与审判监督民事裁定书》【(2019)最高法民申2895号】

最高人民法院认为,林某等再审申请人主张已被法院查封的农某镁质材料厂的土地、厂房、机械设备等资产不足以清偿债务,但因未对农某镁质材料厂进行资产评估,不能当然得出农某镁质材料厂不能承担担保责任的结论。林某等四再审申请人的该项再审申请理由缺少事实根据,不能成立。根据《公司法司法解释(三)》第十三条规定,未出资或者未完全出资的股东,对公司债权人承担的是补充赔偿责任,即应当以债务人光某实业有限公司、担保人农某镁质材料厂承担还款责任为第一顺位。如上所述,农某镁质材料厂的担保责任尚未实现,故不能得出作为被执行人的光某实业有限公司不足以清偿债务的结论,林某等四再审申请人请求追加农某工程建设公司的再审申请理由不符合《变更、追加当事人规定》第十七条规定的法定要件,故不能成立。

二、发起人没有全面履行出资义务,无论其是否转让股权,是否仍为公司股东,均不能免除其出资义务。

案例二:《张某、甘肃中某房地产开发有限公司申请执行人执行异议之诉再审审查与审判监督民事裁定书》【(2019)最高法民申4450号】

最高人民法院认为,中某房地产公司主张,其自2004年起不再是中某材料公司股东,在中某材料公司注销时已没有出资义务。《公司法司法解释(三)》第十八条规定:"有限责任公司的股东未履行或者未全面履行出资义务即转让股权,受让人对此知道或者应当知道,公司请求该股东履行出资义务、受让人对此承担连带责任的,人民法院应予支持;公司债权人依照本规定第十三条第二款向该股东提起诉讼,同时请求前述受让人对此承担连带责任的,人民法院应予支持。受让人根据前款规定承担责任后,向该未履行或者未全面履行出资义务的股东追偿的,人民法院应予支持。但是,当事人另有约定的除外。"依据该规定,中某房地产公司作为中某材料公司的发起人没有全面履行出资义务,无论其是否转让股权,是否仍为中某材料公司股东,均不能免除其出资义务。中某房地产公司的该项再审申请主张不能成立。

三、在未取得公司债权人同意的情况下,公司大幅增加认缴出资额并延长出资期限,在无证据证明公司具有债务清偿能力的情况下,客观上对债权人产生不利影响,债权人有权申请追加该股东为被执行人。

案例三:《鲍某兰、北京中某联华石油科学研究院再审审查与审判监督民事裁定书》【(2019)最高法民申 2923 号】

最高人民法院认为,经查明,中某大公司 2013 年 12 月 10 日的章程显示,中某大公司于 2013 年 12 月 10 日设立,公司注册资本 100 万元。股东鲍某兰出资数额为 75 万元,其中 2013 年 12 月 10 日设立时实际缴付 5 万元,剩余 70 万元于 2015 年 12 月 9 日缴付。2014 年 7 月 31 日,中某大公司修改公司章程,将公司注册资本变更为 5000 万元,鲍某兰认缴出资额 3750 万元,出资时间为 2034 年 12 月 9 日。截至 2016 年 3 月 22 日,鲍某兰实缴出资为 5 万元。首先,中某大公司于 2014 年 7 月 31 日修改公司章程,将鲍某兰的出资期限调整至 2034 年 12 月 9 日,新修改的公司章程虽已在工商行政主管部门登记备案,但中某大公司与中某研究院签订《技术服务合同书》的时间为 2014 年 3 月 7 日,对于中某研究院来说,其已对合同签订时中某大公司对外公示的鲍某兰出资期限为 2015 年 12 月 9 日的股东出资期限产生了合理的信赖利益。其次,鲍某兰在修改前的公司章程规定的出资期限届满时未履行出资义务,在未取得中某研究院同意的情况下,大幅增加认缴出资额并延长出资期限,在无证据证明中某大公司具有债务清偿能力的情况下,上述行为客观上对中某研究院债权的实现产生不利影响。原审法院综合考虑中某大公司的履约能力、鲍某兰履行出资义务的实际情况、中某研究院的信赖利益应予保护等的情形,认定鲍某兰关于其不应对中某研究院承担责任的主张不能成立,并无不当。

四、股东以债转股形式完成增资或实缴出资的,未变更工商登记不影响债转股效力和股东实缴出资的认定。

案例四:《中铁某局集团有限公司、内蒙古太某煤集团股份有限公司建设工程

施工合同纠纷二审民事判决书》【（2019）最高法民终 65 号】

最高人民法院认为，第一，根据《合同法》第一百零五条"债权人免除债务人部分或者全部债务的，合同的权利义务部分或者全部终止"之规定，债权人单方作出放弃部分或全部债权的意思表示，即可产生债务部分或全部消灭的法律后果。本案中，太某煤集团将对金某铁路公司享有的 4 亿元债权通过债转股的方式对其进行增资，即包含向金某铁路公司作出免除 4 亿元债务的意思表示。且太某煤集团于《承诺函》中保证该债务的真实性，并在任何情况下均不以债权人身份向金某铁路公司主张，其单方法律行为已经产生了金某铁路公司 4 亿元债务消灭的效果。第二，太某煤集团的董事会决议与金某铁路公司股东会决议，均同意将太某煤集团对金某铁路公司享有的 4 亿元债权通过债转股的方式转增注册资本 4 亿元，且《承诺函》中承诺前述股东会决议及债转股事宜真实有效。第三，2015 年 11 月 23 日，金某铁路公司作出公司章程修正案，变更后公司章程载明公司股东太某煤集团出资额为人民币 8 亿元，占注册资本的 100%，证明太某煤集团增资 4 亿元情况属实，亦符合金某铁路公司设立时公司章程中"最终注册资本金为项目批准概算总投资的 100%"的规定。第四，金某铁路公司股权因办理出质登记而被冻结，暂无法办理注册资本变更登记，并非为损害债权人中铁某局的权利而恶意拖延。且公司注册资本发生变更而未办理登记，不能否定太某煤集团已经实际出资 8 亿元的事实。综合以上，太某煤集团已全面履行了出资义务，不应就金某铁路公司的债务承担补充赔偿责任。

五、追加裁定生效后，股东向其他公司债权人履行债务的，不足以否定追加裁定的合法性，应承担继续履行追加裁定的责任。

案例五：《中国京某有限公司、林某俊执行审查类执行裁定书》【（2018）最高法执监 411 号】

最高人民法院认为，关于股东在追加裁定之后向其他债权人代为履行义务的认定问题。如前所述，股东在追加裁定之后向其他债权人代为履行义务的，不足以否定追加裁定的合法性。但本案中，林某俊于 2012 年签订的协议约定了还款期限为 5 年，在追加裁定作出之时，该期限尚未届满，其向长某海洋公司实际履行的 300 万元亦在协议约定期限之内。对于林某俊依照协议约定期限内履行的 300 万元，可以在追加裁定的执行过程中予以考虑。此外，在执行程序中，当事人有权处分自己的合法权益。本案中，林某俊在追加裁定生效之后，代长某公司向长某海洋公司履行了 300 万元。申诉人认可这 300 万元可以视为林某俊已经在其抽逃注册资金范围内向其他债权人承担了责任。申诉人的上述主张，不违反法律规定，应予支持。综上，截至目前，可以认定林某俊已经在其抽逃注册资金范围内向其他债权人承担了300万元的责任，林某俊应该在剩余抽逃注册资金范围内向申请执行人承担责任。

六、股东以非货币财产出资，应当进行评估作价，并依法办理财产权的转移手续。否则，公司债权人有权追加其为被执行人。

案例六：《葫芦岛渤某重工船舶修造总公司、孔某璐执行异议之诉再审审查与审判监督民事裁定书》【（2018）最高法民申5465号】

最高人民法院认为，关于渤某总公司是否足额履行对渤某造船公司的出资义务问题，渤某总公司在原审期间提交了《验资报告》《验资事项说明》《会计报表》等证据证明其已向渤某造船公司实际履行4900万元的增资义务。但渤某总公司主张的增资系通过特种钢材等进行材料拨付完成。根据《公司法》第二十七条、第二十八条的规定，该类型增资属于以非货币财产出资，应当进行评估作价，并依法办理财产权的转移手续。但本案原审及申请再审期间，渤某总公司均未提交证据证明其已对该部分资产进行评估作价，并与渤某造船公司办理财产权属转移手续，不足以证明该公司已经实际履行了向渤某造船公司的增资义务，因此渤某总公司不能证明其享有足以排除强制执行的民事权益，其此项再审申请理由不成立，不予支持。

七、公司减资未通知已知债权人，导致债权人丧失了要求减资公司清偿债务的权利。该债权人有权要求股东在减资范围内对公司债务承担补充赔偿责任。

案例七：《中某国际控股集团有限公司、山西煤炭某集团某煤炭物流有限公司公司减资纠纷二审民事判决书》【（2017）最高法民终422号】

最高人民法院认为，2015年11月12日，中某国投实业公司经股东会决议，同意中某国际控股公司以退股方式退出公司，并将该公司注册资本减至1000万元。在减资时，中某国投实业公司未履行通知已知债权人某煤炭物流公司的义务，使得某煤炭物流公司丧失了要求减资公司清偿债务或提供相应担保的权利。后虽经某煤炭物流公司对中某国投实业公司申请强制执行，变更后的上海昊某公司无财产可供执行，不能完全清偿欠付债务，债权人某煤炭物流公司的债权无法实现。《公司法》规定，有限责任公司的股东应按其认缴的出资额履行足额出资义务，股东认缴的出资未经法定程序不得抽回、减少。本案中，中某国投实业公司在未向某煤炭物流公司履行通知义务的情况下，其股东中某国际控股公司经公司股东会决议减资退股，违反了公司资本不变和资本维持的原则，与股东未履行出资义务及抽逃出资对于债权人利益的侵害在本质上并无不同，一审法院依照《公司法司法解释（三）》第十三条第二款"公司债权人请求未履行或者未全面履行出资义务的股东在未出资本息范围内对公司债务不能清偿的部分承担补充赔偿责任的，人民法院应予支持"的规定，判决中某国际控股公司应在减资范围内对上海昊某公司欠付某煤炭物流公司的债务承担补充赔偿责任，具有相应的事实和法律依据，并无不当。

083 可以直接追加次债务人为被执行人吗？

> 执行程序中，申请执行人无权直接追加次债务人为被执行人

阅读提示

《合同法》第七十三条确立了债权人的代位权这一法定的债权保全方式。在执行程序中，《民诉法解释》第五百零一条确立了申请执行人行使代位权的具体方式，即债权人有权申请法院要求次债务人直接向申请执行人履行债务。那么，债权人要求次债务人履行债务，除了代位权诉讼，能否在执行程序中直接追加次债务人为被执行人呢？

裁判要旨

变更、追加执行当事人应严格限定于法律、司法解释明确规定的情形。申请执行人请求次债务人代为履行债务的，应向执行法院申请执行被执行人对他人的到期债权，而非直接在执行程序中申请追加次债务人为被执行人。

案情简介

2014年12月，史某民与银某公司等借款合同纠纷一案，临汾中院判决银某公司向史某民履行债务，史某民向临汾中院申请强制执行。

2013年，同某达公司与银某公司签订协议，同某达公司对银某公司负有债务，宣某民系担保人。2015年10月，临汾中院对因该协议产生的纠纷案件作出民事调解书，确认同某达公司对银某公司的债务，但未确认宣某民的责任。

史某民申请追加同某达公司、宣某民为被执行人，临汾中院裁定驳回该申请。史某民向山西高院申请复议。

2019年4月，山西高院复议认为，史某民申请追加同某达公司的申请不符合法定情形，宣某民并非为银某公司对史某民的债务担保人，不予支持，史某民向最高

人民法院申请执行监督。

2019年12月,最高人民法院裁定驳回史某民的申诉请求。

裁判要点及思路

本案的争议焦点为,史某民能否追加银某公司的债务人同某达公司、宣某民为被执行人。对此,最高人民法院从以下两个方面论证:

首先,直接在执行程序中申请由生效法律文书确定的被执行人之外的第三人承担实体责任,关乎多方主体的切身利益,对各方当事人的实体和程序权利将产生极大影响。因此,追加当事人应严格遵循法定主义原则。

其次,《执行工作规定》第六十一条和《民诉法解释》第五百零一条规定,申请执行人申请执行债务人对外的到期债权的具体方式是,申请执行人向法院提出申请——法院作出冻结债权的裁定——法院通知次债务人向申请执行人履行。

本案中,史某民以银某公司享有对同某达公司的到期债权,宣某民为担保人为由,要求在执行程序中直接追加同某达公司、宣某民为被执行人,让次债务人履行债务,不符合现行执行到期债权的规定,不属于法律、司法解释明确规定的追加情形。

综上所述,申诉人史某民以执行被执行人到期债权为由提出追加同某达公司、宣某民为被执行人的请求,于法无据,不予支持。

实务要点总结

追加被执行人必须遵循法定主义原则。执行程序中追加被执行人,系直接通过执行程序确定由生效法律文书列明的被执行人以外的人承担实体责任,对各方当事人的实体和程序权利将产生极大影响。因此,追加被执行人必须遵循法定主义原则,应当限于法律和司法解释明确规定的追加范围,不能超出法定情形追加,因此,在执行程序中,申请执行人无权直接追加次债务人为被执行人。

申请执行次债务人的正确方式:根据《民讼法解释》第五百零一条和《执行工作规定》第六十一条的规定,申请执行人申请法院执行被执行人对外的债权,即执行次债务人的正确方式为:"申请执行人向法院提出申请——法院作出冻结债权的裁定——法院通知次债务人直接向申请执行人履行其对被执行人所负的债务,不得向被执行人清偿。"除此之外,还有代位权诉讼这一实现债权的方式。

第三人应注意15日的异议期间。第三人在接到法院作出的履行裁定后,对履行到期债权有异议的,应当在收到履行通知后的 15 日内向执行法院提出,法院不得强制执行。如果第三人在接到法院作出的履行裁定后未在 15 日内提出异议的,法院有权强制执行。

第三人应注意擅自履行的法律责任。第三人收到人民法院要求其履行到期债务的通知后,擅自向被执行人履行,造成已向被执行人履行的财产不能追回的,除在已履行的财产范围内与被执行人承担连带清偿责任外,还可以追究其妨害执行的责任。

本书建议:申请执行人发现被执行人对外享有债权时,可以在执行程序中申请执行被执行人的到期债权。如果第三人在法定的 15 日内提出执行异议的,申请执行人以该第三人为被告,提起代位权诉讼。在代位权诉讼胜诉后,债权人不仅能申请执行债务人对次债务人的债权,而且在次债务人不履行债务时,可以申请法院执行次债务人对下一次债务人(第四债务人)的到期债权。当然,这个过程中,如何评估两种程序的优劣以及如何具体操作,建议委托专业律师处理。

相关法律规定

《民法典》(2020 年 5 月 28 日公布)

第五百三十五条[①] 因债务人怠于行使其债权或者与该债权有关的从权利,影响债权人的到期债权实现的,债权人可以向人民法院请求以自己的名义代位行使债务人对相对人的权利,但是该权利专属于债务人自身的除外。

代位权的行使范围以债权人的到期债权为限。债权人行使代位权的必要费用,由债务人负担。

相对人对债务人的抗辩,可以向债权人主张。

《最高人民法院关于人民法院执行工作若干问题的规定(试行)》(2020 年 12 月 23 日修正)

45[②]. 被执行人不能清偿债务,但对本案以外的第三人享有到期债权的,人民法院可以依申请执行人或被执行人的申请,向第三人发出履行到期债务的通知(以下简称履行通知)。履行通知必须直接送达第三人。

履行通知应当包含下列内容:

(1)第三人直接向申请执行人履行其对被执行人所负的债务,不得向被执行人

[①] 原《合同法》第七十三条。

[②] 原61。

清偿；

（2）第三人应当在收到履行通知后的十五日内向申请执行人履行债务；

（3）第三人对履行到期债权有异议的，应当在收到履行通知后的十五日内向执行法院提出；

（4）第三人违背上述义务的法律后果。

《最高人民法院关于适用〈中华人民共和国民事诉讼法〉的解释》（2022年3月22日修正）

第四百九十九条[①] 人民法院执行被执行人对他人的到期债权，可以作出冻结债权的裁定，并通知该他人向申请执行人履行。

该他人对到期债权有异议，申请执行人请求对异议部分强制执行的，人民法院不予支持。利害关系人对到期债权有异议的，人民法院应当按照民事诉讼法第二百三十四条规定处理。

对生效法律文书确定的到期债权，该他人予以否认的，人民法院不予支持。

法院裁判

以下为最高人民法院在裁判文书"本院认为"部分就此问题发表的意见：

本院认为，本案争议焦点为史某民以银某公司对同某达公司、宣某民享有到期债权为由，申请追加二者为被执行人的主张是否成立。变更、追加当事人是指在执行程序中变更或者追加第三人为申请执行人或被执行人的制度，系直接在执行程序中确定由生效法律文书确定的被执行人之外的第三人承担实体责任，直接关乎多方主体的切身利益，对各方当事人的实体和程序权利将产生极大影响。因此，追加当事人应严格遵循法定主义原则，即变更、追加执行当事人应当严格限定于法律、司法解释明确规定的情形。本案中，申诉人史某民以银某公司享有对同某达公司的到期债权，宣某民为担保人为由，要求追加同某达公司、宣某民为被执行人。《执行工作规定》第六十一条规定，被执行人不能清偿债务，但对本案以外的第三人享有到期债权的，人民法院可以依申请执行人或被执行人的申请，向第三人发出履行到期债务的通知。《民诉法解释》第五百零一条第一款规定，人民法院执行被执行人对他人的到期债权，可以作出冻结债权的裁定，并通知该他人向申请执行人履行。由此可见，对于被执行人对他人享有到期债权，申请执行人主张执行该到期债权的，司法解释规定了专门的执行程序以及救济途径。申请执行人应当依据上述规定

[①] 原第五百零一条。

通过向执行法院申请执行被执行人对他人到期债权的方式，而非通过申请追加该他人为被执行人的方式来实现对到期债权的执行。《变更、追加当事人规定》中亦没有将被执行人对他人享有到期债权列为可以追加该他人为被执行人的情形。综上，申诉人史某民以执行被执行人到期债权为由提出追加同某达公司、宣某民为被执行人的请求，于法无据，本院不予支持。参照《民事诉讼法》第二百零四条、《执行工作规定》第一百二十九条规定，裁定如下：驳回史某民的申诉请求。

案件来源

《史某民、山西临汾银某汽修实业有限公司企业借贷纠纷执行审查类执行裁定书》【（2019）最高法执监490号】

延伸阅读

一、申请执行人申请法院执行被执行人对第三人的收益，应当具有明确且无争议的特征。法院执行被执行人对第三人的收益，不能冻结该第三人的存款，只能限制该第三人向被执行人支付。

案例一：《杨某、云南某学院文某学院等与云南某学院文某学院、云南某学院等民间借贷纠纷执行裁定书》【（2015）执申字第46号】

最高人民法院认为，关于昆明中院能否冻结文某学院银行账户中的存款问题。作为一种特殊的"到期债权"，对于"收益"的执行与对"到期债权"的执行是两种不同制度。《执行工作规定》第六十一条至第六十九条规定了"对到期债权执行"制度，根据《执行工作规定》第六十三条的规定，只要次债务人对于到期债权提出书面异议，执行法院即不得对次债务人强制执行。《民诉法解释》第五百零一条再次确认了该原则。此时，申请执行人如果认为次债务人的异议不成立，应通过代位权诉讼等其他途径予以救济。该规则背后的法理基础是"债权的相对性"及"审执分离"原则。如果次债务人认可被执行人对其享有到期债权，执行法院可以要求次债务人直接向申请执行人履行；如果次债务人否认该到期债权或者主张存在争议与纠纷，人民法院即不能再对次债务人强制执行，因为对于被执行人与次债务人之间关于债权债务的实体纠纷，原则上应由审判程序予以解决。与"对到期债权执行"制度不同，《执行工作规定》第五十一条关于"收益"执行的规定中，并未赋予收益支付方异议权，而是规定可以直接"提取"或直接要求收益支付企业向申请执行人"支付"。此处的"收益"应当具有明确且没有争议的特征。而本案中的收益存在争议，并不明确。根据当事人之间的相关协议，皇某公司对于收益的提取需要满足规定的条件。虽然杨某认为皇某公司与艺术学院关于收益提取条件的约定具有恶意，对于债权人显失公平。但是根据"审执分离"的原则及《执行工作规定》第五十一条对收益执行制度的精神，执行程序中不能直接审查并否认双方的约定，进而认定文某学院银行账户中存在皇某公司的"收益"并予以冻结。即使可以认定皇某公司在文某学院享有未到期收益，执行法院也只能限制文某学院对收益的支付，而不能冻结文某学院账户中的款项。因为收益在未到期前，仍然属于文某学院所有。

二、公司实际控制人不能清偿个人债务的，申请执行人无权申请法院追加公司为被执行人。

案例二：《周某、江苏青某置业有限公司买卖合同纠纷执行审查类执行裁定书》【（2017）最高法执复71号】

最高人民法院认为，《执行工作规定》第六十一条规定，被执行人不能清偿债务，但对本案以外的第三人享有到期债权的，人民法院可以依申请执行人或被执行人的申请，向第三人发出履行到期债务的通知（以下简称履行通知）。第六十五条规定，第三人在履行通知指定的期限内没有提出异议，而又不履行的，执行法院有权裁定对其强制执行。本院认为，首先，经审查，天某投资公司不是本案的被执行人，本院已以（2017）最高法执复60号裁定驳回复议申请人周某申请追加天某投资公司为被执行人的申请。其次，《执行工作规定》第六十一条、第六十五条规定系对人民法院如何执行被执行人享有的对第三人的到期债权的条件、方式的规定，该规定与人民法院能否追加被执行人并无关联。故复议申请人周某申请追加青某公司为被执行人不符合法定条件，不应予以支持。

三、执行程序中追加第三人为被执行人有严格的法定条件限制，法人人格混同的情形不在此列。以法人人格混同为由追加第三人为被执行人缺乏法律依据，不予支持。

案例三：《西安某工业铝业股份有限公司与振某集团有限公司买卖合同纠纷执行裁定书》【（2014）执复字第22号】

最高人民法院认为，关于能否在执行程序中以振某投资公司与被执行人振某集团存在法人人格混同为由追加其为被执行人的问题。《公司法》（2013修正）第十四条规定："……公司可以设立子公司，子公司具有法人资格，依法独立承担民事责任。"本案中，振某投资公司依法登记设立，该公司90%的股权被具有独立法人资格的另一公司振某集团持有，其应为振某集团的子公司，具有独立的法人地位。

本案生效判决确定的债务人系振某集团,不应由作为子公司的振某投资公司承担清偿责任。执行程序中追加第三人为被执行人有严格的法定条件限制,法人人格混同的情形不在此列。因此,以法人人格混同为由追加第三人为被执行人缺乏法律依据,不应支持。债权人西某铝业如认为振某投资公司与振某集团存在法人人格混同的情形,可另案提起诉讼,请求否认振某投资公司的法人人格并承担振某集团的债务。

四、被执行人对第三人享有的债权属于已决到期债权,人民法院对被执行人就已决到期债权提出的异议有权审查,被执行人否认到期债权的,人民法院不予支持。

案例四:《海南凯某房地产开发有限公司、海南顺某房地产开发公司与海南凯某房地产开发有限公司、海南深某房地产开发公司等申请承认与执行法院判决、仲裁裁决案件执行裁定书》【(2016)最高法执复29号】

最高人民法院认为,关于海南高院执行深某公司对凯某公司享有的到期债权是否符合法律规定的问题。本案中,顺某公司在法定期限内申请对深某公司、凯某公司强制执行,进入强制执行程序后,其并未撤回强制执行申请,且海南高院在执行中曾裁定追加凯某公司的母公司为被执行人,并查封、冻结4000万元财产。结合顺某公司在异议期间提交的《改变执行措施书》中的内容来看,证明顺某公司对执行凯某公司的到期债权并未放弃的证据更符合"高度盖然性"标准。因此,海南高院据此对涉案到期债权采取执行措施并无不妥,凯某公司主张该项到期债权已过申请执行期限不能执行的复议理由不能成立。此外,《民诉法解释》第五百零一条规定:"人民法院执行被执行人对他人的到期债权,可以作出冻结债权的裁定,并通知该他人向申请执行人履行……对生效法律文书确定的到期债权,该他人予以否认的,人民法院不予支持。"本案中,海南高院作出(2015)琼执恢字第1号《履行到期债务通知书》并依法送达凯某公司,亦保证了凯某公司的异议权利及复议权利,因此,海南高院执行深某公司对凯某公司享有的到期债权的程序符合法律规定。再者,涉案到期债权已经105号民事判决依法确认,属于已决到期债权,人民法院对被执行人就已决到期债权提出的异议并非不能审查,而且对于否认到期债权的,人民法院不予支持。因此,凯某公司主张海南高院执行其负有的到期债务应当先追加其为第三人,且在其提出异议后,海南高院无权审查即应停止执行并无法律依据,本院不予支持。

五、法院向第三人送达债务履行通知后，第三人既未在法定期间内提出执行异议，也未向申请执行人履行债务的，法院无权直接在执行程序中追加该第三人为被执行人。

案例五：《师某锋、王某芳与石河子市天某建筑安装工程有限公司、师某锋等执行裁定书》【（2016）最高法执监234号】

最高人民法院认为，本案中，天某公司于2015年9月8日收到履行到期债务的通知后，在法定期限内既未履行债务，又未提出异议，乌鲁木齐中院有权裁定对天某公司强制执行。但司法解释对在执行程序中可以追加被执行人的情形作了明确规定，追加案外人为被执行人应严格依照法律、司法解释的规定进行。执行程序中追加被执行人应当以法律或司法解释有明确规定的情形为限，而现有法律或司法解释中并未规定被执行人对第三人享有到期债权的，人民法院可以在执行程序中追加该第三人为被执行人。因此，乌鲁木齐中院以裁定追加天某公司为本案被执行人的方式对天某公司强制执行不当，应予纠正。

六、申请执行人申请执行被执行人对外到期债权，第三人在法定期间内提出异议，法院应不予执行。申请执行人不服的，不能提起执行异议之诉，只能提起代位权诉讼。

案例六：《河南省中某建筑工程有限公司、郭某虎案外人执行异议之诉再审审查与审判监督民事裁定书》【（2020）最高法民申1099号】

最高人民法院认为，《民诉法解释》第五百零一条规定："人民法院执行被执行人对他人的到期债权，可以作出冻结债权的裁定，并通知该他人向申请执行人履行。该他人对到期债权有异议，申请执行人请求对异议部分强制执行的，人民法院不予支持。利害关系人对到期债权有异议的，人民法院应当按照民事诉讼法第二百二十七条规定处理。对生效法律文书确定的到期债权，该他人予以否认的，人民法院不予支持。"根据本条规定，人民法院执行被执行人对他人即被执行人的债务人享有的到期债权，如果被执行人的债务人提出异议，申请执行人请求对异议部分强制执行的，人民法院不予支持。在这种情况下，各方当事人的争议是被执行人对其债务人是否享有到期债权，而不是被执行人的债务人对执行标的是否享有足以排除强制执行的民事权益，因此，申请执行人不能提起执行异议之诉，只能提起代位权诉讼，即向人民法院请求以自己的名义代位行使被执行人的债权。

七、申请执行人申请追加被执行人应符合法定情形，申请执行人无权依据被执行人企业与股东之间的约定，申请法院追加股东为被执行人。

案例七：《辽宁金某广告公司与广东乐某氏集团有限公司、中山市某轻工业公

司承揽合同纠纷执行裁定书》【（2014）执监字第14号】

最高人民法院认为，关于应否追加某轻工业公司、何某权、彭某芬、杨某强、李某磊、王某和某镇政府为被执行人的问题……关于《股权转让协议》第二条约定何某权等五人承担原股东的权利义务的问题。该条虽然约定了受让股东承担原股东的权利和义务，但在执行程序中追加受让股东为被执行人承担责任，应以原股东或受让股东存在出资不实、抽逃出资或无偿接受财产的事实为前提，在无证据证明原股东存在上述情形的情况下，仅以该条约定要求追加上述股东为被执行人依据不足，本院不予支持。

八、债务人无偿转让财产，不属于追加第三人为被执行人的法定事由。申请执行人无权以此为由，申请追加无偿受让人为被执行人。

案例八：《北京安某建筑工程公司与北京安华西某汽车改装厂建设工程施工合同纠纷执行裁定书》【（2016）最高法执监179号】

最高人民法院认为，北京高院仅审查了争议三栋建筑是否为被执行房产的问题，不能据此得出西某改装厂无财产可供执行的结论。钢圈总厂转让了安某建筑公司为西某改装厂建造的三栋建筑并获利，西某改装厂对钢圈总厂是否有到期债权，以及西某改装厂是否还有其他可供执行的财产，北京高院均未审查。在这种情况下，北京高院（2015）高执监字第104号执行裁定认定"无证据证实查封的建筑属于西某改装厂的财产"，认定的基本事实不清、证据不足。此外，北京二中院在被执行人主体资格尚未消灭的情况下作出（2000）二中执字第1504号执行裁定终结执行，缺乏法律依据。但其后该院撤销了该裁定，错误行为已被纠正，不需要再通过执行监督程序处理。关于申诉人要求追加钢圈总厂为被执行人的问题，由于追加被执行人应当坚持法定主义原则，即使钢圈总厂无偿取得了被执行人的财产并将其出让，也不属于可以在执行程序中追加其为被执行人的法定事由。北京二中院执行工作管理办公室在2008年11月28日作出的通知中告知安某建筑公司通过诉讼主张权利，并无不当。综上所述，北京高院（2015）高执监字第104号执行裁定基本事实不清、证据不足，应予撤销。

九、第三人是否接受了被执行人的财产及其接受行为是属于注册资本抽逃或正常资金往来，还是属于无偿受让等性质，应通过诉讼程序进行确认，不宜在执行程序直接加以认定，应通过诉讼程序解决。

案例九：《江苏恒某建筑装饰工程有限公司执行审查类执行通知书》【（2017）最高法执监57号】

最高人民法院认为，本案的焦点问题是，在执行程序能否直接认定太某洋公司在 2477 万元范围内对内蒙古太某洋公司的债务承担偿还责任,并直接冻结太某洋公司的财产。太某洋公司既不是本案的被执行人也未依法被追加为被执行人,亦不是被执行人的股东,其与被执行人内蒙古太某洋公司系两个独立的法人。在本案中,太某洋公司是否接受了内蒙古太某洋公司的财产及其接受行为是属于注册资本抽逃或正常资金往来,还是属于无偿受让等性质,应通过诉讼程序进行确认,不宜在执行程序中直接加以认定。内蒙古自治区包头市中级人民法院在执行程序中直接认定太某洋公司在 2477 万元范围内对内蒙古太某洋公司的债务承担偿还责任并冻结相关账户,没有事实和法律依据。关于恒某公司提出太某洋公司是包头项目真正的总承包人,是被执行人的实际控制人,太某洋公司与被执行人系委托关系,其与被执行人法人人格混同等申诉理由,均不属于执行程序管辖的范围,亦应通过诉讼途径一并解决。

084 瑕疵出资股东转让股权,公司债权人能否直接追加受让人为被执行人?

> 公司债权人不能证明受让人在受让股权时,知道或者应当知道出让人出资存在瑕疵的,无权追加其为被执行人

阅读提示

公司法赋予公司具有独立的法律人格,公司对外以自己的财产独立承担法律责任,股东则以出资额为限对公司债务承担责任。在公司的"面纱"没有被揭开或者公司风险没有外溢的时候,公司债权人无权要求股东对公司债务承担责任。但是,公司毕竟是由股东成立、运行、实际控制,实践中也存在不少股东滥用股东有限责任,损害公司及相关方利益的情形,公司债权人及相关方在何种情形下有权要求股东承担公司所负债务呢?在具体主张权利的时候,需要注意哪些问题呢?本文从公司债权人申请追加瑕疵出资股东股权的受让方为被执行人案件说起,简要讨论一下追加公司股东为被执行人案件存在的常见争议焦点及相关裁判规则。

裁判要旨

在执行过程中,公司债权人不能证明股权受让人在受让股权时,受让人知道或

者应当知道转让股权的原股东出资存在瑕疵的，公司债权人无权直接追加该受让人为被执行人，无权要求受让人对公司债务承担责任。

案情简介

中某鑫泰公司由中某投资等三股东组成，其中，原股东中某投资在未足额出资的情况下，将股权转让至富某公司。

在彭某与中某鑫泰公司民间借贷纠纷一案中，彭某依据生效民事调解书向甘肃张掖中院申请执行。因中某鑫泰公司股东未足额出资，彭某申请追加富某公司等股东为被执行人。

甘肃张掖中院裁定追加中某鑫泰公司股东富某公司等为被执行人。富某公司认为追加其为被执行人错误，提起执行异议之诉。

甘肃张掖中院一审认为，富某公司在受让股权时应核实股权是否存在出资瑕疵情况，不能以不知道或者不应知道为由对抗公司债权人，判决驳回富某公司诉讼请求。富某公司上诉至甘肃高院。

2019年2月，甘肃高院二审认为，彭某无法举证证明富某公司在受让股权时是否知晓原股东瑕疵出资事实，仅有权追加原股东中某投资为被执行人，判决撤销一审判决，不得追加富某公司为被执行人。彭某向最高人民法院申请再审；

2019年11月21日，最高人民法院再审裁定驳回彭某的再审申请。

裁判要点及思路

本案争议焦点为，债权人彭某能否追加受让未足额出资原股东股权的富某公司为被执行人，要求其在原股东出资范围内对公司债务承担连带责任。根据原审一审、二审法院审理情况，最高人民法院分别从本案法律适用和公司债权人举证责任承担两个方面，认定申请执行人彭某不能追加现股东富某公司为被执行人。分析最高人民法院的本院认为部分以及具体结合二审法院的说理，本案裁判要点及思路为：

首先，现有法律及司法解释并未明确规定，公司债权人作为申请执行人，有权在执行程序中申请追加瑕疵股权受让一方为被执行人，申请执行人仅有权追加原瑕疵出资股东，无权申请追加瑕疵出资股权受让人。

其次，《公司法司法解释（三）》第十八条规定："有限责任公司的股东未履行或者未全面履行出资义务即转让股权，受让人对此知道或者应当知道，公司请求该股东履行出资义务、受让人对此承担连带责任的，人民法院应予支持；公司债权人依照本规定第十三条第二款向该股东提起诉讼，同时请求前述受让人对此承担连带责任的，人民法院应予支持。受让人根据前款规定承担责任后，向该未履行或者未全面履行出资义务的股东追偿的，人民法院应予支持。但是，当事人另有约定的除外。"现有证据及申请执行人彭某不能举证证明受让人富某公司对原股东中某投资瑕疵出资事实知晓，应由其承担举证不能的责任。

最后，《公司法司法解释（三）》第十八条规定，有权请求瑕疵出资股东履行出资义务，受让人对此承担连带责任的主体分别为该有限责任公司和公司债权人。公司债权人主张权利的，应当提起诉讼。本案中，富某公司提起案外人执行异议之诉，请求其不应被追加为被执行人，彭某作为公司债权人，并未主张中某鑫泰公司原股东中某投资公司承担补充赔偿责任，富某公司承担连带责任。

综上所述，中某鑫泰公司债权人彭某无权申请法院追加瑕疵股权受让方富某公司为被执行人。

实务要点总结

一、目前，只有在七种法定情形下，公司债权人才有权追加特定股东为被执行人。具体包括：

1. 股东出资不足时，变更、追加出资瑕疵的股东、出资人或发起人，根据《变更、追加当事人规定》第十七条规定，公司财产不足以清偿生效法律文书确定的债务，申请执行人有权申请变更、追加未缴纳或未足额缴纳出资的股东、出资人或依公司法规定对该出资承担连带责任的发起人为被执行人。

2. 股东抽逃出资时，变更、追加抽逃出资的股东、出资人，根据《变更、追加当事人规定》第十八条规定，公司财产不足以清偿生效法律文书确定的债务，申请有权申请变更、追加抽逃出资的股东、出资人为被执行人。

3. 瑕疵股权转让时，变更、追加原股东、发起人，根据《变更、追加当事人规定》第十九条规定，公司财产不足以清偿生效法律文书确定的债务，其股东未依法履行出资义务即转让股权，申请执行人有权申请变更、追加该原股东或依公司法规定对该出资承担连带责任的发起人为被执行人。

4. 一人公司财产混同时，变更、追加一人公司股东，根据《变更、追加当事人规定》第二十条规定，作为被执行人的一人有限责任公司，财产不足以清偿生效法律文书确定的债务，股东不能证明公司财产独立于自己的财产，申请执行人申请变更、追加该股东为被执行人，对公司债务承担连带责任的，人民法院应予支持。

5. 公司未经清算注销时，变更、追加原股东、董事、控股股东，根据《变更、追加当事人规定》第二十一条规定，作为被执行人的公司，未经清算即办理注销登记，导致公司无法进行清算，申请执行人有权申请变更、追加有限责任公司的股东、股份有限公司的董事和控股股东为被执行人。

6. 股东、出资人或主管部门无偿接受财产时，变更、追加该股东、出资人或主管部门，根据《变更、追加当事人规定》第二十二条规定，作为被执行人的法人或其他组织，被注销或出现被吊销营业执照、被撤销、被责令关闭、歇业等解散事由后，其股东、出资人或主管部门无偿接受公司财产，致使公司无遗留财产或遗留财产不足以清偿债务，申请执行人有权申请变更、追加该股东、出资人或主管部门为被执行人，在接受的财产范围内承担责任。

7. 公司未经依法清算时，变更、追加作出书面承诺的原股东或第三人。根据《变更、追加当事人规定》第二十三条规定，公司未经依法清算即办理注销登记，在登记机关办理注销登记时，第三人书面承诺对公司的债务承担清偿责任，申请执行人有权申请变更、追加该第三人为被执行人，在承诺范围内承担清偿责任。

二、在两种法定情形下，公司债权人有权追加第三人为被执行人。具体包括：

1. 第三人自愿代履行的，变更、追加作出承诺的第三人，根据《变更、追加当事人规定》第二十四条规定，执行过程中，第三人向执行法院书面承诺自愿代被执行人履行生效法律文书确定的债务，申请执行人申请变更、追加该第三人为被执行人，在承诺范围内承担责任的，人民法院应予支持。

2. 第三人无偿接受调拨、划转财产时，变更、追加该第三人，根据《变更、追加当事人规定》第二十五条规定，作为被执行人的法人或其他组织，财产依行政命令被无偿调拨、划转给第三人，致使该被执行人财产不足以清偿生效法律文书确定的债务，申请执行人申请变更、追加该第三人为被执行人，在接受的财产范围内承担责任的，人民法院应予支持。

三、在六种情形下，当事人对法院追加裁定不服，应通过执行异议之诉程序处理。被申请人或申请人对执行法院作出的变更、追加裁定或驳回申请裁定不服的，可以自裁定书送达之日起15日内，向执行法院提起执行异议之诉，被申请人提起执行异议之诉的，以申请人为被告。申请人提起执行异议之诉的，以被申请人为被告。具体包括在有限合伙企业财产不足以清偿企业债务的，债权人申请变更、追加未按期足额缴纳出资的有限合伙人为被执行人的情形以及上述《变更、追加当事人规定》第十七条至第二十一条的情形。

四、其他情形下，当事人对法院追加裁定不服，应通过复议程序处理。除上述六种必须通过执行异议之诉程序解决的情形外,其他情形下,被申请人、申请人或其他执行当事人对执行法院作出的变更、追加裁定或驳回申请裁定不服的,可以自裁定书送达之日起十日内向上一级人民法院申请复议。

相关法律规定

《最高人民法院关于民事执行中变更、追加当事人若干问题的规定》(2020年12月23日修正)

第十七条 作为被执行人的营利法人,财产不足以清偿生效法律文书确定的债务,申请执行人申请变更、追加未缴纳或未足额缴纳出资的股东、出资人或依公司法规定对该出资承担连带责任的发起人为被执行人,在尚未缴纳出资的范围内依法承担责任的,人民法院应予支持。

第十八条 作为被执行人的营利法人,财产不足以清偿生效法律文书确定的债务,申请执行人申请变更、追加抽逃出资的股东、出资人为被执行人,在抽逃出资的范围内承担责任的,人民法院应予支持。

第十九条 作为被执行人的公司,财产不足以清偿生效法律文书确定的债务,其股东未依法履行出资义务即转让股权,申请执行人申请变更、追加该原股东或依公司法规定对该出资承担连带责任的发起人为被执行人,在未依法出资的范围内承担责任的,人民法院应予支持。

第二十条 作为被执行人的一人有限责任公司,财产不足以清偿生效法律文书确定的债务,股东不能证明公司财产独立于自己的财产,申请执行人申请变更、追加该股东为被执行人,对公司债务承担连带责任的,人民法院应予支持。

第二十一条 作为被执行人的公司,未经清算即办理注销登记,导致公司无法进行清算,申请执行人申请变更、追加有限责任公司的股东、股份有限公司的董事和控股股东为被执行人,对公司债务承担连带清偿责任的,人民法院应予支持。

法院裁判

以下为最高人民法院在裁判文书"本院认为"部分就此问题发表的意见:

彭某的再审事由不成立,理由如下:关于一审法院依据《变更、追加当事人规定》第十七条追加被执行人是否正确的问题。该规定第十七条仅规定了瑕疵出资股东在申请人的申请下如何承担责任,并没有规定瑕疵出资股东转让股权之后的责任承担问题,解决瑕疵出资股东转让股权后的责任承担问题应当适用《变更、追加当事人规定》第十九条之规定,即"作为被执行人的公司,财产不足以清偿生效法律文书确定的债务,其股东未依法履行出资义务即转让股权,申请执行人申请变更、追加该原股东或依公司法规定对该出资承担连带责任的发起人为被执行人,在未依法出资的范围内承担责任的,人民法院应予支持"。故一审法院适用法律存在错误,二审予以纠正并无不当。关于彭某于再审申请中提出,富某公司在受让股权时知道或者应当知道中某投资公司对中某鑫泰公司未履行足额出资义务,并应承担相应责任。经审查,一审法院依彭某申请调取的《甘肃中某能源投资管理有限公司资产清查审计报告》仅能证明中某投资公司瑕疵出资的事实,无法证明富某公司在受让股权时就知道或者应当知道中某投资公司的出资存在瑕疵,除此以外,彭某亦未提交其他证据予以证明,故彭某的该项再审申请理由亦缺乏事实和法律依据,本院不予支持。

案件来源

《彭某、天津富某贸易有限公司再审审查与审判监督民事裁定书》【(2019)最高法民申3848号】

延伸阅读

一、关联公司无权以被执行人财产归其所有为由,排除法院对关联公司财产的执行。

案例一:《乌鲁木齐江某基业钢铁有限公司、谢某再审审查与审判监督民事裁定书》【(2017)最高法民申874号】

最高人民法院认为,第一,根据江某兴公司与新疆某钢铁国际物流股份有限公司签订的《货场租赁合同》,双方租赁期限为2012年1月1日至2013年1月1日,江某兴公司缴纳了2012年的场地租赁费,再审申请人主张实际租赁方系该公司的主张无证据证明;第二,在涉案场地租赁期间,原一审法院保全查封了租赁厂房内的涉案钢材,对于法院查封厂房内货物的行为,库房库管人员及江某兴公司对查封财产的归属均签章确认,由于江某兴公司与江某基业公司的实际控制人为同一人,对于法院的保全查封行为,江某基业公司应当是知情的,但该公司在此后长达近两年的时间内,一直未对保全查封行为提出任何异议,现在执行程序中又提出涉案财产归其所有的主张有悖常理;第三,根据前述分析,江某兴公司与江某基业公司属于一套人马对外两个牌子,在人事、财务、业务上存在严重混同。故涉案标的物无论属于江某基业公司还是江某兴公司所有，都不影响案件的执行。故再审申请人主张涉案财产归其所有的再审申请理由不足以排除强制执行。

二、股东于出资期限届满时未履行出资义务，在未取得债权人同意的情况下增资并延长出资期限，在公司不足以清偿债务时，债权人有权要求该股东在未出资范围内承担责任。

案例二：《鲍某兰、北京中某联华石油科学研究院再审审查与审判监督民事裁定书》【（2019）最高法民申2923号】

最高人民法院认为，首先，中某大公司于2014年7月31日修改公司章程，将鲍某兰的出资期限调整至2034年12月9日，新修改的公司章程虽已在工商行政主管部门登记备案，但中某大公司与中某研究院签订《技术服务合同书》的时间为2014年3月7日，对于中某研究院来说，其已对合同签订时中某大公司对外公示的鲍某兰出资期限为2015年12月9日的股东出资期限产生了合理的信赖利益。其次，鲍某兰在修改前的公司章程规定的出资期限届满时未履行出资义务，在未取得中某研究院同意的情况下，大幅增加认缴出资额并延长出资期限，在无证据证明中某大公司具有债务清偿能力的情况下，上述行为客观上对中某研究院债权的实现产生不利影响。原审法院综合考虑中某大公司的履约能力、鲍某兰履行出资义务的实际情况、中某研究院的信赖利益应予保护等情形，认定鲍某兰关于其不应对中某研究院承担责任的主张不能成立，并无不当。

三、公司承建项目的资金投入与股东对公司出资并非同一概念，二者在功能、作用上存在重大区别，即便股东对公司的实际投资超出其认缴的出资，也不能仅因此而免除股东出资不实的责任。

案例三：《赖某、张某莲再审审查与审判监督民事裁定书》【（2019）最高法民申1768号】

最高人民法院认为，赖某主张，资本充实的立法目的在于保护债权人，而林某宏、林某贤、赖某对金某公司及其承建项目投入的资金远远超过其认缴的资本，已经完成对金某公司的资本充实义务，不应要求其就金某公司的债务在400万元范围内再承担连带清偿责任。本院认为，股东对公司的出资在公司会计账簿上表现为公司的资本，是股东缴付给公司用于对公司全体债权人承担责任的特定财产，是公司债权人实现债权的重要保障。而股东对于公司承建项目的资金投入与股东对公司出资并非同一概念，二者在功能、作用上存在重大区别，即便股东对公司的实际投资超出其认缴的出资，也不能仅因此而免除股东出资不实的责任。赖某提出的此点主张，于法无据，本院不予支持。

四、法院执行股东股权对公司权益不产生实质性影响的，无权以案外人身份排除强制执行，法院应驳回起诉。

案例四：《新乡商某实业有限公司、蔡某新再审审查与审判监督民事裁定书》【（2019）最高法民申5226号】

最高人民法院认为，商某公司的再审申请理由不能成立。《民事诉讼法》第一百一十九条规定："起诉必须符合下列条件：（一）原告是与本案有直接利害关系的公民、法人和其他组织；（二）有明确的被告；（三）有具体的诉讼请求和事实、理由；（四）属于人民法院受理民事诉讼的范围和受诉人民法院管辖。"《民诉法解释》第三百零五条规定："案外人提起执行异议之诉，除符合民事诉讼法第一百一十九条规定外，还应当具备下列条件：（一）案外人的执行异议申请已经被人民法院裁定驳回；（二）有明确的排除对执行标的执行的诉讼请求，且诉讼请求与原判决、裁定无关；（三）自执行异议裁定送达之日起十五日内提起。人民法院应当在收到起诉状之日起十五日内决定是否立案。"公司对其自身的股份不享有股权。即使刘某龚在商某公司的出资存在瑕疵，其股权受让人受让的是存在瑕疵的股权，相关利害关系人对刘某龚享有的抗辩亦可向股权受让人主张。执行法院对登记在刘某龚名下的商某公司的股权进行强制执行对商某公司的权益不产生实质性影响。依据上述规定，二审法院裁定驳回商某公司的起诉并无不当，商某公司关于二审裁定认定的基本事实缺乏证据证明、适用法律错误的再审申请理由不能成立，本院不予支持。

五、公司撤销虚假增资后，未实际增资的股东不能被追加为被执行人。

案例五：《西安市帝某物业管理咨询有限公司、杨某乾申请执行人执行异议之诉再审审查与审判监督民事裁定书》【（2019）最高法民申6841号】

最高人民法院认为，《变更、追加当事人规定》第十七条规定……该条是关于变更、追加瑕疵出资股东、出资人、发起人为被执行人的规定。根据该规定，可以追加为被执行人的主体应是瑕疵出资的股东、出资人、发起人。本案中，杨某乾虽然在股东会决议、公司章程修正案上签章，但未实际履行公司股东的义务，亦未实际享有公司股东的权利。西安市工商行政管理局已于2018年4月18日撤销核准的益某公司注册资本变更登记，2018年5月23日益某公司的工商登记信息证明杨某乾没有因该行为成为益某公司的股东。二审判决对帝某公司追加杨某乾为被执行人的诉讼请求不予支持，并无不当。杨某乾在帮助益某公司虚假增资过程中是否存在过错，是否因此应对益某公司的债权人承担民事责任，不是执行异议之诉案件的审查范围。二审判决已经明确释明对于杨某乾帮助益某公司虚假增资的行为，其是否应当向债权人承担民事责任以及如何承担民事责任，帝某公司可以通过另诉解决。帝某公司的再审申请理由不能成立，本院不予支持。

六、债权人对债务人企业偿债能力的判断建立在债务形成时的公司注册资本基础上，债权人申请追加债务发生前已实际出资，但债务发生后增资未实际出资的股东为被执行人的，不予支持。

案例六：《海东天某小额贷款有限公司、杨某申请执行人执行异议之诉再审审查与审判监督民事裁定书》【（2019）最高法民申5463号】

最高人民法院认为，根据查明的事实，2014年3月3日，杨某公司作为保证人为鸿某公司对天某公司所负的债务提供担保，此时杨某公司工商登记的股东为杨某、王某、张某峰，公司注册资金301万元，杨某公司尚未办理增加注册资金的变更登记，天某公司对杨某公司偿债能力的判断应是建立在对杨某公司出具保证时该公司登记公示的注册资金基础之上。而且天某公司作为债权人在与主债务人鸿某公司、保证人杨某公司、石某借款合同纠纷一案中，放弃了保证人石某的保证责任，天某公司的这一行为变相加大了杨某公司及其原股东、出资人的保证责任。原审法院考量以上因素，对天某公司以杨某公司的股东增资后抽逃出资为由，申请追加其为被执行人的主张不予支持，并无不当。

七、公司章程关于宽限股东相关义务及加大债权人潜在风险的修改，不足以对抗债权人对债务人原章程产生的合理信赖。债务人股东通过修订公司章程延长出资期限的，债权人有权在债务人届期未清偿债务时要求股东承担责任。

案例七：《北京中某大新某投资有限公司、北京中某联华石油科学研究院再审审查与审判监督民事裁定书》【（2019）最高法民申1112号】

最高人民法院认为，新某公司在修改前的公司章程规定的出资期限届满时不仅未缴纳出资，反而大幅增加认缴出资额并长期延长出资期限，在无证据证明中某大公司具有债务清偿能力的情况下，上述行为客观上对中某研究院债权的实现产生不利影响。中某大公司修改前的公司章程中规定的新某公司的相关出资信息经过工商登记确认，具有公示公信效力，原审认定债权人中某研究院基于公示公信效力产生的信赖利益应予保护，并无不当。案涉交易发生后，中某大公司修改公司章程对新某公司的注册资本及出资期限进行了调整，但在后发生的事实不能作为中某大公司在先交易主观认知的判断因素。况且，公司章程关于宽限公司股东自身相关义务及加大债权人潜在风险的修改，不足以对抗债权人中某研究院对债务人原章程产生的合理信赖。原审综合考虑中某大公司的履约能力、新某公司履行出资义务的实际情况、中某研究院的信赖利益应予保护等情形，认定新某公司关于其不应对中某研究院承担责任的主张不能成立，并无不当。

八、在未对第一顺位债务人财产变价清偿的情况下，债权人申请追加第二顺位债务人为被执行人的，不予支持。

案例八：《林某、赵某俭再审审查与审判监督民事裁定书》【（2019）最高法民申 2895 号】

最高人民法院认为，根据《变更、追加当事人规定》第十七条规定："作为被执行人的营利法人，财产不足以清偿生效法律文书确定的债务，申请执行人申请变更、追加未缴纳或未足额缴纳出资的股东、出资人或依公司法规定对该出资承担连带责任的发起人为被执行人，在尚未缴纳出资的范围内依法承担责任的，人民法院应予支持。"林某等再审申请人主张已被法院查封的农某镁质材料厂的土地、厂房、机械设备等资产不足以清偿债务，但因未对农某镁质材料厂进行资产评估，不能当然得出农某镁质材料厂不能承担担保责任的结论。林某等四再审申请人的该项再审申请理由缺少事实根据，不能成立。根据《公司法司法解释（三）》第十三条规定，未出资或者未完全出资的股东，对公司债权人承担的是补充赔偿责任，即应当以债务人光某实业有限公司、担保人农某镁质材料厂承担还款责任为第一顺位。如上所述，农某镁质材料厂的担保责任尚未实现，故不能得出作为被执行人的光某实业有限公司不足以清偿债务的结论，林某等四再审申请人请求追加农某工程建设公司的再审申请理由不符合《变更、追加当事人规定》第十七条规定的法定要件，故不能成立。

九、即使公司已经注销，发起人没有全面履行出资义务，无论其是否转让股权、是否仍是公司股东，均不能免除其出资义务，公司债权人有权追加该股东为被执行人。

案例九：《张某、甘肃中某房地产开发有限公司申请执行人执行异议之诉再审审查与审判监督民事裁定书》【（2019）最高法民申 4450 号】

最高人民法院认为，中某房地产公司主张，其自 2004 年起不再是中某材料公司股东，在中某材料公司注销时已没有出资义务。《公司法司法解释（三）》第十八条规定："有限责任公司的股东未履行或者未全面履行出资义务即转让股权，受让人对此知道或者应当知道，公司请求该股东履行出资义务、受让人对此承担连带责任的，人民法院应予支持；公司债权人依照本规定第十三条第二款向该股东提起诉讼，同时请求前述受让人对此承担连带责任的，人民法院应予支持。受让人根据前款规定承担责任后，向该未履行或者未全面履行出资义务的股东追偿的，人民法院应予支持。但是，当事人另有约定的除外。"依据该规定，中某房地产公司作为中某材料公司的发起人没有全面履行出资义务，无论其是否转让股权，是否仍是中某材料公司股东，均不能免除其出资义务。中某房地产公司的该项再审申请主张不能成立。

085 多年前抽逃出资且股权已转让，能否被追加为被执行人？

> 多年前抽逃出资并多次转让股权后，仍可要求其承担责任并被追加为被执行人

阅读提示

我国《公司法》明确禁止股东抽逃出资行为，并规定了抽逃出资的法律责任，如：债权人可以直接在诉讼中要求抽逃出资的股东承担补充赔偿责任；公司可以通过股东会决议解除该股东的股东资格，对其除名；公司可以限制该股东的权利。那么，执行程序中可以对抽逃出资的股东追究何种违约责任呢？我们将通过一则案例，详细介绍抽逃出资行为的认定、举证、法律后果及实务建议。

裁判要旨

股东将注册资本金转入公司账户验资后又转出的，该行为足以使债权人对股东是否履行出资义务产生合理怀疑。股东应当举证证明其已履行出资义务或转让资本金行为系正常业务往来。否则，股东此行为将被认定为抽逃出资，进而可被追加为被执行人。

案情简介

2008年6月，国某贸易公司向浦发银行贷款3000万元，通某公司提供连带责任保证担保。后国某贸易公司未按期偿还贷款利息。

2000年4月18日，源某公司（原名：华某公司）认缴注册资本5000万元成为通某公司股东。2000年4月13日，源某公司将人民币5000万元存入通某公司账户内并验资。2000年4月14日，源某公司将5000万元注册资金转出。2004年5月12日，源某公司将在通某公司的股权全部转出并办理工商登记变更。

后，浦发银行起诉国某贸易公司提前偿还原告贷款本金及利息，通某公司承担

连带偿还责任；并要求源某公司对债务人国某贸易公司所应偿付债务在 5000 万元范围内承担连带责任。天津二中院判决认为通某公司及源某公司均不能提供证据证实其转账行为系基于其他业务往来而形成的资金流转，亦不能对此转账行为作出合理解释，因此认定源某公司构成抽逃出资。

源某公司不服上诉至天津高院，天津高院维持原判。源某公司不服二审判决，向最高人民法院申请再审。最高人民法院认为，源某公司属于抽逃出资行为，应承担相应责任，维持二审判决。

裁判要点及思路

股东若不能对注册资本转出的行为作出合理解释并以相应证据予以证明，法院很可能会将其认定为构成抽逃出资，该抽逃出资股东应对公司不能清偿的债务在抽逃出资范围内承担补充赔偿责任。

本案中，源某公司先将 5000 万元存入通某公司账户，在验资后于 3 日内又直接或间接地全部收回。该种将资金转入公司账户验资后立即转出的行为，足以使债权人对其是否履行出资义务产生合理怀疑，源某公司应当就其已履行出资义务或者该资金流动行为属正常经营行为承担举证责任。由于源某公司针对注册资本转入后立即转出的行为提供的证据不能对每次的付款时间、金额以及支付方式等诸多事项作出说明解释。此外，源某公司陈述中所涉及的交易时间、支付方式、转款用途也与浦发银行提交证据的关联性相去甚远。源某公司未能合理解释其收回出资有合法原因，因此，源某公司的行为构成抽逃出资，应当在其抽逃范围内对公司债务承担补充赔偿责任。

实务要点总结

前事不忘，后事之师，我们总结该案的实务要点如下，以供实务参考。同时，也提请当事人面对以公司为执行对象时，高度注意该公司是否存在股东抽逃出资的情形。结合最高人民法院的判决文书，在实务中，应重点关注以下内容：

一、股东将出资转出的行为不必然是抽逃出资

判断案涉股东的行为是否构成抽逃出资需要从形式要件和实质要件两个方面出发加以认定。根据《公司法司法解释（三）》第十二条的规定，形式要件包括该规定的三种具体情形和一种兜底情形，实质要件则是"损害公司权益"。

虽然股东将注册资本转出的行为合法与否并未在公司法及相关司法解释中列

明,但是在实务中一旦公司、股东或者公司债权人提供初步证据证明股东存在直接或间接抽回出资的行为,法院则认定足以使公司、股东或者公司债权人对该股东是否履行出资义务产生合理怀疑。股东若要证明自身并不存在抽逃出资的情形必须加以举证证明资金流动的合理性。否则,法院将会认定该股东转出注册资本的行为构成抽逃出资。

二、股东举证证明是关键环节

法院在认定股东是否构成抽逃出资时,主要依赖于双方当事人对于案件事实的证明。在案涉当事人之间举证责任的分配上,案涉股东相对于公司债权人、公司、其他股东而言承担较重的举证责任。实务中关于股东抽逃出资类纠纷中当事人的举证责任分配并不明确。通过分析案例,我们建议,股东应当对于资金流动行为的合理性、合法性加以证明,并且需要达到高度可能性的程度。包括每次款项流动的付款时间、金额、支付方式、转款用途、企业财务报表中的相应科目、报表明细中予以翔实记载并说明资金的具体用途以及其他案涉款项在业务活动中产生的对应交易资料。

三、股东被认定为抽逃出资后果严重

根据《公司法》以及《公司法司法解释(三)》的规定及司法实践情况,认定为抽逃出资后股东的法律责任主要有以下几个方面:

1. 补充赔偿责任。抽逃出资的股东在抽逃出资本息范围内对公司债务不能清偿的部分承担补充赔偿责任。所以,当公司对外存在未履行的债务时,该抽逃出资的股东极易成为公司债权人的追讨对象,极易在公司为被告的案件中被原告诉前保全其财产,甚至被不明就里地列为被执行人。

有时候,基于名义股东与实际控制人之间的某种安排,有人愿意为了这种安排担当股东之名,将资金转入公司账户,待验资后再将资金转出公司。从表面来看该股东不费分文即能取得股东的名分。殊不知,从该名义股东"乐于助人"的那一刻起,他因抽逃出资行为就要为公司的风险做"背书"了。

2. 被公司除名。有限责任公司的股东抽逃全部出资,经公司催告返还,其在合理期间内仍未返还出资的,公司可以股东会决议解除该股东的股东资格。由于法律并未明确区分股东抽逃出资与公司正常使用股东投入公司资金之间的不同,上述两种行为模糊不清致使很多情况下股东在灰色地带"来回游走"。但是,"常在河边走,哪有不湿鞋"。有时候,公司为了生存发展以及经营需要急需资金投入,在公司引入投资者后立即将该笔款项转出用于他处。此时,该投资者一旦日后与公司其他股东发生纠纷,很有可能被他人"踢出"公司。不仅如此,该股东还有极易引发出资纠纷的风险,若公司在使用该笔资金时程序不规范,该股东在日后发生诉讼时举证难度高,败诉风险大。

3. 股东权利受限。股东抽逃出资,公司根据公司章程或者股东会决议可以对其利润分配请求权、新股优先认购权、剩余财产分配请求权等股东权利作出相应的合理限制。另外,公司股东经协商一致可以对抽逃出资的股东限制其表决、参与公司经营管理的权利。

四、实务建议

由此可知,股东抽逃出资的后果很严重。对于股东而言,应当认真履行出资义务。在股东将资金投入公司后,如果公司确实出于正常生产经营需要使用资金,也应当在保持公司资本充实的前提下方可进行。需要特别注意的是,我们在识别此类抽逃出资的案件时,如果转入转出的时间间隔较大,同时以貌似真实的交易文件、交易凭证等将资金转出的话,则会大大增加认定的难度,因此要特别加以防范。对债权人而言,在面对公司债务人和被执行人时,应特别关注这个问题,就像本文主文案例中一样,即使十余年过去了,仍能够要求抽逃出资的股东承担法律责任。

相关法律规定

《公司法》(2018年10月26日修正)

第三十五条 公司成立后,股东不得抽逃出资。

第九十一条 发起人、认股人缴纳股款或者交付抵作股款的出资后,除未按期募足股份、发起人未按期召开创立大会或者创立大会决议不设立公司的情形外,不得抽回其股本。

《最高人民法院关于适用〈中华人民共和国公司法〉若干问题的规定(三)》(2020年12月23日修正)

第十二条 公司成立后,公司、股东或者公司债权人以相关股东的行为符合下列情形之一且损害公司权益为由,请求认定该股东抽逃出资的,人民法院应予支持:

(一)制作虚假财务会计报表虚增利润进行分配;

(二)通过虚构债权债务关系将其出资转出;

(三)利用关联交易将出资转出;

(四)其他未经法定程序将出资抽回的行为。

第十四条 股东抽逃出资,公司或者其他股东请求其向公司返还出资本息、协助抽逃出资的其他股东、董事、高级管理人员或者实际控制人对此承担连带责任的,人民法院应予支持。

公司债权人请求抽逃出资的股东在抽逃出资本息范围内对公司债务不能清偿的

部分承担补充赔偿责任、协助抽逃出资的其他股东、董事、高级管理人员或者实际控制人对此承担连带责任的，人民法院应予支持；抽逃出资的股东已经承担上述责任，其他债权人提出相同请求的，人民法院不予支持。

第二十条 当事人之间对是否已履行出资义务发生争议，原告提供对股东履行出资义务产生合理怀疑证据的，被告股东应当就其已履行出资义务承担举证责任。

法院裁判

以下为该案在天津市第二中级人民法院、天津市高级人民法院和最高人民法院审理阶段关于该事项分析的"本院认为"部分"源某公司是否抽逃出资并承担责任"的详细论述和分析。

天津市第二中级人民法院一审认为，"对于源某公司的转账行为，通某公司及源某公司均不能提供证据证实系基于其他业务往来而形成的资金流转，亦不能对此转账行为作出合理解释，因此浦发银行主张源某公司此行为构成抽逃出资，此事实清楚，于法有据。源某公司的增资行为使通某公司的注册资本从5000万元增至1亿元，而后又将该出资抽回，该行为降低了通某公司承担民事行为责任的能力，且违反了资本法定原则。从民商事外观主义原则和工商登记注册资本的公信力分析，债权人（银行）有理由在向借款人贷款前审查通某公司担保能力时相信其财产保证能力是1亿元，而不是5000万元，故方同意其为借款人提供担保。现在借款人不能偿还债务时，通某公司承担担保责任的能力必然从1亿元降至5000万元，由此源某公司抽逃行为构成了对原告权益的侵害。源某公司抽逃资金行为虽发生在2000年（贷款担保行为发生在2008年），但作为国家行政机关的工商登记公示性决定了本案担保人通某公司注册资本1亿元的公信力，故不应以时长或股权几次转让作为其不承担责任的理由。故源某公司应当在本案其他被告不能承担贷款偿还责任部分，在其抽逃5000万元注册资金范围内对通某公司的债务承担补充赔偿责任"。

天津市高级人民法院二审认为，"源某公司、通某公司对上述资金划转未能作出合理的解释，故一审法院认定源某公司的行为构成抽逃出资，并无不妥。源某公司的抽逃出资行为降低了通某公司承担民事行为责任的能力，违反了资本法定原则，影响了交易相对人对其偿债能力的正确判断和交易安全。虽然源某公司持有通某公司的股权并多次无偿转让，但在其足额补缴所抽逃出资之前，对债权人权益的侵害处于持续状态，不应以时间长短或股权是否转让作为其不承担相应民事责任的依据，故源某公司应当在其抽逃的5000万元注册资金范围内对通某公司的债务承担补充赔偿责任"。

最高人民法院再审认为，"该种将资金转入公司账户验资后又转出的行为，损害公司和债权人利益，为抽逃出资行为，应承担相应责任。在源某公司直接或间接收回出资的行为足以使债权人对其是否履行出资义务产生合理怀疑的情况下，源某公司应当就其已履行出资义务承担举证责任，但本案在一、二审期间，源某公司未能合理解释其收回出资有合法原因……因此，源某公司关于其行为不构成抽逃出资的申诉理由无事实和法律依据，本院不予采纳"。

案件来源

《源某控股集团股份有限公司与上海浦东发展银行股份有限公司某分行、天津港保税区国某国际贸易有限公司、天津国某集团有限公司、天津市通某实业发展有限公司、天津国某投资集团有限公司、孙某国借款合同纠纷案》【最高人民法院（2011）民提字第89号】

延伸阅读

在股东将注册资本转出的情形下，股东若不能提供充分证据证明转出行为的合法性则将会被法院认定为抽逃出资。那么，实务中还有哪些情形下法院会认定为抽逃出资呢？以下是我们写作中检索到构成抽逃出资的情形，以供读者参考。

一、未经法定程序，公司转出股东注册资本的行为构成抽逃出资。

案例一：《仲某控股有限公司与山东慧某商贸有限公司纠纷案》【最高人民法院（2017）最高法民申3185号】

最高人民法院认为，关于原审判决认定仲某控股抽逃出资的依据是否充分的问题。本案中，仲某控股和慧某公司在《合资经营合同》中约定由仲某控股出资2450万元人民币（占49%）、慧某公司出资2550万元人民币（占55%）成立中外合资公司鲁能仲某公司。此后，仲某控股在出资金额到位且合资公司成立后，以涉案项目境外销售费用为由要求鲁能仲某公司支付人民币2500万元整。鲁能仲某公司据此以前期工作费名义向仲某控股支付了2500万元人民币。上述事实仲某控股和鲁能仲某公司均予认可。但是根据原审查明，仲某控股在本案诉讼过程中自始均未提交前期工作费用或其所称海外销售费用的支付凭证，因此，在仲某控股无法证明前期工作费真实存在的情况下，其从鲁能仲某公司取得2500万元人民币缺乏确凿事实基础……而仲某控股实际取回2500万元人民币未经鲁能仲某公司董事会决议的事实，在客观上亦违反了本案《合资经营合同》《章程》中关于公司注册资本减少或增加须经董事会半数以上同意并履行相关审批及变更登记手续的规定……其次,虽然本案《合作协议书》第三条对仲某控股前期工作费支付予以确认,但是由于股东抽逃出资一般是经公司其他股东或者公司认可同意并以所谓合理事由将出资转出而得以实现,因此原审判决在结合仲某控股未能证明前期工作费用支出真实性的情况下,认定该协议书不能证明仲某控股取回2500万元人民币未构成抽逃出资,并无不当。

二、股权回购与抽逃出资有区别。

案例二:《戴某标与梁某、邱某芳等股权转让纠纷二审民事判决书》【肇庆市中级人民法院(2015)肇中法民二终字第109号】

最高人民法院认为,梁某、邱某芳和戴某标之间签订《协议书》约定:"经三方股东协商同意,戴某标自愿要求退股,因此,本公司的所有债权、债务与戴某标无关,至于戴某标的股本贰拾万元(200000元)人民币,本公司应在2013年前返还给戴某标。"这属于股权回购合同,不属于抽逃出资,判断公司与股东之间股权收购协议的效力,不应仅依据出资是否抽回,而应根据缔约时是否以损害债权人利益为目的、客观上是否给债权人利益造成损害等进行确认。公司的成立本身是股东意思表示一致的结果,公司存在的意义不在于将股东困于公司中不得脱身,而在于谋求股东利益最大化。在股东之间就公司的经营发生分歧,或者股东因其自身原因不能正常行使股东权利时,股东与公司达成协议由公司回购股东的股权,其行为符合《公司法》立法原意,合法有效。

另外,即使股东存在将注册资本转出的行为,如果公司的债权人不能对股东存在抽逃出资行为加以举证或者股东转出注册资本的行为未损害公司权益的,也并不当然就认定为抽逃出资。

三、股东虽转出出资但未损害公司权益的不构成抽逃出资。

案例三:《北京昌某建设投资有限公司(原北京昌某国有资产投资经营有限公司、北京昌某国有资产投资经营公司)等与北京弘某汽车空调散热器有限公司买卖合同纠纷执行裁定书》【最高人民法院(2014)执申字第9号】

最高人民法院认为,昌某公司不构成抽逃出资。主要理由如下:第一,昌某公司对弘某公司存在合法的在先债权。抽逃出资一般是指不存在合法真实的债权债务关系,而将出资转出的行为。而本案中,对于昌某公司在2004年即通过债权受让的方式取得对于弘某公司债权的事实,山东两级法院与各方当事人并无分歧。第二,未损害弘某公司及相关权利人的合法权益。法律之所以禁止抽逃出资行为,是因为该行为非法减少了公司的责任财产,降低了公司的偿债能力,不仅损害了公司与其他股东的权益,更损害了公司债权人等相关权利人的权益。而本案并不存在这种情况，昌某公司对于弘某公司享有债权在先，投入注册资金在后。在整个增资扩股并偿还债务过程中，昌某公司除了把自己的债权变成了投资权益之外，没有从弘某公司拿走任何财产，也未变更弘某公司的责任财产与偿债能力。第三，不违反相关司法解释的规定……《公司法司法解释（三）》第十二条具体规定了抽逃出资的构成要件，可以作为执行程序中认定是否构成抽逃注册资金的参照。该条文规定的要件有两个，一个是形式要件，具体表现为该条罗列的"将出资款转入公司账户验资后又转出""通过虚构债权债务关系将其出资转出"等各种具体情形。另一个是实质要件，即"损害公司权益"。

本案虽然符合该法条规定的形式要件，但是如上所述，实质要件难以认定。所以无法按照上述两个条文的规定认定昌某公司构成抽逃注册资金，在执行程序中追加昌某公司为被执行人证据不足，昌某公司不构成抽逃出资。

四、公司债权人举证不能，股东难以被认定为抽逃出资。

案例四：《亿某信煤焦化能源有限公司、四某现代钢铁有限公司买卖合同纠纷二审民事判决书》【最高人民法院（2017）最高法民终87号】

最高人民法院认为，《公司法司法解释（三）》第十三条第二款、第十四条第二款是关于公司股东对公司债务承担补偿赔偿责任的规定，其要旨也是切实保护公司债权人的利益，在公司股东存在虚假出资、抽逃出资情形时否认股东与公司的人格分离以及股东的有限责任，而令股东在未出资或抽逃出资本息范围内对公司债务承担补充赔偿责任。股东对公司债务承担的此种民事责任为补充连带责任，这有别于公司法第二十条第三款公司人格否认制度所规定的连带责任。本案中，就红某集团是否虚假出资、出资不实的问题而言，如前所述，在无相反证据推翻的情况下，现代钢铁公司的工商登记资料能够证明红某集团实际认缴出资、全面履行出资义务的事实，故本案不存在《公司法司法解释（三）》第十三条第二款规定的情形。就红某集团是否抽逃出资的问题而言，应依据《公司法司法解释（三）》第十二条来进行认定。亿某信公司在本案中所举的证据，缺乏与抽逃出资的关联性，不能证明红某集团存在上述五种抽逃出资行为，也不能使法官对股东抽逃出资产生合理怀疑；且依常理，亿某信公司若对股东抽逃出资产生怀疑又不能依法取证的话，其应穷尽包括工商行政处罚、刑事侦查在内的救济手段，但其并未积极寻求多种救济手段以获取相关证据线索。据此，不能认定红某集团、李某飞存在《公司法司法解释（三）》第十二条所规定的股东抽逃出资行为。综上两个方面的分析，亿某信公司以虚假出资、抽逃出资为由请求红某集团对现代钢铁公司的债务承担连带清偿责任，理据不足，本院不予支持。

086 生效法律文书确定的债权转让多次，最后一手债权人如何变更为申请执行人？

> 债权多次转让的，人民法院需对所有的债权转让环节进行审查以确定是否变更申请执行人

阅读提示

在不良资产处置中，债权往往转让多次。债权人可能在起诉债务人之前转让债权，可能在诉讼中转让债权，也可能在获得生效法律文书确定的债权后转让债权，在这三种情况下，债权受让人的应对策略和风险各不相同。对于最后一手债权人来说，往往需要通过执行程序实现债权。这就涉及最后一手债权人申请变更其为申请执行人的问题。那么，债权人申请变更其为申请执行人需要具备什么条件？需要承担哪些举证责任？本文通过几则案例，对上述问题予以分析。

裁判要旨

执行案件受理后，债权如果经过两个以上转让环节，最终受让人申请变更其为申请执行人的，人民法院应对每个债权转让环节的转让事实以及每个转让环节中转让人书面认可本环节受让人取得债权的事实和证据进行全面审查。

案情简介

在工行某支行申请执行川某公司、川某发展总公司公证债权文书一案中，平阳航某向四川省高级人民法院申请变更其为申请执行人。平阳航某称其从东某公司受让涉案债权，东某公司从工行某支行的上级银行工行四川分行受让债权。

在平阳航某向四川省高院提交的工行某分行与东某公司签订的《债权转让协议》中载明以下事实：工行某分行于 2016 年 6 月 27 日将含本案债权在内的债权及担保权利转让给华某资管公司，华某资管公司此后于 2016 年 9 月 9 日将含本案债权在内的债权及担保权利转让给华某汇通公司，华某汇通公司授权工行某分行代表其签署《债权转让协议》。

在平阳航某向四川省高院提交的华某汇通公司 2019 年 4 月 1 日出具的《说明》载明的债权转让事实经过为：工行某分行于 2016 年 6 月 27 日将含本案债权在内的债权及担保权利转让给华某汇通公司。

四川省高院认为，平阳航某提交的证据中载明的转让事实经过存在明显矛盾。平阳航某对四次债权转让事实陈述不清，提交证据不全，并且在指定期限内仍然没有完成补充陈述和举证。四川省高院裁定驳回平阳航某变更其为申请执行人的请求。

裁判要点及思路

本案的裁判要点是：债权经过两个以上转让环节，最终受让人申请变更其为申请执行人时，法院是否需要对各个环节转让债权的事实和证据进行全面审查。

《变更、追加当事人规定》第九条规定："申请执行人将生效法律文书确定的债权依法转让给第三人，且书面认可第三人取得该债权，该第三人申请变更、追加其为申请执行人的，人民法院应予支持。"对于执行案件受理后，债权如果经过两个以上转让环节，最终受让人申请变更其为申请执行人的，法律和司法解释未作进一步规定。四川省高院认为，应对每个债权转让环节的转让事实以及每个转让环节中转让人书面认可本环节受让人取得债权的事实和证据进行全面审查。

本案中，工行某分行与东某公司于 2018 年 1 月 5 日签订的《债权转让协议》载明的债权转让经过，加上其他两次转让环节，表明本案债权依次经过了四个转让环节。但是，在平阳航某提交的证据材料中，一是没有工行某分行于 2016 年 6 月 27 日将含本案债权在内的债权及担保权利转让给华某资管公司的债权转让协议；二是没有华某资管公司于 2016 年 9 月 9 日再转让给华某汇通公司的债权转让协议；三是没有华某汇通公司出具给工行某分行的授权该行代其签订 2018 年 1 月 5 日《债权转让协议》的相关证据；四是在平阳航某向本院提交的华某汇通公司 2019 年 4 月 1 日出具的《说明》载明的债权转让事实经过，与工行某分行与东某公司于 2018 年 1 月 5 日签订的《债权转让协议》中载明的转让事实经过出现明显矛盾。

平阳航某对四次债权转让事实陈述不清，提交证据不全，并且在四川省高院指定期限内仍然没有完成补充陈述和举证。因此，平阳航某关于变更其为本案申请执行人的申请，应当不予支持。

实务要点总结

债权受让人申请变更其为申请执行人需要满足两个条件。《变更、追加当事人规定》第九条规定："申请执行人将生效法律文书确定的债权依法转让给第三人，且书面认可第三人取得该债权，该第三人申请变更、追加其为申请执行人的，人民法院应予支持。"根据该条规定，债权受让人申请变更其为申请执行人需要满足的条件为：第一，申请执行人将生效法律文书确定的债权依法转让给第三人；第二，申请执行人书面认可受让人取得该债权。

值得注意的是，当债权人在取得生效法律文书确定的债权之前，将债权转让给受让人，但仍以自己的名义提起诉讼，在诉讼中未变更受让人为原告，获得生效裁判后，原债权人申请强制执行，在执行中，受让人能否申请变更其为申请执行人，司法实践中存在不同裁判观点。

一种观点认为，在执行中变更、追加当事人，需要满足法定的条件。在理解与适用《变更、追加当事人规定》时，不宜扩大解释。因此，如果债权人转让的债权不是生效法律文书已经确定的债权，那么，受让人申请变更其为申请执行人的请求不应支持。另一种观点认为，《变更、追加当事人规定》第九条并未就债权转让发生的时间节点进行限定，只要权利承受人向人民法院提交承受权利的证明文件，证明自己是生效法律文书确定的权利承受人的，即符合追加为申请执行人的条件。（详见"延伸阅读"）

债权如果经过两个以上转让环节，最后一手债权人申请变更其为申请执行人的，需要对每个债权转让环节的转让事实，以及每个转让环节中转让人书面认可本环节受让人取得债权的事实承担举证责任。基于《变更、追加当事人规定》适用的严格性，在多次转让债权的场合，法院应对每个债权转让环节的转让事实，以及每个转让环节中转让人书面认可本环节受让人取得债权的事实和证据进行全面审查。因此，最后一手债权人申请变更其为申请执行人的，需要提供证据证明所有前手的债权转让事实，以及所有前手书面认可相应环节受让人取得债权的事实。

我们提请债权受让人注意以下三点：第一，在受让债权时应要求转让方提供所有债权转让环节的债权转让合同及每个转让环节中转让人书面认可本环节受让人取得债权的确认书；第二，在受让债权时不但要审查该债权是否为生效法律文书确定的债权，而且要审查最初的债权人转让债权时，该债权是否为生效法律文书确定的债权；第三，如果受让的债权不是生效法律文书确定的债权，该债权也尚未经法律文书确定，则应当积极参与到诉讼程序中，以自己名义参加诉讼，获得生效判决，这可以避免出现后续执行中可能无法变更为申请执行人的困境。

相关法律规定

《最高人民法院关于民事执行中变更、追加当事人若干问题的规定》（2020年12月23日修正）

第九条 申请执行人将生效法律文书确定的债权依法转让给第三人，且书面认可第三人取得该债权，该第三人申请变更、追加其为申请执行人的，人民法院应予支持。

《最高人民法院关于金融资产管理公司收购、处置银行不良资产有关问题的补充通知》（2005年5月30日公布）

三、金融资产管理公司转让、处置已经涉及诉讼、执行或者破产等程序的不良债权时，人民法院应当根据债权转让协议和转让人或者受让人的申请，裁定变更诉讼或者执行主体。

法院裁判

以下为四川省高级人民法院在"本院认为"部分的论述：

本院认为，《变更、追加当事人规定》第九条规定："申请执行人将生效法律文书确定的债权依法转让给第三人，且书面认可第三人取得该债权，该第三人申请变更、追加其为申请执行人的，人民法院应予支持。"对于执行案件受理后，债权如果经过两个以上转让环节，最终受让人申请变更其为申请执行人的，法律和司法解释未作进一步规定。对此，本院认为，应对每个债权转让环节的转让事实以及每个转让环节中转让人书面认可本环节受让人取得债权的事实和证据进行全面审查。本案中，工行某分行与东某公司于2018年1月5日签订的《债权转让协议》载明的债权转让经过，加上其他两次转让环节，表明本案债权依次经过了4个转让环节，平阳航某对4次债权转让事实陈述不清，提交证据不全，并且在本院指定期限内仍然没有完成补充陈述和举证。因此，平阳航某关于变更其为本案申请执行人的申请，不符合前述规定，应当不予支持。

案件来源

《平阳航某投资合伙企业、中国工商银行股份有限公司某支行合同、无因管理、不当得利纠纷执行审查类执行裁定书》【四川省高级人民法院（2020）川执异9号】

> 延伸阅读

一、债权人转让的债权不是生效法律文书确定的债权，受让人申请在执行过程中直接变更为申请执行人于法无据。

案例一：《橡某翡翠资产管理有限公司与某银行股份有限公司镇江分行、丹阳市活某饰件有限公司等金融借款合同纠纷执行裁定书》【镇江市京口区人民法院（2020）苏1102执异44号】

本院认为，《变更、追加当事人规定》第九条规定，申请执行人将生效法律文书确定的债权依法转让给第三人，且书面认可第三人取得该债权，该第三人申请变更、追加其为申请执行人的，人民法院应予支持。但根据本院查明事实，在某银行股份有限公司镇江分行与丹阳市活某饰件有限公司等金融借款合同纠纷案立案受理前，某银行股份有限公司南京分行已与中国信达资产管理股份有限公司某分公司就涉案债权签订了债权转让协议，并于诉讼过程中在报纸上刊登了债权转让暨债务催收联合公告，此时，金融借款合同纠纷案尚未审结生效，因此，某银行股份有限公司镇江分行转让的并非生效法律文书确定的债权。

根据《最高人民法院关于审理涉及金融资产管理公司收购、管理、处置国有银行不良贷款形成的资产的案件适用法律若干问题的规定》第二条的规定，金融资产管理公司受让国有银行债权后，人民法院对于债权转让前原债权银行已经提起诉讼尚未审结的案件，可以根据原债权银行或者金融资产管理公司的申请将诉讼主体变更为受让债权的金融资产管理公司。

某银行股份有限公司镇江分行将涉案债权转让给中国信达资产管理股份有限公司某分公司后，既未及时向审理庭披露，转让人与受让人亦未向法院申请变更诉讼主体。综上，中国信达资产管理股份有限公司某分公司受让的债权非生效法律文书确定的债权，最后受让人橡某翡翠资产管理有限公司受让的债权亦非生效法律文书确定的债权，现橡某翡翠资产管理有限公司申请在执行过程中直接变更为执行主体于法无据，本院不予支持。

案例二：《招商银行股份有限公司某支行与黄某林、贾某芬金融借款合同纠纷其他执行裁定书》【上海市徐汇区人民法院（2020）沪0104执异140号】

本院认为，根据《变更、追加当事人规定》第九条的规定，申请执行人将生效法律文书确定的债权依法转让给第三人，且书面认可第三人取得该债权，该第三人申请变更、追加其为申请执行人的，人民法院应予支持。本院于2015年9月28日作出（2015）徐民二（商）初字第746号民事判决，确定黄某林、贾某芬对招商银行某支行各项支付义务,而招商银行某支行早在 2015 年 3 月 27 日就已将黄某林、贾某芬所涉债权作了转让,故其转让的债权并非生效法律文书确定的债权,隆瑄合伙企业要求变更其为(2016)沪 0104 执 1136 号案件的申请执行人并不符合上述规定,本院不予支持。

二、《变更、追加当事人规定》第九条并未就债权转让发生的时间节点进行限定。只要权利承受人向人民法院提交承受权利的证明文件,证明自己是生效法律文书确定的权利承受人的,即符合受理执行案件的条件。

案例三:《湖北益某置业有限公司、武汉润某泰房屋中介服务有限公司股权转让纠纷执行审查类执行裁定书》【湖北省高级人民法院(2017)鄂执复 117 号】

关于可否依据执行程序开始前受让取得的债权变更申请执行主体问题。变更申请执行主体是在根据申请执行人的申请已经开始了的执行程序中,变更新的权利人为申请执行人。尽管本案中润某泰公司受让治某公司对益某公司享有的到期债权发生在本院生效判决作出之前,但《变更、追加当事人规定》第九条并未就债权转让发生的时间节点进行限定。不仅如此,只要权利承受人向人民法院提交承受权利的证明文件,证明自己是生效法律文书确定的权利承受人的,即符合受理执行案件的条件。

第九章　参与分配与执行异议

087 执行分配方案异议之诉中，原告诉讼请求到底应该怎么写？

> 执行分配方案异议之诉中，原告在诉讼请求中无明确修正意见的，应驳回起诉

阅读提示

被执行人为公民或者其他组织的，申请执行人或者被执行人对执行分配方案不服时有权向执行法院提起执行分配方案异议之诉。执行分配方案异议之诉作为新的特殊诉讼类型，在实体裁判规则和具体诉讼程序方面均有不同于常规诉讼之处。正因如此，与其他两类执行异议之诉相比，当事人在执行分配方案异议之诉中的败诉风险，多存在于程序方面。本书总结近年来最高人民法院和各高级人民法院司法裁判观点，结合日常办理类似案件的经验，提示案件当事人应当重点关注的事项。需要注意的是，司法实践中，每个案例的细节千差万别，不可将本文裁判观点直接援引。我们对不同案件裁判文书的梳理和研究，旨在为更多读者提供不同的研究观察的视角，并不意味着我们对本文案例裁判观点的认同和支持。

裁判要旨

申请执行人或被执行人对执行分配方案不服，提起执行分配方案异议之诉的，原告在诉讼请求中应明确具体的执行分配方案修正意见。否则，应驳回起诉。

案情简介

海某公司作为被执行人，因财产不足以清偿全部债务，兴某公司等债权人申请参与分配，广东东莞中院作出执行分配方案。兴某公司请求广东东莞中院修订分配方案，部分债权人表达反对修订意见。

兴某公司对执行分配方案内容不服,向广东东莞中院提起执行分配方案异议之诉,请求:(1)兴某公司在本次分配中的受偿金额为优先债权90701540.85元;(2)永某公司在被执行人海某公司系列执行案件中优先债权不能受偿共3500元;(3)东莞银行某分行在被执行人海某公司系列执行案件中优先债权不能受偿共500元;(4)永某公司、东莞银行某分行、海某公司承担本案诉讼费。

2017年9月14日,广东东莞中院一审认为,起诉人应明确提出自己赞成的分配方案并按该方案进行分配的请求,故裁定不予受理。兴某公司上诉至广东高院。

广东高院认为,兴某公司不服执行分配方案提起分配方案异议起诉时,应当明确提出自己赞成的分配方案并按该方案进行分配的请求,故裁定驳回兴某公司的起诉,维持原裁定。

裁判要点及思路

本案争议焦点为,法院是否应当支持兴某公司的诉讼请求。对此,广东高院认为,根据兴某公司的诉讼请求以及所依据的事实和理由,本案为执行分配方案异议之诉。兴某公司作为《分配方案》确定的债权人,不服执行分配方案提起分配方案异议诉讼时,应当明确提出自己赞成的分配方案并按该方案进行分配的请求。但是,兴某公司并未明确提出其赞成的分配方案,且未提供证据,举证证明其主张的债权具体数额,据此,兴某公司提起本案诉讼不符合《民事诉讼法》第一百一十九条第三项"有具体的诉讼请求和事实、理由"的规定,裁定驳回其上诉请求,维持原裁定。

实务要点总结

本书总结近年来最高人民法院和各高级人民法院司法裁判观点,并结合日常办理类似案件的经验,建议当事人对以下四个方面程序事项给予重点关注:

诉讼请求:原告应在诉讼请求中列明己方认为正确的、具体的执行分配方案,经法院释明后,诉讼请求仍不符合起诉条件,应驳回起诉。在执行异议之诉中,原告起诉的,必须在诉讼请求中列明己方认为正确的明确、具体的分配方案。原因主要有三:

第一,《民诉法解释》第五百一十二条的立法本意是,通过诉讼程序来解决当事人因执行分配方案发生的纠纷。通过诉讼程序,一揽子解决与财产分配有关的问题。既然如此,如果异议人异议不成立的,自然应当直接驳回诉讼请求。但是,异议人异议成立的，法院就不应该简单地撤销原分配方案或者简单地重新作出新的分配方案，否则当事人对新的分配方案不服，重新提起异议，循环无休止，而是应该在诉中直接修正原分配方案。

第二，不告不理原则是我国法院审理民事案件的基本原则，具体是指法院的审理范围以当事人的诉讼请求为准，法院无权变更，超出当事人诉讼请求的部分，法院不得主动审理。

第三，《民事诉讼法》第一百一十九条规定，原告起诉必须符合的条件之一就是"有具体的诉讼请求和事实、理由"，如果原告诉讼请求不明确、不具体，法官应当帮助当事人作出正确的决定，依法释明，以保障当事人合法权益，最大限度地节约司法资源以及促进人民法院依法审判。经法院释明，如修改后的诉讼请求仍不明确、具体的，法院应驳回起诉。

审理范围：对申请参与分配的债权是否成立、债权具体数额、顺位、清偿比例、计算方法、计算结果等民事债权提出的异议，除此之外，民事债权人或被执行人针对司法费用支出、税收优先权、行政罚款、刑事罚金等非民事债权提出的异议，均不属于分配方案异议制度的审理范围。

审理机构和审理程序：根据《民诉法解释》第五百一十二条的规定，执行分配方案异议之诉由执行法院管辖，对于由执行法院具体哪个部门审理未作规定。根据"审执分离"原则，应由执行法院相应民事审判部门适用普通程序审理。另外，如果有多个债权人或者被执行人均对执行分配方案提出异议，则均可提起诉讼。如此，异议人既是诉讼的原告，也是他人所提起诉讼的被告，且诉讼标的同一，人民法院可以合并审理。当然，我们注意到，司法实践中存在人民法院根据当事人诉讼请求不同，分别审理的情形。

当事人的诉讼地位：根据《民诉法解释》第五百一十二条的规定，对执行分配方案有异议起诉的，为原告；对异议人（原告）针对执行分配方案提出的修正方案，提出反对意见的债权人、被执行人为被告；对分配方案以及修正方案无异议的债权人的主体地位，现有司法解释并未规定。但是，分配方案本身是在可供执行财产数额已经确定的情况下，对相关债权进行的分配安排。只要有人对分配方案提出异议，必然涉及异议人主张应多分财产，其他债权人可分财产减少，影响其他债权人利益。因此，法院应将无异议的债权人或被执行人列为第三人。法院一般认为对异议未提出反对意见的被执行人，应列为无独立请求权第三人。

相关法律规定

《最高人民法院关于适用〈中华人民共和国民事诉讼法〉的解释》（2022 年 3 月 22 日修正）

第五百一十条[①] 债权人或者被执行人对分配方案提出书面异议的，执行法院应当通知未提出异议的债权人、被执行人。

未提出异议的债权人、被执行人自收到通知之日起十五日内未提出反对意见的，执行法院依异议人的意见对分配方案审查修正后进行分配；提出反对意见的，应当通知异议人。异议人可以自收到通知之日起十五日内，以提出反对意见的债权人、被执行人为被告，向执行法院提起诉讼；异议人逾期未提起诉讼的，执行法院按照原分配方案进行分配。

诉讼期间进行分配的，执行法院应当提存与争议债权数额相应的款项。

《民事诉讼法》（2021 年 12 月 24 日修正）

第一百二十二条[②] 起诉必须符合下列条件：

（一）原告是与本案有直接利害关系的公民、法人和其他组织；
（二）有明确的被告；
（三）有具体的诉讼请求和事实、理由；
（四）属于人民法院受理民事诉讼的范围和受诉人民法院管辖。

法院裁判

以下为广东高院在裁判文书"本院认为"部分就此问题发表的意见：

根据兴某公司提起本案诉讼主张的诉请事项及所依据的事实和理由，本案为执行分配方案异议之诉。兴某公司作为《分配方案》确定的债权人，不服执行分配方案提起分配方案异议诉讼时，应当明确提出自己赞成的分配方案并按该方案进行分配的请求。经审查，兴某公司于本案主张的事实和理由里并未明确提出其赞成的分配方案，且兴某公司就其提出的诉讼请求所针对的具体争议债权的确定未提交相应的初步证据，据此，兴某公司提起本案诉讼不符合《民事诉讼法》第一百一十九条第三项"有具体的诉讼请求和事实、理由"的规定，原审法院裁定不予受理并无不当，本院予以维持。兴某公司的上诉理由不成立，本院不予采纳。依照《民事诉讼

[①] 原第五百一十二条。
[②] 原第一百一十九条。

法》第一百六十九条第一款、第一百七十条第一款第一项、第一百七十一条以及《民诉法解释》第三百三十三条第一项的规定,裁定如下:驳回上诉,维持原审裁定。

案件来源

《东莞市兴某融资担保有限公司二审民事裁定书》【(2017)粤民终2831号】

延伸阅读

一、执行分配方案异议之诉中,原告不能提出明确的修正分配意见,应认定其诉讼请求不符合起诉条件,驳回起诉。

案例一:《刘某霞、邵某二审民事裁定书》【(2018)豫民终1810号】

河南高院认为,本案中,执行法院的《分配意见》在没有明确邵某、刘某霞两个案件的执行债权总额、已执行及未执行部分债权额的情况下,对执行款的分配,"首先用于支付邵某申请执行一案,剩余款项可用于支付给刘某霞申请执行一案的执行款",事实不清,且与上述司法解释规定的分配原则及顺位不相符合。故三门峡市中院应当查明邵某、刘某霞两个案件的执行债权总额、已执行及未执行部分债权额,在此基础上,根据《民诉法解释》的相关规定,对130万元重新作出财产分配方案。本案中,对于此不明确的《分配意见》,刘某霞无法提出明确的分配修正意见,其提起的执行分配方案异议之诉的诉讼请求"依法判决停止向邵某给付李某水缴纳的130万元的执行款",不符合执行分配方案异议之诉的受理条件。一审法院对不符合执行财产分配方案异议之诉的案件予以受理并作出裁判,程序不当,本院予以纠正。综上,上诉人刘某霞提出的诉讼请求不属于执行分配方案异议之诉的审理范围。依照《民事诉讼法》第一百一十九条、《民诉法解释》第三百三十条之规定,裁定如下:一、撤销河南省三门峡市中级人民法院(2018)豫12民初63号民事判决;二、驳回刘某霞的起诉。

二、执行分配方案异议之诉中,法院主要对执行分配方案是否公平合理合法、债权是否存在、受偿比例和顺序等问题进行审查,而对于作为执行依据的人民法院生效判决书、调解书,则不属于人民法院的审查范围。

案例二:《安徽汇某典当有限公司、任某再审审查与审判监督民事裁定书》【(2018)最高法民申3313号】

最高人民法院认为,在执行分配方案异议之诉中,法院主要对执行分配方案是否公平合理合法、债权是否存在、受偿比例和顺序等问题进行审查，而对于作为执行依据的人民法院生效判决书、调解书，则不属于执行分配方案异议之诉案件中人民法院的审查范围。本案亳州市中级人民法院（2015）亳民诉前调字第00001号民事调解书已经生效，再审申请人汇通典当公司要求在本案中对该执行依据进行审查没有法律依据，本院不予支持。其如认为该民事调解书内容错误损害其民事权益，可以在法定期限内通过法定救济途径解决。

三、申请执行人的债权属于普通债权还是优先债权，属于执行分配方案异议之诉审理的范围。

案例三：《赖某明、垫某宝投资有限公司执行分配方案异议之诉再审审查与审判监督民事裁定书》【（2020）桂民申72号】

广西高院认为，关于陈某林对江某新的债权在涉案土地拍卖款分配中是否应当优先于其他普通债权受偿的问题。由于本案涉案土地（贺州市星光路村民安置地规划地内三类××号城镇住宅用地），原是属于陈某林享有和使用。后陈某林将其所有的涉案土地转卖给江某新并办理了过户登记。陈某林参与分配的438000元债权，是原土地《买卖合同协议书》中约定的江某新未支付的剩余土地款项。陈某林参与分配的438000元债权，是基于被执行涉案土地而来，应当认定为基于所有权而享有的债权。同时，赖某明主张陈某林的债权因在2016年10月17日执行过程中曾达成《和解协议书》而成为普通债权。本院认为，《和解协议书》并未履行，陈某林参与分配的438000元债权未得到有效清偿。而本案中陈某林申请执行的依据是（2015）贺八民二初字第1684号民事判决书，并非2016年10月17日达成的《和解协议书》。因此，赖某明关于陈某林的债权因在2016年10月17日达成《和解协议书》而成为普通债权的主张缺乏事实和法律依据，本院不予支持。综上所述，一、二审法院关于陈某林所享有的债权是基于所有权应优先于赖某明的普通债权受偿的认定事实清楚，适用法律法规正确。

四、执行分配方案异议之诉中的"分配方案"，必须为多个债权人对同一被执行人申请执行或参与分配的案件中，人民法院为分配可供执行的财产而制作的法律文书。

案例四：《刘某兴、广饶县天某化工有限公司再审审查与审判监督民事裁定书》【（2018）鲁民申3615号】

山东高院认为，执行分配方案是指在多个债权人对同一被执行人申请执行或参与分配的案件中，人民法院将可供执行的财产在对享有优先权、担保物权的债权人依照法律规定的顺序优先受偿后，按照各个案件债权额的比例进行分配而制作的法律文书，系执行法院为分配可供执行的财产而制作。执行法院在作出方案后分配财产前应向各债权人及被执行人送达该方案，在规定期间内接受当事人的书面异议、审查相关异议并对分配方案进行修正，其他当事人可以向执行法院提出执行分配方案异议之诉。本案中，虽然原一审法院出具了《关于对周某华房产拍卖款的分配方案》，但该"分配方案"的内容是对相关拍卖款进行过付后的说明，该"分配方案"并非为分配周某华的被执行财产而制作，亦不是在被执行财产过付之前而制作。该"分配方案"不是民事诉讼法意义上的执行分配方案。故刘某兴不能依据该文书提起执行分配方案异议之诉。因此，原审认定本案不属于执行分配方案异议之诉的审理范围，不属于人民法院受理民事诉讼的范围并无不当。

五、申请执行人主张应优先得到分配，是对受偿顺序提起的实体性异议。在被执行人破产案件中，只有执行回转的财产才能比照取回权制度得到优先保护。

案例五：《原告张某强诉被告浙江宝某建设集团有限公司、被告某农村商业银行股份有限公司执行分配方案异议之诉纠纷一审民事判决书》【（2015）津高民一初字第0020号】

天津高院认为，本案中，张某强的诉讼请求为对其申请参与分配的执行款项及相关利息享有取回权，优先于宝某公司、某农商行分配。取回权是指债务人进入法院破产案件审理程序后，对于债务人占有的不属于债务人的财产，或债务人作为买受人尚未支付全部价款并实际控制的财产，财产所有权人或出卖人所享有的取回该财产的权利。《企业破产法》第三十八条、第三十九条分别规定了一般取回权和出卖人取回权。可见，取回权是企业破产法范畴的一项法律制度，只适用于债务人已进入法院破产案件审理程序的情形。对于执行回转能否适用取回权制度，《最高人民法院执行工作办公室关于执行回转案件的申请执行人在被执行人破产案件中能否得到优先受偿保护的请示的答复》（〔2005〕执他字第27号）中作出了规定。该答复载明："人民法院因原错误判决被撤销而进行执行回转，申请执行人在被执行人破产案件中能否得到优先受偿保护的问题，目前我国法律尚无明确规定。我们认为，因原错误判决而被执行的财产，并非因当事人的自主交易而转移。为此，不应当将当事人请求执行回转的权利作为普通债权对待。在执行回转案件被执行人破产的情况下，可以比照取回权制度，对执行回转案件申请执行人的权利予以优先保护，认定应当执行回转部分的财产数额，不属于破产财产。因此，审理破产案件的法院应当将该部分财产交由执行法院继续执行。"该答复明确在被执行人破产案件中，执行回转的财产才能比照取回权制度得到优先保护，即执行回转参照适用取回权制度的前提，是被执行人进入法院破产案件审理程序。该表述与取回权制度适用的法定前提是一致的。由于作为债务人和被执行人的老板娘公司未进入法院破产案件审理程序，因此张某强主张比照取回权制度优先分配的基础并不存在。张某强关于对执行回转的款项及相关利息享有取回权，优先于宝某公司、某农商行分配的诉讼请求，没有法律依据，本院不予支持。

六、生效法律文书已对债权数额、优先受偿权作出认定的，当事人不得对该债权是否存在以及债权数额、优先受偿权是否存在提出执行分配方案异议之诉。

案例六：《钟某阳、吴某波等执行分配方案异议之诉民事裁定书》【（2015）浙民申字第1818号】

浙江高院认为，本案钟某阳等六人的诉讼请求为：撤销一审法院执行部门制作的陈某杰房屋拍卖款分配方案并重新制作分配方案；判决工商银行及禾某典当、恒某典当、禄某典当的债权为非法债权、抵押无效、不享有优先受偿权、不得参与陈某杰房屋拍卖款的分配；钟某阳等六人享有房屋拍卖款的优先受偿权。当事人提起执行分配方案异议之诉的法定事由包括执行分配方案中债权是否存在、债权的数额和受偿顺序三种。生效法律文书已对债权数额、优先受偿权作出认定的，当事人不得对该债权是否存在以及债权数额、优先受偿权是否存在提出执行分配方案异议之诉。本案中，工商银行及禾某典当、恒某典当、禄某典当的债权数额及债权的优先受偿权均为生效判决所确认。一审法院依据生效判决确定的债权数额、优先受偿权作出执行分配方案并无不当。虽然一审法院在查封、解封陈某杰名下房产的过程中存在程序瑕疵，但这并非本案执行分配方案异议之诉审理范围。因此，钟某阳等六人提出执行分配方案异议之诉没有相应的事实和法律依据。原一、二审法院驳回其诉讼请求正确。

七、执行分配方案异议之诉中，不同意原告（异议人）修正方案的，列为被告，不反对原告（异议人）修正方案的，类推适用《民诉法解释》第三百零七条、第三百零八条的规定，应当列为第三人。

案例七：《浙江五某华星进出口有限公司、驻马店市华某房地产开发有限公司二审民事裁定书》【（2019）豫民终609号】

河南高院认为，对于不持反对意见的债权人、被执行人，如何列明当事人的诉讼地位，司法解释虽然没有明确，但根据民事诉讼法理，程序应当吸收各利益相关方共同参与，为各方在程序内行使举证、质证、辩论的权利提供充分的保障，从而使裁判的结果能够吸收各方意见，更加衡平公正。执行财产分配方案异议之诉作为诉讼程序，也应当遵守上述基本程序法理。因此，原告（异议人）提起执行分配方案异议之诉的，要根据其他的债权人或被执行人对原告异议或修正方案的不同态度，或列为被告或列为第三人，具体来说，不同意原告（异议人）修正方案的，列为被告，不反对原告（异议人）修正方案的，类推适用《民诉法解释》第三百零七条、第三百零八条的规定，应当列为第三人，因为未提出反对意见的申请执行人或被执行人对异议人的修正方案，不持反对意见，不代表如果裁判对执行财产分配方案进行了调整，这部分申请执行人或被执行人的利益受到影响时，其不会有反对意见。因此，如果不将其列为当事人，纳入程序，其就无法在其后的上诉程序及其他程序中，来救济自己的权利。如果其在程序结束后，通过提起第三人撤销之诉的方式再去主张权利救济，无疑会严重损害裁判的稳定性和既判力。因此，对于对原告（异议人）提出的修正方案没有持反对意见的申请执行人或被执行人也应当列为第三人。

八、涉及申请参与分配的债权的迟延履行期间利息的截止时间、汇率及利率的确定问题，属于执行分配方案异议之诉的审查范围。

案例八：《某纺织发展总公司、山东弘某投资有限公司等企业借贷纠纷、执行分配方案异议之诉民事判决书》【（2015）鲁商终字第404号】

山东高院认为，执行分配方案异议之诉，是在多个债权人对同一被执行人申请执行或者对被执行财产申请参与分配的情况下，执行法院作出分配方案后，债权人或者被执行人对分配方案中确定的债权是否存在、数额多少、受偿顺序有异议而产生的诉讼。所以人民法院对该类案件的审理范围应包括分配方案中确定的被执行人的财产是否不足以清偿全部债务、各债权人的债权是否存在、数额多少、受偿顺序问题。本案凯某公司依据上述第二十六条规定提起本案诉讼，一审法院根据凯某公司的异议理由，包括凯某公司对债权的迟延履行期间利息的截止时间、汇率及利率所提出的异议进行审理，并无不当。本案确定凯某公司债权的生效法律文书虽然判决的是美元债务，但债权人凯某公司明确要求其债权以人民币受偿，且执行分配方案也是以人民币确定凯某公司债权数额，所以一审法院对生效判决未涉及的迟延履行期间利息以及美元换算成人民币的确定时间界点进行审理，并未改变原生效法律文书。

088 普通债权人参与分配的条件到底是什么？

> 普通债权人的债权被生效裁判文书确认即有权参与分配

阅读提示

与享有优先受偿权的债权人不同，普通债权人的债权在执行程序中并无优先性。未获得生效法律文书确认的普通债权人可以参与对债务人财产的分配程序吗？答案是否定的。普通债权人必须举证证明债务人的财产不足以清偿所有债权吗？答案也是否定的。那么，普通债权人到底应该如何参与分配，普通债权人参与分配的条件到底是什么？

裁判要旨

普通债权人申请参与分配的，只需提交申请书，写明参与分配和被执行人不能清偿所有债权的相关事实、理由，并附有执行依据，并不要求由申请人承担被执行人不能清偿所有债权的证明责任。

案情简介

2015 年 4 月，运城中院在执行申请执行人贺某与被执行人张某、胡某民间借贷纠纷一案中，根据当事人之间的和解协议，裁定将张某名下所属房产抵顶给贺某并办理过户手续。

2015 年 5 月，太原中院判决张某、胡某共同偿还李某 3820 万元及利息，该判决已发生法律效力。李某向太原中院申请强制执行。

2015 年 6 月，李某作为案外人提出执行异议，请求运城中院撤销在贺某案中作出的执行裁定，运城中院裁定撤销贺某案的执行裁定。

贺某不服，向山西高院申请复议。贺某认为，申请参与分配的房屋已过户至贺某名下，属贺某所有，案外人李某申请参与分配于法无据。

2016 年 1 月，山西高院裁定驳回贺某复议申请。

2016 年 12 月，李某向运城中院申请参与被执行人张某财产的分配。贺某提出异议。运城中院认为，李某不能证明被执行人不能清偿所有债权的事实，裁定贺某异议成立。

李某不服，向山西高院申请复议。山西高院认为，李某不能提供被执行人的财产不足以清偿其全部债务的证据，故驳回李某的复议申请。李某不服，申请最高人民法院再审。

2017年12月，最高人民法院裁定撤销原审裁定，由运城中院重新审理。

裁判要点及思路

本案争议焦点为申诉人李某是否有权参与分配。最高人民法院根据《民诉法解释》第五百零八条和第五百零九条第二款规定，将该焦点问题拆解为李某作为普通债权人在申请参与分配时，是否满足以下三个条件：（1）被执行人为公民或者其他组织；（2）在执行程序开始后，被执行人的财产执行终结前提出申请；（3）被执行人的财产不能清偿所有债权。因前两个条件的认定在实践中基本不存在争议，故本文主要关注第三个条件，即被执行人的财产不能清偿所有债权。

最高人民法院在本案中认为，普通债权人取得金钱债权执行依据即有权申请参与分配，无须证明被执行人不能清偿所有债权。实践中，只要申请人一方提供相关材料，符合一定要件后就应予以认可，至于被执行人的财产是否满足不能清偿所有债权的条件，应由执行法院来审查，并且执行法院对此也应从宽把握。只要法院能够确定现有财产已经不能清偿所有债权的，就应同意申请人参与分配。

分析最高人民法院背后的裁判思路，执行程序中的参与分配制度是为实现对债务人多个债权人的公平保护而设立的执行程序，目的是在执行程序中落实和保障实体法上债权平等原则。债务人的财产不足以清偿各债权人的全部债权时，申请执行人以外的其他债权人凭有效的执行依据，申请加入已开始的执行程序，各债权人从执行标的物的变价中获得公平清偿。而要求普通债权人证明被执行人的财务状况不切实际，原因是除被执行人隐瞒、转移财产等人为因素外，对其公开的财产仍存在评估、折价、鉴定等技术上的困难，这使得正确评定被执行人的财产是否能清偿其全部债务存在很大困难。所以，对债务人的财产不足以清偿各债权人的全部债权，应采用主观标准。即申请人只需要在主观上认为被执行人不足以清偿全部债务，又在法定期间内提出参与分配申请并说明的，法院即应同意该普通债权人参与分配程序。

实务要点总结

普通债权人取得金钱债权执行依据即有权申请参与分配，享有优先受偿权的债权人参与分配，无须取得执行依据。《民诉法解释》第五百零八条、《执行工作规定》第九十一条确立了普通债权人和享有优先受偿权的债权人在执行程序中的参与分配制度。即普通债权人参与分配，需要取得执行依据；享有优先受偿权的债权人参与分配，无须取得执行依据。

不管是普通债权人还是享有优先受偿权的债权人，申请参与分配程序均应在被执行人的财产执行终结前提出。《民诉法解释》第五百零九条第二款规定："参与分配申请应当在执行程序开始后，被执行人的财产执行终结前提出。"据此规定，不管是享有优先受偿权的债权人，还是普通债权人，申请参与分配程序的，均应在被执行人的财产执行终结前提出。这是债权人参与分配的程序性要求。

普通债权人无须举证证明被执行人的财产不能清偿所有债权。《民诉法解释》第五百零九条第一款是对当事人申请参与分配的程序性规定，该条款仅仅要求当事人在申请参与分配时，需要写明参与分配和被执行人不能清偿所有债权的事实、理由，并附执行依据，并未规定严格的证明责任。因此，结合参与分配制度的制定目的，只要申请人在申请书中予以说明，执行法院形式审查后即应准许，法院不应给债权人申请参与分配设置过多的障碍。

相关法律规定

《民事诉讼法》（2021年12月24日修正）

第二百三十四条[①]　执行过程中，案外人对执行标的提出书面异议的，人民法院应当自收到书面异议之日起十五日内审查，理由成立的，裁定中止对该标的的执行；理由不成立的，裁定驳回。案外人、当事人对裁定不服，认为原判决、裁定错误的，依照审判监督程序办理；与原判决、裁定无关的，可以自裁定送达之日起十五日内向人民法院提起诉讼。

《最高人民法院关于适用〈中华人民共和国民事诉讼法〉的解释》（2022年3月22日修正）

第五百零七条[②]　申请参与分配，申请人应当提交申请书。申请书应当写明参与分配和被执行人不能清偿所有债权的事实、理由，并附有执行依据。

参与分配申请应当在执行程序开始后，被执行人的财产执行终结前提出。

[①] 原第二百二十七条。
[②] 原第五百零九条。

《最高人民法院关于人民法院执行工作若干问题的规定（试行）》（2020年12月23日修正）

56[①]. 对参与被执行人财产的具体分配，应当由首先查封、扣押或冻结的法院主持进行。

首先查封、扣押、冻结的法院所采取的执行措施如系为执行财产保全裁定，具体分配应当在该院案件审理终结后进行。

法院裁判

以下为最高人民法院在判决书"本院认为"部分就此问题发表的意见：

根据《民诉法解释》第五百零九条第一款的规定，申请人申请参与分配，只需提交申请书，写明参与分配和被执行人不能清偿所有债权的相关事实、理由，并附有执行依据，并未要求由申请人承担被执行人不能清偿所有债权的证明责任。而且从实际情况来看，由申请人承担严格的证明责任并不现实。实践中，只要申请人一方提供相关材料，符合一定要件后就应予以认可，至于被执行人的财产是否满足不能清偿所有债权的条件，应由执行法院来审查，并且执行法院对此也应从宽把握。只要确定现有财产已经不能清偿所有债权的，就应同意申请人参与分配。

案件来源

《另案申请执行人、贺某民民间借贷纠纷执行审查类执行裁定书》【（2017）最高法执监325号】

延伸阅读

一、债权人参与分配的程序要件。

债权人应在申请执行的期间内，执行程序终结前向法院提交执行申请。《民事诉讼法》第二百三十六条规定："发生法律效力的民事判决、裁定，当事人必须履行。一方拒绝履行的，对方当事人可以向人民法院申请执行，也可以由审判员移送执行员执行。调解书和其他应当由人民法院执行的法律文书，当事人必须履行。一方拒绝履行的，对方当事人可以向人民法院申请执行。"

该条规定，执行程序的启动原因有二：一是利害关系人的申请；二是审判员移

[①] 原91。

送执行。前者是享有权利的一方当事人，根据生效的法律文书，在义务人拒绝履行义务时，在申请执行的期间内，申请法院启动执行程序；后者是在法律文书生效后，审判庭法官不经当事人的申请，直接将审理的案件移送执行局执行。

关于申请执行的期间，根据《民事诉讼法》第二百三十九条规定，申请执行的期间为二年，适用法律有关诉讼时效中止、中断的规定，自法律文书规定履行期间的最后一日起计算。法律文书规定分期履行的，从规定的每次履行期间的最后一日起计算；法律文书未规定履行期间的，从法律文书生效之日起计算。

关于移送执行应符合的条件，法律和司法解释均未作出明确规定。一般而言，只有在某些关系国家、集体利益的案件中，审判庭才会移至执行庭执行。如涉及老人、父女、儿童的生活问题、法院制作的罚款决定书、刑事附带民事判决书、裁定书、法院作出的保全和先予执行的裁定书。

因此，执行程序启动的方式，以申请执行为原则，以移送执行为例外。

二、享有优先受偿权的债权人参与分配的条件。

享有优先受偿权的债权人参与分配，无须取得执行依据可直接参与分配。《民诉法解释》第五百零八条第二款规定："对人民法院查封、扣押、冻结的财产有优先权、担保物权的债权人，可以直接申请参与分配，主张优先受偿权。"依据该规定，享有优先受偿权的债权人参与分配，无须取得执行依据即可参与分配。理由在于，优先受偿权资格或者是来源于查封前的担保物权，或者是来源于法律的特殊规定，均应予以优先保护。对于来源于查封前的担保物权而言，执行程序要求抵押权人（债权人）必须提前行使抵押权，导致了债权的提前清偿，很多时候并不符合债权人的利益。如果再要求其事先取得执行依据，则完全破坏了抵押权的目的。

在这里，对优先权、担保物权的理解应以《物权法》的相关法律规定为准。如建设工程价款优先受偿权属于法定优先权，承包人可以直接申请参与分配。依法办理不动产抵押登记的债权人即属于担保物权人。另外，根据《物权法》第一百七十三条规定，担保物权的担保范围包括主债权及其利息、违约金、损害赔偿金、保管担保财产和实现担保物权的费用。在当事人没有约定抵押担保的范围不包括主债权及利息、违约金、损害赔偿金和实现抵押权的费用的情况下，抵押担保的范围包括前述相关费用。对于抵押担保而言，主债权数额应为设定抵押担保时担保的主债权数额。

三、普通债权人清偿顺序和比例。

原则上按照其占全部申请参与分配债权数额的比例受偿，但可能对首封债权存在优待。《民诉法解释》第五百一十条规定："参与分配执行中，执行所得价款扣除执行费用,并清偿应当优先受偿的债权后,对于普通债权,原则上按照其占全部申请参与分配债权数额的比例受偿。清偿后的剩余债务,被执行人应当继续清偿。债权人发现被执行人有其他财产的,可以随时请求人民法院执行。"

该条文对于普通债权人和享有优先受偿权的债权人受偿顺序和比例作出明确清晰的规定,但是对于普通债权的清偿顺序和比例问题,《民诉法解释》却使用"原则上按照其占全部申请参与分配债权数额的比例受偿"的表述方式,原因是原则上按照债权比例平等受偿,但并不排除实践中法院根据具体情况对个别普通债权优待,该条规定实际为法官在处理具体问题时留下了自由裁量的空间。这样规定的主要原因是,最高人民法院对于首封债权是否应受优待这一问题存在较大分歧。因此,在未来一段时间内,司法实践中对于该问题可能存在不同的处理态度。

四、债权人对法院作出的执行财产分配方案不服的救济程序。

债权人对法院作出的执行财产分配方案不服的,可提出执行异议、复议和执行分配方案异议之诉。在参与分配程序中,存在程序性异议和实体性异议,前者如是否应适用参与分配程序、参与分配中的程序瑕疵、数额计算是否准确等相对容易确定的程序性事项;后者如参与分配的债权是否存在、债权是否应在分配程序中优先受偿等相对难以确定和涉及重大实体利益的事项。执行分配方案异议之诉是当事人针对分配程序中的实体问题产生争议而适用的救济程序;关于程序争议则通过《民事诉讼法》第二百二十五条关于执行异议和复议的规定处理。但是,如果当事人对于申请参与分配债权依据的生效法律文书提出质疑的,则需要通过审判监督程序救济。

这样规定的主要原因在于:我国法律虽然未采纳既判力理论,但是在实践中却采用既判力理论。民事判决作出以后,即具有法律上的效力,不得任意撤销或者变更,当事人不得再就同一诉讼标的再行起诉或者在其他诉讼中提出与确定判决相反的主张;这种对于确定判决所赋予的拘束力,就称为既判力或者判决的实质上的确定力。承认裁判主文的既判力,必然也要赋予裁判理由中对案件争议焦点和主要法律事实的判断以一定程度的既判力。该裁判的当事人及相关权利、义务的承担人不得在后诉中对前诉裁判已经查明和认定的主要法律事实和法律关系提出争议;即使前诉裁判认定有误,也只能通过再审程序改判,而不能直接作出相反的判断。

所以,当事人及相关权利、义务人只能对生效法律文书成立后的事由提出异议,对生效法律文书本身以及生效法律文书认定和依据的事由提出异议的,实质为否定已生效法律文书,需要通过审判监督程序救济。

089 首封债权究竟该如何分配？

> 首封债权可以适当提高分配比例，但原则上不超过20%。

阅读提示

和其他普通债权人相比，最先向法院提供被执行人财产信息线索，最先申请法院采取查封、扣押、冻结措施的普通债权人往往付出更多的精力和成本，同时在一定程度上缓解了执行程序中查找财产的困难，根据公平原则，执行法院一般会在制订具体分配方案时在平均债权比例的基础上对首封债权人作出一定比例的倾斜。目前，最高人民法院在执行规定和《民诉法解释》中均对普通债权之间如何清偿以及优先采取强制措施的普通债权如何清偿作出了规定，但是各级法院包括最高人民法院在具体适用中均有不同认识，部分地区高院也相继出台了不同的规范文件。那么，首封债权在执行分配中到底应该如何分配呢？

裁判要旨

首封债权可以适当提高分配比例，但原则上不超过其按债权比例分配时应分得款项的15%－20%。

案情简介

2015年3月，在吴某与陈某鸿、孙某勤民间借贷纠纷一案中，福州中院裁定扣押孙某勤、陈某鸿名下财产，吴某系首封债权人。

2018年5月，陈某云、林某明与陈某鸿、孙某勤房屋买卖合同纠纷一案，陈某云、林某明申请强制执行，向福州中院申请参与分配案涉房屋。

2018年10月，福州中院作出执行财产分配方案，首封债权人吴某多分18%，陈某云、林某明不服该分配方案，提出执行异议。

2018年11月，福州中院认为该异议不成立，裁定驳回。陈某云、林某明不服，提起执行分配方案异议之诉。

福州中院一审认为，分配方案并无不当，判决驳回陈某云、林某明诉讼请求。陈某云、林某明上诉至福建高院。

2019年9月，福建高院二审认为，首封债权人多分18%并无不当，判决驳回上诉，维持原判。

裁判要点及思路

本案的争议焦点问题是，执行分配方案中确定首封债权人吴某可多分18%是否存在错误。对此，福建高院认为：

《执行工作规定》第八十八条第一款规定，多份生效法律文书确认的债权人申请对同一被执行人申请执行，普通债权之间按照执行法院采取执行措施的先后顺序受偿。但是，上诉人陈某云、林某明主张依据第八十八条第三款规定按照债权比例进行分配的前提条件为一份生效法律文书确定金钱给付内容的多个债权人，故该主张不成立。

《民诉法解释》第五百一十条规定，在参与分配中，普通债权原则上按照债权比例受偿。在此基础上，福州中院审判委员会第29次会议通过的《福州市中级人民法院关于参与分配具体适用的指导意见》综合考虑首先采取财产诉讼保全措施的债权人为相关财产得以顺利执行所付出的成本、为各债权人的债权得以受偿所作出的贡献等因素，确定首封债权人可以优先清偿15%－20%。

综上，福州中院根据其审判委员会讨论通过的上述指导意见，结合本案的实际情况，酌定吴某作为首先采取财产保全措施的债权人可以多分18%，并不违反法律规定，且合情合理。

实务要点总结

一、通过检索、分析最高人民法院、高级人民法院和中级人民法院近年来处理这一问题的裁判观点，我们发现，首封债权具体清偿规则的司法适用情况较为复杂。有以下三类裁判观点：

1. 首封债权全额优先于其他普通债权清偿。观察最高人民法院、地方高院持该裁判观点的理由，主要依据《执行工作规定》第八十八条第一款或者《民诉法解释》第五百一十六条规定，直接认定执行财产的分配顺序遵循担保物权优先、首封优先的原则进行分配。

2. 首封债权和其他普通债权一样，按照债权比例清偿。最高人民法院持此裁判观点的依据是《执行工作规定》第八十八条第三款的规定。

3. 首封债权在一定比例范围内优先于其他普通债权清偿。随着近几年部分省份陆续出台参与分配制度的指导意见、会议纪要、问题解答、实施细则等方式的具体实施细则和指导意见，明确首封债权在执行程序中的具体分配问题。目前，在最高人民法院层面，还没有看到首封债权有一定比例的优先分配案例。但是，在高级法院层面，则存在不少支持的案例，但未引用各地出台的文件。反观中院层面则存在直接引用本地区高院的具体指导文件，直接作出裁判的案件。

二、目前，国内已有地方高级人民法院针对首封债权的具体分配作出规定。

1. 江苏地区。江苏高院专门出台的《江苏省高级人民法院关于正确理解和适用参与分配制度的指导意见》（苏高法〔2020〕33号）第十条规定，首封债权可以适当提高分配比例，但原则上不超过其按债权比例分配时应分得款项的20%。

2. 北京地区。2013年8月15日至16日，北京市高、中级人民法院执行局（庭）长座谈会（第五次会议）纪要上，与会人员就案款分配及参与分配的若干问题取得了基本共识：参与分配程序中，若执行标的物为诉讼前、诉讼中、仲裁前或仲裁中依债权人申请所保全的财产，在清偿对该标的物享有担保物权和法律规定的其他优先受偿权的债权后，对该债权人因申请财产保全所支出的成本及其损失，视具体情况优先予以适当补偿，但补偿额度不得超过其未受偿债权金额的20%；其剩余债权作为普通债权受偿。

3. 上海地区。2018年5月8日，上海市高级人民法院执行局、上海市高级人民法院执行裁判庭联合印发《上海市高级人民法院执行局、执行裁判庭联席会议纪要（二）》：5. 在先查封的普通债权人在参与分配中是否享有优先受偿权？答：参与分配执行中，执行所得价款扣除执行费用，并清偿应当优先受偿的债权后，对于普通债权，原则上按照其占全部申请参与分配债权数额的比例受偿。据此，在先查封的普通债权人在参与分配中不享有优先受偿权。

三、目前，国内部分地区中级人民法院针对首封债权的具体分配规则已经出台具体指导意见和实施细则。

1. 福州地区。福州中院发布《福州市中级人民法院关于参与分配具体适用的指导意见》第九条规定，被执行人的财产无法清偿所有债务时，对首封债权，可以适当提高执行款分配比例。其债权额高于保全财产价额的，则在其债权额的范围内，提高比例幅度为保全财产价额的15%到20%；其债权额低于保全财产价额的，则在保全财产范围内，提高比例幅度为其债权额的15%到20%。

2. 包头地区。包头中院发布《包头市中级人民法院关于执行程序中参与分配的实施细则》（自2018年6月1日施行）第九条规定，被执行人的财产无法清偿全部债务时，对首先采取查封、扣押、冻结或首先对被执行人财产采取诉讼保全措施的债权人，可以适当提高执行款分配比例。其债权额高于保全财产价额的，则在其债权额的范围内，提高比例幅度为保全财产价额的15%到20%；其债权额低于保全财产价额的，则在保全财产范围内，提高比例幅度为其债权额的15%到20%。

相关法律规定

《最高人民法院关于人民法院执行工作若干问题的规定（试行）》（2020年12月23日修正）

55①. 多份生效法律文书确定金钱给付内容的多个债权人分别对同一被执行人申请执行，各债权人对执行标的物均无担保物权的，按照执行法院采取执行措施的先后顺序受偿。

多个债权人的债权种类不同的，基于所有权和担保物权而享有的债权，优先于金钱债权受偿。有多个担保物权的，按照各担保物权成立的先后顺序清偿。

一份生效法律文书确定金钱给付内容的多个债权人对同一被执行人申请执行，执行的财产不足清偿全部债务的，各债权人对执行标的物均无担保物权的，按照各债权比例受偿。

56②. 对参与被执行人财产的具体分配，应当由首先查封、扣押或冻结的法院主持进行。

首先查封、扣押、冻结的法院所采取的执行措施如系为执行财产保全裁定，具体分配应当在该院案件审理终结后进行。

《最高人民法院关于适用〈中华人民共和国民事诉讼法〉的解释》（2022年3月22日修正）

第五百零八条③ 参与分配执行中，执行所得价款扣除执行费用，并清偿应当优先受偿的债权后，对于普通债权，原则上按照其占全部申请参与分配债权数额的比例受偿。清偿后的剩余债务，被执行人应当继续清偿。债权人发现被执行人有其他财产的，可以随时请求人民法院执行。

第五百一十四条④ 当事人不同意移送破产或者被执行人住所地人民法院不受理破产案件的，执行法院就执行变价所得财产，在扣除执行费用及清偿优先受偿的债权后，对于普通债权，按照财产保全和执行中查封、扣押、冻结财产的先后顺序清偿。

---

① 原88。
② 原91。
③ 原第五百一十条。
④ 原第五百一十六条。

法院裁判

以下为福建高院在裁判文书"本院认为"部分就此问题发表的意见：

福建高院认为，本案双方当事人争议的焦点为案涉执行财产分配方案确定吴某可多分 18% 是否有误。1998 年 7 月 8 日起施行的《执行工作规定》第八十八条第一款规定……第三款规定……陈某云、林某明上诉主张本案应按照该条第三款之规定，对各债权人按债权比例受偿，但从上述法条内容可知，该款规定的按债权比例受偿的前提是"一份生效法律文书确定金钱给付内容的多个债权人"之情形，而本案陈某云、林某明与吴某等人的债权并非由同一份生效法律文书确定，因此，其该项上诉主张不能成立。2015 年 2 月 4 日起施行的《民诉法解释》第五百一十条规定……福州中院审判委员会（2017）第 29 次会议通过的《福州市中级人民法院关于参与分配具体适用的指导意见》第九条规定……这一指导意见是福州中院根据执行工作的实际情况，综合考虑首先采取财产诉讼保全措施的债权人为相关财产得以顺利执行所付出的成本、为各债权人的债权得以受偿所作出的贡献等因素而制定的，并不违反《民诉法解释》第五百一十条的原则性规定。本案中，吴某不仅首先对案涉财产采取了保全措施，而且在陈某云、林某明提出的案外人执行异议之诉中积极主张权利，为涉案财产最终得以拍卖执行付出较多成本、作出较大贡献，因此，福州中院根据其审判委员会讨论通过的上述指导意见，结合本案的实际情况，酌定吴某作为首先采取财产保全措施的债权人可以多分 18%，并不违反法律规定，且合情合理。

案件来源

《陈某云、林某明执行分配方案异议之诉二审民事判决书》【（2019）闽民终 1284 号】

延伸阅读

一、湖北高院：首封债权人比其他普通债权人付出了更多诉讼成本，依据公平原则，可以在 30% 范围内优先受偿。

案例一：《十堰晨某汽车科技有限公司与十堰神某汽车零部件有限公司、十堰创某工贸有限公司再审复查与审判监督民事裁定书》【（2015）鄂民申字第 00727 号】

湖北高院认为，该案执行阶段中，晨某公司向人民法院申请参与分配。因创某公司可供执行的财产仅有神某公司申请人民法院保全的财产，即创某公司在江某公司的应收账款，而神某公司申请财产保全有效防止了创某公司财产流失，缓解了执行程序中财产查找的困难，神某公司确比晨某公司付出更多的诉讼成本，故二审法院在确定财产分配方案时依据公平原则认定神某公司应比晨某公司优先30%受偿并无不当。

二、江苏高院：首先查封行为并不发生优先受偿的法定后果，首封债权人主张全额优先受偿无法律依据。

案例二：《吕某萍与彭某保执行分配方案异议之诉申诉、申请民事裁定书》【（2018）苏民监496号】

江苏高院认为，吕某萍与赵某华、吕某娟之间的民间借贷纠纷所形成的债权仅是普通金钱债权，并无担保物权及其他法定优先权情形。彭某保、彭建华等21人与赵某华、吕某娟之间的民间借贷纠纷所形成的债权同样也是普通金钱债权，与吕某萍的债权性质相同，受偿顺序平等。虽然吕某萍是吕某娟房产的首查封人，但首查封行为并不发生优先受偿的法定后果。吕某萍主张全额优先受偿，没有事实和法律依据，本院不予支持。

三、山东高院：首封债权仅有权优先于其他普通债权，无权优先于优先债权清偿。

案例三：《济南宏某伟业机械化施工有限公司、山东中某路桥建设有限公司二审民事判决书》【（2019）鲁民终243号】

山东高院认为，本案二审争议的焦点问题是一审法院撤销（2017）鲁01执501号执行财产分配方案是否正确。根据《民事诉讼法》《执行工作规定》等法律规定，一审法院对执行清偿的先后顺序的归纳具有充分法律依据，即为享有优先权的债权→先采取查封、扣押、冻结财产措施的债权→后采取查封、扣押、冻结财产措施的债权→其他普通债权。本案中，已经生效的640号民事判决确认，中某公司对济南市高新区工业南路××号某广场EF座工程、GHK座工程及附属地下车库工程折价或者拍卖的价款享有优先受偿权，因此，宏某公司查封在先、债权发生在先、施工内容是整个项目基础和重要组成部分等事实均不能对抗中某公司对涉案标的享有的优先受偿权。故（2017）鲁01执501号执行分配方案关于应当按照查封顺序优先受偿，剩余的再分配给在后的工程款债权的认定缺乏法律依据，一审法院予以撤销并无不当。

四、广西高院：被执行人为企业法人资不抵债且不能破产的，在扣除执行费用及清偿优先受偿的债权后，优先全额清偿首封债权。

案例四：《某机械施工公司、某县建筑工程公司执行分配方案异议之诉二审民

事判决书》【(2018)桂民终503号】

广西高院认为,因本案被执行人防城义某公司是企业法人,各方当事人均不同意本案移送破产审查,根据《民诉法解释》第五百一十六条"当事人不同意移送破产或者被执行人住所地人民法院不受理破产案件的,执行法院就执行变价所得财产,在扣除执行费用及清偿优先受偿的债权后,对于普通债权,按照财产保全和执行中查封、扣押、冻结财产的先后顺序清偿"的规定,一审法院在执行债权人钟某建筑公司与被执行人防城义某公司建筑工程承包合同纠纷一案中,首先查封了防城义某公司的前述海域使用权,某机械施工公司未向法院申请查封。故对查封前述海域使用权的执行回款,在钟某建筑公司与某机械施工公司未能自行协商一致的情况下,应按执行查封财产的先后顺序进行清偿。钟某建筑公司是先申请查封的债权人,应在钟某建筑公司的债权获得清偿后,再清偿某机械施工公司的债权。本案可分配执行款项为101万元,尚不足以清偿钟某建筑公司的全部债权。钟某建筑公司同意将执行款中的10万元分配给某机械施工公司,系钟某建筑公司对其合法权益的处分,因此,一审法院制订的分配方案将执行款项中的涉案执行款91万元分配给钟某建筑公司,10万元分配给某机械施工公司,并无不妥。因此,该院执行局制定的执行财产分配方案符合法律规定,某机械施工公司主张按《民诉法解释》第五百一十条的规定对涉案101万元执行款项进行分配没有法律依据,本院不予支持。

五、广西高院:申请财产保全在先的债权人不具有优先于其他债权人分配的权利,无权在执行分配中主张享有优先受偿权。

案例五:《叶某军、杨某斌执行分配方案异议之诉再审民事判决书》【(2018)粤民再16号】

广西高院认为,申请财产保全在先的行为并不是在参与分配程序中获得优先分配的依据。首先,财产保全制度是为了防止债务人在诉讼期间恶意转移或处分财产导致日后判决难以或无法执行而设立的一种强制措施,目的是日后执行,并非对申请人权利的担保。其次,优先权既可以是法定权利,也可以是意定权利。从我国法律对优先受偿权的规定来看,财产保全在先并不能因此获得法定的债权优先受偿权。因而,当被执行人有多个债权人且其财产不足以清偿其全部债务时,申请保全在先的债权人并不对被保全的财产享有法定的优先受偿权,被执行人被保全的财产应当由适格债权人公平受偿。从杨某斌债权人之间的关系来看,本案其他适格债权人也未承诺王某超有优先受偿的权利。故王某超以其申请保全在先为由,主张其债权在执行分配中享有优先受偿权,该主张不应予以支持。涉案财产优先支付给采取保全措施的申请执行人王某超违反了参与分配制度。《执行工作规定》第九十四条规定:"参与分配案件中可供执行的财产,在对享有优先权、担保权的债权人依照法律规定的顺序优先受偿后,按照各个案件债权额的比例进行分配。"本案中,建行某支行对涉案房屋享有抵押权,依法应当优先受偿。涉案财产在对建行某支行优先受偿后,各适格债权人均有权参与剩余财产的分配,王某超并不享有优先受偿权。原再审判决认为王某超申请采取保全措施在先,受偿顺序先于其他一般债权人不当。原再审判决将剩余财产优先支付给作为普通债权人之一的王某超,违反了参与分配制度的规定,应予纠正。

六、湖南高院:首先申请财产保全并成功处置保全财产,执行法院可以酌情确定首封债权人多分配10%。

案例六:《熊某与蒋某英、唐某安执行分配方案异议之诉申诉、申请民事裁定书》【(2018)湘民申1009号】

湖南高院认为,本案系执行分配方案异议之诉。永州市冷水滩区人民法院在执行过程中,依据生效法律文书确定的内容和已查明的事实,对被执行人唐某安的财产拍卖所得价款在债权人蒋某英和熊某之间进行分配,因考虑到蒋某英首先申请财产保全并成功处置唐某安的财产,故酌情确定蒋某英多分配10%的比例,并作出了(2015)永冷执字第381号执行分配方案。该分配方案在对双方的债权性质、数额、分配的顺序、比例和金额等认定上符合法律规定。熊某对执行分配方案不服,并提出异议要求重新分配,但其未提供证据推翻生效文书中确认的事实。熊某称冷水滩区人民法院拍卖行为违法,没有将评估报告发送给申请人,每次拍卖没有通知申请人等,因该理由不属于本案执行分配方案异议之诉的审查范围,故原审法院未予采纳并无不当,熊某的再审申请理由均不能成立。

七、福建高院:首封债权是指,最先申请法院采取保全和在执行中查封、扣押、冻结措施的债权人,法院向被执行人发出执行通知书不属于采取执行措施。

案例七:《元某、郑某英再审审查与审判监督民事裁定书》【(2017)闽民申181号】

福建高院认为,《民诉法解释》第五百一十六条作为"执行转破产制度"的条文之一,虽适用前提系具备破产资格的企业法人无法进入破产程序,但具体操作原则上是按照《执行工作规定》第八十八条第一款处理,在实现执行费用及优先债权后,对于普通债权,按照采取执行措施的先后,即"优先原则"清偿,故该条规定的"按照财产保全和执行中查封、扣押、冻结财产的先后顺序清偿"也是对《执行工作规定》第八十八条第一款中"执行措施"的明确,故元某对"执行措施"是指对被执行人这一当事主体采取各种执行措施,法院对被执行人发出执行通知书也属于执行措施的一种之主张不能成立。根据原审查明的事实,被执行人鑫某扬公司属于企业法人，企业登记状态为存续在营，元某未提供证据证明鑫某扬公司已经具备《企业破产法》第二条"企业法人不能清偿到期债务，并且资产不足以清偿全部债务或者明显缺乏清偿能力的，依照本法规定清理债务。企业法人有前款规定情形，或者有明显丧失清偿能力可能的，可以依照本法规定进行重整"的规定情形，且郑某英、何某梅、元某均未申请该公司破产，故本案不应适用《民诉法解释》第五百一十六条之规定，而应适用《执行工作规定》第八十八条之规定，原审适用法律，并无不当。

八、江苏高院：首封债权不是法定优先权，首封债权人要求其对优先权之外的执行款享有一定比例的优先权的，不予支持。

案例八：《陈某一、顾某平等执行分配方案异议之诉民事判决书》【（2016）苏民再90号】

江苏高院认为，关于陈某一提出的对300万元以外的执行款享有优先受偿30%的份额的主张。陈某一虽在诉讼过程中申请了财产保全，海门法院依该申请查封了金某源公司的土地使用权，但财产保全仅是诉讼保护性措施，并不具有法定的优先权。因此，陈某一要求其对优先权之外的执行款享有30%的优先受偿权，于法无据，本院不予支持。

九、广东高院：首封债权无优先受偿权，首封债权人对执行价款无权优先受偿。

案例九：《广州市正某有限公司与郑某明等执行分配方案异议之诉申请再审民事裁定书》【（2013）粤高法民二申字第942号】

广东高院认为，关于正某公司称其对执行财产享有优先受偿权，并引用了《执行工作规定》第八十八条的规定为依据的问题。优先受偿权是法定的权利，必须由法律明文规定。正某公司以《执行工作规定》第八十八条的规定主张其享有优先分配执行款的权利，但因该第八十八条的规定是指无担保物权的债权人应按法院采取执行措施的先后顺序受偿，并未明确规定在诉讼中的最先查封享有优先分配执行款的权利。一、二审法院据此认定正某公司对被执行财产是不享有优先受偿权的并无不当。根据本案被执行人为公民等具体情况，一、二审法院认定本案的执行分配情况应适用《执行工作规定》第九十条、第九十四条的规定，亦无不当。正某公司申请再审主张一、二审法院认定其不享有优先受偿权适用法律错误的再审理由，不能成立，本院不予支持。至于正某公司申请再审时所举的另案问题，由于该另案并非最高人民法院颁布的指导性案例，且每个案件的具体情况不尽相同，故正某公司据此主张二审法院对本案的处理错误的再审理由，亦不能成立，本院不予采纳。

090 企业资不抵债且不能破产，普通债权人之间到底该如何分配？

> 企业资不抵债且不能破产，普通债权人之间按照查封顺序清偿

阅读提示

当被执行人为企业法人且具备资不抵债情形时，如果有两个以上债权人的，必然涉及多个债权人如何分配执行款项的问题。不管在何种情况下，优先债权总是优先于普通债权清偿。但是，对于普通债权之前如何清偿却存在争议。目前，《执行工作规定》第九十六条规定普通债权应直接按债权比例平等分配，但是《民诉法解释》第五百一十六条却规定普通债权按照采取执行措施的先后顺序清偿。那么，企业资不抵债且不能破产，普通债权人之间到底如何分配呢？

裁判要旨

债务人企业资不抵债且不能破产的，执行价款在扣除执行费用及清偿优先受偿的债权后，对于普通债权，按照财产保全和执行中查封、扣押、冻结财产的先后顺序清偿。

案情简介

2013年，在塑料彩印厂与汇某豪公司合同纠纷一案中，塑料彩印厂申请强制执行汇某豪公司所有的生产设备（案涉财产）。

2015年7月，汇某豪公司资不抵债申请破产，莱城法院裁定不予受理汇某豪公司破产。

2015年9月，塑料彩印厂申请以物抵债，莱芜中院作出以物抵债裁定并于同日送达双方当事人。

2016年2月，经邱某春等债权人申请，莱城法院裁定受理对汇某豪公司的破产申请。

债权人邱某春等认为各债权人应按照债权比例清偿，对上述抵债行为不服，经山东高院两次裁定发回重新审查。莱芜中院认为，各债权应按采取执行措施先后顺

序清偿，故裁定驳回异议。邱某春等向山东高院申请复议。

山东高院复议认为，本案应适用《民诉法解释》，故裁定驳回邱某春等复议申请。邱某春等向最高人民法院申诉。

2019年12月，最高人民法院裁定驳回邱某春等申诉请求。

裁判要点及思路

本案的争议焦点是，莱芜中院按照法院采取执行措施的顺序分配案涉财产是否正确。对此，最高人民法院裁判思路如下：

虽然，《执行工作规定》第八十九条规定："被执行人为企业法人，其财产不足清偿全部债务的，可告知当事人依法申请被执行人破产。"如果，债务人企业因各种原因不能破产的，《执行工作规定》第九十六条规定："被执行人为企业法人，未经清理或清算而撤销、注销或歇业，其财产不足清偿全部债务的，应当参照本规定90条至95条的规定，对各债权人的债权按比例清偿。"

但是，2015年2月4日起施行的《民诉法解释》第五百一十六条规定："当事人不同意移送破产或者被执行人住所地人民法院不受理破产案件的，执行法院就执行变价所得财产，在扣除执行费用及清偿优先受偿的债权后，对于普通债权，按照财产保全和执行中查封、扣押、冻结财产的先后顺序清偿。"可知，《民诉法解释》第五百一十六条对债务人企业破产不能且资不抵债的情况下，各普通债权人之间如何分配作出清晰明确的规定，且《民诉法解释》的新规定与《执行工作规定》的旧规定存在冲突。

根据《民诉法解释》第五百五十二条规定，本解释公布施行后，最高人民法院以前发布的司法解释与本解释不一致的，不再适用。因此，本案应适用《民诉法解释》第五百一十六条规定。

综上所述，债务人企业破产不能且资不抵债的，被执行人财产的变价款，优先清偿执行费用及优先债权后，普通债权人之间应按照债权人采取查、冻、扣先后顺序清偿，并非按照债权比例平等清偿。

实务要点总结

债务人企业破产不能且资不抵债的，普通债权人之间按照采取查、冻、扣先后顺序清偿。从制度创设角度出发，参与分配制度毕竟是执行制度中的一部分，区分于破产制度。分配制度为部分清偿制度，破产制度是全体清偿制度。执行程序中，被执行人为企业法人的，如果资不抵债且不能破产的，适用执行程序中的分配制度，对申请参与分配的部分债权人进行清偿，明显区别于破产制度中的全部债权、平等清偿制度。从现行规范角度出发，《执行工作规定》自1998年7月8日起施行，《民诉法解释》自2015年2月4日起施行，《执行工作规定》第九十六条已被《民诉法解释》第五百一十六条代替，按照《民诉法解释》第五百一十六条的规定，普通债权人之间按照采取的执行措施先后顺序进行分配。

首封、首冻、首扣的普通债权人绝对优先于其他普通债权人清偿的概率较低。虽然，《民诉法解释》第五百一十六条规定首先采取强制措施的普通债权人优先于其他普通债权人清偿，但是，根据办理类似业务的经验以及参考各级高院处理这一问题的态度，该规定在司法实践中被适用的概率较低。最高人民法院有观点认为首封债权可以绝对优先于其他普通债权受偿，但是各级高级人民法院近几年绝大多数裁判观点认为，首封债权并非法定的优先权，最多可以在10%－30%区间内，优先于其他普通债权人受偿，甚至部分高院认为首封债权不具有任何优先性。关于首封债权的清偿问题，我们将在其他文章中专门进行讨论，敬请关注。

值得注意的是，在任何情况下，优先债权均优先于普通债权清偿。不管是《执行工作规定》第九十六条还是《民诉法解释》第五百一十六条，都不影响优先债权人在执行过程中优先分配的权利，仅是普通债权人分配的顺序不同。

相关法律规定

《最高人民法院关于适用〈中华人民共和国民事诉讼法〉的解释》（2022年3月22日修正）

第五百一十四条[1] 当事人不同意移送破产或者被执行人住所地人民法院不受理破产案件的，执行法院就执行变价所得财产，在扣除执行费用及清偿优先受偿的债权后，对于普通债权，按照财产保全和执行中查封、扣押、冻结财产的先后顺序清偿。

第五百五十条[2] 本解释公布施行后，最高人民法院于1992年7月14日发布的《关于适用〈中华人民共和国民事诉讼法〉若干问题的意见》同时废止；最高人民法院以前发布的司法解释与本解释不一致的，不再适用。

---

[1] 原第五百一十六条。
[2] 原第五百五十二条。

法院裁判

以下为最高人民法院在裁判文书"本院认为"部分就此问题发表的意见：

关于莱芜中院按照法院采取执行措施的顺序分配案涉财产是否正确。根据《执行工作规定》第八十九条之规定，被执行人为企业法人，其财产不足以清偿全部债务的，应当通过破产程序处理；而因各种原因未能进入破产程序的，《执行工作规定》第九十六条规定了处理方式，即在企业法人未经清理或清算而撤销、注销或歇业的情况下，可以对各债权人的债权按比例清偿。但是，2015年2月4日施行的《民诉法解释》第五百一十六条作出了新的规定，即在执行程序中，对于不足以清偿全部债务的企业法人，当事人不同意移送破产或者被执行人住所地人民法院不受理破产案件的，执行法院就执行变价所得财产在扣除执行费用及清偿优先受偿的债权之后，应按照法院采取的保全、查封、扣押、冻结等执行措施的先后顺序清偿债务。本案系莱芜中院于2013年立案执行，被执行人汇某豪公司系企业法人。邱某春等虽然自2014年6月开始申请参与分配。但因申请参与分配的债权人较多，莱芜中院从接受各债权人参与分配的申请到实施分配行为之间存在一个周期，实属正常。在该周期中，《民诉法解释》生效，为保护案涉全部债权人的利益，莱芜中院在发现汇某豪公司的现有资产不能清偿全部到期债务的情况下，已经依照《民诉法解释》第五百一十三条的规定，于2015年5月26日移送其住所地法院莱城法院进行破产审查，但莱城法院于2015年7月15日裁定不予受理破产案件。在此情况下，莱芜中院依照《民诉法解释》第五百一十六条的规定，决定对案涉拍卖款按照法院采取执行措施的先后顺序予以分配，并无不当。如邱某春等认为莱城法院2015年7月15日以及之后几次拒不受理破产案件违法，损害其合法权益，可以依法另行主张权利。

案件来源

《邱某春、梁某建设用地使用权转让合同纠纷执行审查类执行裁定书》【（2018）最高法执监666号】

延伸阅读

一、《执行工作规定》第九十六条并未否定优先债权优先清偿的权利，在享有优先权、担保权的债权人依照法律规定的顺序优先受偿后，普通债权按照各债权额比例进行分配。

案例一：《肖某文、某房地产综合开发公司民间借贷纠纷执行审查类执行裁定书》【（2019）最高法执监409号】

最高人民法院认为，某房地产公司在受让债权的同时也取得了担保该债权的抵押权，对案涉房产的处置享有优先受偿权。即便依申诉人主张，也应当适用《执行工作规定》第九十六条规定进行参与分配，那么根据《执行工作规定》第九十四条的规定，参与分配案件中可供执行的财产，在对享有优先权、担保权的债权人依照法律规定的顺序优先受偿后，按照各个案件债权额的比例进行分配。某房地产公司既是本案的申请执行人，又享有优先受偿权，其在房产二拍流拍后，申请以该次拍卖所定的保留价接受财产，赣州中院依此作出1395裁定，将该财产交某房地产公司抵债，符合法律规定，并无不当。

二、法院作出执行裁定时，《民诉法解释》还未施行的，仍适用《执行工作规定》中有关规定。

案例二：《常州华某福海电子科技有限公司、常州久某电子有限公司与江苏高某资产监管有限公司、常州新北区商汇担保有限公司企业借贷纠纷、申请公司清算执行裁定书》【（2016）最高法执监205号】

最高人民法院认为，首先，本案符合参与分配的法定条件，申诉人华某公司认为本案不符合参与分配条件的理由不能成立。由于南京中院作出（2013）宁执字第386-4号执行裁定时，《民诉法解释》还未施行，因此仍应适用《执行工作规定》的有关规定。该规定第九十六条规定，被执行人为企业法人，未经清理或清算而撤销、注销或歇业，其财产不足清偿全部债务的，应当参照本规定第九十条至第九十五条的规定，对各债权人的债权按比例清偿。本案中被执行人高某公司为企业法人，未经清理或清算。高某公司法定代表人王某芳于2012年12月即已下落不明，高某公司无人工作，生产经营活动已终止满一年，符合《企业法人登记管理条例》第二十二条关于企业法人领取营业执照后停止经营活动满一年的视同歇业的规定。目前已经查明的经判决进入执行程序的被执行人高某公司的债务数额达到18535.5322万元，但可以执行的财产只有高某公司持有金某公司8000万股，评估价值为8403.42万元，属于财产不足清偿全部债务的情况。新北法院2015年10月

19 日裁定受理久某公司对高某公司的破产清算申请,也印证了高某公司确实存在资不抵债的情况。综上,本案符合参与分配的法定条件。

三、以二拍流拍价作为抵债价格,不是不损害其他债权人权益的当然依据。执行过程中,申请执行人之一与被执行人协商以二拍流拍价格抵债的,法院应注意保护其他申请执行人的合法权益。

案例三:《吴某杰、咸阳国某房地产开发有限公司民间借贷纠纷执行审查类执行裁定书》【(2018)最高法执监 1151 号】

最高人民法院认为,本案中,根据咸阳中院查明的事实,2017 年 9 月,美某公司、澳某公司以双方已达成和解协议为由向咸阳中院提出书面申请,要求终结对案涉土地的拍卖,咸阳中院亦于 2017 年 10 月终结对案涉土地的拍卖程序。因此,本案双方协商以 9611.2 万元以物抵债,并不属于《拍卖、变卖规定》第二十八条规定的债权人在拍卖过程中以流拍价承受标的物,实际上是以双方当事人协商确定的财产价格抵债。因此,不能以该二拍流拍价作为抵债价格不损害其他债权人权益的当然依据。因作出抵债裁定时,已经超过评估报告的有效期,应当考虑此时双方协商确定的这一财产价格是否符合市场情况。吴某杰是涉案土地使用权轮候查封债权人,咸阳中院在处置涉案土地过程中应当知悉,应当充分注意保护其合法权益。对于申诉人吴某杰提出的曾向咸阳中院执行人员表示以更高的价格接受或处置涉案财产的事实,应进一步查明。本案异议、复议裁定未充分审查上述问题,即认定以物抵债裁定不损害吴某杰的合法权益,系认定事实不清。

四、《民诉法解释》第五百一十六条中的"当事人不同意移送破产"应理解为"执行案件的全体当事人即申请执行人和被执行人均不同意移送破产"。

案例四:《章某、中某国际信托股份有限公司与南昌宝某芦农庄有限公司、江西靖安中某梦幻城实业有限公司等借款合同纠纷、申请承认与执行法院判决、仲裁裁决案件执行裁定书》【(2016)最高法执复 22 号】

最高人民法院认为,关于《民诉法解释》第五百一十六条有关当事人不同意移送破产的相关规定,该规定应当理解为执行案件的全体当事人即申请执行人和被执行人均不同意移送破产,而在本案中,宝某芦公司已向法院申请破产重整,章某不同意移送破产,不符合该规定的情形,不能阻却破产受理后中止执行。

五、被执行人在财产被查封后擅自对外抵押的,申请查封该财产的债权人有权作为无独立请求权的第三人,针对抵押权人与被执行人的案件提起第三人撤销之诉。

案例五:《某建工股份有限公司、中国建设银行股份有限公司某分行第三人撤

销之诉二审民事裁定书》【（2019）最高法民终 1892 号】

最高人民法院认为，根据《物权法》第一百八十四条第五项的规定，依法被查封、扣押、监管的财产属于禁止抵押的财产。《最高人民法院、国土资源部、建设部关于依法规范人民法院执行和国土资源房地产管理部门协助执行若干问题的通知》（法发〔2004〕5 号）第二十一条规定，已被法院查封并办理查封登记手续的土地使用权、房屋，被执行人隐瞒真实情况，办理抵押手续的，人民法院应当确认其行为无效。某建工公司基于该规定查封，首先，在物权法上享有排除他人在之后对查封标的进行抵押、转让等处分的权利，其由此与该查封标的具有物权法上的利害关系；其次，某建工公司虽然为一般债权人，但基于法院查封而与查封标的具有物权法上利害关系，其债权可以被认定属于法律特殊保护的债权，基于司法查封产生排除抵押权的后续设立，其中所体现的利害关系不同于允许不同物权竞存条件下事实上的利害关系。一审法院（2016）吉民初 11 号民事调解书确认的调解协议第二项关于建行某分行可在和丰置业的给付义务范围内，对前述在建工程和国有土地使用权行使抵押权的内容，违反《物权法》第一百八十四条关于查封财产禁止抵押的效力性强制性规定，且该项内容可能直接导致某建工公司就案涉土地使用权、房屋拍卖款项获得清偿的权利无法实现，（2016）吉民初 11 号民事调解书第二项与某建工公司具有法律上的利害关系（主要是物权法上的利害关系），某建工公司属于无独立请求权的第三人，其有权提起第三人撤销之诉。

六、一个债权人针对同一被执行人多笔执行款项的清偿顺序问题，不适用执行分配的相关规定。被执行人请求优先履行其中一笔债权的，在没有充分证据证明被执行人存在主观恶意损害他人合法权益的情形下，应予支持。

案例六：《广西君某联信投资有限公司、中国农业银行股份有限公司某分行再审审查与审判监督民事裁定书》【（2017）最高法民申 4242 号】

最高人民法院认为，就 4200 万元案、4000 万元案、6000 万元案执行款项清偿顺序问题，君某公司申请再审主张根据《执行工作规定》第八十八条第一款关于"多份生效法律文书确定金钱给付内容的多个债权人分别对同一被执行人申请执行，各债权人对执行标的物均无担保物权的，按照执行法院采取执行措施的先后顺序受偿"的规定及《民诉法解释》第五百一十六条关于"当事人不同意移送破产或者被执行人住所地人民法院不受理破产案件的，执行法院就执行变价所得财产，在扣除执行费用及清偿优先受偿的债权后，对于普通债权，按照财产保全和执行中查封、扣押、冻结财产的先后顺序清偿"的规定，执行法院将执行款项全部清偿于首先立案的 6000 万元案违法。本院认为，《执行工作规定》第八十八条第一款适用于多个债权人对一个债务人申请执行和参与分配的情形,而本案与《执行工作规定》第十一项规定的情形不同。同时,本案亦不符合《民诉法解释》第五百一十六条所规定的情形。在4200万元案、4000万元案、6000万元案申请执行人均为农行某分行,被执行人均为北某集团、广某集团的情况下,2014年7月20日广某集团提交《关于请求主动履行债务并尽快结案的报告》,自愿履行最先立案的6000万元案剩余债权,并不违反法律强制性规定。广某集团自愿履行生效裁判文书确定的义务,主要是为了解除对质押物及对应被查封物的查封。在没有充分证据证明广某集团的自愿履行行为存在主观恶意损害他人合法权益的情形下,原判决认定6000万元案已由北海中院执行完毕予以结案,亦无明显不当。

七、《利润及利润分配表》中主营业收入为零,仅能反映债务人企业一段时间内的经营状况和经营业绩,不能仅凭此数据推定债务人企业已处于歇业状态。在工商管理部门没有对债务人企业作出歇业状态认定的情况下,不能认定债务人企业已处于歇业状态。

案例七:《珠海市世某房地产代理有限公司、郑某辉再审审查与审判监督民事裁定书》【(2015)粤高法民四申字第66号】

广东高院认为,《执行工作规定》中对多个债权人对一个债务人申请执行和参与分配的原则是按照执行法院采取执行措施的先后顺序受偿,对被执行人为企业法人而言,只有在该企业法人未经清理或清算而撤销、注销或歇业的,其财产又不足清偿全部债务的,对各债权人的债权才按比例清偿。世某房产公司提供的派某蒙公司2011年《公司年检报告书》,虽然在《资产负债表》中显示2011年的利润为0,未分配利润为-6171185.04元,《利润及利润分配表》中主营业收入为零,但仅能反映派某蒙公司一段时间内的经营状况和经营业绩,不能仅凭此数据推定派某蒙公司已处于歇业状态,且工商管理部门也没有对派某蒙公司作出歇业状态的认定,故世某房产公司认为派某蒙公司已处于歇业状态依据不足。被执行人派某蒙公司的状态不符合《执行工作规定》第九十六条规定的情形,因此世某房产公司请求依据《执行工作规定》第九十六条依债权比例清偿派某蒙公司所欠各债权人债务依据不充分,本院不予支持。依据《执行工作规定》在派某蒙公司财产不足清偿全部债务的情况下,世某房产公司完全可以通过申请被执行人破产的方式保护自己的权益。因此,世某房产公司认为二审法院执行分配方案不公平合理的理由也缺乏依据,本院不予支持。

八、适用《公司法》和《公司登记管理条例》调整的企业法人不存在"歇业"的情形,即公司未被撤销、注销,就视为合法存在。

案例八:《刘某洪与四川新某方建设工程有限公司、刘某生、程某执行分配方

案异议之诉二审民事判决书》【（2014）陕民二终字第00054号】

陕西高院认为，本案双方争议焦点问题的关键是浩某公司是否处于"歇业"状态。关于企业"歇业"，国务院1988年7月1日颁布实施的《企业法人登记管理条例》第二十二条规定："企业法人领取《企业法人营业执照》后，满六个月尚未开展经营活动或者停止经营活动满一年的，视同歇业，登记主管机关应当收缴《企业法人营业执照》、《企业法人营业执照》副本，收缴公章，并将注销登记情况告知开户银行。"1994年7月1日颁布实施的《公司法》和《公司登记管理条例》中则不再有关于企业"歇业"的规定，由此可见，适用《公司法》和《公司登记管理条例》调整的企业法人不存在"歇业"的情形，即公司未被撤销、注销，就视为合法存在。本案涉及的被执行人浩某公司成立于2006年11月，企业类型为有限责任公司，其理应适用《公司法》和《公司登记管理条例》调整，当然不存在"歇业"情形，双方当事人关于浩某公司是否歇业的争议已无实际意义，被上诉人提供的2012年度检验报告等证据本院依法不予采信，上诉人申请的鉴定也已经没有必要。故各债权人针对浩某公司申请执行的分配方案不符合《执行工作规定》第九十六条适用的前提条件，上诉人要求依据该条规定按照债权比例参与分配浩某公司执行案款的上诉理由不成立，应予驳回，原判结果正确，应予维持。

九、企业法人领取《企业法人营业执照》后满6个月尚未开展经营活动或者停止经营活动满1年的，视同歇业。普通债权人不能证明债务人企业处于歇业状态的，不能适用《执行工作规定》第九十六条规定。

案例九：《玉某重工（天津）有限公司与雷某重工股份有限公司（原福田雷某国际重工股份有限公司）二审民事判决书》【（2016）鲁民终45号】

山东高院认为，依照《执行工作规定》第九十六条"被执行人为企业法人，未经清理或清算而撤销、注销或歇业，其财产不足清偿全部债务的，应当参照本规定90条至95条的规定，对各债权人的债权按比例清偿"的规定，路某通公司、长某公司作为企业法人并未撤销、注销，在两公司作为被执行人有多个金钱债权人的情形下，是否处于歇业状态，决定各债权人的债权是否按比例清偿。玉某重工提出被执行人是否经营都不影响参与执行财产的分配的上诉主张于法无据，本院不予采纳。依据《企业法人登记管理条例》第二十二条的规定，企业法人领取《企业法人营业执照》后满6个月尚未开展经营活动或者停止经营活动满1年的，视同歇业。目前路某通公司仍在生产经营中，上诉人玉某重工对此也表示认可，玉某重工在上诉状中提出长某公司仍在运作，在庭审过程中提出长某公司现已歇业，但未提交相关证据证实其已停止经营活动。玉某重工要求参与雷某公司申请执行路某通公司、长某公司的财产分配无事实和法律依据，本院不予支持。被执行人罗某升、牟某斌虽为公民，但由于上诉人玉某重工不能证实罗某升、牟某斌的全部财产不能清偿所有债权，因此要求参与雷某公司申请执行罗某升、牟某斌的财产分配的证据不足，本院不予支持。

091 被执行人是公司，申请执行人对执行分配方案不服能否起诉？

> 被执行人为企业法人的，申请执行人或被执行人对参与分配方案有异议的，无权提起执行分配方案异议之诉

阅读提示

近年来，最高人民法院处理的关于执行分配方案异议之诉的案件中，关于"被执行人是企业法人时，申请执行人或被执行人对执行分配方案不服能否起诉"这一高频争议焦点的裁判规则甚少，本篇文章参考地方各高级人民法院处理这一问题的态度，结合参与分配制度的立法目的以及对于相关条文的解读，尝试对上述问题作出回答，以供读者朋友们参考。

裁判要旨

被执行人为企业法人的，不适用参与分配制度。债权人只能通过"执转破"或者在执行程序中按法定顺序受偿。债权人或者被执行人对分配方案有异议，提起执行分配方案异议之诉的，应当驳回起诉。

案情简介

因金某公司涉及多起执行案件，重庆高院指定由重庆四中院对被执行人金某公司的财产进行统一处置。

2016年7月6日，重庆四中院作出执行分配方案，确定赵某树（首封债权人）为第一顺序受偿人，中化某建公司（第二轮候查封）为第二顺序受偿人以及各自受偿额度。

2016年7月27日，中化某建公司对上述执行分配方案有异议，提起《执行分

配方案异议申请书》。

2016年8月9日，赵某树提出《关于对〈执行分配方案〉的意见》，对中化某建公司提出的异议申请提出反对意见，中化某建公司遂向重庆四中院提起执行分配方案异议之诉。

重庆四中院一审认为，执行分配方案中记载的中化某建公司债权金额有误，但清偿顺序正确，判决支持中化某建公司部分请求。中化某建公司不服，上诉至重庆高院。

2017年12月4日，重庆高院二审认为，本案不应适用执行分配方案异议之诉处理，裁定撤销一审判决，驳回中化某建公司的起诉。

裁判要点及思路

本案的争议焦点是赵某树、中化某建公司就金港观山水A、C、D栋楼地下车位的清偿顺序如何确定。对此，重庆高院认为，根据《民诉法解释》第五百零八条规定，执行参与分配制度仅适用于被执行人为公民或者其他组织的情形，被执行人为企业法人的，不适用执行程序中的参与分配制度。《民诉法解释》第五百一十三条和第五百一十六条规定，作为被执行人的企业法人不能清偿到期债务，并且资产不足以清偿全部债务或者明显缺乏清偿能力的，依据企业破产法之规定清理债务；当事人不同意移送破产或者被执行人住所地人民法院不受理破产案件的，执行法院就执行变价所得财产，在扣除执行费用及清偿优先受偿的债权后，对于普通债权，按照财产保全和执行中查封、扣押、冻结财产的先后顺序清偿。

本案被执行人为公司，因此，各债权人和申请执行人对被执行人财产分配的相关问题，不适用执行程序中的参与分配制度。申请执行人对法院作出的执行分配方案有异议的，无权提起执行分配方案异议之诉，而是应该通过"执转破"或者依据规定的清偿顺序在执行程序中清偿。综上，中化某建公司提起执行分配方案异议之诉，不符合起诉条件，应驳回其起诉。

实务要点总结

只有被执行人为公民或其他组织的情况下，才适用参与分配制度。被执行人为企业法人的，不适用参与分配制度。参与分配制度与破产制度不同，参与分配制度程序为满足取得执行依据的债权和未取得依据的优先债权而设，破产程序系为所有债权而设。被执行人为企业法人的，如果不能"执转破"，在执行程序中实行查封、扣押优先主义原则，但如果在破产程序中则实行债权平等主义原则。一方面，最高人民法院认为，程序应当各司其职，因此在企业出现破产情形且多个债权人申请分配的情况下，就应当在破产程序中解决。基于此，通过上述规定"倒逼"债权人，尤其是普通债权人申请债务人企业破产。另一方面，将债务人仅限于公民和其他组织，是因为如果被执行人是法人，其资不抵债，多个债权人可以通过企业破产程序整体、公平清偿债权。正是因为我国尚未确立个人破产制度，但又必须解决在债务人为非企业法人且资不抵债的情况下，债权人如何分配债务人财产的问题，最高人民法院通过制定司法解释和相关规定，建立在执行程序中的参与分配制度。参与分配仅适用于被执行人为公民或者其他组织的情况，不能适用于企业法人，否则不仅造成制度设计的重复，也使得执行效率低下。关于被执行人为企业法人能否参与分配制度，先后经历了从清晰、模糊到清晰的三个阶段：

第一个阶段：明确参照适用。1998年7月8日起施行的《执行工作规定》，该规定第八十八条至第九十六条规定了参与分配制度，其中，第九十六条规定，被执行人为企业法人，未经清理或清算而撤销、注销或歇业，其财产不足清偿全部债务的，应当参照被执行人为公民或其他组织适用参与分配制度。

第二个阶段：未限主体。2009年1月1日起施行的《民诉法执行程序解释》，该解释第二十五条规定，债权人或者被执行人对分配方案有异议的，应当自收到分配方案之日起15日内向执行法院提出书面异议。第二十六条第二款规定，异议人可以自收到通知之日起15日内，以提出反对意见的债权人、被执行人为被告，向执行法院提起诉讼。从上述规定可以看出，异议人提起执行分配方案异议之诉，并不限制被执行人主体类型。

第三个阶段：明确区分适用。2015年2月4日起施行的《民诉法解释》，在第五百零八条至第五百一十二条中，明确规定了参与分配制度。其中，第五百零八条明确规定："被执行人为公民或者其他组织，在执行程序开始后，被执行人的其他已经取得执行依据的债权人发现被执行人的财产不能清偿所有债权的，可以向人民法院申请参与分配。"第五百一十三条专门对被执行人为企业法人的情形如何清偿债务作出了规定。至此，司法解释明确了参与分配制度仅适用于被执行人为公民或者其他组织且被执行人的财产不能清偿所有债权的情形。

被执行人为公民或其他组织的，当事人对分配方案有异议的，通过"异议—执行分配方案异议之诉"程序解决。根据《民诉法解释》第五百一十一条规定，当事人对执行分配方案中关于债权数额、计算方法、债权性质、分配顺序等有异议的，属于参与分配方案异议内容，当事人有权在法定期限内向执行法院提出异议。执行法院对此进行形式审查，采用"异议—异议之诉"的处理模式。值得注意的是，在执行实践中，有法院认为，对于执行分配方案中涉及计算方法、计算结果错误等技术性问题，因并未涉及债权人之间实体权利冲突，可通过"执行异议—执行复议"程序解决。

被执行人为企业法人的，债权人只能通过"执转破"或者在执行程序中按照法定顺序受偿。根据《民诉法解释》第五百一十三条规定，在执行中，作为被执行人的企业法人存在破产事由的，经申请执行人之一或者被执行人同意，应当裁定中止执行，进入"执转破"程序。如果案件未能顺利转入破产程序，根据该司法解释第五百一十六条规定，对于法院执行变价被执行人财产，在扣除执行费用及清偿优先受偿的债权后，对于普通债权，按照财产保全和执行中查封、扣押、冻结财产的先后顺序清偿。

被执行人为企业法人的，当事人对分配方案有异议的，通过"执行异议—执行复议"程序解决，不适用执行分配方案异议之诉。在执行程序中，被执行人财产不足以清偿全部债务，但多个债权人在申请参与分配的情况下，《民诉法解释》分别对被执行人为企业法人和非企业法人规定了两条不同的分配路径：前者适用参与分配制度，按照法定清偿顺序清偿各类债务（参与分配制度为部分清偿制度，仅清偿取得执行依据的债权和无执行依据的优先债权）；后者适用"执转破"以及在"执转破"不能情况下按照法定清偿顺序清偿债务。在两种路径下，当事人对执行法院作出的分配方案或执行分配内容有异议时，《民诉法解释》给出了不同的解决途径。前者适用"异议—异议之诉"程序解决，后者则无明确规定，司法实践中认为，对执行分配方案的异议属于执行行为异议，适用"执行异议—执行复议程序"。正因如此，司法实践中执行分配纠纷案件的争议焦点就是，被执行人为法人的，申请执行人或者被执行人对执行分配内容有异议的，应适用何种程序解决？换言之，能否适用执行异议之诉程序解决？对此，最高人民法院以及地方各级高院之间存在不同认识，支持观点认为，《民诉法解释》第五百三十一条并未限制被执行人为企业法人时申请执行人提起执行分配方案异议之诉的诉权，对于执行法院作出的执行分配方案，债权人有异议时应当赋予其提起异议之诉的权利，以维护其合法权益；否定观点则从参与分配制度适用主体以及司法解释规定两种不同路径的目的出发，认为相关主体不能通过异议之诉程序救济。

相关法律规定

《最高人民法院关于适用〈中华人民共和国民事诉讼法〉的解释》（2022 年 3 月 22 日修正）

第五百零六条[①] 被执行人为公民或者其他组织，在执行程序开始后，被执行人的其他已经取得执行依据的债权人发现被执行人的财产不能清偿所有债权的，可以向人民法院申请参与分配。

对人民法院查封、扣押、冻结的财产有优先权、担保物权的债权人，可以直接申请参与分配，主张优先受偿权。

第五百一十一条[②] 在执行中，作为被执行人的企业法人符合企业破产法第二条第一款规定情形的，执行法院经申请执行人之一或者被执行人同意，应当裁定中止对该被执行人的执行，将执行案件相关材料移送被执行人住所地人民法院。

第五百一十四条[③] 当事人不同意移送破产或者被执行人住所地人民法院不受理破产案件的，执行法院就执行变价所得财产，在扣除执行费用及清偿优先受偿的债权后，对于普通债权，按照财产保全和执行中查封、扣押、冻结财产的先后顺序清偿。

法院裁判

以下为重庆高院在裁判文书"本院认为"部分就此问题发表的意见：

1. 《民诉法执行程序解释》（法释〔2008〕13 号）第二十五条规定……该司法解释第二十六条规定……从该司法解释的立法原意来看，只要债权人提出申请，不论被执行人主体身份系自然人、其他组织或者系法人，均可申请参与分配，执行法院据此作出财产分配方案，债权人、被执行人有异议的，其他债权人或被执行人对该异议提出反对意见后，异议人在法定期间内即可提起执行分配异议之诉。虽然《民诉法解释》施行以前，法律及其司法解释承认被执行人为企业法人的，可以适用执行分配方案异议之诉；但是，《民诉法解释》施行以后，根据该司法解释第五百五十二条……之规定，前述司法解释因与之不一致，故不再适用。本案中，重庆市第四中级人民法院作出（2014）渝四中法民执字第 00025-15 号执行分配方案的时间为 2016 年 7 月 6 日，而《民诉法解释》的施行时间为 2015 年 2 月 4 日，故本

[①] 原第五百零八条。
[②] 原第五百一十三条。
[③] 原第五百一十六条。

案应当适用该司法解释。2.《民诉法解释》明确规定了被执行人为企业法人的，不适用执行分配方案异议之诉。该解释第五百零八条规定……该司法解释第五百零九条至第五百一十二条对参与分配的程序性内容、清偿顺序、分配方案的制作、对分配方案提出异议及提起执行分配方案异议之诉的程序作出了规定，该司法解释第五百一十三条专门对被执行人为企业法人的情形如何清偿债务作出了规定。因此，从该司法解释的逻辑和文意来看，被执行人为企业法人时不适用执行分配方案异议之诉。3.《民诉法解释》第五百一十三条规定……该条规定明确了作为被执行人的企业法人不能清偿到期债务，并且资产不足以清偿全部债务或者明显缺乏清偿能力的，依据企业破产法之规定清理债务。本条规定是司法解释新增加的条文，是对《民事诉讼法》第二百五十六条第一款第五项规定的"人民法院认为应当中止执行的其他情形"的细化，为执行程序转化为破产程序建立起了链接。因破产程序中的清偿顺序、分配规则、分配方案等有别于执行程序，故当债权人企业不能向申请执行人清偿时，经执行法院审查认为债务人企业符合破产条件，就应当向申请执行人或者被执行人履行释明义务，依法启动破产程序。4.《民诉法解释》第五百一十六条规定……该规定对当事人不同意移送破产或者被执行人住所地人民法院不受理破产案件的情形下的清偿顺序作出了规定，为当事人提供了不同于执行分配方案异议之诉的救济渠道，执行法院应据此办理当事人在执行程序中的争议。依照《民诉法解释》第三百三十条规定，裁定如下：一、撤销重庆市第四中级人民法院（2016）渝04民初18号民事判决；二、驳回中国化学工程某建设有限公司的起诉。

案件来源

《中国化学工程某建设有限公司与赵某树、重庆金某房地产开发有限公司执行分配方案异议之诉二审民事裁定书》【（2017）渝民终280号】

延伸阅读

一、《民诉法解释》第五百零八条排除了参与分配制度对企业法人的适用，被执行人为企业法人的，对执行分配内容不服，无权提起执行分配方案异议之诉，应驳回起诉。

案例一：《李某梅、某农村信用合作联社执行分配方案异议之诉再审审查与审判监督民事裁定书》【（2018）川民申5716号】

四川高院认为，本案的争议焦点是李某梅是否有权对绵阳市安州区人民法院作出的（2018）川0724执26号执行财产分配方案提起执行异议之诉。根据《民诉法解释》第五百零八条至第五百一十二条规定的内容看……龙某融资公司系企业法人，并非公民和其他组织，故某信用联社向绵阳市安州区人民法院申请参与该执行款项的分配，并申请在该执行款项中优先受偿以及绵阳市安州区人民法院受理其申请并作出了（2018）川0724执26号执行财产分配方案存在不当。虽执行法院绵阳市安州区人民法院作出了（2018）川0724执26号执行财产分配方案存在不当即瑕疵，但绵阳市安州区人民法院已根据李某梅的保全申请扣划了龙某融资公司在某信用联社账户上的470000元，而该款项中包含有已质押的担保金350000元，故而绵阳市安州区人民法院经审查后，确认了某信用联社对扣划的470000元中质押的担保金350000元有优先受偿的权利，其处理结果符合《民诉法解释》第五百一十三条和第五百一十六条的规定，其处理结果并无不当。因此，根据《民诉法解释》的相关规定，被执行人龙某融资公司为企业法人时，并不适用执行分配方案异议之诉，故而李某梅无权提起执行分配方案异议之诉，二审法院裁定驳回李某梅的起诉并无不当。

二、被执行人为企业法人的，不属于《民诉法解释》第五百零八条规定的可以在执行程序中申请参与分配的情形。如果申请执行人对法院执行分配行为不服的，可提起执行异议。

案例二：《江阴市华某建筑设计工程有限公司与孙某、江苏金某置业有限公司二审民事裁定书》【（2018）苏民终173号】

江苏高院认为，《民诉法解释》第五百零八条规定，被执行人为公民或者其他组织，在执行程序开始后，被执行人的其他已经取得执行依据的债权人发现被执行人的财产不能清偿所有债权的，可以向人民法院申请参与分配。本案被执行人金某公司系企业法人，不属于上述司法解释规定的在执行程序中可以申请参与分配的情形。宿迁中院告知华某公司提起执行分配方案异议之诉不当。如华某公司不服宿迁中院将拍卖款给付孙某的执行行为，可向宿迁中院提出执行异议。上诉人华某公司的上诉请求不成立，应予驳回。依照《民事诉讼法》第一百七十条第一款第一项、《民诉法解释》第三百三十四条规定，裁定如下：驳回上诉，维持原裁定。

三、参与分配制度设置的目的是保障被执行人不具备破产资格情形下债权的平等受偿，即其仅适用于被执行人是公民或其他组织的情形。因被执行人为企业法人并不适用参与分配制度，相关执行分配方案不应作为执行依据，应予撤销。

案例三：《四川中某环保建筑有限公司、林某二审民事判决书》【（2017）川民终163号】

四川高院认为，如被执行人是公民或其他组织，且存在多个已经取得执行依据的债权人时，当债权人发现被执行人的财产不足以清偿所有债权的，可以向法院申请参与分配。人民法院在此过程中，应当制订财产分配方案。若债权人对分配方案存有异议的，即可提起分配方案异议之诉予以救济。执行分配方案异议之诉审理对象涉及的执行分配方案制订并作为执行依据的前提是参与分配制度的适用。而参与分配制度设置的目的是保障被执行人不具备破产资格情形下债权的平等受偿，即其仅适用于被执行人是公民或其他组织的情形。本案中，案涉执行分配方案涉及的被执行人是宏某公司，宏某公司的性质是企业法人，执行法院适用参与分配制度，制订的执行分配方案处置被执行人宏某公司的财产并不符合法律的规定。一审法院撤销案涉执行分配方案的理由是认为其具体内容存在错误而予以撤销不当，本院依法予以纠正。基于前述分析，因本案被执行人并不适用参与分配制度，案涉执行分配方案不应作为执行依据，应予撤销。对于上诉人中某公司与林某之间关于分配方案具体内容的争议不再予以评析。

四、被执行人为企业法人的，除非进入破产程序，否则对于普通债权的债权人，只能按照执行法院采取执行措施的先后顺序，即《执行工作规定》第八十八条第一款[①]**规定的普通债权执行的基本原则受偿。**

案例四：《广东联某投资有限公司、汕头市金某资产经营有限公司二审民事判决书》【（2017）粤民终 372 号】

广东高院认为，为了维护经济社会的稳定，完善市场经济中经济主体的退出制度，我国法律根据是否具有破产资格等条件，对公民、法人和其他组织作为被执行人时，债权人参与分配及平等受偿的处理分别作出规定。第一，被执行人为公民或者其他组织时，债权人方可申请参与分配。《民诉法解释》第五百零八条第一款规定……即只有被执行人为公民或者其他组织时，债权人才可以向人民法院申请参与分配。被执行人为企业法人时，债权人无权申请参与分配。第二，被执行人为企业法人时，债权人平等受偿的情况。《执行工作规定》第八十九条规定……《民诉法解释》第五百一十六条规定……根据上述规定，被执行人为企业法人的，除非进入破产程序，否则对于普通债权的债权人，只能按照执行法院采取执行措施的先后顺序，即《执行工作规定》第八十八条第一款规定的普通债权执行的基本原则受偿。故本案中，因振某房地产公司系企业法人，且未依法进入破产程序，则联某公司申请参与执行分配的请求，不符合《民诉法解释》第五百零八条第一款之规定，本院不予支持。联某公司对振某房地产公司享有的普通债权，应根据相关法律规定，按

---

① 《执行工作规定》2020 年修正版本为第五十五条。

照财产保全和执行中查封、扣押、冻结财产的先后顺序清偿。

五、被执行人为企业的，不适用参与分配制度，执行财产分配方案应予以撤销。当被执行人存在破产事由的，执行法院应依法做好执行程序与破产程序的有效衔接，公平保护债权人、债务人等相关主体的合法权益，依法挽救有重整价值的危困企业。

案例五：《陈某荷、北海合某投资有限公司二审民事判决书》【（2017）桂民终393号】

广西高院认为，由于被执行人匀某公司具备独立企业法人资格，根据《民诉法解释》第五百零八条"被执行人为公民或者其他组织，在执行程序开始后，被执行人的其他已经取得执行依据的债权人发现被执行人的财产不能清偿所有债权的，可以向人民法院申请参与分配"和第五百一十三条"在执行中，作为被执行人的企业法人符合企业破产法第二条第一款规定情形的，执行法院经申请执行人之一或者被执行人同意，应当裁定中止对该被执行人的执行，将执行案件相关材料移送被执行人住所地人民法院"的规定，本案适用参与分配错误。由于在陈某荷和匀某公司分别上诉的案件中，均针对同一执行财产分配方案，该执行财产分配方案均应予以撤销。由于债权人唐某刚、被执行人匀某公司以匀某公司已符合企业破产法第二条第一款规定情形为由，于2017年11月14日向执行法院提出将其有关执行案件移送破产审查的破产申请。执行法院应按前述司法解释的规定，依法做好执行程序与破产程序的有效衔接，公平保护债权人、债务人等相关主体的合法权益，依法挽救有重整价值的危困企业。

六、虽然被执行人为企业法人的不适用参与分配制度，但是如申请执行人请求对所持债权的性质作出司法判断的，人民法院应予受理。

案例六：《昆明缤某绿化工程有限公司与大理聚某科技有限公司执行分配方案异议之诉一审民事判决书》【（2018）云民初133号】

云南高院认为，参与分配的前提条件是被执行人是公民或其他组织。而本案被执行人明某房地产显为企业法人，不适用参与分配制度……本院认为，本案实质上并非传统意义上的"参与分配"，而是对缤某绿化所持债权的性质，以及该款项应否优先于申请执行人聚某科技受偿作出司法判断，人民法院应予受理。关于缤某绿化主张的建设工程优先受偿权问题，依据《合同法》第二百八十六条及《最高人民法院关于建设工程价款优先受偿权问题的批复》的规定，建筑工程价款优先权属法定优先权，该优先权优于抵押权和其他债权，法律同时设定，自建设工程竣工之日或者建设工程合同约定的竣工之日起6个月内，发包方逾期不能支付工程款的，工程承包人享有将该工程折价，或申请依法拍卖，折价款或拍卖价款优先抵偿工程材料款、人工费等必要工程价款的优先权资格,逾期则丧失该资格。本案中,涉案工程竣工验收时间为2012年1月11日,按照上述法律及司法解释的规定,缤某绿化主张优先受偿权超过法定期间,丧失对承建工程折价款或拍卖价款优先受偿的权利。

七、被执行人并非公民或者其他组织,不具备参与分配的条件,相关主体对法院执行分配裁定不服提起执行分配方案异议之诉的,应当驳回起诉。

案例七:《陈某森与胡某、杭州荣某大厦开发有限公司等执行分配方案异议之诉二审民事裁定书》【(2019)苏民终996号】

江苏高院认为,《民诉法解释》第五百零八条第一款规定:"被执行人为公民或者其他组织,在执行程序开始后,被执行人的其他已经取得执行依据的债权人发现被执行人的财产不能清偿所有债权的,可以向人民法院申请参与分配。"本案中所拍卖的财产为被执行人荣某公司所有,荣某公司为具有法人资格的有限公司,并非公民或者其他组织,不具备参与分配的条件,且在本案执行中,苏州中院并未制作书面的财产分配方案,对拍卖价款进行分配。陈某森提起执行分配方案异议之诉,不符合执行分配方案异议之诉的受理条件。一审法院驳回陈某森的起诉,符合前述司法解释的规定,应予以维持。

092 债务人破产,法院已经划扣但尚未发还债权人的钱如何处理?

> 法院裁定债务人破产时已经扣划但尚未支付的款项,属于债务人财产,应当移交破产法院

阅读提示

关于法院受理债务人破产申请后,法院已经变价完毕但尚未发还申请执行人的款项,何去何从的问题,尚无最高人民法院类似案例。就这一问题,最高人民法院分别于2004年12月和2017年1月在给地方高级法院的答复函中明确回复,前后观点却截然相反。其中,最高人民法院在2017年1月给重庆高院的答复函中明确2004年的答复函同时废止。至此,最高人民法院在答复函中明确了处理此类问题的态度。本文通过广东高院一则案例,简要讨论债务人破产时,已经划扣至法院账户但未发还至申请执行人的款项应如何处理。

裁判要旨

人民法院裁定受理破产申请时已经扣划到执行法院账户但尚未支付给申请执行人的款项，仍属于债务人财产，人民法院裁定受理破产申请后，执行法院应将债务人财产一并移交破产审判部门处理。

案情简介

2012年3月，债权人黄某森申请保全志某公司名下房产，2014年5月至10月，广州越秀区法院拍卖志某公司房产，收到执行款共计2800余万元，黄某森申请分配。

2015年1月，广州中院裁定受理志某公司破产清算申请。

2016年12月，广州越秀区法院对该院账户上已经划扣但尚未执行的志某公司执行款进行分配，作出执行分配方案。之后，申请执行人与被执行人之间就如何分配执行款项存在异议，遂产生执行分配方案异议之诉。该案经过越秀区法院一审、广州中院二审和广东高院再审。

2019年3月，广东高院再审认为，越秀区法院账户上已经划扣但尚未执行的志某公司执行款属于志某公司财产，不应分配，驳回黄某森再审申请。

裁判要点及思路

本案的争议焦点为：执行款在《分配方案》作出之时是否属于志某公司的财产。对此，广东高院审理思路如下：

根据《企业破产法》第十九条、第三十条规定，自2015年1月后，有关志某公司财产的执行程序应当中止，而本案广州越秀区人民法院2016年12月作出执行分配方案，对志某公司的财产进行分配，明显违背上述法律和司法解释规定。

本案不应适用最高人民法院2004年作出的《最高人民法院关于如何理解〈最高人民法院关于破产法司法解释〉第六十八条的请示的答复》，由于本案涉案执行措施发生在新企业破产法实施之后，应该适用新法来判断涉案财产是否应当中止执行，适用最高人民法院2017年作出的《关于破产申请受理前已经划扣到执行法院账户尚未支付给申请执行人的款项是否属于债务人财产及执行法院收到破产管理人中止执行告知函后应否中止执行问题的请示答复函》规定。

根据2017年答复函内容，人民法院裁定受理破产申请时已经扣划到执行法院账户但尚未支付给申请执行人的款项，仍属于债务人财产，人民法院裁定受理破产申请后，执行法院应当中止对该财产的执行。本案涉案拍卖款属于法院裁定受理志某公司破产时，已经扣划到法院账户而尚未支付给黄某森等债权人的财产，依法应当适用新企业破产法和上述复函的规定。

综上所述，案涉执行款属于债务人财产，且应中止执行，中止分配。各债权人无权申请分配案涉执行款。

实务要点总结

人民法院裁定受理破产申请时已经扣划到执行法院账户但尚未支付给申请人执行的款项，属于债务人财产，应当移交。根据《最高人民法院关于对重庆高院〈关于破产申请受理前已经划扣到执行法院账户尚未支付给申请执行人的款项是否属于债务人财产及执行法院收到破产管理人中止执行告知函后应否中止执行问题的请示〉的答复函》[（2017）最高法民他72号]，人民法院裁定受理破产申请时已经扣划到执行法院账户但尚未支付给申请人执行的款项，仍属于债务人财产，人民法院裁定受理破产申请后，执行法院应当中止对该财产的执行。根据《企业破产法》第十九条规定，法院受理破产裁定后，有关债务人财产的保全措施应当解除，执行程序应当中止。执行法院已经划扣到账的资金未发还申请执行人的，执行法院应及时停止款项发还工作。

拍卖成交裁定送达买受人或者以物抵债裁定送达债权人后，拍卖财产或抵债财产、已完成转账、汇款、现金交付的执行款，不属于破产财产，不再移交。根据《最高人民法院关于执行案件移送破产审查若干问题的指导意见》第十七条规定，执行法院收到受移送法院受理裁定时，已通过拍卖程序处置且成交裁定已送达买受人的拍卖财产，通过以物抵债偿还债务且抵债裁定已送达债权人的抵债财产，已完成转账、汇款、现金交付的执行款，因财产所有权已经发生变动，不属于被执行人的财产，不再移交。

债务人企业已被查封、扣押、冻结的财产，在法院裁定受理破产清算申请时所有权未转移的，仍属于债务人财产。依照《企业破产法》第十九条规定，人民法院受理债务人破产申请后，有关债务人财产的保全措施应当解除，执行程序应当中止。执行法院收到受移送法院受理裁定后，应当于7日内将实际扣押的动产、有价证券等被执行人财产移交给受理破产案件的法院或管理人。

执行财产虽已经脱离债务人实际控制但仍未发生所有权转移的，仍属于债务人财产。虽然，2004年12月22日，《最高人民法院关于如何理解〈最高人民法院关于破产法司法解释〉第六十八条的请示的答复》[（2003）民二他字第52号]规定:"人民法院针对被执行财产采取了相应执行措施,该财产已脱离债务人实际控制,视为已向权利人交付,该执行已完毕,该财产不应列入破产财产。"但是,最高人民法院在2017年12月12日的答复函〔(2017)最高法民他72号函〕中,明确废止了(2003)民二他字第52号答复函。自此,明确了财产已经脱离债务人实际控制但仍未发生所有权转移的,如已经划扣到法院账户但仍未支付给申请执行人的,仍属于债务人财产。

执行法院超期未将执行款发还申请执行人,之后债务人企业破产的,超期未发还的款项属于债务人财产。司法实践中,存在执行不规范的行为,其中就包括法院未及时将执行款发还申请执行人的情形。《最高人民法院关于执行款物管理工作的规定》第二十二条规定,执行人员应当自查封、扣押或被执行人交付之日起三十日内,完成执行费用的结算、通知申请执行人领取和发放物品等工作。根据目前最高人民法院的政策精神,超期未发还的执行款仍属于债务人财产,执行法院在收到破产受理裁定后,应自解除查封、扣押措施之日起十日内将未发还的款项一并移交至破产法院或管理人。因此,建议申请执行人及时请求执行法院执行,及时委托专业律师介入执行工作。

相关法律规定

《最高人民法院关于执行案件移送破产审查若干问题的指导意见》(2017年1月20日公布)

16. 执行法院收到受移送法院受理裁定后,应当于七日内将已经扣划到账的银行存款、实际扣押的动产、有价证券等被执行人财产移交给受理破产案件的法院或管理人。

17. 执行法院收到受移送法院受理裁定时,已通过拍卖程序处置且成交裁定已送达买受人的拍卖财产,通过以物抵偿偿还债务且抵债裁定已送达债权人的抵债财产,已完成转账、汇款、现金交付的执行款,因财产所有权已经发生变动,不属于被执行人的财产,不再移交。

《最高人民法院关于对重庆高院〈关于破产申请受理前已经划扣到执行法院账户尚未支付给申请执行人的款项是否属于债务人财产及执行法院收到破产管理人中止执行告知函后应否中止执行问题的请示〉的答复函》(2017年12月12日公布)

人民法院裁定受理破产申请时已经扣划到执行法院账户但尚未支付给申请人执行的款项,仍属于债务人财产,人民法院裁定受理破产申请后,执行法院应当中止对该财产的执行。执行法院收到破产管理人发送的中止执行告知函后仍继续执行的，应当根据《最高人民法院关于适用〈中华人民共和国破产法〉若干问题的规定（二）》第五条依法予以纠正，故同意你院审判委员会的倾向性意见，由于法律、司法解释和司法政策的变化，我院 2004 年 12 月 22 日作出的《关于如何理解〈最高人民法院关于破产法司法解释〉第六十八条的请示的答复》（〔2013〕民二他字第 52 号）相应废止。

法院裁判

以下为广东省高级人民法院在裁判文书"本院认为"部分就此问题发表的意见：

黄某森申请再审认为涉案拍卖款不属于破产财产，理由是根据《关于如何理解〈最高人民法院关于破产法司法解释〉第六十八条的请示的答复》……的规定，本案被执行人的房屋已被拍卖、拍卖款已进入人民法院执行账号，脱离了债务人控制，属于执行完毕的情形，不应列为破产财产。对此，本院认为，最高人民法院前述答复是 2004 年作出的，是对旧《企业破产法》第二十八条如何认定"破产财产"法律适用的理解。但是新《企业破产法》对"债务人财产"和"破产财产"进行了区分，《企业破产法》第三十条……第一百零七条第二款规定……即以债务人被宣告破产的时间为节点，之前的称为债务人财产，之后的称为破产财产。而《企业破产法》第十九条规定……所针对的是债务人财产的中止执行问题，而非破产财产。由于本案涉案执行措施发生在新《企业破产法》实施之后，应该适用新法来判断涉案财产是否应当中止执行。对此，最高人民法院 2017 年作出的《最高人民法院关于对重庆高院〈关于破产申请受理前已经划扣到执行法院账户尚未支付给申请执行人的款项是否属于债务人财产及执行法院收到破产管理人中止执行告知函后应否中止执行问题的请示〉的答复函》规定："人民法院裁定受理破产申请时已经扣划到执行法院账户但尚未支付给申请人执行的款项，仍属于债务人财产，人民法院裁定受理破产申请后，执行法院应当中止对该财产的执行……"本案涉案拍卖款属于人民法院裁定受理志某公司破产时，已经扣划到广州市越秀区人民法院而尚未支付给黄某森等债权人的财产，依法应当适用新《企业破产法》和上述复函的规定。因此，黄某森申请再审认为不应中止执行涉案拍卖款的理由不能成立，其请求本院不予支持。

案件来源

《黄某森、广州市某区教育局再审审查与审判监督民事裁定书》【（2018）粤民申 9748 号】

延伸阅读

一、法院裁定受理债务人企业破产申请后，有关债务人的执行程序应当中止。

案例一：《某旧机动车交易中心、成都海某投资有限责任公司申请执行人执行异议之诉再审审查与审判监督民事裁定书》【（2019）最高法民申 4319 号】

最高人民法院认为，二审法院一方面依据《执行异议和复议规定》第二十八条的规定，认定海某公司对案涉房屋不享有足以排除强制执行的民事权益。二审法院另一方面鉴于四川省成都市温江区人民法院已经裁定受理东某公司破产清算案的事实，依照《企业破产法》第十九条"人民法院受理破产申请后，有关债务人财产的保全措施应当解除，执行程序应当中止"的规定，判决某旧机动车交易中心应通过向东某公司破产管理人申报债权的方式在破产清算程序中依法获得清偿，并未损害某旧机动车交易中心的权利。事实上，若最终东某公司未被宣告破产，对案涉房屋的强制执行仍可恢复。因此，旧机动车交易中心主张二审判决超出其诉讼请求不能成立。

二、法院受理债务人企业的破产重整申请后，法院查封债务人财产措施应解除并中止执行，案外人对法院查封债务人财产行为有异议的，无审查必要，法院应终结审查。

案例二：《郑某英、马某丰再审审查与审判监督民事裁定书》【（2017）最高法民申 3116 号】

最高人民法院认为，根据《企业破产法》第十九条规定，人民法院受理破产申请后，有关债务人财产的保全措施应当解除，执行程序应当中止。本案中，惠州中院受理了怡某公司的破产重整申请，说明怡某公司进入了破产程序，针对怡某公司的强制执行程序应全部中止，涉案房产也应解除保全并中止执行。此外，根据《企业破产法》第九十二条、第九十三条的相关规定，经人民法院裁定批准的重整计划，对债务人和全体债权人均有约束力，债务人不能执行或者不执行重整计划的，人民法院经管理人或者利害关系人请求，应当裁定终止重整计划的执行，并宣告债务人破产。就本案而言，重整计划经惠州中院批准后，怡某公司现已进入重整计划执行期间。如果重整计划执行成功，包括郑某英在内的各债权人的利益通过重整计划得以实现；如果重整计划执行不成功，则怡某公司进入破产清算程序，各债权人的债权通过破产财产分配方案得以实现。可见，在怡某公司进入重整计划执行期间后，本案不再存在马某丰申请人民法院对怡某公司名下的房产强制执行的可能，故郑某英提起执行异议之诉请求对涉案房产排除强制执行的基础和前提已不复存在。"皮之不存，毛将焉附。"由于郑某英对涉案房产的利益可以通过破产程序实现，对本案不再具有诉的利益，其针对原二审判决提出的再审申请，即其对涉案房产是否享有足以排除强制执行的民事权益，也就没有审查的必要，故本院对本案终结审查。

三、人民法院受理破产申请后，已经开始而尚未终结的有关债务人的民事诉讼或者仲裁应当中止；在管理人接管债务人的财产后，该诉讼或者仲裁继续进行。

案例三：《中某信托有限责任公司、胡某全申请执行人执行异议之诉二审民事裁定书》【（2017）最高法民终780号》

最高人民法院认为，执行异议之诉本质是一个独立的审判程序，虽因执行程序而产生，但并非执行程序。中某信托公司在执行程序中提起的执行异议之诉，目的是寻求对其担保物权优先受偿权进行保护的救济，本案提起执行异议之诉期间，被执行人典某地产公司进入破产重整程序，按照《企业破产法》第二十条之规定："人民法院受理破产申请后，已经开始而尚未终结的有关债务人的民事诉讼或者仲裁应当中止；在管理人接管债务人的财产后，该诉讼或者仲裁继续进行。"本案一审期间，被执行人的管理人尚未确定，本应裁定中止审理。一审裁定作出后，受理被执行人破产重整申请的人民法院已确定其管理人，可以代表被执行人继续参与诉讼，故本案应当继续审理。破产重整程序是对债务人财产进行清理或对破产企业重新整合的法定程序，无论破产企业最终是重整或清算，均不能替代对债权人债权优先性的实体确定。破产重整程序启动，执行程序应当终结尚无法律规定，而裁定驳回因执行程序产生的执行异议之诉则更无法律依据，即便在诉讼中其实体请求未必得到支持，其之前已经行使的诉权也并不因此能够加以否定。

四、法院受理债务人破产申请后，债务人债务清偿问题应在破产程序中一并处理。与债务人财产执行有关的案外人异议之诉，无继续审查必要，应依法终结审查。

案例四：《李某全、深圳市瀚某投资有限公司再审审查与审判监督民事裁定书》【（2018）最高法民申4706号》

最高人民法院认为，《企业破产法》第十九条规定，人民法院受理破产申请后，有关债务人财产的保全措施应当解除，执行程序应当中止。根据审查查明，广东省深圳市中级人民法院已经受理瀚某公司的破产申请案件，周某申请执行的（2014）深中法执字第1145号案件，已终结本次执行程序。可见，瀚某公司破产法律程序启动后，（2014）深中法执字第1145号执行案件所涉瀚某公司债务清偿问题应纳入破产程序一并处理。所以，李某全提起诉讼主张排除执行的前提已经不复存在，其关于阻却强制执行的相关事由，亦无必要再作审查，本案依法应当终结审查。需要指出的是，原审法院对于李某全排除执行的相关主张未予支持，系因其所提供证据不足以证明对涉案房产享有实际权利。李某全如有新证据证明其确系涉案房产实际权利人,依法可于破产程序中再予主张。

五、债务人破产的,无过错的不动产买受人可以向管理人主张行使取回权,管理人不予认可的,权利人可以债务人为被告行使取回权。

案例五:《重庆钜某装饰工程有限公司、江某涛执行异议之诉二审民事判决书》【(2017)最高法民终824号】

最高人民法院认为,不论案外人在执行异议之诉案件中是否提出确权的诉请,人民法院在审理时首先都要判断案外人对执行标的是否享有民事权益,在此基础上再认定该民事权益是否足以排除强制执行。本案中,钜某公司系根据《执行异议和复议规定》第二十八条规定,主张其享有足以排除强制执行的民事权益。《执行异议和复议规定》第二十八条规定的民事权益,学理上称为无过错不动产买受人的物权期待权,如该条规定的构成要件成立,则无过错的不动产买受人在执行程序中可以请求排除对不动产的强制执行。同理,在人民法院受理破产程序后,符合《执行异议和复议规定》第二十八条规定的不动产应认定为系债务人占有的不属于债务人的财产,无过错的不动产买受人可以向管理人主张行使取回权,管理人不予认可的,权利人得以债务人为被告向人民法院提起诉讼请求行使取回权。

六、法院受理债务人破产清算申请后,债权人提起执行分配方案异议之诉的前提不存在,法院应驳回起诉。

案例六:《杨某辉、广东省某集团原材料供销公司二审民事裁定书》【(2018)粤民终632号】

最高人民法院认为,本院经审查认为,本案为执行分配方案异议之诉。根据本案查明的事实,原审法院在对债务人金某公司的财产执行过程中,于2017年11月3日作出(2017)粤01破101-1号民事裁定,受理案外人浙江时某资产管理有限公司对金某公司的破产清算申请。按照《企业破产法》第十九条规定:"人民法院受理破产申请后,有关债务人财产的保全措施应当解除,执行程序应当中止。"因此,破产程序启动后,有关债务人金某公司财产的执行行为包括民事案件执行程序中对执行款的分配行为均应当中止,杨某辉作为债权人对金某公司执行案款分配方案提起诉讼的前提已不存在,原审裁定对杨某辉就执行分配方案提起的异议之诉予以驳回并无不当。杨某辉上诉请求改判中止本案审理的理由不能成立,本院不予支持。

七、执行款尚未支付给申请执行人前,该款仍应认定为被执行人财产,在受理破产后应当一并移交给破产审判组织依法处理。

案例七:《招商银行股份有限公司某支行、招商银行股份有限公司某支行再审

审查与审判监督民事裁定书》【（2017）粤民申 6018 号】

广东高院认为，参照《最高人民法院关于执行案件移送破产审查若干问题的指导意见》第十七条的规定："执行法院收到受移送法院受理裁定时，已通过拍卖程序处置且成交裁定已送达买受人的拍卖财产，通过以物抵债偿还债务且抵债裁定已送达债权人的抵债财产，已完成转账、汇款、现金交付的执行款，因财产所有权已经发生变动，不属于被执行人的财产，不再移交。"据此，除以上规定所确定的财产外的其他财产，均应认定为被执行人即债务人的财产，在债务人被受理破产后，一并移送到破产程序中处理。亦即本系列执行案件中，在五某公司的执行款尚未支付给申请执行人前，该款仍应认定为被执行人财产，在受理破产后应当一并移交给破产审判组织依法处理。而（2016）粤 01 民终 7756 号民事判决认定："招行某支行对五某公司的破产清算申请虽已被本院受理……执行款应当视为已向申请人信某公司交付，执行程序已经完毕，五某公司涉案财产不应列入破产财产。"广州中院对于上述争议的执行款权属事实的认定缺乏依据，属于认定事实错误。

第十章　刑事裁判涉财产部分执行与执行异议

093 刑事裁判涉财产部分的执行，案外人能否提起执行异议之诉？

> 刑事裁判涉财产部分的执行，案外人无权提起执行异议之诉

阅读提示

在执行领域中，执行依据包括发生法律效力的民事判决书、裁定书、调解书，仲裁机构的裁决书，公证债权文书，以及发生法律效力的刑事判决书中的财产部分，等等。在执行程序中，执行法院根据上述执行依据，对被执行人的财产采取执行措施。如果案外人对执行标的主张实体权利，请求排除执行的，那么，可以根据《民事诉讼法》第二百二十七条的规定，提起执行异议之诉。

但是，这一规定并不适用于所有执行依据。执行法院依据刑事判决书，执行其中财产部分时，案外人无权依据《民事诉讼法》第二百二十七条提起执行异议之诉。此时，案外人针对执行标的提出异议的，有权依据《民事诉讼法》第二百二十五条，提起执行异议和复议，复议被驳回后，可依据《最高人民法院关于刑事裁判涉财产部分执行的若干规定》第十五条的规定，通过审判监督程序寻求救济。本文将结合最高人民法院的几则案例，对上述问题进行分析。

裁判要旨

《民事诉讼法》第二百二十七条规定的案外人执行异议之诉是一种民事诉讼程序，并不适于审查刑事追缴、责令退赔的财产是否属于犯罪分子违法所得，以及案外人民事权利能否排除"刑事裁判涉财产部分"执行的问题。案外人对执行标的主张足以阻止执行的实体权利，向执行法院提出书面异议的，执行法院应当依照《民事诉讼法》第二百二十五条的规定处理。

案情简介

何某栋因刑事犯罪，江西抚州中院判决追缴被告人何某栋犯罪所得返还被害人，不足部分责令何某栋退赔被害人损失。刑事判决发生法律效力后，移送抚州中院执行。

抚州中院向富某公司发出协助执行通知书，禁止何某栋提取和禁止富某公司向何某栋支付已到期的收益4707.7万元。

富某公司另一股东，案外人龚某杰不服，提出执行异议称，何某栋已将其在富某公司的股权转让给他，何某栋不再享有富某公司的股权收益，股权收益应归龚某杰所有。

抚州中院经审查认为，龚某杰虽与何某栋订立股权转让合同，但在未变更富某公司股东名册和工商登记前，何某栋持有的相应股权应受到保护并享有分红的权利。抚州中院裁定驳回龚某杰的异议。

龚某杰不服，向抚州中院提起案外人执行异议之诉。抚州中院未支持龚某杰关于股权收益归其所有的诉讼请求。龚某杰不服，上诉至江西高院。江西高院判决驳回上诉，维持原判。

龚某杰向最高人民法院申请再审，最高人民法院认为，在何某栋刑事裁判涉财产部分执行案中，案外人龚某杰所提诉讼，不属人民法院受理案外人执行异议之诉的范围，裁定撤销江西高院和抚州中院的民事判决，驳回龚某杰的起诉。

裁判要点及思路

本案的核心问题是，在何某栋刑事裁判涉财产部分执行案中，案外人龚某杰主张对执行财产享有实体权利，应适用何种法律程序处理。

抚州中院和江西高院均依据《民事诉讼法》第二百二十七条，适用执行异议之诉程序对本案进行审理。最高人民法院认为，《民事诉讼法》第二百二十七条规定的案外人执行异议之诉是一种民事诉讼程序，并不适于审查刑事追缴、责令退赔的财产是否属于犯罪分子违法所得，以及案外人民事权利能否排除"刑事裁判涉财产部分"执行的问题。

《最高人民法院关于刑事裁判涉财产部分执行的若干规定》第十四条规定："执行过程中，当事人、利害关系人认为执行行为违反法律规定，或者案外人对执行标的主张足以阻止执行的实体权利，向执行法院提出书面异议的，执行法院应当依照民事诉讼法第二百二十五条的规定处理。"因此，案外人龚某杰对执行标的主张权利，应适用该司法解释的规定。龚某杰不服抚州中院的执行裁定，应按照《民事诉讼法》第二百二十五条的规定，向上级法院申请复议。

实务要点总结

在刑事裁判涉财产部分的执行中，案外人针对执行标的向执行法院提出执行异议，被裁定驳回异议后，无权提起执行异议之诉。《民事诉讼法》第二百二十七条规定的执行异议之诉包括案外人执行异议之诉和申请执行人执行异议之诉。在案外人执行异议之诉中，申请执行人是被告。在申请执行人执行异议之诉中，申请执行人是原告。然而，在刑事裁判涉财产部分的执行中，没有民事执行意义上的申请执行人，执行程序是由人民法院依职权主动启动。因此，申请执行人的角色缺失决定了财产刑执行中不适用执行异议之诉。

在刑事附带民事裁判的执行中，被害人和案外人有权提起执行异议之诉。《最高人民法院关于刑事裁判涉财产部分执行的若干规定》第一条第二款规定："刑事附带民事裁判的执行，适用民事执行的有关规定。"在刑事附带民事裁判的执行中，被害人属于申请执行人角色，不存在财产刑执行中没有申请执行人的问题。因此，在刑事附带民事裁判的执行中，被害人和案外人有权提起执行异议之诉。

在刑事裁判涉财产部分的执行中，案外人依据《民事诉讼法》第二百二十五条提起的异议和复议申请被驳回后，案外人还可选择其他救济途径。《最高人民法院关于刑事裁判涉财产部分执行的若干规定》第十五条规定："执行过程中，案外人或被害人认为刑事裁判中对涉案财物是否属于赃款赃物认定错误或者应予认定而未认定，向执行法院提出书面异议，可以通过裁定补正的，执行机构应当将异议材料移送刑事审判部门处理；无法通过裁定补正的，应当告知异议人通过审判监督程序处理。"因此，案外人可以继续向执行法院提出书面异议，由执行法院移送原刑事审判部门裁定补正，无法补正的则告知申请人通过审判监督程序处理。（详见延伸阅读案例一）

值得提及的是，某些地方法院在一些案件中认为，当案外人针对执行标的提出异议时，实际上是对生效的刑事裁判不服，认为该生效刑事裁判存在错误，应适用《最高人民法院关于刑事裁判涉财产部分执行的若干规定》第十五条，案外人无权依据《民事诉讼法》第二百二十五条的规定提起复议申请。（详见延伸阅读案例二）我们认同最高人民法院的裁判规则，即案外人针对执行标的提出异议，有权根据《民事诉讼法》第二百二十五条的规定提出复议申请。复议申请被驳回的，仍有权依据《最高人民法院关于刑事裁判涉财产部分执行的若干规定》第十五条的规定，通过审判监督程序进一步寻求救济。

相关法律规定

《最高人民法院关于刑事裁判涉财产部分执行的若干规定》（2014年10月30日公布）

第一条 本规定所称刑事裁判涉财产部分的执行，是指发生法律效力的刑事裁判主文确定的下列事项的执行：

（一）罚金、没收财产；

（二）责令退赔；

（三）处置随案移送的赃款赃物；

（四）没收随案移送的供犯罪所用本人财物；

（五）其他应当由人民法院执行的相关事项。

刑事附带民事裁判的执行，适用民事执行的有关规定。

第十四条 执行过程中，当事人、利害关系人认为执行行为违反法律规定，或者案外人对执行标的主张足以阻止执行的实体权利，向执行法院提出书面异议的，执行法院应当依照民事诉讼法第二百二十五条的规定处理。

人民法院审查案外人异议、复议，应当公开听证。

第十五条 执行过程中，案外人或被害人认为刑事裁判中对涉案财物是否属于赃款赃物认定错误或者应予认定而未认定，向执行法院提出书面异议，可以通过裁定补正的，执行机构应当将异议材料移送刑事审判部门处理；无法通过裁定补正的，应当告知异议人通过审判监督程序处理。

《民事诉讼法》（2021年12月24日修正）

第二百三十二条[①] 当事人、利害关系人认为执行行为违反法律规定的，可以向负责执行的人民法院提出书面异议。当事人、利害关系人提出书面异议的，人民法院应当自收到书面异议之日起十五日内审查，理由成立的，裁定撤销或者改正；理由不成立的，裁定驳回。当事人、利害关系人对裁定不服的，可以自裁定送达之日起十日内向上一级人民法院申请复议。

第二百三十四条[②] 执行过程中，案外人对执行标的提出书面异议的，人民法

[①] 原第二百二十五条。
[②] 原第二百二十七条。

院应当自收到书面异议之日起十五日内审查,理由成立的,裁定中止对该标的的执行;理由不成立的,裁定驳回。案外人、当事人对裁定不服,认为原判决、裁定错误的,依照审判监督程序办理;与原判决、裁定无关的,可以自裁定送达之日起十五日内向人民法院提起诉讼。

法院裁判

以下为该案在最高人民法院审理阶段,判决书中"本院认为"就该问题的论述:

本院认为,本案争议焦点是,在何某栋刑事裁判涉财产部分执行案中,案外人龚某杰主张对执行财产享有实体权利,应适用何种法律程序处理。

本案属于刑事裁判涉财产部分执行案件。根据《刑法》第六十四条、《最高人民法院关于适用〈中华人民共和国刑事诉讼法〉的解释》第一百三十九条,犯罪分子非法占有、处置被害人财产的违法所得,应当依法予以追缴或者责令退赔。本案执行依据系抚州中院(2013)抚刑二初字第4号刑事判决,该判决中涉财产部分的内容为"追缴被告人何某栋犯罪所得返还被害人,不足部分责令何某栋退赔被害人损失"。执行法院在刑事追缴或责令退赔的执行过程中,应适用刑事法律及相关司法解释的规定追缴、处理案涉财产,并首先就执行标的物是否具有刑事违法性予以审查。审查中不应按照被告人承担刑事附带民事或普通民事责任的情形,仅以民法上"责任财产"的查明方法与证明标准,审查案涉财产是否属于犯罪分子违法所得;也不能仅适用一般民事执行法律、司法解释判断执行机构追缴违法所得或责令退赔的行为是否正确。而《民事诉讼法》第二百二十七条规定的案外人执行异议之诉是一种民事诉讼程序,并不适于审查刑事追缴、责令退赔的财产是否属于犯罪分子违法所得,以及案外人民事权利能否排除"刑事裁判涉财产部分"执行的问题。

《最高人民法院关于刑事裁判涉财产部分执行的若干规定》第十四条规定:"执行过程中,当事人、利害关系人认为执行行为违反法律规定,或者案外人对执行标的主张足以阻止执行的实体权利,向执行法院提出书面异议的,执行法院应当依照民事诉讼法第二百二十五条的规定处理。"该规定于2014年10月30日颁布,2014年11月6日起施行。本案中,抚州中院(2015)抚执异字第1号执行裁定系2015年2月2日作出,故案外人龚某杰对执行标的主张权利,应适用该司法解释的规定。在抚州中院作出上述执行裁定后,案外人龚某杰如不服,应按照《民事诉讼法》第二百二十五条的规定,自裁定送达之日起十日内向上一级人民法院申请复议。抚州中院、江西高院适用《民事诉讼法》第二百二十七条,受理龚某杰所提案外人执行异议之诉案，与司法解释规定不符。

综上，在何某栋刑事裁判涉财产部分执行案中，案外人龚某杰所提诉讼，不属于人民法院受理案外人执行异议之诉的范围，江西高院立案受理不当，应予纠正。

案件来源

《龚某杰与何某栋案外人执行异议之诉一案再审民事裁定书》【最高人民法院（2017）最高法民再120号】

延伸阅读

一、案外人提出过执行异议和复议后，仍可以依据《最高人民法院关于刑事裁判涉财产部分执行的若干规定》第十五条的规定，通过审判监督程序继续寻求救济。

案例一：《马某林、周某琴与马某韬执行裁定书》【最高人民法院（2016）最高法执监418号】

本院认为，本案争议的焦点是案外人马某林、周某琴主张的案涉房产所有权应当如何救济的问题。

关于案外人对刑事裁判涉财产部分提出执行异议的审查程序问题，《最高人民法院关于刑事裁判涉财产部分执行的若干规定》第十四条规定，案外人对执行标的主张足以阻止执行的实体权利，向执行法院提出书面异议的，执行法院应当依照《民事诉讼法》第二百二十五条的规定，通过执行异议、复议程序审查处理。因此，北京高院、北京二中院依法受理案外人马某林、周某琴异议，并适用《民事诉讼法》第二百二十五条进行审查，于法有据，并无不当。

关于案外人对涉案财物是否属于赃物提出异议的救济程序问题，《最高人民法院关于刑事裁判涉财产部分执行的若干规定》第十五条规定，一方面，案外人的申诉可以通过裁定补正的，执行机构应将异议材料移送刑事审判部门处理；另一方面，案外人的申诉无法通过裁定补正的，应当告知异议人通过审判监督程序处理。本案中，马某林、周某琴的申诉请求，涉及观某景园×××号楼×单元×××室房产的权属争议，而北京二中院（2013）二中刑初字第1509号刑事判决，明确指出案涉房产变价款按照比例发还被害人，申诉人马某林、周某琴的主张，属于对原刑事裁判涉财产部分有关赃物认定内容不服，无法通过裁定补正。北京二中院（2013）二中刑初字第1509号刑事判决、北京高院（2014）高刑终字第68号刑事裁定中，有关涉案款物的认定以及变价处理意见明确，所附扣押物品清单包括案涉房产，申诉人马某林、周某琴如对据以执行的刑事裁判有关涉案款物认定和处理不服，可以通过审判监督程序主张权利。

二、在刑事裁判涉财产部分的执行中，当案外人针对执行标的提出异议时，实际上是对生效的刑事裁判不服，认为该生效刑事裁判存在错误，应适用《最高人民法院关于刑事裁判涉财产部分执行的若干规定》第十五条，案外人无权依据《民事诉讼法》第二百二十五条的规定提起复议申请。

案例二：《钟某周执行裁定书》【广东省高级人民法院（2017）粤执复 215 号】

本院认为，本案的焦点问题是复议申请人在原审提出的执行异议是否应予受理的问题。复议申请人惠某公司对执行法院在钟某周刑事犯罪案件涉及财产部分执行中扣划其账户中的 2738657.25 元提出异议，认为执行法院执行其作为案外人的财产错误。但执行法院扣划上述款项是根据生效的刑事裁判而作出的执行措施，生效的刑事裁判判令对钟某周挪用用来成立惠某公司的资金人民币 310 万元（已归还 536600 元）应予以追缴，因此复议申请人对该执行行为不服，实际上是对生效的刑事裁判不服，认为该生效刑事裁判存在错误。根据《最高人民法院关于刑事裁判涉财产部分执行的若干规定》第十五条规定："执行过程中，案外人或被害人认为刑事裁判中对涉案财物是否属于赃款赃物认定错误或者应予认定而未认定，向执行法院提出书面异议，可以通过裁定补正的，执行机构应当将异议材料移送刑事审判部门处理；无法通过裁定补正的，应当告知异议人通过审判监督程序处理。"因此，复议申请人惠某公司在原审所提出的异议不属于执行异议受理范围，原审法院裁定驳回其异议申请并无不当；其如认为生效刑事裁判错误，应通过审判监督程序处理。综上，原审异议裁定认定事实清楚，适用法律正确，处理结果恰当，应予维持；申请复议人的复议申请理由不成立，应予驳回。

094 刑事裁判认定属赃款赃物，案外人有异议的应通过何种程序处理？

> 案外人对财产认定为赃款的刑事裁判不服所依据的事实发生在刑事裁判作出之前的，应通过审判监督程序处理

阅读提示

在刑事案件追缴财产的过程中，当被执行人名下显示存款与实际情况不符时，财产实际所有人或协助执行机构（尤其是银行等金融机构）应如何在执行程序中保护自身权益？当被执行人财产是刑事涉案财产时，案外人提起执行异议应该特别注意哪些程序问题呢？本案中，银行因为选择了错误的救济程序，致使被执行 2900 万元。

裁判要旨

只有在被执行人异议的实体理由发生在执行依据生效后，才有权在执行程序中提出执行异议。否则，被执行人以发生在执行依据生效前的实体事由提出异议的，只能通过再审或其他程序解决。

案情简介

2012 年 5 月，王某峰在某银行建新支行（以下简称建新支行）办理活期存款业务，存入 3000 万元并在存入当日被全部支取，但存折未更新存取状态，仅显示存入。

2015 年 1 月，王某峰等涉嫌刑事犯罪，焦作中院判决王某峰无期徒刑，剥夺政治权利终身，并处没收个人全部财产。焦作中院出具补充裁定，王某峰在建新支行 3000 万元存款系赃款，公安机关扣押王某峰案涉活期存折。

2015 年 10 月，焦作中院对王某峰等非法吸收公众存款罪、集资诈骗罪涉案的赃款赃物和违法所得立案，予以追缴执行。

2016 年 3 月，焦作中院向建新支行送达执行通知书、报告财产令。要求建新支行必须在三日内交到焦作中院指定账户，逾期不履行，强制执行。

2016年5月，建新支行提出执行异议，焦作中院认为存款已被支取的事由发生在刑事裁判之前，该事由应当通过依法申请再审或者通过其他程序解决，裁定驳回该行申请。建新支行不服，向河南高院申请复议。

2016年10月，河南高院认为异议系对刑事裁判中对涉案财物是否属于赃款赃物认定错误提出，不属于执行机构审查的事项。裁定撤销原裁定，发回焦作中院重新审查。

2017年4月，焦作中院经另行组成合议庭重新审查，裁定驳回建新支行异议申请。建新支行不服，再次向河南高院复议。

2017年8月，河南高院认为建新支行异议事由发生在本案执行生效之前，应通过再审或者通过其他程序解决，裁定驳回建新支行复议申请。建新支行向最高人民法院申请再审。

2019年3月，最高人民法院经审查，裁定驳回建新支行申诉请求。

裁判要点及思路

本案的争议焦点有二：一、申诉人建新支行关于其不持有赃款的抗辩事由应通过何种程序解决；二、执行法院将申诉人列为被执行人并送达执行通知书和报告财产令是否适当。

关于争议焦点一，最高人民法院认为：申诉人主张的其不持有赃款的抗辩事实为执行依据生效之前的实体事由，系对执行依据提出的异议。根据《执行异议和复议规定》第七条第三款规定，申诉人提出的主张应当通过审判监督程序解决。

关于争议焦点二，最高人民法院认为：由于作为执行依据的刑事判决书和刑事裁定书明确了在申诉人处的该笔3000万元存款为王某峰犯罪所得赃款，应予追缴，故认定申诉人为赃款持有人，并在执行追缴程序中将其列为被执行人并无明显不当。

分析最高人民法院背后的裁判思路：

目前，我国民事诉讼法未选择允许所有当事人、利害关系人对其认为违法的执行行为均能提起异议。从提高执行效率、控制执行工作成本的角度出发，将异议的范围限定在执行措施对当事人、利害关系人利益影响较大的事项上。《执行异议和复议规定》第七条是对当事人、利害关系人提出执行异议的限制性规定。该条第三款明确，只有在被执行人异议的实体理由发生在执行依据生效后，才有权在执行程序中提出执行异议。否则，根据《民事诉讼法》第二百二十七条的规定，被执行人只能通过再审或其他程序解决。

本案中，被执行人建新支行提出异议的实体理由发生在执行依据生效之前，即意图通过异议程序否定生效裁判文书对于涉案款项属于赃款的认定，其实质是在否定执行依据的合法性。由于执行依据已经生效，如否定其合法有效性，应通过审判监督及其他能够撤销已生效执行依据的程序处理，而非通过执行程序寻求救济。

实务要点总结

案外人抗辩事由发生在执行依据生效之前，慎重选择执行异议程序救济。抗辩理由发生在执行依据生效之前的情况下，执行依据极有可能与案外人要求排除强制执行的主张存在冲突，如果案外人异议理由确实与执行依据确认的内容存在冲突，案外人诉求实质为否定已生效执行依据。因此，此时应通过再审或者撤销仲裁等其他撤销执行依据的程序救济。否则，将存在极大被法院驳回的风险。

案外人要求排除强制执行的事由发生在执行依据生效之后，且异议请求与原判决、裁定无关的，应通过执行程序救济。此时，案外人应充分利用执行异议和执行异议之诉程序，精准选择抗辩理由、法律依据以争取最大限度胜诉可能。

刑事涉案财产执行中，案外人应充分利用书面异议申请法院裁定补正的程序。《最高人民法院关于刑事裁判涉财产部分执行的若干规定》第十五条规定："执行过程中，案外人或被害人认为刑事裁判中对涉案财物是否属于赃款赃物认定错误或者应予认定而未认定，向执行法院提出书面异议，可以通过裁定补正的，执行机构应当将异议材料移送刑事审判部门处理；无法通过裁定补正的，应当告知异议人通过审判监督程序处理。"因此，案外人认为执行法院执行错误的，应首先选择较为简洁、成本较低的方式，即向执行法院提出书面异议，申请法院作出补正裁定。无法通过裁定补正的，再通过再审监督程序救济。

案外人提出执行行为异议时务必请专业律师介入，精准选择抗辩理由、救济程序，否则存在极大败诉风险。《民事诉讼法》第二百二十七条、《民诉法解释》第三百零五条规定，案外人在符合该规定条件时即有权提起执行异议之诉。上述两条文与本案有重要关联的规定是，案外人的诉讼请求与原判决、裁定无关。本案中，最高人民法院裁定依据为《执行异议和复议规定》第七条第三款，分析建新支行的败诉原因，在于错误选择抗辩理由和救济程序，法院根据其抗辩事由发生时间驳回其诉讼请求并无问题。

目前，为指导全国法院更好地开展执行工作，最高人民法院从完善执行规范体系入手，着力解决执行中法律依据不足、执行行为失范等现象，相继出台多项司法解释和规范性文件。但是，众多文件之间并未形成统一、规范体系，致使实践中存在大量法院和当事人片面理解部分司法解释和文件的情况，最终作出错误裁判结果，致使当事人的利益不能得到很好保护。基于此，执行异议人必须在全面理解执行规定的基础上，正确、精准选择抗辩事由和法律依据。

最后，案外人务必厘清执行行为错误和执行依据错误的区别。《民事诉讼法》和《民诉法解释》对案外人提起执行异议之诉的条件进行了明确规定，案外人执行异议之诉作为一项新诉，目的是阻却对特定标的物的强制执行，让已生效裁判依据失去对特定标的物强制执行力，保护案外人权益。执行行为源于执行依据，此种情形是正确执行依据下的错误执行行为；如果错误的执行行为源于错误的执行依据，则原生效裁判文书、调解书对于执行标的的权属认定错误，此时属于案外人申请再审的范畴。案外人通过再审程序对已生效的错误文书予以纠正。

相关法律规定

《民事诉讼法》（2021年12月24日修正）

第二百三十二条[①] 当事人、利害关系人认为执行行为违反法律规定的，可以向负责执行的人民法院提出书面异议。当事人、利害关系人提出书面异议的，人民法院应当自收到书面异议之日起十五日内审查，理由成立的，裁定撤销或者改正；理由不成立的，裁定驳回。当事人、利害关系人对裁定不服的，可以自裁定送达之日起十日内向上一级人民法院申请复议。

第二百三十四条[②] 执行过程中，案外人对执行标的提出书面异议的，人民法院应当自收到书面异议之日起十五日内审查，理由成立的，裁定中止对该标的的执行；理由不成立的，裁定驳回。案外人、当事人对裁定不服，认为原判决、裁定错误的，依照审判监督程序办理；与原判决、裁定无关的，可以自裁定送达之日起十五日内向人民法院提起诉讼。

《最高人民法院关于人民法院办理执行异议和复议案件若干问题的规定》（2020年12月23日修正）

第七条 当事人、利害关系人认为执行过程中或者执行保全、先予执行裁定过程中的下列行为违法提出异议的，人民法院应当依照民事诉讼法第二百二十五条规定进行审查：

（一）查封、扣押、冻结、拍卖、变卖、以物抵债、暂缓执行、中止执行、终

[①] 原第二百二十五条。
[②] 原第二百二十七条。

结执行等执行措施；

（二）执行的期间、顺序等应当遵守的法定程序；

（三）人民法院作出的侵害当事人、利害关系人合法权益的其他行为。

被执行人以债权消灭、丧失强制执行效力等执行依据生效之后的实体事由提出排除执行异议的，人民法院应当参照民事诉讼法第二百二十五条规定进行审查。

除本规定第十九条规定的情形外，被执行人以执行依据生效之前的实体事由提出排除执行异议的，人民法院应当告知其依法申请再审或者通过其他程序解决。

第十九条 当事人互负到期债务，被执行人请求抵销，请求抵销的债务符合下列情形的，除依照法律规定或者按照债务性质不得抵销的以外，人民法院应予支持：

（一）已经生效法律文书确定或者经申请执行人认可；

（二）与被执行人所负债务的标的物种类、品质相同。

《最高人民法院关于适用〈中华人民共和国民事诉讼法〉的解释》（2022 年 3 月 22 日修正）

第三百零三条[①] 案外人提起执行异议之诉，除符合民事诉讼法第一百二十二条规定外，还应当具备下列条件：

（一）案外人的执行异议申请已经被人民法院裁定驳回；

（二）有明确的排除对执行标的执行的诉讼请求，且诉讼请求与原判决、裁定无关；

（三）自执行异议裁定送达之日起十五日内提起。

人民法院应当在收到起诉状之日起十五日内决定是否立案。

法院裁判

以下为最高人民法院在判决书"本院认为"部分就此问题发表的意见：

本院认为，本案的争议焦点是：一、申诉人关于其不持有赃款的抗辩事由应通过何种程序解决；二、执行法院将申诉人列为被执行人并送达执行通知书和报告财产令是否适当。

根据本案执行依据焦作中院（2014）焦刑一初字第 00010 号刑事判决及（2014）焦刑一初字第 00010 号刑事裁定，被告人王某峰在建新支行有存款 3000 万元，为赃款，应当予以追缴。申诉人认为，刑事裁定认定的该存款在存储当日即被

[①] 原第三百零五条。

取走，只是存折上没有显示而已。申诉人主张的该事实为执行依据生效之前的实体事由，系对执行依据提出的异议。《执行异议和复议规定》第七条第三款规定："除本规定第十九条规定的情形外，被执行人以执行依据生效之前的实体事由提出排除执行异议的，人民法院应当告知其依法申请再审或者通过其他程序解决。"因此，申诉人提出的上述主张应当通过审判监督程序解决。

关于执行法院将申诉人列为被执行人并发出执行通知书和报告财产令是否适当的问题。由于作为执行依据的刑事判决书和刑事裁定书明确了在申诉人处的该笔3000万元存款为王某峰犯罪所得赃款，应予追缴，故认定申诉人为赃款持有人，并在执行追缴程序中将其列为被执行人并无明显不当。执行法院对申诉人送达执行通知书和报告财产令并未实际损害其合法权益。

关于申诉人提出的其与被告人的民事纠纷尚未有确定裁判且又涉及犯罪的问题，与本案追缴违法所得并不冲突，不应影响本案的执行。关于申诉人提出的，执行法院将平顶山银行股份有限公司变更为被执行人并对其采取限制消费和纳入失信被执行人名单不当等问题，应当由相关权利人依法另行提出执行异议以主张权利。

案件来源

《某银行股份有限公司建新支行执行审查类执行裁定书》【（2017）最高法执监424号】

延伸阅读

一、执行过程中，案外人或被害人认为刑事裁判中对涉案财物是否属于赃款赃物认定错误或者应予认定而未认定，向执行法院提出书面异议，可以通过裁定补正的，执行机构应当将异议材料移送刑事审判部门处理；无法通过裁定补正的，应当告知异议人通过审判监督程序处理。

案例一：《王某丽、曲某申请承认与执行法院判决、仲裁裁决案件执行审查类执行裁定书》【（2018）最高法执监843号】

最高人民法院认为，《最高人民法院关于刑事裁判涉财产部分执行的若干规定》第十五条规定，执行过程中，案外人或被害人认为刑事裁判中对涉案财物是否属于赃款赃物认定错误或者应予认定而未认定，向执行法院提出书面异议，可以通过裁定补正的，执行机构应当将异议材料移送刑事审判部门处理；无法通过裁定补正的，应当告知异议人通过审判监督程序处理。根据该规定，王某丽如认为大连中院（2016）辽02刑初17号刑事判决存在赃物认定错误的情况，可对该判决申请再审，通过审判监督程序予以解决。

二、在不能直接查明刑事涉案财产属于赃款还是案外人合法债权的情况下，法院、检察院及公安部门不宜直接认定其为赃款。

案例二：《李某涛与安阳恒某置业有限公司合同纠纷一案再审民事裁定书》【（2019）最高法民申4778号】

最高人民法院认为，从上述刑事裁定书认定事实看，并未认定健某公司为非法集资主体，案涉4000万元汇款时间亦是发生在杨某利用恒某公司非法集资之前，且本案案涉协议主体仅涉及健某公司，并未涉及恒某公司。据此，无法得出案涉4000万元属杨某的集资款。现在未直接查明案涉4000万元是属杨某集资款还是案外人合法债权的情形下，原审直接依据安阳市公安局高新分局出具的《关于恒某案件涉案资产的侦办意见》、安阳市人民检察院出具的《关于恒某集资诈骗案有关资产问题审查意见》，以及安阳市中级人民法院刑事审判第一庭出具的《关于被告人杨某集资诈骗一案涉案资产的处理意见》认定案涉4000万元是杨某在健某公司期间的集资款，存在认定基本事实缺乏证据证明的情形。

三、刑事案件中，另案生效裁判文书已经将被执行财产定性并上缴国库的，被执行人对此执行行为和执行依据有异议的，应依照《最高人民法院关于刑事裁判涉财产部分执行的若干规定》第十五条的规定，通过刑事审判监督程序处理。

案例三：《佛山市阳某贸易有限公司、广东省某市人民检察院刑事违法查封、扣押、冻结、追缴赔偿决定书》【（2017）最高法委赔监120号】

最高人民法院认为，另案刑事判决已经认定案涉3000万元是陈某来、熊某文犯滥用职权造成的国家公共财产损失，阳某公司如果对该认定有异议，可以依照《最高人民法院关于刑事裁判涉财产部分执行的若干规定》第十五条的规定，申请通过刑事审判监督程序处理；也可以与某市人民政府有关部门进行协商解决，协商不成，可以就该拆迁补偿问题通过民事诉讼程序请求予以确认。在另案刑事判决关于陈某来、熊某文滥用职权造成国家公共财产损失的范围没有改变以及阳某公司依法应当取得的拆迁补偿款数额尚未确定的情况下，原决定认为阳某公司应就拆迁补偿款问题与某市人民政府有关部门另循其他途径解决，适用法律并无不当。

095 刑事涉案财物已被认定赃物且执行完毕的，案外人如何救济？

> 生效刑事裁判已认定涉案财物属于赃物，案外人对涉案财物执行行为有异议的，应通过刑事审判监督程序救济

阅读提示

在民商事案件中，案外人执行异议和执行异议之诉最直接的功能在于排除法院对执行标的的错误执行，由于案外人执行异议之诉中必然涉及案外人对涉案财物是否拥有足以排除强制执行的民事权益的认定，故案外人执行异议之诉具有形成之诉的性质。在刑事裁判文书执行过程中，一般存在两种情形：一是已生效刑事裁判文书已经对被执行财产的性质和权属作出明确认定和处理，案外人对赃款赃物的执行行为产生异议；二是已生效刑事裁判文书未对被执行财产权属和性质作出明确认定，执行法院基于已生效文书中事实查明部分执行。在这两种情形下，案外人该如何精准选择法律程序救济呢？案外人能否在执行异议之诉中请求排除强制执行呢？

裁判要旨

对于经生效刑事裁判认定为属于刑事被告人且已经扣押在案的财产，并不能适用民事诉讼法规定的案外人异议审查和处理程序。案外人提出异议的，只能通过刑事审判监督程序处理。

案情简介

2009年，济南中院判决尹某等四人犯贪污罪，并处没收个人全部财产。其中，百某通公司系四人实际控制公司，故被执行财产包括惠某投资公司持有百某通公司的股权。判决生效后，百某通公司全部股权已被没收。2013年12月，该案全部执行完毕。

2010年、2012年，惠某投资公司变更为淄某公司。2013年9月，淄某公司对尹某等四人贪污罪案件中的执行行为提出异议。

2016年6月，淄某公司再次提出执行异议称，刑事判决罚没的财产属于淄某公司，法院将其名下的股权及投资的资产拍卖过户，侵害了其合法财产权益。请求中

止该案的执行。

2016年9月，济南中院经审查认为，淄某公司在执行程序终结后提出异议，不符合执行异议案件的受理条件，裁定驳回淄某公司异议。淄某公司不服，向山东高院申请复议。

2017年4月，山东高院复议阶段审查认为，如果复议申请人淄某公司认为对该案执行终结之前所提执行异议，济南中院未依法审查，损害其权益，可通过其他法律途径寻求救济，故裁定驳回淄某公司的复议请求。淄某公司遂向最高人民法院提出申诉。

2017年8月，最高人民法院裁定驳回淄某公司的申诉。

裁判要点及思路

本案的焦点问题为，淄某公司针对本案刑事判决执行所提的异议能否通过民事诉讼法规定的案外人执行异议程序处理。本案中，济南中院和山东高院裁定驳回淄某公司案外人异议的理由均是：淄某公司的异议是在执行程序终结后提出，故不符合受理条件。根据《执行异议和复议规定》第二条第一款和第三款的规定，驳回申请。

最高人民法院认为，淄某公司异议及申诉所主张的事实和理由是，认为刑事判决确定的由刑事被告人所有的应予追缴和罚没的财产，应属于淄某公司或新某业公司。其并未提出济南中院的执行超出刑事判决确定的范围。故其异议实质是认为济南中院刑事判决对事实认定和判项是错误的。对于经刑事裁判所认定为属于刑事被告人的且已经扣押在案的财产，在执行中案外人提出异议的，并不能适用民事诉讼法规定的案外人异议审查和处理程序，也不适用《最高人民法院关于财产刑执行问题的若干规定》第八条的规定，而只能通过刑事审判监督程序处理。只有对非经生效刑事裁判确定的涉案财产，即人民法院在执行过程中自行确定的被执行人财产提出异议的，才涉及按照《民事诉讼法》第二百二十七条的规定进行审查的问题。故本案对淄某公司提出的异议，依法应通过审判监督程序审查。济南中院裁定和山东高院复议裁定以案外人异议超过法定期限为由驳回异议，该理由实质上是错误的。

实务要点总结

只有对非经生效刑事裁判确定为涉案财产的异议，才通过案外人执行异议和执行异议之诉程序进行审查和处理。对于经刑事裁判认定为属于刑事被告人且已经扣押在案的财产，并不能适用民事诉讼法规定的案外人异议审查和处理程序。

刑事裁判涉财产部分执行中，当事人、利害关系人对执行行为有异议的救济程序不包括执行异议之诉。根据《最高人民法院关于刑事裁判涉财产部分执行的若干规定》第十四条规定，当事人、利害关系人对刑事裁判涉财产部分执行行为有异议的，只能通过异议和复议程序进行救济，无执行异议之诉程序这一途径。

在生效刑事判决已对涉案财物的性质及权属进行认定并执行完毕的情况下，案外人对涉案财物有异议的，应通过刑事审判监督程序处理。值得注意的是，根据《民事诉讼法》第二百二十七条、《民诉法解释》第四百二十三条的规定，案外人申请再审的前提条件因案外人的申请理由有所不同。一般而言，案外人申请再审以案外人提出执行异议被驳回为前提条件，只有在法院裁定驳回其执行异议后，案外人仍不服，认为执行依据的生效裁判文书、调解书错误的，才可提出再审申请。但是，当案外人认为原"调解书"有错误的，也可以直接申请再审。

案外人申请再审的期限是6个月。再审期限自执行异议裁定送达之日起6个月内计算，该期间为不变期间，不适用诉讼时效中止、中断、延长的规定。

案外人申请再审向原审法院提出。关于案外人申请再审的管辖法院，《民事诉讼法》第二百二十七条并未规定，而是在《民诉法解释》第四百二十三条予以明确规定，即向作出原判决、裁定、调解书的法院申请再审。

注意关注刑事涉财产部分执行规定的变化。原《最高人民法院关于财产刑执行问题的若干规定》已于2015年1月19日规定失效，原规定第八条在关于执行标的物存在争议或案外人提出异议的情况下，法院应裁定中止执行的规定失效。替代的文件是《最高人民法院关于刑事裁判涉财产部分执行的若干规定》（自2014年11月6日起施行），该规定第十五条规定了在执行过程中，案外人或被害人认为刑事裁判中对涉案财物是否属于赃款赃物认定错误或者应予认定而未认定的救济途径。即先向执行法院提出书面异议，可以通过裁定补正的，执行机构应当将异议材料移送刑事审判部门处理；无法通过裁定补正的，应当告知异议人通过审判监督程序处理。

相关法律规定

《民事诉讼法》（2021年12月24日修正）

第二百三十二条[①] 当事人、利害关系人认为执行行为违反法律规定的，可以

---

① 原第二百二十五条。

向负责执行的人民法院提出书面异议。当事人、利害关系人提出书面异议的，人民法院应当自收到书面异议之日起十五日内审查，理由成立的，裁定撤销或者改正；理由不成立的，裁定驳回。当事人、利害关系人对裁定不服的，可以自裁定送达之日起十日内向上一级人民法院申请复议。

第二百三十四条① 执行过程中，案外人对执行标的提出书面异议的，人民法院应当自收到书面异议之日起十五日内审查，理由成立的，裁定中止对该标的的执行；理由不成立的，裁定驳回。案外人、当事人对裁定不服，认为原判决、裁定错误的，依照审判监督程序办理；与原判决、裁定无关的，可以自裁定送达之日起十五日内向人民法院提起诉讼。

《最高人民法院关于刑事裁判涉财产部分执行的若干规定》（2014年10月30日公布）

第十四条 执行过程中，当事人、利害关系人认为执行行为违反法律规定，或者案外人对执行标的主张足以阻止执行的实体权利，向执行法院提出书面异议的，执行法院应当依照民事诉讼法第二百二十五条的规定处理。

人民法院审查案外人异议、复议，应当公开听证。

第十五条 执行过程中，案外人或被害人认为刑事裁判中对涉案财物是否属于赃款赃物认定错误或者应予认定而未认定，向执行法院提出书面异议，可以通过裁定补正的，执行机构应当将异议材料移送刑事审判部门处理；无法通过裁定补正的，应当告知异议人通过审判监督程序处理。

《最高人民法院关于适用〈中华人民共和国民事诉讼法〉的解释》（2022年3月22日修正）

第四百二十一条② 根据民事诉讼法第二百三十四条规定，案外人对驳回其执行异议的裁定不服，认为原判决、裁定、调解书内容错误损害其民事权益的，可以自执行异议裁定送达之日起六个月内，向作出原判决、裁定、调解书的人民法院申请再审。

法院裁判

以下为最高人民法院在判决书"本院认为"部分就此问题发表的意见：

淄某公司异议及申诉所主张的事实和理由是，认为（2008）济刑二初字第25

---

① 原第二百二十七条。
② 原第四百二十三条。

号刑事判决确定的由刑事被告人所有的应予追缴和罚没的财产，应属于淄某公司或新某业公司。其并未提出济南中院的执行超出刑事判决确定的范围。故其异议实质是认为济南中院刑事判决对事实认定和判项是错误的。对于经刑事裁判所认定为属于刑事被告人的且已经扣押在案的财产，在执行中案外人提出异议的，并不能适用民事诉讼法规定的案外人异议审查和处理程序，也不适用《最高人民法院关于财产刑执行问题的若干规定》第八条的规定，而只能通过刑事审判监督程序处理。只有对非经生效刑事裁判确定的涉案财产，即人民法院在执行过程中自行确定的被执行人财产提出异议的，才涉及按照《民事诉讼法》第二百二十七条的规定进行审查的问题。对此，《最高人民法院关于刑事裁判涉财产部分执行的若干规定》第十五条明确规定："执行过程中，案外人或被害人认为刑事裁判中对涉案财物是否属于赃款赃物认定错误或者应予认定而未认定，向执行法院提出书面异议，可以通过裁定补正的，执行机构应当将异议材料移送刑事审判部门处理；无法通过裁定补正的，应当告知异议人通过审判监督程序处理。"故本案对淄某公司提出的异议，依法应通过审判监督程序审查。济南中院（2016）鲁01执异289号执行裁定和山东高院（2017）鲁执复81号执行裁定以案外人异议超过法定期限为由驳回异议，是以认定本案属于《民事诉讼法》第二百二十七条规定的异议程序处理范围为前提的，该理由实质上是错误的。此外，对于与我国刑事裁判相矛盾的境外仲裁裁决，并不存在优先执行境外仲裁裁决的法律规则。该等境外仲裁裁决及其承认裁定，亦并不具有否定生效刑事裁判的效力。

案件来源

《乌鲁木齐淄某投资管理咨询有限公司、潍坊新某克（集团）有限公司破产管理人申请承认与执行法院判决、仲裁裁决案件执行审查类执行裁定书》【（2017）最高法执监166号】

延伸阅读

一、刑事裁判文书已对涉案赃物权属认定的，案外人对原刑事裁判涉财产部分内容不服，应通过审判监督程序主张权利。

案例一：《马某林、周某琴与马某韬执行裁定书》【（2016）最高法执监418号】

最高人民法院认为，关于案外人对涉案财物是否属于赃物提出异议的救济程序问题，《最高人民法院关于刑事裁判涉财产部分执行的若干规定》第十五条规定，一方面，案外人的申诉可以通过裁定补正的，执行法院应将异议材料移送刑事审判部门处理；另一方面，案外人的申诉无法通过裁定补正的，应当告知异议人通过审判监督程序处理。本案中，马某林、周某琴的申诉请求，涉及位于观某景园×××号楼×单元×××室房产的权属争议，而北京二中院（2013）二中刑初字第1509号刑事判决，明确指出案涉房产变价款按照比例发还被害人，申诉人马某林、周某琴的主张，属于对原刑事裁判涉财产部分有关赃物认定内容不服，无法通过裁定补正。北京二中院（2013）二中刑初字第1509号刑事判决、北京高院（2014）高刑终字第68号刑事裁定中，有关涉案款物的认定以及变价处理意见明确，所附扣押物品清单包括案涉房产，申诉人马某林、周某琴如对据以执行的刑事裁判有关涉案款物认定和处理不服，可以通过审判监督程序主张权利。

案例二：《莱芜市庚某经贸有限公司执行裁定书》【（2016）最高法执监401号】

最高人民法院认为，徐州中院根据刑事判决对冻结的庚某公司300万元依法予以追缴和处理，并无不当。庚某公司主张该300万元系其善意取得而非应当追缴的涉案财物，实质上并不是对执行过程中有关执行行为提出异议，而是对执行依据，即徐州中院（2011）徐刑二初字第2号刑事判决的相关判项提出异议，不属于执行程序应当审查的范围，江苏高院（2013）苏执复字第0017号执行裁定对此不予审查，并无不当。2014年11月6日起施行的《最高人民法院关于刑事裁判涉财产部分执行的若干规定》第十五条规定，执行程序中案外人认为刑事裁判对涉案财物是否属于赃款认定错误提出异议，应通过审判监督程序处理或者由执行机构将异议材料移送刑事审判部门裁定补正。按照这一规定，庚某公司如果认为徐州中院（2011）徐刑二初字第2号刑事判决存在赃款认定错误，可对该判决申请再审，通过审判监督程序予以解决。

案例三：《中国证券登记结算有限责任公司某分公司、某铁路局申请承认与执行法院判决、仲裁裁决案件执行裁定书》【（2015）执申字第126号】

最高人民法院认为，本案中，李某梅等367个自然人股东账户和"明某电子""市某美特"两个机构账户内的"中某股份"股票的追缴，不仅在兰铁中院（2006）兰铁中刑初字第38号刑事判决中予以明确，并附详细的赃物追缴清单；而且，案涉"中某股份"股票先由公安机关冻结，后被兰铁中院以（2006）兰铁中刑初字第38号刑事裁定继续追缴。本案刑事诉讼中，有关涉案款物的认定清楚明确，处理意见具体可操作。中国证券结算某分公司的申诉主张，系对据以执行的刑事裁判有关涉案款物的认定和处理不服，根据《最高人民法院关于刑事裁判涉财产部分执行的若干规定》第十五条之规定，申诉人通过执行监督程序主张权利，于法无据，应予驳回。中国证券结算某分公司应通过审判监督程序，解决案涉争议。

案例四：《黄某兰、钟某执行审查类执行裁定书》【（2017）最高法执监108号】

最高人民法院认为，本案中，生效刑事裁判已明确判决确定：追缴钟某侵吞公款购买、非法持有的九某电器66.7397%的股份，钟某名下的九某电器其余股份用于补齐追缴赃款及孳息的不足部分，如有剩余作为其个人财产予以没收，上缴国库。由此，对钟某名下九某电器的股份，生效刑事裁判已作出明确处理，申诉人主张其中的25.7706%股份系申诉人合法财产而非应当执行的财物，实质上是对执行依据的相关判项内容提出异议，不属于执行程序应当审查的范围，申诉人可依法通过审判监督程序处理，珠海中院作出执行裁定对此不予审查，而后广东高院维持，并无不当，应予维持。

案例五：《莱芜市利某物资有限公司申请承认与执行法院判决、仲裁裁决案件执行裁定书》【（2014）执申字第30号】

最高人民法院认为，2014年11月6日起施行的《最高人民法院关于刑事裁判涉财产部分执行的若干规定》第十五条规定，执行程序中案外人认为刑事裁判对涉案财物是否属于赃款认定错误提出异议，应通过审判监督程序处理或者由执行机构将异议材料移送刑事审判部门裁定补正。按照这一规定，利某公司如果认为徐州中院（2011）徐刑二初字第2号刑事判决存在赃款认定错误，可对该判决申请再审，通过审判监督程序予以解决。

二、在生效刑事裁判文书已对涉案财物的性质及权属进行认定并执行完毕的情况下，案外人对涉案财物有异议的，应通过刑事审判监督程序处理。

案例六：《佛山市阳某贸易有限公司、广东省某市人民检察院刑事违法查封、扣押、冻结、追缴赔偿赔偿决定书》【（2017）最高法委赔监120号】

最高人民法院认为，另案刑事判决已经认定案涉3000万元是陈某来、熊某文犯滥用职权造成的国家公共财产损失，阳某公司如果对该认定有异议，可以依照《最高人民法院关于刑事裁判涉财产部分执行的若干规定》第十五条的规定，申请通过刑事审判监督程序处理；也可以与某市人民政府有关部门进行协商解决，协商不成，可以就该拆迁补偿问题通过民事诉讼程序请求予以确认。在另案刑事判决关于陈某来、熊某文滥用职权造成国家公共财产损失的范围没有改变以及阳某公司依法应当取得的拆迁补偿款数额尚未确定的情况下，原决定认为阳某公司应就拆迁补偿款问题与某市人民政府有关部门另循其他途径解决，适用法律并无不当。

三、生效刑事裁判仅认定被执行人犯罪事实未对涉案财物作明确认定和处理，执行法院仅基于生效刑事裁判事实查明部分执行涉案财产的，案外人有权通过执行程序救济。

案例七：《抚州东某公路投资管理有限公司、中信银行股份有限公司某分行与彭某青执行裁定书》【（2016）最高法执监303号】

最高人民法院认为，石家庄中院（2009）石刑初字第98号刑事判决在事实查明部分仅认定了彭某青私自从中信银行某分行保险柜中取出承兑汇票交给安某辉进行贴现，贴现所得款项供安某辉个人偿还借款或进行营利活动的事实；在证明彭某青犯罪事实成立的证据部分，对安某辉关于将1685万元借给张某的证言，对张某关于向安某辉借款1658万元替东某公司偿还欠款的证言，对东某公司原法定代表人邓某关于张某从安某辉处借款1600余万元替东某公司偿还欠款的证言，以及张某借安某辉1635.8万元的欠条，均予以认定。尽管上述关于彭某青犯罪所涉赃款1600余万元流向的证言，可以作为认定彭某青犯罪事实成立的证据链条中重要的环节，但以此证言认定该1600余万元经由张某替东某公司偿还外欠款这一事实的成立，还须银行转账凭证、公司会计凭证及其他书证等予以补强。本案现有证据尚不足以达到认定该1600余万元具体流向的程度。石家庄中院、河北高院在未查明该1600余万元赃款流向的情况下，即作出裁定驳回东某公司的异议请求和复议请求，属认定事实不清，证据不足……裁定撤销原执行裁定书，由石家庄中院重新审查。

全称简称表[①]

全称	简称	效力
《中华人民共和国民事诉讼法》[②]	《民事诉讼法》	1991年4月9日通过，2007年10月28日第一次修正，2012年8月31日第二次修正，2017年6月27日第三次修正，2021年12月24日第四次修正
《最高人民法院关于适用〈中华人民共和国民事诉讼法〉的解释》	《民诉法解释》	2014年12月18日通过，2020年12月23日第一次修正，2022年3月22日第二次修正
《最高人民法院关于适用〈中华人民共和国民事诉讼法〉执行程序若干问题的解释》	《民诉法执行程序解释》	2008年9月8日通过，2020年12月23日修正
《最高人民法院关于人民法院办理执行异议和复议案件若干问题的规定》	《执行异议和复议规定》	2014年12月29日通过，2020年12月23日修正
《最高人民法院关于人民法院执行工作若干问题的规定（试行）》	《执行工作规定》	1998年6月11日通过，2020年12月23日修正
《最高人民法院关于民事执行中变更、追加当事人若干问题的规定》	《变更、追加当事人规定》	2016年8月29日通过，2020年12月23日修正
《最高人民法院关于人民法院民事执行中查封、扣押、冻结财产的规定》	《查封、扣押、冻结规定》	2004年10月26日通过，2020年12月23日修正
《最高人民法院关于人民法院民事执行中拍卖、变卖财产的规定》	《拍卖、变卖规定》	2004年10月26日通过，2020年12月23日修正
《最高人民法院关于人民法院网络司法拍卖若干问题的规定》	《网拍规定》	2016年8月2日公布

---

① 本书对多次出现的法律、司法解释以简称表述，本表为方便读者查阅文件简称相对应的全称。
② 本书统一隐去法律文件中的"中华人民共和国"字样。

续表

全称	简称	效力
《最高人民法院关于执行程序中计算迟延履行期间的债务利息适用法律若干问题的解释》	《迟延履行利息解释》	2014年7月7日公布
《最高人民法院关于审理涉及金融不良债权转让案件工作座谈会纪要》	《海南座谈会纪要》	2009年3月30日公布
《全国法院民商事审判工作会议纪要》	《九民纪要》	2019年11月8日公布
《最高人民法院关于适用〈中华人民共和国公司法〉若干问题的规定（三）》	《公司法司法解释（三）》	2010年12月6日通过，2014年2月17日第一次修正，2020年12月23日第二次修正
《最高人民法院关于贯彻执行〈中华人民共和国民法通则〉若干问题的意见（试行）》	《民通意见》	2020年12月29日被废止
《最高人民法院关于适用〈中华人民共和国物权法〉若干问题的解释（一）》	《物权法司法解释（一）》	2016年2月22日公布
《最高人民法院关于适用〈中华人民共和国担保法〉若干问题的解释》	《担保法司法解释》	2000年12月8日公布
《最高人民法院关于审理买卖合同纠纷案件适用法律问题的解释》	《买卖合同司法解释》	2012年3月31日通过，2020年12月23日修正
《最高人民法院关于审理商品房买卖合同纠纷案件适用法律若干问题的解释》	《商品房买卖合同司法解释》	2003年3月24日通过，2020年12月23日修正

图书在版编目（CIP）数据

保全与执行：执行异议与执行异议之诉实战指南／李舒，唐青林，李营营编著．—北京：中国法制出版社，2022.8（2025.9重印）

ISBN 978-7-5216-2831-9

Ⅰ.①保… Ⅱ.①李… ②唐… ③李… Ⅲ.①执行（法律）-研究-中国 Ⅳ.①D925.04

中国版本图书馆CIP数据核字（2022）第149694号

责任编辑　刘晓霞　　　　　　　　　　　　　封面设计　杨泽江

保全与执行：执行异议与执行异议之诉实战指南
BAOQUAN YU ZHIXING：ZHIXING YIYI YU ZHIXING YIYI ZHI SU SHIZHAN ZHINAN

编著／李舒　唐青林　李营营
经销／新华书店
印刷／北京虎彩文化传播有限公司
开本／710毫米×1000毫米　16开　　　　　　印张／48　字数／750千
版次／2022年8月第1版　　　　　　　　　　 2025年9月第3次印刷

中国法制出版社出版
书号 ISBN 978-7-5216-2831-9　　　　　　　　定价：168.00元

北京市西城区西便门西里甲16号西便门办公区
邮政编码：100053　　　　　　　　　　　　　传真：010-63141600
网址：http://www.zgfzs.com　　　　　　　　编辑部电话：010-63141664
市场营销部电话：010-63141612　　　　　　 印务部电话：010-63141606

（如有印装质量问题，请与本社印务部联系。）